宋本藝文類聚

下

〔唐〕歐陽詢 撰

藝文類聚卷第六十三

居處部三

門 樓 櫓 觀 堂 城 館

門

釋名曰門捫也在外爲捫幕障衛也　爾雅曰閍謂之門正門謂之應門　易曰重門擊柝以待暴客　周官曰掌舍掌王會同之舍設梐枑再重設車宮轅門爲壇壝宮棘門爲帷宮設旌門無宮則供人門　毛詩曰衡門之下可以棲遲　又曰乃立皐門皐門有閌乃立應門應門鏘鏘　詩義問曰橫一木作門而上無屋謂之衡門　左傳曰楚子囊鄭子耳圍于桐門　又曰王叔之宰曰蓽門圭竇之人而皆凌其上其難爲上矣　又曰鄭大水龍鬬于時門之外　魯連子曰先生見孟嘗君於杏唐之門　楚辭曰望長楸而太息涕淫淫其若霰過夏首而西浮顧龍門而不見　越絶書曰楚門春申君時造楚人從入故號楚門　史記曰金馬門者宦者署門也門傍有銅馬故謂之曰金馬門　賈誼書曰天子宮門曰司馬門　又曰高帝瓜分天下以王有功之臣擇良日立諸侯洛陽上東門之外　說苑曰于公築治廬舍謂

匠人曰爲我高門我治獄未甞有寃後世必有封侯者令容高蓋駟馬
及後果封爲西平侯　漢書曰元帝爲太子謹愼初居桂宮上急召太子
出龍樓門不敢絶馳道　又曰太液池南有壁門　又曰陳平家貧以席爲
門然門外多長者車轍　吴越春秋曰子胥爲吴造大城陵門八象天
風水門八法地八窻　范曄後漢書曰孔融云鄭君里門四方所由觀禮其
廣令容高車結駟名爲通德門　漢宮殿名曰長安有宣平門覆盎門
萬秋門横門東都門宣德門元成門青綺門章義門仁壽門磦石門
魏書曰文帝初在東宮集諸儒於朝肅城門内講論大義侃侃無倦　古
今地名曰河南有鼎門九鼎所定華陽國志曰蜀城十里有升遷橋送客觀
司馬相如初入長安題其門曰不乘赤車駟馬不過汝下　吴地記曰閶闔
門者吴王闔閭所作也名爲閶闔門高樓閣道後由此出伐楚改曰破
楚門　世説曰楊脩爲魏武主簿作相國門始構榱桷魏武自看使人題
門作活字便去楊脩見即令壞之既竟曰門中活闊字王嫌門大也　**銘**後
漢李尤門銘曰門之設張爲宅表會納善閑邪擊柝防害　又中東門

銘曰中東處仲月值當昴畢舍庚有聲隼䧹鷹匿爪除去桎梏獄訟勿考
又開陽城門銘曰開陽在巳孟位月惟巳清明冠節大陽進起 又津城門
銘曰津名自定位月在未溫風鬱𨹧暑鷹鳥習鷙 又廣陽門銘曰廣
陽位孟厥月在申涼風從時白露巳分 又雍城門銘曰雍門處中位月在
酉旨風寒獨鷰歸山阜 又夏城門銘曰夏門值孟位月在亥陰陽不通
蟋蟀匿彩迎冬北壇從陰所在 又穀城門銘曰穀門北中位當于子太陰主
刑殺伐爲首 晉摯虞門銘曰祿無常家福無定門人謀鬼謀道在則
尊 【文】後魏溫子昇閶闔門上梁祝文曰維王建國配彼太微大君有命
高門啓扉良辰是簡穆卜無違雕梁乃架綺翼斯飛八龍杳杳九龍
巍巍居宸納祐就日垂衣一人有慶四海爰歸

樓

爾雅曰狹而脩曲曰樓 說文曰樓重屋也 樔澤中守竹樓也 黃帝占軍氣
決曰諸將軍氣如城樓 史記曰方士言武帝曰黃帝爲五城十二樓以候
神人帝乃立神明臺井幹樓高五十丈輦道相屬 十洲記曰昆侖山有

十二玉樓　漢書曰甘延壽少以良家子善騎射嘗超踰羽林亭樓由是遷爲郎　吳越春秋曰范蠡爲句踐立飛翼樓以象天門　東觀漢記曰上至廣阿上城門樓上披輿地圖指示鄧禹曰天下郡國如是我乃始得一處卿言天下不足定何也　吳志曰劉基美容姿孫權愛敬之權暑時嘗於船中宴樓上作雷雨權以蓋自覆又命覆基餘人不得也　虞氏家記曰吳小城白門蓋吳王闔閭所作也至秦始皇守宮吏燭鷰窠失火燒宮而此樓故存　晉宮閣名曰總章觀儀鳳樓一所在觀上廣望觀之南又別有翔鳳樓　賴鄉記曰老子廟有皇天樓九柱樓靜念樓皆畫仙人雲氣　袁彥伯羅山疏曰仰望石樓眇然在雲中　世說曰陵雲臺樓觀極精巧先稱平衆材輕重當宜然後造構乃無錙銖相負揭臺雖高峻恒隨風搖動魏明帝登臺懼其勢危別以大材扶持之樓即便頹壞論者謂輕重力偏故也　幽明錄曰鄴城鳳陽門五層樓去地二十丈長四十丈廣二十丈安金鳳皇二頭於其上一頭飛入漳河清浪見在水底一頭今猶存　述異傳曰荀瓌字叔偉寓居江陵憩江夏黃鵠樓上望西南有物飄然降自雲漢俄頃已至乃

䳄鶴之賓也鶴止戶側仙者就席羽衣虹裳賓主歡對辭去跨鶴騰空眇然煙滅

詩

古詩曰西北有高樓上與浮雲齊交疏結綺窗阿閣三重階　宋文帝登景陽樓詩曰崇堂臨萬雉曾樓跨九成瑶軒籠翠幌組幕翳雲屏階上曉露潔林下夕風清蔓藻嫖緑葉芳蘭媚紫莖極望周天險留察浹神京交渠紛綺錯列植發華英　梁武帝登北顧樓詩曰歇駕止行警迴輿暫遊識清道巡丘壑緩步肆登陟鴈行上差池羊腸轉相逼歷覽窮天步矖矚盡地域南城連地險北顧臨水側深潭下無底高岸長不測舊嶼石若構新洲花如織　梁簡文帝奉和登北顧樓詩曰春陵佳氣地濟水鳳皇宮況此徐方域川岳邁同灃皇情愛歷覽遊陟擬崆峒聊驅式道候無勞襄野童霧崖開早日晴天歇晚虹去帆入雲裏遥星出海中　又登烽火樓詩曰聳樓排樹出却堞帶江清陟峯試遠望鬱鬱盡郊京萬邑王畿曠三條綺陌平亘原橫地險孤嶼派流生悠悠歸棹入眇眇去帆驚水煙浮岸起遥禽逐霧征　又水中樓影詩曰水底罘罳出萍間反宇浮風生色不壞浪去影恒留　梁沈約登玄暢樓詩曰危

峯帶北阜圓鼎出南岑中有凌風榭迴望川之陰崖岸毋增減湍半互淺深水流本三派臺高乃四睎上有離羣客客有慕歸心落暉映長浦煥景燭中尋雲生嶺乍黑日下溪半陰信美非吾土何事不抽簪　梁劉孝綽登陽雲樓詩曰吾土陽臺上非夢高臺客迴首望長安千里懷三益顧惟慙入楚降私等申白西沮水潦收昭丘霜露積龍門不可見空慕凌霜柏　梁王臺卿詠水中樓影詩曰飄飖似雲度亭亭如蓋浮孰看波不動還是映高樓

【賦】魏王粲登樓賦曰登茲樓以四望聊暇日以銷憂覽斯宇之所處實顯敞而寡仇挾清漳之通浦倚曲沮之長洲北彌陶牧西接昭丘雖信美而非吾土曾何足以少留憑軒檻以遥望向北風而開襟平原遠而目極蔽荆山之高岑路逶迤而脩迥川既漾而濟深昔尼父之在陳有歸歟之歎音鍾儀幽而楚奏莊舄顯而越吟人情同於懷土豈窮達之異心惟日月之逾邁俟河清其何極冀王道之一平假高衢而騁力步棲遟而徙倚白日忽其西匿風蕭瑟而並興天慘慘而無色獸狂顧以求羣鳥相鳴而鼓翼原野闃其無人征夫行而未息循階除而下降氣交憤於胷臆夜參半而不寐悵盤

栢以反側　晉孫楚登樓賦曰有都城之百雉加胄樓之五尋從明王之登
遊聊暇日以娛心鳴鳩拂羽於桑榆游鳧濯翅於素波牧豎吟嘯於行陌
舟人鼓枻而揚歌百僚雲集促坐華臺嘉肴滿俎旨酒盈杯談三墳而詠五
典繹聖哲之所裁　晉棗據登樓賦曰懷離客之遠思情慘慘而惆悵登
茲樓而逍遥聊因高以遐望感斯州之厥域寔帝王之舊疆挹呼沱之濁河
懷通川之清漳原隰開闢蕩臻夷藪桑麻被野黍稷盈畝禮儀既度民
繁財阜懷桑梓之舊愛信古今之同情鍾儀慘而南音莊舄感而越聲
豈吾人之狹陋能去心而無營情戚戚於下國意乾乾於上京　晉郭璞登
百尺樓賦曰在青陽之季月登百尺以高觀嘉斯遊之可娛乃老氏之所歎
撫凌檻以遥想乃極目而肆運情眇然以思遠悵自失而潛愠瞻禹臺之
隆崛奇巫咸之孤峙美鹽池之滉汙蒸紫霧而霞起異傅巖之幽人神介
山之伯子揖首陽之二老招鬼谷之隱士嗟王室之蠢蠢方構怨而極武哀
神器之遷浪指綴旒以譬主雄戟列於廊抜戎馬鳴乎講柱寤若華而
增怪歎飛駟之過戶陟茲樓以曠眺情慨爾而懷古　銘　宋鮑昭凌煙樓

銘曰瞰列江檻望景延除積清風路合彩煙途俯窺淮海俛眺荆吳我王結駕藻思神居宜此萬春脩靈所扶

櫓

釋名曰櫓露上無覆屋也　孫子兵法曰攻城之法修櫓轒轀具器械三月而後成　陸機洛陽記曰洛陽城周公所制東西十里南北十三里城上百步有一樓櫓外有溝渠【賦】晉歐陽建登櫓賦曰登茲櫓以遐眺矚胥軒以高眄仰天塗之綿邈俯平原之曠衍嘉暮春之令節悅和風之微扇傍觀八隅周覽四垂面孤丘之峻峭岨曲岸之脩崖植榆柳以成列插垂柳之差差寓目忽以終日情亹亹而忘疲

觀

釋名曰觀者於上觀望也　列子曰岱輿山上臺觀皆金玉仙聖飛相來往　史記曰公孫卿謂武帝曰仙人好樓居於是上令長安作飛廉桂觀甘泉則作延壽觀　漢書曰甘露二年冬十二月上幸萯陽宮屬玉觀　又曰孝成皇帝元帝太子也生甲觀畫堂　三輔皇圖曰武帝起鳷鵲觀神明觀

集靈觀陽祿觀　漢宮殿名曰長安有臨仙觀渭橋觀仙人觀霸昌觀蘭池觀平樂觀九華觀豫章觀三章　觀昆明觀走馬觀華光觀封巒觀走狗觀天梯觀瑶臺觀沵渠觀相思觀長平觀宜春觀華池觀射熊觀迎風觀露寒觀　魏志曰明帝置崇文觀徵善屬文者以充之　陸機洛陽地記曰宮中有臨高陵雲宣曲廣望閶風萬世脩齡總章聽訟凡九觀皆高十六七丈以雲母著窻裏日曜之煒煒有光輝　華延儁洛陽記曰洛陽城十八觀皆施玄檻鐵籠疏雲母幌　華山記曰南嶺東崖巖北面有二小山一山有雙石竪生號曰石門一山石孤崖特秀上有客觀涉之遠者眺十里

詩　隋江揔侍宴玄武觀詩曰詰曉三春暮新雨百花朝星宮移渡漢天駟動行鑣旆轉蒼龍闕塵飛飲馬橋翠觀迎斜照丹樓望落潮鳥聲雲裏出樹彩浪中揺歌吟奉天詠未必待聞韶

賦　後漢崔駰大將軍臨洛觀賦曰濱曲洛而立觀營高壤而作廬處崇顯以閒敞超絕鄰而特居列阿閣以環匝表高臺而起樓步輦道以周流臨軒檻以觀魚於是迎夏之首末春之垂桃枝夭夭楊柳猗猗既

乃日垂西陽中曜內光弛銜縱策逸如奔飈　後漢李尤平樂觀賦曰乃設平樂之顯觀章秘瑋之奇珍習禁武以講捷厭不羈之遐鄰徒觀平樂之制欝崔嵬以離婁赫巖巖其崟嶺紛電影以盤盱彌平原之博敞處金商之維陬大廈累而鱗次承岧嶤之翠樓過洞房之轉闥歷金環之華鋪南切洛濱北陵倉山龜池決漭果林榛榛天馬沛艾鬣尾布分爾乃大和隆平萬國肅清殊方重譯絕域造庭四表交會抱珍遠并雜遝歸誼集于春正翫屈奇之神怪顯逸才之捷武百僚于時各命所主方曲既設秘戲連叙逍遙俯仰節以鞀鼓戲車高橦馳騁百馬連翩九仞離合上下或以馳騁覆車顛倒烏獲扛鼎千鈞若羽吞刃吐火燕躍烏跱陵高屨索踊躍旋舞飛九跳劒沸渭回擾巴渝隈一踰肩相受有仙駕雀其形蚴虯騎驢馳射狐兔驚走侏儒巨人戲謔為耦禽鹿六駮白象朱首魚龍曼延㠑蜒山阜龜螭蟾蜍挈琴鼓缶　又東觀賦曰敷華實於雍堂集幹質于東觀東觀之藝孽孽洋洋上承重閣下屬周廊步西蕃以徙倚好綠樹之成行歷東厓之敞坐庇蔽茅之甘棠前望雲

臺後亟德陽道無隱而不顯書無闕而不陳覽三代而采宜包郁郁之周文 魏陳王曹植遊觀賦曰靜閑宮而無事將遊目以自娛登北觀而啓路涉雲路之飛除從熊羆之武士荷長戟而先驅罷若雲歸會如霧聚車不及迴塵不獲舉奮袂成風揮汗如雨 又臨觀賦曰登高墉兮望四澤臨長流兮送遠客春風暢兮氣通靈草含幹兮木交莖丘陵窟兮松柏青南園薆兮果蕆榮樂時物之逸豫悲予志之長違歎東山以愬勤歌式微以詠歸進無路以効公退無隱以營私俯無鱗以遊遁仰無翼以翻飛 **銘** 後漢李尤東觀銘曰周氏舊區皇漢寔循房闥內布疏綺外陳升降三除貫啓七門是謂東觀書籍林泉列侯弘雅治掌藝文

堂

說文曰堂殿也 釋名曰堂猶堂堂高顯貌也 禮記曰堂上不趨堂上接武堂下布武 又曰觀禮天子不下堂而見諸侯下堂見諸侯天子之失禮也由夷王以下 莊子曰覆杯水於坳堂之上則芥爲之舟置杯焉則膠水淺而舟大也 楚辭曰魚鱗屋兮龍堂 十洲記曰崑崙山有光碧之堂 說

死曰聖人於天下譬猶一堂之上也今有滿堂飲酒者有一人猶向隅而涕則一堂之人皆爲之不樂　漢武内傳曰上元夫人言西王母有六甲之術用之可以遊景雲之宮登流霞之堂　漢武故事曰玉堂去地十二丈基階皆用玉也　漢書曰玉堂在太液池南　續漢書曰中平二年造萬金堂於西園　論衡曰王者之堂墨子稱堯舜堂高三尺儒家以爲卑下假使之然高三尺之堂蓂莢生於階下須臨堂察之起視堂下之莢孰與懸日歷於扆坐顧輒見之也　風俗通曰殿堂象東井形刻作荷蔆荷蔆水物也所以厭火　晉宮閣名曰洛陽宮有則百堂螽斯堂休徵堂延禄堂承慶堂仁壽堂綏福堂含芳堂樂昌堂椒華堂芳音堂永光堂　摯虞決疑要注曰殿堂之上唯天子居牀其餘皆幅席席前設筵禮天子之殿東西九筵南北七筵故曰度堂以筵度室以几　華陽國志曰文翁立講堂作石室一曰玉堂在城南初堂遇火太守更修立又增二石室　虞氏家記曰虞潭右衛將軍太夫人年高求解職被詔不聽特假百日迎母東歸起堂養親親集會作詩言志　齊地記曰臨淄城西門外有古講堂基柱猶存齊宣王修文學

處也【詩】梁庾肩吾詠疏圃堂詩曰北堂多暇豫時駕摠鸞鑣疏靜緐葭徹輪輕羽蓋飄臨空坐飛觀迴首望浮橋風長旦鍾近地迥洛城遥疎林不得日涸浦暫通潮徒然等賓從並作愧羣僚【賦】陳江摠雲堂賦曰覽黃圖之棟宇規紫宸於太清何面勢之膠葛信不日之經營仰一時之壯麗跨萬古之威靈吐觸石之奇色混高堂之舊名若乃三階八戶百栱千楹瑩以玉琇飾以金英綠芰懸插紅蕖倒生於時木葉聲寒壺人唱靜承露擎虛相風照迴天子乃下輦開宴出豫娛神文懸日月思華風塵是負鳳之多幸愧屠龍之不眞【頌】晉庾闡樂賢堂頌曰峩峩隆構岌岌其峻階延白屋寢登髦俊神心所寄莫往非順靈圖表像平敷王潤遊虬一瑩栖鸞一叢川澄華沼樹拂椅桐林有晨風翮有西雍高觀迴雲踈猋綺怱洋洋帝猷恢恢天造思樂雲基克配祖考仰瞻崑丘俯懷明聖玄珠雖朗離人莫映清風徘徊微言絕詠有邈高構永廓靈命【銘】後漢李尤堂銘曰因邑制宅爰興殿堂夏屋渠渠高敞清涼家以師禮修奉蒸嘗延賓西階主近東廂宴樂嘉客吹笙鼓簧

城

淮南子曰鯀作九仞之城　說文曰城以盛民也墉城垣也　博物志曰禹作城彊者攻弱者守敵者戰城郭自禹始也　周書曰周公作大邑成周于土中立城方千六百二十丈郛方七十二里南繫于洛水北因于陜山　公羊傳曰城雉者何五板而堵五堵而雉百雉而城　史記曰秦二世欲漆城優旃曰善哉漆城蕩蕩寇來不得上固難爲蔭屋爾二世乃止　淮南子曰昆崙山有曾城九重　列女傳曰齊人杞梁殖襲莒戰而死其妻無所歸乃枕夫尸於城下而哭之七日而城崩妻遂投淄水而死　太康地記曰梁孝王築睢陽城方十二里以鼓唱節杵而後下和之者稱睢陽因以爲名　漢書曰神農之敎曰有石城十仞湯池百步帶甲百萬而無粟不能守也　又曰膠東前國王治膠河水分流繞城下故號膠河　風俗通曰衆心成城　俗說曰衆人同心者可共築起一城同心共飲雒陽酒可盡也　關中記曰長安城皆黒壤城今赤如火堅如石父老所傳盡鑿龍首山土爲城又諸臺闕亦爾　王隱晉書曰涼州城有卧龍形故名卧龍城南北七十里東西三十里本匈奴所築也　襄陽耆舊記曰

龐德公在沔水上至老不入襄陽城　丹陽記曰石頭城因山爲城江以爲池地形險固尤省奇勢　柰州記曰金城郡漢元始六年置應劭曰初築城得金故曰金城　盛弘之荆州記曰樊城西北有鄾城西百餘里有鼓城鼓伯綏之國城門有石人焉刊其腹云摩兜鞬摩兜鞬愼莫言疑此亦周太廟金人緘口銘背之流也　荆州圖經曰江夏郡所治夏口城其西南角因磯爲高墉枕流上則迴眺山川下則激浪崎嶇是曰黄鵠磯寔乃舟人之所艱也　益州記曰益州城張儀所築錦城在州南蜀時故宮也處號錦里　齊地記曰不夜城在陽丘東南蓋古有日夜出此城以不夜名異之也

詩

梁簡文帝從頓還城詩曰漢渚水初淥江南草復黄日照蒲心暖風吹梅枝香征艫艤湯塹歸騎息金隍舞觀衣恒襞歌臺絃未張持此横行去誰念守空牀　又登城詩曰日影半東簷請念空杼柚小堂倦縹書華池厭脩竹寂寞既寡悰登城望原陸遥山半吐雲嚴飈時響谷靡靡見虛煙森森視寒木落霞乍續断晚浪時迴復遠矚既濡翰徒自勞心目短歌雖可裁緣情非霧縠　又登城北望詩曰登樓傳昔賦出薊表前聞

霸陵忽迴首河隄徒望軍兹焉聊迴眺極目杳難分一水斜開岸雙城遥
共雲　梁江淹登紀南城詩曰恭承前嘉惠末官至南荆斂衽承光彩端
笏奉仁明再逢緑草合重見翠雲生紅甸知禮冨漢渚聞教清君王澹
以思樹羽望楚城年積衣劒滅地遠宫館平

賦

魏文帝登城賦曰孟春
之月惟歲權輿和風初暢有穆其舒駕言東道陟彼城樓逍遥遠望
乃欣以娱平原博敞中田闢除嘉麥被壟緑路帶衢流茎散葉列倚相
扶水幡幡其長流魚裔裔而東馳風飄飄而既臻日掩薆而西移望舊館
而言旋永優游而無為　晉孫楚登城賦曰有都城之百雉加層樓之五尋
從明王以登極聊暇日以娱心涇渭汨以徂邁卉木鬱而成林睎朝陽之素暉
羡緑竹之茂陰望秦墳於驪山覩八陵於北岑營巷基峙列宅萬區黎民
布野商旅充衢杞柳綢繆芙蓉吐芳俯依青川仰翳朱楊體象濛汜幽
若扶桑白日為之晝昏鳥禽為之頡頏　宋鮑照蕪城賦曰崪若斷岸矗似
長雲制磁石以禦衝糊頳壤以飛文觀基扃之固護將万祀而一君出入
三代五百餘載竟瓜剖而豆分至若白楊早落塞草前衰稜稜霜氣蔌

蔌風威孤蓬自振驚沙坐飛通池既已夷峻隅又已頹直視千里外唯見起黄埃若夫藻扃黼帳歌臺舞閣之基琁淵碧樹弋林釣渚之館吴蔡齊秦之聲魚龍爵馬之翫皆薰歇燼滅光沉響絶東都妙姬南國佳人蕙心紈質玉貌絳脣莫不埋魂幽石委骨窮塵豈憶同輦之愉樂離宫之苦辛歌曰邊風急兮城上寒井徑滅兮丘隴殘千齡兮萬代共盡兮何言 梁吴均吴城賦曰古樹荒煙幾百千年云是吴王所築越王所遷東有鑄劍殘水西有舞鶴故墟縈具區之廣澤帶姑蘇之遠山僕本蓄怨千悲憶恨況復荆棘蕭森叢蘿彌蔓亭梧百尺皆歷地而生枝階筠萬丈或至杪而無葉不見春荷夏菫唯聞秋蟬冬蝶木魅晨走山鬼夜驚不知九州四海乃復有此吴城 **銘** 後漢李尤京師城銘曰天險並登地險丘陵帝王設險乾坤是承

館

說文曰館客舍也 周禮曰五十里有市市有候館候館有積以待朝聘之官也 戰國策曰燕昭王見郭隗曰齊因孤國之亂而襲破燕對曰帝者

與師處王者與友處古者人君以千金求千里馬者三年不得涓人請求之三月得千里馬馬已死買其首五百金反以報君君大怒對曰死馬尚市況生馬乎朞年千里馬至者三王欲士先從隗隗且見事況賢於隗者乎昭王乃築館而師之樂毅鄒衍劇辛皆爭走燕遂以破齊　漢書曰元帝幸長楊射熊館布車騎大獵揚雄作賦以諫　又曰公孫弘起徒步數十年至宰相封侯於是起客館開東閤以延賢人與參謀議弘身食一肉脫粟之飯故人賓客仰衣食俸祿皆以給之家無所餘弘年八十終後李蔡嚴青翟趙周石慶公孫賀劉屈氂繼踵爲丞相者客館丘墟而已至賀屈氂時壞以爲馬廄車庫奴婢室矣　魏志曰管寧字幼安與同縣邴原相友俱遊學於異國聞公孫度令行於海外遂與平原王烈等至于遼東度虛館以候之　世說曰魏明帝爲外祖母築館於甄氏既成謂左右曰館當何以爲名侍中繆襲曰陛下聖思齊於哲王罔極過於曾閔此館之興情鍾舅氏宜以渭陽之名　荊州圖副曰襄陽縣南有桃林館是則餞行送歸之所萃也

詩

晉棗宏擬古詩曰高館百餘

仞迢遰虚中亭文幌曜瑣扇碧疏映綺櫺賦晉張協玄武館賦
目爾乃地勢夷敞既膏且腴環以翠林帶以赤渠尋厥先之攸基寔
張氏之舊墟何魏后之周覽遂築館而起廬既號玄武是曰石樓於
是崇墉四匝豐厦詭譎爛若丹霞皎如素雪璀璨皓旰華璫四垂
接棟連阿岬嵑參差朱戶青鋪幽闥秘闈於是高樓特起竦峙岧嶤
飛甍四注上槩浮霄直亭亭以孤立迎千里之清飈陽扉南啓陰軒北
達春牖左開秋窗右豁仰視雲根俯臨天末木則楸梓夾路蓊蔚如林
洪幹十圍脩枝百尋　晉潘岳東武館賦曰東武館者蓋東武陽侯之
館也嘉大雅之弘操美明哲之保身懲都邑之迫險厭食里巷之囂塵慕
古公之胥宇羨孟氏之審鄰將遷居於爽塏乃投迹於里仁前則行旅
四湊通衢交會水泛輕舟陸方羽蓋後則崇山崔嵬茂林幽藹彌望
遠覽滉瀁夷泰表裏山河出入襟帶若乃潛流旁注飛渠脉散芙
蓉映渚靈芝蔽岸於是逍遥靈沼遊豫華林彎弓撫彈娛志蕩
心括不、上繳綸不料沉遊鱗雙躍落羽相尋膳夫進俎虞人獻鮮羞豐

汯汯洑洑作往復旋**銘**後漢李尤高安館銘曰巍
巍高安明聖是修嶕嶢麗館窈窕闔列周長除臨起櫺檻相承聖朝
明察同保休徵 又平樂館銘曰乃興平樂弘敞麗光層樓通閣禁闥
洞房煥炳照曜朱華飾璫騁武舒秘以示幽荒加榮普覆然後來
王

藝文類聚卷第六十三

藝文類聚卷第六十四

居處部四

宅舍　庭　壇　室　齋　廬　道路

宅舍

晏子曰景公使更晏子之宅曰子之宅近市湫隘囂塵不可居請更子宅曰臣之先臣居此宅焉臣不足以代之　漢書曰蕭何買田宅必居窮僻處不治垣舍曰令後世賢師吾儉不賢無爲勢家所奪　又曰魯共王壞孔子舊宅以廣宮室聞鐘磬琴瑟之聲遂不敢壞復於其壁中得古經傳　續漢書曰吳漢嘗出征妻子在後買田業漢還讓之曰軍師在外吏士不足何多買田宅乎遂盡分以與昆弟外家　裴楷別傳曰楷營新宅基宇甚麗當移住與兄共遊行牀帳儼然檽軒踈朗兄忽甚願之而口不言楷心知其意便使兄住　王隱晉書曰魏舒少孤爲外家甯氏所養甯起宅相者云當出貴外生舒曰當爲外家成此宅相　漢舊儀曰高皇帝家在豐中陽里爲沛泗上亭長及爲天子立沛廟祠豐故宅　風俗通曰宅不西益俗說西者爲上上益宅者妨家長也原其所以西

益者禮記曰南向北向西方爲上爾雅曰西南隅謂之奧尊長之處也不
西益者難動搖之爾審西益有害增廣三面豈能獨吉乎　三輔決錄
曰邴洋爲太尉長史起大宅在高陵城西世稱曰長史宅　吳志曰周瑜與
孫策同年相友善瑜推道南大宅以舍策升堂拜母有無通共　又曰
陳表家財盡於養士死之日妻子露立太子登爲起居宅　婁承先傳
曰婁玄到廣州遂徘徊躑躅於仲翔宅故處哀咽悽愴不能自勝　搜神
記曰魏郡張本富忽衰死財散賣宅與程應應舉家疾病盡賣與何文文
先獨持大刀暮入北堂梁上一更中有一人長丈餘高冠赤幘呼曰細腰細
腰應諾何以有人氣荅無便去文因呼細腰問向赤衣冠是誰荅曰金也在
西壁下問君是誰荅云我杵也今在竈下文掘得金三百斤燒去杵由此
大富宅遂清寧　[redacted]子曰葛盧有大功受爵立宅舍於博望里于今基
兆石礎在焉　又曰臨沅縣有廖氏世老壽後移子孫輒殘折他人居其故
宅復累世壽乃知是宅所爲不知其何故疑井水赤乃掘井左右得古人
埋丹沙數十斛丹汁入井是以飲水而得壽　襄陽記曰李衡每欲治家

妻輒不聽後密遣客十人於武陵龍陽洲上作宅種橘千樹臨死勑兒曰汝母每惡吾治家故窮如是吾州里有千頭木奴不用汝衣食歲上一匹絹亦當足用爾云後二十餘日兒白母母曰此當種柑橘也汝家失十戶客七八年必汝父遣爲宅晉咸康中其宅上枯樹猶存　范汪荆州記曰宛有三女樓作子胥宅　又曰義陽六縣安昌里有光武宅枕白水陂所謂龍飛白水也　庾仲雍荆州記曰秭歸縣有屈原宅伍胥廟擣衣石猶存　賴鄉記曰老子祠在賴鄉曲仁里譙城西出五十里老子平生時教化學仙故處也　漢桓帝修建屋宇爲老子廟廟北二里李夫人祠是老子舊生宅也　劉禎京口記曰糖頹山山周迴二里餘山南隅隅路得郄鑒故宅五十餘畝　戴延之西京記曰東陽門外道北吳蜀二王第宅去城二里墟墓猶存　又曰潼關北去蒲坂城六十里中有舜廟城外有宅井及二妃壇南去城二十里有山舜所耕山上亦有山　述征記曰豐圻豐水西九十里有漢高祖宅　又曰山陽縣城東北二十里魏中散大夫嵇康園宅今悉爲田墟而父老猶謂嵇公竹林地以時有遺竹也　盛弘之荆州記曰新野

郡西七里有梅溪源出紫山南流注淯故老傳溪西有百里奚宅【詩】齊竟陵王蕭子良行宅詩曰余禀性端疎屬愛閑外往歲羈役浙東備歷江山之美名都勝境極盡登臨山原石道步步新情迴池絕澗往往舊識以吟以詠聊用述心訪宇北山阿卜居西野外幼賞悅禽魚早性羨蓬艾陳江摠歲暮還宅詩曰悒然想泉石駐駕出城臺翫竹春前筍驚花雪後梅青山殊可對黃卷復時開長繩豈繫日濁酒傾一杯　又南還尋草市宅詩曰紅顏辭鞏洛白首入轘轅乘春還故里徐步採芳蓀徑毀悲嵇仲林殘憶巨原見桐猶識井看柳尚知門花落空難遍鶯啼靜易喧無人訪語默何處敘寒溫百年獨如此傷心豈復論【賦】魏陳王曹植閑居賦曰何吾人而介特去朋匹而無儔出靡時以娛志入無樂以銷憂何歲月之若騖復民生之無常感陽春之發節聊輕駕而遠翔登高丘以延企時薄暮而起予仰歸雲以載奔過蘭蕙之長圃冀芬芳之可服結春衡以延佇入虛廓之閑館步生風之廣廡踐密邇之脩除即敞景之玄宇翡鳥翔於南枝玄鶴鳴於北野青魚躍於東沼白鳥戲於西渚遂乃背通谷對

緑波藉文茵翳春華丹轂更馳羽騎相過　晉潘岳閑居賦曰岳讀汲黯傳至司馬安四至九卿而良史書之題以巧宦之目未曾不慨然廢書而歎曰嗟乎巧誠有之拙亦宜然於是覽止足之分庶浮雲之志池沼足以漁釣春稅足以代耕灌園鬻蔬供朝夕之膳牧羊酤酪俟伏臘之費此亦拙者之爲政也乃作閑居之賦於是退而閑居洛水之涘身齊逸民名綴下士背京泝伊面郊後市浮梁黝以徑度靈臺桀而高峙窺天文之秘奧究人事之終始爰定我居築室穿池長楊映沼芳枳樹籬遊鱗瀺灂菡萏敷披竹木蓊鬱靈果參差張公大谷之梨梁侯烏椑之柹周文弱枝之棗房陵朱仲之李靡不畢植三桃表櫻胡之別二柰曜丹白之色石榴蒲萄之珍磊落漫衍乎其側梅杏郁棣之屬繁榮藻麗之飾華實照爛言所不能極也菜則葱韭蒜芋青筍紫薑蘘荷依陰時藿向陽緑葵含露白薤負霜柳垂陰車結軌陸摘紫房水挂頳鯉或宴于林或禊于汜　晉庾闡閑居賦曰於是宅鄰京郊宇接華郭聿來忘懷茲焉是託鳥棲庭林燕巢于幕旣乃青陽結蔭木槿開榮森條霜重緑葉雲傾陰興則暑

退風來則氣清前臨塘中眇目長洲晨渠吐溜歸潮夕流顧有崇臺高觀凌虛遠遊若夫左瞻天宮右眄西岳嵩亮飛彤素嶺敷翠綠朝霞時清滄浪靡濁黃綺絜其雲棲漁父欣其濯足至于體散玄風神陶妙象靜因虛來動率化往蕭然忘覽見豁爾遺想榮悴靡期孰測幽朗故細無形骸之狹巨非天地之廣音與於萬韻理絕乎一響 晉束晳近遊賦曰世有逸民在乎田疇宅彌五畝志狹九州安窮賤於下里寞玄淡而無求乘蓽輅之偃蹇駕蘭單之疲牛連推索以爲鞅結斷梗而作鞦攀蓽門而高蹈揭徘徊而近遊井則兩家共一園必去舍百步貫雞觳於歲首收緩纗於牣手其男女服飾衣裳之制名號詭異隨迭設繫襦以御冬脅汗衫以當熱帽引盈角之縫裾爲素條之殺書兒啼於客堂設杜門以避吏婦皆卿夫子呼父字及至三農間隙遘結婚姻老公戴合歡之帽少年著蕞角之巾 梁沈約郊居賦曰惟至人之非已固物我而自忘自中智以下愚咸得性以爲場伊吾人之褊志無經世之大方思依林而羽戢願託水而鱗藏值龍顏之鬱起乃憑風而矯翼指皇邑而南轅駕脩衢以騁力余平生而耿介實有心於獨往思幽人而軫念望

東皐而長想本忘情於徇物徒羈紲於人壤應屬歎於牽幽陸興言於
世網爾乃傍窮野指荒郊編霜菼葺寒茅構栖噪之所集築町疃之
所交因犯檐而列樹由妨基而剪巢織宿楚而成門藉外籬而爲戶既取
陰於庭樾又因籬於芳杜草則蘋萍芡芰菁藻蒹菰石衣海髮黃荇
綠蒲動紅荷於輕浪覆碧葉於澄湖其陸卉則紫芷龜綠葹天蓍青山韭
鴈齒鹿舌牛脣燕肩若乃園宅殊制田圃異區李衡則橘林千樹石
崇則雜果萬株並宜豪家情之所後非儉志之所娛欲令紛披蓊鬱吐綠
攢朱開丹房以四照舒翠葉而九衢其林鳥則翻泊頡頏遺音下上楚
雀多名流鶯雜響或班尾而綺翼或綠衿而絳顙好葉隱而枝藏
乍間關而來往其水禽則大鴻小鴈天駒澤虞秋鷖寒鶩修鵁短鳧
翅碎流而起沫翼鼓浪而成珠其魚則赤鯉青魴纖鰷巨鱯碧鱗朱
尾脩驪偃頷小則戲渚成文大則噴流揚白淮鍾巖之隱鬱表皇都而
作峻蓋望秩之所宗含風雲而起潤孤隥橫插洞穴斜經千丈萬仞三襲
九成亘繞州邑款跨郊坰素煙晚帶白霧晨縈近循則一巖異色遠望則

百嶺俱青時言歸於陋宇聊暇日以翱翔猷依庭而莫駭魚何沼而不綱晚樹開花初英落蘂異林而分丹素因風而雜紅紫紫蓮夜發紅荷曉舒輕風微動芬芳襲余氷懸埳而帶坻雪縈松而被野鴨屯飛而不散鴈高翔而欲下傷余情之頽暮夏與愁其相溢悲異軫而同歸歡殊方而並失時復託情魚鳥歸閑蓬蓽旁闕吳娃前無趙瑟唯以天地之恩不報書事之官不述徒重於高門之地不載於良史之筆長太息以何言羞愧之非一

【銘】晉習鑿齒諸葛武侯宅銘曰達人有作振此頹風彫薄蔚采鴟闌惟豐義範蒼生道格時雄自昔爰止於焉盤桓躬耕西畝永嘯東巒迹逸中林神凝巖端罔窺其奧誰測斯歡堂堂偉匠婉翮揚朝傾巖搜寶高羅九霄慶雲集矣鸞駕亦招

【啓】梁元帝謝敕賜第啓曰竊以漢賜五侖寔云清吏魏寵衛臻用旌肅直未如靈光輪奐睢陽爽塏北連城闕有似甄侯之舍東望市鄽狀深豫章之圃昔狼望未平冠軍辭宅馬池猶隔雍丘讓邸臣慙霍曹遠志但識君命無違再思肅陋九殞非荅

梁劉孝儀爲王儀同謝宅啓曰昔晏嬰湫隘齊景營其爽塏孫歷無家

晉武爲之築館或功高千載德重一時故冡考室之榮以降葺宇之澤並辭而處傳芳前載臣才愧昔人恩同往哲豈宜妄荷重增疵吝但匈奴未滅遽當輪奐之美環堵爲室遂得歌哭於斯　又爲武陵王謝賜第啓曰竊以南望朱鳥北距蒼龍右帶御溝左迴青路畢晏嬰之湫隘同潘岳之閑居臣幼自宮掖長遊城府雖輪奐之美多門而館第之私未暇今輕舟將反高門遽錫遂葺宇築室百堵皆興雲屋連甍一朝弘敞

梁庾肩吾謝東宮賜宅啓曰肩吾居異道南才非巷北流寓建春之外寄息靈臺之下豈望地無湫隘里號乘軒巷轉幡旗門容幰蓋況乃交垂五柳若元亮之居夾石雙槐似安仁之縣却瞻鍾阜前枕洛橋池通西舍之流窗映東鄰之棗來歸高里翻成侍封之門夜坐書臺非復通燈之壁才下應王禮加温阮官成名立無事非恩

表　晉陸雲門起西園第宜遵節儉之制表曰臣聞有國者不患宮室之不崇患在令名之不立是以賢人之在富貴莫不卑身節欲損己抱情用能保其國家今聞百世歷觀古今以約失之者寡以者失之奢蓋多世祖武皇帝富有四海貴

爲天子居無離宮之館身御家人之服先帝豈欲以此道止於治身而已者哉固將必欲遺訓百世貽燕子孫此固殿下所宜祗奉也

【議】晉潘岳上客舍議曰謹按客舍逆旅之設其所由來遠也行者賴以頓止居者薄收其直交易貿遷各得其所因民成利惠加百姓語曰許由辭帝堯之命而舍於逆旅外傳曰晉陽處父過甯嬴於逆旅魏武帝亦以爲冝其詩曰逆旅整設以通商賈然則自唐到于今未有不得客舍之法唯商鞅有之此固非聖世之所言也方今四海會同九服納貢八方翼翼公私滿路近畿輳客舍亦稠蒭秣成行器用取給又諸劫盜皆起於迥絕而止乎人衆十里蕭條則姦宄生心連陌接館則寇情震懾且聞聲有救已發有追不赦有罪不追有戮禁暴捕亡恒有司存凡此皆客舍之益道路之要姦吏所植也率歷代之舊俗獲行留之歡心使客舍灑掃以待征旅擇家而息豈非衆庶顒顒之望

庭

左傳曰初楚恭王無冢適有寵子五人無適立焉既乃與巴姬密埋璧於大室之庭使五人齊而入拜平王弱抱而入再拜皆厭紐　羅含別傳曰含致仕還

家庭中忽自生蘭此德行幽感之應　語林曰謝太傅問諸子姪曰子弟何豫人事正欲使其往諸人莫有言車騎荅曰譬如芝蘭玉樹欲使其生庭階也

【賦】陳沈炯幽庭賦曰矧幽庭之閑趣具春物之芳華轉洞房而引景偃飛閣而藏霞築山川於戶牖帶林苑於東家草纖纖而垂緑樹搔搔而落花於是秦人清歌趙女鼓筑嗟光景之遲暮詠羣飛之栖宿顧留情於君子豈令姿於嬌淑於是起而長謡曰故年花落今復新新年一故成故人那得長繩繫落日年年月月但如春

壇

管子曰桓公即壇而立甯戚鮑叔隰朋賓須無皆差肩而立　莊子曰孔子遊乎緇帷之林休坐乎杏壇之上弟子讀書孔子絃歌鼓琴奏曲未終有漁父者下舡而來左手據膝右手持頤以聽曲終而招子貢子路二人俱對客指孔子曰彼何爲者子路曰魯之君子也　新序曰秦欲伐楚使者往觀楚王之寶器楚王聞之召昭奚恤問焉恤對曰此觀吾國之得失而圖之寶器於賢臣夫珠玉玩好之物非國之重寶也遂使恤發精兵三百人陳

於西門之内爲東面之壇一爲西面之壇一秦使者[redacted]恤[redacted]客也請就上位徐靈期南岳記曰南岳山上有飛壇懸水激石飛湍百仞即孫溫伯所喪身處也又有曲水壇水行石上成溝瀆如世人臨河壇也三月三日時來逍遥梁州記曰沔陽城先沔陽縣所治也在漢水南舊蕭何所築也劉備爲漢王權住此城盟於城下今門外有盟壇猶存

銘

周庾信堯登壇銘曰登壇洛汭沉玉河湄丹圖馭馬緑甲乘龜榮光上幕休氣連帷雖存克讓終見奮

室

毛詩曰斯干宣王考室也築室百堵西南其戸　老子曰鑿戸牖以爲室當其無有室之用　楚辭九歌曰麋何食兮庭中蛟何爲兮水裔朝馳余馬兮江皐夕濟兮西澨聞佳人兮召余將騰駕兮皆逝築室兮水中葺之兮荷蓋管子曰堯有衢室之問者下聽於民也　晏子曰景公謂晏子曰寡人欲朝夕相見爲夫子築室於閨内可乎對曰臣聞之隱而顯近而結唯至賢耳如臣者飾其容止以待命猶恐罪戾也今君近之是遠之也　又曰景公問晏子曰吾欲服聖人之服居聖人之室如此則諸侯其至乎對曰法其節儉則可法其服室無益

楚辭曰鑿山楹而爲室下披衣於水渚霧濛濛其晨降兮雲依斐而成宇又曰網戶朱綴刻方連冬有突廈夏室寒 尚書大傳曰子夏讀書畢見夫子夫子問焉子何爲於書對曰書之論事昭昭若日月之明離離若參辰之錯行上有堯舜之道下有三王之義商所受於夫子者志之不敢忘也雖退而窮思河濟之間深山之中壤室編蓬爲戶於中彈琴詠先王之道則可發憤慷慨矣神異經曰西北荒有石室有二十人同居齊壽千二百歲 十洲記曰崑崙山上有瓊華之室 淮南子曰西方有金室 列仙傳曰彭祖殷大夫也歷夏至商末號七百歲歷陽有彭祖仙室 漢書曰文帝徵賈誼入見上方受釐坐宣室因感鬼神事與誼言之 三輔黃圖曰明堂有十二室法十二月 謝承後漢書曰陳蕃家貧不好掃室客怪之者或曰可一掃乎蕃曰大丈夫當爲國掃除天下豈徒室中乎 楊龍驤洛陽記曰顯陽殿北有避雷室西有御龍室 雷次宗豫章記曰望秦縣有一石室入室十餘里有水廣數十步清淺遊者伐竹爲筏以過水幽邃無極莫能究其源出好鍾乳 盛弘之荊州記曰始興機山東有兩巖相向如鴟尾石室數十所經過時聞有金石絲竹之聲 嵩高山記

昆山下巖中有石室中有自然經書自然飲食　漢宮殿名曰神明臺武帝造高五丈上有九室今人謂之九天臺武帝求神仙恒置九天道士百人　洛陽宮殿名曰洛陽有望舒涼室含章鞠室靈芝鞠室清暑涼室

詩

宋吴邁遠遊廬山觀道士石室詩曰蒙葺衆山裏往來行迹稀尋嶺達仙居道士披雲歸似著周時冠狀披漢時衣安知世代積服古人不衰得我宿昔情知我道無爲　齊王融移席琴室應司徒教詩曰雪崖似留月蘿徑若披雲潺湲石溜寫綿纊山雨闇　梁任豫夏潦省宅詩曰風棹出天街星言指沇室頓揖俄毀垣惻然悼窮陌眷爲發大道夏爲淑潮折貴者陋懷居鄙人安朝夕生長數十載幸祐見衰白堂遺孤孩音庭餘笄齔迹入似聚族慰出爲里仁惜

賦

晉潘岳狹室賦曰歷甲第以遊觀旋陋巷而言歸伊余館之褊狹良窮弊而極微閣了戾以互掩門崎嶇而外扉室側戶以攢楹檐接邪而交模當祝融之御節熾朱明之隆暑沸體惄其如鑠珠汗揮其如雨若乃重陰晦冥天威震曜漢潦沸騰叢溜奔激臼竈爲之沉溺器用爲之浮漂彼處貧而不怨嗟生民之攸難匪廣厦之足榮有功身之近患青陽萌而畏暑白藏兆而懼寒

獨味道而不悶喟然向其時歎 晉庾闡狹室賦曰居不必陋食不求簞豈獨蓬蒿可永而隆棟招患奚必膏粱非美而飲蹴以飧醪俎可以充性不極欲以析龍肝清室可以遊暑不冽冰而興夏寒于時融火炎炎鶉精共耀南羲戢暑夕陽傍照爾乃登通扉闢櫺幌絺幕褰閑堂敞微飈凌閨而直激清氣乘虛以曲蕩溫房悄凄以興涼軒檻寥豁以外朗

齋

王孚安成記曰太和中陳郡殷府君引水入城穿池殷仲堪又於池北立小屋讀書百姓于今呼曰讀書齋

詩 晉湛方生後齋詩曰解纓復褐辭朝歸藪門不容軒宅不盈畝茂草籠庭滋蘭拂牖撫我子姪攜我親友茹彼園蔬飲此春酒開櫺攸瞻坐對川阜心焉孰託託心非有素構易抱玄根難朽即之匪遠可以長久 梁簡文帝山齋詩曰玲瓏繞竹澗間關通槿蕃缺岸新成浦危石久爲門北榮下飛桂南柯吟夜猿暮流澄錦礫晨冰照采鸞 梁庾肩吾和竹齋詩曰白栱橫節節千櫨跨篻竿迴龍仍作柱置笛且成纍向嶺分花徑隨階轉藥欄蜂歸憐蜜熟燕入重巢乾欲仰天庭

掞終知學步艱　陳徐陵奉和簡文帝山齋詩曰架嶺承金闕飛橋對石梁竹密山齋冷荷開水殿香山花臨舞席水影照歌牀

賦

宋謝靈運山居賦曰上古巢居穴處曰巖棲居山曰山居在林野曰丘園在郊郭曰城傍四者不同可以理推昔仲長顗言流水高山應叟作書郎阜洛川勢有偏側地闕周員至若鳳叢二臺雲夢青丘漳渠淇園橘林長洲雖千乘之珍苑孰嘉遁之所遊覽明達之撫運乘機感而理默悼三閭之浮江矜望諸之去國仰前哲之遺訓俯性情之所便奉微軀以宴息保息事以乘閑爰初經略杖策孤征入澗涉水登嶺山行紆頂不息窮泉不停櫛風沐雨犯露乘星研其淺思罄其短規非龜非筮擇良選奇剪榛開徑尋石覓崖四山周迴雙流逶迤陵名山而屢止過巖室而披情雖未偕於至道且緬絕於世纓若乃南北兩居水通陸阻觀風瞻雲方知厥所九泉別澗五谷異巘抗北頂以葺館瞰南峯以啓軒羅層崖於戶裏鐔清瀾於窻前修竹葳蕤以翳薈灌木森林叢以蒙茂蘿蔦蔓延以攀援香花芬薰而媚秀日月投光於柯間風露披清於嵔岫夏涼寒燠隨時取適此焉卜寢玩水弄石及其二川合流異源同口赴隘入險俱會山首瀨排沙以積岸島

倚渚以超阜睢町勵藝合蕊藉芳綠葵春節以懷露白蕤感時而負霜伊昔齠齔寶愛斯文摟紙握管會性通神詩以言志賦以敷陳爰暨山棲彌歷年祀幸多暇日自求諸已

贊 宋顏延年新喻侯茅齋贊曰葺草作壯采茅昭儉哲人素節貴而能賤羈結英危瞰臨遲隳

銘 隋江總永陽王齋後山亭銘曰叢臺造日幽館連雲錦牆列繢繡地成文吾王卓爾逸趣不群梅梁蕙閣桂棟蘭枌竹深蓋雨石暗迎曛激流疑疏構峯似削苔滑危磴藤攀聳岑樹影搖窗池光動幕月澄遙潋風清近壑雪岸難鎖花園易落高桐百尺垂楊五株開榮九畹結秀三珠山條紫的水葉紅鬚抽芳繞霤接翠分衢亭譙旅鶴浦噪驚鳧前列牧馬後招郎伯諷誦楚詩精微師易叢桂留賞散金匪惜不羨雎陽還幽碣石馳聲終古服義無斁

廬

周官曰凡國野之道十里有廬廬有飲食　漢書曰武帝詔嚴助居廬承明之廬　東觀漢記曰耿純率宗族歸光武時郡國多降邯鄲純兄歸燒宗家廬舍上以問純純曰恐宗人賓客卒有不同故焚燒廬舍絕其反顧之

望上大笑　又曰承宮少孤年八歲爲人牧猪鄉里徐子明春秋授諸生數百人宮過其廬下見諸生講好之因忘其猪而聽經猪主怪其不還行求索見宮欲笞之門下生共禁乃止　魏志曰管寧聞公孫度令行於海外遂至遼東度虛館以候之既往見度乃廬於山下時避難者多居郡南而寧居北示無遷志皇甫謐高士傳曰世莫知焦先所出或言生漢末無父母兄弟見漢衰乃不言常結草爲廬冬夏袒露垢汚如泥後野火燒其廬先因露寢遭大雪先祖卧不移人以爲死就視如故洛陽故宮名曰侍中廬在南宮中

碑　後漢張超靈帝河間舊廬碑曰赫赫在上陶唐是承繼德二祖四宗是憑上納鑒乎羲農中結軌乎夏商元首既明股肱惟良乃因舊宇福德所基修飾經構農隙得時樹中天之雙闕崇冠山之華堂通樓閒道丹階紫房金牕鬱律玉璧内璫青蒲充庖朱草栖箱川魚踊躍雲鳥舞翔煌煌大漢含德乾綱體效日月驗化陰陽格于上下震暢八荒三光宣曜四靈效祥天其嘉享豐年穰穰騶虞奏樂鹿鳴薦觴二祝致告福禄來將永保萬國南山無量

道路

楚辭曰忠不怡之長久夏憂與夏憂之相接惟郢路之遼遠江與夏之不可涉　史記曰文帝行至霸陵是時慎夫人從上示慎夫人新豐曰此走邯鄲道也　三輔故事曰桂宮周迊十里內有複道橫北渡西至神明臺　漢書曰惠帝爲東朝長樂宮作複道方築高帝廟南叔孫通曰陛下築複道高帝寢衣冠月出遊高廟子孫奈何宗廟道上行哉惠帝懼曰急壞之通曰人主無過舉今已作百姓皆知矣願陛下益廣宗廟大孝本也帝從之　又曰元帝即位成帝爲太子上嘗召太子出龍樓門不敢絕馳道直至城門得絕乃度上遲之問其故以狀對上乃令太子得絕馳道　東觀漢記曰逢萌被徵上道迷不知東西云朝所徵我者爲聰明叡智有益於政方面不知安能濟政即駕而歸　博物志曰文王以太公爲灌壇令朞年風不鳴條文王夢一婦人甚麗當道而哭問其故曰我太山之女嫁爲西海婦欲歸灌壇令當道有德吾不敢以乘風雨過　任豫益州記曰江由左擔道按圖在陰平縣北於城都爲西其道至險自北來者擔在左肩不得度擔也　鄧艾束馬懸車之處

碑

陳徐陵丹陽上庸路碑曰臣聞在天成象咸池屬於五潢在地成形滄海環於四瀆國險者固其金湯儲

蓄者因於轉漕化貨財爲禮專侯會通厥田爲上皆資滲漉大矣哉坎德之爲用也是以握圖之主財以利民御斗之君因之顯教上哉少昊初命水官遂矣高陽爰重冥職舜爲太尉於是九澤載蹤禹作司空然後百川咸導開華山於高掌鑿靈沼於周原莫匪神功皆由聖德我大梁之受天明命勞邑濟民有道稱皇無爲曰帝若夫雲雷草創翦商黜夏之勳鑄寶鼎於昆吾安能紀勒陳鳴鍾於豐岳豈議揄揚斯固名言之所絕也及乎膺斯寶運大拯橫流屈至道於汾陽勞凝神於蕤射聖人作樂簫韶備以九成盡禮春官摠於三代豈止金門梓竹玉尺調鍾龠獻明堂之圖匡衡建屋之議若斯而已矣天降丹鳥既序孝經河出應龍乃弘周易若夫固天將聖垂意藝文五色相宣八音繁會不移漏刻纔命口占御紙風飛天章海溢皆紫庭黃竹之詞晨露卿雲之藻漢之兩帝徒有詠歌魏之三祖空云詩賦以爲彭老之教終沒愛河儒墨之宗方離火宅豈如五時八會之殊文天上人中之妙典雪山羅漢爭造論門鷲嶺名僧俱傳經藏香象之力特所未勝秋兔之毫書而莫盡忠信爲寶褫衿免於白駒明德惟馨香山川舍於騂犢至如月離

金虎泥滦石午薈蔚朝興滂沲晚注而清蹕繞動纖羅不搖高閑將臨油雲自闢陽烏馭日寧懼武賁之弓飛雨門天無待期門之蓋震維舉德非日尚年若發居鄷猶莊在漢濤如白馬既礙廣陵之江山曰金牛用險梅湖之路專州典郡青鳧赤馬之舡皇子天孫鳴鳳飛龍之乘莫不欣斯利涉玩此脩渠乍擁楫而長歌乃擬金而鳴籟斯實曠世之奇功無疆之鴻烈者也銘曰后王降德于衆兆民高文象緯妙義幾神業冠邅夏功踰入秦時惟大畜世久同人慧雨方霤禪枝獨春帝德惟厚皇恩甚深覲乎禹迹見我堯心

藝文類聚卷第六十四

藝文類聚卷第六十五　産業部上

農　田　園　圃　蠶　織　鍼　市

農

管子曰先王者爲民興利除害故天下之民歸之所謂興利者利農事也所謂除害者禁害農者也　尸子曰有虞氏身有南畝妻有桑田神農並耕而王所以勸耕也　韓子曰歷山農者侵畔舜往耕朞年讓畔　史記曰弃爲兒時好種樹麻菽麻菽美及爲成人遂好耕農相地之宜宜穀者稼穡之民皆法則之　漢書曰洪範八政一曰食二曰貨食謂農殖嘉穀可食之物　又曰楊季官至廬江太守漢元鼎間避仇後遡江上處岷山之陽曰郫有田一壥有宅一區世世以農桑爲業　東觀漢記曰樊重世善農稼好貨殖

【賦】晉束皙勸農賦曰惟百里之置吏各區別而異曹考治民之賤職美莫富乎勸農專一里之權擅百家之勢及至青幡禁乎游惰田賦度乎頃畝與奪在已良薄決口受饒在於肥脯得力在於美酒若場功畢租輸至錄社長召閭師條牒所領注列名諱則豚雞爭下壺榼橫至遂乃定一以爲十拘五

以爲二蓋由熱啖紆其腹而杜康咥其胃

田

家語曰虞芮二國爭田而訟連年不決乃相謂曰西伯仁人也盍往質焉入其境則耕者讓畔行者讓路入其朝則士讓爲大夫大夫讓爲卿虞芮之君曰嘻吾儕小人不可以入君子之朝遂以其所爭爲閒田　漢書曰陳平少時家貧好讀書治黃帝老子之術有田三十畝與伯居伯常耕縱平使游學　又曰貢禹上書曰臣禹年老貧家貲不滿萬錢妻子糠豆不贍短褐不完有田百三十畝陛下過意徵臣臣賣田百畝以供車馬　又曰張禹爲人謹厚内殖貨財及富貴多買田至四百頃皆涇渭漑灌極膏腴　又曰太始二年趙中大夫白公奏穿渠引涇水首起谷口尾入櫟陽注渭中漑四千五百餘頃因名白渠民歌之曰田於何所池陽谷口鄭國在前白渠起後舉插爲雲決渠爲雨涇水一石其泥數斗且漑且糞長我禾黍　華嶠後漢書曰周燮專精禮易不讀非聖之書不修賀問之好有先人草廬結于岡畔下有陂田常肆勤以自給非身所耕漁不食　晉中興書曰郭翻少有志操居貧無業起往古荒田先立表題經年無

圭然後乃作將熟有認之者輒悉推與之　蕭廣濟孝子傳曰原平墓下有數十畝田不屬原平每農月耕者恒裸原平不欲使慢其墳墓乃歸賣家資買此田三農之月輒束帶垂泣躬自耕墾【詩】宋陶潛雜詩曰種豆南山下草盛豆苗稀晨興理荒穢帶月荷鋤歸　梁劉孝綽報王永興觀田詩曰重門寂已暮案牘罷囂塵輕涼生筍席微風起扇輪浮瓜聊可貴溢酒亦成珍復有寒泉井兼以瑩心神睠彼忘言客閑居伊洛濱顧己慙困地徒知藿桂平但願崇明德無謂德無鄰【議】晉陸機大田議曰臣聞隆名之主不改法而下治陵夷之世不易術而民怠夫商人逸而利厚農人勞而報薄導農以利則耕夫勸節商以法則游子歸【論】魏王粲務本論曰古者之理國也以本爲務八政之於民也以食爲首是以黎民時雍降福孔皆也故仰司星辰以審其時俯耕籍田以率其力封祀農稷以神其事祈穀報年以寵其功設農師以監之置田畯以董之黍稷茂則喜而受賞田不墾則怒而加罰都不得有伏民室不得有懸耜野積踰冬鬻者無罪場功過限竊者不刑所以競之於閉藏也先王藉田以力任力以夫議其老幼度其遠近種有常時耘有常節收

有常期此賞罰之本種不當時耘不及節收不應期者必加其罰茍賞踰等必加其賞也農益地辟則吏受大賞也農損地狹則吏受重罰天火之焚人也甚於怠農慎火之力也輕於耔耘通邑大都有嚴令則火稀無嚴令則燒者數非賞罰不能齊也

園

易曰賁于丘園　詩曰樂彼之園　又曰園有桃　又曰無踰我園　又曰遊于北園　子建詩曰清夜遊西園　古詩曰鬱鬱園中柳　說文曰樹果曰園樹菜曰圃　莊子曰漢陰丈人灌園　鑿隧而入井　韓子曰昔彌子瑕有寵於衛與君遊於果園食桃而甘以其半啖君君曰愛我哉　史記曰公儀休相魯拔園葵去織婦　又曰董仲舒下帷講誦三年不觀於舍園　漢書曰和帝詔有司自京師果園悉假與貧人　國語曰趙簡子田于螻螻園名三秦記曰漢武有名園曰樊川一名御宿有大梨如五升名含消　漢書曰明帝詔先帝時靈芝生芳林園中自吾建成承露已來甘露復降芳林園　淮南子曰大臨江之鄉其人汲水以溉其園江水弗減也　又曰山有猛獸

林木爲之不斬園有蝥蟲藜藿爲之不采　謝承後漢書曰法眞隱居大澤講論術藝歷年不問園圃　又曰吳祐遷膠東侯相時濟北戴宏父爲縣丞宏年十六從在丞舍祐每行園常聞諷讀之音甚奇之與爲友宏卒成儒宗知名東夏爲河間相因自免歸家不復仕灌園蔬以經書教授年九十八卒　華陽國志曰何隨家養竹園人盜其筍隨行遇見恐盜者覺怖走竹傷其足挈履徐步而歸　桂陽先賢記曰蘇紞嘗除門庭有衆賓來紞告母曰人招紞去已種藥著後園梅樹下可治百疾一葉愈一人賣此藥過足供養　魏志曰明帝起景陽山於芳林園中　又曰京城內有園患無水傳云先生乃作翻車令童轉之灌水更入其功百倍　向秀別傳曰秀常與呂安灌園於山陽收其利以供酒食之費　晉宮闕名曰洛陽宮有瓊圃園靈芝園石祠園鄴有鳴鵠園蒲萄園華林園　世說曰簡文華林園顧謂左右曰會心處不必在遠翳然林水便自有濠濮間想覺鳥獸禽魚自來親人　又曰王子敬入會稽經吳門顧辟彊有名園先不識主人逕往其家值顧方集賓友酣燕園中而王遊歷既畢指麾好惡傍若無人顧勃然曰不足齒

之倉爾使驅其左右出門王獨坐輿上展轉顧望而僕從不至遂移時　又曰管寧華歆園中鋤菜見地有片金管揮鋤與瓦石不異華捉而擲之　法顯記曰舍衛精舍東北六百里毗舍佉母作精舍請佛及借此處故在祇洹舍大園落有二門一門東向一北向此園即須達長者布金錢買地處也精舍當中央佛住此處最久說法度人經行坐處亦盡起塔皆有名字　又曰拘夷那竭城東行到毗舍離城北有大林重閣精舍佛住處及阿難半身塔其城裏本菴婆羅女家爲佛起塔今故在城南三里道西菴婆羅女以園施佛住處【詩】宋陶潛雜詩曰閑荒南野際守拙歸園田方澤十餘畝草屋八九間榆竹蔭後簷桃李羅堂前結廬在人境而無車馬喧問君何能爾心遠地自偏採菊東籬下悠然望南山秋菊有佳色裛露掇其英汎此忘憂物遠我違世情　宋謝靈運還舊園詩曰浮舟千仞壑揔轡萬尋巔流沫不足險石林豈爲艱夫子照情素探懷授往篇　宋謝莊北宅秘園詩曰夕天霽晚氣輕霞澄暮陰微風清幽幌餘日照青林收光漸窻歇窮園自荒深綠池翻素景秋槐響寒音伊人儻同愛絃酒共棲尋　齊竟陵王遊後園詩曰託性本

禽魚栖情閑物外薜蘿徑轉連綿松軒方杳藹丘壑冉淹留風雲多背會　齊王儉春日家園詩曰徙倚未云暮陽光忽已收羲和無停晷壯士豈淹留冉冉老將至功名竟不修稷契匡虞夏伊呂翼商周撫躬謝先哲解紱歸山丘　梁簡文帝游韋黃門園詩曰息車冠蓋里停轡仲長園簷疎遠興積竇至羽觴繁　又夜遊北園詩曰星芒侵嶺樹月暈隱城樓暗花舒不覺明波動見流　又晾後園詩曰隱淪遊少海神仙入太華我有逍遙趣中園復可嘉千株同落葉百尺共尋霞　梁元帝遊後園詩曰暮春多淑氣斜景落高春日照池光淺雲歸山望濃入林迷曲徑度渚躍危峯　又晚景遊後園詩曰高軒聊騁望煥景入川梁波橫山渡影雨罷葉生光移花色異風散水文長　梁沈約宿東園詩曰槿籬疎復密荊扉新且故樹頂鳴風飆草根積霜露驚麏去不息征鳥時返顧茅棟嘯愁鴟平岡走寒兔夕陰帶層阜長煙引輕素　又行園詩曰寒瓜方卧壠秋菰亦滿陂紫茄紛爛漫綠芋鬱參差初菘向堪把時非昔日離離

【賦】漢枚乘梁王兔園賦曰脩竹檀欒夾池水旋兔園並馳鸇鶚鵶鵰翡翠鴝鵒巢枝穴藏被塘臨

谷聲音相聞啄尾離屬於是晚春早夏邯鄲襄國相與雜沓而往款焉
高冠扁焉長劒閒焉左挾彈焉右執鞭焉日移樂衰遊觀西園從容安步
鬬雞走兎俛仰釣射煎熬炰炙極樂到暮若夫采桑之婦連袖方路 齊
謝朓遊後園賦曰積芳兮選木幽蘭兮翠竹上蕪蕪兮陰景下田田兮被谷
左蕙畹兮彌望右芷原兮寫目山霞起而削成水積明以經復於是敞風闥之
藹藹聳雲館之迢迢周步檐以升降對玉堂之泬寥爾乃日栖榆柳霞照夕
陽孤蟬已散去鳥成行惠氣湛兮帷殿肅清陰起兮池館涼 梁裴子野遊
華林園賦曰諒無庸於殿省且棲遲而不事譬籠鳥與池魚本山川而有思伊
暇日而容與時遨遊以蕩志正殿則華光弘敞重臺則景陽秀出赫奕翬煥
陰臨鬱律絕塵霧而上征尋雲霞而蔽日經增城而斜趣有空巃之石室在
盛夏之方中曾匪風而自慄溪谷則沱潛泒別峭峽則險難壁立積峻霣溜
闌干草石苔蘚駁犖叢攢既而登望徙倚臨遠憑空廣觀遴聽靡有
不通 梁江淹梁王兔園賦曰或重古輕今者僕曰何爲其然哉無知音則已矣
聊爲古賦體以奮枚叔之製裒云於是金塘緬演綠竹被陂繚繞靑翠若近復

遠水鳥駕鵞鶬鷗鴇鴈上飛衡陽下宿沔漢十十五五忽合而復散於是
大夫之徒稱詩而歸春陽始晚未華未稀卒逢邯鄲之女蕙色玉質綺裳
下見錦衣上出周庾信小園賦曰若夫一枝之上巢甫得安巢之所一壺之中壺
公有容身之地豈必連闥洞房南陽樊重之第緑墀青瑣西漢王根之宅余
有數畝敝廬寂寞人外聊以擬伏臘聊以避風霜雖復晏嬰近市不求朝夕
之利潘岳面城且見閑居之樂爾乃窟室徘徊聊同鑿坏琴號珠柱書名
王杯有棠梨而無館足酸棗而非臺猶得欹側八九丈從斜數十步榆柳
三兩行梨桃百餘樹撥蒙密兮見窻行欹斜兮得路蟬有翳兮不驚雉
無羅兮何懼草樹溷淆枝格相交山爲簣覆水有堂坳崎嶇兮狹室穿漏
兮茅茨簷直倚而妨帽戶平行而礙眉坐帳無鶴支牀有龜鳥多閑暇
花隨四時心則歷陵枯木髮則睢陽亂絲一寸二寸之魚三竿兩竿之竹離披落
格之藤爛熳無叢菆之菊落葉半牀狂花滿屋名爲野人之家是謂愚公之
谷誠偃息於茂林乃久羨於抽簪雖有門而長閉實無水而恒沉草無忘憂
之意花無長樂之心鳥何事而逐酒魚何情而聽琴薄晚閑閨老幼相攜

蓬頭王霸之子椎髻梁鴻之妻樹搔搔而風急天慘慘而雲低聚空倉而
雀噪驚嬾婦而蟬嘶昔早濫於吹噓藉文言而慶餘門有通德家藏賜
書遂山崩川竭水碎瓦裂關山則風月悽愴隴水則肝腸斷絶百齡兮倏忽
菁華兮已晚不雪鴈門之羈先念房陵之遠非淮海兮可變非金丹兮能
轉不暴骨兮龍門終低頭兮馬阪頌晉潘尼後園頌曰芒芒在昔悠悠結
繩大樸未散玄化霑凝羲皇繼踵三代相承五德更王文質迭興天命匪諶
祐謙輔信乃眷我皇光有大晉應期納祚天人是順和氣四充惠澤旁潤
神祇告祥四靈效質遊龍升雲儀鳳翳日甘露晨流醴泉涌溢華夏既
寧八荒靜謐人亦有言吾何以休乃延卿士從皇以遊長筵遠布廣幕四
周嘉肴惟芳旨酒思柔巖巖峻岳湯湯玄流翔鳥鼓翼游魚載浮明明
天子肅肅庶官文士濟濟武夫桓桓講藝華林肄射後園威儀既具弓矢
斯閑恂恂謙德穆穆聖顏賜以宴飲詔以話言黍稷既登貨財既豐仁風
潛運皇化彌隆征夫釋甲戰士罷戎遐夷慕義絶域望風無或慢易在始
慮終無或安逸在盈思沖引謝莊懷園引曰鴻飛從萬里飛飛河岱起辛

勤越霜霧聯翩遡江汜去舊國違舊鄉舊海悠且長迴首瞻東路延翩向秋方登楚都入楚關楚地蕭瑟楚山寒歲去冰未已春來雁不還風肅幌兮露濡庭漢水初綠柳葉青朱光藹藹雲英英離禽喈喈又晨鳴菊有秀兮松有蕤夏爰來年去容髮衰流陰逝景不可追臨堂危坐悵欲悲試託意兮向芳蓀心綿綿兮屬荒樊想綠蘋兮既冒沼念幽蘭兮已盈園夭桃晨暮發春鸎鳥且夕喧青苔蕪石路宿草塵蓬門

詠 晉湛方生遊園詠曰諒茲境之可懷究川阜之奇勢水窮清以澈鑒山隣天而無際乘初霽之新景登北館以悠矚對荆門之孤阜傍漁陽之秀岳乘夕陽而含詠杖輕策以行遊襲秋蘭之流芬幎長猗之森脩任緩步以升降歷丘墟而四周智無涯而難恬性有方而易適差一毫而遽乖徒理存而事隔故羈馬思其華林籠雉想其皐澤矧流客之歸思豈可忘於疇昔

啓 梁張纘謝東宮賚園啓曰性愛山泉頗樂閑曠雖復伏膺堯門請存魏闕至於一丘一壑自謂出處無辨常願卜居幽僻屏避諠塵傍山臨流面郊負郭依林結宇憩桃李之夏陰對徑開軒採橘柚之秋實而王畿陸海畝號一金涇渭土膏豪傑

所競徙居好時必待使越之裝別館河陽亦資牧荊之富此園左帶平湖修陂千頃右臨長薄清潭百仞前逼逸陌朝夕爽塏後望鍾阜表裏煙霞每賸春迎夏華卉競發背秋向冬雲物澄霽窺瞰戶牖不異登臨升降階墀已窮歷覽舟楫所屆累日不能究其源魚鳥之豐山澤不能踰其美

圃

毛詩曰折柳樊圃　又曰九月築場圃　傳曰晉侯取蒍氏之圃以爲囿　論語曰樊遲請學爲圃子曰吾不如老圃　列子曰三畝之園不能耘　詩曰忽死蘭圃　楚有蕙圃　山海經曰槐江之山實惟帝之平圃（即懸圃也）　淮南子曰崑崙山有曾城九重其高萬一千里懸圃涼風在崑崙之中是其跡圃跡圃之池滿足潢水　穆天子傳曰春山之澤清水出泉溫和無風飛鳥百獸之所飲先王之所　謂懸圃

詩　梁庾肩吾從皇太子出玄圃詩曰春光起麗譙屣履步山椒閣影臨飛蓋鸎鳴入洞簫鬧水還登故渚樹長合前橋綠荷生倚葉丹藤上細苗顧循慙振藻何用擬瓊瑤

銘　隋江揔玄圃石室銘曰仙山石撿仙宇石牆地云正域道示修羊紫煙碧露絳雪玄霜廣成不踐王烈未翔移華甲觀從構震方遠

跨飛梁俛臨倒景環藂珠樹金階玉井映日分暉搖風共影岫濃翠合林虛桂靜翔去偷桃董來貨杏檐非刻削户牎登臨迎春花近避暑涼深秋雲卷閣冬霞散停陰桐棲鳳采竹化龍吟輕飛亂色激溜成音天縱儲睿生知作兩弦誦餘隟仁智為賞河曲停遊洛濱息往祥梨吐秀瑞鷰流響一物或虧萬國斯仰

蠶

禮記曰古者天子諸侯必有公桑蠶室近川而為之卜三宮之夫人世婦之吉者使入蠶室奉種浴于川桑于公桑又曰季春之月后妃齊戒親桑以勸蠶事蠶事既登分繭稱絲以供郊廟之服　東觀漢記曰明德馬后置織室蠶於濯龍中數往來觀視以為娛樂外以先女功　續漢書曰貴人助蠶瑇瑁釵加簪珥　又曰光武建武二年野蠶成繭野民收其絮　玄中記曰大月氏有牛名曰日及割取肉三斤明日瘡愈漢人入國示之以為珍異漢人曰吾國有蟲大如小指名曰蠶食桑葉為人吐絲外國復不信有之　古今注曰元帝永元四年東萊郡東牟山有野蠶為繭繭生蛾蛾生卵卵著石收得萬餘石民

以爲蠶繭絮
賦
晉楊泉蠶賦曰惟陰陽之產物氣陶化而播流物受氣而含生皆纒綿而自周伊夫蠶之爲物功巨大而弘優或天子之袞冕著皇后之盛服昭五色之玄黃作四時之單複是以至者貴此功焉使皇后命三宮之夫人又世婦之吉者親桑于北宮二月初吉遂布令於天下百辟兆民使咸務焉是以仲春之月吉日庚午既差我馬惟蠶之祖編使童男作以童女溫室既調蠶母入處陳布說種柔和得所晞用清明浴用穀雨爰求柔桑切若細縷起止得時燥濕是候逍遥偃仰進止自如仰似龍騰伏似虎跌負身方腹列足雙俱昏明相推旹時不居粤召役夫築室于房于房伊何在庭之東東受日景西望餘陽既酌以酒又挹以漿壺飧在側敷修在旁我鄰我黨我助我康於是乎蠶事畢矣務時成闕紆卷薄洒掃宮庭蠶母須飾從容自寧至于再宿三日乃開闥啟房是瞻是觀六者四張貢者紆盤縱者相屬橫者交連分薪柴而解著繭系互石相攀競以掔攫卉笑再言惰者悅而忘解劣者勉以增勤是月也天子以太牢之禮獻繭于寢廟皇后親繅三盆然後辨于夫人世婦至于百辟卿士下及兆民咸趨繅事爾乃絲如凝膏其白伊雪以爲衣裳冠冕服飾禮神納賓

有分職以給百禮罔不斯服夫功也起於綿綿成於翼翼頌之難罔論之罔極夥斯勤斯如何忽憶

織

毛詩曰跂彼織女終日七襄雖則七襄不成報章　魏志曰中山恭王袞從封濮陽太和二年就國尚儉約敕妃妾紡績織紝習爲家人之事　博物志曰近世有居海渚者每年八月有浮查來此人乃立於查上忽忽不覺晝夜至一處有城郭屋舍望室中多見織婦見一丈夫牽牛渚次飲之驚問此何處答曰君可詣蜀問嚴君平　搜神記曰南海之外有鮫人水居如魚不廢績織

詩

古詩曰迢迢牽牛星皎皎河漢女纖纖擢素手札札弄機杼　梁簡文帝詠中婦織流黃詩曰翻花滿階砌愁人獨上機浮雲西北起孔雀東南飛調絲時繞腕易躡乍牽衣鳴梭逐動釧紅粧映落暉　梁劉孝威在郄縣遇見人織寄婦詩曰妖姬含怨情織緯起秋聲度梭環玉動踏躡珮珠明經稀疑杼澀緯斷恨絲輕蒲萄始欲罷鴛鴦猶未成雲棟共徘徊紗窻相向開窻疎眉語度紗輕眼笑來曨曨隔淺沙的的見粧華鏤玉同心藕雜寶連枝

花紅巾向後結金篸臨鬢貭斜機頂挂流蘇機傍垂結珠青絲引伏兔黄金繞鹿盧艷采裙邊出芳脂口上渝百城交問遺五馬共踟躕直為閨中人守故不要新黄夢啼漬花枕覺淚濕羅巾獨眠真自難重衾猶覺寒玄憶凝脂綬彌想横塵歡行驅金絡騎歸就城南端南端稍有期想子亦勞思羅襦久應罷花釵堪更治新粧不點黛余還自畫眉　陳徐陵詠織婦詩曰纖纖運玉指脉脉正蛾眉振躡開交縷停梭續斷絲簷前初月照洞戶未垂帷弄機行掩淚弥令織素遲　陳蕭詮賦婀娜當軒織詩曰東南初日照秦樓西北織婦正嬌羞綺窻猶垂翡翠幌珠簾半上珊瑚鉤新粧入機映春牖弄杼鳴梭挑纖手何曾織素讓新人不掩流蘇帷中婦三日五匹未言遲衫長腕弱繞輕絲綾中轉躡成離鵠錦上迴文作別詩不惜紈素同霜雪更傷秋扇篋中辭

【賦】後漢王逸機賦曰帝軒龍躍庶業是昌俯譚聖恩仰覽三光爰制布帛始垂衣裳於是取衡山之孤桐南岳之洪樟結靈根於盤石託九層於巖傍性條暢以端直貫雲表而剴倉儀鳳晨鳴翔其上怪獸羣萃而陸梁於是乃命匠人潛江奮驤踰五嶺越九岡斬伐剖析擬度短長勝復迴

轉剋像乾形大匡淡泊擬短則川平光爲日月蓋取昭明三軸列布上法台星兩驥齊首儼若將征方圓綺錯極妙窮奇蟲禽品獸物有其宜兔耳跧伏若安若危猛犬相守竄身匿蹄高樓雙峙下臨清池遊魚銜餌瀺灂其陂鹿盧並起纖繳俱垂一往一來匪勞匪疲於是暮春代謝朱明達時蠶人告訖舍罷獻絲或黃或白蜜蠟凝脂纖纖靜女經之絡之爾乃窈窕淑媛美色貞怡解鳴珮釋羅衣披華幕登神機乘輕杼覽床帷動搖多容俯仰生姿 晉楊泉織機賦曰伊百工之爲伎莫機巧之最長似人君之列位象百官之設張立匡郭之制度如城隅之員方應萬機以布錯實變態之有章是以孟秋之月首殺庶物工民呈材取彼椅梓楨幹脩枝名匠騁工美乎利器恖暢體通膚肯合理同規矩盡法因事作容好無不媚事無不供於是乎女工就素絲輕貫綜紀簡姦清織女揚翬美乎如其麗姿妍雅動有令光足閑蹈躡手習檻匡節奏相應五聲激揚濁者含宮清者應商和聲成柔慷慨成剛屈申舒縮沉浮抑揚開以厭閒闔以高梁進以懸魚退以俠彊氣變相應陰感乎陽僶俛不及進却頡頏事物之宜法天之常既合利用得道之方

鍼

吴書曰虞翻年十二有客詣翻兄不遇之翻乃與客書曰礠石不受曲鍼 賦

楚荀况鍼賦曰有物於此生於山阜處於室堂無知無功善治衣裳不盜不竊穿窬而行日夜合離以成文章已能合從又善連横下覆百姓上飾帝王

漢曹大家鍼縷賦曰鎔秋金之剛精形微妙而直端性通遠而漸進博庶物而一貫惟鍼縷之列迹信廣博而無原退逶迤以補過似素絲之羔羊何斗筲之足筭咸勒石而升堂

市

列子曰昔齊人有欲金者清旦衣冠而之市適鬻金者所因攫其金而去吏捕問之對曰取金之時不見人徒見金　魯連子曰孟嘗君逐於齊譚子曰富貴則就貧賤則去此物之必至而理固然也願君勿怨請以市論市朝則盈夕則虚非朝愛而夕則憎之也勢使然　漢書曰楚王戊與吴通申公白公二人諫不聽衣之赭衣使杵臼雅春於市　又曰刺繡文不如倚市門此言末業貧者之資

又曰司隷校尉解光奏王根曰縱恣意大治室第中立土山而立兩市殿上赤墀

戶下青璅　東觀漢記曰樊重治家產業起廬舍高樓連閣陂池灌注竹木成林閉門成市　華嶠後漢書曰宋登爲汝陰令爲政明能號稱神父出爲潁川太守市無二價道不拾遺　漢名臣奏曰太尉屬鷹劭等議以爲鮮卑隔在漠北犬羊爲羣無君長帥廬落之居又其天性貪而無信故自漢興于兹數犯障塞且無寧歲吏民創禁不與交關唯至胡市乃成靡服非畏威懷德實玩中國珍異之故耳　戴延之西征記曰洛陽舊有三市一曰金市在宮西大城內

詩　梁庾肩吾看放市詩曰旗亭出御道游目暫迴車既非隨舞鵠聊自入看書懸龜識季主傍酒見相如日中人已合黃昏故未疏　陳張正見賦得日中市朝滿詩曰雲閣綺霞生旗亭麗日明塵飛三市路蓋入九重城竹葉當鑪滿桃花帶綬輕唯見爭名利安知大隱情

教　梁簡文帝移市教曰臨淮作守白鹿隨而忘反蕭令解綬黃雀從而不歸況復衛卒遮車追民擁榜瞻言前古眇愧弘多吾旅泊冬川阻兹涸水日中揔會交貿遷移雖樊無外取晏得所求而旗亭舊體自有常處不容近違孔奮遠逐曹參正恐舊肆盈虛或成彫廢　周庾信荅移市教曰昔張楷碩儒尚移弘農

之市宜言妙篆猶致酒壚之客況復德揔鄗周聲高梁楚希風慕義之士舉袂成帷臥轍反車之流磨肩相接遂使王充閱市之處遠出荒郊石苞販鐵之所翻臨涯岸聖德謙虛未忘誼湫欲令吹簫舞鶴還反舊鄽賣卜屠羊請辭新闠而交貿之黨蕪好留幽岐之衆難遣

藝文類聚卷第六十五

藝文類聚卷第六十六　產業部

渤海歐陽　詢　撰

田獵

禮記曰天子諸侯無事則歲三田一曰乾豆二曰賓客三曰充君之庖（三田者夏不田）無事而不田曰不敬田不以禮曰暴天物天子不合圍諸侯不掩羣天子殺則下大綏諸侯殺則下小綏（綏當爲緌有虞氏之旗也）大夫殺則止佐車佐車止則百姓田獵（佐車驅逆之車）又曰獺祭魚然后虞人入澤梁豺祭獸然後田獵鳩化爲鷹然後設罻羅草木零落然後入山林昆蟲未蟄不以火田不麛不卵不覆巢　毛詩曰騶虞鵲巢之應也鵲巢之化行人倫既正朝廷既治天下純被文王之化庶類蕃殖蒐田以時仁如騶虞則王道成也　六韜曰文王卜田于渭陽將大得非熊非羆天遺汝師以之佐昌施及三王大吉王乃齋三日乘田車駕田馬于渭之陽見呂尚坐以漁文王勞而問焉　穆天子傳曰天子獵于滲澤得白狐玄貉以祭河宗　晏子曰景公田十有八日不反晏子往見而衣冠不正公望見晏子下車急曰夫子何遽得無有故乎對曰國人皆謂君安野而好獸無乃不可乎公曰寡人有吾子猶心之有四支也有

四支故心有佚寘人有吾子故寘人佚晏子曰若心有四支而得佚則可令四支無心乎公乃罷田而歸　莊子曰梁君出獵見白鴈羣下彀弩欲射之道有行者梁君謂行者止行者不止白鴈羣駭梁君怒欲射行者其御公孫龍止之梁君怒曰龍不與其君而顧他人對曰昔宋景公時大旱卜之必以人祠乃雨景公下堂頓首曰吾所以求雨爲民也今必使吾以人祠乃雨將自當之言未卒而大雨何也爲有德於天而惠於民也君以白鴈故而欲射殺人主君譬人無異於豺狼也梁君乃與龍上車歸呼萬歲曰樂哉人獵皆得禽獸吾獵得善言而歸　韓子曰孟孫獵得麑使西秦巴持之其母隨而呼之西秦巴不忍而與其母孟孫適至求麑對曰余不忍而與其母孟孫大怒逐之居三月復召爲其子傅曰夫子不忍麑又且忍吾子乎　戰國策曰魏文侯與虞人期獵具以飲酒樂天雨文侯將出左右曰今日飲酒樂天雨君將焉之文侯曰吾與虞人期獵雖樂豈不一會期哉乃往自罷之魏於是始强　史記曰田叔爲魯相魯王好獵相常從苑中王輒休相就館舍相出常暴坐待王苑外王數使人請相休終不休曰我王暴露苑中我獨何爲就舍魯王聞之不大出遊　魏志曰文帝將出獵鮑勛上疏諫帝手

毀其跡而晉行中道頓息問侍臣曰獵之爲樂何與八音也侍中劉雖對曰獵勝於樂勛抗辭曰夫樂上通神明下和人理隆治致化萬邦咸乂故移風易俗莫善於樂況獵暴華蓋於原野因奏畢俟諫不忠　江表傳曰曹公與孫權書云近者奉辭伐罪旌麾南指劉琮束手今水軍八十萬衆方與將軍會獵於吳　王隱晉書曰魏舒少工射着韋衣入山澤每獵大獲　世說曰孫盛爲庾公記室參軍從獵將其第二兒齊莊俱行庾公不知忽於獵場見莊時年七八歲庾公謂曰君兒亦復來乎應聲荅曰所謂無小無大從公于邁　吳地記曰長洲在姑蘇南太湖北岸闔閭所遊獵處也吳先主使徐詳至魏魏太祖謂詳曰孤願越横江之津與孫將軍遊姑蘇之上獵長洲之苑吾志足矣

【詩】周王褒和張侍中看獵詩曰上林冬狩返回中講射歸還登宣曲觀更獵黃山園嚴冬桑柘慘寒霜馬騎肥緤盧隨兔起高鷹鳥接雉飛獨差來遠客辛苦倦邊衣　陳張正見和諸葛覽從軍遊詩曰治兵耀武節縱獵駭畿封迅鷁馳千里高罝起百重騰麏斃馬足飢鼯落劍鋒雲根飛燒火鳥道絶禽蹤方羅四海俊聊以習軍容

【賦】漢司馬相如子虛上林賦曰楚使

子虛使於齊齊王悉發境內之士備車騎之衆與使者出田田罷子虛過詫焉有先生而亡是公存焉先生曰今日田樂乎子虛曰樂獲多乎曰少然則何樂曰僕樂王之欲誇僕以車騎之衆而僕荅以雲夢之事曰可得聞乎子虛曰可王駕車千乘選徒萬騎田於海濵列卒滿澤罘網彌山掩兎轔鹿射麋脚麟騖於鹽浦割鮮染輪射中獲多矜而自功顧謂僕曰楚王之獵孰與寡人僕對曰臣聞楚有七澤嘗觀其一未見其餘也臣之所見蓋特小小者耳名曰雲夢雲夢者方九百里其中有山焉其山則盤紆岪鬱岑崟參差日月蔽虧交錯糾紛上干青雲其東則有蕙圃衡蘭芷若射干芎藭菖蒲茳蘺蘪蕪其高燥則生葴菥苞荔薜莎青薠其卑濕則生藏莨蒹葭東蕭彫胡其西則有涌泉清池激水推移外發芙蓉菱華內隱巨石白沙其北則有陰林巨樹楩柟豫章桂椒木蘭檗離朱陽其上則有鵷雛孔鸞騰遠射干楚王乃駕馴駮之駟乘雕玉之輿靡魚須之橈旃曳明月之珠旗陽子驂乘孅阿爲御按節未舒即陵狡獸蹴蛩蛩轔距虛軼野馬轊騊駼乘遺風射遊騏射不虛發中必決眥洞胸達腋絕乎心繫於是鄭女曼姬被阿緆揄紵縞雜纖羅垂霧縠飛

襳垂髾扶輿猗靡翡翠之葳蕤繆繞玉綏眇眇忽忽若神仙之髣髴於是乃相與獠於蕙圃掩翡翠射鵔鸃怠而後發遊于清池浮文鷁揚旌枻張翠帷建羽蓋網瑇瑁鉤紫貝摐金鼓吹鳴籟榜人歌聲流喝涌泉起奔物會礧石相擊硠硠礚礚若雷霆之聲聞乎數百里之外於是楚王登陽雲之臺泊乎無為澹乎自持不若大王終日馳騁曾不下輿目竊觀之齊殆不如焉有先生曰是何言之過也且齊東諸巨海南有琅邪觀乎成山射乎之罘浮渤澥遊孟諸邪與肅慎為鄰右以湯谷為界秋田乎青丘傍偟乎海外吞若雲夢者八九於其胸中曾不蔕芥然在諸侯之位不敢言遊戲之樂苑囿之大先生又見客是以王詞不復何為亡以應哉亡是公听然而笑曰楚則失矣而齊亦未為得也且齊楚之事又焉足道乎君未覩夫巨麗也獨不聞乎天子之上林乎左蒼梧右西極丹水更其南紫淵徑其北終始灞滻出入涇渭灃鎬潦潏紆徐逶迤經營乎其內蕩蕩乎八川分流相背而異態於是乎蛟龍赤螭䱭䲛漸離鰅鱅鰬魠禺禺魼鰨揵鰭掉尾振鱗奮翼潛處乎深巖明月珠子的皪江靡蜀石黃碝水玉磊砢鴻鷫鵠鴇駕鵞鸀

鳿羣浮乎其上流淫汎濫隨風澹澹與波搖蕩掩薄水渚深林巨木嶄巖
参差九嵕巀嶭 南山峩峩掩以綠蕙被以江蘺糅以蘪蕪雜以留夷布結
縷攢莀莎揭車蘅蘭槀本射干茈薑蘘荷葴橙若蓀鮮支黃礫蔣芧
青薠布護閎澤延蔓太原於是離宮別館彌山跨谷高廊四注重坐曲閣華
榱璧璫輦道纚屬步櫚周流長途中宿俛杳眇而亡見仰攀緣而捫天
奔星更於閨闥宛虹杝於楯軒於是乎盧橘夏熟黃甘橙楱枇杷橪柿楟
棗楊梅櫻桃蒲陶隱夫欝棣楊翠葉抗紫莖發紅華秀朱榮煌煌扈扈
燭燿巨野背秋涉冬天子挍獵乘鏤象六玉虬拖蜺旌靡雲旗前皮軒後道遊
孫叔奉轡衛公驂乘江河為阹太山為櫓車騎雷起殷天動地生貔豹搏豺
狼手熊羆足野羊箭不苟害解脰陷腦弓不虛發應聲而倒然后侵淫促
節倏夐遠去流離輕禽蹴履狡獸擇肉後發先中命處拂翳鳥捎鳳皇
捷鵷鶵掩鷦鵬歷石闕歷封巒過鳷鵲望露寒下棠梨息宜春西馳宣曲
濯鷁牛首登龍臺掩細柳於是遊戲懈怠置酒乎顥天之臺張樂乎膠葛
之宇撞千石之鍾立萬石之虡建翠華之旗樹靈鼉之鼓奏陶唐氏之舞聽

葛天氏之歌千人唱萬人和巴俞宋蔡淮南干遮文成顛歌族居遞奏金鼓迭起鏗鎗闛鞈洞心駭耳荆吳鄭衛之聲韶濩武象之樂陰淫案衍之音鄢郢繽紛激楚結風若夫青琴宓妃之徒絶殊離俗妖冶閑都靚粧刻飾嫵媚孅弱皓齒粲爛宜笑的皪色授魂與心愉於側酒中樂酣天子曰嗟乎此太奢侈於是歷吉日以齋戒襲朝衣乘法駕建華旗鳴玉鸞遊於六藝之囿馳騖仁義之途脩容乎禮園翱翔乎書圃　漢楊雄羽獵賦曰武帝廣開上林東南至宜春鼎湖御宿昆吾傍南山西至長楊五柞北繞黄山濵渭而東周袤數百里聊因校獵以風玄冬季月天地隆烈乃詔虞人典澤東延昆鄰西馳閶闔儲積共峙我平夾道斬叢棘夷野草御自汧渭經營酆鎬營合圍會先置乎長楊之南昆明靈沼之東荷垂天之畢張竟野之罘靡日月之朱竿曳彗星之飛旗涣若天星之羅浩如濤水之波淫淫與與前後要遮立歷天之旗曳梢星之旃霹靂列缺吐火施鞭車騎雲會登降闇藹泰華爲旒熊耳爲綴木仆山還漫若天外於是鳥不及飛獸不得過軍驚師駭刮野掃地禽殫中衰相與集於靖冥之館以臨珍池灌以岐梁溢以江河東瞰目盡西暢亡涯隨珠氏焯爍其波方

椎夜光之流離剖明月之珠胎於玆乎鴻生巨儒修唐典匡雅頌揖讓於前昭光振耀響忽如神仁聲惠於北狄武誼動於南鄰　後漢張衡羽獵賦曰皇上感天威之變烈思太昊之觀虞虞人表林麓而廓萊藪翦荊棘而夷榛株於是鳳皇獻歷太僕駕具蚩尤先驅雨師清路山靈護陣方神蹕御羲和奉轡弭節西征翠華葢葳蕤鸞鳥鳴礲砱山谷為之澹淡丘陵為之欹傾於是皇輿綢繆遷延容與抗天津於伊洛負遥集乎南圃大詔獵者賁逐長驅輕車颷厲羽騎雷騖霧合雲集波流雨注馬蹄麋鹿輪轥雉兔弓不妄彎弩不虛舉鳥驚絓羅獸與矢遇　魏文帝校獵賦曰長鎩糺霓飛旗撈天部曲按列什伍相連跱如叢林動若崩山超崇岸之曾崖厲障澨之雙川列翠星陳戎車方轂風迴雲轉埃連颷屬雷響震天地譟聲蕩川岳遂躪封豨籍麏鹿梢飛鳶接鸑鷟聚者成丘陵散者闐溪谷流血赫其丹野羽毛紛其翳日考功效績班賜有叙授甘炰飛酌清酤割鮮野享舉爵鳴鼓鑾輿促節騁轡迴翔望爵臺而增舉涉幽塹之花梁　魏王粲羽獵賦曰相公乃乘輕軒駕四輅驂流星屬繁弱選徒命士咸與竭作旌旗雲

梡鋒刃林錯揚暉吐火曜野蔽澤山川於是摇蕩草木爲之摧撥禽獸振駭魂亡氣奪興頭觸系摇足遇槎隕心裂胃潰腦破顙鷹犬競逐弈弈霏霏下韝窮緤搏肉噬肌墜者若坻清野滌原莫不殲夷　魏應瑒西狩賦曰伊炎漢之建安飛龍耀乎天衢皇宰弈而陶運樹匡翼而大綦湯盈無妄之氣轍揚威靈乎八區開九土之舊迹暨聲教於海隅時霜淒而淹野寒風肅而川逝草木紛而摇蕩鷙鳥別而高厲既乃揀吉日練嘉辰清風矢戒屏翳收塵於是魏公乃乘彫輅駟飛黄擁簫鉦建九按戀清途颯沓風翔於是闔網周合雷鼓天震千乘長羅萬表星陳雙翼侁旌八校祖分長燧電舉高煙蔽雲爾乃徒輿並興方軌連質驚飆四駭衝禽驚溢騁獸塞野飛鳥蔽日爾乃赴玄谷陵崇巒俯掣奔猴仰捷飛猿雲幕被於廣野京燎照乎平原醴炰充給洪施普宣　又馳射賦曰於是陽春嘉日講肆餘暇將逍遥於郊野聊娛遊於騁射延賓鞠旅星言夙駕樹鷹鞞於路左建丹旗於表路羣駿籠於衡首咸皆驤褭與飛菟爾乃結翻仵齊倫匹良樂授馬孫臏調駟筌壽算克明班次均壹左攬繁弱右接湛衛控滿流睇應弦飛碎

獪動鼓震譟聲雷潰重破累碌流景倏忽紛紜絡驛次授二八騂騮激騁神足奔越終節三驅矢不虛發進截飛烏顧摧月支須紆六鈞曰彎七規觀者并氣而傾竦咸側合而騰移爾乃縈回盤厲桉節和旋翩翩神厲體若飛仙弃弃騂壯既佶且閑揚驪沛艾蠖略相連　晉夏侯湛獵兎賦曰爾乃乘露箱御良馬循又按於廣漠弓矢連於曠野端眺蒿萊摘盱榛穢落目攢慨傍窺翳薈視毚兎之所隱乃精望而審發弦絶箭激驚伏並斃搜鱗危險頁覓歷岡阜留罝罥挂於重林跡罝結於通藪密驚視於草間暫見之於蒙擬以鋭又規以良弓覩毫末而放鏃乃殪之於窟中或紛欻并以驚鶩影跳竦而揚白擢輕足之煢煢振遊形之躍躍弓不暇彎罝不及幕爾乃鷹鶚翻以飄揚勁翼謖而下猘馬驛控以長騁欝騰虛而陵厲翕習於迴阻之間繞繚於山澤之際盤迂遊田其樂泄泄心既惓兮日遷命輿駕兮將還息徒蘭圃秣驥華田目送歸波手揮五絃優哉遊哉聊以永年　晉潘岳射雉賦曰涉青林以遊覽樂羽族之羣飛偉彩毛之英麗有五色之名翬厲耿介之專志張猛毅之雄姿於時青陽告謝朱明肇授靡木弗滋無草不茂天英英

垂雲泉涓涓而吐霤麥漸漸以擢芒雉鷕鷕而朝雊鬱軒翥翔以餘怨思長鳴以効態爾乃俟扇舉而清叫野聞聲而應媒槁朱冠之葩赤敷藻翰之陪鰓或蹷或啄時行時止班尾揚翹雙角特起應叱愕立擢身竦峙捧黃間以密鬱屬剛挂以潛擬山鷩悍害猋迅以甚鯨牙低鏃心平望審毛體摧落霍若碎錦逸羣之雋擅場狹兩櫟雌姤異倏來忽往於是筭分銖商遠近揆懸力騁絕伎當咮值胷裂衣素破觜角若乃耽盤遊道放心不移樂而無節端操或虧此老氏之所戒而君子所不為

啓 梁沈約為皇太子謝賜御所射雉啓曰輕鑾徼動密翳徐張黃間所彀矢無虛發南皮之獲未足稱工臣任惟守器事隔陪奉天慈曲降賜物須禽

釣

呂氏春秋曰太公釣於滋泉文王得而王 說苑曰呂望年七十釣于渭渚三日三夜魚無食者與農人言農人者古之老賢人也謂望曰子將復釣必細其綸芳其餌徐徐而投之無令魚駭望如其言初下得鮒次得鯉刺腹得書書文曰呂望封于齊望知當貴 毛詩曰其釣維何維絲伊緍齊侯之子平王之孫

論語曰釣而不綱弋不射宿　墨子曰釣者之恭非爲魚也餌鼠以肉非愛之也　楚辭曰以直鉤而爲釣維河魚之能得　呂氏春秋曰善釣者引魚乎千仞之下餌香也

【詩】陳陰鏗觀釣詩曰澄江息晚浪釣侶枻輕舟垂絲逗濺水滄浪終滯游

【賦】晉潘尼釣賦曰抗余志於浮雲樂余身於蓬廬尋渭濱之遠迹且游釣以自娛左援脩竹右縱飛綸金鉤厲鉅甘餌垂芬衆鯈奔涌游鱗橫集觸餌見擒値鉤被執長緌繽紛輕竿翕熠雲往飆馳光飛電入矅靈未及驚策蓋以獲其數十且夫燔炙之鮮煎熬之味百品千變殊芳異氣隨心適好不可勝記乃命宰夫膾此潛鱗電割星流芒散縷解隨風離鍔連翩雪累西戎之蒜南夷之薑酸鹹調適齊和有方和神安體易思難忘

錢

漢書曰凡貨金錢布帛之用夏殷以前其詳靡記　太公爲周立九府圓法（圓即錢也）　六韜曰武王入殷散鹿臺之金錢以與殷民　史記曰初蘇秦之燕貸百錢爲資及貴以百金償之徧報諸所嘗見德者其從者一人獨未得報乃前自言蘇秦曰我非忘子子之與我至燕再三欲去我易水之上方是時我困故望子深是以

後子子今亦得矣　又曰高祖以吏繇咸陽吏皆送奉錢三或二百或五百蕭何獨以五侯益封二千戶以獨贏二錢　又曰單父人呂公善沛令避仇從之客因家焉沛中豪傑吏聞令有客皆往賀蕭何為主吏主進令諸大夫曰不滿千錢坐之堂下高祖為亭長素易諸吏乃紿為謁者曰賀錢萬實不持一錢謁入呂公大驚起迎之門呂公者好相人見高祖狀貌因重敬之引入座蕭何曰劉季故多大言者矣　又曰上使善相者相鄧通曰當貧餓死文帝曰能富通者在我何謂貧於是賜通蜀嚴道銅山得自鑄錢號鄧氏錢布天下見寵幸篇　又曰漢興七十餘年之間國家無事廩庾皆滿而庫府餘貨財京師之錢累百巨萬貫朽而不可校　又曰安息國以銀為錢錢如王面　漢書曰武帝時公卿請令京師鑄官錢赤仄以赤銅為其郭一當五官用非赤仄不得行俗所謂紫紺錢　又曰東方朔云侏儒長三尺餘奉一囊粟錢二百三十臣朔長九尺餘亦一囊粟錢二百四十　又曰張安世父子封侯在位太盛乃辭不受祿詔都內別藏張氏無名錢以百萬數都安主藏宮　東觀漢記曰光祿勳杜林與馬援鄉里親厚援南方還時林馬適死援遣子持一匹馬遺林曰朋友有車之饋可以修之居數月林遣子奉書曰將軍內施九族外有賓客望恩者多林父子食祿祿出常有盈今

奉錢五萬援受之謂兒曰當以此爲法林所以勝我者也　又曰馬援在隴西上書曰
富民之本在於食貨宜如舊鑄五銖錢天下頼其便　又曰鄭均兄爲縣游徼受
禮遺均數諫止不聽即脫身出作歲餘得數萬錢歸以與兄曰錢盡可復得爲
吏坐贓終身捐弃兄感其語遂有廉絜稱　汝南先賢傳曰平輿闞敞爲郡
五官掾太守第五常被徵以奉錢百三十萬寄敞敞埋置堂上後常舉家患死
唯有孤孫九歲臨死語云吾有錢三十萬寄掾闞敞孫長大來求敞敞見之悲喜
取錢盡還之孫曰祖唯言三十萬爾今乃百三十萬誠不敢當敞曰府君疾困謬
言爾郎君無疑　郭子曰王夷甫雅尚玄遠又疾其婦貪吝未甞言錢婦欲試之
夜令婢以錢遶牀不得行夷甫晨起見錢閡之命婢舉阿堵物　世說曰王武子移
第近北芒于時人多地貴武子好馬射買地作埒編錢布地竟埒時號金溝
地鏡圖曰錢銅之氣望之如青雲　【書】後漢劉騊駼上書諫鑄錢事曰夫食者乃
有國之大寶生民之至貴也見比年以來良苗盡於蝗螟之口杼柚空於公私之求野
無青草室如懸磬所急朝夕之飡所患靡監之事豈謂錢之鍥薄銖兩輕重哉
就使當令土礫化爲南金瓦鹵變爲和玉沙石悉成隨珠犬羊盡作狐白縑繡

盈堂文綺縵野使百姓渴無所飲飢無所食雖犧皇之純德大禹之勤勞周文之不暇猶不能以保蕭牆之内

啓

梁簡文帝謝勑賜解講錢啓曰無勞礠石之火金貨猥臻非遊玉壘之川銅山可見舒王濟之埒猶覺有餘假劉寔之繩穿而不盡慧輪究竟爰降曲私福田成滿仰由慈被榮光獨照自均若木負恩知重竊譬蓬萊　又謝賜錢啓曰殊澤隆厚造次被蒙重彼八銖珍斯九法赤仄成采出自水衡之藏紺文委貫忽積銅扇之裏謹長充放生用濟含識發弘誓願等供無邊效彼薄拘均茲流水方使怖鴿獲安窮魚永樂

梁劉孝威婚謝晉安王賜錢啓曰孝威問吉已通請期有日而賢夫之譽多愧張耳非壻之才偶同王粲瞻言前事良以自嗟曲降隆慈俯垂珍錫便使禽贄獲舉纁幣有資佩服寵靈殞越非報　梁任孝恭謝賚錢治宅啓曰繩樞斷續薄雨已傾席戶穿闚微風自卷不悟恩隆問舍降自天造事深更宅乃被庸微跪條可授毀垣再築遂得牕臨上路戶望東家人悅爽塏里驚輪奐門學于公逆容駟馬巷均王濬豫擬幡旗

論

晉魯褒錢神論曰有司空公子富貴不齒盛服而遊京邑駐駕乎市里顧見綦母先生班

白而徒行公子曰嘻子年已長矣徒行空手將何之乎先生曰欲之貴人公子曰學詩乎曰學矣學禮乎曰學矣學易乎曰學矣公子曰詩不云乎幣帛筐篚以將其厚意然後忠臣嘉賓得盡其心禮不云乎男贄玉帛禽鳥女贄榛栗棗脩易不云乎隨時之義大矣哉吾視子所以觀子所由豈隨世哉雖曰已學吾必謂之未也先生曰吾將以清談為筐篚以機神為幣帛所謂禮云禮云玉帛云乎哉者已公子拊髀大笑曰固哉子之云也既不知古又不知今當今之急何用清談時易世變古今異俗富者榮貴貧者賤辱而子尚質而子守實無異於遺劍刻舡膠柱調瑟貧不離於身名譽不出乎家室固其宜也昔神農氏沒黃帝堯舜教民農桑以幣帛為本上智先學變通之乃掘銅山俯視仰觀鑄而為錢故使內方象地外員象天錢之為體有乾有坤其積如山其流如川動靜有時行藏有節市井便易不患耗折難朽象壽不匱象道故能長久為世神寶親愛如兄字曰孔方失之則貧弱得之則富強無翼而飛無足而走解嚴毅之顏開難發之口錢多者處前錢少者居後詩云哿矣富人哀哉煢獨豈是之謂乎錢之

爲言泉也百姓日用其源不匱無遠不往無深不至京邑衣冠疲勞講肆厭聞清談對之睡寐見我家兄莫不驚視錢之所祐吉無不利何必讀書然後富貴由是論之可謂神物無位而尊無勢而熱排朱門入紫闥錢之所在危可使安死可使活錢之所去貴可使賤生可使殺是故忿諍辯訟非錢不勝孤弱幽滯非錢不拔怨仇嫌恨非錢不解令問笑談非錢不發諺曰錢無耳可闇使豈虛也哉又曰有錢可使鬼而況於人乎子夏云死生有命富貴在天吾以死生無命富貴在錢何以明之錢能轉禍爲福因敗爲成危者得安死者得生性命長短相祿貴賤皆在乎錢天何與焉天有所短錢有所長四時行焉百物生焉錢不如天達窮開塞振貧濟乏天不如錢若臧武仲之智卞莊子之勇冉求之藝文之以成人矣今之成人者何必然唯孔方而已夫錢窮者使通達富者能使溫暖貧者能使勇悍故曰君無財則士不來君無賞則士不往諺曰官無中人不如歸田雖有中人而無家兄何異無足而欲行無翼而欲翔使才如顏子容如子張空手掉臂何所希望不如早歸廬修農商舟車上下役使孔方凡百君子同塵和光上交下接名

譽益彰

藝文類聚卷第六十六

藝文類聚卷第六十七

衣冠

墨子曰昔齊桓公高冠博帶以治其國楚莊王鮮冠組纓絳衣博袍以治其國　莊子曰曾子居衛正冠而纓絶斂襟而肘見　楚辭曰余幼好此奇服兮年既老而不衰帶長鋏之陸離兮冠青雲之崔嵬　漢書曰終軍上書請受大冠長纓以羈南越王而致之闕下乃使越王越王請舉國內屬　又曰秦獄法吏冠柱後惠文冠及張敞弟武爲梁相敞遣使送之曰何以治梁武曰馭黠馬利其銜策當以柱後惠文彈治之爾惠蟬也冠細如蟬翅今御史冠　劉向別錄曰鶡冠子常居深山以鶡爲冠故號鶡冠子　漢武內傳曰上元夫人戴九星靈芝夜光之冠　胡廣說曰趙武靈王效胡服以璫飾首前插貂尾秦滅趙以其君冠賜近臣　建武時匈奴內屬世祖賜南單于常侍惠文冠　東觀漢記曰楊賜惠罷能居無

何拜太常詔賜所服冠幘綬帶　又曰武冠俗謂之大冠【詩】晉陸機贈潘正叔詩曰過蒙家時來運與爾遊承華執笏崇賢內振纓曾城阿晉郭璞詩曰杞梓生南荆奇才應世出擢穎蓋漢陽鴻聲駭皇室遂應四科運朱衣耀玉質【表】魏武帝讓還司空印綬表曰臣文非師尹之佐武非折衝之任遭天之幸于竊重授內踵伯禽司空之職外承呂尚鷹揚之事斗筲㲉之民其瞻觀水土不平姦宄未靜臣常媿辱憂爲國累臣無智勇以助萬一夙夜慙懼若集氷火未知何地可以隕越梁江淹爲齊王謝冕旒諸法服表曰軒冕雲蹕既非常之飾宮懸玉戚乃配天之禮昔大啓營丘未脩樹羽之賞光宅曲阜始兼龍旂之貴況臣道狹慶隆身薄器尊粉繡爭暉藻火競曜【啓】梁陸倕爲息纘謝勑賜朝服啓曰玄冕素帶出自禁財朱紱青綸降於皇府輝燭鄰黨震耀街衢姻族移聽朋儕改矚非臣璅弱所能陳報

貂蟬

應劭漢官儀曰侍中左蟬右貂金取堅剛百陶不耗蟬居高食絜

目在腋下豹内勁悍而外温潤【啟】隋江揔華貂賦曰領軍新安殿下以副貂乘錫仰銘恩澤謹題小賦貴豈貂於挹婁飾惠文而見求標侍臣之密設曜毛彩之温柔拜文槐而影度陪武帳而香浮隨玉珩之近遠共金璫之去留仰太山之千仞開谷中之鄙吝撤君子之寶飾榮小人之蓬鬢蔑置醴之殊私誇賜田之薄潤顧朽拙之微躬早遊藝而不工逢河間之好古自隗始而恩隆諒維鵜之有媿庶懷音而克終【啟】梁元帝謝東宮賚貂蟬啓曰挹婁之毛曲降鴻恩麗水之珍復蒙殊獎東平紫貂之賜非聞暖頷中山黄金之賜豈曰附蟬坐變仲宣之容增暉允南之貌

玦珮

世本曰舜時西王母獻白環及玦　楚辭曰捐余玦兮江中遺予珮兮澧浦又曰虛衣兮披披玉珮兮陸離　孔叢子曰子產死鄭人丈夫捨玦珮婦人捨珠玉　説苑曰經侯過魏太子左帶玉具劒右帶環珮左光照右右光照左太子不視又不問經侯曰魏國亦有寶乎太子曰主信臣忠百姓戴之此魏之寶也經侯解劒珮委之趨而出上車去太子使騎操劒珮與侯曰此寒不可衣飢不

可食無遺我賦也　典略曰孔子適衛衛夫人南子使人謂之曰四方君子之來者必見寡小君孔子不得已見之夫人在錦帷中孔子北面稽首夫人自帷中再拜環珮之聲璆然　晉公卿禮秩曰特進珮水蒼玉尚書令僕射中書監令皆佩水蒼玉【賦】魏文帝玉玦賦曰有昆山之妙璞產曾城之峻崖嗽丹水之炎波蔭瑤樹之玄枝包黃中之純氣抱虛靜而無為應九德之淑懿體五材之表儀【銘】後漢崔瑗遺葛龔珮銘曰禹湯罪己仲尼多誨盤盂有銘几杖有誡夫為剛德猶不干時君子安怒厥亦生災晉厲好虐欒書作亂荀瑤峻戾韓魏致難慷愷憤激動腸傷氣久生百疾歷年不遂俯覽斯珮柔韋是貴【啓】梁簡文帝謝勑賜玉珮啓曰昉田麗彩槐水鏤文飾以金關之珠制以魯班之巧故以裾端照色影外生光恩發內府猥垂霑賜臣方溫謝德比振慙聲【書】魏文帝與鍾繇書曰南陽宋惠叔稱君侯昔有美玦聞之驚喜笑與抃會當自白書恐傳言未審是以令舍弟子建因荀仲茂時從容喻鄙旨乃不忽遺鄴騎既到寶玦初至捧匣跪發五內震駭繩窮匣開爛然滿目猥以蒙鄙之姿得覩希世之寶不煩一介之使不損連城之價既有秦昭

章臺之觀而無藺生詭奪之誑嘉貺益腆敢不欽承

巾帽

魏略曰夫餘國以金銀飾帽　又曰管寧在家恒著皁帽　又曰裴潛爲代郡太守撫之以靜單于脫帽稽顙　郭林宗別傳曰林宗常行陳梁之閒遇雨故其巾一角霑而折二國學士著巾莫不折其角云作林宗巾其見儀則如此　語林曰諸葛武侯與宣皇在渭濱將戰宣皇戎服莅事使人視武侯乘素輿葛巾毛扇指麾三軍皆隨其進止宣皇聞而歎曰可謂名士矣　沈約宋書曰陶潛在家郡將候潛值其酒熟取頭上葛巾漉酒漉酒畢復還著之

啓　陳周弘正謝勑賚烏紗帽等啓曰雖復魏宣二端豈能比今茲賜廣微四縫未足方其華飾既受非望之恩方貽匪服之誚

衣裳

毛詩曰摻摻女手可以縫裳　楚辭曰製芰荷以爲衣集芙蓉以爲裳

漢書曰鄧通以擢船爲黄頭郎施其黄髮於船頭因以其名其郎曰黄頭也文帝夢上天不能

有一黄頭郎推之顧見其衣後穿覺而以夢中陰自求推者郎見鄧通衣其後穿是夢中所見因而甚見幸　魏書曰文帝詔與朝臣云三世長者知被服五世長者知飲食此言被服飲食難曉也夫珍玩必中國總綃總其白如雪羅紈綺縠未聞衣布服葛也　又曰甄皇后生每寢家中人髣髴見如有人持玉衣覆其上者　魏志曰文帝欲徙冀州十萬户實河内侍中辛毗諫帝怒起入内毗隨而引帝裾帝奮衣不迴良久帝乃出曰佐卿持我何太急　吴書曰顧悌每得父書洒埽正衣服拜跪　王隱晉書曰董威輦每得殘碎繒輒結以為衣号曰百結【詩】魏曹毗夜聽擣衣詩曰寒興御紈素佳人治衣襟冬夜清且永皓月照堂陰纖手疊輕素朗杵叩鳴碪清風流繁節廻飇灑微吟嗟此嘉運速悼彼幽滯心二物感余懷豈但聲與音　宋謝惠連擣衣詩曰衡紀無淹度晷運倏如催白露滋園菊秋風落庭槐肅肅莎雞羽烈烈寒螿啼夕陰結空幕宵月皓空閨美人戒裳服端飾相招攜簪玉出北房鳴金步南階櫚高碪響發楹長杵聲哀微芳發兩袖輕汗染雙題　梁柳惲擣衣

詩曰孤衾引思緒獨枕悵憂端深庭秋草緑高門白露寒思君起清夜促柱奏幽蘭不怨飛蓬苦徒傷蕙草殘行役滯風波遊人淹不歸亭臯木葉下隴首秋蓬飛鶴鳴勞永歎採緑傷時暮念君方遠遊賤妾理紈素秋風吹緑潭明月懸高樹軒高夕杵散氣爽夜碪鳴瑶華隨步響幽蘭逐袂生　梁劉孝威賦得香出衣詩曰香出衣步近氣逾飛愽山登高用鄴錦含情動靨當比洛妃香纓麝帶逢金縷瓊花玉縢綴珠微蘇合故年微恨歇都梁路遠恐非新猶賢漢君芳十里尚笑荀令止三句　周庾信夜聽擣衣詩曰秋夜擣衣聲飛度長門城今夜長門月應如晝日明小鬟宜粟瑱圓要韻織成秋碪調急節亂杵變新聲石燥砧逾響桐虛杵絶鳴鳴石出華陰虛桐採鳳林北堂緗署杵南市女郎砧並結連支縷雙穿長命針倡樓驚別怨征客動愁心　又曰擣衣明月下靜夜秋風飄錦石平砧面蓮房接杵腰急節迎秋韻新聲入手調寒衣須及早將寄霍嫖姚　梁費昶華光省中夜聽城外擣衣詩曰闔閭下重關丹墀吐明月秋氣城中冷秋砧城外發浮

聲繞雀臺飄響度龍闕宛轉何藏摧當從上路來藏摧方未已定自
乘軒里乘軒盡世家佳麗似朝霞負璫耳上照方繡領間斜衣熏百和
屑鬢揷九枝花昨暮庭槐落今朝羅綺薄拂席卷鴛鴦開緼舒龜
鵠金波正容與玉步依砧杵紅袖往還縈素腕參差舉徒聞不得見獨
夜空愁佇　梁王僧孺詠擣衣詩曰足傷金管遽遂多愴緹光促露團池
上紫風飄庭裏綠散度廣陵音參（廉纖）寫漁陽曲別鵠悲不已離鸞斷還
續尺素在魚腸寸心憑鴈足【啓】梁庾肩吾謝東宮賚內人春衣啓曰階
邊細草猶推綟葉之光戶前桃樹反訝藍花之色遂得裾飛合鷰領閪
分鸞試顧採薪皆成留客

袍

史記曰秦相范雎與魏人須賈有隙及賈使秦雎自稱張祿先生
往詣賈賈見其寒取一綈袍以賜之及雎數賈罪曰爾得不死者以
綈袍戀戀有故人之意也　漢武內傳曰上元夫人降武帝服赤霜袍雲
采亂色非錦非繡不可得名　泰山松後漢書曰靈帝欲羊續為

太尉時拜三公者輸東園禮錢千萬令中使督之績乃坐使者於單席舉緼袍以示之臣之所資唯斯而已故不登公位

賦 隋江揔山水納袍賦曰皇儲監國餘辰勞謙終宴有令以納袍降賜何以奉揚恩德因題此賦濫時來之寵沐振長纓以祇肅奉性與之文章侍相娛之絲竹解女蘿之山帶佩流霞之羽服裁縫則萬壑縈體針縷則千巖映目圖島嶼之削成寫淪漣之徑復埒符采於雕爕並芬芳於蘭菊憫四選之徂遷軫百慮之迴邅霜飛空而浸霧鴈照月而猜弦聽風鍾之易近對冰霤之踈懸若董衣之百結同衞服之十年嗟班鬢之已颯愧治袖之爲妍謝銜珠之有報荷墜屨之無捐

牋 晉劉謐之與天公牋曰體戰身噤脫衣凍坐賴公借袍南越送火

啓 陳周弘正謝東宮賜縠袍啓曰或儔名麗辭等質輕霧或色華少海用寶叢臺或粲彼三英縫茲五緎品須歲龍衣綠奪春耕葛高席可充縕袍易足

裙襦

漢書曰班伯容貌甚麗誦說有法時上方向文學鄭寬中張禹等

朝夕入說尚書論語於金華殿中詔伯受焉數年金華之業絕班出與王許子弟爲群在於綺紈襦袴之中非其好也　東觀漢記曰梁鴻鄉里孟氏女容貌醜而有節操多求之不肯父母問其所欲曰得賢聟如梁鴻者鴻聞之乃求之女布襦裙鴻曰此真梁鴻妻也　漢書曰廉范爲蜀郡太守百姓歌之曰廉叔度來何暮昔日無襦今五袴

啓

梁沈約謝齊竟陵王賚毋赫國雲氣黃綾裙　襦啓曰竊以積絲成綵散繭騰花巧擅易水之間價貴叢臺之下民受祿爲養靈荷彌深聖恩曲漸自葉流根複袖縕裾豈伊恒飾榮新之寵固難輕報　梁任孝恭謝裙襦啓曰加以庭闕桑麻室空機杼牀無暖席桁靡懸衣值蓬卷北郊鳫飛南浦雪闇河陰氷生海岸而繩帶屢盡苦風霜之切弊屨復恒穿踐泥沙之東自憐袖短雖内手而猶寒每恨衣輕徒斂襟而彌愴

裘

墨子曰江河之水非一水之源千鎰之裘非一狐之白　戰國策曰蘇秦說秦王書十二上而說不行黑貂之裘弊　又曰齊襄王立田單相之過魯有老人

涉淄而寒出而不行坐沙中單見其寒解裘而衣之襄王曰田單之惠施欲以取我國乎有貫珠者襄王呼而問之對曰王不如因賞下令曰寡人憂人之寒單解裘而衣之稱寡人之意焉　說苑曰千金之裘非一狐之皮也廊廟之榱非一木之枝也王法非一士之知也　晉咸寧起居注曰大醫司馬程據上雉頭裘一領詔據此裘非常衣服消費功用其於殿前燒之勑外內有造異服依禮治罪　十洲記曰漢武帝天漢三年西國王獻吉光毛裘裘色黄蓋神馬之類入水經日不沉入火不焦帝厚謝使者　東觀漢記曰東平王蒼來朝章帝以至觸寒涉道賜王乘輿貂裘

啓

齊王融謝勑賜御裘等啓曰雲衣降授仙裾曲委榮振素里澤駭蓬心昔漢帝解裘不獨前寵曹王褫帶復降今恩　又謝竟陵王賜納裘啓曰降飾自尊垂榮及賤玄王不純曾波奪采南陸方永北風日壯無衣無褐發念聖衷而挾纊之問每流解裘之賜偏委　梁簡文帝謝東宮賜裘啓曰物華雉毳名高鷺羽才慙齊相愧白狐之飾德謝漢蕃均黑貂之賜地卷朔風庭流花雪故以裾生惠氣袖起陽春

帶

穆天子傳曰天子征至赤烏之人赤烏氏先出自宗周乃賜貝帶五十具戰國策曰魯仲連謂田單曰將軍東有夜邑之奉西有淄上之娛黃金橫帶而騁乎淄澠之間有樂無死之心所以不勝狄也　史記曰帝遺匈奴黃金飾貝帶一具魏略曰踈勒王獻大秦赤石帶一枚　吴書曰陸遜破曹休帝脫御金帶以賜遜又親以帶之　吴録曰鉤落者革帶也世名爲鉤落帶

啓　梁劉孝儀謝晉安王賜銀裝絲帶啓曰雕鏤新奇織制精槷越中玉女不得閑思上方名匠莫能議巧入情駭觀如見買臣之綬望貌移姿似逢子訓之術

藝文類聚卷第六十七

藝文類聚卷第六十八

儀飾部

節　黄鉞　鼓吹　相風　漏刻

節

禮記曰凡君召以三節二節以走一節以趨　吕氏春秋曰墨者田鳩欲見秦惠王留三年而不得見客有言之於楚王乃往見楚王王悅之與將軍之節以如秦至而得見出而告人曰吾不識秦之道乃當由楚也物固有近之而遠遠之而近　漢書曰蘇武使匈奴單于欲降之幽武置大窖中絕飲食天雨雪武卧齧雪與旃毛并咽之數日不死匈奴以爲神乃徙武北海上無人處使牧羊武杖漢節牧羊卧起操持節節毛盡落積五六年　又曰建元三年閩越舉兵圍東甌東甌告急上遣嚴助以節發兵會稽會稽太守欲不爲發兵助乃斬一司馬遂發兵浮海救東甌又曰張騫使月氏匈奴得之留騫十餘歲與妻有子然騫持漢節不失又曰諸葛豐特立剛直元帝擢爲司隸校尉刺舉無所避侍中許章以外屬貴幸奢淫賓客犯事與章相連豐按劾章欲奏其事適逢許侍

中私出豐駐車擧節語章曰下欲收之章馳車去豐追之許因得入宮門自歸於上豐亦上奏於是收豐節司隸去節自豐始　又曰漢使王焉等窺匈奴匈奴法漢使不去節不以墨黥其面不得入穹廬王焉北地人習胡俗去其節黥面入穹廬單于愛之　東觀漢記曰永平中遣鄭衆使北匈奴衆因上書言臣前奉使不爲匈奴拜單于恚恨故兵圍臣今復銜命必凌折臣臣誠不忍將大漢節對氊裘拜如令匈奴遂能服臣將有損大漢之強上不聽衆不得已旣行後果爲匈奴所殺　獻帝春秋曰太傅馬日磾假節循撫州郡袁術在壽春借節觀之因奪不還日磾失節憂恚而死【表】梁元帝遷荆州輸江州節表曰周有掌節之職漢有符節之令所以子孫慷慨忠肅勤王無絕終古有高前載臣自擁旄鶴塞執茲龍節幸逢銀山自溢玉燭調年雖免茂弘之譏竟微辛毗之勇

黃鉞

尚書曰武王左杖黃鉞右執白旄　淮南子曰至精之感無所不通昔武王度孟津而陽侯之波逆流而擊疾風晦冥武王擧黃鉞瞋目而麾之曰

予在天號誰敢害吾於是風去而波罷遂得濟　吳録曰假陸遜黄鉞吳王親執鞭以見之矣　晉中興書曰會稽王道子進位丞相牧揚州假黄鉞　世説曰諸葛亮之次渭濵也關中震動魏明帝深懼晉宣王戰乃遣辛毗爲軍司馬宣王既與亮對渭而陣亮設誘譎萬方宣王果大忿憤將應以重兵亮遣閒諜覘之還曰有一老夫毅然杖黄鉞當軍門立軍不得出亮曰必辛佐理也

銘

蔡邕黄鉞銘曰帝命將軍執兹黄鉞威靈震耀如火之烈公之莅止羣狄斯柔齊聲罔設介士斯休

鼓吹

漢書曰韓延壽在東郡植羽葆鼓車吹車　又曰秦始皇末班壹避地樓煩致馬牛羊數千群值漢初定與民無禁當孝惠高后時以財雄邊出入弋獵旌旗鼓吹　東觀漢記曰段熲起於徒中爲并州刺史有功徵還京師熲乘輕車介士鼓吹曲蓋　又曰建初八年稱班超爲將兵長史假鼓吹幢麾　應劭漢官儀曰鼓吹爲國盤娛禦侮爪牙　吳志曰孫權拜諸葛恪撫越將軍領丹陽太守授棨戟武騎三百拜畢令恪

備威儀作鼓吹導引歸家　吳質別傳曰質爲北中郎將朝京師上歡
喜其到比至家問訊相續詔將軍列鹵簿作鼓吹望闕而止　吳曆曰
曹公出濡須口吳王乃自乘船從濡須口入曹公嚴兵待之乃作鼓吹迴還
曹公見吳舟船器仗法伍整肅乃歎曰養兒當如孫會稽劉表子直
是豚犬耳　江表傳曰周泰爲濡須督統諸將諸將以泰本出賤微咸
輕傲之孫權乃入泰營於都巷中張縵大請官僚使泰脫衣幘見其
瘡痍迹體指瘡而問何地戰傷泰具對權把其臂流涕曰卿爲孤
兄弟戰不惜命身如刻漆孤何心而不待卿以骨肉之恩使泰以兵馬導
從出作鼓吹　又曰孫策賜周瑜鼓吹贈賜莫與爲比策令曰周公瑾
英儁異才與孤有總角之好骨肉之分前在丹陽發衆及船粮以濟
大事論德酬功此未足以報也　荆州先賢傳曰羅獻以太始三年進
位冠軍假節給大車增鼓吹棨戟　俗說曰桓玄作詩思不來輒作鼓
吹既而思得云鳴鵠響長阜歎曰鼓吹固自來人思　語林曰陸士
衡爲河北督已被間構內懷憂懣聞衆軍警角鼓吹謂其司

馬曰我今聞此不如華亭鶴鳴**賦**晉陸機鼓吹賦曰原鼓吹之攸始蓋禀命於黄軒播威靈於兹樂亮聖器而成文騁逸氣而憤壯繞煩手乎曲折舒飄颻以遐洞卷徘徊其如結及其悲唱流音怏惶依違含歡嚼弄乍數乍稀音躑躅於脣吻若將舒而復迴鼓砰砰以輕投簫嘈嘈而微吟詠悲翁之流思怨高臺之難臨顧穹谷以含哀仰歸雲而落音節應氣以舒卷響隨風而浮沉馬頓跡而增鳴士頻顣而霑襟若乃巡郊澤戲野埛奏君馬詠南城慘巫山之遐險歎芳樹之可榮**表**

魏陳王曹植謝鼓吹表曰許以簫管之樂榮以田遊之嬉陛下仁重有虞恩過周旦濟世安宗寔在聖德　梁簡文帝讓鼓吹表曰寬博爲善不飾被於聲明緑寵成功未增榮於鐃管豈宜響音芳樹於西河鳴朝飛於黑水彼已之譏何懼尸素之誡知懃　梁江淹爲齊高帝讓前部羽葆鼓吹表曰臣聞國容軍禮旌羽昭其華車騎品第鑾鞞藹其飾世教以之垂采民聽以之流文故勒岫銘海之功鞞華寫其詠戡難夷邦之業管竹凝其聲朱露玄雲既錫上德巫山芳樹以彼奇

動　隋江揔謝勑給鼓吹表曰畧尋近古遊聽前事王文憲匡佐革命
沈隱侯經綸始運騎吹之榮猶難忝冒以邑況此寔非倫輩豈可更
崇文物重假名器髙臺迢遰未朱夏而登臨芳樹華滋非靑春而奏曲

相風

晉令曰車駕出入相風前引　【賦】晉傅玄相風賦曰蓋之造相風者知其自然之極乎其達變通之理乎覩妙之微神明可通夫能立成器以占吉凶之先見者莫精乎此乃構相風因象設形蜿盤獸以爲趾建修竿之亭亭體正直之無橈度經髙而不傾棲神烏於竿首候祥風之來征　晉張華相風賦曰蓋在先聖道濟生人擬議天地錯綜明神在璿璣以齊七政象渾儀於陶鈞考古旁於六氣仰貞觀於三辰爰在保章世序其職辯風候方必立准極循物致用器不假飾眇脩幹之迢迢凌髙墉而莖植玄烏偏其增者翔睎雲霄而矯翼嘉剏制之窮理諒器淺而事深步元氣於尋木寄先識於玆禽既在髙而思危又戒險而自箴雖迴易之無常終守正而不淫永恪立以彌世志淹滯而愈新超無返而特

存差偶景而爲鄰　晉潘岳相風賦曰混元恍其初判二氣變而無
窮動靡菲微而不兆象有始而必終思先天而不違立成器以相風栖靈烏
於帝庭似月離乎紫宫飛輕羽於竿杪若鸞鳥翔乎雲中廣漠興而
習坎景風發而迴離閶闔暢而西指明庶起而東移　晉陶侃相風賦
易乃有相風之爲形也終日九征桀然特立不邪不傾擬雲閣以秀出睎
峻嶺於層城直南端以基趾雙崇魏之嶢崢象建木於都廣邈一不羣
而獨榮朴雖小而不巨何物鮮而功大眇翩翩以高翔象離鵾於雲際擢
孤莖而時挺若芙蓉於水裔若乃華蓋警乘奉引先驅豹飾在後葳
蕤清路百僚允則彰我皇度　晉孫楚相風賦曰伊聖皇之高烈美洽
道之穆清兼乾坤之普覆齊三光之明明猶恭已以勞謙迄日昃而不寧
慮聽政之有闕誡禍福於無形建殊才於辰極樹相風於紫庭爾乃神
獸盤其根靈烏據其顛羽族翩飄羅其側翔風蕭聊出其間

刻漏

說文曰漏以銅盛水刻節晝夜百刻　周官曰挈壺氏掌挈壺皆以水火守之

分以晝夜 東觀漢記曰樊梵每當直事常晨駐車待漏 吳録曰吳範善占候知風氣関羽將降孫權問範範曰期明日中權立表下漏以待之及中不至權問其故範曰未正中須之有風動帷範曰羽至矣外稱萬歳傳言得羽矣

賦

晉陸機漏刻賦曰偉聖人之制器妙萬物而爲基形罔隆而弗包理何遠而不之既窮神以盡化又設漏以考時爾乃挈金壺以南羅藏幽水而北戢擬洪殺於編鍾順卑高而爲級激懸泉以遠射跨飛途而遥集伏陰蟲以承波吞恒流其如挹是故來象神造去猶鬼幻因勢相引乘靈自薦口納胷吐水無滯咽形微獨繭之緒逝若垂天之電籠八極於千分度晝夜乎一箭抱百刻以駿浮仰胡人而利見夫其體也簡而效績也誠其假物也粗而致用也精積水不過一鍾導流不過一遴而用天者因其敏分地者賴其平微聽者假其察貞觀者借其明考計歴之潛慮測日月之幽情 宋鮑昭觀漏賦曰歴玉階而升輿訪金壺之盈闕覩騰波之吞寫視驚箭之登設謹戸牖而知命掩雲霧而測暉創百齡於纖隱積千里於空微彼崢嶸而行謐此冉冉而逾衰撫寸心而

未改指分光而永違貫古今而并念信寡易而多難時不留乎激矢生乃急於走丸神怵迫而忘慮愿心坎懔而尠歡望天涯而佇念攉雄劬而長歎嗟生民之永迷躬與後而皆恤死零落而無二生差池而非一

【銘】後漢李尤漏刻銘曰昧旦丕顯敬聽漏音思我王度如玉如金　晉孫綽漏刻銘曰二儀貞運聖鑒通玄數以微器理以象宣乃制妙漏挈壺是銓近取諸物遠賛自然川滿則盈乘虛赴下靈虯吐注陰蟲承寫昏明無隱其晷度陰陽是效其屈伸不下堂而天地理得設一器而萬事同倫　梁元帝漏刻銘曰玉衡稱物金壺博施司南司火未符茲義帝曰欽哉納隍斯譬言寧實惟簡在窮神體智宮槐晚合月桂宵暉清臺莫爽解谷胥依七分六日五祀三微事齊幽賛乃會通幾碧海有乾絳川猶竭飛流五色消消靡絶龍首傍注仙衣俯裂箭前不停晷聲無暫輟用天之貞分地之平如絃斯直如渭斯清　梁陸倕新漏刻銘曰微若抽繭逝如激電耳不輟音眼無留眄銅史司刻金徒抱箭履薄非兢臨深罔戰授受靡係言登降弗爽惟精惟一可法可象月不遁來日無藏往分似符契王

猶影響合昏暮卷蓂莢晨生尚辯天意猶測地情況我神造通幽洞
靈　周王褒漏刻銘曰窀稿以混元開闢天迴地旋曆象運行暑來寒往
二分同道烏靈正其昏夕兩至相遇表圭測其長短雖則晦朔先後失於公羊
之說次舍盈縮惑於丘明之傳至乎出卯入酉黃道青綠季孟相推啓閉從
序挈壺掌分數之令太史陳立成之法軍將以之懸井壺郎以之趍奏百王
垂訓千祀餘烈者焉銘曰玄儀西運逝水東流甘川浴日深壑藏舟測茲
秘象是曰神謀正震治歷下武惟周忽微以測積空成數圭表弗差光陰
斯赴箭水無絕靈虬長注經寸日輪四分天度器遵昔典景移新刻荆山既
鐫昆吾且勒以福眉壽百王垂則　李尤刻漏銘曰昔在先聖配天垂則仰
釐七曜俯順坤德乃建日官俾立漏刻昏明既序景曜不忒唐命羲和
敬授人時懸象著明帝以崇熙季末不虔德衰于茲挈壺失節刺流
在詩

藝文類聚卷第六十八

藝文類聚卷第六十九　服飾部上

帳　屏風　幔　簟　薦席
案　几　杖　扇　麈尾

帳

史記曰沛公入秦宮宮室帷帳狗馬重寶婦女以千數意欲留居之樊噲諫沛公出舍沛公不聽張良諫乃止　又曰項王軍壁垓下夜聞漢軍四面楚歌乃大驚曰漢皆已得楚乎夜飲帳中　又曰丞相公孫弘燕見上或時不冠而見上嘗坐武帳中汲黯前奏事上不冠望見黯避帳中使人可其奏事其見敬禮如此　漢武故事曰西王母感上區區之誠暮必神降上乃盛施帷帳燒兜末香香聞數百里　又曰上以琉璃珠玉明月夜光雜錯天下珍寶爲甲帳其次爲乙帳甲以居神乙以自居　漢書曰東方朔云陛下誠能用臣朔之計推甲乙之帳（甲乙帳名也瓚曰興造乙之帳落以隨珠和璧天子襲翠被爲玉几而處其中）燔之於四通之衢　三輔舊事秦時奢泰渭水貫都以象天河橫橋南渡以象牽牛後宮列女萬有餘人婦人之氣上衝於天鎌帳綺帷木衣綈繡土被朱

紫　東觀漢記曰桓榮常寢病太子朝夕遣中人問疾賜以帷帳奴婢曰如有不諱無憂家室也後病愈入復侍講　漢舊儀曰祭天有紺幄帳　馬融別傳曰馬融爲儒敎養諸生常有千數善鼓琴好吹笛達生任性不拘儒者之節居宇器服多存侈飾常坐高堂施絳紗帳前授生徒後列女樂弟子以次相傳鮮有入其室者　益部耆舊傳曰翟酺上事云漢文帝連上書囊以爲帳惡聞紈素之聲　傅子曰太祖武皇帝恐嫁娶之僭上公主適人不過帛帳從婢十人而已　詩　梁沈約詠帳詩曰甲帳垂和璧螭雲張桂宮隨珠旣吐曜翠被復含風

屏風

京兆舊事曰杜陵蕭彪子伯文爲巴郡太守以父老歸供養父有客常立屏風後自應使命　東觀漢記曰宋弘甞燕見御坐新施屏風畫列女帝數顧視之弘正容言曰未見好德如好色者上卽爲撤之時上姊胡陽公主新寡上與共論朝臣微觀其意主曰宋公威容德器羣臣莫及上曰方且圖之後弘見上令主坐屏風後因謂弘曰諺

言貴易交富易妻人情乎弘曰臣聞貧賤之交不可忘糟糠之妻
不下堂上顧謂主曰事不諧矣　謝承後漢書曰鄭弘爲太尉時舉
弟五倫爲司空班次在下每正朔朝見弘曲躬自卑上問知其故遂聽置
雲母屏風分隔其間由此爲故事具職官部　三輔決録曰何敞爲汝南太守章
帝南巡過郡有雕鏤屏風爲帝設之命侍中黄香銘之曰古典務農彫
鏤傷民忠在竭節義在脩身　魏志曰太祖平柳城班所獲器物特以素
屏風素几賜毛玠曰君有古人之風故賜君古人之服　吴録曰景帝時紀亮
爲尚書亮子騭爲中書令每朝會詔以御屏風隔其坐焉　又曰曹不興
善畫屏風誤落筆點素因就以作蠅權以爲生蠅舉手彈之　語林曰滿
城武秋體羸惡風侍坐晉武帝屢顧看雲母幌武帝笑之武云北牕琉
璃屏風實密似踈帝有難色　詩　周庾信詠屏風詩曰昨夜鳥聲春驚
啼動四鄰今朝梅樹下定有詠花人流星浮酒泛粟鈿繞盃脣何勞一片
雨喚作陽臺神　又曰逍遥遊桂苑寂絶想桃源狹石分花逕長橋映水
門管聲驚百鳥人衣香一園定知懽未足横琴坐樹根　又曰高閣千尋起

長廊四注連歌聲上扇月舞影入閒絃澗水遶牕外山花即眼前但顧長歡樂從今一百年　又曰擣衣明月下靜夜秋風飄錦石平砧面蓮房接杵要急節迎秋韻新聲入手調寒衣須及早將寄霍嫖姚　又曰今朝好風日園苑足芳菲竹動蟬爭散蓮搖魚暫飛面紅新著酒風晚細吹衣跂石多時望蓮船始復歸

賦

漢淮南王屏風賦曰惟斯屏風出自幽谷根深枝茂號曰喬木孤性陋弱畏金彊族移根易土委伏溝瀆飄颻危殆靡安曆足天啓我心遭遇微祿中郎善治收拾捐朴大匠治之彫刻削斵等化器類庇蔭尊屋賴蒙成濟其恩弘篤不逢仁人永爲枯木

啓

梁簡文帝謝賚碁子屏風啓曰極班馬之巧兼曹史之慮均天台之翠壁雜水業之嘉名電母之牕軌其麗色琉璃之扇愧其含影　梁劉孝威謝勑賚畫屏風啓曰昔紀亮所隔唯珍雲母武秋所顧止貴琉璃豈若寫帝臺之基拂崑山之碧畫西巧吳筆素踰魏賜馮商莫能賦李尤誰敢銘　陳周弘正謝梁元帝賚春秋糊屏風啓曰昔琉璃見重雲母稱珍雖盡華麗有傷真朴豈若三體五例對玩前史一字褒貶坐臥箴規無復楚臺之風得同鄒谷之暖

【銘】後漢李尤屏風銘曰舍則潛避用則設張立必端直處必廉方雍閼風雅霧露是抗奉上蔽下不失其常【書】梁簡文帝荅蕭子雲上飛白書屏風書曰得所送飛白書縑屏風十牒冠六書而獨美超二篆而擅奇乍寫星區時圖鳥翅非觀觸石已覺雲飛豈待金瑠便覩蟬翼聞諸衣帛前哲未巧懸彼帳中昔賢掩色

幔

六韜曰將冬不服裘夏不操扇天雨不張幔蓋名曰禮將不知禮無以知士卒寒暑者也　東觀漢記曰岑彭與吳漢圍隗囂囂部壅谷水以縑幔盛土爲堤灌城　軍令曰戰時皆取舡上布幔布衣漬水中積聚之賊有炬火火箭則以掩滅之　蜀志曰張松勸劉璋絕曹公交通先主璋率步騎三萬餘人車乘帳幔精光耀日往就與會　秦記曰苻永固以太常韋逞母宋傳其父業得周官義音乃就來宋家臣講書生百人隔絳紗幔而受書焉　世說曰庾太尉亮風儀偉長時皆以爲美亮有大兒年數歲雅量之質便自如此溫太真嘗隱幔視之此兒神色恬然乃徐跪曰君侯何以爲諭者乃謂不減亮【詩】齊王

融詠幔詩曰幸得與珠綴羃歷君之楹月映不辭卷風來輒自輕每聚金鑪氣時駐玉琴聲但願致樽酒蘭釭當夜明

簟

說文曰簟竹席也　釋名曰簟也布之覃然正平也　禮記曰夫不在斂枕簟席韣器而藏之　又曰莞簟之安而藁鞂之設也　方言曰簟宋魏之閒謂之笙今江東乃言笙也　毛詩曰下莞上簟乃安斯寢　孫卿子曰輕煖平簟而體不知其安　淮南子曰席之上先萑簟樽之上先玄酒先王貴之先本而後用末也　漢獻帝傳曰尚書令王允奏曰太史令王立說孝經六隱事能消卻姦邪常以良日允與立入為帝誦孝經一章以丈二竹簟畫九宮其上隨日時而出入焉及允被害乃不復行也　晉公卿禮秩曰太宰何曾遜位賜簟褥一具　王隱晉書曰車永為廣州刺史永子溢多使工作象牙細簟呈上恚之乃共舉出求　東宮舊事曰太子納妃有烏韜赤花雙文簟

【啓】梁劉孝儀謝始興王賜花紈簟啓曰麗兼桃象周洽昏明便覺夏室已寒冬裘可襲雖九日煎沙香粉猶弃三旬沸海團扇可捐

【書】梁簡文帝

荅定襄侯餉臥簟書曰筠篁多品篠簜雜名校色比竒獨此爲貴自舍君紫似久暴於柯亭乍舒黝素若屢霑於湖水三伏餘炎九折成用便可旅食南館高臥北牕　又荅南平嗣王餉舞簟書曰濯龍之木文罽飾壇淮南之臺紫羅爲薦未若五離九折出桃枝之翠筍綺爛霞舒制袤雲母之修竹南湘點淚喻也未竒東宫赤花擬之非妙

薦席

釋名曰薦所以自薦藉也蓆釋也可卷可舒也　說文曰蒻蒲子也可爲薦　六韜曰桀紂之時婦女坐以文綺之席衣以綾紈之衣　毛詩曰我心匪席不可卷也　禮記曰君羣居五人則長者必異席夫爲人子者居不主奧坐不中席　又曰奉席如橋衡請席何鄉請衽何趾席南鄉北鄉以西方爲上東鄉西鄉以南方爲上若非飲食之客則布席席間函丈主人跪正席客跪撫席而辭客徹重席主人固辭客踐席乃坐　又曰哀公命席孔子曰儒有席上之珍以待聘　大戴禮曰武王踐阼席前左端之銘曰安樂必敬前右端之銘曰無行可悔後左端之銘曰民一反一側爾不可不志後右端

之銘曰所鑒不遠視邇之所代 左傳曰大路越席昭其儉也 又曰臧文仲不仁者三妾織蒲（家人販席與民爭利也） 論語曰席不正不坐君賜食必正席先嘗之 家語曰明王之守也則必折衝千里之外其征也還師衽席之上故曰內修七教而上不勞外行三至而財不匱此之謂明王之道 楚辭曰瑤席兮玉瑱 呂氏春秋曰衛靈公天寒鑿池宛春諫曰天寒起土恐傷民公曰天寒乎宛春曰公衣狐裘坐熊席陬隅有竈是以不寒（事具寒部） 曾子曰不勞不費之為明可得而聞乎 孔子曰昔者帝舜左禹右皐繇不下席而天下治 晏子曰景公獵休坐地而食晏子後至滅葭而坐公不說子獨席何也對曰臣聞介冑坐不席獄訟不席獄戶不席 三者皆憂也臣故不敢以憂侍坐公曰善令人下席曰大夫皆席寡人亦席 子思曰舜不降席而天下治桀紂不降席而天下亂也 莊子曰申徒嘉兀者也與鄭子產同師合堂同席而坐 魯連子曰君所察者三不可以不知不知時與不時辟古猶春不耕也不知行與不行譬以方為輪也不知宜與不宜譬以錦緣薦也 韓子曰趙簡子謂左右曰車席泰美夫冠雖惡必戴之履雖善必履之今車如此其大美也吾

將何以覆之是美而耗上妨義之道　又曰孟懿伯相魯食不二味坐不重
席　史記曰陳平以弊席爲門　又曰蘇秦激張儀令相秦以馬韉席坐
之　又曰任安與田仁俱爲衛將軍舍人居門下衛將軍從此兩人過平陽
公主家令兩人與騎奴同席而食此二子拔刀裂斷席别坐主家皆怪而惡之
莫敢問也　漢武故事曰帝齋於壽宫其臺設紫羅薦　東觀漢記曰
更始至長安止前殿郎吏以次侍更始愧惡俯刮席與小常侍語　又曰
王常與横野大將軍位次與諸將絶席　又曰黄香家素貧躬執勤
苦盡心供養暑則扇牀枕寒則自温席　又曰張禹爲太傅尚書鄧太后
以殤帝初育欲令重臣居禁内乃詔禹與三公絶席　又曰宣帝建武元
年拜御史中丞上特詔御史中丞與司隷校尉尚書令會同並專席
而坐故京師號曰三獨坐　謝承後漢書曰戴憑徵博士詔公卿大會
羣臣皆就席憑獨立世祖問其意對曰博士説經皆不如臣而坐居
臣上是以不得就席帝令與諸儒難説帝善之後正旦朝賀令羣臣説
經更相難詰義有不通輒奪其席以益通者憑遂重坐五十餘席故

京師語曰解經不窮戴侍中　又曰許敬字鴻卿其吏有誣君者會於縣
令坐敬拔刀斷其席曰敬不忍與惡人同席　盧毓冀州論曰常山爲林大
陸爲澤蒹葭蒲葦雲母御席　汝南先賢傳曰鄭敬以蒹葭爲席
常隨杞柳之陰　雜記曰吳議郎張純詣鎮南將軍朱據據曰爲賦一物
然後乃坐純賦曰席爲冬設簟爲夏施揖讓而坐君子攸宜　皇甫謐
高士傳曰老萊子親役隱蒙山之陽枝木爲牀艾爲席　世說曰管寧與
華歆同席讀書有軒冕過門者寧讀書如故歆廢書出看寧割席分
坐曰子非吾友也　說苑曰孔子困於陳蔡之間居環堵之內坐三經之席　**詩**
齊謝朓詠席詩曰本生朝夕池落景照參差河洲蔽杜若幽渚奪江蘺
遇君時採擷玉坐奉金巵但願羅衣拂無使素塵彌　梁柳惲詠席詩
曰照日汀洲際搖風綠潭側雖無獨繭輕幸有青袍色羅袖少輕塵象
牀多麗飾頹君夜闌飲佳人時安息　**銘**後漢李尤席銘曰施席接賓士
無過賢直時所有何必羊豚

案

說文曰案几屬也　燕太子曰太子常與荆軻等案而食　史記曰漢七年高祖過趙趙王張敖自持案進食禮甚恭高祖箕踞駡之　楚漢春秋曰項王使武涉說淮陰侯信曰臣事項王位不過中郎官不過執戟乃去項歸漢漢王賜臣玉案之食玉具之劒臣背叛之內愧於心　列士傳曰魏公子方食有鳩飛入其案下公子怪之此有何急來歸無忌耶使人於殿下視之左右顧望一鷂在屋上而飛　鹽鐵論曰良民文杯畫案婢妾衣紈履絲匹庶粺飯肉食所以亂治也　漢書曰萬石君石奮子孫為小吏歸謁萬石君必朝服見之不名子孫有過失不誚讓為便坐對案不食然後諸子相責因長老肉袒謝罪改之乃許　又曰上欲封傅太后從弟商鄭崇諫持詔案起薄太后大怒曰何有為天子反為一臣所制耶　又曰朱博為御史大夫為人廉不好酒色之宴自微賤至富貴食不重味案上不過三杯　漢武故事曰武帝時東郡獻短人長五寸上疑其山精常令案上行東方朔問曰巨靈汝何以叛阿母健不　東觀漢記曰更始韓夫人尤嗜酒每侍飲見常侍奏事輒怒曰帝方對我正用此時持事來乎起抵破書案　又曰尹敏與班彪相厚每相

與語嘗屏案不食　又曰梁鴻適吳依大家皐伯通廡下爲人賃舂妻爲具食不敢於鴻前仰視舉案齊眉伯通異之曰彼傭賃能使其妻敬之如此非凡人也　神仙傳曰茅君當受神靈之職衆賓皆至忽然自有青縑帳於屋下數重白氈金案玉杯人皆飽醉　江表傳曰曹公平荆州仍欲伐吳張昭等皆勸迎曹公唯周瑜魯肅諫拒之孫權拔刀斫前奏案曰諸將復有言迎北軍者與此案同**銘**梁簡文帝書案銘曰刻香鏤彩纖銀卷足照色黃金迴花青玉漆華映紫畫製舒緑性廣知平文雕非曲厠質錦帷承芳綺縟敬客禮賢恭思儼束披古通今察姦理俗仁義可安忠貞自燭鑒矣勤銘知微敬昂

几

莊子曰南郭子綦隱几而坐仰天而嘘嗒焉似喪其偶顔成子游立侍乎前曰何居乎形固可使如槁木心固可使如死灰乎今之隱几者非昔之隱几也（子綦昔隱几不然乎今何故更然）　戰國策曰郭隗謂燕昭王隱几據杖眄視相使則廝役之人至　左傳曰諸侯之師久於偪陽荀偃士匄請於荀罃曰水潦將降懼不能歸請班

師智伯怒智伯荀罃也投之以几出於其閒　漢書曰朱博遷琅邪太守齊郡舒緩養名博奮髯抵抵音紙几曰觀齊兒欲以此爲俗耶乃召見諸曹史書佐及縣大吏選其可用者　又曰平帝詔太師孔光曰聖人之後先師之子德行純淑道術通明居四輔輔導于帝今年耆有疾俊乂大臣惟國之重書曰毋遺耇老國之將興尊師而重傅其令太師毋朝十日一賜餐賜太師靈壽杖令爲太師省坐置几太師省中用杖　續漢書曰大將軍何進辟鄭玄玄以進辟權戚不敢違意不得已而詣之進爲設几杖待之甚優玄不受朝服而以幅巾見一宿逃去　九州春秋曰孔融爲北海太守爲袁譚所攻流矢雨集矛戟内接然融憑几安坐讀書論義自若也【詩】齊謝眺詠烏皮隱几詩曰蟠木生附枝刻削豈無施取則龍文鼎三趾獻光儀勿言素韋潔白沙尚推移曲躬奉微用聊承終宴疲

杖

史記曰張騫曰臣在大夏時見卭竹杖蜀布問曰安得此大夏國人曰吾賈人往市之身毒國身毒國在大夏東南可數千里　魯連子曰連却秦

軍平原君欲封之終不肯受平原君乃置酒酒酣起前以千金爲壽先生笑曰所貴天下之士者爲排患釋難解人之紛結即是有取商賈之事連不忍也遂杖策而去　呂氏春秋曰孔子之弟子從遠方來者孔子荷杖而問之曰子之父不有恙乎搏杖而問之曰子之母不有恙乎置杖而問之曰子之兄弟不有恙乎杖步而倍之問曰子之妻子不有恙乎故孔子六尺之杖諭貴賤之禮辯親疏之義　韓子曰周王下令索曲杖吏求之不得使私求得之乃曰吾知吏不事他事也杖甚易得而不能得我令人求不移日得之豈謂忠哉

詩　梁到漑餉任新安班竹杖因贈詩曰邛竹藉舊聞靈壽資前識復有冒霜筠寄生桂潭側文彩既班爛質性甚綢直所以天天真爲有乘危力未嘗以過投屢經芸苗植　梁任昉答到建安餉杖詩曰故人有所贈稱以冒霜筠定是湘妃淚潛灑遂隣彬扶危復防咽事歸薄暮人勞君尚齒意矜此杖鄉辰復資後生彥俟余方欠伸獻君千里笑紓我百憂顰坐適雖有器臥遊苦無津何由乘此竹直見平生親

賦　晉張翰杖賦曰惟萬物之品分何利人之獨貴中神性之極妙豈給口之至味雖

至味之御內乃靡失乎身外含少壯之自然假扶我之攸賴良工登乎曾巒妙匠鑒乎林阿顧眄乎睎陽之條投刃乎直理之柯方圓適意洪細可手躊躇旦夕欲與永久儀制財於一尋假飾存乎尾首瑩牙爲其眉額朗金爲其觜角距　周庾信竹杖賦曰桓宣武平荆州外白有人稱楚丘先生來詣門下桓公曰名父之子流離江漢孤之責矣及今引進乃曰噫子老矣鶴髮雞皮蓬頭歷齒乃是江漢英靈荆衡杞梓雖有聞於十室豈無求於千里寡人有銅環靈壽銀角桃枝開木瓜而未落養蓮花而不萎迎仙客於錦市　送遊龍於葛陂先生將以養老將以扶危先生笑而言曰中國明於禮義暗於知人心之憂矣唯我生民雖復跡條勁柘促節貞筠枝端刻鳥角首圖麟豈念相余有疾將余此身余此衰矣雖然有以非鬼非蜮乃心憂矣未見從心先求順耳伯玉何嗟丘明唯恥別有九棘厖眉三槐眘齒孔光謝疾袁逢致仕明公此贈或非乖理

【頌】王粲靈壽杖頌曰茲杖靈木以介眉壽奇幹貞正不待矯鞣據貞斯直杖之爰茂

【贊】晉郭璞桃杖贊曰叢薄幽薈從風蔚猗

輦以寧寢杖以扶危【銘】漢劉向杖銘曰歷危乘險匪杖不行年耆力竭匪杖不彊有杖不任顛跌誰怨有士不用害何足言都蔗雖甘殆不可杖佞人悅已亦不可相杖必取便不必用味士必任賢何必取貴　後漢李尤靈壽杖銘曰亭亭奇幹寔曰靈壽甘泉潤根清露流莖乃制為杖扶危定傾旣憑其實亦貴其名　後漢馮衍杖銘曰杖莫如信行莫如仁惠而無實怨及爾身趙武之珍子罕之寶二子之迹蓋近於道　晉蘇彥邛竹杖銘曰安不忘危任在所杖秀矣雲竹勁直篠簜節高質貞霜雪弥亮圓以應物直以居當妙巧無功奇不待匠君子是扶逍遥神王　晉郡允杖銘曰二老晨征匪杖不遠四皓降趾匪杖不反翼德扶者捨杖焉資輔相天地匪賢而誰荃蕙雖秀才非貞質異端雖美道無玄術杖必不撓無取弱人貴一德勿惑穿鑿　晉傅咸邛竹杖銘曰嘉兹奇竹質勁體直立比高節示世於式　晉劉柔妻王氏靈壽杖銘曰籊籊籊籊鮮幹秀彼崇嘌下澤蘭液上瑩芳霄貞勁內固鮮粲外昭耀質靈蕃作珍華朝杖之身安越齡松喬　梁簡

文帝錫杖銘曰妙飾嘉光遊聖振灼排空霧轉騰雲鳳躍承異玉
神長踰金錯

扇

春秋繁露曰美事召美類惡事召惡類類之相應而起也如馬鳴則馬應之故以龍致雨以扇逐暑軍之所處生以棘楚美惡皆有從來也　淮南子曰夫夏日不披裘者非愛之也煖有餘於身也冬日不用翣者非簡之也清有餘於適也又曰炎火鑿池披裘而扇不能救也　語林曰庾亮爲荊州都督以毛扇上成帝帝疑是故物侍中劉劭曰柏梁雲構工匠先居其下管絃繁奏夔牙先聆其音庾之此扇以好不以新　續晉陽秋曰謝安賞袁宏機對辯速後宏出爲東陽郡時賢祖道冶亭安起執宏手顧就左右取一扇授云聊以贈行宏應聲荅曰輙當奉揚仁風慰彼黎庶合座稱其率而當

【詩】晉許詢竹扇詩曰良工眇芳林妙思觸物騁蔑疑秋翼蟬團取望舒景　齊丘巨源詠七寶團扇詩曰裁狀白玉璧縫似明月輪表裏鏤七寶中銜駭雞珍畫作景山樹圖爲河洛神

生風長袖際晞華紅栁津拂盼迎嬌意隱映含歌人　梁簡文帝賦得白羽扇詩曰可憐白羽扇却暑復來氛終無顧庶子誰爲一揮軍　梁何遜詠扇詩曰如珪信非玷學月且爲輪揺風入素手召曲掩丹脣　梁庾肩吾賦得轉歌扇詩曰團紗映似月蟬翼異望如空迴持掩曲態轉作送聲風　梁高爽詠畫扇詩曰細絲本自輕弱綵何足眄直爲發紅顔謬成幄中扇乍奉長門泣時承柏梁宴思粧開已掩歌容隱而見但畫雙黃鵠莫作孤飛鸞　陳許倪詠破扇詩曰蔽日無全影揺風有半涼不堪鄭巧笑猶足動衣香　漢班婕妤扇詩曰新裂齊紈素鮮絜如霜雪裁成合歡扇團團似明月出入君懷袖動揺微風發常恐秋節至涼飈奪炎熱弃捐篋笥中恩情中道絶　漢班固竹扇詩曰供時有度量異好有圓方來風堪避暑静夜致清涼

【賦】魏陳王曹植九華扇賦曰昔吾先君常侍得幸漢桓帝帝賜尚方竹扇不方不圓其中結成文名曰九華其辭曰有神區之名竹生不周之高岑對渌水之素波背玄澗之重深體虚暢以立幹播翠葉以成秋形五離而九折蔑氂解而縷分效虬龍之蜿蜒法虹蜺之烟熅因

藝文六十九　九

形致好不常厥儀方不應矩圓不中規隨皓腕以徐轉發惠風之微寒時氣清以芳厲紛飄動乎綺紈　吳閔鴻羽扇賦曰惟羽扇之攸興乃鳴鴻之嘉容產九華之中澤邁雍喈之天聰表高義于大易著詩人之雅章賴茲翮以內飛曜羽儀於外揚于時祝融持運朱明發暉奔陽衝布飛炎赫戲同熅隆於雲漢咸憯毒於中懷爾乃登爽塏臨甘泉漱清流蔭玄雲運輕翮以容與激清風於自然披綃衽而入懷飛羅纓之繽紛衆坐侃以怡懌咸俯節以齊歡感蕙風之盪盪懷詠棘心之所歡於是暑氣雲消獻酬乃設停神靜思且以永日妍羽詳迴清風盈室動靜揚暉嘉好越逸翻翻弈弈飛景曜日同皦素於凝霜豈振鷺之能匹　晉張載扇賦曰有翔雲之素鳥體自然之至絜飄縞羽於清霄擬妙姿於白雪俯濯素於河漢仰晞光於日月雙趾踧而騰虛六翮揮而風厲於是儌世公子俶儻踔躒遺物獨出樂此天爵飛蒲氏之修蟠榮子余之纖繳弋翔冥之鶤雞連王子之白鶴裁輕翼以爲扇發清風於勁翮若乃搜奇選妙絶色寡雙皓質皦鮮玄的點鋒修短雖異而光彩齊同故易稱可以

爲儀詩美肅肅之容是以停之如栖鵠揮之如驚鴻飄纓蕤於軒幌發暉曜於羣龍夫裂素製衣圓剖竹爲方五明起於名都九華興於上京 晉傅咸羽扇賦曰吴人截鳥翼而揺風既勝於方圓二扇而中國莫有生意滅吴之後翕然貴之其辭曰鳳皇于飛翩翩其羽況靈體以遐翔匪六翮其焉舉感扇揚之興風宜收之以清暑彼安衆之云妙差剖篾於毫縷脊荏苒以輕弱伴縞素於齊魯此因資以爲用不假裁於規矩雖靡靡飾於容好亦差池而有序上比列於南箕下等美於篪甬 又扇賦曰天道行而不息四節代以相尋背青春之令月践朱夏於斯今熱融融以太甚孰赫赫之可任汗珠隕以外流氣欝結而内沉庶凱風之自南競清嘯而啓衿然微飄之不興假喬木之無陰揺輕扇之冉弱手纔動而爐心心取儘於捲握尚何希乎北林下濟億兆上寧侯王是曰安衆清暑作涼蒙貴幸於斯時無日夜而有忘謂洪恩之可固終靡弊於君旁火星忽以西流悲風起乎金商秋日凄凄白露爲霜體斂然以思暖御輕裘於温房猥弃我其若遺去玉手而潛藏君背故而向新非余身之無良哀徒勞而靡報獨懷

怨於一方　晉陸機羽扇賦曰昔楚襄王會於章臺之上山西與河右諸侯在焉大夫宋玉唐勒侍皆操白鶴之羽以爲扇諸侯掩麈尾而笑襄王不悅宋玉趨而進曰敢問諸侯何笑昔者武王玄覽造扇於前而五明安衆世繁於後各有託於方圓蓋受則於箑甫舍茲器而不用顧奚取於鳥羽宋玉曰夫創始者恒樸而飾終者必妍是故烹飪起於熱石玉輅基於推輪安衆方而氣散五明圓而風煩未若茲羽之爲麗固體後而用鮮於是鏤巨獸之齒裁奇木之幹憲靈樸於造化審貞則而妙觀諸侯曰善宋玉遂言曰伊茲羽之駿敵似南箕之啓扉垂皓曜之奕奕含鮮風之微微襄王仰而拊節諸侯伏而引非皆委扇於楚庭執鳥羽而言歸屬唐勒而爲之亂曰伊鮮禽之令羽夫何翩翩與肜肜反寒暑於一堂之末迴八風乎六翮之杪　晉江逌扇賦曰惟羽類之攸出生東南之遐嵎育庶族於雲夢散宗儔於具區色非一采或素或玄肌平理暢瓊澤冰鮮戢之則藏奮之則舉舍之以寒用之以暑制舒疾於一掌引長風乎胷衿蕩煩垢於體外流妙氣於中心　梁昭明太子扇賦曰匠人之巧制兼女工之妙織

九折翠竹之枝直截飛禽之翼雖復草木燋枯金沙銷鑠火山熾炭泉涸能使淒兮似秋隆暑斯却　梁江淹扇上綵畫賦曰臨淄之雅女宋鄭之妙工織素麗於日月傳畫明於綵虹洛陽之伎極江南之巧窮故飾以赤野之玉文以紫山之金粉則南陽之鉛澤墨則上黨之松心玉琴兮珠徽素女兮錦衣促織兮如鳴秋蛾兮初飛識桂蕋之就罷知蘭葉之行衰　梁周興嗣白鶴羽扇賦曰銜明珠以報德訪在陰而陽止既來集於衞軒亦傾舞於吳市騈瑶翦雪盈華寫潔通脊似介點首如鷖翡縈吹動髮環凉入衣淒兮若秋之暮懍兮如雪之飛

頌　晉劉臻妻五時畫扇頌曰炎后飛軌引曜丹逵蕤賓應律融精協曦五象列位品物以垂兌降素獸震升青螭日月澄暉仙童來儀仰態翠嵓巖俯映蘭池靈柯幽藹神丹參差如山之壽如松之猗永錫難老與時推移

贊　宋謝惠連白羽扇贊曰唯茲白羽體此皎潔涼齊清風素同白雪揮之衿袖以御炎熱

銘　梁庾肩吾團扇銘曰武王玄覽造扇於前班生贍博白綺仍傳裁筠比霧裂素輕蟬片月內掩重規外圓炎隆火正石鑠沙煎

清逾蘋末瑩等寒泉思深難恃愛極則遷秋風颯至篋笥長捐勒銘華扇敢薦夏筵　梁簡文帝紗扇銘曰

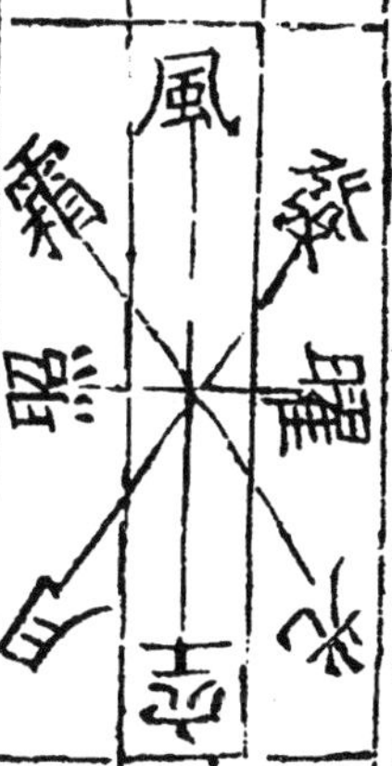

啓　齊王融謝竟陵王示扇啓曰竊以六翮風流五明氣重若此圓綃有兼玩寶輕踰霄羽勢並霜文子淑賞其如規班姬麗之明月豈直魏王九華漢臣百綺況復動製聖衷垂言炯戒載摹拳聽昕式範樞機

麈尾

世說曰康法暢造庾公捉麈尾甚佳公曰麈尾過麗何以得在耆曰廉者不取貪者不與故得在耳　**詩**　梁宣帝詠麈尾詩曰匣上生光影豪際起風流本持談妙理寧是用摧牛　**銘**　晉王導麈尾銘曰道無常貴所適惟理勿謂質卑御于君子拂穢清暑虛心以俟　宋張悅瑇瑁麈尾銘曰移珍西岳賁藻南濱凝華淡景搖綵爭雲更心似

飾色象斯分

陳徐陵麈尾銘曰：爰有妙物，窮茲巧制，員上天形，平下地勢，靡靡絲垂，綿綿縷細，入貢宜吴，出先陪楚，壁懸石拜，帳中王舉，既落天花，亦通神語，用動捨默，出處隨時，揚斯雅論，釋此繁疑，拂靜麈暑，引飾妙詞，誰云質賤，左右宜之。

【啓】梁湘東王謝東宮賜麈尾錦帔團扇等啓曰：揚雄口訥，本貴談端，田蚡貌寢，終於麗飾，始興之扇方斯非擬，鄴中之錦匹此爲輕，方頹弘此仁風，既動承華之氣，服茲懷袖，復比文若之香。

藝文類聚卷第六十九

藝文類聚卷第七十　服飾部下　渤海歐陽　詢　撰

枕　被　縟　如意　胡牀　火籠　香爐
步搖　釵　梳枇　囊　鏡　襪

枕

毛詩曰角枕粲兮　禮記曰父母舅姑之枕几不傳　又曰凡内外雞初鳴咸盥漱斂枕簟　越絶書曰越王問范子曰寡人已聞陰陽之事穀之貴賤可得而聞乎曰陽者主貴陰者主賤故當寒而温者穀爲之暴貴當温而寒者穀爲之暴賤王曰善書之帛置之枕中以爲國寶　史記曰黥布反上乃見薛公薛公對曰布不足怪也使布出上計出東非漢之有出中計未可知出下計陛下安枕而卧矣　神仙傳曰泰山父者時漢武帝東巡見父鋤於道頭上白光高數尺呼問之對曰有道士教臣作神枕枕有三十二竅二十四竅應二十四氣八竅應八風臣行之轉少齒生　賦後漢張紘瓌材枕賦曰有卓爾之殊瓌超詭異之邈絶且其材色也如芸之黃其爲香也如蘭之芳其文彩也如霜地而金莖紫葉而紅榮有若蒲陶之

蔓延或如充絲之煩縈有若嘉禾之垂穎又似靈芝之吐英其似木者有類桂枝之闌干或象灌木之叢生其似鳥者若鷲鶴之徑逝或類鴻鶴之上征有若孤雌之無味或効鴛鴦之交頸紛雲興而氣蒸般星羅而流精何衆文之冏朗灼儵爚而發明曲有所方事有所成毋則異姿動各殊名衆夥不可殫形制爲方枕四角正端會緻密固絶際無間形妍體法既麗且閑高卑得適辟堅毋安不屑珠碧之飾助不煩錐鑿之鐫鏤無丹漆之形朱罔觽象之佐副較程形而靈露貞衆妙該而悉備瑋璋特達璵璠啚也寔梓逡巡不敢與並相思庶幾睎風於末列神龍之姿衆鱗相絶昔詩人稱角枕之粲季世加以錦繡之飾皆比集異物曹臼勞力傷財害民有損於德豈如茲環既剖既斵斯須速成一材而已莫與渴并纖微無加而美曄春榮

【銘】蔡邕警枕銘曰應龍蟠蟄潛德保靈制器象物亦有其形哲人降鑒居安聞傾

晋蘇彥楠榴枕銘曰珎木之奇文樹理鮮攡擾方正密滑貞堅朝景西翳夕舒映天書倦接引酣樂流連繼以高詠研精上玄頤神靖魄須以寧眠寢貴無想怨氣和

體平御心以道閑邪以誠色空無著故能忘情【箴】張紘瓌材枕箴曰或
或其文馥馥其芬出自幽阻升于甗茵允瓌允麗惟淑惟珍安安文枕貳
彼弁冠冠御于晝寢枕式于昏代作充用榮己寧身興寢有節適性和神
【啓】梁元帝謝東宮賚寶枕啓曰泰山之藥既使延齡長生之枕能令益
壽黃金可化豈直劉向之書陽燧含火方得葛洪之說况復重安玳瑁
獨勝瑰材芳松非匹柟榴未擬

被

楚辭曰翡翠珠被爛齊光　史記曰汲黯云公孫弘位在三公俸祿甚厚爲
布被此詐也上問弘弘謝曰有之夫九卿與臣善者無過黯然今日廷詰弘誠
忠夫以三公爲布被飾詐以釣名且臣聞管仲相齊有三歸侈擬於君桓公以
霸晏相相景公食不重肉妾不衣絲齊國亦治今臣位爲御史大夫而爲布
被自九卿下至小吏無差誠如黯言且無汲黯忠陛下安聞此言天子以爲謙
讓愈厚善之　東觀漢記曰上嘗召見諸郡計吏問其風土及前後守令
能否蜀郡計掾樊顯進曰漁陽太守張堪昔在蜀其仁以惠下威能討姦

前公孫述破時珍寶山積捲握之物足富十世而堪去職之日乘折轅車布被囊而已上聞歎息　又曰王良爲大司徒在位恭儉妻子不之官舍布被瓦器時司徒史鮑恢以事到東海過候其家而良妻布裙曳柴從田中歸恢告曰我司徒吏故來受書欲見夫人妻曰妾是也恢乃下拜歎息而還　謝承後漢書曰朱寵爲太尉家貧卧布被朝廷賜錦被不敢當　列女傳曰江夏孟宗少遊學與同學共處母爲作十二幅被其鄰婦怪問之母曰小兒無異操懼朋類之不顧故大其被以招貧生之卧庶聞君子之言耳　東觀漢記曰蔡遵奉公賞賜與士卒家無私財身衣布衣卧布被夫人裳不加綵　郭子曰郗浩作楊州尹行日小暮便命左右取被僕人問其故荅曰刺史嚴不敢夜行

啓

梁劉孝威謝賚錦被啓曰色豔蒲桃采踰聯璧鄂君慙繡莩侍羞珠雖復帝賜鶴綾客贈鴛綺高懸纚藻遠謝鮮明漢老悦其怪文魏馬驚其香氣

褥

釋名曰褥人所坐褻辱也　張璠漢記曰荀爽爲三公食不過一肉脱粟飯坐皮褥　魏武帝本紀曰上儉率茵緟取貭無有緣飾　吳志曰張昭非曾

肅頌毀呰之孫權不以介意賜肅母帷帳氈縟　世說曰晉孝武年十三四時冬天晝日不著複衣夜則累茵縟謝公云體宜令有常陛下晝過冷夜過熱恐非攝養之術帝曰夜冝靜謝公出歎之【啓】梁元帝謝勑賜縟啓曰昔漢后錫貂魏君送縟未有玄兔來王黃龍作貢便覺肅昚非遥挹婁無遠

如意

胡綜別傳曰時有掘地得銅匣長二尺七寸開之得白玉如意所執處皆刻螭蟬等形時人莫知其由吳大帝以綜多識乃問之綜荅云昔秦始皇東遊以金陵有王者氣乃鑿諸山崗處處埋寶物以當王者之氣此抑是乎　語林曰石崇與王愷爭豪窮極綺麗以飾輿服晉武帝愷甥也每助愷以珊瑚高二尺許枝柯扶疏世間罕比愷以示崇崇視訖以鐵如意擊之應手瓦碎石崇本事曰崇有珊瑚如意長三尺二寸【啓】梁簡文帝謝勑賚水犀如意啓曰白玉照采方斯非貴珊瑚挺質匹此未珍謹仰承威神陳謝講座方使歡喜羅漢懷弃鉢之嗟王式名儒析驪駒之辯熊飾寶刀子桓恐其大賚旄牛輕拂張敞慙其舊儀

胡牀

曹瞞傳曰操與馬超戰將過河前隊適渡超等奄至操恚猶坐胡床不起張郃等見事急引操入舡得渡　魏略曰裴潛爲兗州刺史時嘗作一胡床及其去也留以挂柱　晉中興書曰王猛少貧賤鬻畚爲事常至洛陽貨畚有一人於市貴買其畚云家近在此可隨我去取直猛隨去忽至深山中語猛且住樹下當先通君須臾猛進見一公據胡床頭鬢悉白侍從十許人有一人引猛云大司馬公可進猛因拜老公公曰王公何緣拜即十陪酬畚直遣人送猛出既出顧視乃嵩高山也　郭子曰謝萬嘗詣王恬既至坐少時王便入內謝殊有喜色謂必厚供待良久沐頭散髮而出亦復不坐乃據胡床在中庭曬頭神氣慨然了無相酬對意　語林曰謝鎮西著紫羅襦據胡床在大市佛圖門樓上彈琵琶作大道曲　世説曰庾太尉在武昌時秋夜氣景甚佳諸佐吏殷浩王胡之之徒共登城南樓理詠音調甚遒俄而庾公率左右步來諸賢貴欲起避之公曰小住老子於此處亦復不淺因便據胡床與諸賢士談謔竟坐　【詩】梁庾肩吾賦得詠胡床詩曰傳

名乃外域入用信中京足歌形已正文斜體自平臨堂對遠客命旅誓初征何如淄館下淹留奉盛明

火籠

東宮舊事曰太子納妃有漆畫手巾薰籠二大被薰籠三衣薰籠三

【詩】齊謝朓詠竹火籠詩曰庭雪亂如花井氷粲成玉因炎入貂袖懷溫奉芳蓐體密用宜通文斜性非曲暫承君王指請謝陽春旭　梁范靜妻沈詠五彩竹火籠詩曰可憐潤霜質纖剖復毫分織作迴風苣製爲縈綺文含芳出珠被耀綠接緗裙徒嗟今麗飾豈念昔凌雲【啓】梁簡文帝謝勑賚織竹火籠啓曰池水始浮庭雪向飛慈澤無涯時錫香被製此簡枝彫一斯早節文華九折用美十鑪

香鑪

魏武上雜物疏曰御物三十種有純金香鑪一枚下盤自副貴人公主有純銀香鑪四枚皇太子有純銀香鑪四枚西園貴人銅香鑪三十枚　襄陽記曰劉季和性愛香嘗上廁還過香鑪上主簿張坦曰人名公作俗人不虛也

季和曰昔令君至人家坐處三日香爲我如何令君而惡我愛好也昔古有好婦人患而捧心嚬眉見者皆以爲好其隣醜婦法之見者走公便欲使下官遁走耶季和大笑以是知埴　東宮舊事曰皇太子初拜有銅博山香鑪一枚　集異記曰吴郡吴泰能筮會稽盧氏失博山香鑪使泰筮之泰曰此物質雖爲金其象實山有樹非林有孔非泉閶闔興見發青煙此香鑪也語其主處求即得　南岳記曰衡山之嵓有石室有古人住處有刀鋸銅銚及瓦香鑪

【詩】古詩曰四坐且莫諠願聽歌一言請說銅鑪器崔嵬象南山上枝似松栢下根據銅盤雕文各異類離婁自相連誰能爲此器公輸與魯班朱火然其中青煙颺其間順風入君懷四坐莫不歎香風難久居空令蕙草殘　齊劉繪詠博山香鑪詩曰蔽野千種樹出沒萬重山上鏤秦王子駕鶴乘紫煙下刻蟠龍勢矯首半銜蓮傍爲伊水麗芝蓋出巖間復有漢游女拾羽弄餘妍榮色何雜糅縟繡更相鮮麏麚或騰倚林薄香千眠掩華終不發含薰未肯然風生玉階樹露湛曲池蓮寒蟲飛夜室秋雲沒曉天

【賦】梁昭明太子銅博山香鑪賦曰禀

至精之純質産靈岳之幽深經般倕之妙旨運公輸之巧心有蕙帶而巖隱亦霓裳而升仙寫嵩山之巃嵸象鄧林之阡眠於時青煙司寒紅光翳景翠帷已低蘭膏未屏炎熒内曜苾芬外揚似慶雲之程色若景星之舒光信名嘉而用美永爲玩於華堂 **銘** 漢劉向薰鑪銘曰嘉此正器嶄巖若山上貫太華承以銅盤中有蘭綺朱火青煙 梁孝元帝香鑪銘曰蘇合氤氲非煙若雲時穠更薄乍聚還分火微難盡風長易聞孰云道力慈悲所薰

步揺

釋名曰皇后首飾曰副副覆也亦言副貳兼用衆物成其飾上有垂珠步揺 東觀漢記曰鄧太后賜馮貴人步揺一具 續漢書曰太后入廟爲花勝上爲鳳以翡翠爲毛羽步揺以黄金爲山題貫白珠桂枝相糺 **詩** 梁范靖妻沈詠步揺花詩曰珠華縈翡翠寶葉間金瓊剪荷不似製衣爲花如自生低枝拂繡領微步動瑤瓊

釵

釋名曰叉枝也因形名之也　續漢書曰貴人助蠶戴瑇瑁釵　華陽國志曰涪陵山有大龜其甲可卜其緣可作釵世號靈釵

詩　梁湯僧濟泄井得金釵詩曰昔日倡家女摘花露井邊摘花還自比插映還自憐窺窺終不罷笑笑自成妍寶釵於此落從來非一年翠羽成泥去金色尚如鮮此人今何在此物今空傳

賦　晉夏侯湛雀釵賦曰覽嘉藝之機巧持精思於雀釵收泉珍於八極納瓌異以表奇布太陽而擬法妙團團而應規於是妍姿英妙之徒相與競嬖飛寵竝脩㓟理桂襟整服飾黛玄眉之琰琰收紅顏而發色流眄閑步輕袂翼翼侍炫豔以相邀常逍遙而侍側昔先王與道立教崇冲讓以致賢人不留志於華好

銘　後漢崔瑗三子釵銘曰元正上日百福孔靈鬒髮如雲乃象衆星三珠璝釵攝媛讚靈

啓　梁元帝謝東宮賚花釵啓曰昔亂九衢花含四照田文之珥慙於寶葉王粲之詠恧此乘蓮九宮之璫豈直黃香之賦三珠之釵敢高崔瑗之說況以麗玉澄暉遠過玳瑁之飾精金曜首高踐翡翠之名

梳枇

說文曰櫛梳枇揔名也　釋名曰梳言其齒疏也枇言其相比也　禮記曰男女不同巾櫛　左傳曰晉太子爲質於秦將逃歸謂嬴氏曰與子歸乎對曰子晉太子而辱於秦子之欲歸不亦宜乎寡君使婢子侍執巾櫛以固子也從子而歸弃君之命不敢從亦不敢言　十洲記曰臨海興安縣東界去郡八十里縣邊有平石其上有石櫛俗云越王渡溪墮櫛於此　續漢書曰李文德素善延篤謂公卿曰延篤有王佐之才欲令引進之篤聞爲書止文德曰吾常昧爽櫛梳坐於客堂朝則誦虞夏之書暮歷公旦之典禮覽仲尼春秋當時之時不知天之爲蓋地之爲輿慎勿迷其本弃其生也　新序曰楚莊王罷朝而晏樊姬問其故莊王曰今旦與賢相語不知日晏也樊姬曰賢相爲誰王曰虞丘子樊姬掩口而笑王問其故曰妾得執巾櫛以侍王非不欲專寵擅愛也以爲傷王之義故進與妾同位者數人矣今虞丘子未聞進一人未知其賢

【賦】晉傅咸櫛賦曰我嘉茲櫛惡亂好理一髮不順實以爲耻雖日用而匪懈不告勞而自已苟以理而委任期竭力而沒齒

橐

史記曰秦圍邯鄲趙使平原君求救於楚與門下二十人偕得十九人餘無可取者毛遂自進於平原君君曰夫賢士之處世也譬若錐之處囊中其末立見今先生處勝門下三年於此矣左右未有所稱遂曰臣乃今日請處囊中耳使遂早得處囊中乃穎脫而出非特其末見而已也　漢書曰陸賈使尉他留飲數月他曰越中無足與語至生來令我日聞所不聞賜賈囊中裝直千金【詩】後漢趙壹客秦詩曰文籍徒滿腹不如一囊錢　魏繁欽定情詩何以致區區耳中雙明珠何以致叩叩香囊繫肘後【賦】梁簡文帝眼明囊賦序曰俗之婦人八月旦多以錦翠珠寶為眼明囊因競凌晨取露以拭目聊為此賦爾乃裁茲金鏤製此妖飾緝濯錦之龍光剪輕羅之蟬翼雜花勝而成疏依步搖而相通明金亂雜細寶交陳義同厭勝欣此節新擬椒花於歲首學夭桃於暮春

鏡

莊子曰至人之用心也若鏡不將不迎應而不藏故勝物而無傷　韓子曰古之人目短於自見故以鏡觀面智短於自知故以道正己鏡無見疵之罪道無明

過之惡目失鏡無以正鬚眉身失道無以知迷惑　戰國策曰鄒忌身體逸麗朝服衣冠謂其妻曰我孰與城北徐公美妻曰君美甚又問妾及客皆曰徐公不如明日徐公來忌窺鏡自視知不如徐公遠矣忌入朝見王曰臣美不如徐公臣妻妾客皆云臣勝妻私臣妾畏臣客求臣也今齊方千里百二十城宮婦莫不私王朝臣莫不畏王四境莫不求王由此觀之親蔽甚矣王乃令羣臣進諫諸侯皆朝齊　列女傳曰梁寡婦高行者榮於色敏於行梁王聞而聘之乃援鏡割鼻梁王高其行號曰梁高行　蜀王本紀曰武都丈夫化爲女顏色美好蓋山精也蜀王娶以爲夫人無幾物故蜀王於武都檐土於成都葬之蓋地三畝號曰武檐以石作鏡一枚表其墓　海内士品子貝徐孺子常事江夏黃公公卒孺子往會葬無資自以致齎磨鏡具自隨每所在賃磨鏡取資然後得前既至祭畢而退　抱朴子曰或問知將來吉凶爲有道乎答曰用明鏡九寸自照有所思存七日則見神仙知千里外事也明鏡或用一或用二謂之四規鏡　符子曰忌善知人者看如明鏡鏡以耀明故鑒人也　潯陽記曰石鏡在山東有一圓石懸崖明淨照人異

苑曰山雞愛其毛羽映水則舞魏武時南方獻之公子蒼舒令以大鏡著其前雞鑒形而舞不知止遂乏死 【詩】梁簡文帝詠鏡詩曰 銖恒在側誰言覽見鏡稀如水不見水似扇長含暉金開玳瑁匣併卷織成衣脱入相如手疑言趙璧歸 周庾信詠鏡詩曰玉匣聊開鏡輕灰暫拭塵光如一片水影照兩邊人月生無有桂花開不逐春試挂淮南竹堪能見四隣 梁高爽詠鏡詩曰初上鳳皇墀此鏡照蛾眉言照長相守不照長相思虛心會不採貞明空自欺無言此故物更復對新期 梁何遜詠鏡詩曰珠簾旦初卷停機晨未織玉匣開覽形寶臺臨淨飾對影獨含笑看光時轉側聊為出靨眉試染夭桃色羽釵如可間金鈿畏相逼蕩子行未歸啼粧坐相憶 梁朱超道詠鏡詩曰折花須自插不用暫臨池當猶可怜面偏與鏡相宜安釵釧獨響刷鬢貳袖俱移唯餘心裏恨影中恒不知 梁王孝禮詠鏡詩曰可怜不自識終須因鏡中分眉一等翠對面兩邊紅轉身先見動含笑逆相同猶嫌鏡裏促看人未好通 【賦】梁劉綏鏡賦曰夜籌已竭曉鍾將絶窗外明來帷前影滅階邊就水盤中

先收訝宿粧之猶調笑殘黄之不正欲開奩而更飾乃當窻而取鏡世間好鏡自無多唯聞一箇比姮娥曾經玉女照屢被仙人磨光明粉可怜論時不假着法用自應須夏天金薄漠秋日寶茱萸銀纏辟鬼咒翠戹護身符空處宜應插非是畏釵梳 周庾信鏡賦 天河漸沒日輪將起鷰噪吳王烏驚御史玉花簟上金蓮帳裏始摺屛風新開戶扇朝光晃眼早風吹面臨桁下而牽衫就箱邊而著釧宿鬟尚卷殘粧已薄無復脣珠纔餘眉萼厭奩上星稀黄中月落鏡臺銀帶本出魏宮能横却月巧挂迴風龍垂匣外鳳倚花中鏡乃照膽照心難逢難值鏤五色之盤龍刻千年之古字山雞看而獨舞海鳥見而孤鳴臨水則池中月出照日則壁上菱生暫設粧奩還抽鏡屜競學生情爭怜今世鬟齊故略眉平猶剃飛花塼子次第須安朱開錦蹹黛蘸油檀脂和甲煎澤漬香蘭量髻鬢之長短度安花之相去懸媚子於搔頭拭釵梁於粉絮梳頭新罷照着衣還從粧處取將歸暫看弦繫懸知纈縵竟正身長君斜假襻真成箇鏡特相宜不能片子藏

匣裏暫出園中也自隨　晉傅咸鏡賦曰清瑩明水景若朝陽不亦迎應物無方不有心於妍醜而與形其必詳猗猗淑媛峨峨后妃眷春榮之零華懼玉顏之有衰盼清陽以自鏡競崇姱以相輝

銘　梁簡文帝鏡銘曰金精石英氷輝沼清高堂懸影仁壽摛聲雲開月見水淨珠明　江揔方鏡銘曰此鏡以照著衣鏡背圖刻八卦二十八宿仁壽殿前無以加斯彫麗也玄根命巧仲呂呈祥金鑄石漢銅鑄丹陽價珍負局影麗高堂圖星擬蓋寫卦隨方明齊水止照與天長增輝兔苑永侍龍光　漢李尤鏡銘曰鑄銅爲鑑整飾容顏修爾法服正爾衣冠

襪

漢書曰景帝時王生嘗召居庭中公卿盡會張釋之爲廷尉王生顧曰吾襪解爲我結襪釋之跪而結之既已人或讓之王生獨奈何庭辱張廷尉如此王生曰吾老且賤自度終無益於張廷尉廷尉方天下名臣吾故使跪結襪欲以重之諸公聞之賢王生而重釋之　東觀漢記曰和帝召諸儒侍中賈逵尚書令黃香等相難數事帝能朝特賜履襪

會稽典錄曰賀劭爲人美容止瞻視動靜有常與人交久益敬之至在官府左右莫見其洗沐坐常著襪希見其足【銘】後漢崔駰襪銘曰機衡建子萬物含滋黃鍾育化以養元基長履景福至于億年皇靈既祐祉祿來臻本枝百世子子孫孫【頌】魏曹植冬至獻襪頌曰玉趾既御履和蹈貞行與祿邁動以福并南闚北戶西巡王城翱翔萬域聖體浮輕

藝文類聚卷第七十

藝文類聚卷第七十一

舟車部

渤海歐陽　詢　撰

舟

易曰刳木爲舟剡木爲檝舟檝之利以濟不通　世本曰共鼓貨狄作舟共鼓貨狄黄帝二臣　爾雅曰舫舟也天子造舟諸侯維舟大夫方舟士特舟庶人乘柎造比舡爲橋也維連四舡也方倂兩舡也特單舟也柎編木以爲渡也　韻集曰鷁首天子舡也舡船也艘海大舡也　山海經曰番禺始爲舟　又曰有大人之國坐而削舟　墨子曰奚仲作舟　廣雅曰艦大舡也舫艕舡也蒙衝艑舸艫舸艖艇艋舟也　釋名曰船循也循水而行也　又曰舟言周也船上屋曰廬象舍也其上重室曰飛廬在上故曰飛也又在其上曰雀室於中候望若鳥雀人驚視也　又曰船三百斛曰刀刀貂也短也江南所爲名短而廣安不傾危也二百斛已下曰艇其形徑艇一人二人所乘行也　又曰外狹而長曰艨衝以突敵曰船自關而東或謂之舟方舟或謂之航南楚江湘凡船大者謂之舸小舸謂之艖　說文曰舫倂船也　毛詩曰栢舟共姜自誓也衛世子共伯早死其妻守義父母欲奪而嫁

心誓而弗許故作是詩以絶之也汎彼柏舟在彼中河　又曰二子乘舟思伋
壽也衛宣公之二子爭相爲死國人傷而思之而作是詩也二子乘舟汎汎
其景願言思子中心養養　又曰汎汎楊舟載沉載浮旣見君子我心則休
又曰誰謂河廣曾不容刀　左傳曰秦伯伐晉濟河焚舟取王官及郊晉人
不出遂自茅津濟封殽尸而還　又曰先軫朝問秦囚公曰夫人請之吾舍之
矣先軫怒曰武夫力而拘諸原婦人暫而免諸國墮軍實而長寇讎亡無日
矣不顧而唾公使陽處父追之及諸河則在舟中矣　又曰齊侯與蔡姬乘舟
于囿蕩公公懼變色禁之不可公怒歸之未之絶也蔡人嫁之齊侯以諸侯之
師侵蔡蔡潰　又曰吳伐楚陽丐爲令尹卜戰不吉司馬子魚曰我得上流何
故不吉楚故司馬令龜我請改卜令曰鲂也以其屬死之楚師繼之尚大克之
吉戰于長岸子魚先楚師繼之大敗吳獲其乘舟餘皇　又曰冬晉荐飢使
乞糴于秦秦輸粟于晉自雍及絳相繼命之曰汎舟之役　又曰晉楚將戰趙
嬰齊使其徒先具舟于河故敗而先濟也　太公六韜曰邢君呂爲酒池迴
船牛飲者三千人　又曰武王伐邢先出於河呂尚爲後將以四十七艘船濟於

河　周書曰周成王時於越獻舟　文子曰舟浮江海不爲莫乘而沉君子行道不爲莫知而止　鄧析書曰同舟渉海中流遇風救患若一所憂同也　家語曰舟非水不行水入則舟没君非民不治民犯上則君危（事具人部諫戒篇）　莊子曰藏舟於壑藏山於澤謂之固矣然則夜半有力者負之而走昧者不知也　又曰水之積也不厚則負其大舟也無力覆杯水於坳堂之上則芥爲之舟置杯焉則膠水淺而舟大也　楚辭曰美要眇兮宜脩沛吾乘兮桂舟　又曰桂櫂兮蘭枻斲冰兮積雪　呂氏春秋曰荆有次非者得寶劍渉江至中流有兩蛟夾繞其船次非拔劍赴江刺蛟殺之舟中之人皆活荆王聞之仕以執圭（事具長軍器部劍篇）　又曰伍員如吴過於荆至江上欲渉見一丈人刺小船方將漁從而請焉丈人渡之　淮南子曰烏號之弓谿子之弩不能無弦而射越舲蜀艇不能無水而浮　又曰湯武聖主也而不能與越人乘舲舟而浮於江湖　又曰楚人有乘船而遇大風者波至而恐自投於水非不貪生而畏死也惑於死而反忘生也　又曰龍舟鷁首浮吹以虞此遊於水也　又曰公孫龍在趙時謂弟子曰人而無能者龍弗能與遊有客衣褐帶素而見曰臣能呼公孫龍顧謂弟子曰門下故有能呼者對曰無公孫龍曰與之弟

子之籍後數日往說燕王至於河上而航在水汜使善呼者呼之而航來不說苑曰襄城君始封之日衣翠衣帶玉劒履縞舄立乎流水之上大夫莊辛過而說之旨願把君之手其可乎襄城作色不言莊辛遷延稱曰君獨不聞鄂君之遇越人乎鄂君方汎舟於新波之上乘青翰之舟張翠羽之蓋會鼓鍾之音越人擁楫而歌曰今夕何夕兮褰州水流今日何日得與王子同舟山有木兮木有枝心悅君兮君不知於是鄂君揄袂而擁之舉繡被而覆之襄城乃奉手進之列女傳曰趙簡子南擊荆至河津津吏醉卧不能渡簡子怒將殺之津吏之女乃持楫而前走曰妾父聞君王將渡恐風波之起水神動駭故禱祀九江三淮之神不勝杯杓餘瀝醉於此君命誅之願以微軀易父之死簡子將渡用楫少一人操楫曰妾居河濟之間習舟楫之事願備員持楫簡子遂與操度中流奏河激之歌簡子乃聘為夫人事具水部津篇郭林宗別傳曰林宗遊洛陽始見河南尹李膺膺大奇之遂相友善於是名震京師後歸鄉曲衣冠諸儒送至河上車數千兩林宗唯與李膺同舟而濟衆賓望之以為神仙焉抱朴子曰瓊艢瑤楫無涉川之用金弧玉弦無激矢之能是以介絜而無政事者非撥亂之

器儒雅而之治略者非翼異亮之士 又曰欲以弊檕必規升騰者何異策蹇驢而欲尋追風權藍舟而欲濟大川 韓子曰千鈞得舡則浮錙銖失舡則沉非千鈞輕而錙銖重也有勢之與無勢也 孫卿子曰君者舟也庶人者水也水則載舟水則覆舟 衝波傳曰孔子使子貢久而不來孔子謂弟子占之遇鼎皆言無足不來顏回掩口而笑子曰回也哂謂賜來也曰無足者乘舟而來至矣清旦朝子貢朝至驗如顏回之言 漢書曰薛廣德爲御史大夫秋上祭宗廟出東便門欲御樓船廣德當乘輿車免冠頓首諫宜從橋詔曰大夫冠廣德曰陛下不聽臣臣自刎以血污車輪上不悅先驅光禄大夫張猛進曰臣聞主聖臣直乘船危就橋安聖主不乘危御史大夫言可聽上曰曉人不當如是耶乃從橋 物理論曰夫工匠經涉河海爲舶艈以浮大川皆成乎巧手出乎聖意 楊子法言曰舍舟航而濟乎瀆者末矣舍五經而濟乎道者末矣棄國若其如棄航乎航安則民斯安矣 東觀漢記曰第五倫爲會稽守爲事徵百姓攀轅扣馬呼曰捨我何之第五倫密委去百姓聞之乘船追之交錯水中其得民心如此 張璠漢記曰梁冀第池中舡無故自

覆問椽朱穆曰舟所以濟渡萬物不施遊戲也而今覆者天戒將軍當濟渡萬民不可長念樂遊而已　華陽國志曰初楚頃襄王時遣將莊蹻從沅水伐夜郎將軍至且蘭椓船於岸而步戰既滅夜郎因留王滇池以且蘭有椓船牂牁處乃改其名爲牂牁牂牁地多雨潦俗好巫鬼禁忌　魏志曰鄧哀王冲字倉舒少聰察岐嶷生五六歲智意所及有若成人孫權曾致象太祖欲知其斤重訪之羣下咸莫能出其理冲曰置象大船之上而刻其所至稱物以載之則立可知矣太祖大悅即施行　吳書曰陸遜破曹休當還西陵公卿並會爲遜祖道上賜遜御船一舫縉綵舟梁　王隱晉書曰顧榮徵侍中見王路塞絕便乘舡而還過下邳遂解舫爲單舸一日一夜行五六百里遂得免　吳志曰周瑜逆曹公部將黃蓋取蒙衝闘艦十艘實以薪草膏灌其中裹以帷幙上建牙旗同時發火時風猛火盛延燒岸上營曹公軍退敗　又曰呂蒙襲關羽至尋陽盡伏精兵於構櫨中使舡中搖櫓作商賈服晝夜兼行故羽不聞知遂到南郡　又曰董龔襲討黃祖祖横兩蒙衝夾守沔口以栟櫚大紲繫石爲矴龔與

陵統俱爲前部各將敢死百人人被兩鎧乘大舸突入蒙衝裏身以刀斷兩紲蒙衝乃橫流大兵遂進　又曰將軍賀齊性奢所乘船雕刻丹鏤青蓋絳襜蒙衝鬬艦之屬望之若山　又曰甘寧廚下兒有過走投呂蒙蒙出還寧寧許蒙不殺還舡縛置桑樹自射殺之勑舡人更增舸纜解衣卧舡中蒙怒欲攻寧蒙母諫乃止　晉宫閣記曰池中有紫宫舟升進舟曜陽兵飛龍舟射獵舟靈芝池有鳴鶴舟指南舟合利池有雲母舟無極舟都亭池有常安舟杜蘭香別傳曰香降張碩碩既成婚香便去絶不來年餘碩船行忽見香乘車於山際碩不勝驚喜遥往造香見香悲喜香亦有悦色言語頃時碩欲登其車其婢舉扞之嶷然山立碩復欲車前上車奴攘臂排之於是遂退　晉中興書曰建興九年冬左將軍王敦遣振威將軍周廣武將軍趙誘受陶侃節度征蜀賊杜弢大戰蜀賊以結橰打没侃二十餘艘人皆投水　義熙起居注曰盧循新作八槽艦九枚起四層高十餘丈　荆州土地記曰桓宣穆遣人尋廬山上有一湖中有敗艑　江表傳曰劉備進駐鄂縣之樊口諸葛亮詣吴未還

備聞曹公軍下恐懼日遣邏吏於水次候權軍吏望見周瑜船馳還白備備曰何以知非青徐軍耶吏對曰以船知之備遣人慰勞瑜瑜曰有軍任不得委署儻能屈威副其所望備謂張飛關羽曰彼欲致我我今自託於東而不往非同盟之意也乃乘單舸往見瑜問曰今拒曹公深為得計戰卒有幾瑜曰三萬人備曰恨少瑜曰此自足用豫州但觀瑜破之　沈約宋書曰垣護之隨王玄謨入河玄謨攻滑臺護之三百舸為前鋒進據右濟右濟在滑臺西南百二十里玄謨敗退不暇報護之及護之聞知而虜悉已牽玄謨水軍大艚連以鐵鏁三重欲以絶護之還路護之中流而下每至鐵鏁輒以長柯斧斷之虜不能禁唯失一舸　宋元嘉起居注曰有司奏初楊州刺史王弘上會稽從事韋詣解列先風聞餘姚令何玢之造作平牀一乘船舴艋一艘精麗過常用功兼倍請免玢今官詔可其奏　異苑曰檀道濟元嘉中鎮尋陽入伏誅道濟未下少時有人施罟於柴桑江收之得大船孔鑿若新使匠作舴艋勿如折斧工人誤截兩頭以為不祥殺三巧手欲以塞僭匠違約加斲凶兆先遘矣　臨

海記曰白鵠山有湖湖中有一石舴艋【詩】梁江禄津渚敗舩詩曰可愛木蘭賁可怜丹桂質逐浪徒言是乗風還自失草蔓䑯長埋沙巨舩難出陸沉成許去無復乗流日　梁王筠詠輕利舡應臨汝侯教詩曰君侯飾輕利揺蕩邁飛雲淩波漾鷁采映水煥蛟文電流巳冠絶鳥逝復超群儵忽方千里戀玆歧路分　陳張正見後湖汎舟詩曰上苑奢行樂凟池聊薄遊汎荷分蘭櫂沉槎觸桂舟殘虹收度雨缺岸上新流欲知有髙趣長楊送夌秋　又別韋諒賦得江湖汎別舟詩曰千里尋陽岸三翼木蘭舩鷁汎青鳧兒後雞鳴白鷺前涵花没淺纜帶荇動深舩不言朝夕水獨自限神仙　又與錢玄智汎舟詩曰髙門事休沐朝野恣逢迎還乗金谷水俱望洛陽城舟移津女渡楫動渭橋橫風髙鴈巳落雨霽水還清荇盡桐門淨花秋菊岸明欲奏江南曲聊習棹歌行【賦】晉棘據舩賦曰嘉聖主之神化理通微而達幽棹民氓之隔塞愍王教之不周立成器以備用明垂象以造舟濟渡汲之絶軌越巨川之玄流運重固之滯質雖載沉而必浮且論器而比象似君子之淑清外質朴而無飾內空虛以受盈不

辭勞而惡動，不偷安以自寧，且其行無轍跡，止無所根，不疾而速，忽若馳奔。

【贊】晉王叔之舟贊曰：塗則騁車，水惟用舟，弱楫輕棹，利涉濟求，緬彼漁人，鼓枻清謳。

【銘】後漢李尤舟楫銘曰：舟楫之利，譬猶輿馬，載重歷遠，以濟天下，相風視波，窮究川野，安審懼慎，終無不可。

車

春秋命歷序曰：人皇九頭，駕六提羽，乘雲車，使風雨。　禮斗威儀曰：山車垂句。山車者，自然之車也。句者，曲也，不揉治而自員曲，故言垂句。　孝經援神契曰：德至山陵，則山出根車。（根車應載養萬物也）　括地圖曰：奇肱民能爲車，從風遠行。湯時西風久，奇肱車至於豫州，去玉門四萬里。（事具天部風篇）　管子曰：奚仲之爲車也，方圜曲直，皆中規矩鉤繩，故機旋相得，成器堅固。主猶奚仲也，言詞動作，皆中術數，故衆理相當，上下相親。巧者，奚仲之所以爲器也；主之所以爲治也。斲削者，斤刀也，故曰奚仲之巧，非斲削。　古史考曰：黃帝作車，引重致遠。少昊時略加牛，禹時奚仲加馬。　釋名曰：車，古者曰車，聲如居，言行所以居人也。今日車，車，舍也，行者所以若居舍也。　史記曰：封禪爲蒲輪車惡傷土石草木　尚書大傳曰古之帝王者必有命民民能敬長憐孤取舍好讓舉事力者君命然後得乘飾車駢馬文錦未有命者不得衣不乘車車衣者有罰　淮南子曰見飛蓬轉而爲車以類取之也　賈誼書曰古之爲路輿也蓋圜以象天二十八橑以象列星軫方以象地三十輻以象月故仰則觀天文俯則察地理前規睹則鸞和之響四時之運此乃輿教之道也　應劭漢儀曰天子法駕所乘曰金根車駕六龍以御天下也有五色安車有五色立車各一皆駕四馬是爲五時副車　風俗通曰車一兩謂兩兩相與體也原其所以言兩者箱裝及輪兩兩而耦故稱兩爾　大戴禮曰王升車則聞鸞和之聲是以非僻之心無自入也在衡爲鸞在軾爲和馬行而鸞鳴鸞鳴而和應其聲曰和和則敬此御之節也周書王會曰成王時白州獻比閭者其華若羽伐其木以爲車終日行　漢雜事曰古諸侯貳車九乘秦滅九國兼其服故大駕屬車八十一乘尚書御史乘之最後一車懸豹尾以前皆似省中　白虎通曰制車以步故立乘天子大路路大也道也正也君至尊制度大所以行道德之正也諸侯路車大夫軒車士飾車

禮記有若曰晏子一狐裘三十年遣車一乘國君七个遣車七乘大夫五个遣車五乘晏子焉知禮　又曰晉韓不式武車綏旌德車結旌　左傳曰齊鄭盟于石門尋盧之盟也鄭伯之車僨于濟　又曰公孫閼與潁考叔爭車潁考叔挾輈而走　又曰天王使家父求車非禮也諸侯不貢車服天子不私求財　又曰狄人滅衛齊侯使公子無虧戍曹（曹衛下邑）歸公乘馬祭服五稱歸夫人魚軒　又曰奚仲爲夏車正　又曰晉侯使張骼輔躒致楚師求御于鄭鄭人卜宛射犬吉子太叔戒之曰大國之人不可與也對曰無有衆寡其上一也太叔曰培塿無松柏二子在幄坐射犬于外既食而後食之使御廣車而行已皆乘乘車將及楚師而後從之乘皆踞轉而鼓琴近不告而馳之　又曰慶封來奔獻車于季武子美澤可以鑑展莊叔見之曰車甚澤人必瘁宜其亡也　又曰鍼適晉其車千乘書曰秦伯之弟鍼出奔晉罪秦伯也　論語曰升車必正立執綏車中不內顧不疾言不親指　家語孔子曰自南敬叔之乘我車也而道加行　又曰孔子適衛子矯僕靈公與夫人南子同車出令宦者雍渠驂乘使孔子爲次車遊過市孔子恥之　孔叢子曰孔子使

宰子于楚楚昭王以安車象飾遺孔子宰予曰夫子無以爲也王曰何對曰
臣自侍衛夫子已來竊見其言不離道動不遺仁貴義尚德清素好
儉妻不服綵妾不衣帛車器不雕馬不食粟若夫觀物之麗靡窈妙之
浮音夫子過之弗聽也故臣知夫子之不用車也　晏子曰齊人好轂擊相犯以
爲樂禁之不止晏子爲新車良馬出與其人相犯曰轂擊者不祥下車而
去之然後國人不爲　尸子曰文軒六駃是無四寸之鍵則車不行小亡則大者不成也
莊子曰秦王有疾召醫破癰潰痤者得車一乘舐痔者得車五乘所治愈
多蔡邕獨斷曰凡乘輿車皆羽蓋金華爪黃屋左纛金鍐黃屋者蓋
以黃爲裏也左纛者以氂牛尾爲之大如斗在左騑馬頭上金鍐者馬冠也
【詩】梁戴暠高車馬詩曰鞏洛風塵處冠蓋相噴噎多稱魏其今競隨田
蚡埶輪趣白虎第珂聚黃金穴獻酒悉蒲陶詶言盡飛鐵東都虵已鑄西
山綴應結朝集類蒸煙晚至如吹霧子雲爾何事門巷無車轍【銘】後漢
馮衍車銘曰乘車必護輪治國必愛民車無輪安處國無民誰與　後漢崔
駰車左銘曰虞夏作車取象機衡君子建左法天之陽正位受綏車不內顧

塵不出軌鸞以節步彼言不疾彼指不躬玄覧于道永思厥中 又車右銘
曰擇御上右採德用良詢納耆老于我是臣惟賢是師惟道是式嚴關旅賁
内顧自勑匪望其度匪愆其則越戒敦儉禮以華國 又車後銘曰敬其在路
體貌思恭望衡顧轂允慎茲容無或好失匪盤于遊覩省厥遺虎尾斯
求昭德塞違抑盈以無雖有三晉咸然若虚 後漢李尤小車銘曰員蓋
象天方輿則地輪法陰陽動不相離合之兼嘘疏達開通兩輜障邪尊卑
是從輗軏之用信義所同 又天輧車銘曰奚氏本造後裔飾雍輪以代步
屏以從容輪輧并合出入周通追仁赴義惟禮是恭

藝文類聚卷第七十一

藝文類聚卷七十二

渤海歐陽　詢　撰

食　餅　肉　脯　醬　鮓　酪蘇　米　酒

食

禮記曰古者未有火化食草木之實鳥獸之肉　禮含文嘉曰燧人氏始炮生爲熟　易曰君子以飲食宴樂　又曰君子慎言語節飲食　尚書洪範三八政一曰食　又大傳曰八政何以先食食者萬物之始人之所本者也　周禮曰王齊則王府供王食　又曰食醫掌和王之六食六飲六膳百羞百醬八珍之齊凡和春多酸夏多苦秋多辛冬多鹹調以滑甘凡會膳食之宜牛宜稌羊宜黍豕宜稷犬宜粱鴈宜麥魚宜苽凡君子之食常放焉　莊子曰巧者勞而智者憂無能者無所求飽食者遨遊汎若不繫之舟　史記曰韓信常數從其下鄉南昌亭長寄食數月亭長患之乃晨炊蓐食信食時往不爲具食信亦知其怒竟絕乃釣城下諸母漂有一母見信飢爲設食信謂漂母曰吾必有以重報母母怒曰丈夫不能自食吾哀王孫而進食豈望報乎　說苑

曰子思居於衛縕袍無裏二旬九食　漢書曰萬石君時賜食於家必稽首俯伏而如在上前子孫有過對案不食也　東觀漢記曰汝郁年五歲母疾不能飲食郁亦不肯食母憐之強爲之飡飯欺言愈郁視母色未平輒不食　又曰梁鴻少孤以童幼詣太學受業治禮詩春秋常獨坐止不與人同食　王隱晉書曰何曾食日近萬錢猶曰無下箸處也　又曰皇甫謐姑子梁柳爲城陽太守或勸謐送謐曰柳爲布衣過吾送迎不出門食不過鹽菜貧不以酒肉爲禮也今作郡而送豈古人之道哉

啓

梁劉孝威謝東宮賜聖僧餘饌啓曰齊桓柏寢之器周穆軒宮之寶乳糜々香飯素㮈糗漿五杏七桃靈瓜仙棗莫不氣馥上天薰流下界石崇芳果金谷僅於萬株陳湯木滋杜陵幾於千樹猶自高謝珍奇多慚品族　又謝東宮賜淨饌啓曰蘂虛獻牛牧飯出龍宮千品甘露之食百花珍藥之果餅兼髓乳漿苞蔗㮈雕盤流其滋旨寶器委其包香足使五世長者羞彼識味一角仙人恥其呪術微物多幸叨奉曲恩性命可拘殊私難荅　陳徐陵謝勑賜祀三皇五帝餘饌啓曰竊以甘泉之

興舊禮義軒長樂之宮本圖堯舜自東京晚世曠代無聞西漢盛儀復覩今日金壺流十旬之氣玉案備千品之羞昔絳羅爲蕭既延王母紫蓋爲壇允招太一同斯美號理致衆皇臣以餘年豫聞清祀如陪瑶席遂飮瓊漿

移

梁吳筠移曰月光離畢風氣入箕細雨如網細柳如絲離隔東西之怨眺望山川之阻企龍門而不見覽桂枝而延佇此乃方寸之恨清羌難得而覊縛也亦有鮑叔分財華歆讓位乃相知於平生實忘懷於寤寐雖有呼聖之德鹿有食苹之美在微物其尚然況仁義之君子哉今足下居則廣夏高堂連闥洞房綺牕半卷屏風角張指天地如一指安知故人之可傷一死一生乃知交情一貴一賤交情乃見謂古昔之恒談在今日而方見嗚呼如何忘我實多輒欲彈琴縱酒於首陽之阿君有廚中腐肉而僕不厭糟糠君有鴈鶩之食而余不得一嘗願以小人之腹爲君子之腸何如哉今欲君之餘江皇綠蘢之筍洞庭紫鱗之魚昆山龍胎之脯玄圃鳳足之菹千里蓴羮萬丈名膾氣馨香若蘭色美如艾扶南甘蔗一丈三節白日炙便銷清風吹即折安定之梨皮薄味厚一歲三花一枚二兇

厥上味惟君能施君若不施成君深累於神爲不祥於人爲愆義

餅

漢書曰宣帝微時每買餅所從買家輒大售亦以自怪　三輔舊事曰太上不樂關中高祖徙豐沛屠兒沽酒賣餅商人立爲新豐縣故一縣多小人三輔決録曰趙岐避難至北海於市中販胡餅孫嵩乘犢車入市見岐疑非常人問曰自有餅耶曰販之嵩曰買幾錢賣幾錢岐曰買三十賣亦三十嵩曰視處士之狀非賣餅者乃開車後載還家【賦】晉束晳餅賦曰玄冬猛寒清晨之會涕凍鼻中霜凝口外充虛解戰湯餅爲最弱似春綿白若秋練氣勃鬱以揚布香飛散而遠遍行人失涎於下風童僕空嚼而斜眄擎器者舐脣立侍者乾咽【說】梁吳均餅說曰宋公至長安得姚泓時故太官丞程季者了了人也公曰今日之食何者最先季曰仲秋御景離蟬欲靜燮燮曉風淒淒夜冷臣當此景惟能說餅公曰善季乃稱曰安定噎鳩之麥洛陽董德之磨河東長若之葱隴西舐背之犢抱罕赤髓之羊張掖北門之豉然以銀屑煎以金銚洞庭負霜之橘仇池連蒂之椒調以濟北之鹽

到以新豐之雞細如華山之三屑白如梁甫之銀泥既聞香而口悶亦見色而心迷公曰善

肉

左傳曰晉侯與齊侯投壺晉侯曰有酒如川有肉如坻寡人中此爲諸侯師

戰國策曰晚食以當肉安行以當車　漢書曰伏日詔賜從官肉太官丞日晏不來東方朔獨拔劍割肉謂其同官曰伏日當早歸請受賜即懷肉去太官奏之朔入上曰昨賜肉不待詔以劍割肉而去何也朔免冠謝上曰先生起自責也朔再拜曰朔來朔來受賜不待詔何無禮也拔劍割肉一何壯也割之不多又何廉也歸遺細君又何仁也上笑曰使先生自責乃反自譽賜酒一石肉百斤歸遺細君　又曰鮑宣云公奈何獨私養外親與幸臣董賢多賞賜賓客醆酒藿肉（視酒如漿視肉如藿）　桓譚新論曰關東鄙語曰人聞長安樂出門向西笑知肉味美則對屠門而嚼

【啓】梁劉孝綽謝安成王賚祭孫石廟胙肉啓曰味過濰鳳珍越屠龍故使羿翳收風馮夷淨浪神居鵠首獨汎安流民幸同附得衛遄迮復等受釐預頒絲嘏恩靈所降信次委積報

生以死竊聞斯義

脯

呂氏春秋曰趙宣孟之絳見骫桑之下有卧餓人宣孟與脯二朐拜受而不敢食問其故曰臣有母將以遺之宣孟更賜之脯二束而去　尚書大傳曰散宜生閎夭南宮括三子者學乎太公太公見三子之爲賢人遂酌酒切脯約爲朋友　漢書曰蜀氏以賣脯而連騎張里以馬醫而擊鍾　論衡曰儒者言泰平時萐莆生於廚中廚中自生肉脯薄如萐形　神仙傳曰王遠至蔡經家與麻姑共設肴饍擗脯而行云是麟脯　又曰左慈詣劉表云有薄禮願以犒軍表使取之有酒一器有脯一盤千餘人共舉不能勝慈自取之引入求書刀削脯投地百人接酒及脯賜兵人人酒三杯酒如故脯亦不減

啓

梁劉孝威謝東宮賚瘦脯等啓曰上林絕胡人之搏禁地無張京之犯而猶有班超遊獵李廣馳射遠歸於廚更入貢於腊人形圖三事之車影入九仙之鏡

醬

論語曰不得其醬不食　漢書曰劉歆謂楊雄曰今學者有祿利然尚不能明易又如玄何吾恐後人用覆醬瓿（瓿音部水器名也）　風俗通曰醬者成於鹽而鹹於鹽夫物之變有時而重

啓

梁劉孝儀謝晉安王賚蝦醬啓曰龍醬傳甘退成可陋蝦醢稱貴追覺失言上聖聞雷未之能覆嘉賞流歡羞無辭饔

鮓

列異傳曰費長房又能縮地脈坐客在家至市買鮓一日之間人見之千里外者數處　列女後傳曰吳光祿勳孟宗爲監魚池司馬罷職道作兩器鮓以歸奉母母怒之曰吾老爲母戒言唯聽飲彼水何吾言之不從也宗曰於道作之非池魚也母曰汝爲主魚吏而獲鮓以歸豈可家至戶告耶乃還鮓於宗宗伏謝罪遂沉鮓於江　世說曰有人遺張華鮓者華見之謂客曰此龍肉鮓也鮓中則有五采光試之果如言後問其主云於茅積下得白魚所作也　又曰陶侃少時作魚梁吏嘗以一坩鮓餉母母封鮓及書責侃曰汝爲吏以官物見餉非唯不能益吾乃以增吾憂也

【啓】齊王融謝司徒賜紫鮓啓曰東越水羞寔罄乘時之美南荊任土方揖鮓魚之最 陳周弘正謝勑賚紫鮓啓曰珍䱇江浦味越茗川昔聞八駿東征上收黑水之麥七萃西討才獲苦山之菜豈如雨階干舞四方來格臨朝拱默任土爭貢

酪蘇

釋名曰酪澤也乳汁所作使人肥澤也 漢武內傳曰西王母云仙次藥有太玄之酪 晉太康起居注曰詔云尚書令荀勗既久羸毀可賜乳酪太官隨日給之 西河舊事曰祁連山冬夏寒涼宜牧牛牛羊充肥乳酪好郭子曰陸機詣王武子武子有數斛羊酪指以示陸卿東吴何以敵此陸云有千里蓴羹未下鹽豉 笑林曰吴人至京爲設食者有酪蘇未知是何物也強而食之歸吐遂至困頓謂其子曰與傖人同死亦無所恨然汝故宜慎之【啓】梁沈約謝司徒賜北蘇啓曰曠阻陰山之外眇絶蒲海之東自非神力所引莫或輕至聖慈普洽遍蔄薇停鑣懽喘既弘道於世務方駕四衢又興言於俗表

米

古史考曰神農時民食穀釋米加燒石上而食之　家語曰子路見孔子曰由也事二親之時常食藜藿之實而為親負米百里之外親沒之後南遊從車百乘積粟萬鍾重茵而坐列鼎而食願欲藜藿為親負米而不可得復也　荀卿子曰仁義禮智之於人也譬之若貨財米粟之於家也多有之者富少有之者貧至無者窮　漢書曰宣曲任氏其先為督道倉吏秦敗豪傑爭取金玉任氏獨窖倉粟楚漢相距滎陽民不得耕種米石萬而直豪傑金玉盡歸任氏任氏以此起富　又曰賈捐之云武帝元狩六年太倉粟紅腐而不可食　又曰東方朔云如以臣言無可用則宜捐弃無空索長安之米　東觀漢記曰馬援勸光武伐隗囂聚米為山川地勢上曰虜在吾目中矣　又曰第五倫性節儉作會稽郡雖為二千石臥布被自養食馬妻炊爨受俸祿常求赤米與小吏受等財留一月俸餘皆賤糶與民飢羸者　九州春秋曰臧洪為青州刺史為袁紹所圍粮食盡廚有米三斗主簿啓進内稍以為

五

糜粥洪歎曰吾獨食此何味命使爲薄粥與衆共歠之　吳志曰魯肅以振窮乏士爲務甚得邑人歡心周瑜爲居巢長將數百人故過候肅幷告資粮肅家有囷米各三千斛乃指一囷與瑜瑜益知其奇也遂相親結定僑札之分　又曰全琮父使琮賫米數斛到吳有所市貝琮至皆散空船而還父怒琮頓首曰愚以所市非急而士大夫方有倒懸之患故便振贍不及啓報父便以奇之　語林曰陳壽將爲國志謂丁梁州曰若可覓千斛米見借當爲尊公作佳傳丁不與米遂以無傳　世說曰郗嘉賓餉釋道安米千斛道安答直云損米愈覺有待之煩

【啓】齊王融謝勑賜米啓曰臣無王陽之術計然之智不能負粟百里分地一廛上虧溫養自取飢切豈悟外恩横集天私妄委　梁簡文帝謝勑賚長生米啓曰堯禾五尺未足稱珍漢苗九穗方斯非擬如隨瑞表恭降神烏暮律向遊獻春方始食乃民天之貴粒有延齡之名藉此資身因斯養性　梁庾肩吾謝東宮賚米啓曰崖水鳴蟬香閨七里瓊山合穎租歸十縣肩吾人慙振藻徒降雲澗之松職濫便繁

空撤家承之俸成珠委地事重逢仙游王爲粮珍踰入楚雖復漱水滄流不待濫河之說春風掃地方誚文學之篇　又謝湘東王賚米啓曰窮耦以月滿則虧恩來無爽海潮雖大萬紅恒徃遂使連箱委地系珠陽翟盈倉接宇寧異海陵　周庾信謝趙王賚米啓曰比陋巷簞瓢御風休雨剥榆皮於秋塞拙蟄燕鳥於寒山仰費國租遂開塵甑非丹竈而流珠異荆臺而炊玉東方朔之俸米旣息長飢西門豹之墾田方慙此賚

酒

古史考曰古有醴酪禹時儀狄作酒　毛詩曰爲此春酒以介眉壽　禮記曰先王爲酒醴一獻之禮賔主百拜終日飲酒而不得醉焉此先王之所以備酒禍也　左傳曰鄭伯有嗜酒爲窟室而夜飲酒擊鍾焉　王孫子新書曰楚莊王攻宋廚有臭肉樽有敗酒將軍子重諫曰今君廚肉臭而不可食樽酒敗而不可飲而三軍之士皆有飢色欲以勝敵不亦難乎莊王曰請有酒投之士有食饋之賢　楚辭曰蕙有肴兮蘭藉奠

桂酒兮椒漿　呂氏春秋曰肥肉厚酒務以自強命曰爛腸之食
黃石公記曰昔者良將用兵人有饋一簞醪者使投之於河令將士迎流
而飲之夫一簞之醪不能味一河水三軍思爲之死非滋味及之也　史記曰晉擊
秦繆公傷於是岐下食善馬者三百人馳冒晉軍圍遂脫繆公而返
生得晉君初繆公亡善馬岐下野人共得而食之者三百餘人吏逐得欲法
之公曰君子不以畜害人吾聞食善馬肉不飲酒傷人乃皆賜酒而赦之
又曰高帝除秦苛法爲簡易羣臣飲酒爭功高帝患之叔孫通知上
益厭之說上願以諸弟子共起朝儀後七年長樂宮成羣臣皆朝十月
儀畢置法酒諸侍坐殿上皆伏首尊卑次起上壽觴九行謁者言罷酒御
史執法舉不如儀者輒引去竟朝置酒無敢失禮者高帝乃曰吾今
日知爲皇帝之貴也　漢書曰百末旨酒（百日之英酒也味或作米）布蘭生（芬香布列若蘭之生也）
又曰于定國飲酒至數石不亂飲益精明　神異經曰西北海外有人長
二千里兩脚中間相去千里腹圍一千六百里但日飲天酒五斗（天酒甘露也）不食五
穀魚肉唯飲天酒忽有飢時向天乃飲好遊山海間不犯百姓不干萬物

與天地同生　又西北荒中有酒泉人飲此酒酒美如肉清如鏡其上有玉樽取一樽復一樽出與天地同休無乾時飲此酒人不死長生　東方朔別傳曰武帝幸甘泉長平坂道中有蟲赤如肝頭目口齒悉具先驅馳還以報上使視之莫知也時朔在屬車中令往視焉朔曰此謂怪氣是必秦獄處也上使按地圖果秦獄地上問朔何以知之朔曰夫積憂者得酒而解乃取蟲置酒中立消賜朔帛百匹後屬車上盛酒爲此也　十洲記曰瀛洲有玉膏如酒味名曰玉酒飲數升輒醉乃令人長生　孔叢子曰平原君與子高飲強子高酒曰昔有遺諺堯舜千鍾孔子百觚子路尚飲百榼古之賢聖無不能飲吾子何辭焉　續漢書曰盧植能飲一石不醉　崔寔四民月令曰正月旦進椒酒降神畢各舉椒酒於其家長事具椒篇　魏略曰大祖禁酒而人竊飲之故難言酒以白酒爲賢者清酒爲聖人　博物志曰西域有蒲桃酒積年不敗彼俗傳云可至十年欲飲之醉彌日乃解　干寶晉紀曰杜預作河橋成武帝幸橋讌舉觴勸預曰非卿此功不能就預曰自非陛下之聖明則臣無所施其愚巧也事具

橋篇　晉中興書曰畢卓嘗謂人曰右手執酒杯左手執蟹螯拍浮酒池中便足了一生　語林曰劉靈字伯倫飲酒一石至醒復飲五斗其妻責之靈曰卿可致酒五斗吾當斷之妻如其言靈呪曰天生劉靈以酒爲名一飲一石五斗解酲婦人之言愼莫可聽【詩】宋陶潛飲酒詩曰旣醉之後輒以數句自娛紙墨遂多別辭無次聊命故人書之以爲談笑也有客常同止趣舍邈異景一士長獨醉一夫終年醒醒醉還相笑發言各不領　周庾信報趙王賜酒詩曰梁王修竹園冠蓋風塵喧行人忽枉道直進桃花源稚子還羞出驚妻到閉門始聞傳上命定是賜中樽野鑪然樹葉山杯捧竹根風池還更暖寒谷遂長暄未知稻粱鴈何時報君恩　又正旦蒙趙王賚酒詩曰正旦辟惡酒新年長命杯柏葉隨銘至椒花逐頌來流星向椀落浮蟻對春開成都已救火蜀使何時迴又中山公許乞酒一車未送詩曰細柳望蒲臺長河始一迴秋葉幾迴落春蟻未曾開坐角非難馭椎輪稍可摧只言千日飲舊逐中山來又就蒲州刺史乞酒詩曰蕭瑟風聲慘蒼茫雲貌愁鳥寒棲不定池

凝聚未流蒲城桑葉落灞岸菊花秋願持河朔飲分勸東陵侯又登臺王褒餉酒詩曰今日小園中桃花數樹紅照君一壺酒細酌對春風未能扶畢卓猶足舞王戎仙人一捧露判不及杯中

【賦】漢揚雄酒賦曰子猶瓶矣觀瓶之居居井之湄處高臨深動常近危酒醪不入口藏水滿懷不得左右牽於纆徽自用如此不如鴟夷鴟夷滑稽腹大如壺盡日盛酒人復藉酤常爲國器託於屬車出入兩宮經營公家由是言之酒何過乎

魏陳王曹植酒賦曰余覽揚雄酒賦辭甚瑰瑋頗戲而不雅聊作酒賦粗究其終始嘉儀氏之造思亮茲美之獨珍仰酒旗之景曜協嘉號於天辰穆生失醴而辭楚侯嬴感爵而輕身其味有宜成醪醴蒼梧縹清或秋藏冬發或春醞夏成或雲沸川涌或素蟻如萍爾乃王孫公子遊俠翱翔將承歡以接意會陵雲之朱堂獻酬交錯宴笑無方於是飲者並醉從橫讙譁或揚袂屢舞或扣劍清歌或嚬蹴辭觴或奮爵橫飛或歎驪駒既駕或稱朝露未晞于斯時也質者或文剛者或仁卑者忘賤窶者忘貧於是矯俗先生聞之而歎曰噫夫言何容易此

乃淫荒之源非作者之事若耽于觴酌流情縱佚先王所禁君子所失
魏王粲酒賦曰帝女儀狄旨酒是獻苾芬享祀人神式宴辯其五齊節其
三事醍沉盎泛清濁各異章文德于廟堂協武義于三軍致子弟之孝養
糾骨肉之睦親成朋友之懽好贊交往之主賓既無禮而不入又何事而不
因賊功業而敗事毀名行以取誣遺大耻於載籍滿簡帛而見書孰不
飲而羅茲罔非酒而惟事昔在公旦極茲話言濡首屢舞談易作難大
禹所忌文王是艱　晉張載酃酒賦曰惟聖賢之興作貴垂功而不泯嘉
康狄之先識亦應天而順民擬酒旗於玄象造甘醴以怡神雖賢愚而
同好似大化之齊均物無往而不變獨居舊而彌新經盛衰而無廢歷百
代而作珍若乃中山冬啓醇酎秋發長安春御樂浪夏設縹蟻萍布芬香
酷烈垂嘉稱於百代信人神之所悅故為其酒也殊功絶倫三事既節五齊
必均造釀以秋告成以春備味滋和體淳色清宣御神志導氣養形遣
憂消患適性順情於是糺合同好以遨以遊嘉賓雲會矩坐四周設疊
樽於南楹酌浮觴以旋流備鮮肴之綺錯進時膳之珍羞禮儀攸序是

獻是酬咸得志以自足願棲遲於一丘於是歡樂既洽日薄西隅主稱湛
露賓歌驪駒僕夫整駕言旋其居乃憑軾以迴軌騁輕驅於通衢及
衡門以隱跡覽前聖之典謨感夏禹之防微悟儀氏之見疏鑒往事而作
誡罔非酒而惟愆哀秦穆之見謬惜三良之殲賢嘉衛武之能悔著屢
舞於初筵察成敗於往古垂將來於茲篇【頌】魏劉伶酒德頌曰有
大人先生以天地爲一朝萬期爲須臾日月爲扃牖八荒爲庭衢行無
轍跡居無室廬幕天席地縱意所如止則操卮執觚動則挈榼提
壺唯酒是務焉知其餘有貴介公子搢紳處士聞吾風聲議其
所以乃奮袂攘衿怒目切齒陳說禮法是非鋒起先生於是捧甖
承槽銜杯漱醪奮髯箕踞枕麴藉糟無思無慮其樂陶陶【引】
梁朱异田飲引曰卜田宇兮京之陽面清洛兮背脩邙屬風林之
蕭瑟値寒野之蒼茫鵬紛紛而聚散鴻冥冥而遠翔酒沉兮俱發
雲沸兮波揚豈味薄於東魯鄙蜜甜於南湘於是客有不速朋自
遠方臨清池而滌器闢山牖而飛觴促膝兮道故久要兮不忘聞談

希夷之理或賦連翩之章

【戒】晉庾闡斷酒戒曰蓋神明智惠人之所以靈也好惡情欲人之所以生也明智運於常性好惡安於自然吾固以窮智之害性任欲之喪眞也於是椎金罍碎玉斝破兕觥捐觚瓚遺舉白廢引徧使巷無行榼家無停壺剖樽折杓沈炭銷鑪屛神州之竹葉絕縹醪乎華都言未及盡有一醉夫勃然作色曰蓋空桑珍味始於無情靈和陶醞奇液特生聖賢所美百代同營故醴泉涌於上世懸象煥乎列星斷蛇者以興霸折獄者以流聲是以達人暢而不壅抑其小節而濟大通子獨區區檢情自封無或口閑其味而心馳其聽者乎庾生曰爾不聞先哲之言乎人生而靜天之性也感物而動性之欲也物之感人無窮而情之好惡無節故不見可欲使心不亂是以惡迹止步滅影即陰形情絕於所託萬感無累乎心心靜則樂非外唱樂足則欲無所淫唯味作戒其道彌深賓曰唯唯敬承德音

【啓】梁劉孝儀謝東宮賚酒啓曰異五齊之甘非九醞之法屬車未曾盡油囊不得酤試儔仙樹葛玄泥首才比蕭桃孟佗衒璧固知託之養

性妙解怡神擬彼聖人㫖得連類

書

後漢孔融難魏武帝禁酒書曰公初當來邦人咸抃舞踊躍以望我后亦既至止酒禁施行天垂酒旗之躍地列酒泉之郡人有旨酒之德堯非千鍾無以建太平孔非百觚無以堪上聖樊噲解厄鴻門非彘肩卮酒無以奮其怒趙之廝養東迎其王非引卮酒無以激其氣高祖非醉斬白蛇無以揚其靈袁盎非醇醪之力無以服其命定國非酣飲一斛無以決法令故酈生以高陽酒徒著功於漢屈原以餔糟歠醨身困於楚猶是觀之酒何負於治者哉

藝文類聚卷第七十二

藝文類聚卷第七十三　雜器物部　渤海歐陽　詢　撰

鼎　鎗　錊　塸　盤　樽　卮　杯　盌

鼎

説文曰鼎三足兩耳和五味之彝器也昔禹貢九牧之金鑄鼎荆山之下以入山林川澤魑魅魍魎莫能逢之　又曰鼎大上下小　爾雅曰鼎絶大謂之鼐鼎圓弇上謂之鼒鼒子鼎附耳外謂之翼　周易曰鼎象也九四曰鼎折足覆公餗六五鼎黄耳金鉉利貞上九玉鉉大吉　禮記曰崇鼎貫鼎大黄封父龜天子之器　毛詩曰絲衣其紑載弁俅俅自堂徂基自羊徂牛鼐鼎及鼒　三禮鼎器圖曰牛鼎受一斛天子飾以黄金諸侯白金有鼻目以銅爲之三足　左傳曰宋華督已殺孔父而弑殤公召莊公于鄭而立之以郜大鼎賂公夏四月取郜大鼎于宋納于太廟非禮也　又曰楚子伐陸渾之戎遂至于離宫王使王孫滿勞楚子楚子問鼎之大小輕重對曰在德不在鼎昔夏之方有德也遠方圖物貢金九牧鑄鼎象物桀有昏德鼎遷于商商紂暴虐鼎

遷于周德之休明雖小重也其姦回昏亂雖大輕也周德雖衰天命未改鼎之輕重未可問也事具祥瑞部鼎篇　又曰徐子及郯人莒人會齊侯盟于蒲隧賂以甲父之鼎　墨子曰巫馬子問墨子曰鬼神孰與聖人明智墨子曰鬼神明於聖人猶聰明耳目之與聾盲也若夏后開使飛廉折金於山以鑄鼎於昆吾使翁難乙灼白若之龜成曰鼎成四足而方不灼自成不舉自藏不遷自行乙又言繇曰逢逢白雲一南一北一西一東九鼎既成而遷三國此知必千年無聖人之智豈能知哉　史記曰伊尹欲干湯而無由乃爲有莘媵臣負鼎俎以滋味說湯致於王道　又曰秦武王與孟說舉龍文赤鼎絕臏死又曰漢武時汾陰巫錦爲民祠魏脽后土得鼎鼎大異於衆鼎乃以禮祠迎鼎至甘泉從行上薦之至中山山有黃雲蓋焉有鹿過上自射之因以祭至長安公卿大夫皆議請尊寶鼎有司皆曰黃帝作寶鼎三象天地人也禹收九牧之金鑄九鼎今鼎至甘泉承休無疆中山有黃白雲降蓋而帝者心知其意而合德焉鼎宜見於祖禰藏于帝庭以合明應制曰可　淮南子曰闔閭伐楚五戰入郢燒

高府之粟破九龍之鼎高府大倉也形九龍鼎以爲名言大鼎也於鞭平王之墓舍昭王之宮

說苑曰湯時大旱七年煎沙爛石於是使人三足鼎祝山川教之祝曰政不節耶使民疾耶苞苴行耶讒夫昌耶宮室營耶女謁成耶何不雨之極也言未已天大雨　東觀漢記曰永平六年廬江太守貢寶鼎　吳越春秋曰吳王闔閭葬女於郭西昌門外鑿地爲池積土爲山文石爲椁金鼎玉杯銀樽珠襦之寶皆以送之　南越書曰熙安縣山下有神鼎天清水澄澄見鼎刺史劉道錫常使人繫其耳而牽之耳脫而鼎潛既而執紖者莫不疾耳蓋尉他之鼎　又曰永城縣江前有神鼎圓數里耳高五六丈葛稚川去赤松子陶金丹鼎　晋中興書曰神鼎見鼎者仁器也能息能行不灼而沸不汲而盈烟熅之氣自然所生也亂則藏於深山文明應運而至故禹鑄鼎以擬之事具祥瑞篇鼎篇

【銘】後漢崔瑗竇大將軍鼎銘曰大禹鑄鼎象物百神饗食帝養賢貞命錫宗臣三距金鉉公德配焉雉膏之災咸在擇人惟王建國分之彝器鼎爲元寶君臣享位足勝其任鬻保寶器持盈若冲滿而不溢黃耳不革玉鉉終吉禹鏤其鼎湯刻其盤

紀功申戒貽則後人　後漢李尤鼎銘曰五鼎大和滋味集具雖快其口損之爲務　古鼎銘曰王命尸臣官此栒邑賜爾和鸞黼黻琱戈臣拜手日敢對揚天子丕顯休命　後漢崔駰仲山父鼎銘曰鼎耳革其行塞雉膏不食方雨虧悔終吉有福足勝其任公餗乃珍於高思危在滿戒溢可以永年天之大律　梁周捨鼎銘曰天下寧康異方同軌九牧作貢百司咸理範金鑄器戒鎮階所波圓月鑚傳之無已

鐺

東宮舊事曰皇太子初拜給銅龍頭鐺　笑林曰太原人夜失火出物欲出銅鐺誤出熨斗便大驚惋語其兒曰異事火未至鐺已被燒失脚【詩】梁吳筠以服散鐺贈殷鈞詩曰玉鉉布文文金丹煥仙說九沸翻成縷七轉良爲切執以代疏麻長貽故人別

鉢

浮圖澄傳曰澄以鉢盛水燒香呪之須臾鉢中生青蓮華　西域傳曰諸國志曰佛鉢在乾陁越國青玉也受三斗許彼國寶之供養願終日花香

不滿則如言也願一把滿亦隨言也　交州雜事曰太康四年刺史陶璜表送臨邑王花然所獻銀鉢一口水精鉢一口　支僧載外國事曰佛鉢在大月氏國一名佛律婆越國是天子之都也起浮圖浮圖高四丈七層四壁裏有金銀佛像像悉如人高鉢處中央在第二層上作金絡絡鉢鏁懸鉢鉢是石也其色青　又曰摩竭提國在迦維越之南相去四十由旬具多樹去摩竭提三十里一名毗波梨佛坐在此一樹下坐滿六年長者女以金鉢盛牛乳糜上佛佛得乳糜住尼連禪河浴浴竟於水邊噉糜噉糜竟擲鉢水中逆流可百步許然後鉢復流河中架梨那龍王接取鉢在宫中供養　法顯記曰弗樓沙國有佛鉢昔月氏王大興衆來伐此國欲取佛鉢既服此國已月氏王篤信佛法欲持鉢去去乃校飾大象置鉢其上象便伏地不能得進更作四輪車載鉢八象共牽復不能進王知與鉢無緣深自愧歎即於此處起塔及僧伽藍

啓

齊王融謝安陸王賜銀鉢啓曰素人之貴有訪仙經雖鬥刻可奇見符神鼎撤膳器於珍羞之席降寶玩於簞瓢之門　梁劉孝儀謝鄱陽王賜銀鉢啓曰珍窮化貝貢制衣極範乾金

用貫寶樽文包龍鼎雕鏤海籍圖載山經閱衆靈於器中弄神姦於掌裏足令任后所欲速戇漢世少君有靚遥羌齊寢

塸

抱朴子曰取金液及水銀以黃土塸盛置之猛火上皆化爲丹以此丹金爲盤盌食其中令人長生　袁彥伯羅維山跡曰善道門戶在石室北壁下形骸朽壞止有白骨在昔成都識此道士聞之使人慨然其業行殊異冥當蟬蛻解骨耳石室中先有塸盛香得便掃除燒香

啓

梁皇太子謝勑賚廣門塸等啓曰淮南承月之杯豈均符采西國浮雲之椀非謂珉奇臣南珍靡菲究未讀奏曹之表方物罕逢不識議郎之書

盤

周官曰玉府掌王之金玉若合諸侯則供珠盤玉敦　禮記曰湯之盤銘德日新又日新康誥曰作新民詩云周雖舊邦其命惟新是故君子無所不用其極（盤銘刻戒於盤極猶盡也君子新其德盡其心力不有餘也）左傳曰昔人伐我東鄙圍台季武子救台遂入鄆取其鍾以爲公盤　史記曰毛遂謂楚王之左右取雞

狗馬之血來毛遂奉銅盤血而跪進之楚王曰王當歃盟而定從次者吾君次者遂定從於殿上遂右手持盤血而左手招十九人曰公相與歃此血於堂下公等碌碌所謂因人成事者也　孫卿子曰君者盤也水者民也盤圓則水圓盤方則水方　神異經曰西北有金樓上有銀盤廣五十丈　漢武內傳曰西王母以七月七日降帝宮命侍女索桃須臾以玉盤盛桃七枚大如鴨卵形圓色青以呈王母王母以四枚與帝自食三枚矣　應劭漢官儀曰封禪壇南有玉盤盤中有玉龜　風土記曰越俗飲宴即鼓盤以爲樂取大素圜盤以廣尺六者抱以著腹以右手五指更彈之以爲節舞者應節而舉

【詩】梁沈約詠竹檳榔盤詩曰梢風有勁質柔用道非一平織方以文穿成圓且密

【賦】魏毋丘儉承露盤賦曰樹根芳林濯景天池嘉木靈草綠葉素枝飛閣鱗接而從連層臺偃蹇以橫施龜龍怪獸嬉遊乎其中詭類壯觀雜遝衆多若乃聲制模鎔應變入神窮數極理究盡物倫命班爾召淳均撰蘭藉簡良辰采名金於崑丘斬扶桑以爲薪詔燭龍使吐火運混元以陶甄毆

陰陽而役神物豈取力於烝民用能弗營不日而成匪雕匪斲天挺之靈雄幹碣以高立干雲霧而上征蓋取象於蓬萊實神明之所憑峻極過於閬風鳳凰高翔而弗升遠而望之若紫蜺下鄰雙鵾集焉即而視之若璆琳之柱華蓋在端上際辰極下通九原仙掌仙掌既平且安越古今而無匹信奇異之可觀又能致休徵以輔性豈徒虛設於芳園采和氣之精液承清露於飛雲

銘 後漢李尤盤銘曰或以承觴或以受物既舉清觴又成口實

魏毋丘儉承露盤銘曰赫赫聖魏紹天惟則承露魄生受詔懿德下有蛟龍偃蹇虬紛上有層盤厲彼青雲脩莖擢擢高弗可及仙掌岧岧承零露是集有直其體有固斯基休徵攸降神明攸持少昊惟好我后斯同以近眉壽以保萬邦

魏陳王曹植承露盤銘曰岧岧承露峻極太清神石礧磈洪基岳停下潛醴泉上受雲英和氣四充翔鳳所經匪我明后孰能經營近厤藺闌度三光即明殊俗歸義洋瑞混井鸞鳳晨棲甘露宵零神明攸挾高而不傾奉戴巍巍魏恭統神器固若露

盤長存永貴賢聖繼跡弈世明德不忝先功保茲皇極垂祚億兆永荷天秩

晉殷仲堪酒盤銘曰

樽

爾雅曰彝卣罍器也小罍謂之坎卣中樽也　禮記曰廟堂之上罍樽在阼犧樽在西　又曰泰有虞氏之樽也山罍夏后氏之樽著殷樽犧象周樽　莊子曰百年之木破爲犧樽青黄以文之其斷在溝中比犧樽於溝中之斷則美惡有閒矣其於失性一也　淮南子曰聖人之道猶中衢而設樽耶過者斟酌各得其宜（事具人部聖篇）又曰夫奉一爵酒不知於色（言其輕也）挈萬石樽則白汗交（言其重也）又況贏天下之憂而任海内之事者乎其重於樽亦遠矣（遠猶多也）漢書曰成都侯商子邑爲大司空貴重商故人皆敬之事邑唯樓護自安舊節邑亦事之不

敢有闕時請召賓客邑居樽下稱觴予上壽坐百數皆離席伏
護獨東向正坐　東觀漢記曰劉文及蘇茂易永上遣王霸討之霸
至遂閉門堅守勞賜吏士作倡樂賦賊懼乎雨射營中中霸前
酒樽　孔融別傳曰融常歎曰坐上客恒滿樽中酒不空吾無憂矣
事具人部叙志篇　【詩】魏文帝詩曰良辰啓初節高會構歡娛朋爵浮象樽
珍膳盈豆區【銘】後漢崔駰樽銘曰惟歲之元朝賀奉樽金罍犧象
嘉禮具存獻酬交錯萬國咸歡　後漢蔡邕酒樽銘曰酒以成
禮弗繼以淫德將無荒過則荒沉湎而不冲古人所箴尚鑒茲器茂
勗厥心　後漢李尤樽銘曰樽設在堂以俟嘉賓三山共承雕瑑錯帶
晉孫綽樽銘曰大匠體物妙思入神儀彼靈禽制器為人虛以含
有文以飾身湛此玄醴延我嘉賓與懷寄詠聊以摽設詳觀茲器
妙巧奇絕酌焉則注受滿則側吐寫適會未見其竭與之無若施而有
節玄應忘知切存不伐王公擬之德齊上哲　宋何偃常滿樽銘曰
貞明麗象臬食中望唯茲奇器神絕莫尚斟酌賦受不踰其量

鳧鷖之詩豈伊異況

卮

韓子曰棠谿公見昭侯曰今有白玉卮而無當瓦器有當君渴將何以飲曰以瓦器公曰白玉卮美而君不以其無當耶曰然公曰爲人君漏泄羣臣語猶玉卮無當也公每見出昭侯必獨卧唯恐夢言泄妻妾

戰國策曰昭陽爲楚伐魏覆軍殺將得八城移師而攻齊陳軫爲齊王使見昭陽再拜謝賀戰勝起而曰臣竊譬言楚有祠者賜其舍人酒一卮舍人相謂曰數人飲之不足一人飲之有餘請畫地爲蛇蛇先成者飲酒一人蛇先成引酒且飲之乃左手持卮右手畫蛇曰吾能爲之足足未成一人蛇成奪其卮曰蛇固無足子安能爲之足遂飲酒具遊說篇

鹽鐵論曰川源不能實漏卮　漢書曰高祖奉玉卮爲太上皇壽

又曰初何武爲郡吏時事太守何壽壽知武有宰相器故厚之後壽爲大司農其兄子爲廬江長史時武爲楊州刺史奏事在邸春壽兄子適長安壽爲具召武弟顯及故人酒酣見其兄子曰此

子楊州長史材能駑下未曾省見顯等甚懃退以謂武武曰剌史古之方伯上所以委任一州表率也職在進善退惡吏治行有茂異民有隱逸乃當召見不可以所私問顯強之不得已召見賜卮酒

【賦】晉傅咸汙卮賦曰人有遺余琉璃卮者小兒竊弄墮之不絜意既惜之又感物之汙辱乃喪其所以爲寶況君子行身而可以有玷乎有金商之瑋寶稟乾剛之淳精歎春暉之定色越冬冰之至清爰甄陶以成器逞異域之殊形猥陷身於醜穢豈厥美之不惜與觴杓之長辭曾瓦匜之不若

【頌】後漢崔駰漢明帝頌曰帝乃負扆執冒覆珪運斗杓以酬酢酌酒旗之玉卮

杯

山海經曰大戎國有一女子方跪進玉杯食　禮記曰父母沒而杯圈不能飲焉口澤之氣存焉爾（孝子見親之器物哀則不忍用也圈屈木所爲也卮匜之屬也）　管子曰桓公管仲鮑叔牙甯戚四人飲公曰盍不爲寡人壽叔牙奉杯而起　文子曰清之爲明杯水見眸子濁之言闇河水不見太山　韓子曰紂爲象著而箕子怖

以爲象著必不加於上形必將犀玉之杯象著玉杯必不羹菽藿則必旄象豹胎　又曰樂羊爲魏文侯攻中山其子在中山中山之君烹其子而遺之樂羊坐於幕下而饗食之盡一杯　淮南子曰夫江河之腐胔不可勝數也然祭者用大也一杯酒甘蠋漬其中匹夫不嘗小也　十洲記曰周穆王時西域獻夜光常滿杯杯容三升是白玉之精光明照徹夜以杯於庭中當向天比旦而水汁滿中汁甘而香美斯實靈器　漢書曰有盜高廟座前玉環得盜文帝怒下廷尉治按盜宗廟服御物者爲奏當弃市上大怒曰吾屬廷尉者欲致族之而君以法奏之非所以奉宗廟意也釋之免冠頓首謝曰法如是足矣假令愚民取長陵一杯土（不欲指言故以取土喻之）陛下何以加其法乎文帝與太后言之乃許之　又曰元帝衛貢禹爲諫議大夫禹奏臣當從之東宮見賜杯案盡金銀飾非當所以食臣下也　又曰王嘉爲丞相數上事言不宜封董賢上怒有詔收謁者即召丞相詣廷尉詔獄掾吏涕泣共和藥進嘉嘉曰將相不對強吏陳冤君侯宜引決嘉引藥杯以擊地謂官屬曰丞相幸得備位三公奉職負國伏刑

都市以示萬衆豈見女子耶何謂咀藥而死　又曰朱博爲御史大夫爲人廉儉食不重味案上不過三杯夜寢早起妻子希見其面　謝承後漢書曰豫章宗叔平爲定陵令素杯食麥飯　論衡曰河東須曼都好道去家三年而反曰去時有數仙人將上天離月數里而止月之旁甚寒淒愴飢欲食輙飲我流霞一杯每飲數月不飢　王逸子曰顔淵之簞瓢則勝慶封玉杯何者德行高遠能絶殊也　陶侃故事曰侃上成帝螺杯一枚　南州異物志曰鸚鵡螺狀似霞杯形如鳥頭向其腹視以鸚鵡故以爲名　南越志曰南海以蝦頭爲杯鬚長數尺金銀鏤之晉康州刺史常以杯獻簡文用以盛藥未及飲無故酒躍於外時盧江太守曲安遠頗解術數即令筮之安遠曰即三旬後庭將有喜慶者

銘

後漢馮衍通杯銘曰樂則思舊燕則思懽民之失德乾餱以愆　後漢李尤杯銘曰小之爲杯大之爲閜杯閜之用無施不可以飲以享慎其得正用公之美驕盈爲病　梁陸倕丞蠡杯銘曰用邁羽杯珍愈渠椀實同丞蠡測形均樸滿伊我疲病獨居無伴所不辻

挹誰誚誰綏

盌

方言曰楚魏宋之間盌謂之盂　說文曰盌小盂也　吴志曰曹公出濡須甘寧爲前部督受勅斫敵前營孫權特賜米酒衆肴寧乃以銀椀酌酒自飲兩椀乃酌與其都督都督伏不肯時持寧引自削置膝上呵之曰卿見知於至尊孰與甘寧甘寧尚不惜死卿何以獨惜死乎都督却起拜持酒通次酌共各一銀椀至更時銜枚出斫敵敵驚動遂退寧益貴重　咸康起居注曰詔使遼東使叚遼等琉璃盌

賦

魏陳王曹植車渠椀賦曰惟斯椀之所生于涼風之峻湄采金光以定色擬朝陽而發煇豐玄素之暐曄帶朱榮之葳蕤緼絲綸以肆采藻繁布以相追翩飄飄而浮景若驚鵠之雙飛隱神璞於西野彌百葉而莫希于時乃有明篤神后廣彼仁聲夷慕義而重使獻玆寶於斯庭命公輸使制匠窮西麗之殊形華色燦爛文若點成鬱蓊雲蒸蜿蜒龍征光如激電影若浮星何神怪之巨偉信一覽而九驚雖離

朱之聰目由炫燿而失精何明麗之可悅超群寳而特章俟君子之閑宴酌甘醴於斯觴既娛情而可貴故求御而不忘　魏應瑒車渠椀賦曰惟玆椀之珍瑋誕靈岳而奇生扇不周之芳烈浸瓊露以潤形蔭碧條以納曜貫朝霞而發榮紛玄黃以彤裔曄豹變而龍華象蜿虹之輔體中含曜乎雲波若其衆色鱗聚卓度詭常絪緼雜錯乍圓乍方蔚術繁興散列成章楊丹流縹碧玉飛黃華氣承朗内外齊光　魏徐幹車渠椀賦曰圜德應規巽從易安大小得宜容如可觀盛彼清醴承以琱盤因歡接口媚于君顔　晉潘尼琉璃椀賦曰覽方貢之彼珍瑋玆椀之獨奇濟流沙之絶險越葱嶺之峻危其由來也阻遠其所託也幽深據重巒之億仞臨洪溪之萬尋接玉樹與瓊瑤鄰沙棠與碧林瞻閬風之崔嵬顧玄圃之蕭參光映日曜圓成月盈纖瑕罔麗飛塵靡停灼爍旁燭表裏相形舉玆椀以酬賓榮密坐之曲宴流景炯晃以内澈清醴瑤琰而外見

隋江揔馬腦盌賦曰翠羽流霞之杯諒無聞於瑋麗豈匹此之奇瓌

矣觀殊特臻自西國狀鶩鶴之點漬似遊龍之割烈士衡譬足之雲矣中郎羞其馬勒千時北園清夏東閣浮涼山交枝而影雜水沉葉而流香蟬無風而吲短鷺鳶出迴而飛長副君海浮岳峙紙落金鏘獲阿宗之美寶貝命河朔之名觴寶貝出崑崙之仙阜觴即玄洲之玉酒酒既醖而還年盈稍酌而延壽仰天縱之體物銘歎嗟兮何有

【書】秦嘉妻與嘉書曰今奉金錯椀一枚可以盛書水琉璃椀一枚可以服藥酒

【表】梁諸葛恢表曰詔云行當別離以爲悵罔分致氍氀一劍一琉璃椀一貴達心領録之天恩望極天地施鈞不異遠近

藝文類聚卷第七十三

藝文類聚卷第七十四　藝部　渤海歐陽　詢　撰

射　書　畫　圍棊　彈棊　博

樗蒲　投壺　塞　藏鉤　四維　象戲

射

世本曰逢蒙作射　山海經曰軒轅國在窮山際其不壽者八百歲人面虵身尾交首不敢西射畏軒轅之丘　禮記曰士使之射不能則辭以疾懸弧之義　又曰射有似乎君子失諸正鵠反求諸其身　又曰孔子射於矍相之圃蓋觀者如堵　左傳曰晉將戰潘尫之黨與養由基蹲甲而射之徹七札焉　列子曰甘蠅古之善射者彀弓而獸伏鳥下　尸子曰荆莊王命養由基射蜻蛉王曰吾欲得之養由基援弓射之拂左翼王大喜　又曰鴻鵠在上鞲弩以待若發善否問二五弗知非二五難計也欲鴻之心亂也　莊子曰以十鈞射者見天而不見雲以七鈞射者見鵠而不見鶴以五鈞射者見鶴而不見雀　老子曰天之道其猶張弓乎高者抑之下者舉之有餘者損之不足者與之　韓詩外傳曰楚熊渠子

夜行見寢石以爲伏虎彎弓射之没金飲羽下視知其石也因復射石矢摧
無跡渠手見其誠心金石爲之開而況於人乎　史記曰李廣爲右北平太守
出獵見草中石以爲虎而射之中没鏃視之石因復射之終不復入廣所居
郡聞有虎自射之及居右北平射虎虎騰傷廣廣亦竟射殺之廣爲
人長猨臂其善射亦天性也雖子他人學者莫能及　又曰匈奴大入上郡天
子使中貴人從勒習兵擊匈奴中貴人將騎從見匈奴三人與戰三人還射
傷中貴人殺其騎將盡中貴人走廣廣曰是必射鵰者也　淮南子曰越
人學遠射參天而發鏑在五步内今學者欲學古而不知變是越人射也
漢書曰匈奴畏郅都之威刻木象郅都之狀交弓射之莫之能一中　魏書
曰文帝共上常獵爲虎所逐顧射應聲而倒太祖壯其摯勇使將武騎
吴志曰太史慈猨臂善射弦不虚發嘗從孫策討麻保賊賊緣上樓
上行駡以手持樓棼慈引弓射之矢貫手著棼圍外萬人莫不稱善
其妙如此　典論曰文帝自序曰少好弓馬逐禽輒十里射出百步後繳
貊貢良弓代獻名馬時歲暮春和風扇物弓燥手柔草淺獸肥

於鄴西獵終日獲麞鹿九雉兔二十**詩**梁元帝落日射罷詩曰促宴引枚鄒中園觀獸侯日度堋陰廣風横旗影浮移竿標入箭疊鼓送爭籌詩附枝時可息言從清夜遊　周庾信北園射堂詩曰軒堂聊可習仙的不難登轉箭前初停竿横弓先望堋驚心一鴈落連翩兩猨騰直知王濟巧誰見魏舒能空心不死樹無葉未枯藤擇賢方至此傳巵欣得朋

書

淮南子曰昔倉頡作書而天雨粟鬼夜哭事具百穀部　家語曰宓子賤仕魯爲單父宰恐君聽用讒人使已不得行其政故請君近吏二人與俱至官令二吏書輒掣其肘書不善則從而怒之二吏患焉辭歸魯宓子曰書甚不善勉而歸矣二吏歸報於君曰宓子使臣書而掣手揺臣肘書惡而又怒臣邑吏皆笑所以去之而來也君以問孔子孔子曰宓子齊君子也其才任霸王之佐屈節治單父將以自試意者其以此諫乎公悟太息歎曰寡人亂宓子之政而責其善者數矣

漢書曰元帝多才藝善史書應劭曰周宣王大史史籒所作大篆也鼓琴瑟吹洞簫又曰宣帝時中郎將張彭祖少與帝微時同席硯書及帝即尊位彭祖以舊恩封陽都侯事具文部硯篇　又曰陳遵大率常醉然事亦不廢長八尺餘長頭大鼻容貌甚偉略涉傳記贍於文辭性善書與人尺牘主皆藏去以為之榮　後漢書曰張奐長子芝字伯英最知名芝及弟昶善草書至今稱之　又曰顯宗問班固卿弟子安在固對與官寫書受直以養老母帝乃除超為蘭臺令史　三輔決錄曰趙襲敦煌太守先是杜伯度崔子玉以工草書稱於前世襲與羅暉亦以能草頗自矜夸故張伯英書與龍表同郡太僕朱賜書曰上比崔杜不足下方羅趙有餘　王隱晉書曰索靖敦煌人靖草法武帝愛之時尚書令衛瓘世號得伯英之筋一臺二妙天下為希

【賦】

晉陽泉草書賦曰惟六書之為體美草法之最奇杜垂名於古昔皇著法乎今斯字要妙而有好勢奇綺而分馳解隸體之細微散委曲而得宜乍楊柳而奮發似龍鳳之騰儀應神靈之變化象

日月之盈虧書蹤竦而值立衡平體而均施或斂束而相抱或婆娑而四垂或攢翦翦而齊整或上下而參差或陰岑而高舉或落擇而自披其布好施媚如明珠之陸離發翰攄藻如春華之楊枝提墨縱體如美女之長眉其滑澤肴易如長溜之分岐其骨梗強壯如柱礎之不基斷除弓盡如工匠之盡規其芒角吟牙如嚴霜之傳枝衆巧百態無盡不奇宛轉翻覆如絲相持　齊王僧虔書賦曰情憑虛而測有思沿想而圖空心經於則目像其容手以心麾毫以手從風摇挺氣妍孅深功爾其隸明敏婉蠖絢蒨趍將摛文匪縟託韻笙簧儀春等愛麗景依光沉若雲鬱輕若蟬揚稠必昂萃約實箕張垂端整曲裁邪制衺方或具美於片巧或雙兢於兩傷形綿靡而多態氣陵厲其如芒故其委貌也必妍獻體也貴壯跡乘規而騁勢志循檢而懷放

勢

後漢蔡邕篆書勢曰體有六篆妙巧入神或象龜文或比龍鱗紆體放尾長翅短身揚波震激鷹跱鳥震延頸脅翼勢似凌雲　晉衛恒四體書勢曰弘農張伯英轉

精其巧家之衣帛必先書後湅臨池學書池水盡黑下筆必為楷則号怱怱不暇草寸紙不遺仲將謂之草聖　晉索靖書勢曰蓋草聖之為狀也婉若銀鉤漂若驚鸞舒翼未發若舉復安蟲蛇蚴虬或往或還頽阿那以羸形欻奮亹而桓桓及其逸遊盼嚮正乍邪騏驥暴怒逼其轡海水窊隆揚其波玄熊對路于山岳飛鷰相追而差池舉而察之又似和風吹林偃草扇樹枝條順風轉相比附窈窕廉苫隨體散布紛擾擾以綺靡中持疑而猶豫玄螭狡獸嬉其間騰猨飛鼬相奔趣陵魚奮尾駭龍反據投空自竄張設牙距　晉劉邵飛白書勢曰鳥魚龍蛇龜獸仙人蛟脚偃波犗隸八分世施常妙索草鍾眞爰有飛白之麗貌豔勢珍若乃敷圻毫芒纖手和會素幹冰解蘭墨電掣直準箭馳屈擬蠖勢繁節參譚綺靡循殺有若煙雲拂蔚交紛刻繼韓盧捿飛宋鵲遊逝

啓　梁庾肩吾謝東宮古跡啓曰竊以仙嶺遺轉入握成塵孔壁藏文隨開已壹蝕石書有暗廚盡猶飛豈有跡經四代年踰十紀芝英

雲氣之巧未損松鉛鵠反鸞驚之勢不侵蒲竹必使酒肆來人池流色變將損北海之續還代西河之簡　梁元帝上東宮古跡啓曰師宜八分之巧元帝三體之妙史籀李斯之篆梁鵠曹喜之書莫不惣華桂宮盈滿甲館竊以鸞驚之勢既聞之於索靖鷹跱之巧又顯之於蔡邕是以遊霧重雲傳敬禮之法鳥鵲魚頳表楊泉之賦頗好六文多慙三禮尚方大篆既其牢落柱下方書何曾髣髴空慕河間之聚書音徵東平之獻表齊攸尺牘顧巳缺然北海楷隸終成難擬【書】梁簡文帝荅湘東王上王羲之書曰試筆成文臨池染墨疏密俱巧眞草皆得似望城扉如瞻星石不營雲飛之散何待曲辱之冊方當奉彼廷中置之帳裏乍楷銅鉤時懸欹案戢意之深良不能巳

畫

韓子曰客爲齊王畫者問之畫孰最難對曰狗馬最難孰最易曰鬼魅最易狗馬人所知也旦暮於前不可類之故難鬼魅無形無形

者不可覩故易　漢書曰上至平城為匈奴所圍七日乏食陳平使畫工圖美女間遣人遺閼氏云漢有美女姿質若是將欲獻單于閼氏以為然從容言於單于乃始得出　又曰甘露三年單于始入朝上忽思股肱之美圖畫其人於麒麟閣　又曰金日磾母教誨二子甚有法度上聞而嘉之病死詔圖畫於甘泉宮曰休屠王閼氏日磾見畫常拜向之涕泣　又曰元帝宮人既多乃令畫工圖之欲有呼者輒披圖召焉其中常者悉皆行貨賂王昭君姿容甚麗志不可苟求工遂毀其狀後匈奴來和求美女於帝帝以昭君充行既召見而惜之名字已去不欲中改於是遂行　范曄後漢書曰永平初馬援女立為皇后顯宗圖畫建武中名臣列將於雲臺以椒房故獨不及援東平王蒼觀圖言於帝曰何故不圖伏波像帝笑而不言　風俗通曰門戶鋪首謹案百家書云公輸班之水見蠡曰見汝形蠡適出頭般以足畫圖之蠡引閉其戶終不可得開般遂施之門戶云人閉藏如是固周密矣　陳思王畫贊序曰蓋畫者鳥書之流昔明德馬后美於色厚於德帝用嘉之嘗

從觀畫過虞舜廟見娥皇女英帝指之戲后曰恨不得如此爲妃又前見陶唐之像后指堯曰嗟乎君羣臣百僚恨不得爲君如是帝顧而笑故夫畫所見多矣　世說曰晉陵顧愷善畫絶世好寫起人形欲圖殷荆州堪曰我形惡卿不煩爾愷曰明府正當爲眼耳若明點童子飛白拂上使如輕雲之蔽月　又曰顧長康畫人或數年不點目睛人問何事如此曰四體姸蚩本無關於妙處傳神寫照正在阿堵中又曰顧愷畫裴叔則頰上益三毛看畫者定覺益毛有神明殊勝向未安時顧謝幼輿在巖裏人問所以顧云一丘一壑自謂過人此子自宜置於丘壑之中　又曰顧長康道畫云手揮五絃易目送歸鴻難

賦　晉傅咸畫像賦曰先畫卞和之像者雖具其事在素未定見其泣血殘刖之刑情以悽然辭曰惟年命之遒短速流光之有經疾没世而不稱貴立身而揚名旣銘勒於鍾鼎又圖像於丹青覽光烈之攸畫覩卞子之容形泣泉流以雨下洒血而濺纓痛兩趾之雙刖心惻悽以傷情雖髮膚之不毁覺害仁以偷生向厥趾之不刖孰夜光之見明人之不同爰自在昔臧知

柳而不進和殘軀以證壁

【贊】梁元帝職貢圖贊曰北通玄兔南漸朱鳶交河悠遠合浦迴邅茲海無際陰山接天遐哉鳥穴永矣雞田

【啓】梁元帝謝上畫蒙勑褒賞啓曰臣簿領餘暇竊愛丹青雲臺之像終微髣髴宣室之圖更難議擬成蠅罕術畫馬踈天非世將恩深晉帝之賞跡愧景山寵踰魏皇之詔　又謝東宮賚陸探微畫啓曰工踰畫馬巧邁圖龍試映玉池即看魚動還傍金屏復疑蠅集史遷暫覩懸識留侯之貌漢帝一瞻便見王嬙之像

圍棊

左傳曰大叔文子謂甯喜曰視君不如弈棊其何以免乎弈者舉棊不定不勝其耦而況置君而弗定乎　博物志曰堯造圍棊丹朱善棊　說文曰弈圍棊也　尹文子曰以智力求者喻如弈弈進退取與攻劫放舍在我者也　蜀志曰魏軍次于興平假費禕節率衆往御光祿大夫來敏至禕許別求圍棊于時羽檄交馳嚴駕已訖禕與敏留意對戲色無厭倦敏曰聊觀試君耳信可人必能辨賊者禕至敵遂退

魏志曰王粲觀人圍棊局壞粲復為之棊者不信以帊蓋局使更以他局為之用相比校不誤一道　博物志曰桓譚蔡邕善音樂馮翊山子道王九眞郭凱等善棊太祖皆與爭能　晉中興書曰陶侃為荆州見佐史博弈戲具投之於江曰圍棊堯舜以教愚子博殷紂所造諸君並國器何以此為　語林曰王中郎以圍棊是坐隱支公以棊為手談　俗說曰殷仲堪在都嘗往看棊諸從在瓦官寺前宅上于時袁羌與人共在牕下圍棊仲堪在裏問袁易義袁應荅如流圍棊不輟袁意傲然殊有餘地殷撰辭致難每有往復

賦

後漢馬融圍棊賦曰略觀圍棊法於用兵三尺之局為戰鬭場陳聚士卒兩敵相當怯者無功貪者先亡先據四道守角依傍緣邊遮列往往相望離離馬目連連鴈行踔度間置徘徊中央收取死卒無使相迎當食不食反受其殃離乱交錯更相度越守規不固為所唐突深入貪地殺亡士卒狂攘相救先後并沒計功相除以時早訖事留變生拾棊欲疾營或窘之無令詐出深念遠慮勝乃可必　晉曹攄圍棊賦曰昔班固造弈旨之論馬融有

圍棊之賦擬軍政以爲本引兵家以爲喻蓋宣尼之所以稱美而君子之所以遊慮也既好其事而壯其辭聊因翰墨述而賦焉其辭曰局則鄧林之木魯班所造雉方砥平素質玄道犀角象牙是錯是礪內含光潤形亦應制於是二敵交行星羅宿列雲會中區網布四裔合圍促陣交相侵伐用兵之象六軍之際也張甄設伏挑敵誘寇縱敗先鋒要勝後復尋道爲場頻戰累鬪夫保角依邊處山營也隔道相望夾水兵也二鬪共生皆目并也持棊合連理形也覽斯戲以廣思儀羣方之妙理訝奇變之可嘉思孫吳與白起世既平而功絕局告成而巧止當無爲之餘日差見玩於君子 晉蔡洪圍棊賦曰命班爾之妙手制朝陽之柔木取坤象於四方位將軍乎五岳然後畫路表界立質朱文曲直有正方而不圓算塗授卒三百惟羣任巧於無主譬採菽乎中原於是攄妙思奮玄籌玩服色尚騂駒旅進旅退二騎迭驅翻翻馬合落落星敷各嘯歌以發憤運變化以相符乍似戲鵠之千霓又類狡兔之繞丘散象乘虛之飛雹聚類絕貫之積珠然後枕以太羅緒以城郭綴

以縣險緜以絶落眇望翼舒翱翔容弈彎掌南指情實西射楊壓奄迹雖動詳悉或臨局寂然惟棊是陳靜昧無聲潛來若神抑舒之役成子之賢也或聲手俱發諠譁譟擾色類不定次措無已再發三竭銳氣已朽登軾望軼其亂可取也爾乃心鬬犇競勢使揮謙攜手詆欺朱顔相嫌然局不弘席子不盈捲秉二儀之極要握衆巧之至權若八卦之初兆遂消息乎天文屈則尺蠖舒則龍翻崔嵬雲起巃嵸浪傳崟岑山結水沓如霧務分靜若清夜之列宿動若流彗之互奔形殿末結而筭子隸首不得窺其門扃覆亂而不惑研桑不足識其源或設死而穪狂皐陶不能治其怨或巧逸以樂胥后夔不足以之讚我云勢貌多以孰能究傳遠求近取予一以貫 梁武帝圍棊賦曰圍奩象天方局法地枰則廣羊文犀子則白瑶玄玉方眼無斜直道不曲爾乃建將軍布將士列兩陣驅雙軌徘徊鶴翔差池鸛起用忿兵而不顧亦憑河而必危凝無成術而好鬬非智者之所爲運疑心而猶豫志無成而必虧今一棊之出手思九事而爲防敵謀斷而計屈欲侵地而無方不失行

而致寇不助彼而為強不讓他以增地不失子而云亡落重圍而計窮欲俳巧而行促劇踈勒之屯邅甚白登之困辱或龍化而超絕或神變而獨悟勿膠柱以調瑟專守株而待兎或有少棊已有活形失不為悴得不為榮若其苦戰未必能平用折雄威致損令名故城有所不攻地有所不爭東西馳走左右周章善有翻覆多致敗亡雖畜銳以將取必居謙以自牧譬猛獸之將擊亦俛耳而固伏若局勢已勝不宜過輕禍起於所忽功墜於垂成至如玉壺銀臺車廂井欄既見知於曩日亦在今之可觀或非劫非特兩懸兩生局有衆勢多不可名或方四聚五花六持七聚涉戲之近事亦臨局而應悉或取結角或營邊鄙或先點而亡或先撤而死故君子以之遊神先達以之安思盡有戲之要道窮情理之奧秘　梁宣帝圍棊賦曰引如征鴻赴沼布若群鵲依枝類林林鹿之隱隱匹星漢之離離蜂起百途並從橫萬制或無厭而反失或先贏而後濟

【弈旨】後漢班固弈旨曰北方之人謂棊為弈弘之說之舉大略局必方正象地則也道必正直神明德也棊有白

黑陰陽分也駢羅列布效天文也四象既陳行之在人蓋王政也或虛設豫置以自衛護蓋象庖犧網罟之制隄防周起障塞漏決有似夏后治水之勢一孔有闕壞穨不振有似鯀子汎濫之敗作伏設詐突圍橫行田單之奇要阨相刼割地取賞蘇張之姿參分有勝而不誅周文之德逡巡儒行保角依旁却自補續雖敗不亡繆公之智中庸之方上有天地之象次有帝王之治中有五霸之權下有戰國之事覽其得失古今略備

弈勢

魏應瑒弈勢曰蓋棊弈之制所尚矣有像軍戎戰陣之紀旌旗既列權慮蜂起駱驛雨集魚鱗鴈峙奮維闡翼異固衛邊鄙或飾遁僞旋卓櫟軿列羸師延敵一乘虛絕歸不得合兩見擒滅淮陰之謨拔旗之勢也或匿設无常尋變應危寇動北壘備在南麾中棊既捷四表自虧亞夫之智耿弇之奇也或假道四布周爰繁昌雲合星羅侵逼郊場師弱衆寡臨據孤亡披掃彊御宗廣略土疆昆陽之威官渡之方也挑誘既戰見欺敵對紛拏手相救不暇進退羣聚俱隕力行唐突瞋目恚憤覆局崩潰項將之咎林楚懷之

悖也時或失謬收奔攝北還自保固亭聚補塞見可而進先負後剋燕昭之賢齊頃之德也長驅逐見利忘害輕敵寡備所喪彌大臨疑猶豫算弄慮不詳苟貪少獲不知所亡當斷不斷還為所謀項羽之失吳王之尤也持棊相守莫敢先動由楚漢之兵相拒索鞏也

銘 後漢李尤圍棊銘曰詩人幽憶感物則思志之空閑翫弄遊意局為憲矩棊法陰陽道為經緯方錯列張

啓 梁任孝恭謝示圍棊啓曰隱雷自天昆蟲已聽浮陰在漢柱礎先霑笑古人不工知前事之已拙既妙藉手傳乃事因辭見微而能顯婉以成章孝恭人賓下愚才歸末品効顰醜友學步蹇歸文業未彰武功已隊言內愧齊竽外羞魚胄服濫出簪纓非增後車之數謬須計食空費長安之米

序 梁沈約棊品序曰弈之時義大矣哉體希微之趣含奇正之情靜則合道動必適變若夫入神造極之靈經武緯文之德故可與和樂等妙上藝齊工支公以為手談王生謂之坐隱是以漢魏名賢高品間出晉宋盛士逸思爭流雖復理生於數研求之所不能涉義出乎幾爻象未之或盡

聖上聽朝之餘因日之暇迴景紆情降臨小道以爲凝神之性難限入玄之致不窮今撰録名氏隨品詳書俾粹理深情永垂芳於來葉

彈棊

魏文帝典論曰余於他戲弈之事少所喜唯彈棊略盡其巧乃爲之賦曰昔師先王有馬合鄉侯東方世安張公子予甞恨不得與彼數子者對世說曰彈棊始自魏宮内裝器戲也文帝於此技亦特好用手巾拂之無不中有客自云能帝使爲之客著葛巾拂棊妙踰於帝

詩 周王褒彈棊詩曰投壺生電影六博値仙人何如鏡奩上自有拂輕巾隔澗疑將別隴頭如望秦握筆徒思賦辭短旨無陳

賦 後漢蔡邕彈棊賦曰榮華灼爍萼不韡韡於是列象棊雕華麗豐腹斂邊中隱四企輕利調博易使騁馳然後枕制乎丘棊兮驚或風飄波動若飛若浮不遲不疾如行如留放一弊弁六功無與儔 魏文帝彈棊賦曰惟彈棊之嘉巧邈超絶其無儔苞上智之弘略允貫微而洞幽扃則荆山妙璞發藻揚暉豐腹高隆庳根四頽平如砥礪滑若柔荑棊則玄木北幹素樹

西枝洪纖若一脩短無差象筭列植一據雙螭滑石霧散雲布四垂然
後直叩先縱二八次舉緣邊間造長邪迭取爾乃詳觀夫變化之理屈
伸之形聯翩霏䨪繹展轉盤縈或暇豫安存或窮困側傾或接黨連
興或孤據偏停于時觀者莫不虛心竦踊咸側息而延行或雷抃以大噱
或戰悸而不能語　魏丁廙彈棊賦曰文石爲局金碧齊精隆中夷外
緻理肌平卑高得適既安且貞棊則象齒選乎南藩禮身重腹隱
頭騫驁驍悍說敵不輕一不軒列數二六取象官軍微章采列爛焉可觀
於是二物既設主人延賓粉石霧散六師列陳跡行王首左右相親咸列告
誓三令五申事中軍政言含禮文號令既通兵棊啓路運若迴飈疾
似飛兎前中却儛賈其餘怒風馳火燎令牟取五恍哉忽兮誠足慕
也若夫氣竭力殘弱膽怯心進不及敵中路爲擒仁而不武春秋所譏剛
僄勁勇忿速輕急推敵阻隧我廢彼亡君子去是過猶不及　晉夏
侯惇彈棊賦曰嬿深宇以舒情遘衆藝以廣娛觀奇巧之瓌麗偉彈
棊之妙殊局則崑山之寶華陽之右或煩蜿龍藻或分帶班駮或發色

玄黃或皦的鱗白悉魯匠之精能傾工忘於雕錯形方隆而應矩焜煌霞
以倏爍爾乃延良人合坐際隆局施輕棊列徐正控往來必有中而告愬相
形投巧左撫右拔揮纖指以長耶因偃掌而發八陵超踰落歸趣捷勢紛
交務而踖合乘流密以遥曳若乃稺正彈循亂場滑石周散勢縱橫
撰撥捶撇應無方修其天星之列閃若流電之光或擗柏散爛揮霍便
媮或奮振唐唐頹水絫連棊單局賈等分紀殘勝者含和負者喪顏
惜情娛之未遂恨白日之微遄實機藝之端首固君子之所歡也【序】梁
簡文帝彈棊論序曰觀夫模穹蒼而挺質寫博厚而成形峙五岳
而標奇停四海而爲量協日月之數應律呂之期揔玄黃之武略校孫
吳之應變語其用心壯哉之戲也爾乃觀壯士之出師望兵棊之式道上
昇則摶翼穹天赴下則建瓴高屋乘危則棧山航海厯險則束馬
懸車完五憶霸國之勳全六想陳平之智反八均高陽之數四角思漢
后之歌飛几同晉侯之琴徘徊異鄴中之棊輦牽牛覺乘槎之來織女
擬雲軿之去故古人或言之禮樂或比之仁讓或喻以修身或齊諸道

德良有言也

啓 梁元帝謝東宮賜彈棊局啓曰纆本慙遊藝云彌愧拂巾鳳跱鷹揚信難議擬鳥跂星懸曾何髣髴蓮花未易玉唇丕緣邊之法鹿蹲細柳之陣徘徊之勢方希明月之樓子桓有錫聞於遂古季緒蒙賜即事可傳

博

說文曰博局戲六著十二棊也古者烏曹作博　山海經曰休與之山其上有石焉名曰帝臺之棊五色而文狀如鶉卵事具山部　穆天子傳曰天子與井公博三日而決　列子曰虞氏者梁之富人置高樓大路設酒擊博樓上事具人部遊俠篇　尹文子曰博盡關塞之宜得周通之路而不能制齒之大小在遇者也　家語曰哀公問孔子曰吾聞君子不博有之孔子曰有之爲其兼行惡道也　說苑曰晉靈公驕奢造九層之臺謂左右敢諫者斬孫息聞之求見公曰子何能孫息曰臣能累十二棊加九雞子其上公曰吾少學未嘗見也子爲寡人作之孫息即正顏色定志意以棊子置上加雞子其上左右慴息靈公俯伏氣息不續公曰危哉孫息曰公爲九

層之臺三年不成危甚於此弈事見人部諫篇

【論】吳韋昭博弈論曰蓋聞君子恥當年而功不立疾沒世而名不稱故曰學如不及猶恐失之是以勉精厲操晨興夜寐不遑寧處若甯越之勤董生之篤漸漬德義之淵棲遲道藝之域且以西伯之聖姬公之才猶有日昃待旦之勞況在臣庶而可以已乎歷觀古今功名之士皆積累殊異之迹勞神苦體契闊勤思平居不墮其業窮困不易其素是以卜式立志於耕牧黃霸受道於囹圄終有榮顯之福以成不朽之名今世之人不務經術好習博弈廢事棄業忘寢與食窮日盡明繼以脂燭當以臨局交爭雌雄未決人事曠而不修賓旅闕而不接雖有太牢之饌韶夏之樂不暇存也然其所志不出一枰之上所務不過方罫古買之間勝敵無封爵之賞獲地無兼土之實伎非六藝用非經國立身者不階其術徵進者不由其道求之於戰則非孫吳之倫考之於道藝則非孔氏之門以變詐之務則非忠信之事以劫殺爲名則非仁者之意而空妨日廢業終無補益何異設木而擊之置石而投之哉且君子之居室也勤身以致養其在

朝也竭命以納忠故老友之行立貞純之名彰方今聖朝乾乾務在得人博選良才旌簡旄俊設呈試之科垂金爵之賞誠千載之嘉會百世之良遇也

樗蒲

異苑曰昔有人乘馬山行遥岫裏有二老翁相對樗蒲遂下馬以策拄地而觀之自謂俄頃視其馬鞭漼然已爛顧瞻其馬鞍骸枯朽既還至家無復親屬一慟而絶　博物志曰老子入胡作樗蒲庾翼集祭軍于瓚陳節戲事曰夫嬉戲都名動相剥非爲治之本自今樗蒲櫛馬諸不急戲宜一斷之翼荅曰今唯許其圍棊餘悉斷

【賦】後漢馬融樗蒲賦曰昔有玄通先生遊于京都道德既備好此樗蒲伯陽入戎以斯消憂枰則素旃紫罽出乎西鄰緣以績繡紩以綺文杯則摇木之幹出自崑山矢則藍田之石卞和所工含精玉潤不細不洪馬則玄犀象牙是磋是礱杯爲上将木爲君副齒爲號令馬爲翼距筹爲策動矢法卒數於是芬葩貴戚公侯之儔坐華榱之高殿臨激水

之清流排五木散九齒勒良馬取道里是以戰無常勝時有逼遂臨敵攘圍事在將帥見利電發紛綸滂沸精誠一叫入盧九稚磊落踸踔井來猥至先名所射應聲粉潰勝貴歡悅負者况悴

投壺

禮記曰投壺之禮主人奉矢司射奉中使人執壺主人謂曰某有枉矢哨壺請以樂賓　神仙傳曰玉女投壺天爲之笑　東觀漢記曰祭遵薨博士范升上疏曰遵爲將軍取士皆用儒術對酒娛樂必雅歌投壺又建爲孔子立後奏置五經大夫雖在軍旅不忘俎豆　魏略曰邯鄲淳字淑作投壺賦千餘言奏之文帝以爲工賜帛十匹古歌曰上金殿者王樽延貴客入門黃金堂東廚具肴膳椎牛烹豬羊主人前進酒琴瑟爲清商投壺對彈棊博弈並復行何劭作王弼傳曰弼性好弘理樂遊宴解音律善投壺

【賦】魏邯鄲淳投壺賦曰古者諸侯間於天子之事則相朝也以正班爵講禮獻功於是乃崇其威儀恪其容貌繁登降之節盛揖拜之數机設而弗倚酒澄而弗舉肅肅濟濟

其惟敬焉敬不可久禮成於飫乃設大射否則投壺植茲華壺鳥亢氏
所鑄厥高二尺盤腹脩頸飾以金銀文以彫鏤象物必具距筵七尺傑
焉植駐矢維四或柘或棘豐本纖末調勁且直執筭奉中司射是職
曾孫侯氏與之乎皆得然後覲夫投者閑習察妙巧之所極駱驛聯
翩爰爰兎發翻翻隼集不盈不縮應壺順入何其善也每投不空四
矢退効既入躍出荏苒偃仰僶俛趨下餘勢振掉又足樂也擬議於
此命中於彼動之如志靡有違也譬諸爲政羣職罔弛左右畢投効
奇數鈞列置筭稱善告賢三載考績幽明始分也比投不釋增
是自遂雖往有功義所不貴春秋貶翬亦猶是類也若乃撮矢作
驕累掇聯取一往之納二巧無與耦斯乃絕倫之才尤異之首也柯列葩
布匪罕匪綢雖就置猶弗然矧迥絕之所投惟茲巧之妙麗亦希世之
寡儔調心術於混冥適容體於便安紛縱奇於施舍顯必中以微
覿悅與坐之耳目樂衆心而不倦瓌瑋百變惡可窮讚

塞

説苑曰塞行棋相塞謂之塞也　管子曰秋行五政一曰秋禁二曰博塞

穆天子傳曰天子與井公塞也　莊子曰臧與穀相與牧羊問臧奚事挾筴讀書問穀奚事博塞以遊事業不同亡羊均也伯夷死於首陽之下盜跖死於東陵之上所死不同殘生均也　漢書曰吾丘壽王以格五召待詔孟康曰乘五關不得行故云格五也

【賦】

後漢邊孝先塞賦曰可以代博弈者曰塞其次也試習其術以驚睡救寐免晝寢之譏而已然而徐核其因通之極乃亦精妙而足美也故書其較略舉其指歸以明博弈無以尚焉曰始作塞者其明哲乎故其用物也約其爲樂也大猶土鼓塊枹空桑之瑟質樸之化上古所耽也然本其規模制作有式四道交正時之則也棊有十二律呂極也人操厥半六爻列也赤白色者分陰陽也乍亡乍存像日月也行必正直合道中也趨隅方折禮之容也迭往迭來剛柔通也周則復始乾行健也局平以正坤德順也然則塞之爲義盛矣大矣廣矣博矣質象于天陰陽在焉取則于地剛柔分焉施于人仁義載焉考之古今王霸備焉覽其成敗爲法式焉

藏鉤

風土記曰義陽臘日飲祭之後叟嫗兒童爲藏鉤之戲分爲二曹以效勝負若人偶即敵對人奇即人爲遊附或屬上曹或屬下曹名爲飛鳥以齊二曹人數一鉤藏在數手中曹人當射知所在一藏爲一籌三籌爲一都 辛氏三秦記曰昭帝母鉤弋夫人手拳而有國色先帝寵之世人藏鉤法此也 事具居處部宮殿篇

【賦】晉庾闡藏鉤賦曰歎近夜之藏鉤復一時之戲望以道生爲元帥以子仁爲佐相思蒙籠而不啓目烱泠而不暢多取決於公長乃不咨於大匠鉤運掌而潛流手乘虛而密放示微迹於可嫌露疑似之情狀輒爭村以先叩各銳志於所向意有往而必乖策靡陳而不喪退怨歎於獨見慨相顧於惆悵夜景煥爛流光西驛同明誨其夙退對者催其連射攘袂以發奇探意外而求迹奇未發而妙待意愈求而累僻疑空拳之可取手含珍而不摘督猛炬而增明從因朗而心隔壯顔變成衰容神村比爲愚策

四維

賦 東晉李秀四維賦曰四維戲者衛尉摯侯所造也畫紙爲局截木爲棊取象元一分而爲二准陰陽之位擬剛柔之策而變動云爲成乎其中世有哲人黃中通理探賾索隱開物建始造四維之妙戲邈衆藝之特奇盡盈尺之局乃擬象乎兩儀立太極之正統班五常之列位剛柔異而作配趍舍同而從類或盤紆詰屈連延駱驛或間不容息舍棊則獲圍成未合驕棊先出九道並列專都獨畢

象戲

周武帝造象戲　王褒爲象經序曰一曰天文以觀其象天日月星是也二曰地理以法其形地水木金土是也三曰陰陽以順其本陽數爲先本於天陰數爲先本於地是也四時以正其序東方之色青其餘三色例皆如之是也五曰筭數以通其變俯仰則爲天地日月星變通則爲水火金木土是也六曰律呂以宣其氣在子取未在午取丑是也七曰八封以定其位至震取兌至離取坎是也八曰忠孝以惇其教出則盡忠入則

盡孝是也九曰君臣以事其禮不可以貴凌賤直而爲曲不可以卑畏尊隱而無犯是也十曰文武以成其務武論七德文表四教是也十一曰禮儀以制其則居上不驕爲下盡敬進退有度可法是也十二曰觀德以考其行定而後求義而後取時然後言樂然後笑是也或升進以報德義以遷善或黜退以貶過事在懲惡或以沉審爲貴正其瞻視或以脩齊爲功明其糾察得失表於隆替在賤必申息敬彰於勸沮處尊思屈片言崇於拱璧一德踰於華袞

賦

周庾信象戲賦曰觀夫造作權輿皇王厥初法凝陰於厚德仰沖氣於清虛於綠簡旣開丹局直正理洞研幾原窮作聖若叩洪鍾如懸明鏡白鳳遥臨黄雲高映可以變俗移風可以莅官行政是以局取諸乾仍圖上玄月輪新滿日暈初圓模羽林之華蓋寫明堂之壁泉坤以爲輿剛柔卷舒若方鏡而無影似空城而未居促成文之畫亡靈龜之圖馬麗千金之馬符明六甲之符於是搢笏當衣依辰就席迴地理於方珪轉天文於圓壁分荊山之美玉數藍田之珉石南行赤水之符北使玄山之策居東道而龍

青出西關而馬白旣舒玄象聊定金枰照日月之光景乘風雲之性靈
取四方之正色用五德之相生從月建而左轉起黃鍾而順行陰翻則顧
兎先出陽變則靈烏獨明況乃豫遊仁壽行樂徽音水影搖日花光
照林乍披圖而久玩或開經而熟尋雖復成之於手終須得之於心乃有
龍燭銜花金鑪浮氣月落桂垂星斜柳墜猶豫樞機嫌疑涇渭
顧望迴惑怱情怖畏應對坎而衝離忽當申而取未

藝文類聚卷第七十四

藝文類聚卷第七十五

養生　卜筮　相　疾　醫

養生

易曰天地之大德曰生　文子曰太上養神其次養形神清意平百節皆寧養生之本也肥肌膚充腸胃閉嗜欲養生之末也　莊子曰吹呴呼吸吐故納新此導引之士養形之人也彭祖壽考者之所好也　韓子曰神不注於外則身全身全之謂得得者得身也　華他別傳曰他嘗語吳普人體欲得勞動但不當自使極爾體常動搖穀氣得消血脉流通疾則不生卿見戶樞雖用易腐之木朝暮開閉動搖遂最晚朽是以古之仙者赤松彭祖之爲導引蓋取於此也　抱朴子曰爾乃咀吸寶華谷神太清外珍五耀內守九精　又曰城陽郄儉少時行獵墮空冢中飢餓見冢中先有大龜數數迴轉所向無常張口吞氣或俛或仰儉素亦聞龜能導引乃試隨龜所爲遂不復飢百餘日頗苦極後人有偶窺冢中見儉而出之後竟能咽氣斷穀魏王召置土室中閉試之一年不食顏色

悅澤氣力自若

論

魏嵇康養生論曰世或有謂神仙可以學得不死可以力致者或云上壽一百二十古今所同過此以往莫非妖妄此皆兩失其情粗試論之夫神仙雖不目見然記籍所載前史所傳較而論之其有必矣似特受異氣稟之自然非積學所能致也至於導養得理以盡性命上獲千餘歲下可數百年而世不精故莫能得之豆令人重榆令人瞑合歡蠲忿萱草忘憂愚智所知也薰辛害目豚魚不養常世所識也虱處頭而黑麝食柏而香頸處險而癭齒居晉而黃推此而言凡所食之氣蒸性染身莫不相應豈惟蒸之使重而無所輕害之使闇而無所明染之使黃而無使延哉故神農曰上藥養性者誠知性命之理因輔養以通也

卜筮

禮記曰龜爲卜筴爲筮　又曰昔三代明王皆事天地之神明無非卜筮之用不敢以其私褻事上帝（言動任卜筮也）是故不犯日月不違卜筮　尚書曰立卜筮人　古史考曰庖犧氏作始有筮其後殷時巫咸善筮　穆天子傳曰天子筮獵萃澤其卦遇訟逢公占之曰藪澤蒼蒼其宜正公戎事則

從左傳曰邾文公卜遷于繹史曰利於民而不利於君邾子曰苟利於民孤之利也天生民而樹之君以利之也民既利矣孤必與焉 史記曰卜者以法天地象四時於民仁義分策定卦旋式正棊而後言天地利害事之成敗昔先王定國必先龜策日月而乃敢代正時日乃後入家產子必先占吉凶後乃育之伏犧作八卦爲三百八十四爻而天下治句踐放文王八卦以破敵國霸天下

【論】晉庾闡蓍龜論曰夫物生而後有象象而後有數有數而後吉凶存焉蓍者尋數之主非神明之所存龜者啓兆之質非靈照之所生何以明之夫求物於闇室夜鑒者得之無夜鑒之則又以火得之得之功同也致功之迹異也不可見目因火鑒便謂火爲目神憑蓍通又謂蓍爲神也由此言之神明之道則大賢之闇室蓍龜之用豈非顏子之龍燭耶蓍龜之運亦所以感興卦兆求通逆數又非爻象之體擬議之極者也安得超登仙而合靈獨備哉且殊方之卜或責象草木或取類瓦石而吉凶之應不異蓍龜此爲神通之主自有妙會不由形器尋理之器或因他方不繫蓍龜然經有天生神物不載圓神

之說言者所由也直稱神之美以及其迹亦猶筌雖得魚筌非魚也蹄雖得兎蹄非兎也是以象以求妙妙得則象忘著以求神神窮則著廢

【箴】宋顏延之大筮箴曰余因讀易偶意著龜友人有請決遊宦務志卦有咎占故作大箴以悟焉先王設筮大人盡慮卦遭同人變而之豫先號後笑初睽末遇時至運來當在三五功畢官成幾乎衍數慶在坤宮災在坎路不出戶庭獨立無懼違此而動投足失步無惰爾儀靈骨有知無曰余逆神筴不豫南人司箴敢告馳騖

【序】梁元帝洞林序曰蓋聞玄機之野鬼方難測朱鳥之舍神道莫知而緹幔曉披即辯黃鍾之氣靈臺夕望便知玉井之色復以談乎天者雖絶名言之外存乎我者還居稱謂之中余幼學星文多歷歲稔海中之書略皆尋究巫咸之說偏得研求雖紫微迢遞如觀掌握青龍顯晦易乎窺覽見羨門五將巫經玩習韓終六壬常所寶愛至如周王白雉之筮殷人飛鷰之卜著名聚雪非開地極之山卦有密雲能擁西郊之氣爻通七聖世經三古山陽王氏直解談玄河東

郭生纔能射覆兼而兩之竊自許矣

相

孫卿子曰古者姑布子卿今之世有唐舉相人形狀顔色而知其吉凶世俗稱之相形不如論心論心不如擇術形不勝心心不勝術術正而心從之則形相惡而心術善無害爲君子也形相雖善而心術惡无害爲小人也　又曰許負唐舉鄧通條侯此四公皆善相史記曰韋賢至大鴻臚有相工相之當至丞相賢有男四人又使相之至第二子玄成曰此子貴亦當爲丞相賢曰我若爲丞相有長子在是安得爲之賢後竟爲丞相既死而長子有罪乃立玄成（事具職官部丞相篇）　東觀漢記曰孝順梁后永建三年選入掖庭相工茅通見矍然驚駭却再拜賀曰此所謂日角偃月相之極貴臣所未嘗見也　又曰班超行詣相者曰布衣諸生爾當封侯萬里之外超問其狀相者曰生燕頷飛而食肉此萬里侯相也

【論】魏陳王曹植相論曰世人固有身瘠而志立體小而名高者於聖則否是以堯眉八采舜目重瞳禹耳參漏文王四乳然則世亦有四乳

者此則駑馬一毛似驥耳又曰宋臣有公孫吕者長七尺面長三尺廣三寸名震天下若此之狀葢遠代而求非一世之異也使形殊於外道合其中名震天下不亦宜乎語云無憂而戚憂必及之無慶而懽樂必還之此心有先動而神有先知則色有先見也故扁鵲見桓公知其將亡申叔見巫臣知其竊妻而逃也荀子曰以爲天不知人事耶則周公有風雷之災宋景有三次之福以爲知人事乎則楚昭有弗禜之應邾文無延期之報由是言之則天道之與相占可知而疑不可得而無也

魏王朗相論曰然仲尼之門童冠之羣不言相形之事抑者亦難據故也古之人固有懷不副其貌行不稱其聲者是故夫子以言信行失之於宰予以貌度性失之於子羽聖人之於聽察精矣然猶或有所不得以此推之則彼度表揣骨指色摘理不常中必矣若夫周之叔服漢之許負各以善相稱於前世而書專記其効驗之尤著者不過公孫氏之二子與夫周氏之條侯而已

【贊】周庾信以蔡澤就唐生相贊曰蔡澤羈旅唐生决疑無勞神策不問靈龜富貴自取年壽

須期雖玄異相會待逢時

序

梁陶弘景相經序曰相者蓋性命之著乎形骨吉凶之表乎氣貌亦猶事先謀而後動心先動而後應表裏相感莫知所以然且富貴壽夭各值其數董賢甫在弱冠便位過三公貲半於國而裁出世身摧家破馮唐袴穿郎署楊雄壁立高閣而並至白首或垂老玉食而宦不過尉史或顯惠若神僅至齠齓或不辯菽麥更保黃耇此又明其偏有得也　梁劉孝標相經序曰夫命之與相猶聲之與響音聲動乎幾響窮乎應雖壽夭參差賢愚不一其間大較可得聞矣若乃生而神睿弱而能言八采光眉四瞳麗目斯實天姿之特達聖人之符表洎乎日角月偃之奇龍樓虎踞之美地靜鎮於城纏天關運於掌策金槌玉枕磊落相望伏犀起蓋隱轔交映井宅既兼食匱巳實抑亦帝王卿相之明効也及其深目長頸頹顏慼齃虵行鷙立猳喙鳥咮筋不束體血不華色手無春荑之柔髮有寒蓬之悴或先吉而後凶或少長乎窮乏不其悲歟至如姬公凝負圖之容孔父眇棲遑之迹豐本

知其有後黃中明其可貴其間或躍馬膳珍或飛而食肉或皂隸晚侯初形未正銅巖無以飽生玉饌終乎餓死因斯以觀何事非命

疾

史記曰陳軫適至秦惠王曰子去寡人之楚亦思寡人否軫對曰王聞越人莊舄乎王曰弗聞軫曰莊舄仕楚執珪有頃而疾爲越聲楚王曰舄故越之鄙細人也今仕楚執珪貴極矣亦思越不或對曰凡人思故在其疾也彼思越即越聲不思越即楚聲使人往聽之猶尚越聲也今臣雖弃逐之楚豈能無秦聲哉　漢書曰司馬相如疾甚上曰可往悉取其書使往而相如已死家無遺書問其妻對曰長卿未嘗有書也時時著書人又取去長卿未死時爲一卷書曰有使來求書奏之其遺札言封禪事所司奏焉天子異之　桓譚新論曰余歸沛道疾蒙絮被絳罽裾乘騂馬宿東亭亭長疑是賊發卒夜來余令吏勿鬬乃相問而去又曰余少時見楊子雲之麗文高論不自量年少新進而猥欲逮及嘗激一事而作小賦用精思太劇而

音發疹子雲亦言成帝上甘泉詔召作賦卒暴及倦卧夢其五藏出在地以手收内及覺兒大少氣疾一歲而亡　東觀漢記曰王良以疾歸一歲復徵至滎陽疾篤不任進道乃過其友人友人不肯見曰不有忠言奇謀而取大位何其往來屑屑不憚煩也遂拒之良慙自後連徵輒稱疾　三輔决録曰趙岐初名嘉年三十餘有重疾卧蓐七年自慮奄忽乃為遺令勑兄子曰立一員石於吾墓前刻之曰漢有逸民姓趙名嘉有志無時命也奈何其後疾瘳　風俗通曰無恙俗說疾也凡人相見及書問者曰無疾耶按上古之時草居路宿恙噬蟲也食人心凡相勞問者曰無恙乎非為疾也　又曰予之祖郴為汲令以夏至日請主簿杜宣賜酒時北壁上有懸赤弩照於杯中其形如蛇宣惡之然不敢不飲其日便得疾云蛇入腹後郴使宣於故處設酒杯中復有蛇因謂宣此乃壁上弩影耳非有他怪宣意遂解甚怡懌

詩　梁簡文帝卧疾詩曰沉痾類弩影積弊似河魚詎逢龍子浴空歎楚王葅　又喜疾瘳詩曰朝窓猶掩扇宿幔未懸鈎逍遥臨四注兼持散九愁雖同

衛子憊聊喜摯生瘳災星夜出境鳴禽晚去樓鷁邪無賈服袂氣息梁牛隅簾蔭翠篠映水含珠榴丹經蘊玉笥玄水出長洲結髮尋方岳採藥訪圓丘神隨七星變貌逐五雲留飛鴻若可駕輕簪必易抽　梁劉孝威和簡文帝卧疾詩曰玉躬耗寒暑君手望崇珪辟仁祀感黃縑禮壇寘優紺席憊均楚疾愈俄同宋年益豈勞誦賦臣寧用觀濤客　梁朱超道歲晚沉痾詩曰風將夜共靜空與月俱明燭滴龍猶伏鑪開鳳欲驚芸葉飛林失影氷合澗無聲太息興牀念寧敢離衣行唯畏殘藤盡不聞桴鼓鳴

賦

晉摯虞疾愈賦曰余體氣不和飲食漸損旬有餘日衆疾並除饋食纖纖而日尠體貌癃瘻而轉損校朝夕其未殊驗朔望而減本形容消而憔悴體貿憊而狼狽内憂深而慮遠乃量食而度帶講和緩之餘論尋越人之遺方考異同以求中稽衆術而簡良會異端於妙門乃歸奇於漆盧惟兹藥之攸造寔明中之督堅丸以三七爲劑服以四獻爲程勢終朝而始發晏未仄而身輕食信宿而異量體涉旬而告平　梁裴子

對臥疾賦曰旅閩禁以永久迫衰老而彌憂無筋力以爲禮聊臥疾以來休是時凍雨洒塵京陰滿室風索索而傍起雲霏霏而四密爾乃髙歌莫和言酒時傾洗然尚想何慮何營

表 梁簡文帝在州羸疾自解表曰昔違紫禁復曾不弱冠今夢青蒲逝將巳立願歸之謁不逮宸衿民請之書遽降天允屬上黨之雄山西宜將五校失道八尉驕貪一箭而解重圍更成戎阻九戰而絶甬道翻就喪師雖王郭不追朱買難嗣實以褰襜明目日夜厲精地雜黠羌民多獷俗人非公孝欲使任類汝南勲異伯宗必須榮踰戊巳州牧艮才實屬多士無令菲薄徒積妨賢

書 梁簡文帝荅湘東王書曰暮春美景風雲韶麗蘭葉堪把沂川可浴弟邵南冥訟時輟甘棠之陰冀州爲法暫止褰襜之務唐景薦大言之賦安汰述連環之辯盡遊玩之美致足樂乎吾春初臥疾極成委弊雖西山白鹿懼不能愈子預赤丸尚憂未振高臥六安每思扁鵲之問靜然四屋念絶脩都之香皇上慈被率土甘露聿宣鳴銀鼓於寶坊轉金輪於香地法雷罄音夢惠日暉朝遣俗輻湊遠近畢

集獨以疾障致隔聞道豈止揚僕有關外之傷周南起留滯之恨

序梁陶景肘後百一方序曰夫生民之所爲大患莫急乎疾疢疾疢而弗治猶救火不以水也今輦掖左右師藥易尋郊郭之外已自難值況窮村迥陌遥山絶浦其間夭枉焉可勝言方術之書卷秩徒繁拯濟蓋寡就欲披覽回惑多端抱朴此製實爲深益然尚有闕漏未盡其善輙採集補闕凡一百一首葛氏序云可以施於貧家野居然亦不止如此今搢紳君子若常處閑佚乃可師藥有方脫從禄外邑將命遠途或祗直禁闈晨宵閑隔或羈束戎陣城壘嚴阻忽驚急蒼卒唯拱手相看孰若便探之枕笥則可庸豎成醫故備論節度使曉然無滯

醫

左傳曰晉侯求醫於秦秦伯使醫緩爲之（爲猶治也）未至公夢二豎子曰彼良醫也懼傷我焉逃之其一曰居肓之上膏之下若我何（肓鬲也心下爲膏）醫至曰疾不可爲也在肓之上膏之下攻之不可達針之不及藥不

至焉公曰良醫也厚禮而歸之　列子曰龍叔謂文摯曰吾有疾子能已乎文摯即命龍叔背明而立曰嘻吾見子之心矣子心六孔流通一孔不達今聖智爲疾者或由此乎卞卞貝夂部聖篇　史記曰扁鵲姓秦名越人時舍客長桑君過而奇之知非常人及呼扁鵲與語我有禁方年老欲傳與公公無泄乃出懷中藥與扁鵲　又曰趙簡子疾五日不知人召扁鵲扁鵲入視疾出曰昔秦穆公嘗如此七日而寤居二日半而簡子寤

魏志曰華佗遊學徐土兼曉養性之術年且百歲而猶有壯容時人以爲仙　沛相陳珪舉孝廉太尉黃琬辟皆不就精於方藥處劑不過數種心識分銖不假稱量鍼亦不過數處若疾結於內鍼藥所不能及者乃先令以酒服麻沸散既醉無所覺因刳破腹背抽割積聚若在腸胃則斷截湔洗除去疾穢既而縫合傅以神膏四五日創愈一月之間皆平復

賦

晉嵇含寒食散賦曰余晚有男兒既生十朔得吐下積日羸困危殆決意與寒食散未至三旬幾於平復何矜孺子之坎軻在孩抱而嬰疾既正方之備陳亦旁求於衆術

窮萬迨以弗損漸丁寧而積日爾乃酌醴操散商量部分進不訪舊旁無顧問偉斯藥之入神建殊功於今世起孩孺於重困還精爽於旣繼

藝文類聚卷第七十五

藝文類聚卷七十六

内典

内典上

後漢書曰明帝夢金人長丈餘頭有光明以問群臣或曰西方有神名曰佛其形丈六尺而黃金色帝於是遣天竺問佛道法遂於國中圖畫形象焉　續漢書曰天竺國一名身毒在大月氏東南修浮圖佛道以成俗不殺伐　釋道安西域志曰波羅奈斯國佛轉法輪處在此國也又曰須刺國有五百沙彌眞人寺望晦日寺前有方青石大人來下石上又曰摩訶賴國有阿耨達山天竺城在山東南角竹園精舍在城西又有佛浴所六年苦行處　支僧載外國事曰和訶條國在大海之中地方二萬里國有六山山有石井井中生千葉白蓮花井邊青石上有四佛足迹今有八迹月六齋日彌勒菩薩與諸天神禮佛迹竟便飛去浮圖講堂皆七寶國王長者常作金樹銀花銀樹金花供養佛　又曰維那國去舍衛國五十由旬由旬者晉言四十里維摩詰家在城内基井尚存　又曰迦維羅越國今屬播黎越國猶有優婆塞姓釋可二十餘家是白静王之

苗裔昔太子生時有二龍王一吐冷水一吐煖水今有池尚一冷一煖 又曰鳩
留佛姓迦葉生那訶維國 又曰彌勒佛當生波羅奈國在迦維羅越南
又曰罽賓國在舍衛之西國王民人悉奉佛道人及沙門到冬末中前飲少酒
過中不復飯 又曰佛在拘私那竭國般泥洹欲泥洹時自然有寶牀從地
出有八萬四千國王爭將佛歸神妙天人曰佛應就此土那竭王乃作金棺複
檀車送喪佛積薪不燒自然王將舍利歸宮八萬四千國興兵爭舍利婆
羅門分之用金升量舍利得八斛四斗諸國各得還起立浮圖 宋元嘉起
居注曰阿羅單國王毗沙跋摩遣使云諸佛世尊常樂安隱處雪山
陰雪水流注百川洋溢以味清淨周廻屈曲從趣大海一切衆生咸得受用
又曰師子王國遣使奉獻詔荅云此小乘經甚少彼國所有皆可寫送 扶
南記曰頓遜國屬扶南西出海中國主名崑崙有天竺胡五百家兩佛
圖婆羅門千餘人頓遜人敬奉其道以香花自洗精進不捨晝夜香
有區撥摩花冬夏不衰日載數千車貨之燥更香好 南州異物志曰
天竺國地方三萬里佛道所上其國王城郭宮室皆雕文刻鏤【詩】秦鳩

摩羅什法師十喻詩曰十喻以喻空空必待此喻借言以會意意盡無
會處既得出長羅住此無所住若能映斯照萬象無來去　宋謝靈運
石壁立招提精舍詩曰四城有頓躓三世無極已浮歡昧眼前沉照貫終始
壯齡緩前期頹年迫暮齒揮霍夢幻頃飄忽風電起良緣迨未謝
時逝不可俟敬擬靈鷲山尚想祇洹軌絶溜飛庭前高林映窗裏禪
室棲空觀講宇析妙理　又過瞿溪石室飯僧詩曰清霄颺浮煙空林
響法鼓庶乘四等觀永拔三界苦　宋謝莊八月侍華林曜靈殿八關
齋詩曰玉桴乘夕遠金枝終夜舒澄滓玄化闡希微寂理孚　梁武
帝十喻幻詩曰揮霍變三有恍惚隨六塵蘭園種五果雕案出八珍
對見不可信熟視事非真空生四岳想徒勞七識神著幻是幻者知幻
非幻人　又如炎詩曰亂念矚長原倒見望遥炯逶迤似江漢汎濫若
滄溟金波揚素沫銀浪翻綠萍遠思如可取近至了無形熱緣熱惱
逼渴愛渴心生　又靈空詩曰物情異所異世心同所同狀如薪遇火亦似
草行風迷惑三界裏顛倒六趣中五愛性洞遠十八法靈沖皆從妄所

妄無非空對空　又乾闥婆詩曰靈海自已極滄流去無邊蜃蛤生異氣闥婆鬱彰中天青城接丹霄金樓帶紫煙皆從望見起非是物理然因彼凡俗喻此中玄中玄　又夢詩曰甘寢隨四坐蓋睡依五衆違從競分諍美惡相戲弄出家爲上首入仕作梁棟色已非真實聞見皆靈洞長眼出長夜大覺和大夢　又會三教詩曰少時學周孔弱冠窮六經中復觀道書有名與無名妙術鏤金版真言隱上清密行貴陰德顯證表長齡晚年開釋卷猶日映衆星苦集始覺知因果乃方明示教唯平等至理歸無生　又遊鍾山大愛敬寺詩曰才性乏方便智力非善權歎逝比悠稔交臂乃奢年從流既難及溺喪謂不然三苦常追隨五毒自燒燃貪癡養憂畏熱惱坐焦煎道心理歸終信首故宜先駕言追善友迴輿尋勝緣面勢周大地縈帶極長川稜層疊嶂遠邐迤磴道懸乾日照花林光風起香山瑟居超七淨梵住踰八禪始得展身敬方乃遠心虔菩提聖種子十萬良福田正趣果上果歸依天中天以我初覺意貽爾後來賢　又和太子懺悔詩曰玉泉漏向盡金門光未

成繚繞閒天樂周流揚梵聲蘭湯浴身垢懺悔淨心靈菱草獲
再鮮落華蒙重榮　梁簡文帝十空如幻詩曰漢安設大饗周穆置
高臺三里生雲霧瞬息起氷雷空持生識縛徒用長心災慧倍弃
捨庸識屢遷迴六塵俱不實三界信悠哉　又水月詩曰圓輪既照
水初生亦映流溶溶如漬璧的的似沉鉤非關顧兎沒豈是桂枝浮空令
誰雅識還用喜騰猴萬累若消蕩一相何更求　又如響詩曰疊嶂
迴參差連峯鬱相拒遠聞如句味遙應成言語音無五聲實誰
謂八音所空或顛倒羣徒迷塵縛信愍哉火宅中茲心良可去　又如夢
詩曰秘駕馬良難辨司夢並成虛未驗周爲蝶安知人作魚空聞延壽
賦徒勞岐伯書潛令六識擾安能二惑除當須耳應滿然後會真
如　又如影詩曰朝光照皎皎夕漏轉駸駸晝花斜色去夜樹有輕陰並
能與眼入俱持動惑心息形影方止逐物慮恒侵若悟假名淺方知實
相深　又鏡象詩曰精金宛成器懸鏡在高堂後挂七龍網前發四珠光
迴望疑垂月傍瞻譬璧璫仁壽含萬類淮南辯四鄉終歸一忘有何

闕至道場　又蒙豫懺悔詩曰皇情矜幻俗聖德愍重昏制書開攝受綵綸廣慧門時英滿君圃法侶感天園俱消五道縛共蕩四生冤三循袪愛馬六念靜心猿庭深仗采豔地寂伎聲喧上風吹法鼓垂鈴鳴晝軒新梅含未發落桂聚還翻早燈藏石磴寒潮浸水門一期蒙誘善方願遣籠樊　又往虎窟山寺詩曰細松斜繞徑峻嶺半藏天古樹無枝葉荒郊多野煙分花出黃鳥桂石下新泉蓊鬱均雙樹清靈類八禪栖神紫臺上縱意白雲邊徒然嗟小藥何由齊大年　又侍講詩曰物善渥深慈監撫宣王事英邁八解心高超七花意　又旦出興業寺講詩曰沐芳肅朝帶駕馬言祇淨宮羽旗承去影鐃吹雜還風吳戈夏服箭削驤馬綠沉弓水照柳初碧煙含桃半紅見鶴徒知謬察象理難同方知惡四辯奚用語三空　又和會三教詩曰聚沫多緣假標空非色香漢君雖啓夢晉后徒降祥並幾昔未辯洞鑒資我皇　又夜望浮圖上相輪絕句詩曰光中辯垂帶霧裏見飛鸞定用方諸水持添承露盤　又望同泰寺浮圖詩曰遙看官佛圖帶璧復垂珠燭銀踰漢汝寶鐸

邁昆吾日祀光並散風吟宮徵殊露落盤恒滿桐生鳳不雛飛幡雜晚虹音絳晝鳥狎晨鳧梵並臨空下應真敞景趨帝馬咸千轡天衣使六銖蒠樂開長表多寶現金軀能令苦海渡復使慢山踰頭能周四忍長當出五居梁元帝和劉尚書侍講五明集詩曰汲引留宸鑒舟航動睿情法王惟一法無生信不空日宮佳氣滿月殿善風清綺錢敞西觀緹幔卷南榮 梁昭明太子玄圃講詩曰試欲遊寶山庶假信根立雖娛慧有三終寡聞知十鍾山解講詩曰輪動文學乘笳鳴賓從靜瞰出岳隱光月落林餘影情理既已詳玄言亦兼提 東齊聽講詩曰庶茲袪八倒冀此遣六塵良思大車道方頼寶舟津既飡甘露旨方欲書諸紳 又叅講席將訖詩曰八水潤焦芽三明啓群目寶鐸且參差名香晚芬郁輻捨六龍驚微袪二鼠慼意樹發空花心蓮吐輕馥 又同大僧正講詩曰放光聞就鳥岳金牒秘香城窮原絕有際雜照歸無名若人聆至寂寄說表眞冥能令梵志遣亦使群魔驚今聞大林聚淨土接承明拔影連高塔法鼓亂嚴更雷聲芳樹長月出地芝生巳生法味樂復悅玄言清何因動飛轡暫使塵勞輕

又開善寺法會詩曰茲地信閑寂清曠唯道場玉樹琉璃水羽帳鬱金牀紫柱珊瑚地神幢明月璫牽蘿下石磴攀桂陟松梁澗斜日欲隱煙生樓半藏千祀終何邁百代歸我皇神功照不極睿鏡湛無方法輪明智日慧海度慈航塵根久未洗希霑垂露光　梁宣帝奉迎舍利詩曰釋迦稱散體多寶号金軀白玉誠非比黃金良莫踰變見絶言象端異乃冥符靈知雖隱顯妙色豈榮枯唯當千劫後方成無價珠　梁沈約八關齋詩曰因戒倦輪飄習障從塵染四衢道難闢八正扉猶掩得理未易期失路方知險迷塗既已復豁悟非無漸　又四城門詩曰六龍既驚軫二鼠復馳光衰齡難慎輔暮質易凋傷　又和王衛軍解講詩曰妙輪輟往駕寶樹未開音甘露為誰演得二摽道心眇眇玄塗曠高義摠成林七花屏塵相八解濯芳襟　梁庾肩吾和太子重雲殿受戒詩曰皇明執東曜帝扆居北辰小乘開治道大覺拯蒼民殊塗同義路分流合智津傳香引上德列伎進名臣蓮閣翻如畫圖雲更似真鏡山銜殿影梅梁落梵塵莎桂佀留雪天花不待春萬年逢瑞應千生值法身天衣初拂

石豆火欲然薪重善終無報輕毛庶有因　又詠同泰寺浮圖詩曰望園
臨奈苑王城對鄴宮還從飛閣內遥見崛山中天衣疑拂石鳳翅欲凌空雲
甍猶帶雨蓮井不生桐盤承雲表露鈴搖天上風月出琛含水天晴幡帶
虹周星疑更落漢夢似今通我后行初照不與伊川同方應捧馬出永得
離塵蒙　梁劉孝綽和昭明太子鍾山解講詩曰御鶴翔伊水攀馬出
晝停鑾對寶坐辯論說人天淹塵資海滴照暗仰燈燃法明一巳散笳劒
儼將旋　梁劉孝儀和昭明太子鍾山解講詩曰詔樂臨東序時駕出
西園雖窮禮遊盛終爲塵俗喧豈如弘七覺揚鑾啓四門夜氣淸簫管
曉陣爍郊原山風亂采眊初景麗文軒林開前騎騁遥曲羽旄屯煙壁浮
青翠石瀨響飛奔迴輿下重閣降道訪眞源談空匹泉涌綴藻萬邁
彌繁輕生逢遇誤並作華龍鷄　梁釋慧令和受戒詩曰泬寥秋氣爽
搖落寒林疎風散飛廉雀浪動昆明魚是日何爲盛證戒奉皇儲顧陪
升自在神通任卷舒　梁王錡和太子懺悔詩曰習惡歸禮懺有過稱能
改聖德及君子生唱說信兼採翹心蕩十惡邀誠銷五罪三縛解智門六

塵清法海超然故無著逍遥新有待　梁王臺卿和望同泰寺浮圖詩曰朝光正晃朗踊塔標千丈儀鳳異靈烏金盤代仙掌積栱承雕桷高簷挂珠網寶地若池沙風鈴如樹響刻削生千變丹青圖萬象煙霞時出没神仙乍來往晨霧半層生飛幡接雲上　周庾信和同泰寺浮圖詩曰岧岧凌太清照殿比東京長影臨雙闕高層出九城栱積行雲礙幡摇度鳥驚鳳飛如始泊蓮合似初生輪重對月滿鐸韻擬鸞聲畫水流全住圖雲色半輕露晚盤猶滴珠朝火更明雖連博望苑還接銀沙城天香下桂殿仙梵入伊笙㢡聞八解樂方遣六塵情　又詠闡弘二教詩曰五明教已設三元法復開魚山將鶴嶺清梵兩邊來香煙聚成塔花雨積為臺空心論佛性貞氣辯仙才　又登雲居寺塔詩曰重巒千仞塔危磴九層臺蹋下雲峯出窻前風洞開䟦嶺鍾聲度中天梵響來　陳陰鏗開善寺詩曰鷲嶺春光遍王城野望通登臨情不極蕭散趣無窮鶯隨入戶樹花逐下山風棟裏歸雲白窻外落暉紅古石何年卧枯樹幾春空淹留惜未及幽桂有芳叢　又遊巴陵

空寺詩曰宮朝絕磬月殿夕無扉網交雙樹葉輪斷七燈輝香盡
奩猶馥幡塵畫漸微借問將何見風氣動天衣 陳張正見陪衡陽王遊
耆闍寺詩曰甘棠聽訟罷福宇試登臨完苑移飛蓋王城列玳簪階荒
猶累玉地古尚填金龍橋丹桂偃鷲嶺白雲深秋暾被旅葛夏户響
山禽清風吹麥壟細雨濯梅林 頌 宋謝靈運無量壽佛頌曰法藏
長王宮懷道出國城願言四十八弘誓拯羣生淨土一何妙來者皆清英
頹年欲安寄乘化好晨征 齊王融淨住子歸信門頌曰生浮命舛識
罔情違業雲結影慧日潛暉委蛐循途極夜無歸登山小魯汎海
難沂參珉見璧辯礫知璣迷甘未遠匪正何依 又懺悔三業門頌曰樂
田生緘患以身全業資意造事假言筌利名相倚榮辱茲纏縶驥匪
躡銅鍇徒鐫惑端風緒愛境旌懸不勤一至何階四禪 又出家善門
頌曰潔身裕德晦迹埋名將安寶地誰留化城道場曠謐禪逕閑清風
飄弗響雷震輒徒聲喘傲焉慮脫落何營長捐有結永寘無生
又在家善門頌曰處塵貴不染被褐重懷珠美玉耀幽石曾蘭挺叢

矧四民亦為之三界豈能覦諒茲親愛徠寧以財利拘煩流捨智寶榛
路坦夷衢萬品胥何匹列火樹紅趺　又法門頌曰出不自戶將何由行不以法
欲焉修之燕入楚待驥足凌河越海寄輕舟通明洞燭煥曾景深凝廣潤
湛川流翼異善開賢敷教義昭蒙啓惑滌煩憂功成弗有居無著淡
然無執與化遊　梁簡文帝大法頌曰若夫眇夢華胥怡然如射服齊宮
於玄扈想至理於汾陽輕九鼎於褰裳視萬乘如脫屣斯蓋示至公之
要道未臻於出世也至於藏金玉於川岫弃琴瑟於大壑卑宮菲食茅堂
土階彤車非巧鹿麤喪靡飾斯蓋示物以儉亦未階於出世也解網放禽
穿泉掩骼起泣辜之澤行扇暍之慈推溝之念有如不足納隍之心無忘
宿寤善所以示物以為仁亦未階乎出世也甘泉答太一之壇嵩高山置奉
高之邑碣石刻羨門之誓不夜作交門之歌斯蓋止愛久齡事存諸
己篤而為論彌有未弘豈若燃智慧之炬照生死之闇出五陰之聚升六
度之舟浮眾得之海踐不至之岸驅彼眾生同躋仁壽引茲具縛俱入大
乘九有傾心十方草靡　玄圃園講頌曰七辯懸流雙因俱啓情遊

彼岸理愜祇園于時藏秋仲節麗景好晨氣含金扇霜浮玉管鳥弄鳩吟瓊音樹藏蕤於妙菓液水穿流蓬山爲狀風生月殿日照瑰煙辭曰析論冥空玄幾入道密宇清幽重關相藻日映金雲風搖銀草

贊

宋謝靈運聚幻贊曰幻工作同異誰復謂非真一從遊物過既往亦何陳謬者疑久近遠者皆自賓勿起離合情會無百代人　又聚沫泡合贊曰水性本無泡激流遂聚沫即異成貌狀消散歸虛壑君子識根本安事勞與奪愚俗駭變化橫復生欣怛　又影響合贊曰影響順聲色資物故生理一旦揮霍云何因得象似君乎有靡不然昧漠乎自已四色尚無本八微欲安恃　隋江揔香贊曰海岸相傳香流大千不吹自轉將銷更燃縈空雜霧散迴飛煙還符戒品薰修福田　又花贊曰池中寶花葉覆金沙逆風氣亂映水光斜散由天女賣乃王家若生心樹願結因牙　又燈贊曰寶燈夜開影徧花臺煙抽細燄燼落輕灰珠憝色並月聦光來一明暗室若遣塵埃　又幡贊曰金幡化成搖蕩相明留無定影散乃俱輕光分紺殿采挂香城恒知自轉福與之生

碑

梁元帝荆

州長沙寺阿育王像碑曰蓋聞琁璣玉衡穹昊所以紀物金版玉文淳精所以播氣何則咸秩祉首義盡於寰中鑄鼎馮翊未窮於系表況復道冠万靈理超千聖智周十地行圓四等變海成蘇移山入芥鉢鋒廣説藕絲見道惠音八種面門五色組鉢生華入青樓而吐曜金牀照采出紫殿而相輝繞度蓮河即處天冠之寺始遊羅衛便居堅固之林斯蓋俯應閻浮未臻常樂降情誘接豈窮妄相若乃境無引汲智生淺深明同一體感起十重七地初刃方稱變易三達後心因窮智種然俱具四德脫屣雙林六表金棺現焚檀椁浩浩焉不可知已却望五津距青蓮之洞傍臨三峽帶明月之流

梁劉孝儀雍州金像寺無量壽佛像碑曰昔堯乃則天莫能名其聖丘繞譬曰無德稱其道況復欲宣五品將敷三法固使迦葉耻其無智龍樹羞其非辯猶聞獻蓋長者頌以七言無學比丘陳其百句至有九輩性生一身補處塵洗五池神聞金菜樹聲繁會趙簡於是未聞地寶焜煌周穆之所不見昔者出城石轉還林現疾夢樹既沉梵花獨反猶有香杖疊衣紅爪紺髮可得崇以妙利顯用珍函彼彌陁感化殊攝

日輪照曜月面從容毫散珠輝脣開果色似含微笑俱注目於瞻仰如
出軟言咸傾耳於諦聽像復以其夕出住寺門始則映顯巖間猶對鷲
山之禮末又徘徊閣外似救毗城之疾空中生樹豈曰難思火內披蓮未為多有銘
曰奄有淨國實應多祉菜產梵童花開釋子玉蓮交映銀樹遞起伊尹
懃桑伯陽蓄李 梁劉勰剡縣石城寺彌勒石像碑銘曰夫道源虛寂冥
機通其感神理幽深玄德司其契是以四海將寧先入感鳳之寶九河方導已
致應龍之畫況種智圓照等覺徧知楊萬化於大千摛億形於法界其
靈起攝誘之權影現戲遊之力可勝言者哉自優曇發華而金姿誕應
娑羅變葉而塔像代興月喻論其跡隱鏡象譬其常照律師應法似
流宣化如渴楊舲游水馳錫禹山於是捫虛梯漢構立棧道狀奇肱之飛車
類似叟之懸閣體高圖範冠采虹蜺推擻金響於霞上剖石灑於雲表
信命世之壯觀曠代之鴻作也青艭與丹粟競采白金共紫銑爭輝梵
王四鶴徘徊而不去帝釋千馬躑躅而忘歸 寺碑 齊王巾頭陁寺碑銘曰
蓋聞抱朝夕之池者無以測其淺深仰蒼蒼之色者不足知其遠近況視

聽之外若存若亡　梁簡文帝善覺寺碑銘曰蓋聞在天成象倬彼雲漢在地成形嵩高惟岳蒼蒼君幹運靈樓猶且去來巖巖峻極巫咸可以升降穆貴嬪宿植遠因已於恒沙佛所經受記莂有緑綏姿降跡斯土行邁英皇德降華附河南望浮雲之瑞荊野表升天之祥光前絶後建茲福地乃於建康之大清里建善覺寺焉大通元年龍集己酉有令使立碑文未獲構撰居諸不息寒暑推移軒曜夙傾前星次掩歲在諏訾始得補綴何言之陋何事之隆竊等仲由空悲負粟之夢復異柘良終無維山之日永言纏纂獨咽丹心銘曰放彼毗城建斯福舍四柱浮懸九城靈架重欒交峙迴廊逢迓掩映花臺崔嵬蘭榭陽燧暉朝青蓮開夜　又神山寺碑序曰天地始終衍長不極劫數沙塵寂寥誰辯雖鐵界銅圍如影如約補石攀金隨生焰滅獨有鷲岳靈境淨土不燒螺髻金質聲聞難覩故髮塔喜園流名天上耆山鵲苑布跡人中自非莊嚴妙土吉祥福地何以標茲淨域置此伽藍皇太子殿下幾圓上聖智周物外澄明離日照影春宮長歌安勝表祭書之獨見馳道迴車鶩鳥班輪而不

絕　梁簡文帝慈覺寺碑序曰竊以易表含貞記稱厚載龍星啓曜璧月儀天是以河外黃雲沙傍崩鹿故能發緯伊緒重闡劉系亦有觀津美於西漢扶風盛彼東京未若樊汚之邦宛葉之境休祥茂祉獨繁前跡莊姬流譽之所烈后業興之地南陽稱其何氏新野猶曰鄧家遜彼遐蹤復屬今應慶貴嬪金聲早振淑範增徽才實母師行爲女椎窮茲四德洞彼六經温明内湛慈慧天發君綴應慶琁枝聯休紫漢幸得保言無負斧任重東蕃寶以契闊言提綢繆善誘事其從居義深則盼而叨恩作牧釁勇結幽祇一訣椒慈長違寶幄風枝弗靜陟屺何期祇奉儲訓謬茲刊撰夫道長業大遺範事隆嗟油素之可捐懼故老之難述　又相宮寺碑曰貞人西滅伯羅漢東遊五明盛士並宣北門之教四姓小臣稍罷南宮之學超洙泗之濟濟比舍衛之洋洋是以高簷三丈乃爲祀神之舍連閣四周並非中宮之宅雪山忍辱之草天宮陁樹之花四照芬吐五衢異色能令扶解說法果出妙衣鹿苑豈殊祇林何遠皇太子蕭綸自昔蕃邸便結善緣雖銀藏蓋寡勇金地多闕有慙四事久立五根泗川出鼎尚刻之罘不之

石𡽾峨作鎮猶銘劒壁之山矧伊福界寧無鐫刻銘曰洛陽白馬帝釋天冠開基紫陌峻極雲端實惟爽塏棲心之地譬言若靜士長為佛事銀鋪耀色玉礎金光塔如仙掌樓疑鳳皇珠生月魄鍾應秋霜鳥依交露幡承杏梁憁舒意蘂室度心香天琴夜下紺馬朝翔生滅可度離苦獲常相續有盡歸乎道場　又梁元帝善覺寺碑曰金盤上疏非求承露玉舄前臨寧資潤礎飛軒絳屏若丹氣之為霞　綺井緑錢如青雲之入呂寶繩交映無慙紫紺之宫花臺照日有跡白林之地銘曰聿遵勝業代彼天工四園枝翠八水池紅花疑鳳翼殿若龍宫銀城映沼金鈴響風露臺含月珠幡拂空　又鍾山飛流寺碑曰清梵夜聞風傳百常之觀寶鈴朝響聲揚千秋之宫同符上隴望長安之城闕有類偃師瞻洛陽之臺殿瞰連甍而如綺雜卉木而成帷銘曰雲聚峯高風清鐘徹月如秋扇花疑春雪極目千里平原迢遞　又曠野寺碑曰雲楣膠葛桂棟隂峯刻虬龍於洞房倒蓮花於綺井月殿朗而相暉雪宫穆以華壯𨏥𨏥旋題虹梁生於暮雨嵽嵲銀牓飛觀入乎雲中銘曰圓璫旦

暉方諸夜叨金盤曜色寶鈴成響　又郢州晉安寺碑銘曰鳳皇之嶺華綿映色蓮花之洞照曜增輝山去黃鶴疑聞天之夜響城稱却月似輕雲之霄蔽銘曰虹梁紫柱螭桷丹牆綺井飛棟華榱壁璫應龍若動威鳳疑翔玉舄霄潤金池夕光朱城却梲紫陌潛通塹柳朝綠江暉暝紅落霞將暮鮮雲夕布峯下陽烏林生陰兎分珮隔浦皇橋隱霧俱聽法鍾同觀寶聚

又楊州梁安寺碑序曰竊以陽之有宗者莫擬於靈烏夜之有光者孰踰於陰兎故以日門見羲和之色月殿望奔娥之象而合璧迢遰丈尺猶且莫量則鏡悠遠積空之所不筭復有紫川青龍之水却月朝霞之山白珪玄璧餞瑤池之上銀闕金宫出瀛洲之下空臺四柱隨仙衣而俱颺寶塹三重映瑞園而涵影旃檀散馥無復圓覺之風地涌神龕皆成多寶之塔

又攝山棲霞寺碑曰金地無底已通寶塹之側玉樹生風傍臨綵舡之上七重欄楯七寶蓮花通風承露含香映日銘曰菩依翠屋樹隱丹楹澗浮山影山傳澗聲風來露歇日度霞輕三災不毀得一而貞　又歸來寺碑曰幡影颺於絳臺梵響依於應塔三相不留萬劫終壞八苦遐長燈蛾未已

銘曰鈴隨風振盤依露泫丹桂無枝朱楊自翦九死萌枯三昧葉卷疏樹
摇落翻流濤淺　梁沈約法王寺碑曰昔周師集於孟津漢兵至于垓下翦
商肇乎兹地殪楚由乎斯域慧雲匪由觸石法雨起乎悲心驅之仁壽度之
彼岸濟方割於有頂楪既燎於無邊陸楚風靡水陣雲披紫山爲埃失
其九天之險負疑爲隍曾無一葦之閡昏師反接偽牧泥首捫指則河舟
尚虛委甲則熊嶺非峻乃按兵江漢誓言衆商郊因斯而運斗樞自兹而廓
天步葉隆放夏功高伐郢濟橫流而臣九服握乾綱而子萬姓眷言四海莫
不來王此惟余宅寧止西顧臨朝夕之濬泄帶長洲之荿苑藉離宮於漢舊
因林光於秦餘迴廊敞匝複殿重起連房極睇周堵如雲銘曰往劫將謝災
難孔多炎炎烈火淼淼洪波聚爲丘岳散成江河俗緣浮詭眞諦遐長
匪因希向曷寄舟梁標功顯德事歸道場郁郁法衆同兹無我振錫經
行祇林宴坐或斯寂滅或念薪火惆悵三明徘徊四果　梁陸倕天光寺碑曰
法雲亘聚則浸濯彼乎重沙慧日晨登則暉光燭於有頂皇帝乃把神珠
握靈鏡軋乎天紘橫坤維驅日月之師勒星辰之陣九流外籍五明內典鳥策餘

文龍宮遺教莫不神遊房奧跡徧門牆思洞希微言窮名象珉陛凌虛瓊籬欝起可使龍城愧飾鴈塔慙珍日宇奪暉月宫掩麗昔者姬水壽丘載紀山川之目丹陵負夏僅傳鄉黨之名歌酒故邑恩覆窮乎身世壖虎舊里高會止於當年銘曰被物如露偃民猶草解髻傳珠抽衣受寳化違宅火功超河岸捨我神居興茲靈館八龍晉豐殿四柱高廊並陳金壁旁建王廂蹤橫雜樹閒廁衆芳　梁王筠開善寺碑曰妙門關鍵闢之者既難法海波瀾遊之者未易是以軒稱俊聖堯曰欽明韶護有美善之風文武致時雍之葉地平天成惟事即世移風易俗匪止今身至如訪道峒山乘風獨遠疑神汾水肯然自喪或宗仰黃老之談景慕神仙之術斯蓋不度羣生事局諸已篤而為論道有未弘薰風迥露散馥流甘璧月珠星聯華颺菜脩幡繞於雲根和鈴響於天外玉池動而揚文寳樹搖而成樂銘曰亭亭功漢耿介凌煙層甍霓霞聳飛棟星懸　梁張綰龍樓寺碑曰蓋聞井魚之不識巨海夏蟲之不見冬冰故知局於泥蟠者未測滄溟之浩汗篤於一時者寧信寒暑之推移何異乎玩即世而弗悟於生死之流耽假樂而迷於真覺之觀銘

早識相栽萌無明重蔽五住次起四生無際苦海倒流業風橫厲彼岸何遠津航絶濟輕毛易轉花水難留寔逢象正悟彼生修照曜眞法逍遥寶舟占彼勝地肖月字攸宅遥川縈帶峻拒盤桓霞生蓮埭風起長瀾冬室停燠夏臺增寒、周王裒善行寺碑曰蓋聞在天成象羣星仰於北辰在地成形百川起於東海是知璿璣盈縮並運天樞江漢所宗爭環地軸塵沙日月同瀚澥之輪迴百億鐵圍等閻浮之數量章亥步驟豈盡世界之邊鯀首忽微寧窮劫海之筭爲牛捔力方十行之伐梯兔馬渡河譬三乘之等級定水壞須彌之山智炬燃金剛之際敬表六和現沙門之進止灰乘四寸示聲聞之律儀至於千疊火然鵠林變色四禪災起鴿影傳輝羽林出使漢開濯龍之祀桑門傳譯晉處洛陽之拜　京師突厥寺碑曰夫六合之內存乎方册四天之下聞諸象教百億閻浮塵沙筭而不盡三千日月世界數而無邊至於周星夕隕漢宮宵夢身高梵世力減須彌應現十方分身百佛上極天中下窮地際轉法輪於捻國留妙象於罽賓至于善見神通瓶沙瑞相波斯鑄金優填雕木莫不歸依等覺迴向佛乘弃形骸而入道捨國城而離俗突厥大伊尼

温木汗夏斤餘基惟天所置威加窮髮兵歷無革小大當户左右賢王鞠陸
角觸之弓鷲鳥羽射鵰之箭跨葱嶺之酋豪靡不從化踰天山之君長咸皆
賓屬蜀人敦信契國寶親鄰太祖文皇帝道被寰中化覃無外提羣品於萬
福濟蒼生於六道大冢宰晉國公功高負亮位隆光輔命司空而度毗盧匠
人而置阜帶三條之逸陌面九市之通鄽圖木緹錦雕楹龍君密香隨微雨
自麗風塵幡雜天花常調絲竹四禪大患淨界無毁六珠芬盡法身常住銘
曰七華妙覺三空勝境意樹已彫心猿斯靜靈城偃色空衣滅影索隱窮源
振衣提領　陳徐陵齊國宋司徒寺碑曰無色之外方爲化城非想之中猶稱
火宅若夫衆生無盡世界無窮芬若披蓮遠如散墨善才童子南行未窺
目連沙門北游不見一一刹土皆由業縁萬萬僧祇終非常樂天宮蹇産猶
傾大四之風魔殿崔嵬終懼三災之火朱樓寶塔輝煥爭華既義暢中土道
流遐域顯默同歸華夷俱慕自梲石瀬流始終一㮣恬智交養三十餘年春
秋八十三古人云道存人亡法師之謂凡我門徒感風徽之緬邈傷諮悟之永滅
敢以淺見揚德金石銘曰九流依真三乘歸佛道往絶跡慈還接物孰是

發蒙昭我慧日攝亂以定闢邪以律秦皇雄感赦理通情王孫徧解遠死滯生夫子之悟萬劫獨明寒暑遞易悲欣阜壤秋蓬四轉春鴻五響孤松獨秀德音長往節有推遷情無遺想　梁元帝莊嚴寺僧旻法師碑曰夫宏才妙物雲液之所降生獨振孤標倫類之所遠絶是故隨光燭魏非折水之恒珍和璧入秦豈潤山之常寳僧旻法師蓋天地之淳精宇宙之瓌器本姓孫氏有吳開國大皇帝其先也法師道藹二儀德充四海含春夏之生長抱日月之貞明辭旨清新置言閑遠千門萬户必臻其奧九部五時若指諸掌坦然夷易豁爾洞開故緇素結轍華戎延道晨風之翻北林龍魚之趣深澤哲人云逝指南誰屬銘曰永離百非聞之寂滅苟云未樹共歸今轍方墳結構伽藍羅設朱火一潛青松長列　又光宅寺大僧正法師碑曰昂昂千里孰辯騏驎之蹤汪汪萬傾誰測波瀾之際望之若披雲霧覩之如觀日月至乃耆年宿望蓄思構疑懸鍾無盡短兵有倦猶若分且望景履氷待日莫不傾河注燭虚往實歸皇帝革命受圖補天紉地轉金輪於忍土稟紺馬於閻浮逸軼方超圖南輟軌豈直

盡茲柘府只若彼義年方當高步仙階永編金牒繁霜凝而且委松風悽
而暮來悲馬鳴之不反望龍樹而怨哀銘曰澄月夜虧清氛且卷曾巒遠
岸蒼江傍緬　梁王筠國師草堂寺智者約法師碑曰結宇山椒蹤壞衣幽
岫菑雲泄雨靄映房櫳浴日涵星飛光沘沼震居暇豫留思幽微研精
經藏探求法寶香城實相之談金河常樂之説究竟微妙洞達幽玄扼
庭爲道心之宮華林構重雲之殿師子之座高廣於燈王聽法之筵衆多
於方丈開寶匣之奥典闡金字之微言顯諸一乘宣揚三慧辯才無閡
遊戲神通莫不皆悟無生咸知弃想隨類得解俱會真如銘曰形在江湖
心超祇鷲思協風雲量包宇宙軒冕巷君波寢承翠嶺須枕煙露聳
持光景　梁沈約比丘尼僧敬法師碑曰立言道往標情妙覺罕直想依空
練心成學緼日悠長疏年緬邈風遷電改斯理莫違神有殊適形無異歸
臨泉結慟有愴徂暉松飈轉蓋山雨披衣載列貞軌永播餘徽　梁王僧
孺栖玄寺雲法師碑銘曰眇眇大家茫茫真樸多淪愛有莫辯塵濁猶
興息心言高理邈居之匪絢得之靡學刻情幾種厲想玄覺且説且

定以披以握求遵北渚至依西岳西岳峩峩北渚迴泬庭棲弱羽簷挂
輕蘿甘麁衣惡棄厚安薄滅意貫劭湫寄心寥廓　陳徐陵東陽雙
林寺傅大士碑曰自脩禪遠豁絶粒長齋非服流霞君食朝沆姜原所
履天步可以爲儔河流大殷神足冝其相比夫以連城之寶照廡之珍野老怪
而相損工人迷而不識昔漢皇受道欒大不自魏祖優賢楊叟如容河
上之老輕舉臨於孝文臺下之人高尚加於光武五胡内昃顛蒼我鳥之兆未
萌四海横流夷羊之牧匪見滴瀆未盡其辭懸河不窮其義伯陽之德
貞石紀於瀨鄉仲尼之道高碑書於魯縣亦有揚雄弟子鄭玄門人俱
述清猷載刋立石銘曰來儀上國抚禮承明妙辯無相深言不生撞鍾比
說擊鼓懸英樂論天口誰其與京乍見仙掌爰標神足色豔浮檀香
踰詹匐嗷嗷門人承師若親寧梵歎疊弗燎香薪合窟爲定方
墳以墟須彌巨海變炭揚塵淨土無壞靈儀自真何時踊塔復覩
令身　隋江揔明慶寺尚禪師碑銘曰百世之上百世之下含章隱璞明
真照假空行已無希音和寡不有耆德誰其繼者朗月靈懸高風

獨寫　又建初寺瓊法師碑曰夫智慧精進皆曰第一妙德淨名並稱不二若乃斡五欲之泥解六情之網禦寶車之跡面香城之路荷持像法汲引人倫惟此法師心力備矣東山北山之部貫花散花之句並編柳成簡題蒲就業學非全朔無待冬書師夢尹儒自知秋駕銘曰肩肩月人世茫茫大千欲流心火意樹身田老驚靈籥孔惜逝川三空莫辯二諦何詮佛日初昭慈雲不偏秋露寂滅莫繫悠然

藝文類聚卷第七十六

寺碑

後魏溫子昇寒陵山寺碑序曰晉文公周績宣於踐土齊桓霸丗威著於邵陵並道冠諸侯勳高天下衣裳會同之所兵車交合之處寂寞銷沉荒涼磨滅言談者空知其名遥遇者不識其地然則樹銅表跡刊石記功有道存焉可不尚與永安之季數鍾百六天災流行人倫交喪尒朱氏旣絶彼天綱斷茲地紐禄去王室政出私門銅馬競馳金虎亂噬九嬰暴起十日並出破壁毀珪人物殲盡頭會箕歛杼柚其空大丞相渤海王命世作宰惟幾成務標格千刃崖岸萬里運鼎阿於襟抱納山岳於胸懷擁玄雲以上騰負青天而高引鍾鼓嘈囋上聞於天旌旗繽紛下盤於地壯士懔以爭先義夫憤而競起兵接刃於斯場車錯轂於此地轟轟隱隱若轉石之墜高崖硠硠磕磕如激水之投深谷俄而霧卷雲除氷離葉散靡旗蔽日亂轍滿野楚師之敗於柏舉新兵之退自昆陽以此方之未可同日旣考茲沃壤[illegible]盧砥石礪金瑩珠琢玉經始等於佛功制作同於造化

息心是歸淨行攸處神異畢臻靈仙總萃鳴玉鑾以來遊帶霓裳而至
止翔鳳紛已相嚾飛龍蜿而俱躍雖復高天銷於猛炭大地淪於積水固以
傳之不朽終亦記此無忘　又印山寺碑曰自結繩運往觀象代興禮樂相
因詩書間出踰是非於一指論道德於二篇九流之義遂開百家之言並作
皆以賦命有遺隨攝養致夭壽愛惡起於吉凶情僞動於利害雖改張
羅之呪未易舋鐘之牲因果之業未申感應之途猶蔽是以脩知有命子
夏論之而未詳報施在天史遷言之未悟大丞相渤海王膺岳瀆之靈感辰
象之氣直置與蘭桂齊芳自然共珪璋比絜加以體備百行智周萬象道
兼語嘿思極天人固以兆云非虎自懷公輔之德世稱卧龍實在王佐之器道足
以濟天下行足以通神明表文人之上才含廣途之大量永安之末時各異謀蜂
蠆有毒豺狼反噬勃怒臨城抽戈犯蹕世道交喪海水羣飛既而蒼
龍入隱白虎出見命世有期匡時作宰拯沉溺以援手涉波瀾而濡足懸瞰
日於胸懷起大風於衿袖動之以仁義行之以忠貞附之者影從應之者響起
又大覺寺碑曰維天地開闢陰陽轉運明則有日月幽則有鬼神初地遼遠

末路悠長自始及終從凡至聖積骨成山六劫莫數垂衣拂石恒河難計及
冠日示夢蒙羅見謁應世降神感物開化顏如滿月心若盈泉體道獨悟
含靈自曉居三殿以長想出四門而永慮聲色莫之留樂位不能屈道成樹
下光屬天上變化靡窮神通無及置須彌於葶藶納世界於微塵闡慈
悲之門開仁壽之路拯煩惱於三塗濟苦難於五濁非但化及天龍教被人鬼
固亦福霑行鳥道洽遊魚但羣生無感獨尊罷應雖色照爛諸山搖動布
金沙而弗受建寶蓋而未留遂上微妙之臺永升智慧之殿而天人慕德像法
興靈圖影西山承光東壁主上乃據地圖攬天鏡乘六龍朝萬國牢籠宇
宙襟帶江山道濟橫流德昌頹曆四門穆穆百僚師師乘法舡以徑度駕
天輪而高舉神功寶業既被無邊鴻名懋實方在不朽秖掌措言雖不
盡意執筆書事其能已乎　又定國寺碑序曰蓋兩儀交運萬物並生
始自苦空終於常樂而緣障未開業塵猶擁漂淪慾海顛墜邪山雖復
光華並於日月術數窮於天地有扶危定傾之力爲濟世夷難之功登塗山而
未歸遊建木而不反並馳於苦樂之境皆入於生死之門幽隱長夜未覩山北之

獨沉迷遠路詎見司南之機昔日先民雖云善誘尚習蓋纏未能解脫至如八卦成象示之以吉凶百藥爲醫導之以利害衣食有業民免飢寒之憂水土既平人無墊溺之患斯誠事周於世用功濟於生民不論過去之因緣詎辯未來之果報惟無上大覺獨悟玄機應現託生方便開教聖靈之至無復等級威神之力不可思議動三乘之駕汎八解之流引諸子於火宅渡群生於海岸自一音輟響雙樹潛神智慧雖徂象法猶在光照金盤言留石室徧諸世界咸用歸仰　梁王僧孺中寺碑曰夫玉律追天故躔次之期不變緹室候景則發斂之氣罔踰是以忘言種覺絕累於後心寄像聲形啓機於前教兼眞假之雙燭均空有而兩忘蘊三明而過十地圓萬行而包四等道周百億化起大千凝道群有滋濡萬類是用發廣大心吐微妙理將同商主取喻醫王開方便門示眞實相固以濯之慈水銷以慧刀永言六趣用均一子中寺者晉太元五年會稽王司馬道子之所立也斜出旗亭事非隙臨傍超壁水望異狹斜天監十五年上座僧慈等更棪日稀架赫然霞立信以填金可埒引繩斯擬寫妙金樓模麗瓊闕岧嶤假寒故三休

而可至穷窱周流方中宿而斯盡萬楹百拱合沓相持繡棁王題分光爭
映燭龍夭矯將舉復穿威鳳鏗鏘如鳴更戢旁攀鏤檻斜登細砌煌爚金
鋪玲瓏綺構無風自響不拂而淨瓳瓳肅肅信息心之勝地穆穆愔愔固忘
想之嘉所銘曰玄黃雖廓權輿未測生滅相輪成壞不極篋蛇爭赴藤鼠
無息情塵莫捨心火玄赫是用三明寔開五力湛寂無方示現多所踟蹰
吉樹殷勤禪渚斯道誰匠烝哉我王施踰寶鉢供等檀林蕭宮啟構
梵宇方壯階飛瑞采地起泥香日流閃爍風度清鏘道踰厰極固與天
長　梁任孝恭多寶寺碑銘曰寶傳茲日法像斯時瞻風候景石陛開
基準繩秋子取則迦夷葉隆千載道感一期上當星紀下接蓮峯還瞻
朱閣却背青松朝雲曖曖夕霧溶溶階通獸迹徑有禽蹤衣移峻岳
錫叩飛泉土木綈錦玉石雕鐫寶階雲構綺壁霞鮮蓮舒藻井芝繞蘭
椽法堂每譩禪室恒靜藏韜仙說臺含佛影菓下秋林煙生春嶺　梁
劉孝綽栖隱寺碑曰開方便門示真實相置甘露室遵甘露津苦語軟言
隨方弘訓俯心降迹逐物重輕中枝小葉各隨業根愍其四流五結宥來

而不散八慢九邪一淪而莫旣如彼醫王等之藥樹去聖茲遠思聖茲深誠
尚所先是歸龕龍廟自妙法東注寶化西漸公卿貴仕賢哲偉人莫不嚴事招
提歸仰慧覺欲使法燈永傳勝因長久銘曰給孤梵薦善勝崩淪堂堂
宗匠克紹慧因地雖舊域其宇惟新召棠且思羊碑猶泣況我仁祠義兼瞻
生立遺愛伊何形于南邑亦有庶民經始攸急珠殿連雲金層輝景衢交
達巷門臨樹屛五居推妙三空偲靜節施柱側記法窟前覩去千載餘迹方
傳敢宣重說用勸雕鐫芬域未滅斯文在旃　北齊邢子才景明寺碑曰九
土殊方四生升類昏識異受脩短共時德表生民不救太山之朽壤義同列辟
豈濟邃水之淪凡月漂國倒戈之勢浮江架海之力孰不曠息相催飛馳盡泡
沫不足成喻風電詎可爲言而皆靈之延愛欲馳逐生死眷彼深塵迷茲大夜
坐積薪於火宅負沉石於苦海結習靡倦夏憂晨延長身世其猶夢想榮名
譬諸幻化未能照彼因緣體茲空假法性累惑壞落塵埃苦器易彫危城
難久自發迹有生會道無上劫代緬邈暌跡遐長草木不能況塵沙莫之比及
日晷停流星光輟運香雨旁注甘露懸降靈迦衞擁迹忍土智出須彌德

踰大地道尊世上義重天中銘曰大道何名至功不器理有罔適法無殊致能亻
託生降體凡位士覺如後一念斯至德尊、 然神感四天川流自斷火室不燃衣
生寶樹座躡芳蓮智周旨極道暢無邊 又幷州寺碑曰夫至道密微無跡可覩
神功感應有理斯存雖慧日已照而大夜莫曉香雨時流而深塵未息曠劫悠
緬歷代遐長眇眇世羅無能免其一目汎汎慾網孰敢解其三面自大教遷流行
於中土希向之士煙踊波屬恒沙未足爲言積塵所不能喻皆去出沒生死之河浮
沉愛育之海未有矯然獨悟脫落身名望彼岸而俶往汎寶舡而利涉 陳徐
陵孝義寺碑曰昆閬道階八地猶見后妃願生千佛無匪賢聖汲引之義雖同隨
機之感非一至如嬀汭有禮皇源所以前興周女斯歸陳宗所以流慶大矣哉神
基帝系浚聖重光者也慈訓太后德佐初九道暉上六居天上天中之極處大
任大姒之尊蘋藻之化斯深葛覃之風彌遠皇帝膺茲上聖契彼援神
愛敬在乎人德教形乎四海是以明星皎皎流半月之光甘露團團灑如飴之味
嘉禾自秀浪井恒清天降徵祥日聞書府自大明紹運神武應期至道傍
通無思不格戊己校尉西關玉門伏波將軍南表銅柱方使三千世界百

億須彌同望飛輪共稟玄德元嘉三年正月二十一日詔旨仰惟聖
德方被兆民乃勑有司改東戍里爲孝義里昔岱山徙號重華著其
受終德水移名秦人表其嘉運豈若盡在輿地書茲里門仰述天經
光臨父母臣陵稽首乃作銘曰顧此良因冝資貴親三乘並策四梵爲賔
紺殿安坐蓮花養神燈前禮佛地後邊身並濟含識咸歸至眞國家
隆盛同響晉遐慶謹勒豐碑陳其舞詠　隋江總大莊嚴寺碑曰蓋
聞僧伽水濱波斯創以禪地醍醐山頂舍那肇其梵域此乃往劫之勝因上
方之妙範於是俯察地勢懸之以水仰惟星極揆之以日百堵咸作千坊洞啓
前望則紅塵四合見三市之盈虛後睇則紫閣九重連雙闕之聳峭
園習歡喜水成功德池溢甘露不因玉掌樹搖音樂無待金奏薰爐夜
爇遥來海岸之香法鼓晨譙非動泗濱之石擢金莖表跨八萬之俱成
界道銀繩函四衢而拓製刷壁綴珠凌丹霞而結字雕光鏤采望紫極
而開軒俯看驚雷電影徹琉璃之道遥拖宛虹光徧水精之域層楹刻桷
風伯走而未升靈檢飛甍雨師攀而不逮銘曰灼爍金莖崔嵬銀表翔

鶊仰者翡咸鳳靈矯木窈聯綿香泥繚繞日圖櫓外荷披棟杪翠落陰虬珠塡陽烏高僧果恭碩學滋多弘宣之等博綜圍陁皆傷寸晷並悟尺波式旌鏤碣無待雕文標年刻土比數百河

放生碑 梁元帝荆州放生亭碑曰魚從流水本在桃花之源龍處大林恒捻浮雲之路豈謂陵陽垂鈎矢雲失水莊子懸竿吞鈎吞餌雖復玄龜夜夢終見取於宋王朱鷺晨飛尚張羅於漢后譬如黃雀同蟬不知隨彈應至青鶻逐兔詎識杜鼎方前北海之飡食鸚鵡未始非入西王之使傳信誰云賤鳥故知魚鳥一觀俱在好生欲使金林之鳫更及衡陽之侶雪山之雉不充食華之宴

衆食碑 陳徐陵長干寺衆食碑曰昔炎皇感犀訓稷正脩官信矣民天之言誠哉國寶之義自非道登正覺安住於大般涅槃行在眞空深入於無爲般若則菩薩應化咸同色身諸佛淨土皆爲揣食證常住者要託乳糜補尊位者猶假香飯亦有三心未滅七反餘生應會天宮就齋龍海況復繞居地轉或憩珠庭固以皆種仙禾並資靈粟者矣法師常願以智慧火燒煩惱薪普施衆生同飡甘露況復安居自恣碩學高年或次第於王城猶栖遑於貧

里迦留乞麪苦用神通須提請飯致貽詞曹於是思營衆業頗造坊廚
庶使應供之僧皆同自然之食外堂濟濟無勞四輩之類高廪峩峩恒有
千食之備其外鐵市銅街青樓紫陌辛家黑台之里甲第王侯之門莫不供
施相高貲儲轉衆法師善巧方便漚和舍羅教授滋生隨年增長假使
桑林不雨瓠水揚波猶厭稻粱永無飢乏加以五塩具足七菜芳軟類天
廚果同香樹羞美鼎之大殽壬夫逢麋鑊之深齊都非擬昆吾在次皆鳴鷲
嶺之鍾暘谷初升同洗龍池之鉢

【銘】梁簡文帝釋迦文佛像銘曰至矣調御行備智周滿月爲面青蓮在眸

又彌陁佛像銘曰玉蓮水開銀花樹落惟聖降神拯彼沉溟

又維衛佛像銘曰爍爍金容巍巍滿月永被人天常留花蓋

又式佛像銘曰影生千葉花照成四柱塔象單留合龍童雙舞

又迦葉佛像銘曰慧雨自垂仁風永扇照曜白毫半容月面惡因有滅善燈無變

又釋迦文佛像銘曰忍珠可瑩知作流方普永變身田長無沙幽

梁安寺釋迦文佛像銘曰帝爲知御比日規面象蔔模螺髮式圖輪掌信根根有五覺枝去七仰福靈祇上生兜率

吴郡石像銘曰七盤貟

鼓先奏咸唐之歌百味椒漿屢上東皇之曲于時微風送棹淑景浮波雲舒蓋而未移浪開華而不噴　梁元帝梁安寺剎下銘曰阿閦苊崙羅洞房窈窱似靈光之金扇類景福之銀鋪垂琬琰之文瑠飾琅玕之仙寶神童灰止亟連翩於威鳳莛埵來遊屢徘徊於紺馬有識之所虔仰無著之所招提觀慧樓而下拜望天街而興善辭曰塵沙無始造色無先飛蛾不息縈蠶自纏篋蛇未斷藤鼠方緣苦流長汎愛火恒燃髻珠孰曉懷寶詎宣挺茲靈覽見時惟天仙眞籍表聖化乳稱權實剎千道高翻四懸鳳樓含月龍臺吐煙紫山翠羽紅水青蓮雪宮月殿晨暉夜圓宵長梵響風遠鐘傳仙衣有拂靈剎無遷　梁沈約光宅寺剎下銘曰聖心留愛閑素遷負禹郭羲等去酆事均從鎬及克濟橫流膺斯寶運命帝閭以廣關即太微而爲宇既等漢高留連於豐沛亦同光武眷戀於南陽所以永留聖跡垂之不朽皇帝乃啓閶闔造舟淮涘接神飈而動駿越浮梁而徑度芝蓋容與翠華葳蕤下扶輦停蹕躬展誠敬辭曰八紘悠闊九有荒茫靈聖匹止咸表厥祥壽丘夔夔電繞樞光周原膴

膴五緯入房自茲遐㑹夏名在劇亡安知若水莫辨窮躬彖自天依縱於惟我皇即基昔兆為世舟航重簷累構迴刹高驤土為淨國地即金剛　瑞石像銘曰素毫月舉騰光於梵室妙趾神行布武於椒殿　梁劉孝儀平等刹下銘曰香薪已燎花疊盡然頻畀絕其歎言綿毫收其廣照紺鉢遺柔託蔥嶺所依紅爪餘暉申悲是寄因使金表爭搆玉刹競脩豈止天界飾其四園龍宮陳其七寶樹似菴林峯疑鷲鳥色孕止仙霧涌瀨靈泉燕室緣雲精廬切製漢兼秘殿宋美御房義和假道於罙烏翔鸞迴翼於飛棟建章厭勝未及雕龍碧甘泉避暑豈窮輪奐檻綴玫瑰階填粟玉絡以如意飾用沉檀火齊勝明燭銀颺風來釋梵奪其身光日車貶其輪照辭曰惟茲寶塔妙跡可傳盤稱鄰境樓美涪川雙龍虛繞九鳳徒懸豈如神刹耿介凌煙珠含魄月幡垂淨天寶鐸夜響銀地朝鮮擔棲迴霧砌卷香蓮翻蚕下梵墜鶴歸仙恒沙擾擾世界綿綿踐茲勝影祛彼蓋纏　陳虞荔梁同泰寺刹下銘曰戒香芬馥氣勝懷蘭智劒陸離威逾交軋斷慧日於重雲汲法流於巨海嚴此三駕爲用拔畏塗濟彼六舟拯諸淪溺何以一人入

迴波旬之宮已震十地弘宣龍之災競起重巒布護積栱崚嶒袪仙岳岳
俯雕檻於霞外寶鐸鏘鏘鍠鍠劃天於雲表雷雨杳冥而未半扶桑光照而先
明迢亭峻極特立千仞灼爍崢嶸光鏡八表若日殿之燭太空似星宮之構辰極
辭曰層臺復陸廣殿　穹崇塗金鈿玉映日疏風　陳徐陵四无畏寺剎
下銘曰皇帝升乾行於九五闢世界於三千神人開錦石之山小國獻栴檀之柱
乃命將作脩成梵宮複殿重軒凌霄負漢慈訓宮朝文母協道方祇鍾愛
東平吏踰燕后若夫外家問訊遥疑緣構御者衣服曾無綵繡咸傾寶
飾用構支提僧若檀林寺同祇苑　辭曰寶蓋王子金輪託生皇家茂戚抑
有齊名茉水餘潤災風所驚鳶徒悲馬角孰獻雞鳴柰苑初築菴園重
成金臺日麗玉殿雲平梵衆朝禮天歌夜清蜂疑畫壁雀避雕楹福履
斯大皇基永禎衆生不盡寶剎無傾　又報德寺剎下銘曰昔者明王大孝感
動神祇助月致景星之祥非煙流慶雲之色然而嚴敬之道惟事盡於配天
明發之懷誠不過於饗帝豈如以梵宮之樂資乎廟堂淨土之因歸於園寢
雖復青雲譙郡之墳碧泉春陵之鄉上幼懷凝重未曾遊陟年將志學

即事登庸宣力淮潯屬有嘉夢其夢也畢陌弘敞橋山屈盤氣象靈長風煙騰溥使隊雙表其高百尋左則青龍蟠蜿右則白虎蹲踞軒轅之駕鳥璧譬蜿蜒而多態吴王之墳狀耽耽而非擬有人指其地云此是國陵自爾迄永定初其間二十有餘年至歲紀頻移崇塋乃作觀其山川形勢王相徵圖瞻拜高巒宛如前夢大矣哉孝悌之至通於神明者歟銘曰壯矣金表傍依墻垣高連絲霓極睇翔鶴梵放霄唱雲花晝飄三心斷縛六道除怨趙夢天樂秦遊帝闕王靈在上巨勝奚論福被群品俱排大昏皇家七百於萬維祚　陳江總懷安寺刹下銘曰四聰睿后萬行了因運光玉鏡道茂金輪爰構　開刹地迹重闉迎風雲表承露天津飛甍嶻嶭累棟嶙峋護持七衆敬言衛百神篝壽銷草木劫盡沙塵支提永固福業恒新變易東海長久北辰　鍾銘曰昆氏之匠細陽之銅圖鑠鑄鏞刻獸鐫蟲聲飛雩裏韻切層霄中邊上付玉律遠雜金風朝驚鳥嶺夜動龍宮冀憑慧業冥感神功百非洗蕩萬善招通長如五淨永證三空　鍾銘曰篆闇鎔刻鑠上雕銘聲　法鼓響音逸鳴楗舟移巨壑火壞初禪　傴填像銘曰

如花譬象若必疑龍毫光此遇法相今逢晬雲齒雪月貌金容大仙下降避席爲恭　北齊邢子才文襄王帝金象銘曰妙形難象至理希詮形之所叉理亦在焉悟茲空假勞此盡纏式圖往秘用結來緣丹青並飾金玉同鐫神儀內瑩寶相外宣圓光照耀映被無邊靈應昉響感發大千鍾福旒纘其永如天歸慶怙恃壽等南山凡厥親類宜其永年歸誠妙覺標志上玄託銘斯在曠劫方傳　獻武皇帝寺銘曰惟睿作聖有縱自天匡國庇民冉造區夏功高伊呂道邁桓文雖住此域中而神遊方外影響妙法咫尺天人曉夜自分不勞雞鶴之助六時靡惑非待壺箭之功永寄將來傳之不朽辭曰用分行坐以敦戒行苦罪祈福徵很成敬萬國咸亨一人有慶方傳自久是用成詠

墓志

梁簡文帝同泰寺故功德正智寂師墓志銘曰峯頹朽壞波逝江潭山川若此人何以堪亦生亦滅如璧如舟千齡俱盡萬古誰留惟茲大士才敏學優幼捐蹈火早去吞鉤法雷能響懸河必訓辯才可匹妙德難儔　宋姬寺慧念法師墓志銘曰電逝生危舟沈道滅石折亡儒星開殞哲是曰人龍亦號僧象慧氣素昭英賢夙上善渡愛河能褰欲網如彼高山法徒斯仰如彼澄波不測深廣　甘露鼓寺敬

脫法師墓志銘曰岌及岌緣假昬昬六夢六塵遠飛四流長控猗嗟大士慧志
舟法棟早擅人龍夙標威鳳善堂開構燈王布席辯河流水辭峯積石寂
寞兩樹悠漫三泉神明何託暗石空傳　湘宮寺智蒨法師墓志銘曰嗟爾名
德超然有暉五塵永離三脩九依戒珠靡缺忍鎧無違智燈含影慧駕馳
騑若韜山金如苞海寶德邁西河聲踰東道伊昔傾蓋于彼朱方不期而
遇襄水之陽掩此方墳悠哉泉下鬱鬱翠微遼遼平野薪盡火滅歸真
息假　淨居寺法昂墓志銘曰篠蕩含聲蘭蓀表質甘露已凝智泉斯
溢頓轡中衢息棹脩渚隙陋白駒藤緣黑鼠同志酸傷交朋哀楚　梁
邵陵王揚州僧正智寂法師墓志銘曰緣城虛假欲海漂深三相難久八風易
侵宜是惟上德為龍為光凝情內瑩神采外揚微言折角精義解頤有同
商上蹬曰彼名醫妙法方永慧水停滋五通軫慕四衆增悲　梁陸倕誌
法師墓誌銘曰法師自說姓朱名保誌其生緣桑梓莫能知之齊故特進
吳人張緒興皇寺僧釋法義並見法師於宋太始初出入鍾山往來都邑年
可五六十歲末知其異也齊宋之交稍顯靈迹被髮徒跣負杖挾鏡或徵

索酒肴或數日不食豫言未兆懸識他心一時之中分身數處天監十三年即化於華林園之佛堂先是忽移寺之金剛像出置戶外語僧衆云菩薩當去爾後旬日無疾而殞沉舟之痛有切皇心殯葬資須事豐供厚望方墳而隕涕瞻白帳而拊心爰詔有司式刊景行辭曰欲化此城金粟降靈猗歟大士權迹帝京緒冑莫詳邑居罕見譬彼涌出猶如空現哀茲景像悲此風電將道于舟梁假我方便形煩心寂外荒內辯觀往測來覩微知顯動足塵立發言風偃業窮難詔因謝弗援慧雲晝歇慈燈夜昏

【表】梁簡文帝上大法頌表曰臣聞至理隆而德音闡成功臻而頌聲作天上天下妙覺之理獨圓三千大千無緣之慈普被慧舟匪隔法力無根澤雨無偏心田受潤是以九圍共溺並識歸涯萬國均夢一日俱曉

【啓】齊王融謝竟陵王示法制啓曰翔慧燭於昏塗灑法水於塵路至夫澄心洗累之規莊情束影之制解網出界之訓滅惑淨照之旨固已行首霜威字端風厲信可以糟滓五書糠秕百氏升罩聃周筲尼旦所謂窺七澤而狹瀆江登太山而小天下　法門頌啓曰伏以迦文啓聖道冠百靈常住置

言理高萬乘神儀挺發非望雲就日所追睿識獨尊豈生明弱言能企鹿苑金輪弘汲引以濟俗鶴林雙樹顯究竟以開珉惜乎祇園滅影鷲岳淪光微辭既遠大義如綴自非宣遊十地擁接九區豈有導覺水之塗源極法雲於落仍明公臨覽四諦之恣空悟三葉之暫有應務屈己則仁兼亶奭隨方申道則慧一淨名驅率土於福林入蒼黔於正術　梁昭明太子謝敕賚銅造善覺寺塔露盤啓曰燥濕無變九布見奇寒暑是宜六律成用況復神龍負子光斯極妙金烏銜帶飾慈高表函谷恥其詠歌臨淄惡其祥應陽燧含影還避日輪甘露入盤足稱天酒　梁簡文帝敕聽從舍利入殿禮拜啓曰臣綍啓不生羽翼無假神通身升淨土高排閶闔足踐蓮花方茲非喻行躡寶梯比斯未重　荅同泰寺立剎啓曰竊以寶塔天飛神龕地踴豈惟昔代復見茲辰嘉彼百靈欣斯十善雖復紫煙且聚比此未儔朱光夜上方今知陋　東宮上摇得慈覺寺鍾啓曰竊以白亭舊壁絕顯禎祥之氣闕里故堂暫聞鍾石之響音猶復存諸良史汗彼篆素豈如杏梁遺飾迴成紺殿椒塼昔勳仍構寶階啓曩彝鍾於殊里記靈文於福地雖魏廟墜

魯祠現生固以推茲孝感惡此禎契將郭令鄙其閒金羊田陋其産玉豈宣季武庭樹愧韓起之譽蜀相宅基慙孝安之碣伏惟覽啓增思撫瑞深悲慟女視奩哀踰封篋

梁元帝謝勑送齊王瑞像還啓曰臣聞非晦非明法身凝寂有感有見渴仰赴幾伏惟陛下百姓爲心宜觀種覺十方皆見普照王畿將使化行南國乃睠西顧江水安流大川利涉鮮雲靉靆暫掩晨離甘露霏微猶藏宿霧高明可仰與天花而俱落清梵騰空雜塤篪以相韻頂禮最勝敬謁法王瞻彼猪牆不足爲喻立處針鋒弗云易擬臣身持淨戒心抃法流接足道周膜拜路左得未曾有喜躍充遍

梁邵陵王荅皇太子示大法頌啓曰茲鋒辯壯妙辯縱横慧擔雨雪智包三藏故五時之說既陳七處之禮斯聚梵般若之妙源顯無生之真諦心注八流意含五忍能使六地震動四花普雨折木蓋鱗開羅散翮香鳥步花馴遊於雲圃瑞雀飛環翔舞於風前高門洞啓不因銅馬之飾寶殿霞開寧假鳳皇之瑞雖復長卿壯辭曾何足數子雲妙句比此蔑如

梁沈約上錢隨喜光宅寺啓曰伏惟中陽故里舂陵舊居爽塏滌蕩曾無遺築若使人教早流法尊二代開塔白水樹刹枌榆可以傳美

垂跡迄今不朽　送育王像并上錢燭等啓曰竊以無名無色理絶應感不身即身猶觀願力惟願燈明道成長爲八耆之侶菩提無上永廁千子之蹤　臨終懃加篤信啓曰抱疾彌留迄今未化形神欲離窮楚盡毒撡刀坐劒此爲輕仰惟深入法門厲茲苦節内矜外恕寔本天懷伏願復留聖心重加推廣僧臨塗無復遺恨雖慙也善庶等哀鳴　謝齊竟陵王示華嚴瓔珞啓曰竊以六詩雨散百氏雲興或事止褒刺或義單小辯莫不雕風煙之氣狀流日月之英華明公該玄體妙凝神宙表廕法雲於六合揚慧日於九天因果悟其初心善提證其後業階無生之遠岸汎正水之安流爰建三遠十號之尊崇四辯八聲之妙極法身與金剛齊固常住與至理俱存

【序】梁武帝小亮法師涅槃疏序曰非言無以寄言言即無言之累累言則可以息言言息則諸見競起所以如來乘本願以託生現慈力以應化離文字以設教忘心相以通道欲使珉玉異價涇渭分流佛性開其本有之源涅槃明其歸極之宗非因非果不起不作　梁元帝法寶聯璧序曰竊以觀乎天文日月所以貞麗觀乎人文藻火所以昭發況復王毫朗照出天人之表金牒解空生文章之外雖境智

宜焉言語斯絕詩歌作焉可略談矣粤乃書偁暢語篇陳夢説昔則王織居毫令則帝業惟揚功施天下我之自出　梁沈約内典序曰尚矣哉羣生之始也義隱三藏之外事非一乘所窺旨並識同犇隨緣受業人天異軌翾動殊貫苦樂翻回愚智相襲莫不火宅輪騖焉人壽飈遷以寸陰之短驟驪永劫之延路情靈起伏萬緒千名能仁權跡四門既悟道之始假滅雙樹寧有薪盡之實而天人瞻慕髣髴與情範金琢玉圖容寫狀靈姿炫日寶剎凌雲或設鬼神之功或資體腦之力製非人匠寶以合成莫不龍章八彩瓊華九包墳典丘索域中之史策本起下生方外之紀傳統而爲言未始或異也而經記繁廣條流舛散一事始末衰異卷分或辭義離斷或文字片出甫涉後條已昧前覽尋源討流未知攸適雖精理瑩心止乎句偈而觸物未悟學致迷惑是故曲辯情靈栖心妙典伏膺空有之説博綜兼忘之書該括羣流集成茲典事以例分義隨理合論功約廣尚於斯矣

【書】梁簡文帝與廣信侯書曰伏聿淨名法席親承金口辭珍鹿苑理愜鷲山微妙密藏於斯既隆莊嚴道場自茲彌闡豈

止息燈夜執亦乃意繫晨飛每憶華林勝集亦叨末位終朝竟夜沐浴妙言至於席罷日餘退休旁省攜手登躡兼展談笑仰望九層俯窺百尺金池動月玉樹含風當於此時足稱法樂　答湘東王和受試詩書曰時有效謝康樂裴鴻臚文者亦頗有惑焉謝故巧不可階裴亦質不宜慕王暉金銑及爲拙目所嗤巴人下俚更合郢中之聽陽春高而不和妙聲絕而不尋竟不精討錙銖校量文質有異巧拙終媿醜妍是以握瑜懷玉之士入鄭邦而知退章甫翠履之人望閩鄉而歎息

藝文類聚卷第七十七

藝文類聚卷第七十八

靈異部上

仙道

史記曰蓬萊仙丈瀛洲此三神山者在渤海中蓋嘗有至者諸仙人及不死藥在焉其物禽獸盡白而黃金白銀爲宮闕未至望之如雲及到三神山反居水下欲到則風引船而去終莫能至　又曰黃帝採首山銅鑄鼎於荊山之下鼎旣成有龍垂胡髯下迎黃帝黃帝上騎群臣後宮從上者七十餘人小臣不得上乃悉持龍髯龍髯拔墮黃帝弓百姓仰望帝旣上乃抱其弓與胡髯故後世因名其處曰鼎湖其弓曰烏號　漢書曰梅福居家常讀書性少爲事至元始中王莽專政福一朝弃妻子去九江至今傳以爲仙人其後人有見福者於會稽變爲吳市門卒　晉中興書曰葛洪字稚川亡時年八十一視其貌如平生體亦軟弱舉屍入棺其輕如空衣時咸以爲屍解得仙　莊子曰藐姑射之山有神人居焉肌膚若氷雪綽約若處子不食五穀吸風飲露乘雲氣馭飛龍遊于四海之外　又曰黃帝立爲天子十九年聞廣成子在於崆

峒之上故往見之曰我聞吾子達於至道敢問至道之精廣成子曰自而治天下雲氣不待族而雨草木不待黃而落日月之光益以荒矣又奚足以語至道黃帝退居三月復往邀之廣成子南首而卧黃帝從下風膝行而進再拜稽首問曰聞吾子達於至道敢問治身奈何而可以長久廣成子蹷然而起曰善哉問乎吾語汝至道至道之精窈窈冥冥至道之極昏昏默默無視無聽抱神以靜形將自正心靜神清無勞汝形無搖汝精乃可以長生　淮南子曰盧遨遊乎北海經乎太陰入乎玄闕至蒙穀之上見處士者深目而喉渠頭渠大也而鳶肩豐上殺下軒軒方迎風而舞顧見盧遨翻然下其臂遯逃乎碑下遨就觀之方捲龜遨而食合藜遨與之語若士囂然笑曰嘻子中州之人不宜而遠至此猶光乎日月而載乎列星　列仙傳曰蕭史秦繆公時善吹簫能致白鵠孔雀公女字弄玉好之以妻焉遂教弄玉作鳳鳴居數十年鳳皇來止其屋爲作鳳臺夫婦止其上不下數年一旦皆隨鳳皇飛去故秦氏作鳳女祠雍宮丗有簫聲　又曰陶公六安冶師數行火火一旦散上紫色衝天公

伏治下求哀須臾朱雀止治曰安公安公治與天通七月七日迎汝以赤龍至時安公騎之東南上城邑數萬人豫祖安送之皆辭訣　又曰呂尚冀州人生而內智豫知存亡避紂亂隱遼東三十年西適隱於南山釣於卞谿三年不獲魚問曰可以止矣尚曰非爾所及也果得大鯉有兵鈐在腹中服澤芝地衣石髓二百年而告亡葬之無尸唯有玉鈐六篇在棺中　又曰江妃二女不知何許人出遊江湄逢鄭交甫不知其神人也女遂解珮與之交甫悅愛珮去數十步空懷無珮女亦不見　又曰漢淮南王劉安言神仙黃白之事名爲鴻寶萬畢三卷論變化之道於是八公乃詣王授丹經及三十六水方俗傳安之臨仙去餘藥器在庭中雞犬舐之皆得飛升　又曰赤松子神農時雨師服水玉教神農能入火自燒至崑崙山西王母石室隨風雨上下炎帝少女追之亦得仙俱去高辛時爲雨師　又曰偓佺采藥父也好食松實體毛數寸能飛行逐走馬以松子遺堯堯不服時受服者皆三百歲

又曰安期生琅耶阜鄉人賣藥海邊時人皆言千歲秦始皇請見與語三日三夜賜金璧數萬出於阜鄉亭皆置去留書以赤玉舃一量爲報

曰復千歲來求我於蓬萊山下始皇遣使者數人入海未至蓬萊山輒風波而還立祠阜鄉亭海邊十處　又曰負局先生語似燕代間人因摩鏡輒問主人得無有疾苦者若有輒出紫九赤藥與之莫不愈數十年後大疫每到戶與藥愈者萬計不取一錢後止吳山絶崖世世懸藥與人曰吾欲還蓬萊山爲汝曹下神水崖頭一旦有水白色從石間來下服之多所愈立祠十餘年　神仙傳曰董威輦不知何許人晉武末在洛陽白社中寢息身上藍縷衣不蔽形恒吞一石子經日不食或市乞傭作人或往觀之亦不與言時或著詩莫知所終　又曰漢期門郎程偉妻者能通神變化偉嘗從出而無時衣甚愁妻即爲致兩縑無故至前偉好黄白連時不成妻乃出囊中藥以少投其巳煎水銀須臾成銀偉欲從授方終不可得云偉骨相不應得之逼之不已妻死尸解去　又曰葛玄字孝先從左元放受九丹液仙經與客對食並言及變化之事客曰食畢先生作一事特戲者玄曰君得無促促欲有所見乎乃嗽口飯盡成大蜂數百皆集客身亦不螫人食久玄乃張口蜂皆飛入口都畢玄嚼食之是

故飯也玄玄指牀使行指蝦蟆及諸行蟲飛鷰鳶雀龜之屬蜀使舞絃節如人也玄以冬爲客設生瓜棗夏致氷雪又以數十錢使人散投井中玄以一器於井上呼錢出於是錢一一飛從井出皆向所投也　又曾爲客設酒無人傳之杯自至前如或不盡杯不去也帝問曰百姓思雨寧可得乎玄曰雨易得耳乃書符著社中一時之間天地晦冥大雨流潦　又曰老子姓李名耳字伯陽楚國苦縣賴鄉人也其母感大星而有娠雖受氣於天然生於李家猶以李爲姓又云其母懷之八十一歲乃生生時剖其母左腋出出而白首故謂之老子云母到李樹下生老子生而能言指李樹曰以此爲我姓又有老聃之號老子黃色美眉廣顙長耳大目疏齒方口厚脣額有參午達理日角月庭鼻骨雙柱耳有三門足蹈三五手把十文以周武王時爲柱下史時俗見其久壽故號之老子所出度世之法九丹八石玉醴金液治鬼養性絶穀變化役使鬼之法　又曰彭祖諱鏗帝顓頊玄孫至殷之末世年已七百餘歲而不衰少好恬靜惟以養神治生爲事王聞之以爲大夫稱疾不與政事善於補導之術并服水桂雲母粉麋角常有少容采

女乘輜軿往問道於彭祖采女具受諸要以教王王試爲之有驗欲秘之彭祖知之乃去不知所如其後七十餘年門人於流沙西見之　又曰王烈字長休邯鄲人也烈入河東抱犢山中得一石室室中有兩卷素書烈讀不知其字不敢取頗諳十數字形體歸書作以示嵇叔夜叔夜盡知其字烈喜乃將叔夜往識其經分明了了往至失石室所在烈竊語弟子曰叔夜不應得道故也　又曰欒巴者蜀郡人也正朝大會巴獨後到又不飲而南噀有司奏巴大不敬有詔問巴巴頓首謝曰臣鄉里以臣能治鬼護病爲臣生立廟今旦耆老皆入臣廟不可委之是以頗有酒色臣適來本縣成都市上失火臣故噀酒爲雨以滅火非敢不敬罪當可坐詔原復坐即驛書問成都成都荅言正旦失火食時有大雨從東北來火乃息雨皆作酒臭　又曰河上公莫知姓名也漢孝景帝時結草爲菴于河湄甞讀老子經景帝好老子之言有所不知數事莫能通者聞人說河上公讀老子乃遣人諮所不解事以問之河上公曰道尊德貴非可遥問也帝即駕而從之公以素書二卷與帝曰熟省此則皆疑了不事多言

言也勿以示非人言畢失其所在須臾雲霧晦冥天地斗合論者爲景帝
好老子之言一世不能盡通之故神人將下教之便去也　又曰封君達隴西
人初服黃連五十餘年入鳥鼠山又於中服水銀百餘年還鄉年如二十者
關令内傳曰關令尹喜周之大夫也母氏嘗晝寢夢天下絳綃流繞其身
見長人語令咽之既覺口有盈味及真人生時有雙光若日飛遊其側室
内皆明良久不知所在其家陸地自生蓮華光色鮮盛眼有日精姿形長
雅垂臂下膝堂堂有天人之貌少好學墳素善於天文秘緯仰看俯察
莫不洞徹雖鬼神無以匿其真狀老子感焉未至九十日關令登樓四望
見東極有紫氣西邁喜曰夫陽氣盡九星宿值合歲月並王復九十日之
外法應有聖人經過京邑至期乃齋戒其日果見老子　真人周君傳曰紫
陽真人周義山字季通汝陰人也聞有欒先生得道在蒙山能讀龍蹻
經乃追尋之入蒙山遇羨門子乘白鹿執羽蓋佩青毛之節侍從十餘
玉女君乃再拜叩頭乞長生要訣羨門子曰子名在丹臺玉室之中何憂
不仙遠越江河來登此何索　漢武内傳曰李少君字雲翼齊國臨淄

人好道入泰山採藥修絶穀全身之術遇安期生少君疾困叩頭乞活安期以神樓散一匕與服之即愈乃以方干上言臣能凝澒成白銀飛丹沙成黄金金成服之白日升天身生朱陽之翼艷備貟光之翼竦則凌天伏入無間控飛龍而八遐遍乘白鴻而九陔周冥海之棗大如瓜鍾山之李大如瓶臣以食之遂生奇光師安期授臣口訣是以保萬物之可成也於是上甚尊敬爲立屋第　漢武故事曰上巡狩過河間見青紫氣自地屬天望氣者以爲其下有奇女必天子之祥求之見一女子在空館中姿貌殊絶兩手皆拳上令開其手數百人擘莫能開上自披手即申由是得幸爲拳夫人進爲婕妤居鉤弋宫解黄帝素女之術大有寵有身十四月産昭帝上曰堯十四月而生鉤弋亦然乃命其門曰堯母門

搜神記曰遼東城門有華表柱忽有一白鶴集柱頭時有少年舉弓欲射之鶴乃飛徘徊空中而言曰有鳥有鳥丁令威去家千歳今來歸城郭如故人民非何不學仙冢壘壘遂高上冲天今遼東諸丁云其先世有升仙者不知名字　又曰蒯子訓不知所來到洛見公卿數十

處皆持斗酒片脯候之曰遠來無所有示致微意坐上數百人飲啖終日不盡去後數十處皆白雲起從旦至暮時有百歲公說小兒時見訓賣藥會稽市顏色如此訓不樂住洛遂遁去正始中長安東霸城中有見之者與一老公摩娑銅人曰適見鑄此已近五百歲　神異經曰崑崙有柱焉其高入天所謂天柱也圍三千里圓如削下有仙人九府治與天地同休息　十洲記曰聚窟洲在西海中洲上有大樹與楓木相似而材芳華葉香聞數百里名此爲反魂叩其樹樹亦能自聲聲如群牛吼聞之者皆心震神駭伐其根心玉釜中煮取汁更微火熟煎之如飴令可丸名曰驚精香或名之振靈丸或名之爲反生香　又曰崑崙山三角一角正干北辰星輝名曰閬風巔其一角正西曰玄圃臺其一角正東曰崑崙宮其一處有積金爲天墉城面千里城安金臺　又曰鍾山在北海之子地仙家數十萬耕田種芝草課計頃畝　風俗通曰孝明帝時尚書郎河東王喬遷爲葉縣令喬月朔常詣臺朝明帝怪其來數而無車騎密令太史候望言其臨至時常有雙鳧

從東南飛來因伏伺見梟舉羅但得一隻舄使尚方識乃四年所賜尚書官履也每朝葉門下鼓不擊自鳴聞於京師後天下一玉棺於廳事前喬曰天帝獨欲召我沐浴寢其中蓋便上覆葬於城東土自成墳人無知之者百姓為立祠號葉君祠　異苑曰陶侃字士衡微時遭父艱有人長九尺端悅通刺子字不可識心怪非常出庭拜送此人告侃曰吾是王子晉君有巨相故來相看於是脫衣帢服仙羽升鵠而騰颺

詩

魏文帝遊仙詩曰西山一何高高高殊無極上有兩仙童不飲亦不食與我一丸藥光曜有五色服藥四五日身體生羽翼輕舉生風雲倏忽行萬億流覽觀四海茫茫非所識　魏陳王曹植遊仙詩曰人生不滿百戚戚少歡娛意欲奮六翮排霧陵紫虛蟬蛻同松喬翻跡登鼎湖翱翔九天上騁轡遠行遊東觀扶桑曜西臨弱水流北極登玄渚南翔陟丹丘　又五遊詠曰九州不足步願得凌雲翔逍遙八紘外遊目歷遐荒披我丹霞衣襲我素霓裳華蓋紛晻藹六龍仰天驤曜靈六移景倏忽造昊倉閶闔啓丹扉雙闕曜朱光徘徊文昌

殿登陟六微堂上帝伏西櫺君羣后集東廂帶我瓊瑤佩嗽我沆瀣
漿吹噏玩靈芝徙倚弄華芳王子奉仙藥羨門進奇方服食享遐紀
延壽保無疆　又遠遊詩曰靈鼇戴方丈神岳儼嵯峨仙人翔其隅玉
女戲其阿瓊蘂可療飢仰首嗽朝霞崑崙本吾宅中州非我家
晉何劭遊仙詩曰羨昔王子喬友道發伊洛迢遞陵峻岳連翩御飛鶴
晉張協遊仙詩曰崢嶸玄圃深嵯峨天嶺峭亭館籠雲構脩梁流三曜
蘭葩蓋嶺披清風緣隟嘯　晉郭璞遊仙詩曰京華豪俠窟山林
隱遁棲　又曰登岳採五芝涉澗將六草散髮蕩玄溜終年不華皓
又曰青谿千餘仞中有一道士　又曰中有冥寂士靜嘯撫清絃　又
曰四瀆流如淚五岳羅若垤尋我青雲友永與時人絶　又曰靜歎亦
何念悲此妙齡逝在世無千月命如秋葉蔕蘭生蓬芭間榮耀常
幽翳　又曰吞舟踊海底高浪駕蓬萊　又曰登仙撫龍駟迅駕乘
奔雷鱗裳逐電曜雲蓋隨風迴手頓羲和轡足踰閶闔開東
海猶蹄涔崑崙若蟻堆　又曰縱酒濛汜濱結駕尋木末翹手攀金

梯飛步登玉闕左顧擁方目右眷極朱髮　又曰斑臺冠崑嶺西海濱招
摇瓊林籠藻映碧樹疏英翹丹泉漂朱沫黑水鼓玄濤尋仙萬餘
日今乃見子喬振髮見翠霞解褐被絳綃惣轡臨少廣盤虬舞雲
軿　晉成公綏仙詩曰盛年無幾時奄忽行欲老那得赤松子從學渡世
道西入華陰山求得神芝草珠玉猶糞土何惜千金寶但願壽無窮與
君長相保　晉庾闡遊仙詩曰神岳竦丹霄玉堂臨雪嶺上採瓊樹
華下挹瑶泉井　又曰南海納朱濤玄波洒北溟仰眄燭龍曜俯步朝羲
庭　又曰功疏鍊石髓赤松漱水玉憑煙眇封子流浪揮玄俗空峒臨北戶
昆吾眇南陸曾霄映紫芝潛潤汎丹菊崑崙涌五河八流縈地軸
又曰三山羅如粟巨壑不容刀白龍騰子明朱鱗運琴高輕舉觀滄海
眇邈去瀛洲玉泉出靈島瓊草被神丘　又曰熒熒丹桂紫芝之結根
雲山九疑鮮榮夏馥冬熙誰與薄採松期　又曰赤松霞霧乘煙封
子鍊骨凌仙滄漱水玉心玄故能靈化自然　又曰乘彼六氣渺茫輜駕
赤水崑陽遥望至人玄堂心與罔象俱忘　又曰朝嗽雲英玉蘂夕

挹玉膏亢髓瑶臺藻構霞綺鱗裳羽蓋紛纚　又曰玉樹標雲翠
蔚靈崖獨拔奇卉芳律蘭瑩珠隧碧菜灌清鱗萃　又曰玉房石櫾
磊砢燭龍銜輝吐火朝採石英澗立夕斲瓊葩巖下　晉張華詠蕭史
詩曰蕭史愛長年嬴女耆童顏火粒頤然排弃霞霧好登攀龍飛音天
路鳳起出秦關身去長不反簫聲時往還　又遊仙詩曰雲霓垂藻
旒羽袿揚輕裾飄登清雲間論道神皋盧簫史登鳳音王后吹鳴
竽守精味玄妙逍遥無爲墟　又曰玉佩連浮星輕冠結朝霞列坐王
母堂豐飡瓊瑶華湘妃詠涉江漢女奏陽阿　又曰乘雲去中夏隨風
濟江湘亹亹陟高陵遂升玉巒陽雲娥薦瓊石神妃侍衣裳　晉
湛方生廬山神仙詩并序曰尋陽有廬山者盤基彭蠡之西其崇
標峻極辰光隔輝幽澗澄深積清百仞若乃絶阻重險非人跡之所遊
窈窕沖深常含霞而貯氣真可謂神明之區域列真之苑囿矣太元
十一年有樵採之陽者于時鮮霞褰林傾暉映岫見一沙門披法服獨
在巖中俄頃振裳揮錫凌崖直上排丹霄而輕舉起九折而一指既

白雲之可乘何帝鄉之足遠哉窮目蒼蒼翳然滅跡詩曰吸風玄圃
飲露丹霄月室宅五岳賓友松喬　齊沈約遊仙詩曰羽客宴瑤宮
旌蓋乍舒設王子洛浦來湘娥洞庭發引逐清風高歌送奔月並
駁排帝閶連吹入天闕萬古一方春千霜豈二鬒　又曰白玉三重階黃
金九層路采煙拂紫薨芳風搖碧樹　齊陸慧曉遊仙詩曰旌翻玉
華晦袖轉雲光移襲爲黃山下投佩朱陂　梁簡文帝仙客詩曰溱
水豈難變桐刀乍可揮青書長命籙紫芙蓉衣高翔五岳小低望
九河微穿池聽龍長叱石待羊歸酒闌時節久桃生歲月稀　梁元
帝和鮑常侍龍川館詩曰珍臺接閬郎迢遞山之旁多解三真術
俱着四明方玉題書仙篆金牓燭神光桂影侵檐進藤枝遶檻長
苔文隨溜轉梅氣入風香　梁沈約華山館爲國家營功德詩曰沐
芳禱靈岳稽首恭上玄帝昔祈萬壽今請億年丹方緘洞府河
清時一傳錦書飛雲字玉簡黃金編　和竟陵王遊仙詩曰天嶠乘
絳仙螭衣方陸離玉鑾隱雲霧溶溶紛上馳瑤臺風不息赤水正連

漪崢嶸玄圃上聊攀瓊樹枝　又曰朝上閶闔日暮宴清都闕騰蓋
隱奔星低鑾避行月九疑紛相從虹旌乍升沒鳥去復還高唐雲不
歇若華有餘照淹留且晞髮　又曰陶先生登樓不復下詩曰側聞上士
說尺木乃騰霄雲軿不展地仙居多麗譙卧何三芝秀坐對百神朝銜
書必青鳥嘉客信龍鑣非止靈桃實方見大椿凋　又赤松澗詩曰松子
排煙去英靈眇難測惟有清澗流潺湲終不息神丹在兹化雲軿於此
陟頹受金液方片言生羽翼渴就華池飲飢向朝霞食何時當來還延
佇清巖側　又和劉中書仙詩曰殊庭不可及風標多異色霞衣不待縫
雲錦不須織　又清旦發玄洲日暮宿丹丘崑山西北映流泉東南流
霓裳拂流電雲車委輕霰崢嶸上不睹寥廓下無見　又沈道士館詩曰
秦王御宇宙漢帝恢武功歡娛人世盡情性猶未充銳意三山上託慕九
霄中既表祈年觀復立望仙宮寧爲心好道直由意無窮曰余知止足是
願不須豐遇可淹留處便欲息微躬山嶂遠重疊竹樹近蒙蘢開襟
濯寒水解帶臨清風所累非物外爲念在玄蹤朋來握石髓賓至駕飛鴻

都令人徑絕惟使雲路通一舉陵倒景無事適華嵩寄言賞心客歲暮爾來同　梁王筠東南射山詩曰還丹改容質握髓駐留年口含千里霧掌流五色煙瓊漿汎金鼎瑶池溉玉田倏忽整龍駕相遇鳳臺前梁庾肩吾道館詩曰仙人白鹿上隱士潛夫邊試取西山藥來觀東海田陳周弘正和庾肩吾詩曰石橋有舊路靈室儼衆仙菊潭溜餘水丹竈起殘煙桃花經作實海水屢成田逆愁歸其日里追問斧柯年　周王褒過藏矜道館詩曰松古無年月鵠去復來歸石壁藤爲路山窗雲作扉　周庾信和趙王遊仙詩曰藏山還採藥有道得從師京兆陳安世成都李意其玉魚傳相鶴太一受飛龜白日香薪寺青泥美熟芝山精逢照鏡樵客值圍棊石文如碎錦藤苗似亂絲蓬萊在何處漢后欲遥祠　又道士步虛詞曰洞靈尊上德虞石會明真要妙思玄絕虛無養谷神丹丘乘翠鳳玄圃馭班麟移梨付苑吏種杏乞山人自此逢何世從今復幾春海無三尺水山成數寸塵　又曰東明九芝蓋北燭五雲車飄颻入倒景出沒上煙霞春泉下玉霤青鳥向金華漢帝看桃核齊侯問棗花上元應送酒來在蔡經家

又曰歸心遊太極回向入無名五香芬紫府千燈照赤城鳳林採桐實春山種玉榮夏簫三舌響春鍾九乳鳴絳河應遠別黃鵠來相迎　又曰北閣臨玄水南宮坐絳雲龍泥印玉策天火練真文上元風雨散中天歌吹分靈駕千尋上空香萬里聞　又曰地鏡階基遠天牕影迹深碧玉成雙樹空青為迥林鵲巢甚鍊石蜂房得煑金漢武多嬌慢淮南不小心蓬瀛入海底何處可追尋　又曰麟州一海闊玄圃半天高浮丘迎子晉若士避盧遨經飡林慮李舊食綏山桃成丹須竹節刻髓用蘆刀無妨隱士去即是賢人逃　周蕭撝和梁武陵王遙望道館詩曰神境流精闕仙居紫翠房今有尋真地邇迤麗通莊九柱含虬重三臺飾夜光金輝碧海桃玉笈紫書方拂蓰青鳥集吹簫白鳳翔屢復歸堪是鸞石在詎非羊煙霞四照蘂風月百名香於茲喜臨眺願得假霓裳　陳張正見遊匡山簡寂館詩曰三梁礀本絕千仞路猶通即此神山內銀牓映仙宮鏡似臨峯月流如飲澗虹幽桂無斜影深松有勁風惟當遠人望知在白雲中　陳陰鏗遊始興道館詩曰紫臺高不極青溪千仞餘壇邊逢藥銚洞

裛閱仙書旦庭舞經鶴池遊被控魚稍昏蕙菜斂欲瞑槿花疏徒交斉柯爛會自不夌虛　又賦詠得神仙詩曰羅浮銀是殿瀛洲玉作堂朝遊雲暫起夕餌菊恒香聊持履成鶩戲以石爲羊洪崖與松子乘羽就周王

賦　漢司馬相如大人賦曰相如拜爲孝文園令見上好仙乃遂奏大人賦其辭曰世有大人在乎中州宅彌萬里曾不足以少留悲世俗之迫隘揭輕舉而遠遊垂絳幡之素霓戴雲氣而上浮建格澤之脩竿總光曜之采旄垂旬始以爲幓曳彗星而爲髾絶少陽而登大陰與真人乎相求屯余車而萬乘翠雲蓋而樹華旗歷唐堯於崇山過虞舜於九疑堨度九江越五河時若曖曖將混濁召屏翳誅風伯刑雨師排閶闔而入帝宮載玉女而與之歸登閬風而遥集飛鳥騰而一止吾乃今日覩西王母皓然白首戴勝　而穴處亦幸有三足烏爲之使遣屯騎玄闕軼先駈於寒門下崢嶸而無地上寥廓而無天視眩泯而無見聽敞怳而無聞乘虛無而上假超無友而獨存　後漢桓君山仙賦曰余少時爲中郎從孝成帝出祠甘泉河東見郊先置華陰集靈宮宮在華山

下武帝所造欲以懷集仙者王喬赤松子故名殿爲存仙端門南向山署曰望仙門竊有樂高妙之志即書壁爲小賦以頌美曰夫王喬赤松呼則出故翕則納新夭矯經引積氣關元精神周洽鬲塞流通乘凌虛無洞達幽明諸物皆見玉女在旁仙道既成神靈攸迎乃驂駕青龍赤騰爲歷躡玄厲之擢嶵有似乎鸞鳳之翔飛集于膠葛之宇泰山之臺吸玉液食華芝漱玉漿飲金醪出宇宙與雲浮洒輕霧濟傾崖觀滄川而升天門馳白鹿而從麒麟周覽八極還崦華壇汜汜乎濫濫隨天轉旋容容無爲壽極乾坤　後漢黃香九宮賦曰伊黃靈之典度存文昌之會宮握琁璣而布政總四七而持綱和日月之光曜均節度以運行經閶闔而出玉房謁五岳而朝六宗蹠崑崙而跪碣石蹈厎柱而跨太行肘熊耳而據桐柏分嶓冢而持外方使織女驂乘王良爲之御三台執兵而奉張軒轅乘駏驢而先駈左青龍而右觜攜前七星而後騰蛇　晉陸機列仙賦曰夫何列仙玄妙超攝生乎世表因自然以爲基仰造化而閒道性冲虛以易足年緬邈其難老爾乃呼翕沆

陽抱一含元引新吐故雲飲露飡違品物以長眄妙羣生而爲言幽其、嘉會之仇息宴遊栖則昌容弄玉洛宓江妃觀百化於神區覲天皇於紫微過太華以息駕越流沙而來歸 又陵霄賦曰挾至道之容微狹流俗之紛汩颺余節以遠横風扶揺而相予削陋跡於分丘省遊仙而投軌凱情累以遂濟豈時俗之云阻判煙雲之騰躍半天步而無旅詠陵霄之飄飄永終焉而弗悔昊蒼煥而運流日月翻其代序下霄房之靡迄卜良辰而復舉陟瑶臺以投轡步玉除而容與 梁陶弘景水仙賦曰淼漫八海汯汩九河中天起浪分地爲波東卷長桑日窟西幹龍築木月阿迺者潼關不縋一石門巳開導江出漢浮濟達淮漳渠水府包山洞臺娥英之所遊往琴馮是焉去來於是碧巖無霧緑水不風飛軒紹鳳遊軿駕鴻上朝紫殿還觀青宮進麾八老顧拂四童酌丹究之酎薦麟洲之肴錫旌麗日羽衣拂霄亦有先覺之秀獨往之英窺若士於蒙穀求吕梁於石城從霧光於底柱索龍威於洞庭迎九玄於金闕謁三素於玉清更天地而彌固終逍遥以長生 又雲上之仙風賦曰縹緲遥裔亘碧海而颺朝霞淩青煙而溥天際出龍門而激水度葱関以飛雪於是漢區動御月軌驚文浮虛入景登空沉雲一舉萬里曾不浹辰此列子有待之風也若乃緜括宇宙苞絡天維周流八極迴環四時氣值節而動律位殊巽而離箕徒見去來之緒莫測終始之期此太虛無爲之風也　梁江淹丹砂可學賦曰或曰黃金可鑄僕不信試爲此辭秉河漢之光氣騎列星之采色輟陰陽於形有傳變化於心識既而睃碧臺之錯落曜金宮之玲瓏沼蓮華於繡閤化蒲陶於錦屏奏神鼓於玉袂舞靈衣於金裾韻躑躅而易變律參差而難圖非南風之能擬詎濮水之敢模

頌

魏陳王曹植玄俗頌曰玄俗妙識飢餌神穎在陰倏逝即陽無景逍遥北岳淩霄引領揮霧昊天舍神自靜　晉宰秀老子頌曰深哉伯陽誕此靈姿研精玄奥幽賛神微抱質懷素蘊寶藏輝述而好古儀聖作師周衰道廢厥猷匪宣龍潛初九亢志皓然於邈高風微音永傳　又彭祖頌曰於休彭公應運特生窮神知化妙物通靈挹之不冲滿之不盈韜光隱曜混沌玄清確乎其操邈乎其度含真蕩穢離俗遺

務託神玄妙遊心泰素享年七百實降其祚惠我無疆倫道作故　又王喬赤松頌曰妙哉松喬稟此殊姿含精握氣靈德是綏藏器華圃允首騰飛齊跡風雲超遠姿微乃翔靈墳鳥像人聲低徊舊土眷此平生惠而不諒凋我素形神儀既隕翻飛而征遨遊入維跨騰九冥應變罔極與道虛盈

贊

晉陸機王子喬贊曰遺形靈岳顧景忘歸乘雲倏忽飄飄紫微　晉湛方生老子贊曰教由嚴宗化必有資深矣若人乃作皇師亦祭儒訓道實希夷恂恂孔父是敬是祗　晉郭璞馮夷贊曰稟華之精食惟八石乘龍隱淪往來海客若是水仙号曰河伯　又曰水土氷鮮潛映洞川赤松是服靈蛻乘煙吐納六氣升降九天　宋孝武帝洞井贊曰絳紀山瑞紫志川靈金膏溢曜玉樹含英端巖流泉抱祥吐禎彪彬仙牒揮會翁詭經　梁江淹王子喬贊曰子喬好輕舉不待鍊銀丹控鶴上窈窕學鳳對巑岏山無一春草人有千年蘭雲衣不躑躅龍駕何時還　又陰長生贊曰陰君惜靈骨珪璧詎為寶日夜名山側果得金丹道憂傷永不亡光顏如碧草若渡西海時致意三青鳥　又白雲贊曰此人煙世

不覩赤鮮庖所捐白雲亦海外並蓋起三山簫瑟玉池上容裔帝臺前欲知清都衆乘此乃登天　又秦女贊曰青琴既曠丗綠珠亦絕群猶不及秦女十五乘綵雲鬟質人不見瓊光俗詎聞使洛靈脩往爲我道奇芬

碑　齊孔稚珪玄館碑曰夫朋白兎而侶青鳥啓銀函而講金字者有道存焉故能大叩玄宗鬱爲物範則天地正六合照日月而導蒼生神道無門陰陽不測是故赤松家石室之下神農行弟子之敬廣成在崆峒之上軒轅稟順風之禮洛浦笙飛之秀閬山駕鳳之英凡此之儔希丗間出皆雍容以沐咸池或蕭灑而開閶闔　梁簡文帝招真館碑曰夫東瀛淥水三變成田西岳靈桃千載末子尚以早起牽牛苟首迢遞律生甲子氣數杳冥沈復上遊玉清損之又損高排金闕玄之又玄豈言象之能筌非時節之所辯高巖鬱起帶青雲而作峯瀑水懸流雜天河而俱瀉雖曰門採藥之地楚望懷椒之歌陽反流沙之覡錦識汾陰之鼎無以喻書銘曰玉龜二始金書八會道浹地忠功浮天外故帝可小推真能大德起同塵善生塞兌保物自然人符交泰掩映綠羅穹

隆崇蓋仙治之美此焉爲最雄柱千步陽臺百丈水均下矚山踰高望野寂雲興禽鳥繁山響昇虹音絳夕棲豐雷朝上書藏玉柙藥藴銀筒燒鉛辭鯉折桂和葱岕柯雖朽碑石無窮　梁元帝南岳衡山九真館碑曰簫鼓騰空煙霞相接星辰奪采燈燭非明風牖雲梁千門萬戶樓施九柱巳同賴鄉之地山帶五城復類玄洲之所玉版之經猶藴金丹之匭存焉上月臺而遺愛登景雲而忘老欣欣然不知所以而然日暉石瓦東眺靈壽之峯月蔭玉牀西瞻華蓋之嶺竹類黄金既葳蕤而防露木似紅蓮且芬披而拂日杯傳九醞隱淪之車晨至堂開四扇西楹之鍾夜響　又青溪山館碑曰原夫法象莫過於天地著明莫過於日月鼓之以雷電潤之以風雨咸秩無文所以名山致祭峻極於天青溪山者荆南之中岳也隱隱干霄亭亭無際雲蓋三層如在帝臺之側桂林八樹非異崑山之傍輕霞旦起影落照於陽溪清風遠至響猿鳴於巫峽西臨百丈之穴南帶千仞之水洪源湛淡長波縈復　梁沈約善館碑曰至道玄妙無跡可尋寄言立稱巳乖宗極神宇靈房於義非取九仙緬邈等級參差　或藏形洞府或棲志靈岳達人獨往之事志非易

立飡朮飲澗之情理難輕樹止欲漸去喧囂稍離塵雜於是既加整葺
營建堂宇北負崇岳南枕脩衢迴託人表雞犬相絕庭流松響戶接
雲根指瓊樹而朝飡就瑤臺而一息霓裳不反鳧舄忘歸朝九星
謁羣帝悠哉邈乎與天地相畢矣　又桐柏山金庭館碑曰若夫上玄奧遠
言象斯絕金簡玉字之書玄霜絳雪之寶俗士所不能窺學徒不敢輕
慕非天稟上才未易可擬自惟凡劣識鑒鮮方早尚幽栖屏棄情累留
愛林壑託分鳥魚既遠出天台定居茲嶺所謁之山實惟桐柏仰出星河
上參倒景高崖萬仞邃澗千回翹心屬念晚臥晨起採三芝而延佇飛九
丹而宴息乘鳧輕舉留舄忘歸銘曰日爲車馬芝成宮觀虹旌拂月龍
軿漸漢萬春方華千齡始且　梁陶弘景許長史舊館壇碑曰悠哉曠
矣宇宙之靈也固非言象所傳文跡可記嘿然則後之人奚聞乎銘曰昔在
西漢三茅來賓爰曁東晉二許懷眞載其浚井捿道接神允膺輔聖
錫茲符震勝殿密響瀉瓶楊芬瑤宮碧簡絢采垂文瓊函玉檢綺席繡
巾蘭釭烈耀金鑪颺薰　又茅山長沙館碑曰夫萬象森羅不離兩儀

所育百法紛湊無㦸三教之境搢紱之士飾禮容於闈閤耿介之夫揚旌麾於門裔銘曰至哉乾元萬物資始皇王受命三才乃理惟聖感神惟神降祉德被歌鍾名昭圖史友于兄弟猗惟西宣言追茂實用表遺先敢巡舊制有華雜章刊字弗朽弈代留芳　又太平山日門館碑曰日門館者東霞啓暉開巖引燭以爲名也先是吳郡杜徵君聲高兩代德冠四區敎義宜流播乎數郡拓宇太平之東結架菁山之北爰以此處幽奇別就基搆棲集有逾多歷世年　陳沈炯林屋館記曰夫玄之又玄處衆妙之極可乎不可成道行之致斯蓋寂寥窅冥希微恍惚故非淮南八仙之圖賴鄉九井之記至若崑山平圃銀牓相暉蓬閬仙宮金臺崛起甬瞰昌臺傍連飛閣桂柱星羅瓊軒雲搆銘曰大道旣隱衆聖無門悠悠大極誰見玄根祈年立秦望仙表漢髣髴神靈依俙宮觀峨峨林屋輪奐徘徊庭羅花鳥室靜塵埃　陳徐陵天台山館徐則法師碑曰夫海水揚塵幾千年而可見天衣拂石幾萬歲而應平至人者譬彼晨昏方乎晷刻固非俗士之所能言寰中之所能量者也至如不死之

草猶稱南喬長生之樹尚挺西崑百紀遊龜皆登蓮葉千齡壽鶴或舞松枝假矣生民何其夭脆辟彼風電同諸泡沫琢火之歎聞諸往賢逝水之悲嗟乎前聖樵人看博信夫始乎汰泡留仙客彈琴固不移於俄頃然而子孫皆其數世鄉黨咸爲草萊是以志士名賢飄然長騖騄擅榮利歷蹤風塵服冕乘軒其猶桎梏朱庭紫閤事甚籠樊隱淪巖洞飡餌芝髓忽矣身輕俄然羽化金繩玉版受謁帝之符龍駕霓裳處仙宮之籙法師蕭然道氣卓矣仙才千仞巘標萬頃無廢所以伊川控鶴萊縣乘鳧靈化無方去還斯在銘曰來去三島嘗遊二童然香雨上擊磬雲中玉粒雖軟金膏未鎔方流道葉潛彼昏蒙

銘

梁陶弘景茅山曲林館銘曰層嶺外峙邃宮內映广穴旁通濼泉遠鏡尚德依仁祈生翊命且天乙地若凡若聖連甍比棟各謂知道參差經術跌宕辭藻孰曰曲林獨爲勁好奄跡韜功守茲偕老　周王褒靈壇銘并序曰悠悠五緯乃欽若於堯典茫茫九州爰致功於禹跡猶以天步懸遠黔首筭而弗窮地載遐荒章亥馳而未極浩庭霄月度吐納天和崑閬滄溟胞胎元一九靈

之府神依所以降祥五英之闕萁華以昭應推劫運之短長校河源之廣
狹谷永上書譬流風之不繫桓譚作論明弱水之難航豈知迴天金簡惟
傳上聖洞神玉策尚隔中仙于時金風戒辰三光澄曜香雨乘空天花入
室帝乃升法座説玄言有覆洞微闡揚衆妙洪鍾應叩衢樽待酌銘
曰鍾鳴上界梵響玄宮紫辰濯水青樹搖風入覺修行七教弘通神機詣
理秋毫折空函席廣開法輪徐轉入神精義談天勝辯逐境晦明應機深
淺或照感業方圖雲篆　又館銘曰雲橋啓館景曜開扉明庭朝禮
仙宮羽衣鸞履霄去鳧舄晨歸練石三轉燒丹七飛昆吾陶鑄丹
楊淦銑畫寫龍文圖開彫篆聲隨地氣調均大辯九宮方應万靈稱
善

【書】 梁沈約與陶弘景書曰先生糠粃俗流超然獨遠列霓羽帶逸
變雲霞方當名書絳簡身遊玄闕憑星夕卧望日朝飡而至理深微
瞍焉難睹惟欲下風問道未知所從路若夫栖遲閑遠咀嚼瓊芝出入清都
游友靈聖循崖反跡無缺惟心　梁陶弘景答朝士訪仙佛兩法體相書
曰某等　曰昔竊觀仙書輒暨欣忘倦徒羨其文莫測其理尋七尺之

體既同稟太始俱限五常以何因緣獨超青雲而弊金石者乎先生領袖玄門學窮仙苑必有以竭其川岸請略聞雅說隱居答曰至哉斯訊豈蒙生所辯雖然試言之若直推竹柏之匹桐柳者此本性有殊非今日所論若引庖刀湯稼從養餼之功者此又止其所從終無永固之期夫得仙者並有異乎此但斯族復有數種今且談其正體凡質像所結不過形神形神合時則是人是物形神若離則是靈是鬼其非離非合佛法所攝亦離亦合仙道所依今問以何能而致此仙是鑄練之事極感變之理通也當埏埴以爲器之時是土而異於土雖燥未燒遇濕猶壞燒而未熟不久尚毀火力既足表裏堅固河山可盡此形無滅假令爲仙者以藥石練其形以精靈瑩其神以和氣濯其質以善德解其纏衆法共通無礙無滯欲合則乘雲駕龍欲離則尸解化質不離不合則或存或亡於是各隨所業脩道進學漸階無窮教功令滿亦畢竟寂滅矣 【論】魏陳王曹植辯道論曰世有方士吾王悉所招致甘陵有甘始廬江有左慈陽城有郄儉始能行氣導引慈曉房中之術儉善辟穀悉號數百歲所以

集之魏國者誠恐此人之徒接姦詭以欺衆行妖惡以惑民豈復欲觀神山於瀛洲求安期於邊海釋金輅而顧雲輿弃文驥而羡飛龍哉夫帝者位殊萬國富有天下威尊彰明齊光日月宮殿闕庭箏燿紫微何顧乎王母之宮崑崙之域哉夫三烏之備役不如百官之美也素女姮娥不若椒房之麗也雲衣羽裳不若黼黻之飾也駕螭載霓不若乘輿之盛也瓊蕊玉華不若玉圭之潔也而顧為匹夫所罔納虛妄之辭信眩惑之說隆禮以招弗臣傾產以供虛求散王爵以榮之清閑館以居之經年累稔終無一驗雖復誅其身滅其族紛然足為天下笑矣若夫玄黃所以娛目鏗鏘所以樂耳媛妃所以紹先芻豢所以悅口也何必甘無味之味聽無聲之樂觀無采之色乎晉庾闡列仙論曰夫無怪物之所以然後可以通于命以達變化之情者不怪詭於異端測自然之根者不猖狂於一物故形骸雖細推之愈廣天地雖巨別之彌狹然則形骸華岱之秋毫太虛天地之掌握耳又何足以言其變化哉又若秦皇漢武體無靈骨雖懷奇化絳於尸設傾天下之資竭萬乘之位方士輻湊萬端鱗萃無救於頹年終無補於一至若天高象未分有方云云

藝文類聚卷第七十八

藝文類聚卷第七十九

靈異部下

神　夢　魂魄

神

左傳曰有神降于莘惠王問諸内史過曰是何故也對曰國之將興明神降之監其德也將亡神又降之觀其惡也故有得神以興亦有以亡虞夏商周皆有之　山海經曰西海水赤有章尾山有神人面虵身而赤身長千尺其瞑乃晦其視乃明不食不寢風雨是謁能請致風雨是謂燭龍　又曰蚩尤作兵伐黃帝黃帝乃令應龍攻於冀州之野蚩尤謂風伯所從大風雨黃帝乃下天女魃止雨遂殺蚩尤魃不得復上故所居不雨　三齊略記曰始皇作石橋欲過海觀日出處于時有神人能驅石下海城陽一山石盡起立嶷嶷東傾狀似相隨而去云石去不速神人輒鞭之盡流血石莫不悉赤至今猶爾　又曰始皇於海中作石橋非人功所建海神為之豎柱始皇感其惠通敬其神求與相見海神荅曰我形醜莫圖我形當與帝會乃從石塘上入海三十餘里相見左右莫

動手巧人潛以脚畫其狀神怒曰帝負我約速去始皇轉馬還前脚猶
立後脚隨崩僅得登岸畫者溺於海衆山之石皆傾今猶岌岌無不
東趣　史記曰五子胥死吳人憐之爲立祠於江上因名曰胥山　又曰始皇
西南渡淮之衡山南郡浮江至湘山祠逢大風幾不得渡上問博士湘
君何神對曰聞堯女舜之妻也而葬於此於是始皇大怒使刑徒三千
人伐湘山樹赭其山上　列女傳曰舜陟方死於蒼梧二妃葬於江湘之
間俗謂之湘君　搜神記曰蔣子文者廣陵人也嗜酒好色常自謂
已骨清死當爲神漢末爲秣陵尉逐賊至於鍾山之下賊擊傷額
因解綬以縛之有頃遂死及吳先主之初其吏見文於道乘白馬執白
羽扇侍從如平生文曰我當爲此土地神也爲吾立祠不爾使蟲入耳爲
災吳主以爲妖言後果有蟲入人耳皆死醫不能治又云不祠我將有大
火是歲數有大火吳主患之封爲都中侯加印綬立廟堂改鍾山爲
蔣山以表其靈也　又曰濟北弦超嘉平中夜夢神女從之自稱天上
玉女東郡人姓成公字智瓊早失母天帝哀其孤苦令得下嫁從夫

當其夢也嘉喜非常覺見寤欽想如此三夕四旦顯然來遊駕馬輜軿車從八婢服綾羅綺繡狀若飛仙自言年十七遂為夫婦贈詩曰飄飄浮勃述敖曹雲石滋神仙豈虛降應運來相之　又杜蘭香別傳曰杜蘭香自稱南陽人以建興四年春數詣張傅傅年十七望見其車在門外婢通言阿母所生遣授配君君可不敬從傅先改名碩碩呼女前視可十六七說事邈然久遠有婦子二人大者萱支小者松支鈿車青牛上飲食皆備作詩曰阿母處靈岳時遊雲霄際衆女侍羽儀不出墉宮外飄輪送我來豈復恥塵穢從我與福俱嫌我與禍會至其年八月旦來復作詩曰逍遥雲霧間呼嗟發九嶷流汝不稽路弱水何不之出署著豫子三枚大如雞子云食此令君不畏風波辟寒温碩食二欲留一不肯令碩盡食言本為君作妻情無曠遠以年命未合其小乖太歲東方卯當還求君　王隱晉書曰鎮南劉弘以故刺史王毅子衡陽太守矩為廣州矩至長沙見一人長大著布單衣自持奏在岸上矩省奏云京兆杜靈之仍入船共語稱叙希闊矩問君京兆人何時發來

荅曰朝發矩怪京兆去此數千郍得朝發今到杜合云僕天上京兆去此乃數萬何止數千乎　異苑曰衡陽山九嶷皆有舜廟漢世零陵文學姓奚於泠道縣舜祠下得笙玉管舜時西王母獻　又曰陸機初入洛次河南之郾師時夕望道左若有民居因往逗宿見一年少神姿端遠與機言玄門妙物機心伏其能無以訓抗機提緯古今物怨驗名實此年少不甚欣解既曉便去機稅驂逆旅　逆旅嫗曰此東數十里無村落止有山陽王家墓耳機乃怪悵然還睇昨路空野霾雲拱木蔽日知所遇者信王弼墓也　又曰吳相伍員廟永嘉中吳郡人叔父為臺郎在洛值京都傾覆歸塗阻塞當濟江南風不得進既投奏即日得渡　又曰長沙羅縣有屈原自投之川山水明淨異於常處民為立廟在汨潭之西岸側盤石馬跡尚存相傳云原投川之日乘白驥而來　幽明錄曰王輔嗣注易輒笑鄭玄為儒云老奴無意王時夜分忽然聞外閣有著屐聲須臾進自云鄭玄責之曰君年少何以輕穿文鑿句而妄譏誚老子耶極有忿色言竟便退輔嗣心生畏惡少年遇厲疾而卒

詩

梁簡文帝祠伍員廟詩曰去國

資孝本循忠全今名舟裏多奇計蘆中復吐誠行胥交吳艦焉麗入楚營光功摧妙筭手戟籍餘聲洪濤猶鼓怒靈廟尚淒清行潦承椒奠按歌雜鳳笙無勞晉后壁詎用楚臣纓密樹臨寒水疎扉望遠城窻寮野霧入衣帳積苔生惟有三青鳥斂翅時逢迎

梁劉遵和簡文帝賽漢高帝廟詩曰分蛇綸二霸迹提劍滅雄威空餘清祀勲無復瑞雲飛仙車照丹穴霓裳影翠微投玦要漢女吹管召湘妃幸逢懷精日豫奉沐休歸　梁徐陵和詩曰山宮類牛首漢寢若龍川玉椀無秋酎金燈滅夜煙丹[illegible]迫靈岳紺席下羣仙堂空沛筑響音叙低戚舞妍何殊后廟裏子[illegible]華篇　梁劉孝儀和詩曰珪幣崇明祀牲樽禮貴神風驚烏雀廟光至似來陳徘徊靈駕入叫咷倡歌新粧言兆爲己致敬乃祈民多才與多事今古獨爲鄰　梁王臺卿和詩曰沐芳事椒糈駕言迎壽宮瑤臺斜接岫玉殿上凌空樹出垂巖影竹引帶山風[illegible]長務難歇窻忽高雲易通所悲樽俎撤按歌曲未終　梁王僧孺賽詩曰桂棟承薜帷耿眇

川之湄白蘋徒可望緑並音空滋日暮思公子何意嘿然無辭**賦**楚宋王高唐賦曰楚襄王與宋玉遊於雲夢之臺望高唐之觀其上獨有雲氣崪兮直上忽兮改容須臾之間變化無窮王問玉曰此何氣也玉對曰所謂朝雲者也昔者先王嘗遊高唐怠而晝寢夢見婦人曰妾巫山之女也爲高唐之客聞君遊高唐願薦枕席王因幸之去辭曰妾在巫山之陽高丘之阻旦爲朝雲暮爲行雨朝朝暮暮陽臺之下旦朝視之如言故爲立廟號曰朝雲始出狀若何王對曰其少進也晰兮若姣姬揚袂障日而望所思忽兮改容偈兮若駕駟馬而建羽旗湫兮如風淒兮如雨風止雨霽雲無處所惟高唐之大體殊無物類之可儀比巫山赫其無疇道互折而曽累過天雨之新霽觀百谷之俱集濞洶洶其無聲潰淡淡而並入中阪遥望玄木冬榮煌煌熒熒奪人目精爛兮若列星曽不可殫形緑葉紫裹丹莖白蔕纖條悲鳴聲似竽籟清濁相和五變四會感心動耳迴腸傷氣長吏隳官賢士失志愁思無已歎息垂淚乃乘玉輿駟蒼螭於是乃縱獵者基趾如星傳言羽獵

銜枚無聲蜺爲旌翠爲蓋風起雨止千里而逝　又神女賦曰楚襄王與宋玉遊於雲夢之浦使玉賦高唐之事其夜王寢夢與神女遇其狀甚麗王異之明日以白玉曰其始來也曄乎若白日初出照屋梁其少進也皎若明月舒其光須臾之間美貌橫生燁乎如華溫乎如瑩五色並施不可殫形振繡衣被袿裳穠不短纖不長步裔裔兮曜殿堂忽兮改容婉若遊龍乘雲翔何神女之妖麗含陰陽之渥飾被華藻之可好若翡翠之奮翼其毛嬙障袂不足程式西施掩面比之無色望余帷而延視若流波之將瀾奮長袖以正衽立躑躅以不安意似近而既遠若將來而復旋褰余幬而請御願女師命太傅歡情未接將辭而去遷延引身不可親附　魏陳王曹植洛神賦曰黃初三年余朝京師還濟洛川古人有言斯水之神名曰宓妃感宋玉對楚王說神女之事其辭曰余從京域言歸東藩背伊闕越轘轅經通谷陵景山稅駕乎蘅皐秣駟乎芝田容與乎楊林流眄乎洛川於是精移神駭忽焉思散俯則未察仰以殊觀覩一麗人于巖之畔其形也翩若驚鴻婉若遊龍榮曜秋菊華茂春松

髣髴兮若輕雲之蔽月飄颻兮若流風之回雪遠而望之皎若太陽升
朝霞迫而察之灼若芙蕖出緑波濃纖得衷脩短合度　魏陳琳
神女賦曰漢三七之建安荆野蠢而作仇贊皇師以南假濟漢川之清
流感詩人之攸歎想神女之來遊儀營魄於髣髴託嘉夢以通精
望陽侯而瀇瀁覩玄麗之軼靈文絳虯之奕奕鳴玉鸞之嚶嚶答
玉質於苕華擬豔姿於蕣榮感仲春之和節歎鳴鴈之雍雍申
握椒以貽予請同宴乎奥房苟好樂之嘉合永絶世而獨昌既歎爾
以艶采又悦我之長期順乾坤以成性夫何若而有辭　魏王粲神女賦
曰惟天地之普化何產氣之淑真陶陰陽之休液育夭麗之神人禀自
然以絶俗超希世而無羣體纖約而才足膚柔曼以豐盈髮似玄
鑒鬢類刻成戴金羽之首飾珥昭夜之珠璫襲羅綺之黼衣曳縟
繡之華裳錯繽紛以雜袿佩熠爚而焜煌退變容而改服冀致態
以相移税衣裳兮免簪笄施華的兮結羽儀揚蛾微眄懸藐流離
婉約綺媚舉動多宜稱詩表志安氣和聲探懷授心發露幽情

彼佳人之難遇眞一遇而長別顧大訓之淫衍亦終身而不滅心交戰而貞勝乃回意而自絶　魏楊脩神女賦曰惟玄媛之逸女育明曜乎皇庭吸朝霞之芬液澹浮遊乎太清余執義而潛厲乃感夢而通靈感容飾之本豔奐龍采而鳳榮翠黼翬裳纖縠文袿順風揄揚乍合乍離飄若興動玉趾未移詳覩玄妙與世無雙華面玉粲韡若芙蓉膚凝理而瓊絜體鮮弱而柔鴻回肩襟而動合何俯仰之姸工嘉今夜之幸遇獲帷裳乎期同情沸踊而思進彼嚴厲而靜恭微諷說而宣諭色歡懌而我從　晉張敏神女賦曰世之言神仙者多矣然未之或驗也至如絃氏之婦則近信而有證者夫鬼魅之下人也無不羸病損瘦今義起平安無恙而與神女飮宴寢處縱情極意豈不異哉余覽其歌詩辭旨淸偉故爲之作賦皇覽余之純德步朱闕之崢嶸歷飛除而入秘殿侍太極之穆淸帝愍余之勤肅將休余於中州託玄靜以自處寔應夫子之好仇於是主人憮然而問之曰爾豈是周之褒姒齊之文姜孽婦淫鬼來自藏乎儻亦漢之

遊女江之娥皇獻貞懲倦仙侍乎於是神女乃斂袂正襟而對曰我
實貞淑子何猜焉且辯言知禮恭爲令則美姿天挺盛飾表德
以此承歡君有何惑爾乃敷茵席垂組帳嘉肴旣設同牢而饗微
聞芳澤心盪意放於是尋房中之至嬿極長夜之懽情心眇眇以
忽忽想北里之遺聲賦斯時之要妙進偉服之紛敷俛撫衽而告辭
仰長歎以歔吁乘雲霧而變化遥棄我其焉如　晉楊該三公山下
神祠賦曰南極鬱紆飛龍在天太一下石巨靈據山三后殊位惟公
在焉下則歸雲縫勃綠水流離爭湍趣戾衝石會谿高岸爲谷
嶢峴阻險梗林柰條逼塗進蹊行者息駕焉步趾於斯陟大麓登岑
岡踰爽塏歷朝陽睇華殿之顯敞覩應門之將將神木鬱蓊百
堵周乎洞房進排閶闔顧盻靈堂聚楹列峙丹飾煌煌千櫨浮
跂夭蟜騰驤累層岌業齊載長梁敷山藻於前棁綴橑槁
以采晉十文綺艧其紛縟洪範並暐以披揚爾乃逡巡降趾遊坐東廂
日不逮昏炎燎已光縣宰致祀嘉肴備詳陰祚顯應徧澤圻疆

昔毘女樂波豐禳　宋謝靈運江妃賦曰招魂定情洛神清思覃曩日之敷陳盡古來之妍媚矧今日之逢逆邁前世之靈異姿非定容服無常庱兩宜歡嚬俱適華素乎時升月隱山落日映岐收霞斂色迴飆拂渚每馳情於晨暮矧良遇之莫叙投明璫以申贈顗色授而魂與況分岫湘岸延情蒼陰隔山川之表亶褁判天地之浮沉承嘉約於往昔寧更貳於在今儻借訪於交甫知斯言之可諶蘭音未吐紅顏若輝留眄光溢動袂芳菲散雲轡之絡驛按靈轜而徘徊建羽旌而逶迤奏情管之依微慮一别之長絶眇天末而永違

梁江淹水上神女賦曰江上丈夫遊宦荆吳首衞國望燕路歷秦關出宋都徧臨見下蔡之女且説淇上之姝乃造南中度炎州經玉澗越金流路逶迤而無軌野忽漠而鮮儔既而精飛視亂意去心移倚靡蔆蓋悵望蕙枝一麗女子碧渚之崖冶異絶俗奇麗不常青琴羞豔素女慙光恨精影之不滯悼光晷之難借閲有無於俄頃驗變化於咫尺野田田而虛翠水湛湛而空碧乃唱桂棹陵衝波背橘浦向

椒阿苟懸天子有命永離訣其若何

【碑】梁簡文帝吳興楚王神廟碑曰昔者武王詢於太公五神之禮正伊陟贊於巫咸三篇之義作抑又玄矩司於坎宮漢興北畤黃虵感於通夢秦作西郊幽刑鬼神其來已尚楚王既弘茲釋教並止獻車牛既舍貞駒安俟騂角掌擊無左滌之勞牧人止楅衡之務周房般俎惟有玄澗芳芝玉罍瑤樽止陳丹桂清酌漸符不殺之教方行大士之忍此夫黃樹赤光紫衣朱鶡蔑矣哉王至制云山川神祇有不舉者爲不敬太守元景仲稽諸古典於茲往烈求傳不朽式樹高碑鐫石勒文事皆神掌靈龜負字罕遠擬洛書

齊謝朓祭文大雷周何二廟文曰大過在運小雅盡缺瓊鏡日淪金車未晰周生電斷神謨英冠正因部哥風斂雲散晉德如燬功資叶贊出無猛執鳥時曠忠賢流王于彘龜鼎忽焉忠肅布衣君親自然驅狐上國斬鯢中川紛綸凱入氛氛盪配天

梁邵陵王祀魯山神文曰敬奠魯君之靈竊以首山巒彰律表三叔之清風趙國隱淪擅三公之靈迹北坂祠城流光夜起東嶺叢室甘雨晝零故能御應不寒衮介福無爽金

壇寶宇　是衆妙之遊遨丹崖翠幄信靈人之響實像霓裳孔蓋轉日車而競前駕象乘豹載靈旗而物集江妃漢女含睇來趨湘娥洛嬪宜言在側鳴璆撫劒俠席徘徊絳節陳竽滿堂繁會奠椒懷精之歡傳巳代舞之樂桂醑溢於羽樽蕙肴盈於蘭藉既醉既飽景福攸同不震不騰神保是格炰胾之薦巳畢慶報之澤攸先願化昌而俗阜俾多祐之在旃同匪石之無轉欣滯穗之有年惟東皇兮戾止等南山而不騫

梁沈約賽蔣山廟文曰我皇體天御宇望昔日表尊備樂變乎笙鏞齎禮華於俎豆邇無不懷遠無不肅鳥革玄素之容草移丹綠之狀泉露啟味日月重光仰惟大王年踰二百世兼四代揚玉桴布瑤席秦梁楚趙之巫把瓊茅而延佇燕衛宋鄭之音結沫風而成曲九疑之來蔽日三山之駕若雲

夢

周書曰大姒夢見商之庭産棘太子發取周庭之梓樹於闕梓化爲松柏棫柞寐覺以告文王文王乃召太子發占之于明堂王及太子發並拜吉夢受商之大命于皇天上帝　東觀漢記曰諸將勸光武立乃召馮異

上曰我夢乘龍上天覺見悟心中動悸異因下席再拜賀曰此天命發於精神心口動悸大王重慎之性也異遂與諸將定議上尊號　又曰和熹皇后常夢捫天體蕩蕩正青滑有若鍾乳后仰嘆之以訊占夢言堯夢攀天而上湯夢及天舐之此皆聖王之夢　莊子曰宋元君夜夢人披髮去予爲清江使河伯之所漁者豫且得予元君覺使人占之曰此神龜也君曰漁者有豫且乎左右曰有明日豫且朝君曰漁何得對曰且之網得白龜圓五尺君曰獻若之龜龜至君再欲殺再欲活心疑卜之曰殺龜以卜吉乃刳龜七十鑽而無遺筴仲尼曰神能夢於元君而不能避豫且之網智能七十鑽無遺筴不能避刳腸之患如是則智有所困神有所不及　呂氏春秋曰孔子窮乎陳蔡之閒藜羮不糝七日不嘗粒晝寢顔回索米得而來爨之幾熟孔子望見顔回攫其甑中而飯之食熟謁孔子而進之孔子起曰今者夢見先君食絜欲饋顔回對曰不可嚮同食埃煤入甑中弃食不祥因攫而飯之（埃煤煙塵煤也）　又曰尹儒學御三年而無得焉夜夢受秋駕於師明日往朝其師而謂之曰吾非愛道也恐子之未可

予也今臣將教子以秋駕秋駕御法尹儒反走北面再拜曰今昔臣夢受之先爲其師言所夢因秋駕也　謝承後漢書曰范式字巨卿與張元伯爲友式仕郡爲功曹後夢元伯玄冠垂纓屣履呼曰我死當以時葬永歸黃泉子不我忘豈能奔喪式便馳往赴之　袁宏漢紀曰温序爲護羌校尉爲隗囂所殺世祖詔洛陽城傍爲冢長子壽爲印平侯夜夢序告之曰久客思鄉壽即棄官上書歸葬　皇甫謐高士傳曰桓帝好老子之書夜夢見老子乃詔陳相爲老子立祠　范曄後漢書曰蔡茂夢見太極殿上有三穗禾茂跳取之得其中穗輒復失之以問主簿郭賀賀因離席慶曰大殿者宮府之形像也極而有禾人臣之上禄也取其中穗者是台之位於字禾失爲秩也旬月而茂徵焉乃辟賀爲掾　續漢書曰鄭玄夢孔子造之曰起起今年歲在辰來年歲在巳既寤以讖言合之知命當終有頃寢疾而卒　辛氏三秦記曰昆明池漢武帝之習水戰中有靈沼神池去堯時洪水訖停船此池池通白鹿原人釣魚於原綸絶而去魚夢於武帝求去其鈎明日帝戲於池見大魚銜索帝

目豈非昨所夢乎取魚去其鉤而放之　陸機晉書曰王濬夢懸四刀於其壁上濬問主簿李毅毅拜曰夫三刀爲州而今益一明府其臨益州乎事具軍器部　王隱晉書曰陶侃字士衡鄱陽人少漁於雷澤夢背上生翅飛入天門見門非常不敢入而下

【賦】後漢王延壽夢賦曰余夜寢息乃有非恒之夢其爲夢也悉覩鬼神之變怪則蛇頭而四角魚首而鳥身三足而六眼龍形而似人羣行而輩摇忽來到吾前申臂而舞手意欲相引牽於是夢中驚怒腷臆紛紜曰吾含天地之純和何妖孽之敢臻乃揮手振拳雷發電舒戢遊光軒猛跣拂毅斫鬼魑捎魍魎剕諸渠撞縱目打三頭撲鬿鬾扶萛夔䰩博睥睨蹴睢盱爾乃三三四四相隨踉蹡而歷僻隆隆磕磕精氣充布訇輷㺜㺜鬼驚魅怖或盤跚而欲走或拘攣而不能步或中創而婉蝡或捧痛而號呼奄雾消而光蔽寂不知其何故嗟妖邪之怪物豈干真人之正度耳聊嘈而外即忽屈申而覺見寤亂曰齊桓夢物而亦以霸武丁夜感而得賢佐周夢九齡克百慶晉文盬腦國以競老子役鬼爲神將傳禍爲福永無恙

魂魄

淮南子曰天氣爲魂地氣爲魄　易曰精氣爲物遊魂爲變　白虎通曰魂者何謂也魂猶伝伝也行不休也動於外主於情魄者白也猶着人者也主於性　韓詩外傳曰溱與洧謂鄭國之俗三月上巳於兩水之上招魂續魄拂不祥也　禮記曰延陵季子適齊長子死於嬴博之間既封左袒右還其封曰若魂氣則無不之　又曰作其祝號玄酒以祭君與夫人交獻以嘉魂魄是謂合莫　又曰氣也者神之盛也魂也者鬼之盛也　左傳曰子産云人生始化曰魄既生魄陽曰魂用物精多則魂魄彊　又曰樂祁忌之精爽是謂魂魄　越絶書曰越王問於范子曰寡人聞人失其魂魄者死得其魂魄者生物皆有之人亦有之范子曰人有之萬物亦然天地之間人爲貴物之生穀爲貴以生人與魂魄無異也離騷曰百年信荏苒何爲慧魂　又曰隱淪駐精魄　又曰望孟夏之短夜何晦朔之若歲惟郢路之脩遠兮魂一夕而九逝　又招魂篇曰招魂者宋玉之所作也宋玉憐哀屈原忠而斥弃憂愁山澤魂魄放逸厥命將落故作招魂欲以復其精神延其年壽

外陳四方之惡內崇楚國之美以諷諫懷王冀其覺悟而還之也朕幼清以廉絜身服義而不沬 史記曰高祖謂沛父兄曰游子悲故鄉吾雖都關中萬歲後吾魂魄樂思鄉也 淮南子曰魂問於魄曰道何以為體曰以無有為體魄曰無有有形乎魂曰無有魄曰無有何得而問也魂曰吾直遇之耳視之無形聽之無聲謂之幽冥幽冥者所以喻道非吾道也 抱朴子曰師言欲求長生當對服大藥欲得通神當水火分形分形則自見其身三魂七魄而天靈地祇皆可接山川之神皆可役也 襄陽耆舊記曰羊公與鄒潤甫登峴山垂泣曰我百年後魂魄猶當登此山也

【賦】梁沈炯歸魂賦曰古語稱牧魂升極周易有歸魂卦屈原著招魂篇故知魂之可歸其日已久余自長安反乃作歸魂賦其辭曰伊吾人之陋宗資女聖而云始肇邵閔之靈源分昌發之世祀實聞之乎家記叉孚之於惇史元宗貴而博古四史成乎一身怪日月之遼遠而承龍衮之相因豈少賤之能察非末學之知津也若夫風流退讓在秦作相越江以東惟戎及鄮豈出忠出孝且卿且公世歷十五爰逮余躬值天地之幅裂哀遭日月之雰虹去父母之邦

國理形影於胡戎絶君邑而辭骨宾踳厚地而踴蒼穹抱北思之胡馬望南飛之夕鴻泣霑襟而雜露悲微吟而帶風昔休明之云始余播弃於天地自太學而遊承明出書生而從下吏身豫封禪之官名入南宮之記登玉墀之深眇出金門之崇邃受北狄之奉書禮東夷之獻使實不昔至屈膝遜言以殊方降意嗟五十之踰年忽流離於凶忒値中軍之失權而大盜之移國何赤沴之四起豈黃霧之云塞祈瘦弟於赤眉乞老親於劇賊免伏質以解衣遂窘身而就勒旣而天道禍淫否終斯泰靈聖奮發風雲嚮會掃欃搶之星斬蚩尤之旆余扱逆而効從遂妻誅〻十害雖分珪而祚土迄長河之如帶肌膚之痛何泯潛翳之悲無狀我國家之沸騰我天下之臣復我何辜於上玄我何負於鄰睦背盟書而我欺圖信神而我戮彼孟冬之云季憖官司而就紲〻訖馬首之西暮隨檻車而過轊屐復巘巘之曾水面飀飀之巖雪去莫敖之所縊過臨江之軸折矧今古之悲悰並攢心而霑衿渡狹石之欹危躋清津之幽咽鳥虛弓而自隕猿號子而腹裂歷沔漢之逶迤及楚郡之參差望隆中之大宅映峴首

之沉碑既縲然而就鞅非造次之能窺至若高祖武皇帝之基天下也岐
周景亳之地龜圖雀書之秘醒醉之歌咏絕讓畔之田鱗次余既長於
克民覽覔何從而掩泗洧水兮深且清宛水兮澄復明昔南陽之穰縣今百
雉之都城我太宗之威武遏宛洧而陳兵百萬之虜勇俄成魚鱉龍千仞之
阜倏似滄瀛雖德刑成於赦服故蠻狄震乎雄名乃尋淅而歷商遂經
秦而至洛覽高蹈之清遠具風雲之倏爍其山也則嶔岑崩嵬巖岐
婆陁或孤峯而秀聚或逸出而橫羅千歲之木生嶺表百丈之石枕溪
阿其水則碎訇澥汩或寬或疾轂擊萬瀬而相奔聚千流而同出何武關
之狹隘而漢祖之英雄山萬里而仰雲水百仞而寫蜺虹若一夫而守隘豈
萬衆之能攻去青泥而踰白鹿越浐渥水而到青門長卿之賦可想邵平之
跡不存咄嗟驪山之阜惆悵霸陵之園文恭儉而無隟嬴發掘其何言
訪軹道之長組捨藍田之璵璠無故之可訐並膴膴之空原登未央之
北闕望長樂之基趾伊太后之所居兹亦旗亭而成市槐路欎欎以三條方
途逈而九軌觀阡陌之遺蹤實不乖乎前史傍直城而北轉臨橫門而

左顧南則董卓之塢北則符堅所居即二賊之墟爲彼主之庭除終南巃嵸太一嵯峨九嵕堀起八疊連河汨涇泥之混濁灃渭渚之清波指咸陽而長望何趙李而經過息甘泉而避暑有猶爽塏而清和爾乃背長安涉素秋卧寒野坐林陬霜微凝而侵骨樹栽動而風遒思我親戚之顔貌寄夢寐而魂求察故鄉之安否但望斗而觀牛稚子夭於鄭谷勉勵愧乎延州聞愛妾之長叫引寒風而入楸何精靈以堪此乃縱酒以陶憂至誠可以感鬼秉信可以祈天何精殞而魄散忽魂歸而氣旋解龍驂而見送走郵驛於亭傳出向來之大道反初入之山川受繞朝之贈策報李陵之別篇淚未悲而自墮語未咽而無宣于時和風四起具物初榮草極野而舒翠花分叢而落英魚則潛波渙躍鳥則應嶺俱鳴隨六合之開朗與風雲而自輕其所涉也州則二雍三荆昌歡江井唐安浙洛巴郢雲平其水則淮江漢洧隋浩汙灃潦灌滈河涇渭相亂或浮深而揭淺或凌波而泝岸每日夕而靡依常一步而三歎蠻蜒之與荆吳戎狄之與羌胡言語之所不通嗜欲之所不同莫不疊足斂手低眉曲躬豈論

生平與意氣止望首丘於南風悲城邑之毀撤甚風水之湫揚旣盡

帶而謁帝乃懷橘而升堂何神仙之足學[illegible]節雲衣而虹裳也

藝文類聚卷第七十九

藝文類聚卷第八十

火部

火 烽燧 燈 燭 庭燎 竈 薪炭灰 煙

火

釋名曰火化物也亦言燬也物入即皆毀壞也 山海經曰厭火國獸身黒色火出其口中(言能吐火) 易曰離爲火 又曰燥萬物者莫熯乎火 又曰火就燥 尚書曰藻火粉米(火爲火字也) 又曰洪範五行二曰火火曰炎上炎上作苦 又曰火炎崐岡玉石俱焚(言火逸而害玉也) 天吏逸德烈于猛火 又曰若火之燎于原不可嚮邇其猶可撲滅(火炎不可向近尚可撲滅浮言不可信用尚可刑戮也) 禮記月令曰孟夏之月盛德在火 左傳曰火龍黼黻 又曰郯子曰炎帝以火紀故爲火師而火名 又曰古之火正或食於心或食於咮以出内火是故咮爲鶉火心爲大火(謂火正之官配食於火星也建辰之月鶉火星昬見南方則令民放火建戌之月火星伏在日下夜不得見則令民内火禁放火者也) 又曰陶唐氏之火正閼伯居商丘 春秋考異郵曰火者陽之精也 白澤圖曰火之精宋无忌 禮含文嘉曰燧人始鑚木取火 尸子曰燧人上觀星辰下察五木以爲火 家語曰堯火帝而王尚赤 地鏡圖曰黄金之見爲

火　括地圖曰神丘有火穴光照千里　孫子兵法曰凡火攻有五一曰火人二曰火積三曰火輜四曰火庫五曰火隧　莊子曰指窮於爲薪火傳也（爲薪猶薪以指指盡前薪之理故火傳而不滅必得納養之中故命續而不絕）　戰國策曰楚王遊雲夢野火之起也若雲蜺　呂氏春秋曰伊尹說湯五味九沸九變火爲之紀　韓子曰魯燒積澤天北風火南倚恐燒國哀公懼自將衆趣救火救火者左右無人盡逐獸不救火乃召問仲尼仲尼曰夫逐獸者樂而無罰救火者苦而無賞此火所以不救也事急不及以罰救火者盡賞之則舉國不足以賞於民請從行罰乃下令曰不救火者比降北之罪令下未遍火以滅矣　又曰越王問於大夫種曰吾欲伐吳可乎對曰可矣何不試焚宮室於是遂焚宮室民莫能救火乃下令曰民之救火而死者比死敵之賞民之塗其體被濡衣走火者左二千人右三千人（事具刑法部）　韓詩外傳曰晉平公藏寶之臺燒救火三日三夜乃勝之公子晏束帛而賀曰臣聞王者藏於天下諸侯藏於百姓農夫藏於囷庾今百姓之於外而賦斂無已昔桀紂殘賊爲天下戮今皇天降災於藏臺此是君之福也　史記曰龐涓追孫臏臏

量其行暮當至馬陵乃伏兵斫樹白而書之曰龐涓死此下於是令齊軍萬弩夾道暮火舉而俱發涓夜至見白書乃鑽火燭讀之表畢萬弩俱發龐涓大敗　又曰騎劫攻即墨田單取牛千頭衣以五采束刀其角結火其尾　漢書曰項王西屠咸陽殺秦降王子嬰焚其宫室火三月不滅　三輔黄圖曰秦始皇帝葬驪山六年之間爲項王所發牧兒墮羊冢中燃火求羊燒其槨藏　淮南子曰陽遂見日則爇而爲火陽遂金也取金杯無緣者執日高三四丈時以向持燥艾承之寸餘有須焦之吹之則然得火　烈女傳曰梁姑姊其室失火兄子與己子在内欲取兄子輒得其子火盛不得復入婦人曰梁豈可户告人曉耶被不義之名何面見兄弟國人哉遂赴火而死　列仙傳曰甯封子黄帝陶正掌火能作五色煙事具煙部　又曰陶安公六安冶師也數行火火一旦散上紫色衝天須臾朱雀止冶上曰安公安公冶與天通事具仙部　東觀漢記曰郅惲爲長沙有義士古初遭父喪未葬鄰人火起及初舍棺不可移初冒火伏棺上會火滅　又曰廉范爲蜀郡成都地迫屋狹百姓夜作以供衣食又禁火民復弊之失火者日屬范令夜作但使儲水百

姓皆悅（事具職官太守篇）　又曰梁鴻牧豕長安上林苑中失火延人家問所燒財物悉推豕償之其主言少鴻願以身作躬執其勤　樊英別傳曰英隱於壺山常有黑風從西方起英謂學者曰成都市火甚盛因含水西向漱之乃令記其日後有從蜀來者去是日大火黑雲卒且從東起須臾大雨火遂得滅　汝南先賢傳曰郭憲從南郊含酒東北三噀云齊失火以猒之後齊果上火事　又曰蔡君仲與人有至孝之心母向終棺在堂西舍失火火將至君仲伏屍號哭火越向東家　玄中記曰南方有炎山焉在扶南國之東加營國之北諸薄國之西山從四月而火生十二月火滅正月二月火不然山上但出雲氣而草木生葉枝條至四月火然草木葉落如中國寒時草木葉落也行人以正月二月三月行過此山下取此木以爲薪燃之無盡時取其皮績之爲火浣布　十洲記曰炎洲在南海中地方二千里去岸九萬里上有生獸似豹青色大如狸張取之積薪數車以燒之薪盡而此獸在火中燃其毛不燋斫刺不入打之如皮囊以鐵椎鍛其頭數十下乃死以其口向風須臾便活而起以石上菖蒲塞其鼻即死取其腦和菊花服之盡十斤得壽五百歲　又曰有

火林山山中有火獸大如鼠毛長三四寸或曰山可百里許取其獸毛績以爲布名曰火澣布國人衣服之此布垢汙以水浣濯之終日不絜以火燒布兩食久許出其垢即去白如雪　廣志曰火洲在南海中火燃洲其木不死更鮮

抱朴子曰南海之中蕭丘之中有自生之火常以春起而秋滅丘方千里當火起時此丘上純生一種木火起正着此木木雖爲火所着但小燋黑人或以爲薪者如常薪但不成炭炊熟則灌滅之後復更用如此無窮夷人取木華績以爲火浣布木皮亦剝以灰煮爲布但不及華細好耳　又有白鼠大者重數斤毛長三寸居空木中其毛亦可績爲布故火浣布有三種焉　又曰吳世有姚光有火術吳主積荻千束火焚荻了盡光恬坐灰中振衣而起事具草部荻篇　神仙傳曰欒巴爲尚書正旦會得酒西南潄云成都市失火潄酒作雨驛至果如其言事具仙部　吳越春秋曰越王思報吳冬則抱冰夏則握火　陳留耆舊傳曰劉昆爲江陵令民有火災昆向火叩頭即霈然下雨詔問反風滅火虎北渡河何以致此昆曰偶然帝曰此長者之言也

風俗通曰城門失火禍及池中魚按百家書宋城門失火自汲池中水以沃之

魚悉露見但就把之事具鱗部　魏武帝明罰令曰聞太原上黨西河鴈門冬至之後百有五日皆絕火寒食云爲介子推　英雄記曰周瑜鎮江夏曹操欲從赤壁渡江南無船乘簰從漢水下住浦口未即渡瑜夜密使輕船走舸百所艘艘有五十人移棹人持炬火火然則迴船走去去復還燒者須臾燒數千簰火大起光上照天操夜去　博物志曰積油萬匹則自然生火秦始中武庫火積油所致也　異苑曰臨邛有火井漢室隆則炎赫彌熾桓靈之際火勢漸微事具水部井篇　又曰晉惠帝元康三年武庫火燒孔子履漢高斬白虵劒王莽頭等事具劒部　晉中興書曰殷浩北伐江逌爲長史取數百雞以長繩連脚皆繫火一時驅放飛過壍集羌營營皆然

搜神記曰麋竺常從洛歸未至家數十里見路次有好新婦從竺求寄載行二十餘里新婦謝去謂竺曰我天使去當往燒東海麋家感君見載故以相語竺因請之曰不可不得不燒君快去我緩來日中必火發竺乃急行達家便出財物日中而火大發　笑林曰某甲夜暴疾命門人鑽火其夜陰暝未得火催之急門人忿然曰君責之亦大無道理今闇如漆何以不把

火照我我（當得見鑽火具）【詩】梁庾肩吾遠看放詩曰風前細煙起月裏黑煙生入（餤看撟木侵光識遠城）【賦】晉潘尼火賦曰臨覽天人之至周嘉火德之爲貴含太陽之靈暉體淳剛之正氣采先聖仰觀通神悟靈窮物盡數研機至精鑽燧造火陶冶羣形協和五味革變羶腥爾乃狄牙典膳百品既陳和羹是齊醴酒醲醇享甗煮鼈灼鼉臛鱗若乃流金化石鑠鐵融銅造制戎器以戒不恭砥鍊兵械整飾軍容四海康乂邊境無寇韜弓戢劒解田釋胄銷鏑爲耒鑄戈爲耨戰士反於耕農戎馬放乎外廄及至焚野燎原陸火赫羲林木摧拉沙粒並桀騰光絕覽雲散霓披去若風驅疾若電逝芬輪紆轉倏忽橫厲震響聲達乎八冥流光燭乎四裔

烽燧

玄女戰經曰諸見舉烽火煙火傳言虜勇且欲起欲知番来不以言者時所加之得陽者不來得陰者爲來法　墨子曰烽火已舉言寇所從來多少　甘氏天文占曰權舉烽表遠近沉浮權四星在軒轅尾西邊地警備烽候相望虜勇至則舉烽火一文如今井桔槔火鍾其頭若警急燃火其頭放之權

重本低則末仰見烽火　史記曰褒姒不好笑幽王欲其笑爲烽燧火鼓似有寇至舉烽火諸侯兵皆至至而無寇褒姒乃大笑　漢書曰軍臣單于立四歲匈奴復絶和親大入上郡雲中烽火通於甘泉　東觀漢記曰廉范爲雲中太守始到烽火日通故事虜出度五千人乃移書旁郡求助吏白今虜兵度出五千請移警檄范不聽遂選精兵自將出至近縣令老弱城守而追之又曰馬成善治障塞自西河至渭橋河上至安邑太原至井陘中山至鄴皆築保壁起烽燧十里一候　又曰郭伋爲并州伋知盧芳夙賊難卒以力制常嚴烽候明購賞　蔡邕徙朔方上書曰既到徙所乘塞守烽職在望候憂怖焦灼無心復能操筆成草致章闕庭　庾闡楊都賦注曰烽燧火以炬置孤山頭皆緣江相望　述征記曰戲水注渭東有周幽王壘昔幽王欲舉烽以悅褒姒遂犬戎伐周諸侯玩而弗至戰敗死于斯地

書

晉蔡謨與弟書曰軍中耳目當用鼓烽烽可遙見鼓可遙聞形聲相傳須臾百里非人所及想得先知耳近別敕爽者皆當解之而王苟諸人癡頑之甚不至於見賞令人怪之然烽鼓之法當豫敕諸軍見烽聞鼓便嚴

而此間恒舉烽之後須立文書上言乃符遊軍遊軍須被符乃當嚴昔年石頭夜半舉烽至明日食時臺中乃知弟在石頭時隅中舉烽至下晡遊軍故未嚴此即是苟希等專役車之軌也

燈

說文曰錠謂之燈　韻集曰無足曰燈有足曰錠　離騷曰吴酒不廢沉日夜蘭膏明燭華鐙錯些（言燈錠盡銅琢鐫鏤有華英也）　說苑曰楚莊王賜羣臣酒日暮燈燭滅乃有人引美人衣者美人挽絶其冠纓（事具人部報恩篇）　劉向別傳曰待詔馮商作燈賦　漢書曰金枝秀華庶旄翠旌（金枝銅燈百二十枝秀華中主有光華也）　又曰武帝思念李夫人不已方士齊人少翁言能致其神乃夜設燈燭帷幄而令帝居他帳遥望見好女如李夫人之貌而不得就視　漢武内傳曰西王母遣使謂帝曰七月七日我當暫來帝至日掃除宫内燃九光之燈　荀氏傳曰荀采爽女爲陰瑜妻亡而夫早亡爽逼嫁與太原郭奕采入郭氏室暮乃去其帷帳建四燈盛飾色正坐郭氏不敢逼　風俗通曰郅伯夷宿亭止樓上燃數燈夜有魅來伯夷趣之以燈照乃老狸也　東宫舊事曰宫有銅鴨頭

燈二銅侍燈三出戶外用夕供油七合太子納妃有金塗四尺長燈一金塗連盤短燈二三金塗坐連盤鴨燈一　鄴中記曰石虎正旦會於殿前設百二十枝燈

【詩】晉習鑿齒詩曰煌煌閑夜燈脩脩樹間亮燈隨風煒燁風與燈升降　齊謝朓詠燈詩曰發翠斜溪裏蓄寶宕山峯抽莖類仙掌銜光似燭龍飛蛾再三繞輕花四五重孤對相思夕空照舞衣縫　梁簡文帝詠籠燈絕句詩曰動焰翠帷裏散影羅帳前花心生復落明銷君詎憐　梁紀少瑜詠殘燈絕句曰殘燈猶未滅將盡更揚暉惟餘一兩爛裁得解羅衣　梁王筠詠燈檠詩曰百華曜九枝鳴鶴映冰池末光本内照丹花復外垂流暉悅嘉客翻影泣生離自銷良不悔明白願君知　梁吳均燈詩曰昔在鳳皇闕七采蓮花莖陸離看寶帳爛熳照文屏擔豔煙光轉氛氳霧裏輕能方三五夜桂樹月中生　梁范靖妻沈氏詠燈詩曰綺筵日已暮羅帳月未歸開花散鶴彩含光出九微風軒動丹焰水宇淡清輝不畏輕蛾繞唯恐曉蠅飛

【賦】漢劉子駿燈賦曰惟茲蒼鶴修麗以奇身體剝削頭頸委蛇負斯明燭躬

含冰燭明無不見照察纖微以夜繼晝烈者所依　魏殷臣鯨魚燈賦曰橫海之魚厥號惟鯨普彼鱗族莫之與京大秦美焉乃觀乃詳寫載其形託于金燈隆脊矜尾鬐甲舒張垂首挽視蟠于華房狀欣欣以竦峙若將飛而未翔懷蘭膏於胸臆明制節之謹度伊工巧之奇密莫尚美於斯器因綺麗以致用設機變而罔匱匪雕文之足瑋差利事之為貴永作式於將來跨千載而弗墜　晉夏侯湛釭燈賦曰乃珠珍寶器奇像狀之取光藏煙致巧金銅融冶甄流陶形定容爾乃隱以金翳疏以華籠融素膏於回槃發朱輝於綺窗煌耀蘭堂騰明廣宇熖熿興於茵筵煥熠晣乎屏組　晉孫惠百枝燈賦曰曄若雲停爛已星布　范堅蠟燈賦曰爾乃旋閑房升玉欄列華槃鑠凝蠟浮炷穎其炎燃秘闈於是乃闈旁映文楹仰暉丹桷赫如燭龍吐輝爛若翳陽復旭　梁簡文帝列燈賦曰何解凍之嘉月值蓂莢之盡開草含春而動色雲飛采而輕來九微間吐百枝交布聚類炎洲跡同大樹競紅蘂之晨舒蔑丹螢之昏騖蘭膏馥氣芬

注擎心寒生色淺露染光沉　梁江淹燈賦曰淮南王信自莽并命綵女餌丹砂餌丹砂學鳳音此霞沒白日沉挂明燈散玄陰顧謂小山儒士斯可賦乎於是泛瑟而言曰若大王之燈也銅華金擎錯質鏤形碧石為雲氣采玉爲僊靈雙鳧盤百枝豔帳充庭照錦池之丈席映繡柱之鳴箏若庶人之燈者非銀非珠無藻無縟心不貴麗器窮於樸　周庾信燈賦曰九龍將暝三爵行栖瓊鈎半上弱木全低乃有百枝同樹四照連槃香添燃蜜氣雜燒蘭燼長宵久光青月夜寒秀帳掩映魭膏照灼動鱗甲於鯨魚鮫光芒於鳴鶴蛾飄則碎花亂下風起則流星細落況復上蘭深夜中山醑清楚妃留客韓娥合聲但歌著節遊絃絕鳴輝輝朱燼焰焰紅熒乍九光而連彩或雙花而並明寄言蘇季子應知餘照情

【贊】晉支曇諦燈贊曰既明遠理亦弘近教千燈同輝百枝並曜飛煙清夜流光洞照見形悅景悟旨測妙

【銘】後漢李尤金羊燈銘曰賢哲勉務惟日不足金羊載耀作明以續

燭

周官司烜氏掌以燧取火於日以供祭祀之明燭日火謂之明火也明燭以照饌凡邦之大事供蕡燭蕡燭麻燭蕡大也禮記曰侍坐燭至起異晝夜也燭不見跋跋本也燭盡則去之嫌若燼多有厭倦也又曰孔子曰嫁女之家三夜不息燭思離親也事具禮部婚姻篇尚書大傳曰晉平公問師曠曰吾年七十欲學恐已暮師曠曰臣聞老而學者如執燭之明執燭之明孰與昧行公曰善事具禮部學篇文子曰鳴鐸以聲自毀蘭膏以明自銷韓子曰郢人有遺燕相國書者夜書謂持燭者曰舉燭而誤書舉燭燕相受書曰舉燭高明高明者舉賢而任之事具[illegible]列女傳曰齊女徐吾者東海上貧婦人其鄰婦李吾之屬合燭夜績吾最貧而燭不屬李吾曰徐吾燭數不屬請無與夜徐吾曰妾以貧故起常先去常後掃陳席以待來者坐常處下為貧故也今一室之中益一人燭不為益明去一人燭不為益闇何愛東壁餘光莫之能應遂復與夜績史記曰始皇冢中以人魚膏為燭謝承後漢書曰巴祗為楊州刺史與客坐闇暝之中不燃官燭事具職官部刺史篇玄晏春秋曰計君又授與司馬相如傳遂涉漢書讀匈奴傳以不識棠梨孤塗之字有胡奴執燭顧而問之奴曰棠梨天子也言匈奴之號單于猶漢人有天子也子於是乎曠然發寤

地鏡圖曰相玉見美女子載燭行壇陰從其所出入處石中有玉矣 世說曰王君夫飴糖澳釜石季倫以蠟燭炊 【詩】齊謝朓詠燭詩曰杏梁賓未散桂宮明欲沉曖色輕帷裏低光照寶琴徘徊雲髻影灼爍綺疏金恨君秋月夜遺我洞房陰 梁孝元帝詠池中燭影詩曰魚燈且滅燼鶴焰暫停輝自有銜龍燭青火入朱扉映水疑三燭翻池類九微入林如燐影度渚若螢飛河低扇月落霧上珠星稀章華終宴所飛蓋且相追 又古意詠燭詩曰花中燭焰焰動簾風不見來人影迴光持向空 梁簡文帝和詩曰花上獨似將人意同憶啼流膝上燭焰落花中 梁庾肩吾燭影詩曰垂 垂花比芳樹風吹水動俱難佳春枝拂岸影上來還杯繞客光中度 梁劉孝威和簾裏燭詩曰開關簾影出參差風焰斜浮光燭綺帶疑滴汗垂花 又楔飲嘉樂殿詠曲水中燭影詩曰火浣花心猶未長金枝密焰已流芳芙蓉池畔涵停影桃花水脈引行光 【賦】晉傅咸燭賦曰余治獄至長安在遠多懷與同行夜飲以忘愁 顧帷燭之自焚以致用亦猶殺身以成仁矣蓋泰清垂象

暨日不光以晦入旦匪火不彰故六龍銜燭於北極九日登曜於扶桑日中則昃月虧於望時邁靡停晝不干常昔月三接之昭昭即厥開之有傷何遠寓之多懷患冬夜之悠長獨耿耿而不寐待雞鳴之未央徒伏枕以展轉起燃燭於閑房揚丹輝之煒煒熾朱焰之煌煌倬幽夜而作晝繼列景乎朝陽慨顧景以增歎孰斯愁之可忘嘉湛露之晤悟遂命樽而設觴爾乃延僚屬酌醇清講三墳論五經高談既倦引滿行盈樂飲今夕宴慰我情　梁簡文帝對燭賦曰雲母窗中合花氈茱萸幔裏鋪錦筵照夜明珠且莫取金羊燈火不須燃下絃三更未有月甲夜繁星徒衣天於是搖同心之明燭施雕金之麗槃眠龍傍繞倒鳳雙安菖蒲傳酒坐欲闌碧玉舞罷羅衣單影度臨長枕煙生向果盤迴照金屏裏脉脉兩相看　梁元帝對燭賦曰月似金波初映空雲如玉葉半從風恨九重兮夕掩怨三秋兮不同爾乃傳芳醁揚清曲長袖留賓待華燭燭燼落燭華明花抽珠漸落珠懸花更生風來香轉散風度焰還輕本知龍燭應無偶復訝魚燈有舊名燭火燈光一雙

炷詎照誰人兩處情　周庾信對燭賦曰龍沙鴈塞早應寒天山月坂客衣單燈前行衣疑不亮月下穿鍼覺最難剩取燈花持炷燭還却燈檠下燭盤傍垂細溜上繞飛蛾光清寒入焰暗風過楚人纓脫盡燕君書誤多曉星没芳無歇還持照夜遊詎減西園月

啓　陳徐陵謝敕賚燭監賞荅齊國移文啓曰昔班彪草移阮瑀裁書馳譽當年遂無加賞非常大賚始自今恩雖賈逵之頌神雀竇攸之對鼮鼠漢臣射覆之言魏士投壺之賦方其寵錫獨有光前官燭斯燃更慙良吏霄月光可學乃會耆年臣職居南史身典東觀謹述私榮傳之方策

庭燎

說文曰庭燎大燭也　禮記曰庭燎之百自齊桓公始也　毛詩曰庭燎美宣王因以箴之夜如何其夜未央庭燎之光君子至止鸞聲鏘鏘　說苑曰齊桓公設庭燎為士之欲造見者期年而士　至東野鄙人有以九九之術見者桓公曰九九足以見乎對曰臣非以九九為足以見也臣聞主君設

庭燎以待士期年而不至夫士所以不至者君天下賢君也四方之士皆自論不及君故不至也夫九九薄能耳而君猶禮之況賢於九九者桓公曰善禮之期月布士至 晉起居注曰成帝咸和八年十二月有司奏庭燎在止車門外今更集議舊在端門內施詔曰尚書奏九年庭燎當在端門內元明帝時在公車門內可依舊安司徒錄公命當率由舊章宜在端門內 晉中興書曰哀帝興寧元年詔庭燎樹端門內 鄴中記曰石虎正會殿庭中端門外閶闔前設庭燎皆二合六處皆六丈 趙書曰石勒造庭燎於檣末高十丈上盤置燎下盤安人以侍燎組繳上下

詩 晉傅玄庭燎詩曰元正始朝享萬國執珪璋枝燈若火樹庭燎繼天光

表 魏王朗冬臘不得朝表曰拘守留職曠離車駕況乃踐長於至迎始於臘履復端於正連曆天人三朝之元慶而無緣祗奉玉爵以獻萬壽霄夢庭燎之光晨想百華之耀

竈

釋名曰竈造也創食物也 淮南子曰炎帝作火死而爲竈神 禮記

月令曰孟夏之月其祀竈 又曰竈者老婦之祭盛於盆尊於瓶 墨子曰竈必亦爲屏突高出屋四尺慎無失火失火者斬 魯連子曰竈五突分煙者向作也 莊子曰仲尼讀書老聃倚竈觚而聽之曰是何書也曰春秋也 呂氏春秋曰燕雀處一屋之下自以爲安竈突決火上棟宇燕雀不知禍將至也鶽頵 戰國策曰智伯攻晉陽而水之城不沒者三版曰竈生蛙人馬相食 史記曰武帝時李少君以祀竈辟穀却老方見上少君言上曰祠竈則致物致物而丹砂可化以爲黃金黃金成以爲飲食器則益壽益壽則仙者可見於是天子始親祠竈 淮南子曰孔子無黔突墨子無暖席 桓譚新論曰淳于髡至鄰家見其竈突之直而積薪在傍謂曰此且有火使爲曲突而徙薪鄰家不聽後果焚其屋鄰家救火乃滅烹羊具酒謝救火者不肯呼髡智士譏之曰曲突徙薪無恩澤焦頭爛額爲上客蓋傷其賤本而貴末也 東觀漢記曰初陰氏世奉管仲之祀於邑謂之相君子至子方以累積恩德爲神所饗臘日晨炊於竈神見再拜受慶時有黃羊因以祠之自是富殖百萬田

至七百頃後世子孫常以臘日奉祠竈神以黃羊 又曰周澤爲澠池令克身儉約妻子自親釜竈 謝承後漢書曰李南少明風角女亦曉家術爲巻縣民妻晨詣爨室卒有暴風婦便上堂從姑求歸辭其二親姑不許乃跪而語曰蒙傳術疾風卒起先吹竈突及井此禍爲女婦主爨者妾將亡之應因著其亡日 續漢書曰虞詡爲武都太守羌欲邀遮詡詡密令吏人作兩竈日增倍之羌不敢逼或問曰孫臏減竈而君增之兵法日行不過三十里以戒不虞而今且二百里何也詡曰虜多吾兵少徐行則易爲所及速進則彼所不恻虜見吾竈日增必謂郡兵來迎衆多行速必憚進追我孫臏見弱吾今示彊 茅君内傳曰在名山深壑無人跡之處臨水上作神竈屋屋長四丈廣二丈起基四尺又當先掘基下土令必無故陷井冢瘞埋之處所也開南戸西戸東戸三也立竈於屋中央口向西竈四邊令去釜九寸也以墣及細土構立之亦勿令穿坼神竈之法畢矣 抱朴子内篇曰竈之神每月晦日輒上天言人罪狀大者奪紀紀者三百日也小者奪筭筭者一日也

異苑曰下伯玉作南陽郡竈正熾火有雞遥從口入良久乃於突而出毛羽不燋鳴啄如故伯玉尋病殞　雜五行書曰作竈法當辰巳間隙地取土先掘去上五寸以水美酒一升合和泥之以癸亥日脩之此日安竈自如也作竈法廣四尺長五尺欲安兩釜長七尺子孫富貴作竈餘泥不可泥井井餘土不可泥竈大凶勿以壬癸庚辛反支九空血忌破危閉建寅日皆凶竈君名禪子郭衣黃衣披髮從竈中出知其名呼之可得除凶惡賈市不知其名見之死豬肝泥竈令婦孝竈君以壬子日死不不用此日治竈常以五月辰日豬頭祭竈令人治生萬倍用人故竈凶敗雞毛入竈中致非禍犬骨入竈出狂子正月巳丑日白雞祠竈宜蠶五月巳丑卯祠竈上吉四月丁巳日祠竈百倍　夢書曰夢見竈者憂求婦嫁女何以言之井竈女執使之象

【銘】後漢李尤竈銘曰燧人造火竈能以興五行接備陰陽相乘　晉摯虞竈屋銘曰大孝養志厥次養形事親以敬美過三牲

【箴】魏王朗雜箴曰家人有嚴君焉井竈之謂也俾冬作夏非竈孰能俾夏作冬非井孰言

易曰古之死者厚衣之以薪葬之中野 左傳曰厥父析薪其子弗克負荷
又曰晉楚戰於城濮楚左師潰狐毛設二旆而退之欒枝使輿曳薪柴
而僞遁楚師馳之原軫郤溱以中軍公族橫擊之楚左師潰 禮記曰
問士之子長幼長曰能負薪幼曰未能負薪 又曰季秋乃命伐薪爲炭事具炭部
毛詩曰折薪如之何匪斧不克取妻如之何匪媒不得 管子曰周容子
夏以後靡見桓公桓公曰後靡可以爲天下乎子夏曰可夫雕橑然後炊
之雕卵然後瀹之所以發積藏散萬物也 晏子曰景公遊壽宮睹者年
負薪有飢色公嗟然令吏養食之 鄧析書曰譬猶拯溺而硾之以石救火
而投之以薪 又曰抱薪趣火燥者先著 戰國策曰蘇秦之楚三日
乃得見王說卒辭行楚王曰先生不遠千里而臨寡人曾弗肯留願聞
其說對曰楚國食貴於玉薪貴於桂謁者難見於鬼王難見於帝今
令臣食玉炊桂因鬼見帝其可得乎 漢書曰汲黯謂武帝曰陛下之於羣
臣如積薪後來者居上 又曰朱買臣字翁子吳人家貧好讀書不治

產業刈薪樵出賣以給食擔束薪行且誦書矣　范曄漢書曰戴封拜議郎遷西華令大旱封禱無獲乃積薪坐其上自焚火起而大雨至遠近嗟歎　搜神記曰涼輔廣漢人也時旱以五家掾出禱積薪柴自焚須臾而雨作事具旱部　玄中記曰南方有炎山焉行人以正月二月三月行過此山取山下木以為薪燃之無盡取其皮績之為火浣布神異經云玄山長四十里生不盡木已具布部　論衡曰或伐薪於山輕小之木合而束之至於大木十圍以上引之不能動推之不能移則委之於山林收所束之小木而去由此以論知能之大者其猶十圍以上木也人力不能舉薦其猶薪者推引大木也孔子周流無所留止非聖材不明道道難行人不能用也　神仙傳曰焦先日入山伐薪以布施先從村頭一家起周而復始　晉中興書曰范汪家貧好學燃薪寫書寫書既畢諷讀亦竟　世說曰荀公曾在晉武帝坐賜食荀進飯即謂坐人曰此是勞薪炊也坐者未之信帝密遣問外荅云實是故車脚　吳越春秋曰季札去徐而歸行道逢男子五月被裘採薪於道中有委金季札見之謂薪者曰子來取此金薪者曰君舉止何

曰視何□□也五月披裘採薪豈寧是拾金者乎 事具隱逸部 汝南先賢傳曰蔡順以至孝稱順少孤養母嘗出求薪有客卒至母望順不還乃噬其指順即心動弃薪馳歸跪問其故母曰有急客來吾噬指以悟汝耳 又曰侯瑾甚孤貧依宗人居晝爲人傭賃暮輙燃柴薪以讀書 事具文部讀書篇 後漢張奐報崔子玉書曰今月三日舉家居來此本非所規含突賊陣 魏略曰文欽爲廬江太守爲都督王陵所奏欽訴曾爽爽謂曰陵責卿載譚灰兩舡何爲乎聞足下起染舍故作此灰耳

詩 隋岑德潤詠灰詩曰圖規暈不毀氣改律還虛欲燃愁獄吏弃道畏刑書未得逢彊陣輕塵乍欲爲如

煙

說文曰煙火氣也烟烟然也 列子曰趙襄子狩於山中藉芿燔林扇赫百里有一人從石壁中出隨煙燼上下衆謂之鬼物察之則人焉 春秋繁露曰人之言醯去煙此奇怪也非人所意也禍福利害無有奇怪乎 淮南子曰冬至甲子受制木用事火煙青七十二日戊子受制土用

事火煙黃七十二日庚子受制金用事火煙黑　又曰哭之發於口涕之出於目此憤於中而形於外也辟言水之下流煙之上尋火徙南反夫又孰禁之

又曰以束薪爲鬼以火煙爲氣氣感也　列仙傳曰甯封子黃帝時人爲陶正有神人過之爲其掌火能令火出五色煙　又曰教封子積薪自燒而隨煙氣上猶有骨時人葬之　謝承後漢書曰吳郡徐相爲長沙太守常食乾飯不發煙爨　許邁別傳曰邁有道術燒香皆五色煙出後莫知所在

【詩】梁簡文帝詠煙詩曰浮空覆雜影含露密花藤乍如洛霞發頗似巫雲登映光飛百仞從風散九層欲持翡翠色時吐鯨魚燈

藝文類聚卷第八十

藝文類聚卷第八十一　　藥香草部上

空青　芎藭　百合　菟絲　女蘿　款冬　天門冬
茱萸　署預　菖蒲　朮　草蜻香附　蘭　菊
杜若　蕙　蘼蕪　鬱金　迷迭　芸香　藿香
鹿葱　蜀葵　薔薇　藍　慎火　卷施

藥

本草經曰太一子曰凡藥上者養命中者養性下者養病　禮記曰君有疾飲藥臣先嘗之親有疾飲藥子先嘗之醫不三世不服其藥　左傳曰臧孫曰季孫之愛我疾疢也孟孫之惡我藥石也美疢不如惡石　尚書曰若藥弗瞑眩厥疾弗瘳　論語曰康子饋藥拜而受之曰丘未達不敢嘗　墨子南遊見楚惠王穆賀謂墨子曰子言誠善矣王無乃曰賤人所爲不用乎墨子曰譬若藥焉夫子食之以療其疾豈曰一草之本而不食哉　戰國策曰有獻不死之藥於荆王者謁者操以入中射之士問曰可食乎曰可因奪而食之王怒使人殺中射之士中

射之士使人說王曰臣問謁者謁者曰可食臣故食之是臣無罪罪在謁者也且客獻不死之藥臣食之而王殺臣是死藥也王乃不殺　史記曰長桑公與扁鵲藥服之三十日見人五藏　東方朔記曰武帝好方士朔曰陛下所使取神藥者皆天地之間藥不能使人不死獨使取神藥天上藥能使人不死耳上曰天何可上朔曰臣能上天旣辭去出殿門復還曰今臣上天似謾誕者願得一人爲信驗上即遣方士與朔俱期三十日而返朔等辭而行日日過諸侯傳飲方士晝臥朔遽呼之曰若極久不應我何耶今者屬從天上來方士大驚乃具以聞上問朔朔曰誦天上之物不可稱原上以爲面欺詔朔下獄問之左右方提去朔啼泣對曰使須幾死者再上曰何也朔對曰天公問臣下方人何衣臣對曰衣蟲蟲何若臣對曰蟲喙頫頫類馬色邠邠類虎天公大怒以臣爲謾使使下問還報名曰蠶天公乃出臣今陛下苟以爲詐願使人上天問之上大驚曰善欲以俞我止方士也　淮南子曰羿請不死之藥於西王母姮娥竊以奔月　列仙傳曰負局先生者負摩鏡局循吳市中得一錢便磨輒問主人得無有疾

苦若有輙出紫丸藥以與之得莫不愈 又曰崔文子賣黃散發瘦死
者萬計服皆愈愈者亦萬計 漢武内傳曰西王母謂武帝曰其太
上之藥乃有風實雲子玉津金漿冥陵驎膽炎山夜日東掇扶桑
之丹椹俯採長河之文藻大眞紅芝九色鳳腦有得食之後天而老
此太上之所服非衆仙之所寶也次藥有班龍黑胎閬風石髓蒙山
白鳳之腸靈丘蒼鸞之血有得服之後後天而逝此天帝之所服非下
仙之所逮也其次藥有九丹金液紫華紅芝五雲之漿玄霜絳雪若
得食之白日升天此飛仙之所服非地仙之所見其下藥有松柏之膏
山朮薑沉精菊草樂澤寫苟杞茯苓菖蒲麥門冬巨勝黃精草類
煩多若有數千子得服之可以延年 漢書曰灌夫擊吳身中大
鎗十餘適有萬金良藥故得不死 東觀漢記曰上嘗與朱祐共
買蜜合藥上追念之即賜祐白蜜一石問何如在長安時共買蜜乎
曹毗杜蘭香傳曰神女蘭香降張碩碩問禱祀何如香曰消摩自
可愈疾淫祀無益香以藥爲消摩 邴原別傳曰魏太子爲五官郎

將原爲長史太子宴會衆賓客數十人太子建議曰君父各有篤疾有藥一丸可救一人當救君耶父耶衆人紛紜或君或父時原在坐不與此論太子諮之於原原勃然對曰父也太子亦不復難　魏志曰太祖性嚴掾屬公事往往加杖何夔常畜毒藥誓死無辱是以終不見及　皇甫謐高士傳曰韓康字伯休京兆霸陵人常採藥名山賣於長安市口不二價三十餘年時女子從康買藥康守價不移女子怒曰公是韓伯休耶乃不二價康歎曰我本避名今女子皆知有我何用藥爲乃遁入霸陵山中　晉陽秋曰吳陸抗與晉羊祜推僑札之好抗嘗遺祜酒祜飲之不疑抗有疾祜饋之藥抗亦推心而服之　異苑曰魏武北征蹋頓升嶺眺矚見一崗不生百草王粲曰是古冢此人在世服礜石死而石生熱蒸出外故卉木焦滅即令鑿看果得大墓有礜石滿塋　仲宣博識強記皆此類也一說粲在荆州從劉表登鄣山見此異　案魏武之平烏丸粲猶在荆南此言爲謬　沈約宋書曰張禕字少孟以禕少有操行歷官爲瑯琊王國郎中令王還

京都高祖封酒一甖付禕使密加三酖毒禕受命既還於道自飲藥酒而卒【詩】古詩曰仙人騎白鹿髮短耳何長來至主人門奉藥一玉箱主人服此藥身體日康強髮白復更黑延年壽命長宋鮑昭遇銅山採藥詩曰土昉閟中經求芝冀內策寶餌緩童年命藥駐衰歷銅溪晝森沉乳竇夜瀝躒躒寒葉離灇灇秋水積松色隨野深月露依草白梁沈約憩郊園和約法師採藥詩曰郭外三十畝欲以貿朝饘繁蔬既網布密果亦星懸梁吳筠採藥大布山詩曰我本北山北緑澗拄山麻九莖日反照三葉長生花可用蠲夏疾聊持駐景斜景斜不可駐年來果如馳安得崑崙山偃蹇三珠樹三珠始結英絳葉未朱臺玉臺白鳳翔金鼎青龍胎韓衆及王子何世無仙才安期儻欲顧相見在蓬萊陳劉刪採藥遊名山詩曰名山本鬱盤追士貴黃冠獨馭千年鶴來尋五色九石床新溜乳金竈欲成丹寧知無二價非復在長安【啓】梁劉孝綽謝給藥啓曰一物之微遂留寧育名醫上藥爰自城

府雖巫咸視詠岐伯下鍼松子玉漿衛卿上云液比妙競珎實貝云多愧

空青

本草經曰空青生山谷久服輕身延年能化銅鈆作金生益州范子計然曰空青出巴郡白青曾青出弘農豫章　白青出新淦青色者善博物志曰徐公時令人於西平青山採取空青江乘地記曰樵採者常於山上得空青此山一朝出雲零雨必降民人以爲常占

【賦】梁江淹空青賦曰夫卞璞以照燎爲光碧石以葳蕤爲名　咸見珎於東國並被貴於西極況空青之麗寶挺山海之不測於是寫雲圖氣與學子靈狀仙寶波麗水華峯豔山湯谷之樹崦嵫之泉西治之草炎州之烟有曲帳畫屏素女綵扇錦色雰樹鬱綺爲外蔓延點綴濃薄如隱如見山水萬象丹青皿變咸百溢而可珎亦千金而不賤

芍藥

本草經曰芍藥一名白朮生山谷及中岳　古今注芍藥一名可離　毛詩曰惟士與女伊其相謔贈之以芍藥

【賦】宋王微芍藥華賦曰原夫神

區之麗草兮憑厚德而挺授含靈光液而發藻兮飏風暉而振秀**頌**晉傅統妻芍藥花頌曰曄曄芍藥植此前庭晨潤甘露晝晞陽靈曾不踰時荏苒繁茂綠葉青葱應期秀吐緗蘤攢挺素華菲敷光譬言朝日色豔芙蕖媛人是採以廁金翠發彼妖容增此婉娟惟昔風人抗茲榮華聊用興思染翰作歌

百合

吴氏本草曰百合一名重邁一名中庭一名重匡生宛朐及荆山**詩**梁宣帝詠百合詩曰接葉有多重開花無異色含露或低垂從風時偃抑

兔絲

爾雅曰唐蒙女蘿女蘿兔絲 呂氏春秋曰或謂兔絲無根也其根不屬地茯苓是也 史記龜策傳曰下有茯苓上有兔絲 淮南子曰兔絲無根而生茯苓拔兔絲死 抱朴子曰按仙方中自有合離草一名獨摇一名離母所以謂之合離離母者小草爲物下根如芋魁有遊子十二枚周環之去大魁數尺雖相須而實不連但以氣相屬耳如兔絲之草下有伏兔

之根無此兔在下則絲不得生於上然實不屬也 又内篇云兔絲初生之根其形似兔掘取割其血以和丹服之立變化任意所作 詩 齊謝朓兔絲詩曰輕絲既難理細縷竟無織灡漫已萬條連綿復一色安根不可知縈心終不測

女蘿

廣雅曰女蘿松蘿也兔絲也 毛詩曰蔦與女蘿施于松上 詩 齊王融詠女蘿詩曰冪歷女蘿草蔓衍旁松枝含烟黄且緑因風卷復垂 陳劉刪賦松上輕蘿詩曰葉緣千年蓋條依百尺枝屬與松風動時將薜影垂學帶非難結為衣或易披山河若近遠獨自楚人知

款冬

本草經曰款冬一名顆冬一名菟奚生常山 爾雅曰菟奚顆冬生水中葉紫赤 范子曰款冬花出三輔 吳氏曰款冬十二月花花黄白 述征記曰洛水至歲凝厲則款冬茂悦曾冰之中 賦 晉傅咸款冬賦曰惟茲奇卉款冬而生原厥初之載育禀淳粹之至精用能託體固陰利此堅貞惡

采紫之相奪患居衆之易傾在萬物之並作故韜華而弗逞遠害死以枯槁獨保貞而全形 **贊** 晉郭璞款冬贊曰吹萬不同陽煦陰蒸款冬之生擢穎堅冰物體所安焉知渙凝

天門冬

本草經曰天門冬一名顛勒味苦殺三蟲 爾雅曰蘠蘼虋冬〻山海經曰條谷山草多虋冬 列仙傳曰赤須子食天門冬齒落更生細髮復出 抱朴子曰杜子微服天門冬御十八妾有子百四十人日行三百里 又內篇曰天門冬或名地門冬或名莚門冬或名顛棘 神仙傳曰甘始者太原人服天門冬在人間三百餘年 建康記曰建康出天門冬〻極精妙 名山略記曰鬱州出天門冬 **啓** 梁簡文帝謝敕賚益州天門冬啓曰遠自星橋見珎玉壘本草稱其輕身延壽實爲上藥姬晉之重丹桂曹丕之愛苓英一家恩錫竊幸往代

芣苢

爾雅曰芣苢馬舄馬舄車前 毛詩曰采采芣苢薄言采之 **贊** 晉

郭璞芣苢贊曰車前之草別名芣苢王會之云其實如李名之相亂在乎疑似

署預

本草經曰署預一名山芋益氣力長肌肉除邪氣久服輕身耳目聰明不飢延年生嵩高山　吴氏曰署預一名諸署　湘中記曰永和初有採藥衡山者道迷粮盡過息巖下見一老公四五年少對執書告之以飢與其食物如署預指教所去六日至家而不復飢　異苑曰署預入藥又復可食野人謂之土茹諸若欲掘取嘿然則獲唱名者便不可得人有植者隨所種之物而像之也　【頌】梁江淹署預頌曰華不可炫葉不足憐微根儻餌弃劒爲仙黄金共壽青雘爭年君謂無妄我驗衡山

菖蒲

春秋運斗樞曰玉衡星散爲菖蒲遠雅頌著倡優則玉衡不明菖蒲冠環　山海經曰菖蒲一十九節韓終王興所服竝然而此過之有足珎也　左傳曰王使周公閱來聘饗食有昌歜　孝經援神契曰菖蒲益聰　抱朴子曰韓終服菖蒲十三年身生毛　吴氏本草曰菖蒲一

名堯韭一名陽昌　神仙傳曰王興者陽城人漢武帝上嵩高忽見有仙人長二丈耳出頭下垂肩帝禮而問之仙人曰吾九疑人也聞中嶽有石上菖蒲一寸九節食之可以長生故來採之忽然不見帝謂侍臣曰彼非欲服食者以此喻朕耳　羅浮山記曰羅浮山中菖蒲一寸二十節　詩　梁江淹石上菖蒲詩曰瓊琴久蕪没金鐏廢不看不見空閨裏縱横愁思端緩步遵汀渚揚枻泛春瀾電至烟流綺水緑桂涵丹憑酒意未悦半景方自歎每爲憂見及杜若詎能寬見其採石上草得以駐餘顔

頌　梁江淹菖蒲頌曰藥實靈品爰迺輔性除痾衛福蠲邪養正縹色外妍金光内映草經所珍山圖是詠

朮

本草經曰朮一名山薊久服不飢輕身延年生鄭山　山海經曰首山之陰多朮女几之山其草多朮　吴氏本草曰朮一名山連一名山芥一名天蘇一名山薑　范子曰朮出三輔黄白色者善　列仙傳曰涓子餌朮接食其精三百年乃見於齊　崔寔四民月令曰二月採朮　神仙傳曰陳子

皇得餌术要方服之得仙入霍山去其妻姜疲病念其壻採术之法服之病自愈至三百七歲登山取术擔而歸不息不極顏色氣力如二十時　抱朴子内篇曰南陽文氏其先祖漢中人值亂逃華山中飢困欲死有二人教之食术云遂不飢數十年乃來還鄉里顏色更少氣力轉勝故术一名山精　神藥經曰必欲長生當服山精　廣州記曰彰平縣偏饒术　建康記曰建康出精术　異術曰术草者山之精也結陰陽之精氣服之令人長生絶穀致神仙

啓　梁庾肩吾答陶隱居賚术煎啓曰竊以綠葉抽條生於首峯之側紫花標色出自鄭巖之下百邪外御六府内充山精見書華神在籙木榮火謝盡採擷之難啓巨移中窮淋漉之劑故能競爽雲珠爭奇水玉自非身疲掌硯役倦攀桃豈可立致還年坐生羽翼與臨洗丹井方覺可捐酈縣菊泉無勞復汲庶得遨遊海岸追消子之塵馳騖霍山共陳生爲侶謠俗輕施尚曰難酬出茀鴻恩寧知上報　又答陶隱居賚术蒸啓曰味重金漿芳踰玉液足使芝慙明丹愧芙蓉坐致延生

伏深銘戴

草 出 香明

爾雅曰卉百草總名草謂之榮不榮而實謂之英荄根也　方言曰蘇芥莽草也　江淮南楚之間曰蘇自關而西曰草或曰莽南楚江湘之間謂之莽　周書曰霜降之日草木黃落　周官曰薙氏掌殺草春始生而萌之夏日至而夷之秋繩而芟之冬日至而耜之含實曰繩　毛詩曰無草不死無木不萎　又曰野有蔓草零露團兮　又曰湛湛露斯在彼豐草　大戴禮曰孟春冰泮百草權輿　師曠占曰黃帝問師曠曰吾欲知苦樂善惡可知否對曰歲欲豐甘草先生甘草薺也歲欲苦苦草先生葶藶也歲欲惡惡惡草　先生惡草水藻也歲欲旱旱草先生旱草蒺藜也歲欲疫病病草先生病草艾也　博物志曰黃帝問天老曰天地所生豈有食之令人不死者乎天老曰太陽之草名黃精餌之可以長生太陰之草名曰鈎吻不可食之入口立死人信鈎吻之殺人不信黃精之益壽不亦惑乎

亭

嵇含懷香賦序曰余以太蔟之月登于歷山

之陽仰眺崇巒俯察幽坂又覩懷香生蒙楚之間曾見斯草植於廣厦之庭或被帝王之囿怪其遐弃迸迻而樹于中唐華麗則殊采婀娜芳實則可以藏書又感其棄本高崖委身階庭似傅說顯殷四叟歸漢故因事義賦之

【詩】古詩曰四顧何茫茫東風揺百草 又詩曰新樹蘭蕙葩雜用杜衡草終朝採其華日暮不盈抱採之欲遺誰所思在遠道 又曰穆穆清風至吹我羅裳裾青袍似春草長條從風舒 又曰青青陵中草傾葉晞朝日陽春被恵澤枝葉可攬結

魏劉禎詩曰青青女蘿草上依高松枝幸蒙庇養恩分恵不可貲風雨雖急疾根株不傾移 梁元帝細草詩曰依堦疑緑蘚傍渚若青苔漫生雖欲遍人迹會應開 梁丘遲玉階春草詩曰發溜始參差扶階方沃若雜葉半藏蜻叢花未隱雀葳蕤亂碧紫蒼黄間濃薄 陳劉删詠青草詩曰雨沐三春葉風傳一步香映袍憐色重臨書喜帶長

【賦】晉傅玄紫華賦曰紫華一名長樂華舊生於蜀其東界特饒中國奇而種種余嘉其華純耐久可歷冬而服故與友生各

爲之賦有遐方之奇草稟二氣之純精仰紫微之景曜因令色以定名剛莖勁立纖條繁列從回風以搖動紛蘭暢而蕙鬱繁樹青葱以增茂並含華而未發於是散綠芸于秀紫榮蘊若芝草之始敷灼若百枝之在庭獨參差以照燿何光麗之雜形渙渙昱昱奪人目精下無物以借喻上取象於朝霞妙萬物而比豔莫茲草之可嘉　梁蕭子暉冬草賦曰有閑居之蔓草獨幽隱而羅生對離披之苦節反葳蕤而有情若夫火山滅焰湯泉沸渴日悠揚而少色天陰霖而四下於時直木先摧曲蓬多隕衆芳摧而萎絶百卉颯以徂盡未若茲草之淩霜自保挺秀色於冰塗厲貞心於寒道已矣哉徒撫心其何益但使萬物之後凋夫何獨知於松柏　梁沈約愍衰草賦曰愍衰草衰草無容色憔悴荒徑中寒荄不可識昔時兮春日昔日兮春風銜華兮佩實垂綠兮散紅巖陬兮海岸冰多兮霰積布緜密於寒皋吐纖疏於危石鼎芳卉之九衢霣靈茅之三脊風急崤道難秋至客衣單既傷簷下菊復悲池上蘭飄落逐風盡方知歲早寒流螢暗明燭鴈聲斷

裁續霜奪莖上紫風銷葉中綠秋鴻兮疏引寒烏兮聚飛徑荒
寒草合草長荒徑微園庭漸蕪無沒霜露日霑衣【贊】卞敬宗懷
香贊曰有卉惟翠因實制名洪像濛葉葉萑萑弱莖寄芬微風
寓秀閑庭懷而芳之烈翫于墻　宋謝惠連仙人草贊曰余之中園
有仙人草焉春穎其苗夏秀其英秋有貞實冬無雕色可謂貫四
時而不改者也既嘉其名而美其質染筆作詠庶以攄述去園有嘉
草名曰仙人曄曄煒煒莫莫臻臻琛穎發炎暑苗秀和春奇爾靈質
迺植中鄰

蘭

說文曰蘭香草也　易曰同心之言其臭如蘭也蘭芳　禮記曰婦人或賜之
茝蘭則受獻諸舅姑　左傳曰初鄭文公有賤妾曰燕姞夢天使與己蘭
曰余爲伯鯈余而祖也以是爲而子以蘭有國香人服媚之文公與之蘭而
御之辭曰妾不才幸而有子將不信敢徵蘭乎公曰諾生穆公名之曰蘭
家語曰芝蘭生於深林不以無人而不芳君子修道立德不爲困窮而

而改節 文子曰日月欲明浮雲蓋之叢蘭脩發秋風敗之 又曰蘭芷不為莫服而不芳君子行道不為莫知而止 離騷曰[redacted]既滋蘭之九畹兮畹畦也 又曰紉秋蘭以為佩 又曰秋蘭兮麋蕪羅生兮堂下綠葉兮素莖芳菲菲兮襲予秋蘭兮青青綠葉兮紫莖 孫卿子曰民之好我芬若椒蘭 琴操曰猗蘭操者孔子所作也孔子聘諸侯莫能任自衞反魯隱谷之中見香蘭獨茂喟然歎曰夫蘭當為王者香今乃獨茂與衆草為伍乃止車援琴鼓之自傷不逢時託辭於香蘭云 蜀志曰先主殺張裕諸葛亮請救之先主曰芳蘭當門不得不鋤 語林曰謝太傅問諸子姪曰子弟何預人事而政欲使其佳諸人莫有言者車騎答曰譬如芝蘭玉樹欲使生於階庭

詩

後漢酈炎蘭詩曰靈芝生河洲動搖因洪波秋蘭榮何晚嚴霜悴其柯哀哉二芳草不植太山阿 晉傅玄詠秋蘭詩曰秋蘭蔭玉池池水清且芳雙魚自踊躍兩鳥時迴翔

賦

陳周弘讓山蘭賦曰爰有奇特之草產於空崖之地仰鳥路而裁通視行蹤而莫至挺自然之高介豈衆情之服媚寧紉

結之可求兆延衍之能俏亶稟造化而均育與卉木而齊致坦道而銷聲屏山幽而靜異獨見識於琴臺　竊逢知於綺季

菊

爾雅曰菊治蘠今之秋華菊也　山海經曰　几之山其草多菊　禮記曰季秋之月菊有黃花　楚辭曰朝飲木蘭之墜露兮夕餐秋菊之落英　又曰春蘭兮秋菊長無絶兮終古　風俗通曰南陽酈縣有甘谷谷水甘美云其山上大有菊水從山上流下得其滋液谷中有三十餘家不復穿井悉飲此水上壽百二三十中百餘下七八十者名之大夭菊華輕身益氣故也司空王暢　太尉劉寬　太尉袁隗為南陽太守聞有此事令酈縣月送水二十斛用之飲食諸公多患風眩皆得瘳　崔寔月令九月九日可採菊花　盛弘之荊州記曰酈縣菊水太尉胡廣久患風羸恒汲飲此水後疾遂瘳年近百歲非唯天壽亦菊延之此菊甘美廣後收此菊實播之京師處處傳埴　神仙傳曰康風子服甘菊花栢實散得仙　抱朴子曰劉生丹法用白菊花汁蓮汁樗汁和丹蒸之服一年壽五百歲　又曰菊

花與薏花相似直以甘古別之耳菊甘而薏苦諺所謂苦如薏者也今所有眞菊但爲少耳　續晉陽秋曰陶潛無酒坐宅邊菊叢中採摘盈把望見王弘遣送酒即便就酌【詩】晉袁山松菊詩曰靈菊植幽崖擢穎淩寒飈春露不染色秋霜不改條　梁王筠摘園菊贈謝僕射舉詩曰靈茅挺三脊神芝曜九明菊花偏可憙碧葉媚金英重九惟嘉節抱一應元貞泛酌宜長久聊薦野人誠【賦】魏鍾會菊花賦何秋菊之奇兮獨華茂乎凝霜挺葳蕤於蒼春兮表壯觀乎金商延蔓蓊鬱緣坡被岡縹幹綠葉青柯紅芒芳實離離暉藻煌煌微風扇動照曜垂光於是季秋初九日數將并置酒華堂高會娛情百卉彫瘁芳菊始榮紛葩韡韡或黃或白乃有毛嬙西施荆姬秦嬴妍姿妖豔一顧傾城擢纖纖之素手宣皓腕而露形仰撫雲髻俯弄芳榮　又云夫菊有五美焉黃華高懸准天極也純黃不雜后土色也早植晚登君子德也冒霜吐穎象勁直也流中輕體神仙食也　晉孫楚菊花賦曰彼芳菊之爲草兮稟自然之醇精當青春而潛翳兮迄素秋而敷榮於是和樂

公子雍容無爲翱翔華林駿足交馳薄言採之手折纖枝飛金英以浮旨酒擷翠蘂以振羽儀偉茲物之珎麗兮超庶類而神奇　晉潘尼秋菊賦曰垂採煒於芙蓉流芳越乎蘭林遊女望榮而巧笑鵷鶵遥集而弄音若乃眞人採其實王母接其葩或充虛而養氣或增妖而揚娥既延期以永壽又蠲疾而弭痾　晉盧諶菊花賦曰浸三泉而結根晞九陽而擢莖若乃翠葉雲布黄蘂星羅　晉傅玄菊賦曰布濩河洛縱横齊秦掇以纖手承以輕巾服之者長壽食之者通神　齊卞伯玉菊賦曰冐寒丘以彌望覩中霜之敂菊感季三春而懷芬陵九秋以愈馥不履苦而渝操不在同而表淑傷衆花之飄落嘉滋卉之能靈振勁朔以揚淥含凝露而吐英

銘

晉王淑之蘭菊銘曰蘭既春敷菊又秋榮芳薰百草色豔群英孰是芳質在幽愈馨　晉嵇含菊花銘曰煌煌丹菊翠葉紫莖詵詵仙神徒食落英　晉成公綏菊花銘曰數在二九時惟斯生

頌

晉成公綏菊花頌曰先民有作詠茲秋菊緑葉黄花菲菲彧彧芳踰蘭蕙茂過松竹其莖可玩其葩可服味之不已松喬等福　晉傅統妻菊花

頌曰英英麗草禀氣靈和春茂翠葉秋曜金華布濩高原蔓衍陵阿揚芳吐馥載芬載葩爰採爰拾投之醇酒御于王公以介眉壽服之延年佩之黃耇文園賓客乃用不朽　爾雅圖贊曰菊名日精布華玄月仙客薄採何憂華髮

杜若

爾雅曰杜若土鹵香草出　廣雅曰楚蘅也　本草經曰杜若一名杜蘅味辛微溫久服益氣輕身　范子計然曰杜若出南郡漢中　山海經曰天帝之山有草焉狀如葵臭如蘼蕪名曰杜蘅可以走馬帶香草令人便馬或曰馬得之健走　離騷曰采芳洲兮杜若將以遺兮下女　又曰雜杜蘅與芳芷　又曰山中人兮芳杜若飲石泉兮蔭松柏

【詩】梁沈約詠杜若詩曰生在窮絕地豈與世相親不顧逢採擷本欲芳幽人

【賦】齊謝朓杜若賦曰憑瑤圃而宜遊籍幽蘭而夷與臨覽茲榮之苑茂紛為芳於清籞觀夫結根擢色發曜垂英緣春蘤以纖布蔭涼潭而影清

【頌】梁江淹杜若頌曰山中杜若嘉爾翠質不奇不俗栽華栽實同衡芳夕露共炯朝日夷陂無二沉冥如一

蕙

廣志曰蕙草緑葉紫花魏武帝以爲香燒之 離騷曰川谷徑復流潺湲光風轉蕙氾崇蘭 又曰樹蕙之百畝 又曰薜荔拍兮蕙綢（薜荔香草拍摶壁也綢縛束也詩云綢繆束楚） 山海經曰天帝之山其下多蕙外山之下其草蕙

【詩】漢繁欽詠蕙詩曰蕙草生山北託身失所依植根陰崖側夙夜懼危頹寒泉浸我根淒風常徘徊三光照八極獨不蒙餘暉葩葉永彫悴凝露不暇晞百卉皆含榮已獨失時姿比我英芳發鶗鴂鳴已哀

蘼蕪

廣志曰薇蕪香草魏武帝以藏衣中 楚辭曰秋蘭兮蘼蕪羅生兮堂下緑葉兮素枝芳菲菲兮襲予 管子曰五沃之土生蘼蕪 本草經曰蘼蕪一名薇蕪味辛

【詩】古詩曰上山採蘼蕪下山逢故夫

【贊】郭璞贊曰蘼蕪善草亂之蛇牀不隕其實自列以芳佞人似智巧言如簧

鬱金

説文曰鬱金芳草也十葉爲貫百二十貫採以煮之爲鬯一曰鬱鬯百草

之華遠方所貢芳物合而釀之以降神　魏略曰大秦國出鬱金

【賦】

漢朱公叔鬱金賦曰歲朱明之首月兮步南園以迴眺覽草木之紛葩兮美斯華之英妙布綠葉而挺心吐芳榮而發曜衆華爛以俱發鬱金邈其無雙比光榮於秋菊齊英茂乎春松遠而望之粲若羅星出雲垂近而觀之曄若丹桂曜湘涯赫乎扈扈萋兮猗猗清風逍遥芳越景移上灼朝日下映蘭池覩茲榮之瓌異副歡情之所望折英華以飾首耀靜女之儀光瞻百草之青青羌朝榮而夕零美鬱金之純偉獨彌日而久停晨露未晞微風肅清增妙容之美麗發朱顏之熒熒作椒房之珍玩超衆葩之獨靈　晉傅玄鬱金賦曰葉萋萋以翠青英蘊蘊而金黃樹奄藹以成蔭氣芳馥而含芳凌蘇合之珠珍豈艾蒳之足方榮耀帝寓香播紫宮吐芬揚烈萬里望風

【頌】

晉左九嬪鬱金頌曰伊此奇草名曰鬱金越自殊域厥珍來尋芬香酷烈悅目欣心明德惟馨淑人是欽窈窕妃媛服之褵衿永垂名實曠世弗沉

迷迭

廣志曰迷迭出西域

詩 樂府歌詠詩曰氍毹五木香迷迭艾䓘及都良

賦 魏文帝迷迭賦曰坐中堂以遊觀兮覽芳草之樹庭垂妙葉於纖枝兮楊脩幹而結莖承靈露以潤根兮嘉日月而敷榮隨迴風以搖動兮吐芳氣之穆清薄西夷之穢俗兮越萬里而來征豈衆卉之足方兮信希世而特生 魏陳王曹植迷迭香賦曰播西都之麗草兮應青春而發暉流翠葉於纖柯兮結微根於丹墀信繁華之速實兮弗見彫於嚴霜芳暮秋之幽蘭兮麗昆崙之芝英旣經時而收采兮遂幽殺以增芳去枝葉而特御兮入綃縠之霧裳附玉體以行止兮順微風而舒光 魏王粲迷迭賦曰惟遐方之珍草兮產昆崙之極幽受中和之正氣兮承陰陽之靈休揚豐馨於西裔兮布和種於中州去原野之側陋兮植高宇之外庭布萋萋之茂葉兮挺苒苒之柔莖色光潤而采發兮以孔翠之揚精 魏應瑒迷迭賦曰列中堂之嚴宇跨階序而駢羅建茂莖以竦立擢脩幹而承阿燭白日之炎陽承翠碧之繁柯朝敷條以誕節夕結秀而垂華振纖枝之翠粲動綵葉之莓莓馞芳香之酷烈乘清風以徘徊 魏陳

琳迷迭賦曰立碧莖之婀娜鋪綵條之蜿蟺下扶踈以布濩上綺錯而交紛匪荀方之可樂寶來儀之麗閑動容飾而微發穆斐斐以承顔

芸香

禮記月令曰仲春之月芸始生（香草）倉頡解詁曰芸蒿似邪蒿香可食洛陽宮殿簿曰顯陽殿前芸香一株徽音殿前芸香二株含章殿前芸香二株　晉室閣名曰太極殿前芸香四畦式乾殿前芸香八畦

【賦】晉傅咸芸香賦曰携昵友以逍遥兮覽偉草之敷英慕君子之弘覆兮超託軀於朱庭俯引澤于丹壤兮仰吸潤乎泰清繁兹綠蘂茂此翠莖葉芃芃蓯以纖折兮枝婀娜以迴縈象春松之含曜兮鬱蓊蔚以葱青　晉成公綏芸香賦曰美芸香之脩潔禀陰陽之淑精去原野之蕪穢植廣夏之前庭莖類秋竹葉象春檉　晉傅玄賦序曰月令仲春之月芸始生鄭玄云香草也世人種之中庭

藿香

南州異物志曰藿香出海邊國形如都梁可著衣服中　吳時外國傳

曰都昆在扶南南三千餘里出藿香　劉欣期交州記曰藿香似蘇

頌　梁江淹藿香頌曰桂以過烈麝以太芬摧沮天壽夭抑人文誰及藿草微馥微薰攝靈百仞養氣青雲

鹿葱

風土記曰宜男草也高六七尺花如蓮宜懷姙婦人佩之必生男　**詩**　梁元帝詠宜男草詩曰可愛宜男草垂采映倡家何時如此葉結實復含花　梁沈約詠鹿葱詩曰野馬不任騎菟絲不任織既非中野華無堪麕鹿食　嵇含賦序曰宜男多植幽皋曲隰或寄華林玄圃荊楚之士號曰鹿葱　**賦**　晉傅玄宜男花賦曰猗猗令草生于中方花曰宜男號應禎祥遠而望之煥若三辰之麗天近而察之晃若芙蓉之鑒泉於是狡童媛女以時來征結九秋之永思含春風以娛情　晉夏侯湛宜男花賦曰淑大邦之奇草兮應則百之休祥稟至貞之靈氣兮顯嘉名以自彰容眾卉而挺生兮承木德於少陽體柔性剛蕙潔蘭芳結纖根以立本兮靈渥液於清雲順陰陽以滋茂兮笑含

章之有文遠而望之灼若丹霞照青天近而觀之煒若芙蓉鑒淥泉萋萋翠葉灼灼朱華曄曄若珠玉之樹燦如景宿之羅充后妃之盛飾兮登紫微之内庭冒日月之輝光兮隨天運以虛盈【頌】魏陳思王曹植宜男花頌曰草号宜男既曄且貞厥貞伊何惟乾之嘉其曄伊何緑葉丹花光采晃曜配彼朝日君子耽樂好和琴瑟固作螽斯微立孔臧福齊大姒永世克昌

蜀葵

爾雅曰菺戎葵今蜀葵也如木槿花　晉傅玄蜀葵賦序曰其苗似瓜瓠既大而結鮮紫色曜日【賦】虞㬊蜀葵賦曰惟兹珍草懷芬吐榮挺河渭之膏壤吸昴井之玄精繞銅爵而疏植暎昆明而羅生作妙觀於神州扇令名於東京馳驛命而遠致攢華林而麗庭申脩翹之冉冉播負菜之青青梁王筠蜀葵花賦曰惟此奇草遷花西道凌金坂之威夷踰玉津之浩浩值油雲之廣臨屬光風之長埽仰椒屋而敷榮植蘭房而舒藻邁衆芳而秀出冠雜卉而當闈既扶踈而雲蔓亦灼爍而星微布護交加薿茸紛葩[illegible]蕊葉翠蕚丹華【贊】宋顔延之蜀葵贊曰井絡降精嶓

絡升霞之物微氣麗夫草之英渝豔衆藹何冕君榮類麻能且方葵宋

傾

薔薇

本草經曰薔薇一名牛棘　又曰一名牛勒一名山棗一名薔蘼　葛洪治金創方曰用薔薇炭末一方寸匕日三服之

【詩】齊謝朓詠薔薇詩曰低枝詎勝葉輕香幸自通發萼初攢紫餘采尚霏紅新花對白日故葉逐行風　梁簡文帝詠薔薇詩曰燕來枝益軟風飄花轉光氛氳不肯去還來階上香　又賦得詠薔薇詩曰石榴珊瑚蘂木槿懸星葩豈如兹草麗逢春始發花迴風舒紫萼照日吐新芽　梁元帝看摘薔薇詩曰倡女卷春裾迎風戲玉除近叢看影密隔樹望釵疎橫枝斜綰袖嫩葉下牽裾牆高攀不及花新摘未舒莫疑插鬢少分人猶有餘　梁劉緩看美人摘薔薇花詩曰新花臨曲池佳麗復相隨鮮紅同映水輕香共逐吹繡架尋多處窺叢見好枝今新猶恨少將故復嫌萎釵邊爛熳插無處不相宜　梁鮑泉詠薔薇詩曰經植宜春館霏靡上蘭宮片舒猶帶紫半卷未全紅葉疎難蔽日花密易傷風佳麗新粧罷含笑折芳

叢　梁柳惲詠薔薇詩曰當戶種薔薇枝葉太葳蕤不搖香已亂無風花自飛春閨不能靜開匣理明妃曲出浮采采斜岸列依依或聞好音度時見銜泥歸且對清酤湛其餘任是非

藍

禮記曰仲夏之月令民無刈藍以染爲陽長也　毛詩曰終朝采藍不盈一襜　孫卿子曰青出於藍而青於藍　續漢書曰楊震種植藍以供養毋諸生嘗有助種藍者輒拔更種以距其後　秦子曰常問作人當如園圃之藍不異衆草染而後朗然不如唐棣之華灼灼自顯

賦　後漢趙岐藍賦曰余就醫偃師道經陳留此境人皆以種藍染紺爲業藍田彌望黍稷不植慨其遺本念末遂作賦曰同丘中之有麻似麥秀之油油

愼火

南越志曰廣州有樹可以禦火山北謂之愼火或謂戒火多種屋上以防火也但南中無霜雪故成樹

詩　梁范筠詠愼火詩曰茲卉信叢微微榮未足奇何期糅[illegible]草遂[illegible]遠花他忘憂雖[illegible]或有[illegible]早[illegible]遲[illegible]章云

幸蓺之栢與垂

卷施

爾雅曰卷施草拔心不死宿莽草也　離騷曰多擥華洲之宿莽　南越志曰寧鄉縣草多卷施拔心不死江淮間謂之宿莽

【贊】晉郭璞卷施賛曰卷施之草拔心不死屈平嘉之諷詠以比取類雖邇興有遠旨

藝文類聚卷第八十一

藝文類聚卷第八十二

芙蕖　菱　蒲　萍　苔　菰

荻　菁　茗　茅　蓬　艾

藤　菜蔬　葵　薺　葱　蓼

芙蕖

爾雅曰荷芙蕖其莖茄其葉蕸其本蔤其花菡萏其實蓮其根藕其中的的子也的中薏子中的心也　廣雅曰菡萏芙蓉也　周書曰藪澤已竭即蓮藕掘　毛詩曰彼澤之陂有蒲與荷　又曰隰有荷花　說文曰芰蔆也　管子曰五沃之土生蓮　[illegible]關令尹喜傳曰真人遊時各坐蓮花之上一花輒徑十丈楚辭曰集芙蓉以爲裳　又曰因芙蓉而爲媒憚褰衣而濡足　又曰搴芙蓉兮木末　又曰披荷稠之晃晃　又曰製芰荷以爲衣　又曰荷衣兮蕙帶　又曰芙蓉始發雜芰荷紫莖屏風文綠波　洛神賦灼若芙蓉出綠波　文選芙蓉散其華　又曰神飈自遠至左右芙蓉披　又曰菡萏溢金塘　又曰魚戲新荷動　又曰神蔡止荷心　毛詩義疏曰的可磨

以爲散輕身益氣令人強健　拾遺記曰漢昭帝遊柳池有芙蓉紫色大如斗花素葉甘可食芬氣聞車之内蓮實如珠　宋起居注曰泰始二年嘉蓮一雙駢花並實合樹同莖　宋書曰臧質字文含兵敗走入南湖無食噉蓮追至質絡頸沉出鼻兵見斬首傳京　搜神記曰王敦在武昌鈴下儀仗生蓮花五六日而落　又曰無錫上湖陂陂吏丁初雨止見一少婦人著青衣戴傘呼之不得自投陂中是大蒼獺衣傘皆是荷花　萬歲曆曰太和二年烏程縣閤下生蓮花　顧啓期婁地記曰婁門東南有華墩陂中生千葉蓮花其荷與衆蓮荷無異蘂莒色白豈佛經所載者也　王歆之神境記曰九疑山過半路皆行竹松下狹路有清澗澗中有黃色蓮花芳氣竟谷　浮圖澄傳曰澄呪鉢中青蓮花生　古今注曰一名水且一名水芝一名澤芝一名水花　華山記曰山頂有池池中生千葉蓮花服之羽化因名華山

詩

江南可採蓮荷葉何田田魚戲荷葉東魚戲荷葉西魚戲荷葉南魚戲荷葉北　古詩曰涉江採芙蓉蘭澤多芳草採之欲遺誰所思在遠道　晉傅玄歌詩曰度江南採蓮花

芙蓉增敷曄若星羅緑葉映長波迴風容與動纖柯　又曰煌煌芙蕖從風芬葩照以皎日灌以清波陰結其實陽發其花金房緑葉素株翠柯　晉陸筠芙蕖詩曰緑房含青實金條懸白珍俯仰隨風傾煒燁照清流　晉張華荷詩曰荷生緑泉中碧葉齊如規迴風蕩流霧珠水逐條垂照灼此金塘藻曜君玉池不愁世賞絕但畏盛明移　梁簡文帝詠芙蓉詩曰圓花一蔕卷交葉半心開影前光照曜香裏蝶徘徊欣隨玉露點不逐秋風摧　又採蓮詩曰晚日照空磯採蓮承晚暉風起湖難度蓮多摘未稀棹動芙蓉落船移白鷺飛荷絲傍繞腕菱角遠牽衣　梁朱超詠同心芙蓉詩曰青山麗朝景玄峯朗夜光未及清池上紅蕖並出房日分雙蔕影風合兩花香魚驚畏蓮折龜上礙荷長雲雨留輕潤草木應嘉祥徒歌涉江曲誰見緝爲裳　梁劉緩詠江南可採蓮詩曰春初北岸涸夏月南湖通卷荷舒欲倚芙蓉生即紅織小宜迴逕船輕好入叢釵光逐影亂衣香隨逆風江南少許地年年情不窮　梁劉孝威和採蓮詩曰金銜木

蘭舩戲採江南蓮蓮香隔浦渡荷芙滿江鮮房垂易入手柄曲自臨盤
露花時濕釧風莖乍拂鈿　梁吴筠採蓮詩曰錦帶雜花鈿羅衣垂
緑川問子今何去出採江南蓮遼西三千里欲寄無因緣願君早旋反及
此荷花鮮　梁沈約詠芙蓉詩曰微風搖紫[illegible]輕露拂朱房中池所以緑
待我汎紅光　又詠新荷應詔曰勿言草卉賤幸宅天地中微根纔出浪
短幹未搖風寧知寸心裏蓄紫復含紅　梁江洪詠荷詩曰澤陂有微
草能花復能實碧葉憙飜風紅英宜照日移居玉池上託根庶非失如
何霜露交𢙣與飛蓬匹　陳祖孫登詠城塹中荷詩曰白水麗金肩
青荷承日暉葉似環城蓋香亂上橋衣岸高知水落影合見菱稀
猶婉涉江處空望採蓮歸　又賦得涉江採芙蓉詩曰浮照滿川漲芙
蓉承落光人來間花影衣渡得荷香桂舟輕不定菱歌引更長採
採望離别無暇緝爲裳　隋殷英童詠採蓮詩曰蕩舟無數伴解
纜自相催汗粉無庸拭風裾隨意開棹移浮荇亂舩進倚荷來藕
絲牽作縷蓮葉捧成杯　後漢閔鴻芙蓉賦曰乃有芙蓉靈草

載育中川疎脩幹以陵波建綠葉之規圓灼若夜光之在玄岫赤若太陽之映朝雲乃有陽文脩嫮傾城之色楊桂枻而來遊玩英華于水側納嘉寶兮傾筐珥紅葩以爲飾盛桃夭而歌詩申關雎以自勑嗟留夷與蘭芷聽鶗鴂而不鳴嘉芙蓉之殊偉託皇居以發英　魏陳王曹植芙蓉賦曰覽百卉之英茂無斯華之獨靈結脩根於重壤泛清流以擢莖其始榮也皎若夜光尋扶桑其揚暉也晃若九陽出暘谷芙蓉蹇產菡萏星屬絲條垂珠丹榮加綠焜焜韡韡爛若龍燭觀者終朝情猶未足於是狡童媛女相與同遊擢素手於羅袖接紅葩於中流　吳蘇彥芙蕖賦曰偉芙蓉之菡萏耀煒煒之丹花舒紅采於綠沼映的皪於朱霞　晉孫楚蓮花賦曰有自然之麗草育靈沼之清瀨結根係於重壤森蔓延以騰邁爾乃紅花電發暉光煒煒仰曜朝霞俯照綠水潛緗房之奧密兮含珎藕之甘腴攢聚星列纖離相扶　晉潘岳蓮花賦曰偉玄澤之普衍嘉植物之並敷遊莫美於春臺華莫盛於芙蕖於是惠風動冲氣和眄清池翫蓮花舒綠葉挺纖柯結綠

房列紅葩仰含清液俯濯素波脩柯婀娜柔莖苒弱流風徐轉迴波微
激其望之也曄若皦日燭崑山其即之也晃若盈尺映藍田　晉夏侯湛
芙蓉賦曰臨清池以遊覽覩芙蓉之麗華潛靈藕於玄泉擢脩莖乎
清波煥然蔭沼灼爾星羅廿芳回縈外散菡萏內離的出豔發蔱倏
花披綠房翠蔕紫飾紅敷黃螺圓出垂蕤散舒纓以金牙點以素珠
固陂池之麗觀尊終世之特殊爾乃採淳葩摘圓質析碧皮食素實
味甘滋而清美同嘉異乎橙橘參嘉菓以作珍長充御乎口實　晉潘岳
芙蓉賦曰蔭蘭池之豐沼育沃野之上腴課衆榮而比觀煥卓犖而獨
殊狎獵雲布窋咤星羅光擬燭龍色奪朝霞丹煇拂紅飛鬚垂的斐
披葩赫散煥熠爚流芬賦采風靡雲旋布濩磊落蔓衍夭閉發清陽
而增媚潤白玉而加鮮　宋傅亮芙蓉賦曰考庶卉之珍麗寔總美於芙蕖
潛幽泉以育藕披翠蓮而挺敷汎輕荷以冒沼列紅葩而曜除繳旭露以滋
采靡朝風而肆芳表麗觀於中沚播郁烈於蘭堂在龍見而萌秀于火
中而結房豈呈芬於芷蕙將越味於沙棠詠三閭之披服美蘭佩而荷裳

伊玄匠之有瞻悦嘉卉於中渠既暉映於丹墀亦納芳於綺疏　宋鮑昭芙蓉賦曰感衣裳於楚賦詠夏恩於陳詩訪羣英之豔絶標高名於澤芝青房兮規接紫的兮圖羅樹妖遥之弱幹散菡萏之輕柯上星光而倒景下龍鱗而隱波戲錦鱗而夕映濯繡羽而晨過結遊童之湘吹起艕妾之　謌被碧塘之周流繞金渠之空曲排積霧而揚芬鏡洞泉而含緑葉折水而爲珠條集露而成玉潤蓬山之瓊室暉若河之銀燭冠五華於仙草超四照於靈木　梁簡文帝採蓮賦曰望江南兮清且空對荷華兮丹復紅臥蓮葉而覆水亂高房而出岸恥楚王暇日之歡麗人妖豔之質且弃垂釣之魚未論芳萍之實唯欲過渡輕船共採新蓮傍斜山而屢轉乘橫流而不前於是素腕舉紅袖長迴巧笑墮明璫荷稠刺密亟牽衣而縮裳人喧水濺惜虧朱而壞妝物色雖晚徘徊未反畏風多而榜危驚舟移而花遠　謌曰常聞蕖可愛采擷欲爲裙葉滑不留綖心忙無假薰千春誰與樂唯有妾隨君　梁元帝採蓮賦曰紫莖兮文波紅蓮兮芰荷緑房兮翠蓋素實兮黄螺　於時妖童媛女蕩舟心許鷁

首徐迴兼傳羽杯棹將移而藻挂船欲動而萍開爾其纖腰束素遷延
顧步夏始春餘葉嫩花初恐沾裳而淺笑畏傾船而斂裾故以水濺蘭橈
蘆侵羅襦菊澤未反梧臺迥見荇濕霑衫菱長繞釧泛柏舟而容與
歌採蓮於枉渚歌曰碧玉小家女來嫁汝南王蓮花亂臉色荷葉雜衣
香因持薦君子願襲芙蓉裳 梁昭明太子芙蓉賦曰色兼列綵體繁
衆号初榮夏芬晩花秋曜興澤陂之徽音結江南之流調 梁江淹蓮
花賦曰藥金光而池色藕冰折而玉清載紅蓮以吐秀披終華以舒英故
河北櫂歌之姝江南採菱之女春水廣兮[illegible]潺湲秋風駛兮舟容與看
縹芰兮出波睔擎緗蓮兮映渚 頌 顏延之碧芙蓉頌曰澤芝芳豔擅奇
水屬練氣紅荷比符縹玉櫂麗滄池飛映雲屋實紀仙方名書靈躅
贊 晉郭璞芙蓉贊曰芙蓉麗草一曰澤芝泛葉雲布映波赮熈伯陽
是食饗比靈期 表 晉范甯為豫章郡守新淦縣聽事前陸地生蓮
花入冬花十六年更生四枚今年復生二十六枚鮮明可愛 啓 劉孝威謝
東宮賚藕啓曰色華玉樹味奪瓊漿想出楊池聞之僮約子為靈

散得自莊篇楚后江苹秦公海東東凡歐小嵩莫敢相輩

菱

說文曰芰蔆也　廣志曰鉅野大於常蔆淮漢以南凶年以菱爲蔬猶以橡爲資也　周官曰冬食蔆藕棗栗杼實　國語曰屈到嗜芰有疾召其宗老而屬之曰祭我必以芰（屈到楚卿也宗老家臣也屬託也）　楚辭曰製芰荷以爲衣　呂氏春秋曰杜厲叔事莒公自以爲不見知居於海上夏食菱芡冬食橡栗莒公有難將死之其友曰不知故去今往死之是知與不知無別也厲叔曰吾將以醜後世人主不知其臣者也　幽明錄曰東平呂球豐財美貌乘船至曲阿湖值風不得行泊菰際見一少女乘船採菱舉體皆衣荷葉因問姑非鬼耶衣服何至如此女則有懼色答云子不聞荷衣兮蕙帶倏而來兮忽而逝乎然有懼容迴舟理棹逡巡而去球遥射之即獲一獺向者之船皆是蘋蘩蘊藻之葉見老母立岸側如有所候望見船過因問云君向來不見湖中採菱女子耶球云近在後尋射復獲老獺居湖次者咸云湖中常有採菱女容色過人有時至人家結好者甚衆

詩 梁簡文帝採菱詩曰菱花落復含桑女罷新蠶桂棹浮星艇徘徊蓮葉南　梁費昶採菱詩曰妾家五湖口採菱五湖側玉面不關粧雙眉本翠色日斜天欲暮風生浪未息　梁江淹採菱詩曰秋日心容與涉水望碧蓮紫菱亦可採試以緩愁年參差萬葉下泛漾百流前高采溢通壑香氛麗廣川歌出櫂女曲儛入江南絃　梁陸罩採菱詩曰參差雜荇枝田田競荷密轉葉任香風舒花影流日戲鳥波中蕩游魚菱下出不與文王嗜羞持比萍實　梁江洪採菱詩曰風生綠葉聚波動紫莖開含花復含實正待佳人來　又曰白日和清風輕雲雜高樹忽然當此時採菱復相遇

啓 梁庾肩吾謝賚菱啓曰上林紫水雜薀藻而俱浮雲夢清池間芙蕖而外發珎踰百味來薦晝盤恩重千金遂沾菲席凌霜朱橘愧此開顏含露蒲桃慙其不餡

蒲

山海經曰孟子之山其上多蒲　爾雅曰莞苻離其上蒚（今水中莞蒲可作席也）　毛詩曰彼澤之陂有蒲與蕑　又曰魚在在藻依于其蒲　左傳曰齊侯澤之萑

蒲舟鮫守之不與民共　又曰臧文仲妾織蒲　古歌曰蒲葉何離離
離騷曰抽蒲兮陳坐援英兮爲蓋　文選新蒲含紫茸　又曰新蒲節
轉促　史記趙高將爲亂先設驗獻蒲以爲脯惑二世有言蒲者誅之
漢書路溫舒父爲里監門使溫舒牧羊乃取澤中蒲截以爲牒編用寫
書　又曰元帝疾時史丹以親密侍疾唯上獨寢直入卧内頓首伏青蒲
上（青縁蒲席也又以蒲青為席鋪地也）　東觀漢記曰劉寬遷南陽太守溫仁多恕吏民有
過但用蒲鞭罰之示辱而已　秦記曰符洪之先居武都家生蒲長五
丈狀如竹咸異之謂之蒲家因以氏焉洪後以讖文草付應王遂改姓符
氏　續述征記曰烏常沉湖（齊人謂湖為沉）中有九十臺皆生結蒲云秦始皇遊
此臺結蒲繫馬自此蒲生則結　幽明錄曰河東常醜奴將一小兒湖邊
拔蒲暮恒宿空田舍中時日向暝見一少女子姿容極美乘小船載蓴逕
前投醜奴舍寄住因卧覺有臊氣女已知人意便求出戶變爲獺　詩
古詩曰青青蒲緑蔕生我池中　齊謝朓詠蒲詩曰離離水上蒲結水散
爲珠初萌實鷃俎暮蘂雜椒塗所嗟堂上曲遂鑠黄金軀　梁元帝賦

得蒲生我池中詩曰池中種蒲葉葉影蔭池濵未好中宮薦行堪隱士輪爲書聊可截匹柳復宜春瑞葉生符苑鏤璧獻周人

萍

爾雅曰苹萍也其大者曰蘋　周禮曰穀雨一日萍始生萍不生陰氣增盈秋官曰萍氏掌禁川游者莁　草無根取名不沈溺　異術曰萬年血爲萍古詩曰泛泛江漢萍漂蕩水無根　江賦曰萍實時出而漂泳　東都賦發蘋藻潛魚　風賦起于青蘋之末　何晏詩曰願爲緑蘋草託身寄淸池　劉靈曰俯觀萬物擾擾焉如水之載浮萍　王逸曰自比如萍隨水浮游　本草經曰水萍一名水華味辛寒治暴熱身癢下水烏鬢髮久服輕身一名水簾　毛詩曰于以采蘋南澗之濵　禮記月令曰季春之月萍始生　呂氏春秋曰菜之美者崑崙之蘋　家語曰楚昭王渡江江中有物大如斗圓而赤直觸王舟舟人取之問羣臣莫能識之使問孔子孔子曰此謂萍實可剖而食之吉祥也唯霸者能獲焉王遂食大美又遣問孔子何以知之子曰吾昔過陳聞童謠曰楚王渡

江得萍實大如斗赤如日剖而食之甜如蜜吾是以知之　淮南子曰夫萍樹根於水木樹根於土

【詩】晉司馬彪萍詩曰汎汎江漢萍飄蕩永無根　梁庾肩吾賦得池萍詩曰風翻乍青紫浪起時疎密本欲歎無根還驚能有實

【賦】晉夏侯湛浮萍賦曰步長渠以遊目覽隨波之微草既紛瀸以澄茂羌孤生於靈沼固纖根以自滋乃逸蕩乎波表散圓葉以舒形發翠綠以含縹蔭脩魚之華鱗翳蘭池之清潦既澹淡以順流又雍容以隨風有纏薄於崖側或迴滯乎湍中紛上下而靡常漂往來其無窮停不安處行無定軌流息則寧濤擾則動浮輕善移勢危易盪　晉蘇彥浮萍賦曰余嘗汎舟遊觀鼓檝川湖覩浮萍之飄浪乃觸水而自居體任適以應會亦隨遇而靡拘伊弱卉之無心合至理之冥符

【贊】郭璞萍贊曰萍之在水猶卉植地靡見其布漠爾鱗被物無常託孰知所寄

【論】晉杜恕篤論曰夫萍與菱之浮相似也菱植根萍隨波是以堯舜歎巧言亂德仲尼惡紫之奪朱

苔

爾雅曰薄石衣也　説文曰菭水衣也　淮南子曰窮谷之汚生青苔　風土記曰石髮水衣也青緑色皆生於石　遊名山志曰石簣山緑崖而上高百許丈裹悉青苔無別草木　古今注苔或紫或青一名負蘚一名緑錢一名緑蘚　拾遺記曰晉武帝時祖梨園獻蔦蔓苔亦曰金苔亦曰夜明苔江文通詩曰青苔日夜黄　江賦緑苔鬖髿乎研上研石也　江淹青苔賦鑿山楹爲室有老苔焉　天台山賦踐莓苔之滑石　古詩青苔依空牆

【詩】梁沈約詠青苔詩曰緑階已漠漠汎水復綿綿微根如欲斷輕絲似更聯　梁庾肩吾新苔詩曰隨潮染岸石逐脉聚浮査徒令阿谷麗傳筐不汰沙

【賦】江淹青苔賦曰嗟青苔之依依無色類而可方必居閑而就寂似幽意而深傷故其處石則松栝交陰泉雨長注横磵俯視崩壁仰顧若其在水則鎭帶湖沼綿匝池林春塘秀色陽鳥好音乃生水而摇蕩遂出波而沉淫

菰

説文曰蔣菰也　廣雅曰蔣菰其米謂之彫胡　廣志曰菰可以爲席温

於蒲生南方　莊子曰孔子之楚舍於蟻丘之蔣　禮記曰十月收水澤之賦　江賦曰泛泛之遊蔣　吳都賦菰穗彫胡菰子作餅　宋玉之主人女爲炊彫胡飯

詩　梁沈約詠菰詩曰結根布洲渚垂葉滿皐澤匹彼露葵羹美可以留上客

荻

爾雅曰菼薍也（似葦而小）　毛詩曰蒹葭蒼蒼白露爲霜　詩疏義曰薍或謂之荻至秋堅成謂之萑葦也　焦贛易林剥之坤曰從風縱火荻芷俱死　漢書曰董偃見寵館陶公主安陵爰叔謂偃曰顧成廟遠無宿宮又有荻竹籍田足下何不白主獻長門園於上此上所欲也　抱朴子曰吳世有姚光者有火術吳主身臨試之積荻數千束光坐其上又以數千束荻累之因猛風燔之火盡光端坐灰中振衣而起　晉中興書徵祥說曰童謡云官家養蘆化成荻蘆生不止自成積是時盧循竊據廣州國未能討因而用之是官養之蘆也荻猶敵也　毛詩敦彼行葦牛羊勿踐履　又曰誰謂河廣一葦航之　又曰有漼者淵萑葦淠淠

湃禮記曰七月納材葦 呂氏春秋季秋之月命虞人材葦供國 搜神記朽葦化蛬也 毛詩曰毳衣如菼菼蘆荻也又八月萑葦 異苑曰盧龍將攻京師謠曰十丈瓦屋蘆作柱莚作欄 郭璞奏曰不宜禁荻地禮云名山大澤不封蓋欲以民通財共利不獨專之也

【詩】梁元帝賦得春荻詩曰翠菼毛池前遥映江南岸蓮非秋無有甿未燒不生煙

【詔】宋武帝詔曰必府前歲所封諸洲蘆荻可開以利民

蓍

逸禮曰天子之蓍九尺諸侯七尺大夫五尺士三尺蓍千歲三百莖者先知也 史記曰天下和平蓍莖長丈其聚生百莖共根今世取蓍八十莖長八尺即難得六十莖長六尺即可用 洪範五行曰蓍之言爲耆也百年一本生百莖此草木之壽亦知吉凶者聖人以問鬼神 淮南子曰上有叢蓍下有伏龜

【詩】梁范筠詠蓍詩曰數奇不可偶性直誰能紆禎蔡伏靈異祥雲降溫腴

【賦】晉傅玄蓍賦曰春藹衡德於青陽混百卉而萌生逮朱夏而修茂以暨商秋而堅貞雖離霜而未彫與潛

龜乎通靈於是原極以道極形以度以類萬物之情以通天下之故皆唯終始於事業乃參天兩倚數六九原野之蓍簡條升雲階而內御運茲莖於掌握爻象形而星布信鉤深而致遠實開物而成務

茗

爾雅曰檟苦荼（早採者爲荼晚採者爲茗）吳志曰孫皓每饗宴坐席無能否每率以七升爲限雖不悉入口皆澆灌取盡韋曜飲酒不過二升初見禮異密賜荼茗以當酒　吳興記曰烏程縣西有溫山出御荈續搜神記曰晉孝武帝世宣城人秦精嘗入武昌山中採茗忽見一人身長一丈通體皆毛精見之大怖毛人徑牽其臂將至山曲大叢茗處放之便去須臾復來乃探懷中橘與精精甚怖負茗而歸　異苑曰剡縣陳務妻少寡與二兒爲居宅中先有古冢每日作茗飲輒先以著墳上二子患之曰古墓何知徒以勞意欲掘除之母苦禁乃止夜即夢見一人自說沒來三百餘年謬蒙惠澤賢二子恒欲見毀相賴保護雖潛壤與朽骨敢忘翳桑之報明日晨興於外屋得錢十萬似久埋者而貫皆新提還告其兒並有慙色

自是設饌僉愿謹【賦】晉杜育荈賦曰靈山惟嶽奇產所鍾厥生荈草彌谷被岡承豐壤之滋潤受甘靈之霄降月惟初秋農功少休結偶同旅是采是求水則岷方之注挹彼清流器澤陶簡出自東隅酌之以匏取式公劉惟茲初成沫沉華浮煥如積雪曄若春敷

茅

爾雅曰蒤杜茅也 說文曰菅茅也 易曰拔茅連茹以其彙征吉 茅葍一名茹子 又曰藉用白茅無咎天官甸師祭祀供蕭茅 尚書禹貢曰荊州包匭菁茅 毛詩曰白華菅兮白茅束兮 又曰野有死麕白茅苞之 又曰晝爾于茅宵爾索綯 左傳曰齊侯伐楚謂楚曰爾貢苞茅不入王祭不供無以縮酒寡人是徵 典錄曰武王伐殷微子啟肉袒面縛牽羊把茅膝行而前 六韜曰呂尚坐茅而漁 尹文子曰堯爲天子土階三尺茅茨不翦 尸子曰殷湯救旱素車白馬身嬰白茅以身爲牲 莊子曰小巫見大巫拔茅而棄此其所以終身弗如 離騷曰索靈茅以筳篿 又曰蘭芷變而不芳兮荃蕙化而爲茅 史記封禪書曰管仲說桓公古之封禪江淮閒一茅三脊所以爲藉也 吳錄地理志曰桂陽郴縣有

菁茅可染布零陵有香茅任土貢之　沈約宋書曰有三脊茅生石頭西
岸江夏王義恭累表勸封禪上甚悅　詩　梁簡文帝香茅詩曰銅律與
鳴琴俱稱類君子也若江淮間發英超衆美珎同自牧歸芳因稟征
起豈獨邁秦蘅方知蕪沅芷　梁定襄侯蕭祗詠香茅詩曰鶗鴂芳
不歇霜繁綠更滋還非本同三脊流芳有四時靡靡根縮酒易結解舞蠶
遲終當入楚貢豈忝詠陳詩

蓬

毛詩曰彼茁者蓬　又曰首如飛蓬　無成賦蔌蔌風威孤蓬自振驚
沙坐飛　列子曰見百歲髑髏攓蓬而指之　曾子曰蓬生麻中不扶自
直白沙在泥與之皆黑　商君書曰今夫飛蓬飄風而行千里乘風之勢
也　禮曰桑弧蓬矢　莊子曰斥鷃翱翔蓬蒿之間　古詩轉蓬離本根
飄之畏長風　又曰孤蓬轉霜根　離騷蓬艾親人御于茅兮　魯哀公失
國走齊公問焉曰子之年甚少矣道至于此乎吾少之時多愛我者吾體
不親人多諫者吾忘不能用是內無弼外無輔輔弼無人諂諛甚衆譬之

猶秋蓬也孤其根本而美其枝葉　尚書大傳曰子夏作壤室編蓬戶彈琴瑟其中以歌先王之風　淮南子曰見飛蓬轉而知爲車　三輔決錄曰張仲蔚平陵人也與同郡魏景卿俱隱身不仕所居蓬蒿沒人

詩　魏曹植詩曰轉蓬離本根飄颻隨長風何意回飆舉吹我入雲中高高上無極天路安可窮類此流宕子捐軀遠從戎毛褐不掩形薇藿常不充去去莫復道沉憂令人老　晉司馬彪詩曰百草應節生含氣有深淺秋蓬獨何辜飄颻隨風轉長飆吹臺飛薄吹我之四遠搔首望故株邈然無由反

艾

爾雅曰艾冰臺也　毛詩曰彼采艾兮一日不見如三歲兮　莊子曰越王子搜逃乎丹穴越國無君求王子搜不得從之丹穴不肯出越人薰之以艾　崔寔月令曰三月可採艾　博物志削冰至圓以向日以艾於後承其影得火　孟子曰七年之病求三年之艾　楚辭曰蕭艾於篋笥謂蕙芷而不香　離騷曰扈服艾以盈腰兮謂幽蘭其不可佩　又曰何昔日之芳草兮今直爲此艾　漢武內傳西王母神仙次藥有靈叢艾

賦　孔璠之艾賦曰良

藥弗達妙針莫宣奇艾急病靡身挺煙治匪君臣得用神火振俺固於一爛氣絕息乎無假導建投而招祟鉗椒檮而貽楇伊茲艾之淑粹仍索質於中野嗟乎貞艾與邪燼迭御芳烟與苦蘭競薰是艾正而賤蘭妖而珍故言堯則桀對舉蘭則艾因

〔贊〕孔璠之艾贊曰藹藹靈艾蔚彼脩坂混區羣卉理深用遠

藤

爾雅曰諸慮山櫐今江東呼櫐爲藤藤似葛而麤大也　廣雅曰藟藤也　毛詩曰南有樛木葛藟櫐之　山海經曰畢山其上多櫐今狸豆之屬　南方草物狀曰浮沉藤生子大如雞卵正月華色仍連著實十月臘月熟色赤生食之甜酢生交阯九眞合蘭子藤生緣樹木正二月花色四五月熟實如梨赤如雄雞冠取生食之味淡泊出交阯合浦野聚藤緣樹木二月花色仍連著實五六月熟子大如羹甌俚民煑食其味甜酢出蒼梧菽藤生金封山俚人往往賣之其色正赤出興古　裴氏廣州記曰士人代船爲業隨樹所在就以成槽皆去水難遠動有數里山生草名爲膏藤律汁軟滑無

物能比以此道地壼之如流亦五六丈舡數人便運　臨海異物志曰鍾藤附樹作根軟弱須緣樹而作藤既纏裹樹便死且有惡汁尤令速朽也藤盛成樹若木自然大者或至十圍　又曰蕪藤圍數寸重於竹可以為杖蔑以縛船及以為席勝於竹也　王歆始興記曰晉中朝有質子將歸忽有人寄其書告曰吾家在觀亭亭廟石間有懸藤君至叩藤家人自出歸者如其言果有二人出水取書并曰江伯令君前入水見屋舍甚麗今俗咸言觀亭有江伯神也　顧微廣州記曰蕪藤如栟櫚葉疎破皮青多棘刺高五六丈者如五六寸竹小者如筆管竹類有十許種續遊莖藤也一曰諾藤二曰水藤山行渴則斷取汁飲之治人體有損絕沐則長髮去地一丈斷之輒更生根至地永不死　異苑曰永陽縣有山壁立千仞巖上有石室路右名為神農窟窟前百藥叢茂莫不畢備又別有異藤花形似菱菜朝紫中綠晡黃暮青夜赤五色迭耀

【詩】梁簡文帝詠藤詩曰纖條寄喬木弱影掣風斜標春抽曉翠出霧挂懸花

菜蔬

毛詩曰其蔌維何惟筍及蒲　又曰我有旨蓄亦以御冬　爾雅曰菜謂之蔬不熟曰饉　周禮春官曰春入學舍采合舞　禮記曰仲秋之月乃命有司趣民務畜菜　論語曰雖蔬食菜羹瓜祭必齊如也

孔叢子曰菜謂之蔬　莊子曰顏回不茹葷三月　呂氏春秋曰菜之美者壽木之華赤木之葉餘瞀之南有菜名嘉樹其色若碧　漢書西域傳曰罽賓地溫和冬食生菜　魏志曰倭國地溫和冬夏食生菜　漢武內傳曰西王母曰仙之上藥有碧海之琅菜　王充論衡曰董仲舒讀春秋三年不窺園菜　孝子傳曰洛陽公華水作漿兼以給過者公補屩不取其直天神化為書生問公何不種菜曰無種即遺數升公種之化為白璧餘皆為錢公得以娶婦　大夫有汙豬之宮雖有美菜有義之士不食　莊子宣尼窮於陳蔡之閒顏回擇菜　文選野有菜蔬之色　儀禮曰婚禮舅姑既沒則婦三月乃奠菜蔬蓋用待告　漢書張竦曰古叛逆之國豬其宮室以為汙池名曰凶墟雖生菜蔬而民不食

菜之美者具區之菁　范宣挑菜傷指大啼曰身體髮膚不敢毀傷故啼　蜀都賦五肉七菜勝掩腥臊　廣州先賢傳丁密蒼梧人非家織布不衣非己耕種菜果不食　杜蘭香別傳曰香降張碩齎乞榼酒七子樏樏多菜而無他味亦有世間常菜輒有三種色或丹或紫一物與海蛤相象并有非時菜碩云食一亦不甘然一食七八日不飢

啓　梁皇太子謝勑賚河南菜啓曰海水盈波來因九譯周原澤洽味備百羞堯韭未儔姬歜非喻　又謝勑賚大菘啓曰吳愧千里之蓴蜀慙七菜之賦是知泮宮採茆空入魯詩流火亨葵徒傳豳曲

葵

說文曰葵菜也　七啓曰芳菰精粺于霜蓄霜葵　文選青青園中葵凝露待日晞　又言辟如後園葵有菜待秋霜　又曰無以肉食資取笑葵與藿　豳風曰七月亨葵及菽　左傳仲尼曰鮑莊子之智不如葵葵猶能衛其足莊子居亂不能危行言遜以致刖足　師曠占曰黃帝問師曠曰欲知牛馬貴賤秋葵下小葵生牛馬貴大葵不蟲牛馬賤　史記曰公儀休爲魯相食葵而美

拔其園葵弃之　韓詩外傳曰魯監門女嬰相從績中夜泣曰衛世子不肖是以泣其偶問其故曰宋司馬得罪於宋出奔於魯馬佚食吾園葵是歲亡利一半由是觀之禍福相及也　列女傳曰魯漆室女倚柱而嘯鄰婦曰欲嫁乎曰吾憂魯君老而太子少也婦曰此魯大夫之憂女曰昔晉客舍吾家繫馬於園馬佚踐吾園葵使吾終歲不厭葵味　列仙傳曰丁次都不知何許人爲遼東丁氏作人丁氏常使買葵冬得生葵問何得此葵云從日南買來　異苑曰符堅將欲南師夢葵生城内明以問婦婦曰若征軍遠出難之爲將也　博物志曰陳葵子微炒令爆咤散著熟地中遍蹹之朝種莫者生遠不過宿　北齊彭城王攸在郡王氏種葵三畝被人盜之王密令書葵菜明旦市看之遂得偷者

【詩】古詩採葵莫傷根傷根葵不生結交莫羞貧羞貧交不成　晉陸機園葵詩曰種葵北園中葵生鬱萋萋朝榮東北傾夕穎西南晞零露垂鮮澤朗日耀其暉時逝和風戢歲暮傷飈飛曾露無温液嚴霜有凝威幸蒙高墉德玄景蔭素蕤豐條並春盛落葉後秋衰

慶彼晚彫福忘此孤生悲 又詩曰翩翩晚彫葵孤生寄北蕃被蒙覆露
惠微軀後時殘庇足同一智生無答萬端不若聞道易但傷知命難

薺

爾雅曰菥蓂大薺（似薺葉細） 又曰蒫薺實 說文曰薺草可食也 毛詩曰誰謂荼苦其甘如薺 禮記曰孟夏之月靡草死（薺亭歷之屬也） 淮南子曰薺麥冬生而夏死 抱朴子曰薺麥大蒜仲夏而枯

【賦】夏侯湛薺賦曰寒冬之日余登乎城隅步北園覩衆草之萎悴覽林果之零殘悲纖條之槁摧憋枯葉之飄殫見芳薺之時生被畦疇而獨繁鑽重冰而挺茂蒙嚴霜以發鮮舍盛陽而弗萌在太陰而斯育永安性於猛寒羌無寧乎煖燠齊精氣於款冬均貞固乎松竹 齊卞伯玉薺賦曰終風掃於暮節霜露交於杪秋有萋萋之綠薺方滋繁於中丘

葱

禮記曰凡進食之禮葱渫處末 又曰膾春用葱脂用葱為君子擇葱薤如絕其本末 爾雅茖山葱細莖大葉 劉向別傳曰都尉有種葱

書曹公既與先生言細人覘之見其拔葱　莊子曰徐無鬼見武侯曰先生居山林猒葱韭□老欲甘酒肉之味耶　又曰春月飲酒加葱以通五臟　春秋元命包曰天□山上有葱所種畦瀧悉着行人拔取者悉絕若精神而求即不拔自出可異辛香　漢書龔遂勸民令人一口種五十本葱一畦韭一百本薤　西河舊事曰葱嶺在燉煌西八十里其山高大上生葱故曰葱嶺　列仙傳曰阮丘姐山上種葱百餘年乃去　晉令曰居洛陽內園菜欲課以當者耳並一列長流灌紫葱丁各三畝　東觀漢記曰孔奮字君魚爲姑臧長時天下亂河西獨安臧長居數月輒致資產奮在姑臧四年財物不增唯老母妻子但菜食或謂奮曰置脂膏中亦不能自潤　漢武內傳曰西王母曰□人上藥有玄都綺葱　邵信臣曰臣太官種冬葱生不時之物有傷於人

蓼

爾雅曰薔虞蓼（虞澤蓼也）　詩曰予又集于蓼（言辛苦也）　離騷曰蓼蟲不能從乎葵菜　吳氏本草曰蓼實一名天蓼一名野蓼一名澤蓼　禮記曰鶉羹雞

羹鴽釀之蓼　劉向別録曰尹都尉書有種蓼篇　吳越春秋曰越王念吳欲復怨非一旦也苦思勞心夜以接日卧則切之以蓼　魏文子曰蓼蟲在蓼則生在芥則死非蓼仁而芥賊也本不可失　古詩曰蘇蓼出蒲渠

【賦】漢孔臧蓼蟲賦曰季夏既望暑往涼還逍遥諷誦遂居東園周旋覽觀憩乎南藩覩茲茂蓼紛葩吐榮猗那隨風綠葉厲莖爰有蠕蟲厥狀似螟羣聚其間食之以生於是寤物託事推況乎人幼長斯蓼莫或知辛膏粱之子豈曰不去苟非德義不以為家安逸無心如禽獸何逸必致驕驕必致亡匪唯辛苦乃丁大殃

藝文類聚卷第八十二

藝文類聚卷第八十三

寶玉部上

寶 金 銀 玉 珪

寶

爾雅曰琛寶也美寶為琛禮記曰南宮敬叔反必載寶而朝敬叔魯卿失位去魯得反載其寶以朝君夫子曰如是其貨也喪不如速貧之愈也 左傳曰晉荀息請以屈產之乘垂棘之璧假道於虞以伐虢公曰是吾寶也對曰若得道於虞猶外府也 又曰宋人得玉獻諸子罕曰以示玉人玉人以為寶也故敢獻之子罕曰我以不貪為寶爾以玉為寶若以與我皆喪寶也不若人有其寶 公羊傳曰虞公貪而好寶及為晉所滅抱寶牽馬而去 又曰盜竊寶玉大弓 穆天子傳曰西征至陽紆之山河伯馮夷所都是惟河宗云天子崑崙之山丘春山之寶玉 管子曰玉起於禺氏金起於汝漢珠起於赤野先王為其從遠其至之難故託用於其重以珠玉為上幣黃金為中幣刀布為下幣 史記曰梁惠王與齊威王田於郊威王問曰王亦有寶乎惠王曰若寡人國小尚有徑寸之珠照車前後各十二乘者十枚奈何以萬乘之國

而無寶乎威王曰寡人以爲寶與王異吾臣有檀子者使守南城則楚人不敢爲寇東取泗上十二諸侯皆來朝吾臣有盼子者使守高唐則趙人不敢東漁吾吏有黔夫者使守徐州則燕人祭北門趙人祭西門（齊之北門西門也言燕趙之人畏見侵伐故祭以求福）徙而從者七千餘家吾臣有種首者使備盜賊則道不拾遺將以照千里豈特十二乘哉梁惠王慙不懌而去　淮南子曰夫夏后氏之璜不能無考（考瑕釁也）明月之珠不能無纇（纇絲結也）其小惡不足以妨大美也今志人所短忘人所長而求得賢乎天下則難矣　謝承漢書曰鄴人王逢得路遺寶物懸衢道求主還　晉安帝紀曰桓玄尤愛珍寶常玩弄珠玉不離于手　地鏡圖曰凡觀金玉寶劒銅鐵皆以辛之日待雨止明日平旦亦黃昏夜半觀之所見光白者玉也赤者金黃者銅黑者鐵

金

爾雅曰黃金謂之璗（音蕩）其美者謂之鏐（留二音）　尚書洪範五行四曰金金曰從革從革作辛（孔安國金可改庚辛金氣也）　穆天子傳曰披圖視天子之寶黃金之膏　晏子曰景公爲履黃金之綦　孝經援神契曰石潤苞玉丹精生金翠羽揚也（三物台和）

氣故能變運易色也 又曰四夷賓服則金勝土 孫氏瑞應圖曰王者不藏金玉則黄金見深山 禮斗威儀曰君乘金而王其政平則黄金見深山 列子曰齊人有欲金者清旦衣冠之市適鬻金者之所因攫其金而去吏捕之問曰人皆在焉子攫人之金何故對曰取金之時不見人徒見金 魯連子曰秦師圍趙而退平原君以千金欲為魯連先生壽魯連笑曰所貴天下士者為人釋難解紛結若即有取商賈之事連不忍為也 韓子曰荆南麗水之中生金 燕丹子曰太子自喜得荆軻永無憂秦後日與軻之東宮臨池而觀軻拾瓦投鼃太子令人奉盤金軻用抵賜金復進軻曰非為太子愛金也但臂痛耳史記曰秦獻公十八年雨金櫟陽公自以得金瑞故作畦時於櫟陽祀白帝又曰秦始皇葬於驪山以黄金為鳧鴈 韓詩外傳曰楚襄王遣使者持金千片白璧百雙聘莊子欲以為相莊固辭而不許使者曰黄金白璧寶之至也卿相尊位也先生辭不受何也 吴越春秋曰延陵季子出遊於齊見路有遺金有披裘採薪者季呼薪者取彼地金薪者曰吾當夏五月披裘而薪豈取金者哉 列仙傳曰安期先生始皇請見之賜金璧數千萬

列女傳曰秋胡子既官於陳五年乃歸未至見路傍有一美婦人方採桑秋胡子下車謂之曰吾有金願與夫人婦笑曰嘻夫採桑以作紡績經織以供衣食奉二親養夫子而已矣吾不願人之金　漢書曰武帝行幸回中詔曰往者朕郊見上帝泰山見金宜更黃金爲麟趾褭蹏以協瑞焉獲白麟有瑞故鑄金爲麟馬以協嘉祉也古有駿馬名騕褭赤喙黑身日行萬五千里也　又曰梁孝王未死時金以巨萬計不可勝數及死藏府餘黃金尚四十餘萬斤他財物稱是　又曰季布爲任俠有名楚人諺曰得黃金百斤不如得季布一諾　又曰直不疑爲郎事文帝其同舍有告歸者誤持同舍郎金去覺亡意不疑不疑謝之買金償之後告歸者來而歸金前郎亡金者大慙　又曰韋賢傳曰鄒魯諺云遺子黃金滿籯不如教子一經　又曰疏廣徙爲太傅頃之兄子受爲少傅父子並爲師傅俱乞骸骨上以其年老皆許之加賜黃金二十斤皇太子贈以五十斤　又曰秦幣黃金方寸而重一斤以鎰爲名　漢武故事曰帝年數歲長公生遍指侍者曰與子作婦好否皆不用後指陳后帝曰若得阿嬌當作金屋貯之　續漢書曰楊震爲東萊太守道經昌邑初震爲荊州舉茂才

王密密時為昌邑令謁見至夜懷金十斤以遺震震曰故人知君君不知故人何也密曰暮夜無知者震曰天知神知子知我知何謂無知密愧而出　廬江七賢傳曰陳翼到藍鄉見道邊有馬傍有一病人呼曰我長安魏公卿聞廬江樂來遊今病不能前翼迎歸養之病困曰有金十餅素二十匹死則賣以殯餘謝主人既死翼賣素買棺衣衾以金置棺下騎馬出入後其兄長公見馬告吏捕翼翼具其言之棺下得金長公叩頭謝以金十餅投其門中翼送長安還之翼後為魯陽尉號魯陽金行　漢書曰王陽好車馬衣服及遷徙其載不過囊衣不畜餘財天下服其廉而恠其奢故風俗傳云王陽能作黃金　邴原別傳曰原以喪亂方熾遂到遼東時同郡劉攀亦俱在焉遼東人啚奪太守公孫度度覺之捕其家而攀得免度曰有藏劉攀者同誅攀窘逼歸原原曰窮鳥入懷原曰焉知斯懷之可入遂匿之月餘東萊太守太史子義素有義即原欲以攀付之攀臨去以其手所杖劔金三餅與原原受金辭劔還謂度曰將軍平日與攀無郄而欲殺之者但恐其為蜂蠆耳今攀以去而尚

抅閑其家以情推之其念爲毒螫必滋甚矣度從之即出攀家原以
金還之　曹操别傳曰操别入碭發梁孝王冢破棺收金寶數萬斤
天子聞之哀泣　英雄記曰董卓塢有金二三萬斤　益部耆舊傳曰王
忳詣師於客舍見諸生病甚困謂忳云腰下有金十斤願以相與收藏尸
骸未問姓名而絶忳賣金一斤以給棺殯九斤置生腰下後署大度亭
長到亭曰有大馬一匹入亭中其日大風有一繡被隨風而來後乗馬突入
金彦門彦父見曰眞盜矣忳說狀又取被示之悵然曰此我子也以被馬
歸彦父彦父不受遣迎彦喪金具存　録異傳曰隗炤者汝陰鴻壽亭
民善於易臨終書板授其妻曰吾亡後當大荒窮雖爾而愼莫賣
宅也到後五年春當有詔使來頓此亭姓龔此人負吾金卿以此板往
責之勿違言也亡後果大困欲賣宅者數矣憶夫言輙止到期日有龔
使者果上亭中妻遂賫板往責使者使者執板不知所言曰我平生
不踐此何縁爾耶使者沉吟良久謂曰賢夫何能妻曰夫善易而未嘗
爲人卜使者曰可知矣乃顧命侍者取著而筮之卦成抵掌歎曰妙哉

隗炤生含明隱迹而莫之聞可謂鏡窮達而洞吉凶者也於是告炤妻曰吾不相負金賢夫自有金乃知亡後當暫富窮故藏金以待泰平所以不告兒婦者恐金盡而困無已也吾善易故書板以寄意耶金有五百斤盛以青瓮覆以銅柈埋在堂屋東頭去壁一丈入地九尺妻還掘之皆如卜焉　搜神記曰郭巨兄弟三人早喪父禮畢二弟求分以錢二千萬二弟各取千萬巨獨與母出居客舍夫婦傭賃以給供養居有頃妻産男巨念與兒妨事親也老人得食喜分兒孫減饌二也乃於野鑿地欲埋兒得石蓋下有黄金一釜中有丹書曰孝子郭巨黄金一釜以用賜汝於是名振天下　世説曰管寧華歆鋤菜見金管揮鋤與瓦石不異華提而擲去　異物志曰狼𦞙民與漢人交關常夜爲市以鼻齅金知其好惡　扶南傳曰毗騫國食器皆以金爲之　幽明録曰淮牛諸津水極深無可筭計人見一金牛形甚瑰壯以金爲鏁絆　又曰巴丘縣自金岡以上二十里名黄金潭莫測其深上有瀨亦名黄金瀨古有釣於此潭獲一金鏁引之遂滿一舡有金牛出聲犇壯釣人波駭牛因奮勇躍而還潭鏁

將乃盡釣人以刀斫得數尺潭瀨因此取名　異苑曰永康王曠井上有一洗石時見赤氣後有二胡人寄宿忽求買之未及度錢子婦孫氏覩二黃鳥鬭於石上疾往掩取變成黃金

銀

爾雅曰白金謂之銀其美者謂之鐐遼　史記封禪書曰殷得金德銀自山溢　漢書曰益州醘町山出銀賁古亦出銀　又曰無雷國出銀　又曰黃金一斤直錢萬朱提銀八兩爲流直一千五百八十他銀一流直千是爲銀貨二品　東方朔神異經曰西南有銀山焉長五十餘里廣四五里高百餘丈皆悉白金不雜土石不生草木　列異記曰故司隸校尉上黨鮑子都少時上計掾於道中遇一書生獨行無伴卒得心痛子都下車爲按摩奄忽亡不知姓名有素書一卷銀十餅即賣一餅以殯斂餘銀以枕之素書著腹上哭之謂曰若子魂靈有智當令子家知子在此今奉使命不獲久留遂辭而去　抱朴子曰銀但不及金玉餌可以地仙　南越志曰遂成縣任山有銀大銀山　地鏡圖曰銀之氣夜正白流散在地撥之隨手散復合此是

也山有葱下有銀光隱隱亡白山有磁石下有銅若金 又曰白銀見爲雄雞

贊 晉郭璞金銀贊曰惟金三品揚越作貢五材之珎是謂國用務經軍農爰及雕弄

玉

爾雅曰西方之美者霍山之珠玉焉 又曰瑑美玉也治玉謂之瑑亦謂之雕 廣志曰白玉美者可以照面出交州青玉出倭國赤玉出夫餘瑜玉玄玉水蒼玉皆佩用 尚書曰惟辟玉食 山海經曰黃帝乃取密之玉榮而投鍾山之陰瑾瑜之玉潤澤而有光五色發作以和柔剛天地鬼神是食是饗君子服之以禦不祥 周官曰以玉作六器以禮天地四方以蒼璧禮天以黃琮禮地以青珪禮東方以赤璋禮南方以白琥禮西方以玄璜禮北方 禮記曰笏天子以球玉 又曰執玉爵者不揮 又曰受珠玉者以掬 又曰玉不琢不成器人不學不知道 又曰子貢問於孔子曰敢問君子貴玉而賤珉何也爲玉之寡而珉之多耶子曰昔君子比德於玉焉溫潤而澤仁也縝密而栗知也廉而不劌義也垂之如墜禮也叩之其聲清越以長其終詘然樂也瑕不掩瑜瑜不掩瑕忠

也孚尹旁達信也氣若白虹天也精神見于山川地也珪璋特達德也天下莫不貴者道也　詩云言念君子溫其如玉故君子貴之也　大戴禮曰玉在山而木潤川生珠而岸不枯者陰中之陽也故勝水玉者陽中之陰也故勝木

左傳曰初虞叔有玉虞公求旃弗獻既而悔之曰周諺有之匹夫無罪懷璧其罪吾焉用此其以賈害也乃獻之　禮升威儀曰君乘金而王則紫玉見於深山　周書曰武王俘商得寶玉萬四千佩玉八萬　尚書中候曰文王至磻谿呂尚釣玉趨稱曰望公七年今見光景荅曰望釣得玉璜刻曰姬受命呂佐撿撿相也　孝經援神契曰神靈滋液則有玉英英華也　穆天子傳曰披圖視典用觀天子之寶器玉果石似美玉可謂王果璿珠燭銀黃金之膏五玉膏皆有精也又曰天子北征東還乃循黑水至于羣玉之山四徹中繩皆平直也　先王之所謂策府　列子曰周穆王征西戎西戎獻昆吾之劒赤刀切玉如切泥　孔叢子曰秦王得西戎利刀割玉如割木　尹文子曰魏田父有耕於野者得玉徑尺不知其玉也以告鄰人　鄰人詐之曰此怪石也畜之弗利其家田父雖疑猶豫以歸置於廡下其夜玉明照一室大怖遠而弃之於遠野　鄰人取之以

獻魏王魏王召玉工相之玉工望之再拜賀曰大王得天下之寶臣所未嘗見王問其價玉工曰此無價以當之五城之都僅可一觀魏王賜獻玉者千金長食上大夫之祿　又曰鄭人謂玉未理者爲璞周人謂鼠未腊者爲璞周人懷璞問鄭賈曰欲買璞乎鄭賈曰欲之出其璞視之乃鼠也因謝不取鬼谷子曰鄭人之取玉也必載司南之車爲其不惑也　紀年曰桀伐岷山岷山莊王女于桀二女曰琬曰琰桀受二女無子斲其名于苕華之玉苕是琬華是琰也　呂氏春秋曰人不愛崑山之玉江漢之珠而愛己之蒼璧小璣蒼璧石多玉少珠玉圖曰璣碎珠　戰國策曰周有砥厄宋有結綠梁有懸黎楚有和璞此四寶者天下名器獨不足以厚國家乎　又曰蘇秦謂楚王曰楚國食貴於玉薪貴於桂　尚書大傳曰堯致舜天下贈以苕華之玉　春秋繁露曰公侯贄用玉玉潤而不汙至清潔也故君子比之於玉玉有瑕穢必見於外故君子不隱所短　韓詩外傳曰良玉度尺雖有十仞之土不能掩其光良珠度寸雖有百仞之水不能掩其輝　淮南子曰水圓折者有珠方折者有玉圓陽也珠陰中之陽也方陰也玉陽中之陰也皆以其類生也　又曰崑崙山中有曾城九重上有珠樹玉樹　又曰琬琰

之玉在汚泥之中雖廉者釋 又曰辟若鍾山崑崙之玉炊鑪炭三日三夜而
色澤不變得天地之精也 又曰白玉不彫美珠不文質有餘也 十洲記曰周
穆王時西胡獻玉杯是百玉之精明夜照夕以杯於庭中比明旦而水滿於杯
中汁甘而香美斯靈器也 鹽鐵論曰崑山之傍以玉璞抵烏鵲 列仙傳
曰赤松子神農時雨師服水玉 漢書曰宣帝幸河東鳳皇集得玉寶乃
起萬壽宮 漢武故事曰上起神屋前庭植玉樹以珊瑚爲枝碧玉爲葉
華子青赤以珠玉爲之空其中如小鈴鎗鎗有聲 琴操曰卞和者楚野民
得玉獻懷王懷王使樂正子占之言玉石以爲欺謾斬其一足懷王死子平
王立和復獻之平王又以爲欺斬其一足平王死子立爲荊王和復欲獻之
恐復見害乃抱其玉而哭晝夜不止涕盡續之以血荊王遣問之於是和隨
使獻王王使剖之中果有玉乃封和爲陵陽侯卞和辭不就而去作退怨
之歌曰悠悠沂水經荊山精氣鬱泱谷巖巖中有神寶灼明明穴山采
玉難爲功於何獻之楚先王遇王闇昧信讒言斷截兩足離余身俛仰
嗟歎心摧傷紫之亂朱粉墨同空山歔欷涕龍鍾天鑒孔明竟以彰

沂水滂沛流于汶進寶貝得荆山之雞分幽刖者不續豈不怨　王逸正部論曰或問玉符曰赤如雞冠黄如蒸栗白如猪肪黑如純漆玉之符也　續漢書曰三老五更玉杖　又曰袁逢爲三老賜玉杖　魏略曰大秦國出五色玉　魏書曰文帝甄皇后光和中生每寢寐家中髣髴見有人持玉衣覆其上者常共怪之　文士傳曰劉禎嘗預魏文帝坐見甄后不伏武帝大怒收付作部使磨石武帝常輦至尚方觀作者見禎禎磨石不仰帝問曰石何如禎因得喻已自理跪對曰石出自荆山外有五色之章内含和氏之珍磨之不加瑩雕之不增文禀氣堅貞受兹自然顧其理枉屈紆繞猶不得申武帝顧左右大笑赦禎復署吏　胡琮別傳曰吳時掘地得銅匣以琉璃爲蓋布雲母於其上開之得白玉如意大皇帝以問琮對曰秦始皇以金陵有天子氣處處埋寶物以當王土之氣此抑是乎　神仙傳曰沈羲爲仙人所迎見老君以金案玉盤賜之　搜神記曰羊公雍伯雒陽人性篤孝父母亡葬弃無終山遂家焉山高無水公汲作義漿於坂頭行者皆飲之三年有一人就飲以一斗石子與之云玉當生其中又語云後當

得以嬉言畢不見乃種其石數歲時時往視見玉子生石上北平徐氏女甚有
行人多求不許公乃試求焉徐氏笑以爲狂乃戲云得白璧一雙來當爲
婚公至所種石中得五雙以聘徐氏遂以女妻之天子異之拜爲大夫於種
玉處四角作大石柱各一丈中央一頃地名曰玉田　涼州記曰呂纂咸寧二年
有盜發張駿陵得白玉樽玉簫玉笛　晉宮閣名曰晉東瀛王騰鎮鄴遊常
山天時大雪融液不積掘得玉馬　又曰弘農楊子陽聞土中有聲掘得
玉豘長可尺許屋棟間仍以扁秫米如此三年晝夜不息米墜既止忽有
一青虵長數尺住在梁上后丗落畚其輒成碎銀子陽獲銀米遂爲富見
鍛銀作器貨賣倍售餘家市者隨以破滅　白澤圖曰玉之精名曰委然
如美女衣青衣見之以桃戈刺之而呼其名則可得也　夜行見女戴燭入石
石中有玉也

詩

晉司馬彪詩曰玉出閬風側珠生南海濱奕奕不周阪
蘇桂楊其芬

賦

晉傅咸玉賦曰易稱乾爲玉玉之美與天合德其在玉
藻仲尼論之備矣非復鄙文所可稱述蓋萬物資生玉稟其精體乾之
剛配天之清故能珎嘉在昔實用罔極夫豈君子之是比蓋乃王度之

所式其爲美也若此常韜其潛光荆野抱璞未理衆視之以爲石獨見之知於卞子曠千載以遐弃悠一旦而見齒爲爲有國之偉寶禮神祇於明祀豈連城之足云至嘉遭遇乎知已知已之不可遇晉河清之難俟既已若此誰亦溢血而刖趾缺王曰庚肅之玉贊曰圓璧月鏡璆琳星羅結秀藍田驪貞荆和玄珪特達瑜不掩瑕質鮮器潤流映滂沲　郭璞瑾瑜玉贊曰鍾山之寶爰有玉華光采流映氣如虹霞君子是佩象德閑邪

珪

說文曰珎大珪也珽大珪長三尺抒上終葵首爾雅曰珪大尺二寸謂之玠白虎通曰珪以爲信而見何也珪者銳上象物始生見於上也信莫著於見故以之萬物之始莫不自潔珪之爲言珪也上銳陽也下方陰也　山海經曰羭山之神祠之白圭　易曰告公用圭　尚書曰禹貢曰禹錫玄圭告厥功玄天色禹功聞於四海故堯錫玄圭以旌顯之周官禮曰以玉作六瑞以等邦國王晉大圭執鎮圭繅藉五采五就以朝日繅有五采文所以薦玉木爲中幹用韋衣而畫之就成也王朝日者示有所尊訓民事君也大圭長三赤杼上終葵首鎮圭長赤有二寸謂安鎮四方以四鎮之山爲瑑飾　公執桓圭二王之後及王之上公雙植日桓宫室之象所以安其上也圭長九寸侯執

信圭伯執躬圭繅皆三采三就（皆象以人形爲瑑飾義取其慎行以保身圭皆長七寸）子執穀璧男執蒲璧繅皆二采再就（義取安養於人二王或以穀或蒲文爲瑑飾璧皆徑五寸）四圭有邸以祀天旅上帝（爲於中央爲璧圭著四面一玉俱成邸本也圭本著於璧圭末四出故也）圭璧以祀日月星辰 青圭禮東方 穀圭天子以娉女（穀善也以娉女則以納徵）琬圭以治德結好琰圭以易行除慝（有鋒芒征并伐誅討之象）圭以致四時（以度景致日日長五寸）瑑圭以頫聘牙璋以起軍旅以治兵（若今以銅虎符發兵）禮記曰諸侯以龜爲寶以圭爲瑞家不寶龜不藏圭 又曰禮有以素爲貴者大圭不瑑（大圭長三尺杼上終葵首）又曰大夫執圭而使所以申信也 毛詩曰白圭之玷尚可磨也斯言之玷不可爲也 左傳曰鄭駟帶伐伯有伯有死游吉如晉還聞難不入月奔晉駟帶追之及酸棗與子上盟而用兩珪質于河已復歸 又曰王子朝用成周之寶珪于河津人得諸河上陰不佞以溫之人南（不佞敬王大夫晉以溫兵助敬王南侵子朝也）拘得玉者取其賣之則爲石王定而獻之 論語曰執圭鞠躬如也如不勝穆天子傳曰天子賓于西王母（如人蓬髮戴勝善嘯）乃執白珪玄璧以見西王母墨子曰申徒狄曰周之靈珪出於土石楚之明月出於蚌蜃 莊子曰楚昭王延屠羊以三珪之位（諸侯上卿皆執圭）楚詞曰圭於徑千里出若雲（言楚國境界在路交接方千餘里中）

有隱士暮春已來出集聚若雲也三珪重侯三珪公侯伯聽類神察篤友隱孤寡存言三珪之君不但知賢愚之類亦察知篤疾早夭孤寡振贍之古今注曰章帝建初七年玉珪出弘農華陰

贊晉郭璞珪贊曰玉作五瑞稱章有國君子鳴佩亦以表德永觀厥祭時惟文則

藝文類聚卷第八十三

藝文類聚卷第八十四　寶部下

璧　珠　貝　馬瑙

琉璃　車渠　瑇瑁　銅

璧

白虎通曰方中圓外曰璧璧之爲言積也內方象地外圓象天　爾雅曰璧大六寸謂之瑄肉倍好謂之璧好倍肉謂之瑗肉好若一謂之環　尚書中候曰堯沉璧於河　周官禮曰子執穀璧男執蒲璧以蒼璧禮天　左傳曰周諺有之匹夫無罪懷璧其罪　又曰晉荀息請以垂棘之璧假道於虞以伐虢　又曰初衞莊公自城上見己氏之妻髮美使髡之以爲呂姜髢既出奔而入焉示之璧曰活我吾與汝璧己氏曰殺汝璧其焉往遂殺之而取其璧又曰秋楚子圍許蔡穆侯將許僖公以見楚子於武城許男面縛銜璧大夫衰絰士輿櫬楚子問諸逢伯對曰昔武王克殷微子啓如是武王親釋其縛受其璧而祓之祓除凶之禮也　又曰初楚恭王無冢適有寵子五人無適立焉乃有大事于羣望而祈請神擇於五人者使主社稷乃

遍以璧見於羣望曰當璧而拜者神所立也乃埋璧於太室之庭使五人齋而長入拜康王跨之靈王肘加焉平王弱抱而入再拜皆壓紐 穆天子傳曰天子賓于西王母乃執白圭璧以見之 莊子曰孔子問子桑雩曰吾見逐於魯伐樹於宋親交益疏何也對曰子獨不聞假之亡與假國名也林回弃千金之璧負赤子 而趨彼以利合者迫窮相棄也天屬者迫窮相收也

孫卿子曰聘人以珪問士以璧 吕氏春秋曰魯郈成子聘於晉過衛右宰穀臣觴之陳樂而不樂乃送之以璧成子曰觴我以酒懽我也陳樂不樂告我憂也送我以璧寄託之也衛其有亂乎背衛三十里聞甯喜殖之難作右宰穀臣死之乃使人迎其妻子隔宅居之分禄食之其子長而反其璧

戰國策曰齊欲伐魏魏使謂淳于髡曰弊邑有寶璧二雙文馬二駟請致之髡入請說齊王曰魏齊之與國也伐之名醜而實危齊王乃止客謂齊王曰髡受魏璧馬王問髡曰先生有諸乎曰有之伐魏之事便魏雖刺髡於王何益若誠不便魏雖封臣於王何損百姓無被兵之患髡有璧馬之寶於王何傷又曰張儀爲秦破從連横說楚王楚王遣使車百乘獻夜

光之璧　史記曰張儀嘗從楚相飲已而楚相亡璧門下意儀掠笞不服儀謂妻曰視吾舌存否妻曰存曰足矣　又曰虞卿躡屩檐簦一見趙王賜白璧一雙黄金百鎰　又曰趙惠王得楚和氏璧秦昭王聞之使人遺王書曰願以十五城請易璧王召見藺相如遂遣奉璧西入秦秦王大喜相如視秦王無意償趙城乃前曰璧有瑕請指示王王授璧相如因持璧却立倚柱怒髮上衝冠謂秦王曰趙王齋戒五日使臣奉璧今大王見臣甚倨得璧傳之美人以爲戲弄無償趙王城色故臣復取璧王必欲急臣臣頭與璧俱碎於柱矣王恐其破璧乃辭謝固請舍相如廣成傳相如使人從他道以璧還趙　韓詩外傳曰楚襄王遣使持金十斤白璧百雙聘莊子以爲相莊子固辭　列士傳曰秦召魏公子無忌無忌不行使朱亥奉璧一雙秦王大怒將朱亥著猛獸圈中亥瞋目視之眥裂血出濺猛獸猛獸終不敢動　漢書曰沛公見項羽鴻門步從間道走去軍使張良留謝羽羽問沛公安在良曰聞將軍有意督過之脫身去間至軍矣（脫身進還其軍）故使臣獻璧羽受之　東觀漢記曰驃騎將軍東平王蒼辟朱暉爲掾正

月旦將軍當奉璧賀故事少府給璧時陰就爲少府吏甚驕慢求不可得暉遥見就主簿持璧謂曰我數聞璧未甞見借觀之主簿授暉暉授令使主簿遽白就曰朱掾義士勿求之蒼罷朝謂暉曰掾自視孰與藺相如　續漢書曰大秦國有夜光璧　鍾離意傳曰意爲魯相省視孔子授堂男子張伯剗草階下土中得璧七枚懷藏其一以六白意意曰甕中素書文曰後世脩吾書董仲舒璧有七張伯取其一意召問之伯叩頭出之　物理論曰語曰士非玉璧談者爲價　抱朴子曰安期生賣藥海邊始皇異之賜以金璧直數千萬安期生去而置之於阜鄉亭以赤玉舃爲報留書曰後千歲求我於蓬萊山　又曰余聞唐堯之爲君也捐金於山虞舜之承禪也抵璧於谷　中興徵祥說曰王者不隱過則玉璧見　戴延之西征記曰宋公諮議參軍王智先停柏谷遣騎送道人惠義䟽云有金璧之瑞公遣迎取軍進次于崤山金璧至脩壇拜受之　又云冀州博陵郡王次寺道人法稱告其弟子普嚴曰嵩高皇帝語吾言江東有劉將軍是漢家苗裔當受天命吾以三十二璧金一餅與之璧數是劉氏卜世之數也

惠義以義熙十三年入嵩高山即得璧金獻焉【表】魏陳王曹植獻璧表曰臣聞玉不隱瑕臣不隱情伏知所進非和氏之璞萬國之幣璧爲元貢梁范筠謝示璧表曰非郊禋有日禋且天之寶曽降學校且興圜水之符已集絳玉玄珪未足云璧言【檄】梁吳均檄江神責周穆王璧曰昔穆王南巡自郢徂閩遺我文璧貽曰此律貫緒一百紀荐歷千春念兹文璧故問水濱江漢鼎之自求多益反我名瑞躍此華璧則富有漢川世爲江伯如有負撼心迷懷興寡情戚藏玉泥中匿珪魚腹使公孫躡波而長呼子羽濟川而怒目佽飛舞劍而東臨菑丘躍馬而南逐打素蛤而爲粉碎紫貝其如粥又有川人勇俊勍乎閩濮水居百里泥行萬並伯右睨而河傾左咤而海覆乃把昆吾之銅純鈞之鐵被魚鱗之衣赴螺蚌之穴引樹東隅移燋北島使蓬萊之根鬱而生塵瀛洲之足淨而可埽按驪龍取其頷下之珠搦鯨魚拔其眼中之寶貝皇恩所被繁枯潤涸威之所加窮河絶漠願子三思反此明玉

珠

爾雅曰西方之美者有霍山之多珠玉焉霍山今在平陽永安縣東北廣志曰莫難珠其色

黃生東夷有明珠稱夜光有大珠一徑寸或圍二寸已上出黃支有至圓珠置之平地終日不停　山海經曰開明北有珠樹文玉樹　尚書曰淮夷蠙珠洎魚淮夷二水出蠙珠美魚　大戴禮曰川生珠而岸不枯　穆天子傳曰天子北征舍于珠澤珠澤之藪方三十里　晏子曰景公爲履黃金之綦連以珠良玉之句其長尺冰月服之以聽朝晏子朝公迎之履重僅能舉足晏子曰古者聖人制衣服冬輕而暖夏輕而凊今金玉之履冰月服之是重寒也　莊子曰黃帝游乎赤水之北登于崑崙之丘遺其玄珠使智索之而弗得使離朱索之而弗得也使契詬索之而不得乃使象罔象罔得之黃帝曰異哉象罔乃可以得之乎又河上有人家貧窮其子沒川得千金之珠謂其子取石來鍛之曰夫珠必在驪龍頷下子遭其睡也使而寤子尚奚微哉　又曰儒以詩禮發冢大儒臚傳曰從上語下曰臚傳　東方作矣事之何若小儒曰未解裙襦口中有珠詩固有之曰青青之麥生陵之陂生不布施死何含珠爲接其鬢擪其顪喙而以金椎控其頤徐別其頰無傷口中珠　王孫子曰昔衛靈公坐重華之臺侍女數百隨珠照日羅衣從風仲叔圉入諫靈公下席再拜曰寡人過矣

呂氏春秋曰宋桓司馬有寶珠抵罪王使人問珠之所在曰投之池中於是竭池而求之魚盡死焉此言禍福之相及也　又曰以隨侯之珠彈千仞之雀世必笑之何也所用重所要輕也　韓子曰楚人賣珠於鄭爲木蘭之櫝薰以桂椒綴以珠玉飾以瑰玉緝以翡翠鄭人買其櫝還其珠可謂善賣櫝不可謂善鬻珠也　又曰子胥出走邊候得之胥曰上求我也以我有美珠也今我已亡之矣且曰子取之邊候憂而釋之　國策曰張丑爲質於燕燕王欲殺之走出境境吏得丑丑曰燕王所欲殺我者人言我有寶珠也王欲得之我今已亡之矣而王不信今子且致我我且言子奪我珠而吞之燕王必且殺子刳子之腹及子之腸矣吾要且死子之腸亦且寸絕矣境吏恐而放之　淮南子曰明月之珠不能無纇　又楚王亡其猨而林木爲之殘宋王亡其珠於池中而魚爲之殫東方朔神異經曰西北荒中有二金闕高百丈上有明月珠徑三丈光照千里漢書曰武帝時使人入海市明月大珠至圍二寸已下　又曰昭帝上官太后被珠襦　廢少帝爲昌邑王　列仙傳曰朱仲者會稽市販珠人漢高后時募市三寸珠乃詣闕上之賜金五百魯元公主私以七百金從仲求之仲獻四寸

珠而去不知所之　漢武故事曰帝起神屋堂以白玉爲簾瑇瑁爲押漢書曰董偃與母賣珠爲業偃年十三隨母入館陶公主家左右言其美好召見曰吾爲母養之因得幸　東觀漢記曰顯宗時鍾離意爲尚書交阯太守坐贓千金徵還伏法詔以資物班賜群臣意得珠璣悉以委地而不拜賜上怪問其故對曰臣聞孔子忍渴於盜泉之水曾參迴車於勝母之閭惡其名也此贓穢之寶誠不敢拜受帝嗟歎曰清乎尚書之言乃更以庫錢三十萬賜之　謝承後漢書曰孟嘗爲合浦太守郡境舊採珠以易米食先時二千石貪穢使民採珠積以自入珠忽徙去合浦無珠餓死者盈路孟嘗行化一年之間去珠復還　又曰汝南李敬爲趙相奴於鼠穴中得繫珠璫珥相連以問主簿對曰前相夫人昔亡三珠疑子婦竊之因其去婦敬乃送珠付前相相慙追去婦還　續漢書曰扶風人士孫奮居富而性恡梁冀自以馬乘具遺之從貸錢五千萬奮以五百萬與之冀大怒乃告郡縣認奮母爲其守藏婢云盜白珠十斛紫金千斤以叛遂收考奮兄弟死於獄中悉沒貲財億七千餘萬　三輔故事曰秦始皇葬驪山起陵高五十丈下以水銀爲泉以明月

珠或爲日月　魏略曰大秦國出明珠　夜光珠眞白珠夫餘出珠珠大如酸棗
魏志曰文帝問蘇則曰前破酒泉張掖西域通使燉煌獻徑寸大珠可復求
市益得不則對曰若陛下化洽中國德流沙漠即不求自至求而得之不足貴
也帝嘿然　蜀志曰宋豫使吳孫權遺豫大珠一斛　搜神記曰南海之外有
鮫人水居如魚不廢績績其人能泣珠　又曰隨侯行見大蛇傷救而治之其後
蛇銜珠以報之徑盈寸純白而夜光可以燭堂故歷世稱焉　又曰吳王夫差
女名玉死亡童子韓重至冢前哭祭之玉乃見形將重入冢遺徑寸明珠
又曰有玄鶴爲弋人所射窮而歸噲參參收養療治瘡愈而放之後鶴
夜到門外參執燭視之鶴雌雄雙至各銜明珠以報參焉　三秦記曰昆明池
昔有人釣魚綸絶而去遂通夢於漢武帝求去鉤帝明日戲於池見大魚銜
索帝曰豈夢所見耶取而放之間三日池邊得明珠一雙帝曰豈非魚之報耶
萬震南州異物志曰合浦民善游採珠兒年十餘歲便教入水官禁民採珠巧
盜者蹲水底刮蚌得好珠吞而出　裴氏廣州記曰鯨鯢目即明月珠故死不
見有目精　幽明錄曰漢武帝幸河諸聞絃歌之音俄而有老公及年少數人

出皆長八九寸爲帝奏樂飲酒老公顧命取洞穴之寶一人受命下没川底得一大珠徑數寸明耀絶世上問東方朔朔曰河底有一穴深數百丈中有赤蚌生此珠焉　又曰王敦召吴猛猛至江口入水十命舡人並進舡至大雷見猛行水上從東北還逆舡弟子問其故猛云水神數興波浪賊害行旅暫過約勑以眞珠一握爲信【賦】梁吴筠碎珠賦曰明珠碎矣于川之隈視圓流而失轉見折水之亡迴謝驪宮之瑞飾粉靈蚌之神胎若有人兮聲茫昧兮芳徽斷兮明珠碎明珠碎兮愴何宣珠兮珠兮不復　全【銘】晉江統眞珠銘曰嗣玆隆景係晷太陽嘉彼令生廉聲以章

貝

說文曰貝海介蟲也古者貨貝而寶龜至周而有泉到秦廢貝行泉

爾雅曰貝居陸贆在水蜬（音含）大者魧（音沉）小者鰿（積音今之細貝亦有紫色者出日南）玄貝貽貝（黑色者）餘蚳黃白文（音治黃質白文）餘泉白黃文（白質黃文也詩成是貝錦則紫貝以紫爲質黑爲文點也）蚆（音葩）博而頯（匡軌反中廣兩頭鋭）蜠（因）大而險　蟦小而惰（惰狹而長）

本草經曰貝子一名貝齒生東海　山海經曰陽山濁洛之水注于蕃之澤中多文貝　又曰陰山漁

水中多文貝　又曰䢵山濛水多黃貝　又曰赤水之東蒼梧之野有文貝

歸藏曰有人將來遺我貨貝以至則徹以求則得有喜將至　毛詩曰萋兮斐兮成是貝錦　毛詩義疏曰貝龜龜屬又有紫貝其白質如玉紫點爲文皆行列相當大者有徑一尺六寸　今九眞交阯以爲杯盤寶物也

春秋運斗樞曰搖光得江吐大貝　太公六韜曰商王拘西伯昌於姜里太公謂散宜生求珍物以免君罪之九江得大貝百馮（詩作百朋）　楚辭九歌曰魚鱗屋兮龍堂紫貝闕兮朱宮（河伯以魚鱗蓋屋畫龍文紫貝作闕朱丹其宫）　尚書大傳曰文王囚於姜里散宜生之江淮之浦而得大貝如車渠以獻紂　鹽鐵論曰教與民㪅弊與世易夏后以玄貝周人以紫石也　漢書曰文帝賜南越王尉佗書及衣他因使者獻紫貝五百　又曰王莽時大貝四寸八分已上二枚爲一朋直二百一十六牡貝三寸六分已上一朋直五十么貝二寸四分已上一朋直三十小貝寸二分已上一朋直十不盈寸二分不得爲朋每枚直錢三是爲貨貝五品貝不盈六分不得爲貨　廣州志曰凡有紫貝最其美者出交州大貝出巨延州與行賈貿易　萬震南州異物志曰乃有大貝奇姿難儔（大貝）

文貝也交阯以南海中皆有之素質紫飾文若羅珠不磨不瑩采耀光流思雕莫加欲琢靡
踰在昔姬伯用免其拘　徐衷南方記曰狂貝形大者圍之得六寸小者圍
之得五寸在於海邊捕魚時時有得之者大貝出諸薄巨延州土地採賣
之以易絳青　劉欣期交州記曰大貝出日南如酒杯小貝貝齒也善治毒
俱有紫色　南州異物志曰交阯北南海中有大文貝質白而文紫天姿自
然不假雕琢磨瑩而光色煥爛　相貝經曰相貝經朱仲受之於琴高琴高
乘魚浮于海河水產必究仲學仙於高而得其法又獻珠於漢武去不知
所之嚴助為會稽太守仲又出遺助以徑尺之貝并致此文於助曰皇帝唐
堯夏禹三代之貞瑞靈奇之秘寶其有次此者貝盈尺狀如赤電黑雲謂
之紫貝素質紅黑謂之朱貝青地綠文謂之綬貝黑文黃晝謂之霞貝紫
愈疾朱明目綬消氣鄣霞伏蛆蟲雖不能延齡增壽其御害一也復有
下此者鷹喙蟬脊以逐溫去水無奇功貝大者如輪文王請大秦貝徑半
尋穆王得其殼懸於昭觀秦穆公以遺燕鼂可以明目遠察宜玉宜金南
海貝如珠礫或白駁其性寒其味甘止水毒浮貝使人寡無以近婦人黑

白各半是也濯貝使人善驚無以親童子黃脣點齒有赤駮是也雖貝使病瘧黑鼻無皮是也嚼貝使胎消勿以示孕婦赤帶通脊是也慧貝使人善忘勿以近人赤熾內殼赤絡是也醬貝使童子愚女人淫有青脣赤鼻是也碧貝使童子盜脊上有縷句脣是也雨則重霽則輕委貝使人志強夜行伏迷鬼狼豹百獸赤中圓是也雨則輕霽則重【贊】晉郭璞貝贊曰先民有作龜貝爲貨貴以文采賈以小大簡則易資犯而不過

馬瑙

廣雅曰馬瑙石次玉　廣志曰馬瑙出西南諸國　玄中記曰馬瑙出月氏國魏略曰大秦國多馬瑙　涼州記曰呂篡咸寧二年盜發張駿陵得馬瑙鍾榼

【賦】魏文帝馬瑙勒賦曰馬瑙玉屬也出自西域文理交錯有似馬瑙故其方人因以名之　命夫良工是剖是鐫追形逐好從宜索便乃加砥礪刻方爲圓沈光內照浮景外鮮繁文縟藻交采接連嘉鏤錫之盛美感戎馬之首飾圖茲物之攸宜信君子之所服爾乃藉彼朱劉華勒用成駢居別趾煥若羅星　魏王粲馬瑙勒賦曰遊大國以廣觀兮覽希世之偉

寶物衆材而課美信莫臧於馬瑙被文采之華飾雜朱緑與蒼皁於是乃命工人裁以飾勒因姿象形匪雕匪刻厥容應規厥性順德御世嗣之駿服表騄駮之儀則

瑠璃

廣雅曰瑠璃珠也　韻集曰瑠璃火齊珠也　廣志曰瑠璃出黄支斯調大秦日南諸國　十洲記曰方丈山上有瑠璃宮　漢書曰武帝時使人入海市瑠璃　魏略曰大秦國出赤白黒黄青緑紺縹紅紫十種瑠璃　吴歷曰黄武四年扶南諸外國來獻瑠璃　諸葛恢集詔答恢今致瑠璃椀一　南州異物志曰瑠璃本質是石欲作器以自然灰治之自然灰狀如黄灰生南海濵亦可浣衣用之不須淋但投之中滑如苔石不得此灰則不可釋　世說曰滿奮畏風在武帝瑠璃窻内坐實密似踈奮有疑色帝問之荅曰臣猶吴牛見光而喘　又曰武帝甞降王武子供饌盤悉用瑠璃器　又曰王敦尚主至石崇舍如廁畢婢擎金澡盤盛水瑠璃椀盛澡豆王取豆著水中飲之謂之乾飯

【賦】晉潘尼瑠璃椀賦曰濟流沙之絶險越葱嶺之峻危於是遊

西極望大蒙歷鍾山闚燭龍觀王母訪仙童取瑠璃之攸華詔曠世之良工篹玄儀以取象准三辰以定容光映日曜圓盛月盈纖瑕罔麗飛塵靡停灼爚旁燭表裏相形凝霜不足方其絜澄水不能喻其清剛過金石勁勵瓊玉磨之不磷湼之不濁

車渠

廣雅曰車渠石次玉也　廣志曰車渠出大秦國及西域諸國　玄中記曰車渠出天竺國　蘇子曰車渠馬瑙出於荒外今冀州之土曾未得其奇也

【賦】魏文帝車渠椀賦曰車渠玉屬也多纖理縟文生于西國其俗寶之惟二儀之普育何萬物之殊形料珍怪之上美無茲椀之獨靈苞華文之光麗發符采而揚榮理交錯以連屬似將離而復并或若朝雲浮高山忽似飛鳥厲蒼天夫其方者如矩圓者如規稠希不謬洪纖有宜　魏王車渠椀賦曰侍君子之宴坐覽車渠之妙珍挺英才於山岳含陰陽之淑真飛輕縹與浮白若驚風之飄雲光清朗以內曜澤溫潤而外津體貞剛而不撓理脩達而有文兼五德之上美超眾寶而絕倫

瑇瑁

廣志曰瑇瑁形似龜出南海巨延州　周書王會曰伊尹謂湯曰請以玳瑁爲獻　史記曰趙使於春申君欲誇楚爲瑇瑁簪劒器悉飾以瑇瑁　續漢書輿服志曰貴人助蠶瑇瑁釵　高文惠與婦書曰今致瑇瑁㯓一枚　南州異物志曰瑇瑁如龜生南方海中大者如蘧篨背上有鱗大如扇發取其鱗因見其文欲以作器則煑之因以刀截任意所作冷乃以梟魚皮錯治之後以枯條木葉瑩之乃有光耀　魏繁欽詩曰何以表別離耳後瑇瑁釵

【賦】晉潘尼瑇瑁椀賦曰有瑇瑁之奇寶亦同族於介蟲下法川以矩夷上擬乾而規隆或步趾於清源或掉尾於泥中隨陰陽以潛躍與龜龍乎齊風包神藏智備體兼才高卑斯處水陸皆能文若綺波背負蓬萊繭乃遐夷效珍越裳貢職横海萬里踰嶺千億挺璞荒蠻摛藻辰極光曜炫晃昭爛熔艷嘉斯寶之兼美料衆珍而靡對文不煩於錯鏤采不假乎藻繢豈翡翠之足儷胡犀象之能逮

【牋】後漢班固與竇憲牋曰明將軍賜固瑇瑁簪

銅

尚書曰淮海惟揚州厥貢惟金三品金銀銅左傳曰鄭伯朝楚楚子與之金曰無以爲兵使鑄三鍾　越絶書曰鄞山破而出錫若耶涸而出銅歐冶因爲純鈞之劒　史記曰秦始皇鑄天下兵器爲十二金人重各千斤

漢書曰凡律度量衡用銅者所以同天下齊風俗也銅爲物至精不爲燥濕寒暑變其節不爲風雨暴露改其形似於士君子之行是以用銅也用竹爲引者事之宜也竹長十丈高一丈唯竹篾軟而堅宜爲之也又曰吳有章郡銅山即招致天下亾命者盜鑄錢以故土賦而國用饒　又曰上使善相相鄧通曰當貧餓死文帝曰能富通在我何謂貧於是賜通蜀東道銅山鑄錢

華嶠漢書曰靈帝時遂使鈎盾令宋典繕治南宫又使掖庭令畢嵐鑄銅人四列於蒼龍玄武闕外又鑄四鍾皆受二千斛懸於堂及雲臺殿殿前又鑄天禄蝦蟇吐水渴烏施於橋西用灑南北郊路以省百姓灑道之費　魏略曰明帝徙長安諸鍾簴駱駝銅人承露盤折銅人不可致留任霸城又列坐於司馬門外　晉諸公贊曰司馬模居關中鑄環銅

人鑪篋爲金器以易穀　世語曰太康八年凌雲臺上生銅　林邑記曰林邑王范文鑄銅屋

【贊】晉郭璞赤銅贊曰昆吾之山名銅所在切玉如泥火炎其采尸子所歎驗之汲宰

【表】梁沈約爲柳世隆上銅表曰夫幣以周務貨以賑民阜國康治莫尚乎此周氏致平始於圓法漢世幾厝資於貫朽名鑪化金良工盡藝方將盈金中藏收功上苑南楚陋其方府西京鄙其部內

藝文類聚卷第八十四

藝文類聚卷第八十五　　百穀部　布帛部

穀

爾雅曰：中有岱岳，五穀魚鹽生焉。穀不熟為饑，仍饑為荐。言太山有魚鹽之饒也。不熟，五穀不成。荐，薦，歲不熟。周官曰：揚州、荆州宜稻，豫州宜五種，青州宜稻麥，兖州宜三種，雍州宜黍稷，幽州三種，冀州宜黍稷，并州宜五種。五種，黍稷菽麥稻。三種，黍稷稻。太宰九職，任萬民，一曰三農生九穀。黍稷秫稻麻大小麥。禮記曰：孟春，天子乃以元日祈穀于上帝。謂以上辛郊天也。郊祀后稷以祈農事，故蟄而郊，郊而後耕。上帝，太微之帝。傳曰：夫郊祀后稷，以祈農事，故啓蟄而郊，郊而後耕。又曰：孟秋，農乃登穀，天子嘗新，先薦寢廟。黍稷之屬，於是始薦。命百官，始收斂。候秋氣，始收斂。穀梁傳曰：一穀不升曰嗛，二穀不升曰饑，三穀不升曰饉，四穀不升曰康，五穀不升曰大侵。大侵則君食不兼味，臺榭不塗，百官布而不制，鬼神禱而不祠。墨子曰：一穀不收謂之饉，二穀不收謂之旱，三穀不收謂之凶，四穀不收謂之餽，五穀不收謂之饑。饉，五穀不熟謂之大侵則大夫以下損祿五分之一旱則二凶則三餽則四飢大侵則盡祿廩食而已　范子計然曰五穀者萬民之命國之重寶也是故無道之君及無道之民皆不能積其盛有餘之時以待其衰不足也　師曠占曰黃帝問師曠曰杏多實不蟲者來年秋善五木者五穀之先欲知五穀但視五木擇其木盛者來年益種之　京房易逆刺曰天雨穀歲大熟

東觀漢記曰建武二年天下野穀旋生麻赤叔尤盛　又曰欲征匈奴與竇固等議皆以爲塞外草美馬可不須穀按之卑出塞無穀馬故事馬防言當與穀事具馬篇　論衡曰建武三十一年陳留雨穀穀蔽地視穀形若粢而黑此夷狄地生穀也夷狄不食穀生於草野成熟垂委於地遭疾風與之俱飛風衰穀集中國中國見之謂天雨穀也　風俗通曰牛乃耕農之本百姓所仰爲用最大國家之爲強弱也建武之初軍役亟動牛亦損耗農業頗廢米石萬錢天愛斯民扶助聖主事有徵應於是旅穀彌望野蠶被山

曹瞞傳曰太祖嘗賦廩穀不足私謂主者曰如何主者曰以小斛量之太祖曰善後軍中言太祖欺衆太祖謂主者特當借汝死以厭衆不然事不解

乃取問曰行小斛盜官穀邪之軍門　王肅喪服要記曰昔者魯哀公祖載其父孔子問曰寧設五穀囊乎公曰不也五穀囊者起伯夷叔齊不食周粟而餓死首陽山恐魂之飢故作五穀囊吾父食味含哺而死何用此爲　魏志曰袁渙字曜卿爲魏國郎中令及卒太祖爲之流涕賜穀二千斛一教以太倉穀千斛賜郎中令家一教以垣下穀千斛與曜卿家外不解其意教曰以太倉穀者官法也垣下穀者親舊也　江表傳曰諸葛亮聞恪伐徐詳書與陸遜曰家兄年老而恪性疏今使典主糧穀糧穀軍之要最僕雖在遠竊用不安足下特爲啓至尊轉之　王隱晉書曰鄧攸爲吳郡吳人飢荒攸輒出臺倉賑之被劾輒引穀攸歎曰善不可爲也　幽明録曰瑯琊諸葛氏兄弟二人寓居晉陵家甚貧耗常假乞自給穀在圌中計日用未應盡而早以空罄始者故謂是家中相竊盜故復封撿題識而耗如初後有宿客遠來至巷口見數人擔穀從門出客借問諸葛在不答云悉在客進語訖因問卿何得大糴穀主人云告乞充口云何糴之客云吾向來逢見人擔穀出爲是何事主人兄弟相視竊自疑惟人看封題儼然如

故試開圖量視無十許斛知前後所失非人爲之也

謳 魏陳王曹植魏德論謳曰於穆聖皇仁暢惠渥（[illegible]）獻減膳以服鱓獨和氣致祥時雨滲漉野草萌變化成嘉穀

頌 梁元帝上穀充軍糧啓曰臣聞金城十仞必資守粟革車千乘其在饋實願公輩綏旌列飛鴻之行陳奉辭受脈掎摯獸於貙虎賈逵渠水雖曰難蹤梁習勸農竊知自勉

禾

說文曰禾嘉穀也以二月而種八月始熟得時之中故謂之禾　山海經曰崑崙墟上有木禾禾長五尋（木禾穀類）　尚書曰唐叔得禾異畝同穎獻諸天子王命歸周公于東作歸禾（畝壟也穎穗也禾各生一壟而共爲一穗天下和同之象周公德所以致故歸之）　左傳曰鄭祭足帥師取成周之禾　孝經援神契曰德下至地則嘉禾生　呂氏春秋曰飯之美者玄山之禾　史記曰管仲說桓公曰古之封禪者北里之禾所以爲盛（北里地名）　淮南子曰后稷辟土墾草而不能使禾冬生　東觀漢記曰光武生於濟陽縣是歲有嘉禾一莖九穗（事具帝王部）　又曰淳于恭有盜刈恭禾者恭見之念其愧因自伏草中去乃起（事具人部讓篇）　續漢書曰承宮琅

耶人也常在蒙山中耕種禾黍臨熟人認之〻宮便推與而去由是發名事具人部讓篇　古今注曰和帝元年嘉禾生濟陰城陽一莖九穗　安帝延光二年嘉禾生九眞百五十六本七百六十八穗　吳志曰赤烏七年宛陵言嘉禾生　又曰會稽言嘉禾生改年爲嘉禾　晉起居注曰武帝世嘉禾三生元帝世嘉禾三生其莖七穗　續搜神記曰廬陵巴丘人　晁者世以田作爲業年常田數十頃家漸富晉太元初秋收已過穫刈都畢明旦至田禾悉復滿湛然如先即便更穫所獲盈倉於此遂巨富　夢書曰禾稼爲財田之所出夢見禾稼言財氣生

【謳】魏陳王曹植魏德論謳曰猗猗嘉禾惟穀之精其洪盈箱協穗殊莖昔生周朝今植魏庭獻之廟堂以昭祖靈

【贊】宋孝武帝清暑殿甘露嘉禾贊曰維殷粵周有穗表禎祥乎合矣超瑞高遠非原非隰乃瑞乃靈庶藉天貺廣茲化清

稻

爾雅曰稌稻也說文曰稻稌也　廣雅曰稻穗謂之禾　廣志曰有紫芒稻赤穬稻白米稻南方有蟬鳴稻　禮記曰祭宗廟之禮稻曰嘉蔬　吳志曰鍾

鄣牧山陰人少居永興自墾田種二十餘畝臨熟而縣民認取之牧曰本以田荒故墾之耳遂以稻與民　江表傳曰孫亮五鳳元年交阯稗草化爲稻　會稽典錄曰夏香有盜刈稻者香助收之盜者慙送以還香香不受【贊】晉湛方生庭前植稻苗贊曰蒨蒨嘉苗離離階側弱葉繁蔚圓朱疎植清流津根輕露濯色

秔

說文曰秔稻屬也　廣雅曰秈秔也　廣志曰稉有烏秔黑穬　鄭氏婚禮謁文贊曰秔米馥芬婚禮之珍　魏文帝與朝臣書曰江表唯長沙名有好米何時此新成稉稻邪上風炊之五里聞香表淮觀殊俗曰河内青稻新成白稉【啓】梁庾肩吾謝賚粳米啓曰出粱國租兼水陸之殊品伊尹說而不至石崇豪家所未及遇飢㷫之得賔同郇之舉著長河可塞上德無訓又謝湘東王賚米啓曰味重新城香踰滂水連舟入浦似彥伯之南歸積地爲山疑馬援之西至不待候沙同欽瀹之再熟無勞拜石均遼倉之重滿前恩未遠次渥仍流畢埊裎假以故書裴指慙其國賜　又荅湘東王賚稉

米啓旱竊以農夫力耕時逢儉歲疎賤時澤必取豐年秫斛瀉珠嘉聞
陶量翻庭委王欣見馬圖

黍

爾雅曰秬黑黍秠一稃二米（漢和二帝時任城生黑黍或三四實也）說文曰以大暑而種故謂之黍

山海經曰廣都之野后稷葬焉爰有膏黍膏稷　禮記曰仲夏之月農乃登黍　毛詩曰黍離閔宗周也彼黍離離彼稷之苗　又曰今適南畝或耘或耔黍稷薿薿（耔耘苗薿薿盛皃也）　又曰芃芃黍苗陰雨膏之　呂氏春秋曰飯之美者南海之秬（秬黑黍）　韓子曰韓昭侯之時黍種嘗貴甚有昭侯令人覆廩廩吏果竊黍種而糶之　又曰孔子侍坐於魯哀公設桃具黍哀公曰請用仲尼先飯黍而後啗桃左右皆掩口失笑公曰黍者非飯之也以先桃之也仲尼對曰丘知之矣夫黍者五穀之長也祭先王以為上盛菓有六而桃為下祭先王不得入於廟丘聞之也君子以賤雪貴不聞以貴雪賤今以五穀之長雪菓蓏之下是侵上忽下也　史記封禪書曰管仲說桓公曰古之封禪鄗王黍所以為盛（鄗上名山）　淮南子曰渭水多力而宜黍　東觀漢記曰承宮將妻

子入華蓋蒙陰山谷耕種禾黍已具禾篇 古今注曰宣帝元康四年長安雨黑黍粟和帝元興元年黑黍穗一禾二實或三四實生任城得粟三升八升以薦宗廟

【賦】晉嵇含孤黍賦曰余慎終屋之南榮有孤黍生焉因泥之濕遭雨之潤宿昔牙蘖滋茂甚速塗燥根淺忽然萎殞深感此黍不韜種以待時貪榮華本寄身非所自取彫枯不亦宜乎

粟

爾雅曰虋赤苗芑白苗虋赤粱粟也芑白粱粟也 又曰粢稷今江東呼粟爲粢也孫炎曰稷粟也 說文曰粟嘉穀實也粟之爲言續也 周書曰神農之時天雨粟神農耕而種之作陶冶斤斧破木爲耜鉏耨以墾草莽然後五穀興以助菓蓏之實 左傳曰鄭飢而未及麥民病子皮以子展之命餼國人粟戶八鍾 又曰冬晉荐饑乞糴于秦秦伯輸粟于晉自雍及絳相繼命之曰汎舟之役 論語曰子華使於齊冉子爲其母請粟子曰與之釜子華孔子弟子公西赤之字也六升四升曰釜也 請益曰與之庾六斛四升曰庾 子曰赤之適齊也乘肥馬衣輕裘吾聞君子周急不繼富非冉有與之太多 又曰原思爲之宰與之粟九百辭讓不受也 子曰無以與爾鄰里鄉黨

乎無止其讓之辭 雒書說禾曰倉帝起天雨粟青雲扶日 六韜曰發巨橋之粟散鹿臺之金錢以與殷民事具帝王部 晏子曰郭騷見晏子託以養母晏子分倉粟府金以遺之騷辭金受粟 春秋說題辭曰粟五變生爲苗秀爲禾三變而祭謂之粟四變曰米五變而蒸飯可食粟受五行之氣而成故五變乃成可食

孔叢子公儀曰子思居貧其友有饋之粟者受二車焉或獻樽酒束脩子思曰爲費而無當也或曰子取人粟而辭酒是辭少而受多也於義無名於分則不全行之何也子思曰然伋不幸而貧至及困乏將絕先人之祀夫所以受粟爲周之也酒脯則所飲讌也方之於食而乃飲讌非義也吾豈以爲分哉度義而行之 又曰季桓子以粟十鍾餼夫子受而班門人之無者子貢曰季孫以夫子貧故致粟今而施人無乃乖彼意乎子曰吾受而不辭爲季孫之惠也受不爲富惠於一人豈若數百人哉

莊子曰莊周往貸粟於監河侯監河侯曰諾我將得邑金貸子三百金可乎周忿然曰若乃言此不如早索我枯魚之肆事具人部貧篇 商君書曰金一兩生境內粟十二石死於境外粟十二石生於境內金一兩死於境外國好

生金於境內則金粟兩死府庫兩虛國弱好生粟於境內金粟兩生倉府兩實國強　呂氏春秋曰飯美者不周之粟　史記曰伯夷叔齊聞西伯善養老往歸焉值武王東伐紂叩馬諫左右欲刃之太公曰此義人也扶而去之武王平殷亂天下宗周伯夷叔齊恥之義不食周粟而餓死　又曰宣曲任氏之先爲督道倉吏秦之敗豪桀皆爭取金玉而任氏獨窖倉粟楚漢相距滎陽民不得耕種米至貴乃而豪桀金玉盡歸任氏以此起富　又曰漢興七十餘年大倉之粟陳陳相因充溢露積於外至腐敗不可食也　賈誼書曰鄒穆公有令食鳧鴈者必以秕無敢以粟於是倉無秕而求易於民二石粟得一石秕吏以請曰秕食鳧鴈爲無費也今求秕於民二石粟而易一石秕食鴈則費甚矣請以粟食之穆公曰去非爾知也夫百姓餉牛而耕暴背而耘勤而不敢墮者豈爲鳥獸哉粟米人上食也奈何其以養鳥且汝知小小計而不知大害新序又載　漢書曰東方朔曰侏儒長三尺餘奉一囊粟錢二百四十臣朔長九尺餘亦一囊粟錢二百四十侏儒飽欲死臣朔飢欲死　淮南子曰黃帝治天

下力牧太山稽輔之狗彘吐菽粟於道路而無分爭之心　又曰昔者倉頡作書而天雨粟（倉頡始視鳥跡之文而造書者也有書契則作僞萌生生則去本趣末棄耕作之業而務錐刀之利天知其將餓故爲雨粟）說苑曰高平王遣使者從魏文侯貸粟文侯曰須吾租收邑粟至乃得也使者曰臣初來時見瀆中有魚張口謂臣曰吾窮水魚命在呼吸可得灌乎臣謂之曰待吾南見河堤之君決江淮之水灌汝口魚曰爲命在須臾及須決淮之水比至還必求吾於枯魚之肆今高平貧窮故遣臣詣君貸粟乃須租收粟至者大王必求臣死人之墓　古今注曰武帝建元四年天雨粟宣帝地節三年長安雨黑粟竟寧元年南陽山都縣雨粟色青黑味苦大者如小豆小者如麻子　風俗通曰燕太子丹仰歎天爲雨粟　桂陽先賢畫贊曰成丁郴人能達鳥鳴爲郡主簿與衆人俱坐聞雀鳴而笑曰東市輦粟車覆雀相呼往食之衆人遣視信然（益部耆舊又載）　氾勝之書曰神農之教雖有石城湯池帶甲百萬而無粟者弗能守也夫穀帛實天下之命衞尉前上蠶法今上農事人所忽略衞尉勤之可謂忠國憂民之至

書

漢鼂錯上書曰利民欲者莫

如用爵致粟矣能以粟拜爵者皆民之有餘者也取有餘以給塞下之食則富人有爵而貧民損益於征賦矣此以有餘補不足而貧富之民各得其願也

豆

物理論曰菽者衆豆之總名　龍魚河圖曰歲暮夕四更中取二七豆子二七麻子家人頭少許髮合麻子豆著井中祝勑井吏其家竟年不遭傷寒辟五溫鬼　管子曰桓公北伐山戎以戎菽遍布於天下（事具武部征討篇）　鶡冠子曰兩葉蔽目不見太山雙豆塞耳不聞雷霆（事具天部雷篇）　史記曰棄爲兒時好種樹麻菽麥　東觀漢記曰閔仲叔太原人也與周黨相友黨每過仲叔共唅菽飲水無菜茹　又曰劉平嘗爲餓賊所劫叩頭曰老母飢少氣力待平爲命願得還飯食母馳來就死涕泣發於肝膽賊即遣去乃撫三升豆以謝賊恩　古今注曰宣帝元康四年南陽雨豆　吳志曰趙達善筭使人取小豆數升播之席上立知其數　王隱晉書曰時王浚稱制邊垂潜使人問霍原原不荅浚既銜之又有遼東囚從三百餘人依山爲賊意欲劫原爲主亦未能行時有謡曰天子在何許近在豆田中豆者爲霍浚

遂害爲懸其首諸生悲哭其中　鄴中記曰石勒諱胡胡物皆改名胡餅曰麻餅胡綏曰香綏胡豆曰國豆　笑林曰有人吊喪并欲賫物助之問人可與何等物人荅曰錢布穀帛任卿所有耳因賫大豆一斛相與孝子哭唤奈何已以爲問豆荅曰可作飯孝子哭復唤窮已曰適得便窮自當更送一斛　雜五行書曰常以正月旦亦用月半以麻子七枚赤豆二七枚著井中辟温病甚神效（與龍魚河圖語小異故重取）

【賦】張翰豆羹賦曰乃有孟秋嘉菽垂枝挺英是刈是穫充簞盈籠香鑠和調周疾赴急時御一杯下咽三歎時在下邑頗多艱難空匱之厄固不綴懽追念昔日聚菽永安

麻

爾雅曰枲麻黂枲實（黂麻子也）黂空麻母（苴麻麻之有子也）　廣雅曰黂麻也

毛詩曰丘中有麻　又曰東門之池可以漚麻　又曰麻麥幪幪（幪幪茂也）

禮記曰仲秋之月天子乃以犬嘗麻先薦寢廟（麻新黂）　淮南子曰汾水濛濁而宜麻　東觀漢記曰閔仲叔太原人也與周黨友黨遺其生麻仲叔歎曰我欲省煩耳受而不食　風俗通曰蓬生麻中不扶自直

【贊】晉郭

璞麻賛曰草皮之良莫貴於麻用無不給服無不加至物在邇求之好遐

麥

毛詩曰爰采麥矣沬之北矣　左傳曰夏四月鄭祭足帥師取温之麥温周蘇氏邑也　又曰晉侯夢大厲公與見召桑田巫巫曰不食新矣言公不得及食新麥也六月晉侯欲麥周六月今四月麥始熟使甸人獻麥饋人爲之召桑田巫云而殺之將食張如廁陷而卒　家語曰宓子賤爲單父宰百姓化之齊人攻魯道由單父單父父老請曰麥已熟矣今齊寇至不及人人自收其麥請放民皆使出獲麥可以益粮且不資寇三請而宓子賤不聽俄而齊寇逮乎麥季孫聞之怒使人讓曰民寒耕熱芸曾不得食可不哀哉猶可有告而子不聽非所以也宓子就然曰今茲無麥明年可樹若使不耕者得穫是使民樂有寇也且單父得一歲之麥於魯不加强喪之不加弱使民有自取之心其創必數世不息季孫聞之赧然媿曰地若可入吾豈忍見宓子哉賈誼書同　莊子曰儒以禮詩發冢小儒曰中有珠詩曰青青之麥生陵之陂生不施死何含珠爲事具珠部　史記曰箕子朝周過故殷墟見禾黍

箕子傷之欲哭則不可欲泣爲其近婦人乃作麥秀之詩以歌詠之其詩曰麥秀漸漸兮黍禾油油　漢書曰武帝外事四夷而民去本董仲舒說上曰春秋他穀不書至於麥禾不成則書之以此見聖人五穀最重粟麥　東觀漢記曰高鳳南陽人誦讀晝夜不絶妻嘗之田曝麥於庭以竿授鳳令護雞受竿誦經如故天大雷暴雨流潦鳳留意在經史忽不視麥潦隨水漂去　又曰張堪爲漁陽太守勸民耕種以致殷富百姓歌曰桑無附枝麥穗兩岐張君爲政樂不可支事具職官部刺史篇　續漢書曰桓帝時童謡曰小麥青青大麥枯誰當穫者婦與姑丈夫何在西擊胡　曹瞞傳曰太祖嘗行經麥中令士卒無敗麥犯者死騎士皆下馬持麥以相付時太祖馬騰入麥中勑主簿議罪主簿對以春秋之義罰不加於尊太祖曰制法而自犯之何以率下然孤爲軍師不可殺謂自刑因援劍割髮以置地　諸葛恪別傳曰孫權嘗饗蜀使費禕禕停食餅索筆作麥賦恪亦請筆作磨賦咸稱善焉　博物志曰近世有田夫至巧而不自覺也其婦稱之猶不自信乃削木爲麥入市糶之糴者無疑

歸磨乃覺非麥　晉中興書曰符健洪弟三弟健陰圖開中陽使其徒種麥示無西意　秦子曰孔文舉爲北海相有遭父喪哭泣墓側色無憔悴文舉殺之又有母病瘥思食新麥家無乃盜鄰熟麥而進之文舉聞之特賞曰無有來謝勿復盜也盜而不罪者以爲勸於母飢哭而覓殺者以爲形慈而實否　**奏**魏黃觀曰今年麥苗雖好臨熟多雨而悉復偃壞小麥略盡惟穬麥大麥頗得半收耳

素

釋名曰素樸素也已織則供用不復飾也　毛詩曰素衣朱繡　禮記曰天子素帶朱裏　范子計然曰白素出三輔　楊雄答劉歆書曰天下上計孝廉及內郡衛卒會者雄常把三寸弱翰齎油素三尺以問其異語歸即以鉛摘次之於槧二十七歲於今矣事具雄文部　東觀漢記曰鄭據守正盡節賜據素六十匹是顯名　班固與弟超書曰今齎白素三匹欲以市月氏馬蘇合香闒登　鹽鐵論曰縞素不能自分其緇墨賢聖不能自治其亂也　**詩**古詩曰新人工織縑故人工織素織縑日一匹

織素五丈餘以縑持比素新人不如故

【賦】漢班婕妤擣素賦曰若乃廣儲懸月暉木流沔桂露朝滿涼衿夕輕改容飾而相命卷霜帛而下庭曳羅裙之綺靡振瓊瑱之精鳴若乃盼睞生姿動容多製弱態含羞妖風靡麗於是投香杵叩玟砧擇鸞聲爭鳳音格沿虛而調遠挂田貞而響沉散繁輕而浮捷節疏亮而清深調非常律聲無定本任落手之參差從風飆之近遠或連躍而更投或暫舒而長歇後長袖於妍袂綴半月於蘭襟表纖手於微縫庶見跡而知怨計脩路之遐敻恐芬芳之易泄書既封而重題笥已緘而更結

錦

說文曰錦金也作之用功重其價如金故制字帛與金也　毛詩曰角枕粲兮錦衾爛兮　又曰巷伯刺幽王也寺人傷於讒而作是詩也萋兮斐兮成是貝錦（萋斐文相助也）彼譖人者亦以太甚　左傳曰狄滅衛齊侯使公子無虧戍曹歸公乘馬夫人魚軒（魚軒夫人車以魚皮爲飾）重錦三十兩（重錦錦之熟細者以二丈雙行故曰兩三十匹）又曰子皮欲使尹何爲邑子產曰少未知可居否（尹何年少）子皮曰使夫往而學

焉夫亦愈知矣子産曰不可子有美錦不使人學製衣焉大官大邑身之所庇而使學者製焉其爲美錦不亦多乎言官邑之重於美錦　墨子曰古之人未知爲衣服衣皮毛今則厚斂百姓以爲錦繡文采靡曼之衣　說苑曰魏文侯與田子方語有兩童子衣錦而侍於前田子曰此君之寵子乎文侯曰非也此子父死於戰以其幼孤也寡人收之子方曰臣以君之賊心爲足矣今滋甚也君之寵此子也又且以誰之父殺之乎　漢書曰韓生說項羽曰關中阻山河四塞地肥饒可都羽見秦宮皆已燒殘則乃懷思東歸曰富貴不歸故鄉如衣錦夜行韓生曰人謂楚人沐猴而冠果然　又曰宣帝時呼韓邪單于來朝賜錦帛九十匹　漢武内傳曰帝見西王母巾器中有一卷小書盛以紫錦之囊　漢官典職曰尚書郎入直中官供錦被　魏文帝詔羣臣曰前後每得蜀錦殊不相似　魏志曰景初中賜倭女王絳地蛟龍錦五匹　蜀志曰先主平益州賜諸葛亮法正張飛關羽錦各千匹　環氏吳記曰蜀遣使吳獻重錦千端　異物志曰錦鳥文章如丹地錦而藻繢采文於人見其端正似錦因謂之錦鳥　神仙傳曰淮南王爲公張

錦綺之帳燔百和之香世說石崇錦步鄣四十里**詩**古詩曰錦衾遺洛浦同袍與我違**啓**梁皇太子謝勑賚魏國啓獻錦等所曰山羊之毳東燕之席尚傳登高之文北鄴之錦猶見胡綾織大秦之草戎布紡玄菟之花　梁元帝爲妾夏王豐謝東宮賚錦啓曰舒將並石甚來暮雨縈持結纜剩可蕩舟秦川書字■能八體鄴縣登高且堪九日宋姬贈馬未足爲榮馮嫕乘車十方茲非寵　又謝東宮賚辟邪子錦白褊箋啓曰江波可濯豈藉成都之水登高爲豔取映鳳皇之文至如鮮潔齊紈聲高趙縠色方藍浦光踰詳靈山試以照花含燭銀之狀將持比月亂含璧之暉

綃

廣雅曰繁總鮮支縠綃也　華嶠後漢書曰陳寔在鄉閭平心率物有盜夜入其家止於梁上寔陰見之乃自整拂命子孫正色訓之曰夫人不可不自勉不善之人未必本惡習與性成遂如梁上君子者是矣盜大驚自投于地寔徐辟訐之曰視君狀貌不似惡人然當由貧困令遺絹二疋自是一縣無復盜竊　魏略曰文帝在東宮嘗從曹洪貸絹百疋洪不稱及洪犯法自分必死

既得原上書謝　孔舒元在窮記曰賊來入門時家見在縑布三千餘疋及衣被器物皆令婢使輦出著庭中恣其所取由是皆競取財物不暇復見殺　晉公卿禮秩曰品第一者春賜絹百疋秋賜二百疋　王隱晉書曰王尼見太傅越曰公負尼物越荅初不識此事尼曰昔楚人失布謂令尹盜者以令尹執政賊盜公行是與自盜無異也今君左右有屋令尼獨窮困是亦明公負尼物也越意解大笑與尼絹五十疋　晉陽秋曰胡威少有志尚厲操清白父質爲荆州威自京都省之家貧無車馬童僕威自驅驢單行拜見父停廄中十餘日告歸臨辭質賜其絹一疋爲道路粮威跪曰大人清高不審於何得此絹質曰是吾俸祿之餘故以爲汝粮耳事具官職部刺史能　又曰桓温入蜀聞有善星者夜執其手於星下問國祚脩短星人曰太微紫微文昌三宮氣候決無虞五十年外不論耳温不悅送絹一疋錢五千與之星人詣主簿習鑿齒曰今受旨自裁乞命爲標揭棺木問其故曰賜絹令僕自絞乞錢以買棺故知之耳鑿齒曰君幾誤死君聞子知星宿有不覆之義乎絹以戲君錢供資粮是聽君去耳星人喜以言詣温温笑曰君三十年看儒書不

如詣習主簿也　趙書曰石勒參軍周雅爲館陶令盜官絹數百疋下獄後每設大會使與俳兒著介幘絹單衣優問曰汝爲何官在我俳中曰本館陶令計二十數單衣曰政坐耳是故入輩中以爲大笑　啓　梁沈約謝立皇太子賜絹表曰臣聞重離在天八紘之所共仰明兩作貳萬國所以咸寧太子體岐弱載表睿沖茂典册既升休祚方遠率土大合歡遐邇均抃天情載洽慶覲必周幣帛嘉貺猥班庸劣　啓　梁沈約謝賜軟調絹等啓曰霜紈雪委霧縠冰鮮昔劉氏歸國未聞漢儲之禮曹植還蕃非降魏兩之賜因心愈枉道賁深束帛　又謝安出門宮賜絹綺獨啓曰桐實金縷本非所議孟娅作具獨若未周慈澤曲臨珎華兼重製表爲美服隻綺易儔舉而不息三夜有待　又謝敕賜絹葛啓曰素柰冰華絺文霜御絜變潺暑於閨閤起涼風於襟袖　梁庾肩吾答武陵王賚絹啓曰清河之珎立園憩其束帛関東之妙潛織陋其卷綃遂使鶴露霄凝輕絺立變鳫風朝急治服成温　周王褒謝賚絹啓曰似遂安車之御如輕殿中之對臣善識山川應圖方文朓能臨水必不弄書

綾

釋名曰綾者其文望之似冰凌之理也　大公六韜曰夏殷桀紂之時婦人錦繡文綺之坐席衣以綾紈常三百人　漢武帝内傳曰西王母侍女服紺綾之袿　漢官典職儀曰尚書郎直供青縑白綾被　魏略曰大秦國有金縷繡雜色綾其國利得中國絲素解以爲胡綾　符子荅謝玄書曰今往大文綾羅各五十疋　世說曰武帝甞降王武子供饌盤案悉用瑠璃器婢子百餘人皆綾羅袴褶以手擎飲食　荀勗爲晉文王與孫皓書曰今餉雜色綾千端　晉令曰第六品已下不得服今縝綾錦有私織者録付尚方　咸康起居注詔臨邑王使主范椰所貢物多降綾是其所珎可笇尋量增賜

啓　梁庾肩吾謝武陵王賚白綺綾啓曰圖雲緝鶴鄴市稀逢寫霧傳花叢臺罕遇雖復馬均騁思比巧猶慙虞卿受金方恩未匹此　扁舟獨反燕路有心載寶具言歸銜珠無因

書　梁庾肩吾荅餉綾絞書曰潔同雪霜華踰紵綺長裾可曳無愧王門之賓廣袖將裁無有城中之製

羅

釋名曰羅文羅維疏也　太山黃庭經曰黃庭之爲不死之道受者齊九日金蘭鳳文之羅四十疋　范子曰羅出齊郡　燕丹子曰荆軻左手把秦王袖右手椹其胷秦王曰今日之事從子計耳乞聽琴聲而死召姬人皷琴琴曰羅縠單衣可裂而絶八尺屏風可超而越鹿盧之劒可負而伏秦王乃奮袖而起遂殺軻　淮南子曰齊俗有詭文繁繡弱錫羅紈　王孫子曰隨珠燿日羅衣從風　雍門子説孟嘗君曰今足下下羅帷來清風 事具樂部　世説曰武帝嘗降王武子婢百餘人皆綾羅袴褶手擎飲食 事具綾部

啓　周庾信謝趙王賚白羅袍袴啓曰懸機巧緤變躡奇文鳳不去而恒飛花雖寒而不落披千金之暫暖弃百結之長寒永無黄葛之嗟方見青綾之重對天山之積雪尚得開衿冒廣厦之長風猶當揮汗白龜報主終自無期黄雀謝恩竟知何日

布

禮記曰仲夏月毋暴布 不以蔭切干太陽事　又曰布帛精麁不中數幅廣狹不中量不粥於市　左傳曰諸侯攻偪陽主人懸布堇父登之及堞而絶之 偪陽

人懸布以外試勇者也隧則又懸之蘇而復上者三主人辭焉乃退　晏子曰景公謂晏子曰東海中有水而赤有棗華而不實何也晏子曰昔秦繆公乘龍理天下以黃帝布裹蒸棗至海而又其棗布故水赤蒸棗故華而不實公曰吾佯問子對曰嬰聞佯問者亦佯對之事具棗部　呂氏春秋曰戎人見暴布者問曰何以爲此莽莽也指麻而示之怒曰孰灌灌可爲莽莽也莽莽長貌灌灌叢貌　韓子曰衛人有夫妻禱而祝曰使我無故得百束布其夫曰何少也妻曰益則子將取妾矣　史記張騫傳曰臣在大夏時見卭竹杖蜀賓貝布　又曰公儀休相魯見布好而疾出家婦燔其機　又貨殖傳曰通邑大都布千鈞比千乘家　神異經曰南方有火山長四十里生不燼之木晝夜火然得暴風不熾猛雨不滅火中有鼠重百斤毛長二尺餘細如絲恒在火中不出外而色白以水逐沃之即死取其毛織以作布用之若垢汙以火燒之即清潔也事具火部　烈女傳曰楚江乙母者楚大夫江乙之母也當恭王之時乙爲郢大夫郢楚都今南郡江陵有入王宮盜者令尹以罪乙請於王而黜之處家無幾其母亡布八尋言令尹盜之王方在小曲之臺令尹侍焉王謂母曰令尹信盜也寡人不爲其富

貴不行法焉若不盜而誣之楚國有常法（常法誣人其罪以誣罪罪之）母曰令尹非身盜之也乃使人盜之王曰奈何對曰昔孫叔敖之爲令尹也道不拾遺民不關閉而盜賊自禁今令尹之法治也耳目不明盜賊從橫是故盜妾之布是與使之何異王曰令尹在上寇盜在下令尹不知有何罪焉母曰百日妾子爲郢大夫人盜王宮中之物妾子坐而黜之妾子亦豈知之乎終於坐之令尹獨何以不坐是爲過也王曰善非徒譏令尹又譏寡人令吏償母之布因賜金十鎰讓金布曰妾豈貪貨而干王哉王乃召江乙而用之　漢書曰孝文帝徙淮南王長道死時民謡曰一斗粟尚可舂一尺布尚可縫兄弟二人不能相容　又曰成帝許皇后上疏曰妾誇布服糲食　又曰太公以布爲貨貝廣二尺二寸爲幅長四丈爲疋　華嶠漢書曰王允與呂布及士孫瑞謀誅董卓　有人書呂字於布上負而於市歌曰布乎布乎有告卓不悟　二年四月帝疾愈卓入市布持矛刺卓兵士趣斬之　吳越春秋曰越王允常使民男女入山採葛作黄絲布獻之吳王　先賢行狀曰國中有盜牛者牛主得盜者曰我邂逅迷惑從今以後將改過子既已宥幸無使王烈聞之人有以告烈者烈以布一端遺之

曰是知耻惡知耻則善心將生故與勸爲善也　典略曰蘇秦如趙逢其鄰子於易水之上從貸一疋布約償千金鄰子不與　廣志曰桐木其華有白毳取其毳淹績緝以爲布　聖證論曰梁人時布有垢則洗之於火　裴氏廣州記曰蠻夷不蠶採木綿爲絮皮圓當竹剥古緑藤績以爲布　燕書曰宋該字宣弘爲右長史太祖會羣臣以該性貪故賜布百餘疋令負而歸重不能勝乃至僵頓以愧辱之　俗說曰桓豹奴善乘騎亦有極決馬有一諸葛即自云能走與馬等桓車騎以百疋布置埒令豹奴乘馬諸葛競走先至者得布便俱走諸葛桓與馬齊欲至埒頭共布三尺許諸葛一秀逆坐布上遂得之　笑林曰沈珩弟峻字叔山有名譽而性儉吝張温使蜀峻入内良久出語温曰向擇一端布欲以送卿而無麤者温嘉其能顯非

【賦】晉殷巨奇布賦曰惟泰康二年安南將軍廣州牧騰侯作鎮南方余時承乏忝備下僚俄而大秦國奉獻琛來經于州衆寶既麗火布尤奇乃作賦曰伊荒服之外國逮大秦以爲名仰皇風而悅化超重譯而來庭貢方物之綺麗亦受氣於妙靈美斯布之出類禀太陽之純精越

常品乎意外獨詭異而特生森森豐林在海之洲煌煌烈火禁焉靡休天性固然滋殖是由牙萌出火中類發燼隅葉因熖勃翹與炎敷炎榮華寶焚灼萼珠丹輝電近形焰星流飛燿衝霄月光赫天區惟造化之所陶理萬端而難察燎無爍而不燃在茲林而獨昵火焚木而弗枯木吐火而無竭同五行而並在與天椿其想率乃採乃拼是紡是績每以爲布不盈數尺以爲布帊服之無斁既垢既汙以焚爲濯投之朱鑪載燃載赫停而冷之皎潔凝白

啓 梁劉孝綽謝越布啓曰比納方絹既輕且麗珎邁龍水妙越鳥夷

藝文類聚卷第八十五

藝文類聚卷第八十六

菓部上　　渤海歐陽　詢　撰

李

春秋運斗樞曰玉衡星散爲李　爾雅曰休無實李一名趙李　毛詩投我以木李報之以瓊玖　又曰何彼穠矣華如桃李　韓詩外傳曰子質仕魏文侯獲罪而北遊謂簡主曰吾所樹堂上之士半朝廷之大夫半邊境之人亦半今堂之人惡我於君朝廷之士危我於法邊境之人劫我矣簡主曰夫春樹桃李夏得蔭其下秋得食其實春樹蒺藜夏不得採其葉秋得其刺焉今子所樹非其人也　東方朔占曰朔與弟子具行朔渴令弟子叩道邊家門不知室主姓名呼不應朔復往見博勞飛集其家李樹上朔謂弟子曰主人當姓李名塊汝呼當應室中人果有姓李名博出與朔相見即入取飲與之　魯女生別傳李少君曰鍾山之李大如瓶　神仙傳曰老子之母適到李樹之下生老子　老子生而能言指李樹曰以此爲我姓

抱朴子曰五原蔡誕入山而還其家人云到崑崙山有玉李形如世間者但
光明洞徹而堅以玉井水洗之便軟而可食　廣志曰車下李車上李　又曰
麥李細小有溝道有青李馬肝李赤李房陵李　世說曰王戎年七歲嘗
與諸小兒遊睹看道邊李樹有子折枝諸小兒競走取之惟戎不動人問
之荅曰樹在道邊而多子此必苦李也取之信然　又曰王安豐有好李常
賣之恐人得種常鑽其核　列子曰師門嘯父弟子食桃李葩　孟子匡章
曰陳仲子豈不誠廉士哉居於陵三日不食耳目無聞見井上有李螬食實
者過半陳仲子匍匐往食之三咽而後耳有聞眼有見也李蟲食之過半
傅玄李賦潛實內結豐彩外盈翠質朱變形隨運成　閑居賦房陵朱仲
之李　左傳曰齊都露霜種子云云陵縹李　詩曰丘中有李彼留之子北山
有李投我以桃報之以李　西京漢武脩上林苑羣臣各獻其果樹有合枝
李朱李黃李青房李燕李李猴李沉朱李浮素李　洞冥記琳國去長
安九萬里生玉葉李色如碧玉數千歲一熟味酸昔韓終嘗餌此李因名
韓衆李　禮曰食棗桃李弗致于核　魏文帝與吳質書沉朱李於寒水

荆州記房陵有好李　列異度索君謂南海君曰昔廬山共食白李未久已三千載　風土記曰南君有細李有青皮李　文選南國有佳人容華若桃李

詩　古歌詞曰桃生露井上李生桃樹傍蟲來齧桃根李樹代桃僵樹木身相代骨肉還相忘　梁沈約詠李詩曰青玉冠西海碧石彌外區化爲中園實其下成路衢色潤房陵縹味奪寒水朱　隋江揔詠李詩曰嘉樹春風早春風花落新但見成蹊處幾得正冠人當知露井側復與妖桃鄰

賦　晉傅玄李賦曰潛實內結豐彩外盈翠質未變形隨運成種別類分或朱或黃甘酸得適美踰蜜房浮采點駮赤者如丹合流濺逸味難原

桃

春秋運斗樞曰玉衡星散爲桃　本草經曰梟桃在樹不落殺百鬼　武王剋商後放牛馬於桃林之野　禮記月令曰仲春之月桃始華　毛詩曰何彼襛矣華如桃李　又曰園有桃其實之殽又曰桃之夭夭灼灼其華桃之夭夭其葉蓁蓁　又曰投我以木桃報之以瓊瑤　卦驗驚蟄曰大壯初九桃不花倉

庫多火　東海有山名度索山有大桃樹屈盤三千里曰蟠桃　漢惠帝五年十月桃花　孫卿子曰桃李蒨粲於一時至乃殺離騷斬伐橘柚列樹苦　文選曰南國有佳人　容華若桃李桃　生露井上又艷陽桃李節山桃發紅蕚拾遺記曰磅礴山去扶桑五萬里日所不及地寒則桃樹千圍其花青黑色萬歲一實　漢明帝時常山獻巨桃核其桃霜下花至暑方熟送使植園林西京雜記漢武初修上林苑羣臣各獻果有緗核桃紫文桃金城桃　歲時記桃者五行之精厭伏邪氣制百鬼　鹽鐵論桃李之實多者來歲之穰有桃花鳥　桃花綬　典術曰桃者五木之精也今之作桃符著門上厭邪氣此仙木也　周書曰秦吏趙凱之私恨告國民吳且生盜食宗廟御桃且生對曰民不敢食也王曰剖其腹出其桃吏記惡而書之曰食桃之肉當有遺核王不知此而剖人腹以求桃非理也　晏子曰公孫捷田開疆古冶子事景公勇而無禮晏子言於公餽之二桃曰三子計功而食桃公孫曰吾再拜隱虎功可以食田曰吾杖兵而御三軍者再功可以食古冶子曰吾嘗濟河黿銜左驂沿潛行水底逆流百步從流九里得黿頭功可以食二子曰吾勇不若

子功不逮子取桃不讓是貪也然而不死無勇也刎頸而死冶曰二子死之冶獨不逮又刎頸而死　韓子曰昔者彌子瑕有寵於衛君與君遊於果園食桃而甘以其半啖君君曰忠乎[redacted]忘其口而啖寡人及彌子瑕色衰愛弛得罪於君君曰是故嘗啖我以餘桃　又見孔子侍坐於魯哀公哀公賜之桃與黍仲尼先飯黍而後啖桃哀公曰黍以雪桃也仲尼曰丘知之矣夫黍五穀之長而桃爲下君子以賤雪貴不聞以貴雪賤也　莊子插桃枝於戶連灰其下童子入不畏而鬼畏之是鬼智不如童子也　戰國策曰孟嘗君將入秦蘇秦往見之孟嘗曰人事者吾以知之所未聞者獨鬼事耳蘇秦曰臣之來固且以鬼事見君矣臣來過淄上有土偶人焉與桃梗相與語桃梗謂土偶人曰子西岸之土也埏子以爲人至歲八月降雨下淄水至則子殘矣曰不然吾西岸之土殘則復西岸耳子東園之桃梗也刻削子以爲人降雨下淄水至流子而去則子漂漂者將何如矣今秦四塞之國譬如虎口而君入之則臣不知君所如矣孟嘗乃止　史記曰桃李不言下自成蹊　淮南萬畢術曰孤桃枝之券令雞夜鳴取孤桃南北行枝長三尺折以爲券塗以三歲雄雞血夜居栖下則鳴　漢武故事曰東郡獻短人呼

東方朔朔至短人因指朔謂上曰西王母種桃三千歲一爲子此兒不良也已三過偷之矣後西王母下出桃七枚母因噉二以五枚與帝帝留核著前母問曰用此何上曰此桃美欲種之母笑曰此桃三千年一著子非下土所植也 風俗通曰黃帝書稱上古之時有兄弟二人荼與鬱壘度朔山上桃樹下簡百鬼妄禍人則縛以葦索執以食虎於是縣官以臘除夕飾桃人垂葦索畫虎於門效前事也 山海經曰桃樹屈蟠三千里 列仙傳曰葛由羌人好剋木作羊賣之騎羊入蜀蜀中王侯貴人追之上綏山綏山皆得仙故里諺曰得綏山一桃雖不能仙亦足以豪 事具獸部 尹喜内傳曰老子西遊省太真王母共食碧桃紫梨 玄中記曰木子之大者有積石山之桃實焉大如十斛籠 神仙傳曰樊夫人與劉剛俱有道術各自言勝中庭有大桃樹夫妻各呪其桃便闘相擊良久所呪桃走出籬外 又曰張陵沛人也將子趙升就陵受學陵以七事試之弟七試者陵與諸弟子登雲臺山絶巖上有一桃樹旁生石碧下臨不測去三四丈有桃大實陵謂諸弟子曰得此桃者當告以道要弟子皆流汗無敢視者升曰神人所護何險之有乃從上自擲正投桃樹上取

桃滿懷而石壁峻峭不能得還乃擲桃樹上三百二枚陵分桃賜諸弟子餘二枚陵自食一留一以待升陵乃申手引升升忽已還乃以向一桃與升 又曰高丘公服餌桃膠得仙 晉起居注曰咸和六年寧州上言甘露降城北園林桃李等樹 陶潛桃花源記曰晉太康中武陵人捕魚從溪而行忽逢桃花林夾兩岸數百步無雜木芳華芬暖落英繽紛漁人異之前行窮林林盡見山山有小口髣髴有光便捨船步入初極狹行四五十步豁然開朗邑室連接雞犬相聞男女被髮怡然並足見漁人大驚問所從來要還爲設酒食云先世避秦難率妻子來此遂與外隔絶不知有漢不論魏晉也旣出白太守太守遣人隨而尋之迷不復得路 甄異傳曰譙郡夏侯文規亡後見形還家經庭前桃樹邊過曰此桃我昔所種子乃美好其婦曰人言亡者畏桃君何不畏耶荅曰桃東南枝長二尺八寸向日者憎之或亦不畏也 世說曰桓玄素輕桓崖桓崖在京京下有好桃玄連就求遂不辯得佳者玄與殷仲文書以爲嗤笑云德之休明肅慎貢其楛矢如其不爾籬壁間物亦不可得 鄴中記曰石虎苑中有句鼻桃重二斤半 晉宮閣名曰華林園桃七百三十株

白柹三株侯柹三株　南康記曰南康王山有石柹故老云古有寒柹生於嶺
巔隱淪之士將大取其實因變成石焉　姤女記曰武歷陽女嫁阮宣武絕忌
家有一柹樹華葉灼耀宣歎美之卽便大怒使婢取刀斫樹摧折其華

詩

梁簡文帝詠初桃詩曰初桃麗新采照地吐其芳枝間留紫燕葉裏
發輕香飛花入露井交榦拂華堂若映窻前柳懸疑紅粉粧　梁任昉
詠池邊桃詩曰已謝西王苑復揖綏山枝聊逢賞者愛棲趾傍蓮池開紅
春灼灼結實夏離離

賦

晉傅玄桃賦曰華落實結與時剛柔既甘且脆入
口消流亦有冬桃冷侔冰霜和神適意恣口所嘗　宋仵輯之園桃賦曰嗟
王母之奇東特華實兮兼副既陶照之夏成又凌寒而冬就嗟異殖兮難
枝亦晚枯兮先蔵農黃品其味漢帝鷩其珍林休反耕之牛宅樹同惡之
神景斃勇於不足彌增罪於甘兮雖無言兮成蹊叵充肴於魏君時令載
始周南申章瞻擇有制藥齊惟良魯拂柩以悔荊楚供弧以事王　陳
張正見衰桃賦曰巖巖秀峯吐桂縈松獨夭桃之灼灼輕擢采於寒蹊
爾迺萬株成錦千林似翼苔晝波文花然樹色發秦源而逸氣飄溪紋

而流芳譬蘭缸之夜炷似明鐙之朝粧成蹊迴逕光崖豔氾閒貞定之
蒼梨雜房陵之縹李芬芳韡歌照曜無儔舒若霞光欲起散似電
奚將收既而風落新枝霜飛故葉歎垂釣之妖童愍傾城之麗妾【頌】梁江
淹山桃頌曰惟園有肴惟山有叢丹蘤蘖露紫榮繞風引霧如電晱
煙成虹伊春之秀迺華之宗

梅

尚書曰若作和羹爾惟鹽梅　大戴禮曰夏小正曰五月煑梅爲豆
實　毛詩召南曰摽有梅男女及時也被文王之化　又摽有梅其實七兮
東方朔傳曰朔門生三人俱行乃見一鳩一生曰今當得酒一生曰其酒必酸一
生曰雖得酒不得飲也三生皆到須臾主人出酒即安樽於地而覆之訖不得
酒乃問其故曰出門見鳩飲水故知得酒鳩飛集梅樹故知酒酸鳩飛去
所集枝折故知不得飲之　神異經曰橫公魚長七八尺形狀如鯉而目赤
晝在湖中夜化爲人刺之不入煑之不死以烏梅二七煑之即熟食之治
邪病　語林曰范任能噉梅人常致一斛奩留信食之須臾而盡　五端

休江陵記曰洪亭村下有梅廻村舊曰云是梅槐合生成樹是以詔之今音訛謂之梅槐　述異記嘉興縣朱休之有一弟宋元嘉中兄弟對坐家有一犬來向休之蹲遍視二人遂搖頭而笑曰言我不能歌聽我歌梅花今年故復可奈汝明年何其家驚懼斬犬榜首路側至來歲梅花時兄弟相鬪弟奮戟傷兄官收治並被囚繫經歲得免至夏舉家時疾母及兄弟皆死　詩曰山有嘉卉侯栗侯梅　淮南子曰梅以爲百人酸不足一梅不足爲一人之喻衆能濟　選曰今朝梅樹下定有詠花人　本草梅核能益氣不飢　上林有雙梅紫梅同心梅麗䴉枝梅　跡梅曝乾爲腊脽韭中又可以含之口香

詩　梁簡文帝雪裏覓梅花詩曰絶訝梅花晚爭來雪裏窺下枝伍可見高處遠難知定須還剪綵學作兩三枝　梁元帝詠梅詩曰梅含今春樹還臨光日他人懷前歲憶花發故年枝　梁鮑泉詠梅花詩曰可憐階下梅飄蕩逐風迴度簾拂羅幌縈窓落梳臺乍隨纖手去還因插鬢來客心屢看此愁眉歛詎開　梁何遜詠早梅詩曰兔園標物序驚時最是梅銜霜當路發映雪擬寒開

枝横却月觀花繞凌風臺知應早飄落故逐上春來 陳陰鏗詠雪裏梅詩曰春近寒雖轉梅舒雪尚飄從風還共落照日不俱銷葉開隨足影花多助重條今來漸異昨向晚判勝朝 陳謝燮早梅詩曰迎春故早發獨自不疑寒畏落衆花後無人別意看 隋江揔梅花落詩臈月正月早驚春衆花未發梅花新梅花芬芳臨玉臺朝攀晚折還復開湍酌金巵催玉柱落梅樹下宜歌舞金谷萬株連綺甍梅花隱處隱嬌鶯桃李佳人欲相照摘蘂牽花來並笑楊柳條青樓上輕梅花色白雪中明橫笛短簫悽復咽誰知柏梁聲不絶

賦

梁簡文帝梅花賦曰梅花特早偏能識春或承陽而發金乍雜雪而披銀標半落而飛空香隨風而遠度挂靡靡之遊絲雜霏霏之晨霧爭樓上之落粉奪機中之織素乍開華而傍巘或含影而臨池向玉階而結采拂網戶而低枝七言表柏梁之詠三軍傳魏武之奇於是重閨佳麗皃婉心閑憐早花之驚節訝春光之遣寒顧影丹墀弄此嬌姿春風吹梅畏落盡賤妾爲此斂娥眉花色持相比恒愁恐失時 陳暄食梅賦曰魏無林而止渴范留信而前嘗賜

一時之名菓遂懷核而矜莊昔詠酸棗之臺今食酸味之梅眼同曹瞞之見形異章誕之聞雷胷既咽而思鳩杖悶欲死而相仙杯非投壺而天笑等王孫而客咍

棃

莊子曰三王五帝之禮義法度不同譬其猶樝棃橘柚耶其味相反而皆可於口　神異經曰東方有樹高百丈敷張自轉葉長一丈廣六尺名曰棃其子徑三尺剖之白如素食之地仙可入水火　漢武内傳曰太上之藥果有玄光棃　神仙傳介象爲吴主所御在武昌速求去不許象言病帝以美棃一奩賜之象死殯而埋之以日中時死其晡時到建業以所賜棃付守死吏種之　幽明録曰戍彪兄喪晝哭夜泣忽提一升酒一盤棃就之引酌相歡彪問昭替彪悲咽問兄今在天上福多苦多又弗應懣肅然無言編餘酒著甌中挈盤而去　曹瞞傳曰王自漢中至洛陽起建始殿使工蘇越徙美棃掘之根盡血出越白狀王躬自視之以爲不祥還遂寢疾　何晏九州論曰安平好棗中山好栗魏郡好杏河内好稻眞定好棃　文士傳曰孔融年

四歲與諸兄食梨輒取其小者人問其故荅曰小兒法當取小者　君喜内傳
曰老子西遊省太眞王母共食紫梨　段龜龍涼州記曰呂光時燉煌太守
獻同心梨　三秦記曰漢武帝園一名樊川一名御宿有大梨如五升瓶落地
則破其主取者以布囊承之名含消梨　魏文詔曰眞定郡梨甘若蜜
脆若淩可以解煩飴　永嘉記曰青田村人多種梨有一株名曰官梨圍
五寸以供獻名御梨　武太山之果有玄光梨　王瓚梨頌太康十一年梨
樹四枝與中枝合生于囿皇太子令侍中頌　廣志郡集梨重六斤常山
眞定山陽鉅野新豐箭谷皆廣志也燉煌太守獻同心梨　老子西遊太眞
王母共食碧梨紫梨潘岳閑居賦張公大谷之梨　洞冥記云塗山之背梨大
如升色紫千年一花亦曰紫輕梨　南康歸山石城内有梨熟人食其實任
意取足持歸家人啖輒病或顛仆失徑亡命燀似秋梨　**詩**　梁沈約西地梨
詩曰列茂河陽苑蓄紫濫觴隈飄黃秋沃若落素春徘徊　梁劉孝綽
詠梨花應令詩曰玉壘稱津潤金谷訪芳菲詎匹龍樓下素蕊映朱扉
雜雨疑霰落因風似蝶飛豈不憐飄墜願入九重闈　**頌**　晉王讚梨樹頌

曰嘉木時生瑞我皇祚脩幹外揚隆枝内附翌翌皇儲克光其猷神啓其和人隆其感降自玄圃合體連性時惟今月躬親北林樂在同人如蘭如金木之期應乃同其心同心之生啓自神明在心斯動於言斯形先民有則稱詩表情惟永作歌以休厥靈

【贊】宋孝武帝梨花贊曰沃脊異壤舒慘殊時惟氣在春具物含滋嘉樹之生于彼山基開榮布采不離壓緇

【啓】齊謝朓謝隋王賜紫梨啓曰味出靈關之陰旨珍玉津之澨豈徒真定歸美大谷慙滋將恐帝臺妙棠安期靈棗不得孤擅玉盤獨甘仙席雖秦君傳器漢后推食望古可儔於今何荅 梁庾肩吾謝賚梨啓曰睢陽東苑子圍三尺新豐箭谷枝懸六斤未有生因粉水産自桐丘影連鄧橘林交苑柿遠薦中廚爰須下室事同靈棗有頹還年恐似仙桃無因留核

甘

神異經曰東方裔外有建春山其上多甘 謝承後漢書曰丹陽張盤字子石爲廬江太守尋陽令嘗餉一奩甘其小男年七歲就取一枚盤奪不

付外卒以兩枚與之盤大奪兒甘鞭卒曰何故行賂於吾子　崔寔正論曰橘柚之實堯舜所不常御山龍華蟲帝王不以爲褻服今之自妾皆餘黄甘而厭食文繡盖以萬數矣　風土記曰甘橘之屬滋味甜美特異者也有黄者有頳者謂之胡甘　襄陽記曰李衡於武陵龍陽洲上種甘千樹早千頭木奴

詩　梁徐陵詠甘詩曰朱實挺荆南苞品擅玠淑上林雜嘉樹江浦間脩竹萬室擬封家千株挺荆國緑葉萋以布素榮芬且郁

賦　晉胡濟黄甘賦曰惟江南之奇菓資天地之正陽生殊方之妙域植朱鳥之遐鄉處漢之南背江之陰左恊蘭皐右接桂林帶激水之清流向崇山之高岑三秋迭運初寒履霜照曜原隰蔭映林荒若菱華之繡綺井燭龍之銜金璫　宋謝惠連甘賦曰嘉寒園之麗木美獨有此貞芳質萋甤而懷風性耿介而凌霜擬夕霞以表色揖朝景以齊圓悴萍實乎江介超王英於崑山

贊　晉王廙之甘橘贊曰節重履險操貴有恒一樹保榮四運齊能在質惟美于味斯弘異分南域北則枳橙

啓　梁劉孝儀謝晉安王賜甘啓曰便得削彼金衣咽兹玉液甘踰萍實冷亞水圭立消煩[illegible]頓除

酩酊追嗤齊相進不剖之實貴遠笑魏君逢烈衣牙之味　梁庾肩吾謝湘東王賚甘啓曰傳名地理遠自武陵之洲族茂神經遥聞建春之嶺王逸爲賦取對荔枝張衡制辭用連石蜜足使萍實非甜蒲萄猶酸王羲之諸君子孫遊觀有一味甘剖而分之以娱目前　古今注曰甘實形如石榴者亦謂之壺甘　廣志曰有甘一核有成都平蔕甘大如升色蒼黄　陽由爲成都郡文學掾忽風起太守問由由云有獻甘橘數苞　吳有餘甘金衣包品之讃厥苞甘柚精者曰甘削彼金衣咽茲玉液甘踰萍實冷亞冰圭近嗤齊相進不剖之實遠笑魏君逢烈衣牙之味頌曰宗炳煌煌嘉實磊如景星南金其形隋珠　述異記曰南陽郡東望山有甘正熟三人共食致飽訖懷二枚去以示人聞雲中語云放雙甘乃聽汝去

橘

尚書禹貢曰淮海惟揚州厥苞橘柚錫貢（小曰橘大曰柚）　周禮曰橘踰淮而北爲枳此地氣然也　晏子使楚楚王曰齊人善盜乎子對曰嬰聞江南之橘生於淮北則爲枳今民生於齊不盜入楚則盜得無楚使民善盜邪　離騷曰后（后土也）皇（皇天也）嘉

樹橘柰服（服習也）受命不遷生南國　淮南子曰夫橘樹之江北化而為橙
魏文帝詔群臣曰飲食之物南方有橘酢正裂人牙時有甜耳　吳志曰
陸績年六歲於九江見袁術術出橘績懷三枚去拜辭墮地術謂曰陸
郎作賓客而懷橘乎績跪答曰欲歸遺母術大奇之　益部耆舊傳曰楊
由為成都文學椽少治易曉占候忽有風起太守問由由曰南方有薦木實
者色黃赤須之五官椽獻橘數苞　瑛樞星散為橘（運斗樞）蜀漢江陵千
樹橘此人與千戶侯等　吳錄朱光為建安太守有橘冬月樹上覆裹之
至明年春夏色變青黑味尤酸正裂人牙絕美盧橘夏熟蓋近是乎
搜神記曰秦精入武昌山采茗見一人長丈餘授懷中橘二十枚精進橘并
食王曰當剖之曰賜人主前瓜梜不削橘柚不剖　武帝平百越以為園圃民
獻橘柚　異物志曰橘白華赤實皮馨香有味交趾有橘官長一人
秩二百石主貢御橘　韓子夫樹柤梨橘食之美嗅之則香　梁太寶元
年將軍王僧辯家有橘三十子一蔕以獻　建武故事曰平西將軍庾亮
送橘十二實共同一蔕為瑞異群臣畢賀　宋躬孝子傳曰王虛之十三

喪母三十三喪父二十年鹽醋不入口病著牀忽有一人來問疾謂之曰君尋差俄而不見庭中橘樹隆冬而實病果尋愈咸以至孝所感

【詩】古詩曰橘柚垂嘉實乃在深山側聞君好我甘竊獨自雕飾 張華詩曰橘生湘水側菲陋人莫傳逢君金華宴得在玉机前 齊虞羲橘詩曰衝飇發隴首朔雪度炎洲摧折江南桂離披漢北楸獨有凌霜橘榮麗在中州從來自有節歲暮將何憂 梁簡文帝詠橘詩曰萎蕤映庭樹枝葉凌秋芳故條雜新實金翠共含霜攀枝折縹幹甘旨若瓊漿無假存雕飾玉盤余自嘗 梁徐摛詠橘詩曰麗樹標江浦結翠似芳蘭焜煌玉衡散照曜金衣丹愧以無雕飾徒然登玉盤

【賦】魏陳王曹植橘賦曰有朱橘之珎樹于鶉火之遐鄉稟太陽之烈氣嘉杲日之休光體天然之素分不遷徙於殊方播萬里而遥植列銅爵之園庭背江川之煖氣處玄朔之肅清邦換壤殊爰用喪生處彼不雕在此先零仰凱風以傾葉冀炎氣之可懷颺鳴條以流響睎越鳥之來栖 晉潘岳橘賦曰余齋前橘樹冬夏再熟聊爲賦云爾嗟嘉卉之芳華信氛氳而芬馥

既蓊茸而萎蕤且參差而橚矗已欝𣟴而冬茂亦離離而夏熟至
如廣命賓客歷覽遊觀三清既設百味星爛炫熀乎玉案照曜於金
盤故成都美其家園江陵重其千樹既見稱於陸言亦標名乎馬賦　宋
謝惠連橘賦曰園有嘉樹橘柚煌煌圓丹可翫　氣芬芳受以玉盤升君子
堂味既滋而事美實厥苞之最良　梁昱蒋橘賦曰增枝之木既稱英於
綠地金衣之果亦委體於玉盤見雲夢之一樹笑江陵之十蘭叢叢之雲
共琉璃而並碧君枝枝之日與金輪而共丹若乃秋夜初露長郊欲素風賚寒
而北來鴈銜霜而南渡方散藻於年深遂凝貞於冬暮【頌】宋孝武芳春
琴堂橘連理頌曰列訪神秘詳觀瑞策通域諫秀寔璽並所錫離條別
幹奄一榮威道被遐夷承我正曆【啓】梁皇太子謝勅賚城邊橘啓曰結根
龍首垂陰陽澗甘踰石蜜味重金衣暉章縹李豈止稱於晉世上林美棗
非獨高於漢日　梁劉孝儀謝宮賜城傍橘啓曰多置守民晉為厚秩
坐入縑素漢譬封君固以俛足穰橙俯聯楚柚寧似魏瓜借清泉而得冷
豈如蜀食待飴蜜而成甜重似倒影陽池垂華金堞信可珎若榴於武乾貴

蒲萄於別館　梁庾肩吾謝賚橘啓曰光分斑宿影接銅峯去青馬之迢遞服朱闉之爽塏楚原洪筆頌記不遷陳王麗藻賦稱遙植昔朝歌季重纔賜海魚大理元常止蒙秋菊

櫻桃

禮記月令曰仲夏之月天子羞以含桃先薦寢廟　漢書曰惠帝出離宮叔孫通曰古者春嘗菓方今櫻桃孰可獻願陛下出因取櫻桃獻宗廟上許之　博物志櫻桃者或如彈丸　晉宮閣名曰式乾殿前櫻桃二株含章殿前櫻桃一株華林園櫻桃二百七十株　宋江夏王劉義恭啓曰手勑猥賜華林櫻桃爲樹則多陰百果則先熟故種之於廳事之前有蟬鳴焉顧命黏取以弄　王僧達詩初櫻動時豔蟬藻灼輝芳緗葉未開蘂紅蘤已發光　爾雅楔荆桃今之櫻桃　廣志曰櫻桃有大八分者白色多肥者凡三種有白色者　吳氏本草一名朱茱一名麥英甘酣櫻桃主調中益脾氣令人好顏色美志氣　後漢明帝於月夜宴群臣於照園太官進櫻桃以赤瑛爲盤賜群臣月下視之盤與桃同色群臣皆笑去是空盤【詩】

梁簡文帝皇太子奉荅南平王賚朱櫻詩曰倒流映碧叢點露擎朱實花茂蝶爭來枝濃鳥相失已麗金釵瓜兼美玉盤橘寧以梅似九不羨萍如日【啓】梁庾肩吾謝賚朱櫻啓曰成叢殿側猶連製賦之條結實西園非復黏蟬之樹異合浦之歸來疑藏朱實同秦人之遂彈似得金丸

石榴

廣雅曰若榴石榴也　陸機與弟雲書曰張騫爲漢使外國十八年得塗林安熟榴也【詩】梁元帝賦得詠石榴詩曰塗林未應發春暮轉相催然燈疑夜火連珠勝早梅西域移根至南方釀酒來葉翠如新翦花紅似故栽還憶河陽縣映水珊瑚開　梁沈約詠山榴詩曰靈圓同佳稱幽山有奇質停采久彌鮮含華豈期實長願微名隱無使孤株出【賦】晉潘尼安石榴賦曰安石榴者天下之奇樹九州之名菓是以屬文之士或叙而賦之蓋感時而騁思覩物而興辭余遷舊宇爰造新居前臨曠澤却背清渠實有斯樹植于堂隅華實並麗滋味亦殊可以樂志可以充虛朱芳赫奕紅萼參差

含英吐秀乇 合乍披遥而望之煥若隋珠燿重川詳而察之灼若列宿出雲閒湘涯二后漢川遊女攜類命疇逍遥避暑託斯樹以棲遲翺翔風而容與爾乃擢纖手兮舒皓腕羅袖靡丂流芳散披緑葉於脩條輟朱華乎弱幹豈金翠之足珍寔茲葩之可翫商秋授氣收華斂實滋味浸液馨香流溢　晉張載安石榴賦曰有若榴之奇樹肇結根於西海仰青春以啓萌晞朱夏以發采揮光垂緑擢幹雝鮮熻若群翡俱棲爛若百枝並然煥乎郁郁焜乎煌煌仰暎清霄俯燭蘭堂似西極之若木譬東谷之扶桑於是天迴節移龍火西夕流風晨激行露朝白紫房既熟赬膚自拆剖之則珠散含之則冰釋　晉張協安石榴賦曰考草木於方志覽華實於園疇窮陸産於苞貢差莫奇於若榴耀靈葩於三春綴霜滋於九秋爾乃飛龍啓節揚飈扇埃含和澤以滋生贊敷萌以挺栽傾柯遠擢沉根下盤繁莖條密豐幹林攢揺莛長枝以揚緑披翠葉以吐丹流暉俯散迴葩仰照爛若柏枝並燃爀如烽燧俱燎曒如朝日晃若龍燭晞絳采於扶桑接朱光於若木爾乃赬萼挺蔕金牙承蕤蔭佳人之玄髻發窈窕之

素姿遊女一顧傾城無鹽化爲南威於是天漢西流辰角南傾芳實壘
落月滿虧盈蔓採爰收乃剖乃析內憐幽以含紫外滴瀝以霞赤柔膚
冰潔凝光玉瑩灌如冰碎弦若珠迸含清冷之温潤信和神以理性　晉應
貞安石榴賦曰余往日職在中書時直廬前有安石榴樹枝葉既盛華實
甚茂爲之作賦挹微露以鮮采承輕風而動葩南拂陰檐北扇陽阿其傍則
有大厦崇房重廊高廡皇籍帝典圖書之府時移節變大火西旋丹
葩結秀朱實星懸膚拆理阻爛若珠駢　晉潘岳河陽庭前安石榴賦曰
雖小縣陋官聊可以遊賞有嘉木曰安石榴脩條外暢榮幹內樛扶踈偃
蹇冉弱紛柔於是暮春告謝孟夏戒初新莖擢潤膏葉垂腴丹暉綴於朱房
緗的點乎紅鬚煌煒煒熠爍入蕊似長離之栖鄧林若珊瑚之映綠水既乃擴
乎狹庭載沉載揄布階無等肩牆惟茂壁衣蒼苔瓦被駁蘚處悴而榮在
幽彌顯其華可玩其實可珍著于王公薦於鬼神豈伊仄陋用渝厥真果猶
如之而況於人　晉夏侯湛石榴賦曰接翠萼於綠葉冒紅芽於丹鬚艶
然含蕤灌爾散珠雪醒解餡怡神實冠百品以奇仰邁衆果而特貴

晉傅玄安石榴賦曰鳥宿中而纖條結龍展升而丹華繁其在晨也灼若旭日栖扶桑其在昏也奭若燭龍吐潛光苞玄黃之烈輝紛煒曄而焜煌發朱榮於綠葉時從風而飄颺　晉庾儵石榴賦曰于時仲春垂澤華葉甚茂炎夏既戒忽乎零落是以君子居安思危在盛慮衰可無慎哉乃作斯賦綠葉翠條紛乎葱青丹華照爛暈暈熒熒遠而望之粲若摛繢被山阿迫而察之赫若龍燭煇耀綠波　晉范堅安石榴賦曰紫紅根以盤峙擢脩幹而扶疎黃廡春以吐綠葩涉夏而揚朱　宋顏測山石榴賦曰風觸枝而翻藹雨淋條而殞芬環青軒而燧列繞翠波而星分視栖翡之失榮顧彫霞之無文

【頌】梁江淹山石榴頌曰縹葉翠萼紅華絳采炤烈泉石芬披山海奇麗不移霜雪空改

柿

說文曰柹赤實菓也　晉宮閣名曰華林園柿六十七株暉章殿前柿一株義熙起居注曰吳令顧脩期言縣西鄉有柿樹殊本合條依舊集駕詔傳

【詩】梁庾仲容詠柿詩曰發葉臨階檻翻英糅花藥風生樹影移露重新

枝弱苑朱正悠翠梁烏未銷鑠【啓】宋江夏王劉義恭謝柿啓曰垂賚華林蘭柿味滋殊絶　梁簡文帝謝東宮賜柿啓曰懸霜照采凌冬挺潤甘清玉露味重金液雖復安邑秋獻靈関晩實無以匹此嘉名方兹擅美

樝

禮樝梨曰鑽之　樝梨薑桂梨之咸者皆人君著以梨也張敷平丘有甘樝呂箕山之東有甘樝洞庭之上其木多樝甘樝列於崑崙

柰

廣志曰柰有白青赤三種張掖有白柰酒泉有赤柰　漢武内傳仙藥之次者有圓丘紫柰　晉咸和起居注曰六年寧州上言甘露降城北園柰枇樹等　晉太始起居注曰二年六月嘉柰一蔕十五實生於酒泉　蕭廣濟孝子傳王祥後母庭中有柰樹始著子使祥守視晝驅鳥雀夜驚蟲鼠時雨總至祥抱樹至曙母見之惻然【詩】梁褚澐柰詩曰成都貴素質酒泉稱白麗紅紫奪夏藻芬芳掩春蕙誰謂重三珠終焉競八桂

【表】魏曹植謝柰表曰即夕殿中宣詔賜臣冬柰詔使温啖夜非食時而賜

見□□以夏熟今則冬生物以非時爲珍恩以絶口爲厚　論曰之華與柰華相次柰結實而日洽零落虛僞之與眞實相似虛僞敗而眞實成太冲嗟其夏成子建暢其寒熟　洞冥記有紫柰大如斗甘如蜜核紫花青

蜀都賦素柰夏成　潘尼武館賦投素柰於青渠　閑居賦二柰曜丹白之色　濟北楊愔字遵彦四代同居昆季就學者三十餘人學庭前有一柰樹實落于地羣就爭之愔頹然而坐季父暐大嗟異之

啓　梁劉孝儀謝始興王賜柰啓曰酒泉之寶稱於王賦瓜州之味記自張文亦有太冲嗟其夏成子建暢其寒熟潘園曜白孫井浮朱並見重於昔時而需恩於茲日

藝文類聚卷第八十六

藝文類聚卷第八十七

菓部下　渤海歐陽　詢　撰

棗　杏　栗　胡桃　林檎　甘諸　沙棠

椰　枇杷　燕薁　檖　蒟子　枳椇　柚

木瓜　杜棃　芋　楊梅　蒲萄　檳榔　荔支

益智　椹　芭蕉　苷蔗　瓜

棗

爾雅曰棗壺棗今江東呼棗大而銳上者爲壺棗猶瓠也邊要棗子細要者禮記曰婦人之贄棋榛脯脩棗栗　毛詩曰八月剝棗十月穫稻　晏子曰景公謂晏子曰東海之中有水而赤其中有棗華而不實何也晏子曰昔者秦繆公乘龍理天下以黃布裹蒸棗至海而投其布故水赤蒸棗故華而不實公曰吾佯問子耳對曰嬰聞之佯問者亦佯對　孟子曰曾晳嗜羊[redacted]棗而曾子不忍食之韓子曰秦饑應侯謂王曰五苑之棗栗請發與之　史記曰李少君以却老方見上少君曰臣嘗游海上見安期生食巨棗大如瓜　真人關令尹喜傳曰尹喜共老子西遊省太真王母共食玉門

之棗其實如瓶　神異經曰北方荒中有棗林焉其高五丈敷張枝條一里餘子長六七寸圍過其長熟赤如朱乾之不縮氣味甘潤殊於常棗食之可以安軀益氣力　東方朔傳曰武帝時上林獻棗上以杖擊未央前殿檻呼朔曰叱叱先生知此篋中何物朔曰上林獻棗四十九枚上曰何以知之朔曰呼朔者上也以杖擊檻兩木林也曰朔來朔來者棗也叱叱者四十九也上大笑賜帛十疋　漢書曰王吉少時學問居長安其東家有棗樹垂吉庭中吉婦取棗以啖吉吉後知之乃去婦東家聞而欲伐其樹鄰里共止之因固請吉令還婦里中爲之語曰東家棗樹王陽婦去東家棗完去婦復還　漢武內傳曰七月七日西王母當下帝設玉門之棗　劉根別傳曰今年春當有病可服棗核中仁二七枚能常服之百邪不復干也　風俗通曰鮑焦耕田而食穿井而飲於山中食棗或曰此棗子所殖耶遂[redacted]強歐吐而死也　魏文帝詔羣臣曰南方有龍眼荔枝寧比西國蒲萄石蜜乎酢且不如中國凡棗味莫言安邑御棗也　馬明王別傳曰安期生仙人見神女設廚膳安期曰昔與女郎游息於西海

之際食棗異美此間棗小不及之憶此棗味久已二千年矣神女去吾昔與君共食一枚乃不盡此間小棗那可相比耶　王隱晉書傳虞爲鄱陽内史勸厲學業寛裕簡素風化大行白烏集郡庭棗樹上

晉宮閣名曰華林園棗六十二株王母棗十四株　異苑曰太元中南郡州陵縣有棗樹一年忽生桃李棗三種花子　世説曰魏文帝忌弟任城王驍壯因在卞太后閤共圍棊竝噉棗文帝以毒著諸棗蔕中自選可食者而王不悟遂雜進之既中毒太后索水救之帝豫勑毁器太后徒跣趨井無以汲之須臾遂卒　又曰大將軍王敦初尚武帝舞陽公主如廁見漆箱中盛乾棗本以塞鼻王謂廁上下菓遂食之羣婢莫不笑之　傳禦孫曰女贄不過榛栗棗脩以告虔　鄴中記石季龍園中有羊角棗三子一尺　史楚莊王愛一馬噉棗脯　夏取棗杏之火

【詩】晉傅玄詩曰飢食野棗實　後秦趙整詩曰北園有一樹布葉垂重陰外雖多棘刺内實有赤心　梁簡文帝賦詠棗曰風摇羊角樹日映雞心枝已聞安邑美永茂玉門垂

【啓】陳周弘正謝梁元帝

賚玉門棗啓曰安期舊美安息高名巨金馬之榮未獲趨奉　朔之賜遽降洪恩

杏

神仙董奉居廬山爲治病重者種杏五株輕者一株於林中所在簞食一器是換一穀少者虎逐之乃以穀賑貧窮号董仙杏林　師曠占曰梅桃杏實多者來年謂之穰　晉宮闕記曰明光殿杏八株　九州論魏郡好杏燧人夏取棗杏之火　西京雜記曰上林苑有文杏謂有文彩也　典術曰杏者東方歲星之精也　山海經曰靈山之下其木多杏　盧毓冀州論曰魏郡好杏地産不爲珍　師曠占曰杏多實不蟲者來年秋善　南岳夫人傳曰仙人有三玄紫杏　西京雜記曰上林苑有蓬萊杏　東海都尉于台獻杏一株花雜五色六出云是仙人所食者　氾勝之書曰杏花如何可耕白沙　玄晏春秋曰衞倫過予言及於味稱魏故侍中劉子陽食餅知鹽生精味之至也予曰師曠識勞薪易牙別淄澠子陽今之妙也定之何難倫因命僕取粮糗以進予嘗之曰麥也有杏李柰味三果之熟也不同子焉得兼之倫

笑而不言退告人曰士安之識過劉氏吾將來家實多故杏時將發糅以杏汁李奈將發又糅以李奈汁故兼三味　述異記曰杏園洲在南海中多杏云仙人種杏處漢時嘗有人舟行遇風泊此洲五六月日食杏故免死又云洲中有冬杏　嵩高山記曰嵩山東北有牛山其山多杏至五月爛然黃茂自中國喪亂百姓飢饉皆資此爲命人人充飽而杏不盡　洛陽宮殿簿曰含章殿前杏四株顯陽殿前杏六株　地理志曰范蠡宅在湖中有海杏大如拳也　朱超石與兄書曰光武墳邊杏甚美今奉送其核　王逸荔枝賦曰魏土送西山之杏　述異記曰賴鄉老子祠有縹杏　莊子曰孔子游淄帷之林休坐杏壇之上弟子讀書絃謌鼓琴　後周書曰張元性廉潔南鄰有杏兩樹杏熟多落元園中元悉以還主　管子曰五沃之土其木宜杏　四民月令曰三月杏花盛可播白沙輕土之田　潘岳閑居賦曰梅杏郁棣華實照爛　又司馬相如長門賦曰飾文杏以爲梁

詩　周庾信詠杏花詩曰春色方盈野枝枝綻翠英依稀暎村塢爛熳開山城好折待賓侶金盤襯紅瓊

栗

山海經曰南山其上多栗葛山銅山其木多栗　毛詩曰樹之榛栗　又云阪有
漆隰有栗　韓詩曰東門之栗有靜家室 靜善也 言東門之栗樹之下有善人可以爲室家也 韓子曰
秦饑應侯請王曰五苑之菓蔬橡棗栗足以活民請發之王曰令發五苑以
活民是使有功與無功爭取也人生而亂不如死而治　廣志曰栗有侯栗
關中大如雞子　三秦記曰漢武帝菓園大栗十五枚一斗　魏志曰東夷
韓國出大栗如棃　何晏九州論曰中山好栗　袁准觀殊俗曰索蘭枝而
不得見巨房之大栗　袁子正書曰歲比不登唯得賣棗栗瓜棃　盧諶祭
法曰春秋冬祠皆用栗　禮曰栗檴之　漢燕秦千樹栗此人與千戶侯等
黃倦蒸栗　魏氏許元因司馬昭辭欲殺之帝方食栗優人雲午等唱曰
青頭雞青頭雞者鴨也帝懼不敢發　莊子古者獸多民少皆巢居以
避之晝拾橡栗暮栖樹上故命曰有巢氏　梁州獻栗徑寸半　西京雜記
曰上林苑有魁栗雙栗榹栗榛栗　史蘇秦說燕文侯曰此有棗栗之科
此謂天府也民雖不級而足也　選蜀都榛栗罅發　逸茘枝賦其燕薦朔
濱之巨栗　侯國出栗大如雞子　桂陽有栗叢生大如柿子　越中出如

拳之栗　哀公問社於宰我宰我對曰夏后氏以松殷人以栢周人以栗【賦】後漢蔡邕傷故栗賦曰人有折蔡氏祠前栗者故作斯賦樹遐方之嘉木于靈宇之前庭形猗猗以豔懋似碧玉之精明何根莖之豐美將蕃熾以悠長遇禍賊之災人嗟夭折以摧傷【啟】梁庾肩吾謝東宮賚栗啟杏或火成鑽以爲屑柰稱前熈曝而成粮未若北燕巨實用奪榮枯南國脯山翻慙齒決承恩踊躍對聞喜之河念報屛營問知來之鳥

胡桃

廣志曰陳倉胡桃薄皮多肌陰平胡桃大而皮脆急捉則碎　博物志曰張騫使西域還得胡桃　晉宮閣名曰華林園胡桃八十四株　荀氏春秋祠制曰常設用胡桃　吳時外國志曰大秦國有東榛胡桃蓮藕雜菓【啟】梁沈約爲柳世隆謝賜樂遊胡桃啟曰擬自禁園味逾井絡動物迴祇在微必應此乃胡羯奔逃吉之先見者也【書】後漢孔融與諸卿書曰多惠胡桃深知篤意晉鈕滔母答虞國書曰胡桃本生西羌外剛樸內柔甘質似古賢欲以奉貢

林檎

廣志曰林檎似赤柰　亦名黒檎　廣黒檎似赤柰　一名林檎似赤柰
劉禎京口記曰南國多林檎

【書】梁劉孝威謝賚林檎書曰勇聞齊國上錫二桃遠至仙方裁蒙數棗豈如恩覃漢篋賜廣魏奩姪女數而僅通筭郎計而方得生於玉井之側出自金膏之地上靈所貴下土希逢

【啓】梁庾肩吾謝賚林檎啓曰冊徒故苑歲縣長而不見岷山雖植路重阻而來難未有徙核圓丘移根閬坂仙厨始摘猶青玉之盤下賤爰須遂入抽蒲之座

甘藷

似芋亦有剥去皮肥肉曰南方以當米穀賓客亦設之出交趾

沙棠

如棠味如李無核　呂氏春秋果之美者棠實

椰

神異經曰東南荒中高千丈餘葉如甘瓜二子成落生幸椰如甘瓜如兩眼謂之萼華越王頭下生子三成而熟形如寒瓜高志曰高六七尺者無枝條葉如美如蜜核中有白膚厚半寸味似胡桃出交趾　選曰吴椰葉無陰　七命曰剖

椰子之穀

枇杷

仲長統昌言曰人主不思甘露零醴泉涌而患枇杷荔支之腐亦鄙矣　荆州土地記曰宜都出大枇杷　廣州記曰枇杷若榴繁乎京都　華山記曰華山講堂西頭有枇杷園　晉宮閣名曰華林園枇杷四株【賦】宋周祇枇杷賦曰昔魯季孫有嘉樹韓宣子賦與譽之屈原離騷亦著橘賦至枇杷樹寒暑無變負雪揚華余殖庭圃遂賦之云名同音器質貞松竹四序一采素華冬馥霏雪潤其緑蕤商風埋其勁條望之冥濛即之疎寥　宋謝瞻安成郡庭枇杷樹賦曰伊南國之佳木偉邦庭而延樹嘗禾金秋之清條抱東陽之和煦肇寒葩於結霜成炎果乎纖露高臨甍首傍拂階露

燕薁

毛詩曰六月食鬱及薁　魏都萸梅及楊李留郁俗謂燕郁

檖

詩曰隰有樹檖　疏赤羅維或名山梨今謂楊檖樹實如梨但小耳一名鹿梨

一名鼠梨　爾雅曰檖羅

蒟子

樹如桑取其實爲醬漢音范　廣蔆生依樹也

枳椇

詩曰南山有枸蹤枳椇樹似白楊子着枝端爲之木蜜從令人酒薄以爲屋柱酒皆薄　禮曰婦人之贄椇榛脯脩棗栗廣志以珊瑚樹乾者益之矣

柚

爾雅曰柚條也似橙實醋出江南　廣志曰成都有柚大如斗　尚書曰揚州厥苞橘柚　離騷曰斥逐鴻鵠乃近鴟梟斬伐橘柚列樹苦桃　呂氏春秋曰菓之美者雲夢之柚　月令曰食橘柚　列傳曰吳越之間有木焉其名曰柚樹碧而冬青實丹而味酸度淮北爲枳

【贊】晉郭璞柚贊曰厥苞橘柚精者曰甘實染繁霜葉鮮翠藍屈生嘉歎以爲美談

木瓜

爾雅曰楙木瓜也　廣志曰木瓜子可藏枝爲杖号一尺百二十節　毛詩曰

木瓜美齊桓公也衛爲翟人敗之出處于漕桓公救而封之遺之車馬器服焉衛人思之欲厚報之投我以木瓜報之以瓊琚匪報也永以爲好也　晉宮閣名曰華林園木瓜五株【賦】宋何承天木瓜賦曰美中州之佳樹表閑冶之麗姿結靈根以誕秀傾朝日以揚暉擢叢柯之冉冉布翠葉而葳蕤惟兹木之在林亦超類而獨劭方朝華而繁實比沙棠而有耀當大夏之方隆愧微幹之纖撓豈隱撲以幸全固呈才而效離衆用而獲烹寧永端已以厲操願佳人之弔投思同歸以託好顧衛風之攸珍雖瓊琚而匪報

杜棃

爾雅曰杜甘棠也杜赤棠白者棠　毛詩曰蔽芾甘棠勿翦勿伐　又曰有杕之杜杕獨也　韓詩外傳曰邵伯在朝有司請召民邵伯曰不勞一身而勞百姓大非吾先君文王之志也於是廬於棠樹之下百姓大悅詩人見而歌焉【賦】晉孫楚杕杜賦曰家弟以虞氏棃賦見示余謂豈以棃有用之爲貴杜無用之爲賤故用獲全所以爲貴有用獲殘所以爲賤故賦云之惟有杕之爲杜齊方物而並生其質菲薄既不施於器用華葉疎悴靡休蔭之茂榮昔在邵伯

聽訟述職甘棠作頌垂之罔極

芋

援神契曰仲冬昴星中收莒芋亦芋也　說文曰齊人爲莒　漢汝南有鴻隙大陂翟方爲丞相奏破之郡中追焉童謡曰懐我陂翟子威飯我食羹芋魁奏破翟　卓氏曰吾聞岷山之下沃野有陰蹲鴟至死不飢乃求遠遷致之於臨卭　廣志曰有君子芋大如斗魁青邊芋淡善芋大如瓶少子葉如徹蓋緗色紫莖　本草芋土芝　選蜀都聞蹲鴟之沃野則以爲世濟陽九注濟人饑也葉似蹲鴟

楊梅

郭子曰楊氏子年九歲孔君平詣其父設菓有楊梅孔指示兒曰此貴君家菓兒應聲荅曰未聞孔雀是夫子家禽　臨海異物志曰楊梅其子大如彈丸正赤五月中熟熟時似梅其味甜酸　裴氏廣州記曰廬山頂有湖陽梅山桃繞其際海人時登採拾正得於上飽不得持下　博物志曰地有章名則生楊梅無章名亦有甘有章名無之也　吴興記曰故章縣北有石郭山上生楊梅

常以貢御　南越志曰熙安縣多楊梅　【頌】梁江淹楊梅頌曰懷蕊挺實涵黃糅丹鏡日繡壑照霞綺巒

蒲萄

廣志曰蒲萄有黃白黑三種　本草曰蒲萄益氣強志令人肥健少飢延年輕身　史記曰宛以蒲萄為酒富人藏酒至萬餘石久者數十歲不敗　漢書曰且末國無雷國罽賓國皆有蒲萄　漢武內傳曰西王母常下帝設蒲萄酒　續漢書曰燉煌張氏家傳曰扶風孟他以蒲萄酒一斛遺張讓即稱涼州刺史　博物志曰西域蒲萄酒傳云可至十年　又曰張騫使西域還得蒲萄　晉宮閣名曰華林園蒲萄百七十八株　魏文帝詔群臣曰且說蒲萄醉酒宿醒掩露而食甘而不餶酸而不脆冷而寒味長汁多除煩解餶又釀以為酒甘於麴米善醉而易醒道之固以流涎咽唾況親食之耶他方之果寧有匹之者　秦州記曰秦野多蒲萄　博物志曰以為蒲萄葚芄杜怨篤邊論漢匈奴取胡麻蒲萄　麥苜蓿示廣地　龜茲國胡人奢侈家有至千斛蒲萄　漢使取實來離宮別館傍盡種　北齊

李元忠贈世宗蒲萄一盤世宗以報白練遺書曰忽蕙蒲萄良深愧仰聊因絹百疋以酧清德　漢李廣為二師將軍破大宛得蒲萄種歸漢魏都皇篠懷風蒲萄結陰　魏鍾會蒲萄賦曰美乾道之廣覆兮佳陽澤之至淳覽遐方之殊偉兮無斯菓之獨珎託靈根之玄圃植昆山之高垠緑葉蓊鬱暖若重陰翳羲和秀房陸離混若紫英乗素波仰承甘液之靈露下歆豐潤於醴泉總衆和之淑美體至氣於自然珎味允備與物無儔清濁外暢甘旨內遒滋醳膏潤入口散流　晉荀勗蒲萄賦曰靈運宣流休祥允淑懿彼秋之方乾元是畜有蒲萄之珎偉奇應淳和而延育

檳榔

周成雜字曰檳榔菓也似螺可食　李當之藥録曰檳榔一名檳門　廣志曰木實曰檳榔樹無枝略如桂其顛生穟而秀生棘針重壘其下彼方珎之以為口實亦出交趾　邑林記曰檳榔樹高十餘丈皮似青桐節如桂竹下森秀無柯端頂有葉葉似甘蕉條泒開破仰望眇眇如插叢蕉於竹杪風至獨動似舉羽扇之掃天葉下輙系數房房綴數十子家有數百樹　異

物志曰檳榔樹若筍竹生竿近上末五六尺間洪覃洪腫起如瘣木焉因拆裂出若黍秀也無華而爲實大如桃李天生棘重累其下所以御衛其實也剖其上皮煑其膚熟而貫之堅如乾棗以夫留古賁并食則滑美下氣及宿食消穀　南中八郡志曰檳榔土人以爲貴婚族客必先進若邂逅不設用相嫌恨　顧微廣州記曰山檳榔形小而大於蒳子蒳子土人亦呼爲檳榔

詩

梁劉孝綽詠有人乞牛舌乳不付因餉檳榔詩曰陳乳何能貴爛舌不成珍空持渝皓齒非但汙丹脣別有無枝實曾要湛上人羞比朱櫻就詎易紫梨津莫言蔕中久當看心裏新微芳雖不足含咀願相親　周庾信詠檳榔詩曰綠房千子熟紫穗百花開莫言行萬里曾經相識來

啓

梁王孺謝賜于陁利所獻檳榔啓曰竊以文軌一覃充仞斯及入侍請朔航海梯山獻琛奉充庖盈府故其取題左賦多述瑜書青萍實非甘荔葩慙美　梁庾肩吾謝賚檳榔啓曰形均綠竹詎掃山壇色譬青桐不生空井事踰紫柰用兼芳菊方爲口實永以蠲痾　又謝東宮賚檳榔啓曰無勞朱實兼荔支之五滋能發紅顏類芙蓉之十酒登玉案而上

陳出珠盤而下逮澤深溫柰恩均含稟

賦

喻益期牋曰檳榔信南越之可觀子既非常木亦特其大者三圍高者九丈葉聚樹端房構葉下華秀房中子結房外其擢穗似禾其綴實似穀其皮似桐而厚其節似竹而穊其中空其外勁本不大末不小上不傾下不邪調直亭亭千百若一步其林則寥朗庇其陰則蕭條信可以長吟可以遠想矣性不耐霜不得北殖必當遐樹海南遼然萬里弗遇長者目自令恨深

荔支

廣志曰荔支樹高五六丈桂樹綠葉蓬蓬冬夏榮茂青華朱實實大如雞子核黃黑似熟蓮子白如肪甘而多汁似安石榴有甜醋者至日將中翕然俱赤則可食也一樹下子百斛　東觀漢記曰單于來朝賜橙橘龍眼荔支　謝承後漢書曰汝南唐羌字伯游爲臨武長縣接交州州舊貢荔支及生犀獻之羌上書諫乃止　吳錄曰蒼梧多荔支生山中人家亦種之　魏文帝詔羣臣曰南方有龍眼荔支寧比西國蒲萄石蜜　竺法真登羅山疏曰荔支似冬青夏至日子赤可食　南中八郡志曰犍爲僰道縣出荔支

詩

梁

劉霽詠荔支詩曰叔師貴其珍武仲稱斯美良由自遠致含滋不留齒

賦

後漢王逸荔支賦曰暖若朝雲之興森如橫天之彗湛若大夏之容鬱如峻嶽之勢脩幹紛錯綠葉蓁蓁灼灼若朝霞之映日離離如繁星之着天皮似丹罽膚若明璫潤侔和璧奇哈刑五黃仰歎麗表俯嘗嘉味口含甘液心受芳氣兼五滋而無常主不知百和之所出卓絕類而無儔超衆菓而獨貴

啓

齊孔稚珪謝賜生荔支啓曰綠葉雲舒朱實星映離離昔聞曄曄今覩信西岷之佳珍諒東鄙之未識王逸賦角卯興而靈華敷大火中而朱實繁灼灼丹華甞曰離離繁星着天七命坼龍眼之房也

益智

廣志曰益智葉似蘘荷長丈餘其根上有小枝高者八九寸無葉萼其子叢生着之大如棗中瓣黑皮白核小者曰益智含之攝涎濊出萬壽亦生交趾

南方草物狀曰益智子如筆毫長七八分二月華色似蓮着實五六月熟味辛雜五味中芬芳亦可鹽曝出交趾合浦　顧微廣州記曰益智葉如蘘荷莖如竹箭子從心出一枝有十子子肉白滑四破去之取外皮蜜煮為粽味

平　周景式盧山記曰山東有益智蒲萄　三十六國春秋曰安帝元年盧循爲廣州刺史循遺裕益智粽裕乃荅以續命湯

【詩】梁劉孝勝詠益智詩曰挺芳銅嶺上擢穎石門端連叢去本葉雜和委雕盤寧推不迷草詎滅聡明九儻逢公子宴芳永厭夜歡

【書】慧遠法師荅盧循書曰損餉六種深抱情至益智乃是一方異味即於僧中行之

椹

古今注曰椹桑實也　詩曰食我桑椹懷我好音　于嗟鳩兮無食桑椹　武藥有扶桑丹椹　魏略楊沛　世說張天錫爲晉孝武問北方何物可貴對曰桑椹香食人無嫉心　北方白椹長數寸甚美　東去么有八十丈桑上有椹長三尺五寸圓與長等寸王甲以北方椹比江東黄甘於是引甲爲賔客初謝公爲甲安言甲乃買駿馬投椹熟時致十枚

芭蕉

廣志曰芭蕉一曰芭苴或曰甘蕉莖如荷芋重皮相裹大如盂斗葉廣尺長一丈有角子長六七寸四五寸二三寸兩兩共對若相抱形剥其上皮色黄白

味似蒲萄甘而脆亦飽人其莖解散如絲績以爲葛謂之蕉葛雖脆而好色
黃白不如葛赤色也出交阯建安　南州異物志曰甘蕉草類望之如樹株大者
一圍餘葉長一丈或七八尺餘二尺許華大如酒杯形色如芙蓉著莖末百餘子大
名爲房根似芋塊大者如車轂實隨華長每華一闔各有六子先後相次子
不俱生華不俱落此蕉有三種一種子大如手拇指長而銳有似羊角名羊角蕉
味最甘好一種子大如雞卵有似羊乳名牛乳蕉微減羊角一種大如藕長六七
寸形正方少甘最不好也取其闔以灰練之績以爲絲　異物志曰芭蕉莖如芋
取鑊煑之如絲可紡績爲絺綌　南方草木狀曰蕉樹子房相連累甘美
亦可蜜藏　遊名山志曰赤巖山水石之間有甘蕉林高者十丈　晉宮
閣名曰華林園有芭蕉二株　顧微廣州記曰蕉與甘蕉花實根葉不異直
是江土暖不紅霜凍四時花葉展其熟甘未熟時亦苦澁【詩】梁沈約詠甘
蕉詩曰抽葉固盈丈擢本信兼圍流甘椅實弱縷冠絺衣【賦】梁徐摛冬
蕉卷心賦曰拔殘心於孤翠植晚翫於冬餘枝橫風而碎色葉漬雪而傍枯【贊】
宋謝靈運芭蕉贊曰生分本多端芭蕉知不一合萼不結核敷華何由實至人

善取譬言無宰誰能律莫昵緣合時當視　散啓　宋卞敬宗甘蕉贊曰扶疏似樹質則非木高舒垂蔭異秀延矚厥實惟甘味之無足

文　梁沈約脩竹彈甘蕉文曰長兼淇園貞幹臣脩竹稽首　臣聞芟夷蘊崇農夫之善法無使滋蔓翦弱惡之良圖未有蠹苗害稼不加窮伐者也切尋蘇臺前甘蕉一叢宿漸雲露荏苒歲月擢本盈尋　垂蔭含丈階緣寵渥銓衡百卉而與奪乖爽高下在心每叨天功以爲己力風聞籍聽非復一塗猶謂愛憎異說所以拜乎嚴網今月某日有臺西階澤蘭萱草到園同訴自稱雖慙杞梓頗異蒿蓬陽景所臨由來無隔今月某日至岫斂雲臻樓開照乾光弘普罔幽不矚而甘蕉攢莖布影獨見鄣蔽雖處臺隅遂同幽谷臣謂偏辭難信敢察以情登攝甘蕉左近杜若江蘺依源辨覆兩草各處異列同欵既有證據羌非風聞切尋甘蕉出自藥草本無芬馥之香柯條之任非有松柏後彫之心蓋闕葵藿傾陽之識馮籍慶會稽絶倫等而得人之譽靡即稱平之聲寂寞遂使言樹之草忘憂之用莫施無絶之芳當門之弊斯在妨賢敗政孰過於此而不除戮憲章安用請以見事徙根翦葉斥出臺外庶懲彼將來

謝此衆屈

甘蔗

説文曰諸蔗也　廣志曰干蔗其餳爲石蜜　神異經曰南方荒内有盱睹林焉其高百丈圍三丈八尺促節多汁甜如蜜　魏文帝典論曰常與平虜將軍劉勳奮威鄧展等共飲宿聞展有手臂曉五兵余與論劒良久謂余言將軍法非也求與余對酒酣耳熱方食干蔗便以爲杖下殿數交三中其臂左右大笑　江表傳曰孫亮使黃門以銀椀并蓋就中藏吏取交州所獻甘蔗餳黃門先恨藏吏以鼠矢投餳中啓言吏不謹亮呼吏持餳器入問曰此器既蓋之有油覆無緣有此黃門將有恨汝耶吏叩頭曰嘗從某求官莞席席有數不敢與亮曰必是此也問之具服　南中八郡志曰交阯有甘蔗圍數寸長丈餘頗似竹斷而食之甚甘笮取汁曝數時成飴入口消釋彼人謂之石蜜　沈約宋書曰魏主致意安北遠來疲乏若有甘蔗及酒可見分惠世祖遣人荅曰知行路多乏今付酒二器甘蔗百挺也　漢書百味旨酒布蘭生太尊柘漿折醒　騷臑鼈炮焦有柘漿　世説曰顧凱之爲虎頭將軍每食

蕉自尾至本人或問曰漸入佳境　又曰扶南蕉一丈三節見日即消風吹即折

【詩】魏陳王曹植詩曰都蔗雖甘杖之必折巧言雖美用之必滅【賦】晉張協都蔗賦曰若乃九秋良朝玄酎初出黃華浮觴酣飲累日挫斯蔗而療渴若嗽醴而含蜜清滋津於紫梨流液豐於朱橘擇蘇妙而不逮何況沙棠與椰實

瓜

爾雅曰瓞瓝其紹瓞（郭注俗呼瓝爲瓞紹者瓜蔓緒亦著子但小耳）廣志曰瓜之所出以遼東廬江燉煌之種爲美有魚瓜狸頭瓜蜜筩瓜女辟月瓜羊核瓜如斛出涼州舊陽城御瓜有青登瓜大如三斗魁有桂枝瓜長二尺餘蜀地溫食瓜至冬熟　禮記曰爲天子削瓜者副之巾以絺爲國君者華之（華中列之巾以綌）爲大夫累之（裸也不巾覆也）士疐之庶人齕之　毛詩曰緜緜瓜瓞民之初生　左傳曰齊侯使連稱管至父戍葵丘瓜時而往曰及瓜而代　龍魚河圖曰瓜有兩鼻者殺人　古文瑣語曰初刑史子臣謂宋景公曰從今以往五祀日臣死自臣死後五年五月丁亥吳亡以後五祀八月辛巳君薨刑史子臣至死日朝見景公夕而死後吳亡景公懼思刑史子臣之言將死日乃逃於瓜圃遂死焉求得以蟲矣　家語曰曾子芸瓜而誤斬其根

曾晳怒大杖擊其背曾子仆地有頃乃蘇孔子聞之告門弟子曰參來勿內也曾子使人請孔子孔子曰舜之事瞽叟得小捶則受大杖則走今參事父委身以待暴怒身死陷父於不義不孝孰大焉　賈誼書曰梁大夫宋就爲邊縣令與楚隣界梁楚邊亭皆種瓜梁亭劬力數灌其瓜美楚人窳而希灌其瓜惡楚令以梁瓜之美怒因往夜竊搔梁瓜梁覺之欲往報搔楚瓜宋就曰是搆怨之道也乃令人夜往竊爲楚灌瓜楚旦生則已灌瓜伺而察之則梁亭爲也楚令大悅因具聞楚王楚王乃謝以重幣故梁楚之驩由宋就也　古文奇字曰秦始皇密令人種瓜於驪山硎谷中温處瓜實成使人上書曰瓜冬有實有詔下博士諸生說之人人各異則皆使往視之而爲伏機諸儒生皆至方相難不決因發機從上填之以土皆壓死　續漢書曰安帝時有瓜異本共生時以爲嘉瓜　漢武内傳曰西王母仙上藥有空同靈瓜　又曰西王母謂上元夫人曰後造火朱山陵食靈瓜其味甚好憶此味久已七千歲矣　吳越春秋曰吳王夫差爲越所敗遁而去得自生之瓜食之也　吳録曰姚俊常種瓜菜灌園以供衣食時人或餉一無所受　吳志曰步騭

避難江南單身窮困種瓜自給　博物志曰人以冷水自漬至膝可頓噉數十枚瓜漬至要胷啖轉多至頸可啖百餘枚所漬水又皆作瓜氣瓜味　神仙傳曰葛玄冬爲客及生棗棗及生瓜　晉録曰咸寧中嘉瓜同蔕生於成都　抱朴子曰五厚蔡誕入山而還欺家人云至崑崙崑崙山有玉瓜光明洞徹而堅須以玉井水洗之便軟而可食　搜神記曰時有徐光常行術於市里從人乞瓜其主勿與便從索瓣杖地而種之俄而瓜生蔓延生花成實乃取食之因賜觀者鬻者反視所出賣皆亡耗矣　曹娥父溺死娥見瓜浮得屍出幽明録　孫鍾富春人與母居至孝篤信種瓜爲業忽有三年少來乞瓜爲鍾定墓地出門悉化爲白鶴孫權祖也　毛詩曰文王之興本由大王也緜緜瓜瓞瓜瓞唪唪民之初生自土漆沮王化之本　神仙傳有青登瓜大如三斗魁玄表丹裏呈素含紅攬之者壽食之者仙　地官曰委人掌畜聚物瓜瓠芋葵禮曰仲冬行秋令則天雨汁瓜瓠不成雨雪雜下　論語曰吾豈匏瓜也哉焉能繫而不食　史記曰邵平故秦東陵侯秦滅後爲布衣種瓜長安城東種瓜有五色甚美故世謂之東陵瓜又云青門瓜青門東陵也　武仙

山上蘂有雲霊瓜四劫不實　後魏郭祚領太子少師肅宗幼弱祚懷一黄觚出奉肅宗時趙桃子深爲世宗所信祚私事之人号爲桃弓僕射黄瓜少師　列仙傳曰漢者南郡偏人居山門仙人從買瓜教之練瓜與附子桂實共藏春花服之二年飛登山入水閒往來海邊諸洞中仙人傳賭瓜本草經曰水芝者是白瓜廿瓜也　黄瓜數千頃令瞋耳乃上方丈山　晉桑虞字子深家園有瓜熟有人踰盜之虞見以園籬多棘刺使人爲開道及盜負出見道通知虞使除之乃送瓜叩頭請罪虞與之　齊韓虞敏兄霊珎早孤並有孝性家貧無以營凶共種半畝瓜朝採暮又生遂辦葬事　劉撫字茂謙從明帝射雉於野渴倦得早春瓜與上樹剖而食之上懷其舊德意所良厚至是一歲三遷轉御史中丞　梁任昉字彦升死高祖方食西苑纎瓜聞之投瓜悲不自勝　洞冥記曰有龍肝瓜長一尺花紅葉生於氷谷素所謂氷谷素葉瓜霍山下有洞臺司命君府也中有神盤瓜霊瓜食之者至玄也　莊子曰朽瓜化爲魚物之變　文選曰魏文帝與吳質書沉甘瓜於清泉　劉楨瓜賦曰三心在隅温風節暮杭翹放藤流美

遠布黃花炳曄潛實獨著豐細異形圓方殊務　晉太康八年王濬
園生嘉瓜二莖一實　**詩**　晉阮籍詩昔聞東陵瓜近在青門外連畛距阡
陌子母相拘帶五色曜朝日嘉賓四面會　**賦**　魏劉禎瓜賦曰豐細異形圓
方殊務揚暉發藻九采雜糅厥初作苦終然允甘應時湫熟含蘭吐芳
藍皮密理素肌丹瓤乃命圃師貢其最良投諸清流一浮一藏折以金刀
四剖三離承之以雕盤羃之以纖絺甘逾蜜房冷亞冰圭　晉陸機瓜賦曰發
金榮於秀翹結玉實於宗柯蔽翳景以因育綴脩莖而星羅夫其種族
類數則有括樓定桃黃䑛白傳金文蜜筩小青大班玄骭素椀狸首虎
蹯東陵出於秦谷桂髓起於至山五色比象殊形異端或攄文以抱綠或披
素而懷丹氣洪細而俱芬體脩短而必圓芳郁烈其充堂味窮理而不餧
德弘濟於飢渴道殊而於貴賤若夫濯以寒水淬以夏凌越氣外斂溫液
密凝體猶握虛離若剖冰　晉嵇含瓜賦曰世云三芝瓜處一焉故植根玉
巖潤萊飛泉攬之者壽食之者仙是謂雲芝英葉振采澤莖玄瀨
葩映莫此爲最是謂水芝甘瓜普植用薦神祇其名既贍其味亦奇是

謂土芝乃剖甘瓜既淳且馨香芬者饗食之宜因解酲流味通其五藏冷氣反其迷精　晉張載瓜賦曰羊骹虎掌桂枝蜜筩或玄表丹裏程素含紅豐膚外偉綠瓤内醲甘柤夏熟丹椋含芳朱李零於桂圃蒲萄潰於枝床雖兹肴之孤起莫斯瓜之允臧超椰子於南海越橘柚於衡陽若乃檳榔椰實龍眼荔支徒以希珎難致爲奇論實比德孰大於斯　晉傅玄瓜賦曰應運候時負甲徐生㳄落英之寄蔕交萎私之脩莖重簡其珎沉之清源皮之吳刀承以朱盤中剖四破雖分若皃質兼五味氣美芳蘭愈得冷而益甘頤神爽而解煩細肌密理多瓤少瓣豐旨絶異食之不餶　梁張纘瓜賦曰惟兹瓜之實哉體太素之純精翕玄潤於浮霄含皇澤於夏庭於是蒼春發歲天地交和乃啓沃壤衰是殖是播納佳種於畦畹應時運而剖牙揮萌散蘖孳我葉負柯蓊茸鬱薈莽蕁婆娑睎廖雲以吐蕤仰旭旦之敷花朝希重陽夕承朗月清露湛而宵降翔風穆以晨發振柯翹之繞若頤惠氣以滋悅感靈化而絪緼覯佳實之並結始懷徵而苦發終感宮而甘通信不和而自馨香與九鼎乎齊功葛蔓草是藉密葉是蔽潛湫獨

孰墮莖落蔕芬馥酷烈氣暢雲際申狄不能詳其味隸首不能爲之計昔東陵之甘瓜羨顯名於中古彼服閭之攸檐乃衆仙之所睹美人神之同好何厥用之弘普惟令實於無窮永可殖於靈圃

啓

梁帝謝東宮賚瓜啓曰金縈始薦瓊蕊采載珍味奪蔗漿甘踰石蜜

藝文類聚卷第八十七

藝文類聚卷第八十八

渤海歐陽　詢　撰

木（花蒙文附）　松　柏　槐　桑　榆　桐

木

春秋元命苞曰木之爲言觸也氣動躍也　易曰巽爲木坎其於木也爲堅多心艮其於木也爲堅多節離其於木也爲科上槁（堅多心謂剛中也山木堅直故多節也陰含氣故曰科科空也爲日所乾故上槁）　又曰地中生木升君子以積小成高大　爾雅曰木族生爲灌灌木叢木也　尚書曰兖州厥木惟條（長也）　楊州厥木惟喬（高也）　又曰三曰木木曰曲直曲直作酸　禮記孟春之月盛德在木孟春之月無伐大樹（始農故也）　毛詩曰黃鳥于飛集于灌木　又曰樛木后妃逮下也　又曰南有喬木不可休息　又曰伐木丁丁鳥鳴嚶嚶　禮斗威儀曰君乘木而王者其政升平則草木豐盛　春秋孔演圖曰麟木精也　六韜曰冬冬冰可折夏條可結　莊子曰南伯子綦遊于商之丘見木焉有異結駟千乘隱將芘其賴子綦曰此何木也哉然必異材從而視其細枝則拳曲而不可以爲棟俯而視其木根不可以爲棺椁舐其葉則舌爛嗅之則使人狂酲子綦曰此果不材之木以至其大矣愼子

曰廊廟之材蓋非一木之枝也　尸子曰木之精氣爲必方　孫卿子曰玉在山而木
潤　玄中記曰百歲之樹其汁赤如血千歲之樹精爲青羊萬歲之樹精爲青
牛　又曰大樹之山西則有采華之樹服之則通萬國之言　博物志曰員丘
有不死樹食之乃壽　十洲記曰聚窟洲海中申未地上有大樹與楓木相似
而花葉香聞數百里名爲反魂樹於玉釜中煮取汁如黑粘名之爲反生香
香氣聞數百里死屍在地聞氣仍活　漢書鼂錯上書曰夫胡貉之地積陰之
處也木皮三寸（地寒故也）淮南子曰凡幹木生鹿木根枝木者生於鹿木凡見葉落
而知歲暮故葉落而長年悲（長年人忌木黃養時）謝承後漢書曰方儲幼喪父事母終
日負土成墳種奇樹千株　洪範五行曰三曰木　曾子曰深根固蔕　書曰木
從繩則正　詩曰出自幽谷遷于喬木荏苒柔木君子樹之　稽命録曰出号
施令合民心作樂制禮得天心則草木有益於人者長以養民王者得禮之
制澤谷中生赤木　又宗廟生木　又夫子墳方一里弟子各以四方奇木來植
之　又萬木細爲杪　傳曰慈母之怒其子折木鳥能擇木　陰符曰火生於木
禍發必剋　國語伐木不自其本必有後生塞水不自其源必有後流除禍不

自其本必有後乱人之有孝也猶樹之有枝葉猶庇廕之況君子乎　魏管輅過武丘山險墓曰林木雖茂無形可久碑誄雖美無復可守玄武藏頭蒼龍無足白虎銜尸朱雀悲哭四危以備法當滅族　子路曰二親之壽忽若塵過隙草木長霜露不息使賢者欲養二親其道不行　老子曰草木之生也柔脆其死也枯槁　又曰合抱之木生於毫末　呂令曰夫蟪蛄者精在乎明其火振其樹而已火不明雖振何益明不獨在乎火在闇當今之世闇則甚矣人主有明其德者天下之士其歸也若蟬之走明火矣　又曰木方盛終日採之而復生秋風下霜一夕而零　欲鳥者先樹木　人之有民如木之有根根深則本固　文選樹木者憂其蠹蟲根朽則葉危　淮南子曰直木先伐甘泉先竭　橫海有魚抱大樹能語精名靈陽午日稱仙人者老樹也　山海經曰少室山上有木名帝休黃花黑葉服之不怒仙序王少年入學家最遠往來先流輩恃之常見如提一木三尺餘至則柱屋間流輩知取者後不見禮曰入山行木無有斬伐　離騷曰一夫九首拔木九千嫋嫋兮秋風洞庭波兮木脫罾何爲兮木上搴芙蓉於木末　論語朽木不可雕也　**詩**　魏劉禎

詩曰昔君錯眭時東土有素木條柯不盈尋一尺冊三曲隱生眞翳林控傯自迫速得託芳蘭苑列植高山足　周庾信詠樹詩曰交柯乍百頃擢本或千尋楓子留爲式桐孫待作琴殘核移桃種空花植棗林幽居對蒙密蹊逕轉深沉　陳李爽賦得芳樹詩曰芳樹千株發搖蕩三陽時氣軟來風易枝繁度鳥遲春至花如錦夏近葉成帷欲寄邊城客路遠詎能持　陳賀循賦得庭中有奇樹詩曰三春節物始芳菲遊絲細草動春暉香風飄舞花間度好鳥和鳴枝上飛臨池間竹偏增緑依階映雪遠如玉溫室庭前育不言鼓吹樓中能作曲曾聞遠別舊難思攀折會取贈佳期長條本自堪爲帶密葉由來好作帷星稀漢轉月輪明徘徊夜鵲屢相驚欲識幽人蘭杜逕山窻芳桂復叢生　梁何遜詠雜花詩曰井上發新花誰言不經染已如薄紫拂復以濃紅點狀錦無裁縫依霞有舒斂　梁蕭子範落花詩曰緑葉生半長繁英早自香因風亂胡蝶未落隱鸝黄飛來入斗帳吹去上牙牀非是迎冬質寧可值秋霜　梁劉孝威望隔牆花詩曰隔牆花半隱猶見動花枝當由美人摘詎止春風吹　周庾信詠園花詩

日暫往春園傍聊過看菓行枝繁類金谷花雜映河陽自紅無暇浴真
白不須粧鸞鳥送歸 菱井蜂銜上蜜房非是金鑪氣何關柏殿香裛衣偏
定好應持奉魏王 周明帝和王褒詠摘花詩曰玉椀承花落花落椀中芳
酒浮花不沒花含酒更香 陳張正見賦得岸花臨水發詩曰奇樹滿春洲
落蕊[illegible]浮影閒蓮花石光涵濯錦流漾色隨桃水飄香入桂舟別有仙潭
菊含芳獨向秋 梁劉孝威詠翦綵花詩曰葉舒非漸大花發是家開無
論人訝似蜂見也爭來 梁朱超詠翦綵花詩曰淺深依樹色舒卷聽人裁
假令春已度終住手中開 梁鮑泉詠翦綵花詩曰花生翦刀裏從來訝逼
真風動雖難落蜂飛欲向人不知今日後誰能逆作春 梁豫章王蕭綜
悲落葉詩曰悲落葉聯翩下重疊重疊落且飛從橫去不歸長枝交蔭
昔何密黃鳥關關動相失夕蕊雜凝露朝花翻亂日亂春日起春風
春風春日此時同一霜兩霜猶可當五晨六旦飈已黃乍逐驚風舉高下
任飄颺 悲落葉落葉何時還夙昔共根本無復一相關各隨灰土去高枝
難重攀 【賦】晉劉柔妻王氏春花賦曰千葩聚其昭晰兮百卉倩而同

榮蘭圃翹以含芳芳芝薄振而沉馨翠穎競臻衆條頻英或異色同形
或齊芳殊制自然神香不可勝計爛若羅宿之垂光灼若隋珠之宵列爽
若翡翠之群翔練若珊瑚之映月詩人詠以託諷良喻美而光德工女雀於妙
規飾王后之首則　周庾信枯樹賦曰殷仲文風流儒雅海内知名世異時移
爲東陽太守常忽忽不樂顧庭槐而歎曰此樹婆娑生意盡矣至白鹿
貞松青牛文梓根柢盤魄山崖表裏桂何事而銷亡桐何爲而半死昔之
三河徙植九畹移根開花建始之殿落實睢陽之園聲含嶰谷曲抱雲門將
鵷集鳳比翼巢鴛臨風亭而唳鶴對月峽而吟猿乃有拳曲擁腫盤坳反
覆節樹山連文横水蹙匠石驚視公輸眩目雕鐫始就剞劂仍加重重
碎錦片片真花若夫松子古度平仲君遷森梢百頃槎枿千年秦則大
夫受職漢則將軍坐焉莫不苔埋菌壓鳥剝蟲穿或垂於霜露或撼頓於
風烟東海有白木之廟西河有枯桑之社北陸以楊葉爲關南陵以梅根
作冶小山則叢桂留人扶風則長松繫馬豈獨城臨細柳之上塞落桃林之
下若乃山河阻絶飄零離別拔[illegible]淚傷根流血火入空心膏流斷節木

魅睥睒山精妖孽橫洞口而歌臥嶺山腰而半折戴癭銜瘤藏穿抱穴況復風雲不感羈旅無歸既傷搖落彌嗟變衰淮南云木葉落長年悲斯之謂矣乃爲歌曰建章三月火黄河千里槎若非金谷滿園樹即是河陽一縣花桓大司馬聞而歎曰昔年移柳依依漢南今看搖落悽愴江潭樹猶如此人何以堪　晉庾闡浮查賦曰有幽巖之巨木邈結根乎千仞體洪儁以秀直杭瓌奇而特俊冠岑嶺以高栖獨雍容於嵓峻混全朴於不才倬凌霄而絕韻故能紆餘盤亂森蕭頽靡非陽飄颻結華裂水洒漬美賈於翠壁慶懸根於朽壤曳洪波於海湄鼓長風而飄蕩且馭波而乘飛潦夕舉浪而赴奔潮吹雲霧而出洞穴灌炎石而過沃焦江河不俄晷方里不一朝

贊

晉郭璞甘水聖木贊曰醴泉睿木養齡盡性增氣之和袪神之宜何必生知然後爲聖　又不死樹贊曰萬物暫見人生如寄不死之樹壽蔽天地請藥西姥焉得如羿

啓

梁元帝爲妾弘夜姝謝東宮賚合心花釵啓曰未得投壺先應含笑不因鸞鳳自能歌舞夜姝昔往陽臺雖逢四照曾遊澧浦慣識九衢未有仍代爵釵還勝翠羽飾以南金甚茲

麗玉脩靡夫人本分章華之裏中山穉子獨荷春宮之恩有志當能無期投閣

松

毛詩徂來山名之松 又曰松桷有舄路寢孔碩 又曰陟彼景山松柏丸丸松桷有梴旅楹有閑寢成孔安 禮記曰其在人也如松栢之有心也故貫四時不改柯易葉 左傳曰晉侯使張骼輔躒致楚師求御於鄭鄭人卜宛射犬吉子大叔戒之曰大國之人不可與也對曰無有衆寡其上一也大叔曰不然培塿小阜也無松柏 又曰楚夾敖即位王子圍爲令尹康王弟也鄭行人子羽曰是謂不宜必代之昌松栢之下其草不殖言楚君弱令尹強物不兩盛也 論語曰歲寒然後知松栢之後凋也 又曰夏后氏以松 禮斗威儀曰君乘木而王則松爲常生也 穆天子傳曰天子升長松之墱墱坂有長松也 尸子曰荆有長松文梓 呂氏春秋曰故百仞之松本傷於下而末槁於上 列仙傳曰仇生者當湯時爲木正常食松脂自作石室周武王祠之 又曰偓佺好食松實能飛行逮走馬以松子遺堯堯不能服松者簡松也 漢書曰賈山言治亂曰秦東窮燕齊南極吳楚江湖之上瀕海之觀畢至道廣五十步三丈而樹厚築其外隱以金

（椎作壁如甬道隱也以鐵椎築之）築樹以青松爲馳道之麗至於此也　焦贛易林曰溫山松栢鸞鳳以庇　漢官儀曰秦始皇上封太山逢疾風暴雨賴得松樹因復其道封爲大夫松也　聖賢冢墓記曰東平思王歸國思京師後薨葬東平其冢上松栢皆西靡　張勃吳録曰丁固夢松樹生其腹上人謂曰松字十八公也後十八年其爲公乎　廣州先賢傳曰猗頓至孝母喪猗獨立墳歷年乃成居喪踰制種松栢成行　晉書曰山濤遭母喪歸鄉里濤雖年老居喪過禮手植松栢　嵩高山記曰嵩高岳有大樹松或百歲千歲其精變爲青牛或爲伏龜採食其實得長生　抱朴子曰天陵偃蓋之松太谷倒生之松　王羲之遊四郡記曰永寧縣界海中有松門西岸及嶼上皆生松故名松門　周景式廬山記曰石門北巖即松林也南臨石門澗澗中仰視之離離如騈麈尾号麈尾松　玄中記曰松脂淪入地中千歲爲伏苓　神境記曰滎陽郡南有石室室後有孤松千丈常有雙鶴晨必接翮夕輙偶影傳曰昔有夫婦二人俱隱此室年既數百化成雙鶴　夢書曰松爲人君夢見松者見人君也　毛詩曰南有喬松隰有遊龍　又蔦與女蘿施于松栢

又檜檝松舟　離騷曰山中人兮芳杜若飲泉石兮蔭松栢　又曰嘉樹生朝陽凝霜封其條嘉樹松栢也　先聖本紀曰許由欲觀帝意曰帝坐華堂面雙闕君之榮顧亦得矣余坐華堂森然有松生於戶雲生於牖雖面雙闕異乎鸞鳥之聚栗豈爲余安知其所以取榮哉帝美由師之　玉策云千載松栢樹枝葉上杪不長望如偃蓋其中有物如青牛青羊青犬服皆萬歲　謝混與從子靈運齊名時人謂混風韻爲高曰望蔡蕭肅如寒風振松康樂凜凜如霜臺蕣龍曰　孫興公前種一株松枝高勢遠鄰居曰松樹非不楚楚可憐但恐無棟梁用耳楓柳雖合抱亦何所施　張湛好於齋前種松栢時人曰張湛屋下陳屍　符堅平鄴糧竭馬無草削松木而食之　魏志孫權自將軍至合肥新城魏使滿寵赴之募壯士數十日折松爲炬從上風放火燒賊退　國語曰松栢之地其土不肥　泰山記代山宗小天門有秦時五大夫松在　史記松栢爲百木長也而守宮闕　本草經曰松脂一名松肪○渴中久服輕身延年周太似夢周梓化爲松　莊子曰天寒既至霜雪既降吾是知松栢之茂　漢武內傳藥有松栢之膏服之可延年青陵上松亭亭南山栢光寒冬夏茂根蔕無

凋落　尚書岱畎絲枲鉛松怪石【詩】魏劉公幹詩曰亭亭山上松瑟瑟谷中
風風聲一何盛松枝一何勁風霜正慘悽終歲恒端正豈不罹霜雪松柏有
本性　晉傅玄詩曰飛蓬隨飄起芳草摧山澤世有千年松人生詎能百
晉許詢詩曰青松凝素髓秋菊落芳英　晉袁宏詩曰森森千丈松磊砢
非一節雖無榱桷麗較爲梁棟桀　晉張華詩曰松生壠坂上百尺下無
枝東南望河尾西北隱崑崖綱風振山籟朋鳥夜驚離悲涼貫年節葱
翠恒若斯安得草木心不怨寒暑移　晉王凝之妻謝氏擬嵇中散詩曰遥
望山上松隆冬不能彫願想遊下憩瞻彼萬仞條騰躍未能升頓足俟王
喬時哉不我與大運所飄颻　梁范雲詠寒松詩曰脩條拂層漢密葉帳
天潯凌風知勁節負霜見貞心【賦】齊王儉和竟陵王高松賦曰山有喬松峻
極青葱既抽榮於岱嶽亦擢穎於荆峯若乃朔窮于紀歲亦暮止隆冰峨
峨飛雪千里嗟萬有之必衰獨貞華之無已積皓霰而爭光延微飇而響
起　齊謝朓高松賦曰若夫脩幹垂蔭喬柯飛穎望肅肅而既閑即微微
而方靜懷風音而送聲當月路而留影乃阡眠於廣隰亦迢遞於孤嶺

青春爰謝靈物含明沍阜緑草暧然已平凌翠山而如翦施懸蘿而共輕至於星迴窮紀沙鴈相飛同雲決其無色陽光沉而滅暉豈雕貞於寒暮不受令於霜威　梁沈約高松賦曰鬱彼高松栖根得地託北園於上邸依平臺而養翠若夫蟠株聳幹之懿含星漏月之奇經千霜而得拱仰百仞而方枝朝吐輕烟薄霧夜宿迷鳥羈雌露雖滋而不潤風未動而先知既梢雲於清漢亦倒景於華池輕陰蒙密喬柯布護葉斷禽蹤枝通猨路聽騷騷於既曉望隱隱於將暮暧平湖而漾青緑拂增綺而籠丹素於時風急龍首寒浮塞天流蓬不息明月孤懸檀欒之竹可詠鄒枚之客存焉清都之念方遠姑射之想悠然擢柔情於蕙圃涌寳思於珠泉豈徒清蓋之小樂離繳之短篇若此而已乎

贊

宋謝惠連松贊曰松惟靈木擬心雲端跡絕玉除刑寄青縹子欲我知求之歲寒　戴逵松竹贊曰猗歟松竹獨蔚山皐肅肅脩竿森森長條

栢

山海經曰白於之山其上多栢土山多栢　又曰三株樹生赤水其為樹如栢葉皆

爲珠　尚書曰荆州貢杶幹栝栢　毛詩曰新甫之栢新甫山名漢武故事曰栢梁臺高二十丈悉以栢香聞數十里　列士傳曰延陵季子解寶劒帶徐君墓栢樹　列仙傳曰赤松子好食栢實齒落更生　三輔黃圖曰漢文帝霸陵不起山陵稠種栢　東觀漢記曰李恂遭父母喪六年躬自負土樹栢常住冢下　謝承後漢書陳留虞延爲郡督郵光武巡狩至外黄問延園陵栢樹株數延悉曉之由是見知　王隱晉書曰王裒痛父不以命終絶世不仕立屋墓側旦夕常至墓前朝拜輒悲號斷絶墓前一栢樹裒常所攀涕泣所著樹色與凡樹不同　晉宮閣名曰華林園栢二株　泰山記曰山南有太山廟種栢樹千株大者十五六圍長老傳云漢武所種　從征記曰泰山廟中栢皆二十餘圍俠兩階赤眉嘗斫一樹見血而止今斧瘡猶在　陳留耆舊傳曰李充喪父父冢側有夜盜斫充栢樹者充手刃之　述征記曰栢谷名也漢武帝微行所至長慨賓於栢谷者也谷中無迴車地夾以高原栢林蔭藹窮日幽暗殆弗覩陽景　毛詩邶栢舟衛頃公之詩也　又鄘栢舟共姜自誓也　文選青青陵上栢　松栢轉蕭瑟晧彼陵上栢　麝食栢而香

漢朱博爲御史大夫府中列栢有野烏數千棲其上　竇武上表曰今茲大寒過節城旁以栢爲傷絶　後漢方儲學聖明遭母憂負土成墳松栢數十株鸞鳥棲其上白兎遊其下　晉庾衮字叔褒或有斬其父墓栢者衮其誰乃召鄰人于墓自責叩頭涕泣謝祖禰自後人莫之犯　郭璞以王丞相爲卦云有震厄公命駕西步數里得一栢樹截如公長置常寢卧處果震栢粉碎　宋書魯郡孔子舊廟有栢樹二十四株歷漢晉其大連抱土人崇敬之莫犯也　孫卿子栢經冬而不凋蒙霜不變可謂得其眞也　抱朴子曰大國倒生之栢皆爲天齊其長地等其久　三輔舊事曰漢諸陵皆屬太常有人盜者弃市　文選曰寒露拂陵苕女蘿辝松栢　松栢隆冬瘁然後知歲寒　廣雅一名汁栢　國語高山峻原不生草木松栢之地其土不肥　王儉字仲寶司徒袁粲歎曰宰相之門也栝栢豫章雖小已有棟梁之器　列仙傳湏子食栢實齒落更生　栢臺御史臺也　禮如松栢之有心

【歌】古歌曰平陵東松栢桐不知何人劫義公　古豔歌曰南山石嵬嵬松栢何離離上枝拂青雲中心十數圍洛陽發中梁松樹竊自悲斧鋸

截是松松樹東西摧持作四輪車載至洛湯宮觀者莫不歎問是何山材誰能刻鏤此公輸與魯班被之用丹漆薰用蘇合香本自南山松今爲宮殿梁 又歌曰行行隨道經歷山陂馬啖栢葉人啖栢脂不可常飽聊可過飢

【賦】晋左九嬪松栢賦曰何奇樹之英蔚託峻峙之嵯峨被玄澗之逶迤帶綠水之素波布秀葉之葱蒨列踈實之離離馥幽藹而永馨紛翕習以披離赤松遊其下而得道文賔飡其實而長生詩人歌其榮蔚齊南山以永寧

槐

春秋説曰槐木者虚星之精 爾雅曰守宮槐葉晝聶宵炕 周官面三槐三公位焉槐之言懷也 春秋元命包曰樹槐聽訟其下 左傳曰趙宣子驟諫公患之使鉏麑賊之晨往寢門闢矣盛服將朝尚早坐而假寐麑退而歎曰不忘恭敬民之主也賊民之主不忠弃君之命不信有一於此不如死也觸槐而死 太公金匱曰武王問太公曰天下神來甚衆恐有試者何以待之太公曰請樹槐於王門内有益者入無益者距之 晏子春秋曰齊景公有所愛槐使人守之令曰犯槐者刑傷槐者死有醉而傷槐者且加刑焉 莊子曰槐之生也入季春

五日而兔目十日而鼠耳　三輔黃圖曰元始四年起明堂辟雍爲博士舍三
十區爲會市但列槐樹數百行諸生朔望會此市各持其郡所出物及經書
相與買賣雍雍揖讓論議樹下侃侃誾誾　槐大葉而黑江東有樹與此
相反名合昏槐　管子立沃土其木宜槐　沈約宋書孔子夜夢三槐之間豐
沛之邦有赤煙氣起車對楚西北觀之見芻兒敺鹿傷其左足薪而覆之
秦符堅時關隴人歌曰長安大街兩邊樹槐下走朱輪上有鸞鳥栖　淮南子曰
老槐生火久血爲燐　槐市學也以青槐　燧人秋取槐檀之火天所覆地所載六合
所包陰陽所煦雨露所扶此皆於父母所關於一利共父天母地故槐榆與橘柚合
五兒爲兄弟有苗與三危通而一家老槐生火久不怪　隋高穎字昭玄一名敏領
新都大監每坐槐棠樹下以聽事至不依行列有司伐之上特令勿去以示後
人　祖士雄廬側其庭前有槐樹先榮茂及雄居喪亦枯死服闋還茂高
祖嘉之名其里爲累德里　晉大司馬府有老槐樹郗仲堪對而歎曰此
樹婆娑生意盡矣　魏陳王曹植魏德論曰武帝執政日白雀集於庭槐
魏都賦曰槐以蔭途　晉摯虞連理頌曰東宮正德之內承華之外槐樹二

枝連理而生二幹一心以蕃一根　庾信枯槐賦開花建始之殿結實睢陽之園【賦】晉傅選槐賦曰華盖承扶踈參林篟蕭蔽松蘿寄生綿連標末延袤千畝蓊鬱晻藹魏文帝槐賦曰文昌殿中槐樹盛暑之時余數遊其下美而賦之王粲直登賢門小閤外亦有槐樹乃就使賦焉有大邦之美樹惟令質之可佳託靈根于豐壤被日月之光華周長廊而開趾夾通門而駢羅承文昌之邃宇望迎風之曲阿脩幹紛其灌錯綠葉萋而重陰上幽藹而雲覆下莖立而擢心伊暮春之既替即首夏之初期鴻鴈遊而送節凱風翔而迎時天清和而溫潤氣恬淡以安治違隆暑而適體誰謂此之不怡魏陳王曹植賦曰治馮文昌之華殿森列峙乎端門觀朱榱以振條據文陛而結根揚沉陰以溥覆似明后之垂恩在季春以初茂踐朱夏而乃繁覆陽精之炎景散流耀以增鮮　魏王粲槐樹賦曰惟中唐之奇樹稟天然之淑姿超疇畝而登殖作階庭之華暐形禕禕以暢條色采采而鮮明豐茂葉之幽藹履中夏而敷榮既立本於殿省植根柢其弘深鳥取栖而投翼人望庇而披衿晉摯虞槐賦曰覽坤元之生殖莫茲槐之為貴爰表庭而樹門膺論道而

正位爾乃觀其誕狀察其攸居豐融湛霽對芬翁鬱扶疎上拂華宇下臨脩渠湊以夷逕帶以通衢鼓柯命風振葉致凉開明過於八闥兮重陰踰乎九房

晉庾儵大槐賦曰余去許都出將歸洛京舍于嵩岳之下而植斯樹焉遂作大槐之賦曰有殊世之奇樹生中岳之重阿承蒼昊之純氣吸后土之柔嘉若夫赤松王喬馮夷之倫逍遥茂蔭濯纓其濱望輕霞而增舉垂高暢之清塵若其含真抱朴曠世所希降夏后之卑室作唐虞之茅茨潔昭儉以驕奢者成三王之懿資故能著英聲于來世超羣信而垂暉仰瞻重幹俯察其陰逸葉横被流枝蕭森下覆靈沼上蔽高岑孫鵲徘徊寡雀悲吟清風時至惻愴傷心將騁軌以輕邁安久留而洟滛

桑

爾雅曰女桑桋桑（桋音荑長條者為女桑 檿桑山桑）山海經曰宣山上有桑大五十尺其枝四衢（支交四出）其葉大尺赤理青華白之曰帝女之桑　又曰陽谷上有扶桑十日所浴

毛詩曰蠶月條桑（條桑被落枝采其葉）　又曰猗彼女桑（少枝長條不落束而采之）　又曰肅肅鴇行集于包桑　禮記儀注曰后妃齋戒將夫人世婦出採桑　左傳曰晉公子重

行出奔及齊齊桓公妻之將行與男犯等謀於桑下蠶妾在上聞之以告姜氏姜氏殺之（姜氏重耳妻也）謂公子曰子有四方之志其聞之者吾殺之矣 又曰趙宣子田於首山舍於翳桑見靈輒餓曰不食三日矣爲之簞食與肉寘諸橐以與之既而與爲公介（介甲士也）倒戟以禦公徒而免之問何故曰翳桑之餓人也 春秋孔演圖曰孔子母徵在遊大冢之陂睡夢黑帝使請與己交語曰女乳必於空桑之中覺則若感生丘於空桑之中（乳生也） 穆天子傳曰甲寅天子作居范宮（范宮離別名）以觀桑者乃飲于桑中（桑林之中） 天子命桑虞出桑者用禁暴民（桑虞主桑者也不得令民暴犯桑） 列子曰晉文公會欲伐衛公子鉏仰而笑公問何笑曰臣之隣人有送其妻適私家者道見桑婦悅而與言然顧視其妻亦有招之者矣臣竊笑此公悟其言乃止引師還未至而有伐其北鄙者離騷曰路室女之方桑（路室客舍也） 孔子遇之以自待（以其貞信自待） 呂氏春秋曰伊尹之母居伊水之上孕夢有神告之曰臼出水而東走無顧明日視臼出水告其鄰東走顧其邑盡爲水身因化爲空桑有侁氏採桑得嬰兒空桑之中獻之於君君令乳之命曰伊人 史　曰吳公子光伐楚拔居巢鍾離初楚邊邑

卑氏之處女與吳邊邑之女爭桑二女家相怒喧兩國邊邑邊邑長聞之怒而攻滅吳之邊邑吳王怒故遂伐楚取兩都 又貨殖傳曰齊魯千畝桑其人與千戶侯等 典術曰桑木者箕星之精神木蟲食葉為文章人食之老翁為小童 列女傳齊宿瘤女者初閔王遊東郭百姓盡觀宿瘤女採桑如故王怪召問之對曰妾受父教採桑不受教觀大王王曰此奇女也娉迎之 又曰陳辨女者陳國採桑之女也晉大夫解居甫使於宋道過陳遇採桑之女止而戲之曰女為我歌吾將舍女女乃歌曰墓門有棘斧以斫之夫也不良國人知之 東觀漢記曰蔡順君仲汝南人至孝王莽亂人相食君仲取桑椹赤黑異器賊問所以云黑與母赤自食賊義之遺鹽二斗 謝承後漢書曰張堪為漁陽太守勸民耕種百姓歌曰桑無附枝麥穗兩歧張君為政樂不可支 蜀志曰先主舍東南角籬上有桑樹生高五丈餘遙望憧憧如小車蓋往來者皆怪此樹非凡或謂當出貴人先主少時與宗中諸兒於樹下戲言吾必當乘羽葆車蓋 益部耆舊傳曰何祗夢桑生井中趙直占曰桑非井中物桑字四十八君壽恐不過此祗年四十八而卒

搜神記曰舊說有人遠征家有一女馬一疋女思父乃戲馬曰爾能爲我迎得父吾將嫁汝馬乃絕韁而去迎得父來後馬見女輒怒父問女女其以告父乃殺馬曝皮於庭女之皮所曰爾馬也而欲人爲婦自取屠剝何如言未竟蹶然忽起卷女而行父失女後於大桑樹枝閒得女及皮盡化爲蠶績樹上其繭厚大異常帀鄰婦取養之其收亦倍今世謂蠶爲女兒古之遺語也　易曰繫于苞桑　尚書禹貢曰厥貢檿絲毛詩曰桑之落矣其黃而隕　又曰無折我桑　禮記古者天子諸侯必有公桑蠶室近川而爲之　春秋元命苞曰姜嫄遊閟宮其地扶桑履大人迹生稷　陳留申屠蟠耻郡無義士遂閉門養志蓬戶茅室依大桑樹以爲棟梁　又曰汝南君昆爲汝陰縣功曹令新到官問曰園中有桑以食蠶何如昆曰非初至所務　崔晃三十國春秋後燕錄曰初晃之遷于龍城植松爲社主及秦滅燕大風吹拔後數年廢社處忽有桑二根生焉先是遼川無桑及廆通于晉求種江南平州之桑自晃由來　晉令曰承尉以官舍有桑果皆給之其無桑及不滿三百株皆使吏卒隨閒於官舍種桑滿三百株　山海經曰東北海外赤

水在圓丘南有三桑無枝皆高百仞　神異經曰東方有樹焉高八十丈敷張自輔葉長一丈廣六尺名曰扶桑有椹焉長三尺五寸　述異記曰栢仲爲江州刺史遣人周行廬山見靚盡異既陟崇巘有一湖生桑樹有敗艑赤鱗魚使者渴極欲往飲水赤鱗張鬐向之使者不敢飲　列女傳秋胡子納妻五日而婦採桑自投河死事具金部　十洲記曰扶桑在碧海中上有天帝宮東王所治有椹樹長數千丈三千圍同根更相依倚故曰扶桑仙人食根體作紫色其樹雖大椹如中夏桑也九千歲一生實味甘香　括地圖曰化民食桑二十七年化而身裹九年生翼十年而死　孟子曰五畝之宅樹之以桑　禮曰鳴鳩拂羽戴勝降桑氾勝之書曰五種　桑因取椹著水中濯洗取子陰乾之治肥田十畝荒久不耕者先好耕治之黍椹子各三升合種之黍桑俱生鉏之桑令稀疏適黍熟穫之放火燒之當逆風起火桑至春生一畝食三薄蠶本草經曰桑根旁行出土上者名伏蛇治心痛　伊陟相大戊亳有祥桑穀共生於朝　詩曰桑之未落其葉沃若春日載陽爰求柔桑　交交黃鳥止于桑　星言夙駕説于桑田　烝在桑野　禮曰季春之月命野虞無

伐桑柘　桑弧逢矢　衡山多桑　山海經定山帝女之桑湯谷有扶桑十日所沐浴　穆天子傳日居范宮以觀桑　賈后廢愍懷太子時桑生於西廂長數日枯十二月乙生太子　枯桑知天風　齊太祖宅在武進宅南有桑樹擢本三丈橫出四枝如車蓋上年數歲遊於下從兄敬宗謂曰此樹爲汝生也

詩　後漢宋子侯董嬌饒詩曰洛陽城東路桃李生路旁花花自相對葉葉自相當春風東北起花葉正低昂不知誰家子提籠行採桑纖手折其枝花落何飄颻請謝彼姝子何爲見損傷高秋八九月白露變爲霜終年會飄墮安得久馨香秋時自零落春月復芬芳何如盛年去歡愛永相忘吾欲竟此曲此曲愁人腸歸來酌美酒挾琴上高堂　魏陳王曹植豔歌曰出自薊北門遥望湖池桑枝枝自相植葉葉自相當　梁簡文帝採桑詩曰春色映空來先發院邊梅細萍重疊長新花歷亂開連珂往淇上接幰至叢臺叢臺可憐妾當窗望飛蛺忌跌行衫領尉斗成褫襵寄語採桑伴訝今春日短枝高攀不及葉細籠難滿　梁吳筠採桑詩曰賤妾思不堪採桑渭城南帶減連枝繡鬟亂鳳皇簪花舞依

長薄蛾飛愛緑潭無由報君信流涕向春蠶　又陌上桑詩曰娟娟陌上桑蔭陌復垂塘長條映白日細葉隱鸝黄蠶飢妾復思拭淚且提筐

梁劉邈萬山見採桑人詩曰倡女不勝愁結束下青樓逐伴西蠶路相攜南陌頭葉盡時移樹枝高下易鈎絲繩挂且脱金籠寫復收蠶飢日已暝詎爲使君留　梁王臺卿詠陌上桑詩曰令月開和景處處動春心桂筐須葉滿息倦重枝陰　陳徐伯陽賦得日出東南隅詩曰朱城璧日啓朱扉青樓含照本嘽暉遠映陌上春桑葉斜入秦家緗綺衣羅敷粧粉能佳麗鏡前新梳倭墮髻圓籠裊裊挂青絲鐵鈎冉冉勝丹桂蠶飢日晚暫生愁忽逢使君南陌頭五馬停珂遣借問雙臉含嬌特好着妾婿府中輕小吏即今來往專城裏欲識東方千騎歸　藹藹日暮紅塵起

【賦】魏繁欽桑賦曰　上似華蓋紫極比形下象鳳闕萬桷一欞叢枝下出乃錯乃并曄曄降暑涼風自生微條纖繞隨風浮沉陽蜩鳴其南枝寒蟬噪其北陰秋氣忽其將來咸感節而悲吟玩庭蔭之厚惠情眷眷而愛深　晉陸機桑賦曰皇太子便坐蓋本將軍直廬也初世祖

武皇帝爲中壘將軍植桑一株世更二代年漸三紀扶疏幽茂衍抑有瑰異焉　夫何佳樹之洪麗超託居乎紫庭羅萬根以下洞矯千條而上征豈民黎之能植乃世武之所營故其形瑰族類體豔衆木黄中爽理滋榮煩縟綠葉興而盈尺崇條募勞而曾尋希太極以延峙暎承明而廣臨華飛鷄之流響想鳴鳥之遺音惟歷數之有紀恒依物以表德豈神明之所相將我皇之先識跨百世而勿翦超長年以永植　晉潘尼桑樹賦曰從明儲以省膳憩便房以偃息觀茲樹之特瑋感先古之攸植蔚蕭森以四射邈洪傭而端直爾乃徘徊周覽俯仰逍遥俛睨靈根上眺脩條洞芳泉於九壤含溢露於清霄倚增城之飛觀拂綺窻之疏寮下迢遰以極望上扶疏而參差匪衆鳥之攸萃相皇鸞之羽儀理有微而至顯道有隱而應期豈皇晉之貞瑞兆先見而啓茲起尋抱於纖毫崇萬匱於始基　晉傅咸桑樹賦曰世祖昔爲中壘將軍於直廬種桑一株迄今三十餘年其茂盛不衰皇太子入朝以此廬爲便坐伊茲樹之僥倖蒙生生之渥惠降皇躬以斯植遂弘茂於聖世歟茂伊何其大連尋脩柯遠揚洪條

梢橡布簞枝之沃若播密葉以垂陰蔭華寓而作涼清隆暑之難任
以厥樹之巨偉登九日於朝陽且積小以高大生合抱於毫芒猶帝道之將升
亦累德以彌光湯躬禱於斯林用獲雨而興商惟皇晉之基命爰於斯而
發祥從皇儲於斯館物無改於平生思惻切以興思思有感於聖明步旁皇以
周覽庶髣髴於儀形【贊】晉郭璞帝女桑贊曰爰有洪桑生濱淪潭厥
圍五丈枝相交參園客是採帝女所蠶

榆

爾雅曰蘁荎（詩云山有樞今之刺榆也）無姑其實夷（姑榆也生山中葉圓厚剥取皮合漬之味辛香所謂無夷是也）說文曰
榆白枌也榆有刺莢為蕪荑　毛詩曰山有樞隰有榆　周官司爟氏四時
變國火（春取榆所之火）禮記內則曰堇荁枌榆免薧滫瀡以滑之　春秋元命苞曰
三月榆莢落　管子曰五沃之土其榆條長　史記天官書曰凡望雲氣平望
在桑榆上餘二千里　莊子曰鵲上高城之垝而巢於高榆之顛城壞巢折
凌風而起故君子之居世也得時則義行失時則鵲起　韓詩外傳曰楚莊
王將伐晉敢諫者死孫叔敖進諫王曰臣園中有榆榆上有蟬蟬方奮翼

悲鳴飲清露不知螗蜋之在後也　漢書郊祀志云高祖禱豐枌榆社在豐東北十五里也　又天文志曰成帝河平元年旱傷麥民食榆皮　又循吏傳曰龔遂爲渤海太守勸民務農桑令種榆一口一樹　桓譚新論曰劉子駿信方士虛言爲神仙可學余見其庭下有大榆樹久老剝折指謂曰彼樹無情然猶朽蠹人雖欲愛養何能使之不衰　崔寔四民月令曰榆莢成者收乾以爲旨蓄色變白將落收爲醬隨節早晚勿失其適　魏志曰鄭渾爲魏郡太守課百姓乏材木乃課種榆爲籬　嵇康養生論曰豆令人重榆令人眠愚智所知也　博物志曰食枌榆則眠不欲覺　晉宮閣名曰華林園榆十九株　雜五行書曰舍北種榆九株蠶大得　毛詩義疏曰六駮駮馬梓榆駮犖遥視似駮馬　趙書曰從幽州大道呼沲河造浮橋植行榆五十里署行宮　廣志曰有姑榆有郎榆郎榆無莢材人任車用至善蠶者出渤海東光以供官石虎鄴中記曰襄國鄴路千里之中夾道種榆盛暑之月人行其下　幽明録曰虎晚家有皂莢樹有神隔路有大榆樹　古傳曰其雌雄晚被斫此樹枯死　范子計然曰蕪荑出地赤心者善　淮南子萬畢術曰八月榆檽令人不飢　范

勝之書曰種木無期因地爲時三月榆莢雨時高地強土可種木　風俗通曰桑
車榆轂聞聲之　夢書曰榆爲人君德至仁也夢採榆葉受賜恩也夢居
樹上得貴官也　**詩**古詩曰天上何所有歷歷種白榆　**書**魏應璩與龐惠
恭書曰頻見所上利民之術植濟南之榆栽漢中之漆

桐

爾雅曰榮桐木(梧桐也)　尚書曰嶧陽孤桐　禮曰季春之月桐始華　毛詩曰梧
桐生矣于彼朝陽　又曰椅桐梓漆爰伐琴瑟　詩義疏曰有青桐赤桐白桐白
桐宜琴瑟今雲南牂牁人績以爲布　周書曰清明之日桐始華不始華歲大
寒　禮斗威儀曰君乘火而王其政平梧桐爲常生　莊子曰外乎子之神勞乎
子之精倚樹而吟據梧而瞑　又曰鵷鶵發南海而飛到北海非梧桐不止非竹
實不食　呂氏春秋曰成王與唐叔虞燕居援木以翦珪以告曰以此封汝
虞喜以告周公周公請封虞王曰余與虞戲曰吕聞之天子無戲言於
是遂封叔虞於晉　鄒山記曰鄒山古之嶧陽名公改爲鄒今鄒山嶧陽猶
多桐樹　齊地記曰城北十五里有桐臺即梧宮苑曰晉武帝世吳郡臨平

岸出一石打之無聲以問張華華云取蜀中桐材刻作魚形扣之則鳴矣於是如言音聞數里　又句章吳平州門前忽生一株青桐樹上有謡歌之聲劉平惡而斫殺平隨軍北虜男首尾三載死桐欻自還立於故根上聞聲樹巔空中歌曰死樹今更青吳平尋當歸適聞殺此樹已復有光輝平尋歸如鬼謡　祖后怪曰蹇驚保坐檀近塢上北樓宿暮鼓二中有人著黃練單衣白恰得人持炬火上樓保懼藏壁中須臾有二婢上帳使迎一女子上與白恰入帳宿未明白恰輒先去保因入帳中問侍女子向去者誰答曰桐郎道東廟樹是至暮二中桐郎復來保乃斫取之縛著樓柱明日視之形如人長三尺餘檻送詣丞相渡江未半風浪起桐郎得投入水風波乃息　秦記曰初長安謡云鳳皇止阿房苻堅遂於阿房城植桐數萬株以至慕容冲入阿房而居冲小字鳳皇　廣志曰梧桐有白者異國有白木其葉有白毛毦取其毛毦淹清滑績織以爲布也　遯山曰吹臺有高桐皆百圍嶧陽孤桐方此爲劣　王孚安成記曰府君諱保如今樹梧于芭兩邊柯葉菴藹炎暑者爲之清涼百姓列宅其間　管子曰五沃之土其木宜桐莊子曰空門末風桐乳致巢司馬彪注曰門戶空風葉而生其葉自箕曰投之也桐子似乳著鳥之巢

淮南子曰智有所不足故桐杇不可與爲弓　淮南萬畢術曰桐木成雲取十石甕滿中三四日氣水盟亘桐蓋之三日如雲形　董仲舒請雨書曰秋以桐魚九枚　遁甲梧桐不生則九州異王逸子曰木有狀桑梧桐松栢皆受氣淳矣異於羣類者　新論曰神農皇帝削桐爲琴　崔琦七蠲云爰有梧桐玄子玄谿傳根朽壤託險生危　枝秉七發曰龍門之桐百尺無枝其中欝結輪菌扶踈以分離其根半死半生冬則風漂霰雪飛　張協七命曰寒山桐出自太冥含黃鍾以吐幹據蒼岑以孤生

孟子曰今有場師舍其梧檟養其樲棘則爲賤場師矣弃大取小　蘇子曰夫人生一丗若曉露之託桐葉耳其與幾何　古今注昭帝丹鳳三年馮翊人獻桐枝長六尺九枝三葉也

【詩】魏明帝詩曰雙桐生空井枝葉自相加通泉浸其根玄雨潤其柯　晉司馬彪與山巨原詩曰苕苕椅桐樹寄生於南岳上陵青雲霓下臨千仭谷處身孤且危於何託余足昔也植朝陽傾枝俟鸞鷟今者絶世用倥傯見迫束班匠不我顧牙曠不我録焉得成琴瑟何由揚妙曲卞和潛幽巖誰能證奇璞冀望神龍來揚光已見燭　宋伏系之詠椅桐詩曰亭亭椅桐欝茲庭圃翠條踈風綠柯蔭宇　宋鮑昭山行見孤桐詩曰桐生叢石裏根

孤地寒陰未霜葉已肅肅不風條自吟不願見彫斲爲君堂上琴　齊謝朓遊東堂詠桐詩曰孤桐北窻外高枝百丈餘枝生既婀娜葉落更扶疏無華復無實何以贈離居裁爲珪與璋足可命參墟　梁簡文帝賦得雙桐生空井詩曰季月雙桐井新枝雜舊株晚葉藏栖鳳朝花拂曙烏　梁王筠奉酬從兄臨川桐樹詩曰伊昔擅羽儀待價龍門垂優游清露點微穆惠風吹月上陰陽幹雲霓復苑生枝公子存高尚聊用影華池棲鸞鳥既不重舞鶴復何施方同散木寡清響音誰知　梁沈約詠梧桐詩曰秋還遽已落春曉猶未黄微葉雖可賤一翦或成珪

賦

晉傅咸梧桐賦曰美詩人之攸貴兮覽梧桐乎朝陽蔚蓁蓁以萋萋兮鬱株列而成行夾二門以駢羅作館寓之表章　晉夏侯湛愍桐賦曰有南國之陋寢植嘉桐乎前庭闡洪根以誕茂豐修幹以繁生納谷風以疏葉含春雨以濯莖湛湛莖夭夭布葉藹藹蔚童童以重茂蔭蒙接而相蓋蔽陰澹之南表覆陽阿之北外於是詰朝之暇步趾前廡春以遊目夏以清暑昔詩人之所稱美厥生之攸奇植匪嵩其不滋鳳非條其不儀　宋袁淑桐賦曰越衆木之薰徇勝雜樹之

藻縟信爽幹以弱枝實貫裏素而表緑若乃根荑條茂跡曠心冲貞觀於曾山之陽抽景於少澤之東被籍兮烟霞懷珮兮星虹儀丹丘之瑞羽栖清都之仙宮 齊王融應竟陵王教桐樹賦曰梧桐生矣于邱岫之曽隈儀龍門而插幹佇鳳羽以抽枝蹤楚宮而留稱籍淄館以翻聲直不繩而特秀圓匪規而天成同歲草以委暮共辰物而滋榮豈違心於自外寧有志於孤貞 梁沈約桐賦曰龍門之桐遠望青葱專巖擅嶺或孤或叢冣枝封暮雪萎映書紅抗蘭橑以栖龍拂雕窻而團露喧密葉於鳳晨宿高枝於鸞暮合影陽崖標峯東陸俯結玄陰仰成翠屋乍㛹娟於行雨時徘徊於丹轂遶齊絲於碧林豈慙光於若木 又八詠悲落桐曰悲落桐悲落桐早霜露鷰至莱末抽鴻來枝已素幽根未蟠結孤株復危絶初不照光景終年負霜雪勿言草木賤徒照君末光末光不徒照爲君含噭咷陽柯綠水絃陰枝苦寒蜩厚德非所任不敢虛其心若逢陽春至吐緑照清潯 賛 郭璞梧桐賛曰桐實嘉木鳳凰所栖爰伐琴瑟八音克諧歌以永言

噰噰喈喈　宋孝武孤桐賛曰珎無隱德産有必甄資此孤幹獻枝楚山梢星雲界衍葉炎㢆名列貢寶器賛虞絃

藝文類聚卷第八十八

藝文類聚卷第八十九

楊柳　檉　椒　梓　桂　楓　豫章
無患　朱樹　君子　樅　檜　茱萸　枏
柞　楸　櫟　楛　靈壽　女貞　長生
木槿　楟　木蘭　夫移　櫹　若木　合歡
杉　并閭　荊　棘　黄連　杝子　竹

楊柳

爾雅曰旄澤柳生澤中也楊蒲柳　詩曰楊柳依依　左傳曰董澤之蒲　莊子支離叔觀於冥伯之丘崑崙之墟黄帝之所休俄而柳生其左肘　戰國策曰楚有養由基善射去楊葉百步而射之百發百中　漢書曰昭帝時上林苑中大柳樹斷卧地一朝起生枝葉有蟲蝕其葉爲字曰公孫病已立及昭帝崩亡嗣大臣迎立昌邑王王即位淫亂失道霍光廢之更立昭帝兄衛太子之孫是爲宣帝帝本名病已云　文士傳曰嵇康性絶巧能鍛家有一柳樹乃激水以圜之夏天甚凉居其下遨戲及鍛　陶潛曰五柳先生不

知何許人亦不詳姓字宅邊有五柳因以爲號　許愼淮南子注曰展禽之家樹柳行惠德因號柳下惠一曰邑名　琴操曰其思革子尹文子叔儋子相與爲友聞楚成王賢俱往見之至嶔巖之間卒逢飄風暴雨共伏於空柳之下衣寒粮乏自度不能俱活以革子爲賢乃併衣粮與之二子遂凍餓而死革子見楚王楚王知其賢陳酒設鍾鼓而樂之革子操琴而作別散之音楚王賜其百金以葬二子　易大過卦曰枯楊生梯（注生華）老夫得其女妻　焦贛易林豫之晉曰鵲巢柳樹鳩奪其處任力劣薄天命不祐　毛詩東方未明曰折柳樊圃（柳弱把之木樊藩也折柳爲藩無益於禁）　毛詩義疏曰蒲柳之木二種一種皮正白可爲箭笴　傳曰董澤之蒲今人以爲其藋可爲矢　詩義疏曰樹杞杞柳也生水旁樹如柳葉麤而白木理微赤今人以爲轂　大戴禮曰正月柳梯梯者發葉也　爾雅曰檉河柳　說文曰楊蒲柳也從木易聲檉河柳也從木聖聲柳小楊也從木卯聲也　晉中興書曰陶侃明識過人武昌道種柳人有竊之植于其家侃見而識之問何以盜官柳種于時以爲神　沈約宋書曰蕭惠開爲少府不得志寺內齋前木草蕙蘭悉

鏟除列種白柳　續搜神記曰上虞魏金家在縣北忽有一人著孝子服皁笠手巾掩口來詣金家語曰居有錢一千萬銅器亦如之大柳樹錢在其下取錢當得耳書居大不安僕尋爲君作此便去自爾出三十年遂不復來金亦不取錢　盛弘之荊州記曰緣城堤邊悉植細柳綠條散風清陰交陌　三齊略記曰臺城東南有蒲臺高八丈始皇所頓處在臺下縈馬至今蒲生猶縈似水楊而堪爲箭　孔氏志怪記曰會稽盛逸嘗晨興路未有行人見門內柳樹上有一人長二尺衣朱衣冠冕俯以舌舐樹葉上露良久忽見逸神意如驚遽即隱不見　管子曰五沃之土宜柳　孟子曰性猶杞柳義猶桮棬　崔寔四民月令曰三月三日以及上除採柳絮柳絮愈瘡夢書曰楊爲使者　本草經曰柳花一名絮　論語曰鑽燧改火春取柳榆木　毛詩曰昔我往矣楊柳依依　又曰東門之楊其葉牂牂　又曰東門之楊刺時也婚姻失時男女多違　又曰北山有柳　又曰菀彼柳斯鳴蜩嘒嘒　又曰菀柳篇名刺幽王也暴虐而刑罰不中有菀者柳不尚息焉　楊之水不流束蒲蒲柳可以爲矢　文選曰閑居賦長楊映碧沼脩楊夾廣津又曰細柳夾道生文

高揚拂地垂又二月楊花滿路飛 春林本自奇楊柳最相宜 又曰長楊蔭清沼鬱鬱園中柳 淄岳又曰柳條恒著地弱柳蔭脩衢 古樂府有折柳曲 一齊劉悛之爲益州刺史獻蜀柳數株條甚長狀若絲縷武帝植於太昌雲和殿前常翫嗟之曰楊柳風流可愛似張緒常見賞如此 晉王恭字孝伯美姿容人多悅之或目之濯濯如春月之柳 桓溫自江陵北行往少時所種柳皆已十圍慨然歎曰木猶如此人何以堪攀枝執條泫然流涕 顧愷之字長康癡信小術桓玄嘗以一葉柳紿之曰此蟬翳葉也以自蔽人不見已愷之引葉自蔽玄就溺焉愷之信不見以珍重之俗傳愷之有三絕此癡之一絕 山海經曰沃民之國有白柳 戰國策曰夫楊橫樹之則生倒樹之亦生折而樹之又生然十人樹之一人拔之則無楊矣且以十人衆樹易生之初然而不勝一人者何也樹之難而去之易故也 古今注曰楊負莖弱蔕微風則大搖云云一名高飛一名獨搖 先賢傳曰鄭敬以弟蔭爲席杞隨柳之陰又曰有細柳叢生

詩 古詩曰白楊初生時乃在豫章山上葉拂青雲下根通黃泉 梁簡文帝詠柳詩曰垂陰滿上路結草早知春花

絮時隨鳥風枝屢拂塵生欲散依依采時要歌吹 又折楊柳詩曰楊柳乱成絲攀折上春時葉密鳥飛礙風輕花落遲城高短簫發林空畫角悲曲中無別意併是為相思 又和湘東王陽雲樓簷柳詩曰曖曖陽雲臺春柳發新梅柳枝無極軟春風隨意來潭拖青帷閉玲瓏朱扇開佳人有所望車聲非是雷 梁元帝詠陽雲樓簷柳詩曰楊柳非花樹依樓自覺春枝邊通粉色葉裏映紅綸帶日交簾影因吹掃席塵拂簷應有意偏宜桃李人 又折楊柳詩曰巫山巫峽長垂柳復垂楊同心宜同折故人懷故鄉山似蓮花豔流如明月光寒夜猨鳴澈遊子淚沾裳 又淥柳詩曰長條垂拂地輕花上逐風露霑疑染淥葉小未鄣空 梁劉邈折楊柳詩曰高樓十載別楊柳濯絲枝摘葉驚開駛攀枝恨久離年年阻音息月月減容儀春來誰不思相思君自知 梁沈約詠庭柳詩曰輕陰拂建章夾道連未央因風結復解霑露柔且長楚妃思欲絕班女淚成行留人未應去為此還故鄉 陳祖孫登詠柳詩曰馳道藏烏日鬱鬱正翻風抽翠爭連影飛緜亂上空高葉臨朝寒長枝拂漢宮欲驗傷攀折三春橫笛中

【賦】魏文帝柳賦曰昔建安五年上與表

紹戰於官渡時余始植斯柳自彼迄今十有五載矣感物傷懷乃作斯賦曰伊中域之偉木瑰姿妙其可珎彼庶卉之未動固肇萌而先辰應隆時而繁育揚翠葉之青純脩幹偃蹇以虹指柔條阿那而虵伸上扶疏而孛散下交錯而龍鱗在余年之二七植斯柳乎中庭始圍寸而高尺今連拱而九成嗟日月之逝邁忽亹亹以遄征昔周遊而處此今倏忽而弗形感遺物而懷故俛惆悵以傷情　魏應瑒楊柳賦曰赴陽春之和節植纖柳以承宇㒰豐節而廣布紛鬱勃以敷陽三春倏其奄過景日赫其垂光振鴻條而遠壽迴雲蓋於中唐　魏繁欽柳賦曰有寄生之孤柳託余寢之南隅順肇陽以吐牙因春風以揚敷交綠葉而重葩轉紛錯以扶踈鬱青青以暢茂紛冉冉以陸離浸朝露之清液曜華采之猗猗　魏王粲柳賦曰昔我君之定武致天届而徂征元子從而撫軍植佳木于茲庭歷春秋以踰紀行復出於斯鄉覽茲樹之豐茂紛旖旎以脩長枝扶踈而覃布莖森梢以奮揚　晉成公綏柳賦曰宅京宇之西偏濱瀆阜之清渠啓橫門於大路臨九達之通衢憩行旅之靡休樹雙柳於道隅彌年載而成陰紛㦬援而扶踈　晉伍輯之柳花賦曰步江皋兮騁望感春柳之依依垂柯葉

而雲布楊零華而雪飛或風迴而遊薄或霧亂而飈零野淨穢而同降物均色而齊明 晉傅玄柳賦曰無邦壤而不植兮象乾道之屢遷紛綺靡以從風兮若將往而復旋 **序** 魏陳王曹植柳頌序曰余以閑暇駕言出遊過友人楊德祖之家視其屋宇寥廓庭中有一柳樹聊戲刊其枝葉故著斯文表之遺翰遂因辭勢以譏當今之士

檉

爾雅曰檉河柳（河旁赤莖小楊也） 南越綏南縣多連山檉松杞梓 **詩** 梁簡文帝詠檉詩曰凌寒競貞節負雪固難虧無慙雲母桂詎減珊瑚枝 **頌** 梁江淹檉頌曰碧莖木葩藹頳柯翕艴方陋菂櫝遠笑荊棘

椒

春秋運斗樞曰玉衡星散爲椒 爾雅曰檓大椒也（今椒實大者名檓也） 山海經曰琴鼓之山其木多椒 景山多秦椒 毛詩曰椒聊之實 范子計然曰蜀椒出武都赤色者善秦椒出天水隴西細者善 離騷曰雜申椒與菌桂（申重也） 又播椒芳兮成堂（布香椒於堂上） 又奠桂酒兮椒漿 孫卿子曰民之視我驩若父母其好我芬若椒蘭

應劭漢官儀曰皇后稱椒房取其實蔓延盈升以椒塗室亦取其溫煖張璠漢記曰桓帝竇皇后崩中常侍曹節王甫欲以貴人禮葬太尉李固自抶輿起擣椒自隨謂妻子曰若太后不得配桓帝吾不生還矣　崔寔四民月令曰正月之旦進酒降神畢室家無大小次坐先祖之前子孫各上椒酒於其家長稱舉白　魏氏春秋同異曰鍾繇孽庶子會之母黜其夫人文帝命繇復焉繇恚忿食椒致禁帝乃止　世說云石崇以椒為泥泥屋王君夫以赤石脂泥壁　援神契椒薑禦溼菖蒲益聰　博物志曰外國故法以酒浸令極乾以麻油蒸之後曝三日飾椒屑以意多少合投之　胡椒酒乃以好酒五升乾薑一兩胡椒七十枚末好石榴五枚管收計著中下氣　毛詩曰貽我握椒男女結情好也　文選曰大王之風徘徊椒桂之間

【頌】晉劉臻妻元日獻椒花頌曰美哉靈葩爰采爰獻聖容映之永壽於萬蜀椒久服之頭不白令寒者熱熱者輕輕者重出武都赤色者離騷蓀壁兮紫壇芳椒兮成堂

【銘】晉成公綏椒華銘曰嘉哉芳椒載繁其實厥味惟珍蠲除百疾肇惟歲始月正元日永介眉壽以祈初吉

【贊】晉郭璞椒贊曰椒之灌植實繁有榛薰林烈薄馞其芬辛服之不已洞見通神

梓

大傳曰伯禽康叔見周公三見而三笞商子曰二三子觀乎南山之陰見梓晉然實而俯晉肅貌二三子見商子商曰梓者子道也二三子入門而趨登堂而跪周公拂其首勞而食之　毛詩曰惟桑與梓必恭敬止　椅桐梓漆爰伐琴瑟　北山有梓秋小葉復　左傳曰季孫爲己樹六檟於蒲圃東門之外定姒薨匠慶請蒲圃之檟以爲櫬君子曰多行無禮必自及也　禮斗威儀曰君乘火而王其政和平梓爲常生　爾雅曰楰鼠梓　史記曰胥告其人曰必樹梓吾墓上　漢元帝初光年皇后曾祖父濟南平陵王伯墓門梓柱卒生枝葉上出屋劉向以爲王氏代漢之象是王莽之嵗衛子夫入宮嵗餘不得見涕泣請出曰吾昨夢子夫中庭生梓樹出北至告乎　曹子建書曰斬泗濱之梓以爲箏也

桂

春秋運斗樞曰椒桂合剛陽椒桂陽星之精所生也合猶連體而生也　山海經曰招摇之山其上多桂桂長丈餘味辛　皐塗之山上多桂木桂木八樹在賁隅東八樹成林言其大也賁隅番禺　禮斗威儀曰君乘金而王其政謐　芳桂常生　春秋潛潭巴曰宮桂鳴下土諸侯號有聲桂好

木植於宮中猶天子封有聲與言者爲諸侯令乃鳴是乃成聲名於下土之祥也

楚辭曰桂櫂兮蘭枻　又桂楝兮蘭橑又曰結桂枝兮延佇　又桂樹叢生兮山之幽偃蹇連卷兮枝相繚　又曰麗桂樹之冬榮　又曰沛吾乘兮桂舟　呂氏春秋伊尹說曰物之美者招搖之桂　戰國策曰蘇秦謂楚王曰楚國食貴於玉薪貴於桂　韓詩外傳曰宋玉因其友見楚襄王襄王待之無以異讓其友其友曰夫薑桂因地而生不因地而辛女因媒而嫁不因媒而親　列仙傳曰范蠡好食桂飲水賣藥人世世見之　又曰桂父象林人常服桂皮葉以龜腦和之　漢書陸賈傳曰尉他獻桂蠹一器桂樹之蠹蟲也廣志曰桂出合浦而生必於高山之巔冬夏常青其類自爲林間無雜樹交阯置桂園　神仙傳曰離婁公服竹汁餌桂得仙許由父箕山得丹石桂英今在中岳　闞子曰魯人有好釣者以桂爲餌黃金爲鉤　羅浮山記曰羅浮山頂有桂　山海經曰所謂賁禺之桂　臨海記曰石山望之如雪山有湖傳云金鵝之所集八桂之所植　說文曰桂江南木百藥之長　爾雅曰梫木桂皮厚白木桂一桔漢武帝悼李夫人賦曰氣潛以悽戾兮桂枝落而銷亡神煢煢而遥思兮精浮遊而去彊　淮南王安好道感八公共登山攀桂樹安作詩曰攀桂樹兮聊淹

留 異物志曰桂之灌生必粹其族柯葉不渝冬夏常材匪桂植在乎嵩岳
文選曰秋風生桂枝 又蒼蒼山中桂團團霜露色桂杉生自直 又桂樹冬榮
吳都賦丹桂灌叢 天台賦八桂森挺以凌霜相桂擬信芳而非園埜之
實山海經曰桂生南隅拔萃岑嶺廣瀷葩陵霜秀津禀氣王百藥森然雲
挺 廬山記曰山有三石梁廣不盈尺俯眄者然無底吳猛將弟子過此梁見
老翁坐桂樹下以玉盃承甘露與猛 世說曰客問陳季方足下家君太丘有
何功德而荷天下重名答曰吾家君辟如桂樹生太山之阿上有萬仞之高下
有不測之泉上為甘露所霑下為川泉所潤當斯之時桂樹焉知太山之高川
泉之深不知有功德與 莊子桂可食故斧伐之夫人生天地之間猶騁駟四而過隙
然在用之有盈篋寠變之不定食之則厭一則令人用其身也若寠變之然故曰不足
若用之於善則與天地相弊又春華秋英名曰桂 洞冥記過國獻能言之龜青玉
匣朔日惟桂露以飲之置之於通風之器 甘泉宮南有昆明中有靈波殿皆以
桂為柱風來自香 拾遺記曰岱名輿一名浮折北有玉梁千丈駕玄流之上峯
旁有丹桂墨紫白可為舟始皇起定明臺窮四方木南得漂有碧是閶河之

北有紫桂成林其華仙餌焉 韓終采藥詩曰闇河之桂實大如栗得而食之後天而老 離騷曰桂樹列兮紛敷吐紫花兮布條實孤鸞鳥之所居今集兮雅鷄 又曰秉赤豹兮從文貍華移車兮結桂旗 又曰歃菌若之朝露兮構桂木以爲室 又曰桂蠹不知所淹留兮蓼蟲不知死乎葵菜葛藟虆之於桂樹喻小人在位 尸子曰春華秋英曰桂 選曰青霞雜桂旗又桂棟留夏飈又矯菌桂以紉蕙

詩

梁范雲詠桂詩曰南中有八樹繁華無四時不識風霜苦安知零落期 梁庾肩吾詠桂樹詩曰新叢入望苑舊幹別層城倩視今移處何如月裏生 周王褒詠定林寺桂樹詩曰歲餘彫晚葉年至長新圍月輪三五映烏生八九飛

贊

晉郭璞桂贊曰桂生南裔拔萃岑嶺廣莫熙葩凌霜津穎氣王百藥森然雲挺

楓

山海經曰黃帝殺蚩尤弃其械化爲楓樹 離騷招魂曰湛湛江水上有楓目極千里傷春心 晉宮閣名曰華林園楓香三株 南方草木狀曰楓香樹子大如鴨卵二月華色乃連著實八九月熟曝乾可燒惟九眞郡有之 異苑曰烏傷陳氏有女未醮著屐遥上大楓樹顛了無危懼顧曰我應爲神今便長去惟左蒼右

黃當暫歸耳家人悉出見之舉手辭訣於是飄從聳輕越極晞乃没既不了蒼黃之意每春輒以蒼狗秋黃犬設祀於樹下　爾雅曰楓聶聶（之涉反）天風則鳴故曰聶聶樹似白楊葉圓而岐有脂而香今之楓者　山名見老山上長楓千餘丈蕭蕭臨澗水　周書曰渠州言鳳皇集于楓樹有烏列侍

【詩】梁簡文帝賦得詠疏楓詩曰萎綠映青葭疏紅分浪白花葉灑行舟仍持送遠客

豫章

左傳曰白公作亂殺子西子期豫章曰昔者以力事君不可以終扶以殺人而後死　莊子騰猿得事事攬蔓而王長其間便也　陳留尉氏年樹生逕中酸棗名朔　淮南子豫章生七年可知　荆州記曰山陽縣豫章木徑可伐作鼓顙顙成便取去

無患

纂文曰無患木名也實可以去垢核黑如堅問櫨木曰無患何也答曰昔有神巫曰無患此木能作符劾百鬼則以此木爲棒殺之世人相傳以此木爲衆鬼所惡競取爲器用以厭鬼故號無患

【贊】齊卞𢍰宗無患枕贊曰爰茲

素朴名爲吉始匠人斯製以獻君子

朱樹

世說曰朱松栢屬蜀故類朱赤名也　崑崙山上有朱樹

君子

晉宮閣記曰華林園中有君子樹三株

樅

爾雅曰松樅葉栢身曰樅　尸子曰松栢之鼠不知堂密之有美樅　魯連子曰松樅高千仞而無枝非夏王室無柱

檜

尚書曰杶幹栝栢　爾雅曰栢葉松身曰檜　孔子廟列七碑無象檜栢猶茂西北二里有顔母廟廟象猶嚴有脩

茱萸

說文曰椴似茱萸出淮南　風土記曰茱萸椴也九月九日熟色赤可採時也

洞林曰郭璞避難至新息有以茱萸令璞射之璞曰子如赤鈴含玄珠案文

言之是茱萸 異苑曰庚紹爲湘東郡亡宗協與紹中表且服茱萸酒忽見紹來仍求酒執酒極還置云有茱萸氣協云惡之耶紹云上官皆畏之況我乎 荆楚記曰九月九日佩茱萸食蓬餌飲菊花酒令人長壽 續齊諧記曰汝南桓景隨費長房遊學謂之曰九月九日汝南當有災厄急令家人縫囊盛茱萸繫臂登山飲菊酒此禍可消景如其言舉家上山夕還見雞犬一時暴死長房曰此可代之今人九月九日登高是也 離騷曰椒專佞以慢諂兮榝又充其佩幃

【賦】晉孫楚茱萸賦曰有茱萸之嘉木植茅茨之前庭歷漢女而始育闡百載而長生森蔓延以盛興布綠葉於紫莖鶉火西徂白藏授節零露既凝鷹隼飄厲攀紫房於纖柯綴朱實之酷烈應神農之本草療生民之疥疾

柟

莊子曰騰猿得杉柟攬蔓枝而生長其間得便也 摇碧山朝歌山脆山多柟負霜停翠

柞

詩曰陟彼高崗析其柞薪其葉湑兮維柞之枝其葉蓬蓬 疏柤兮柞殼爲斗可以染皁今俗及河內云杼斗或橡斗 爾雅栩杼 漢書五柞宮風土舜所耕多柞樹瑟彼柞棫民所燎矣柞棫佩矣

楸

瑞楸梓常生 潘岳懷舊賦望彼楸矣感于余思別賦望青楸之離霜陳思王詩曰走馬長楸間 漢淮北滎南河濟之間千樹楸與千戶侯等小居千重之

櫟

疏周秦謂柞爲櫟 河南謂蔓參爲櫟 爾雅曰其實梂椒之屬其子房生爲梂具蒴 莊子匠石之齊至曲園見櫟社樹曰是不才故若是之壽櫟社見夢曰若此文木也楂梨橘柚之屬邪孰熟則剝故不終天年

楛音戶切云木中矢

楛荊楚中貢篠簵楛 疏上黨人箴以爲箱器屋以爲釵調問婦人欲質楮不蜜龍中自有黃金貫釵不山中自有楛矢具前 詩曰瞻彼旱麓榛

楛濟濟 選曰彼榛楛之勿翦亦蒙榮於集苹

靈壽

漢哀帝賜霍光靈壽杖

女貞

山海經曰太山多貞木 鄭氏婚禮謁文贊曰女貞之樹柯葉冬生寒涼守節險不能傾 典術曰女貞木者少陰之精冬葉不落 晉宮閣名曰華林園女貞一株 【頌】晉蘇彥女貞頌曰昔東阿王作楊柳頌辭義慷慨旨在其中余今爲女貞頌雖事異於往作蓋亦以厲冶容之風也 女貞之樹一名冬生負霜葱翠振柯凌風故清士欽其質而貞女慕其名或樹之於雲堂或植之於階庭

長生

洛陽宮殿簿曰明光殿前長生二株含章殿前長生一株 晉宮閣名曰華林園長生六株萬年殿前長生二株 鄴中記曰金華殿後有皇后浴室種雙長生樹枝條交於棟上團圓車蓋形冬日不彫葉大如掌至八九月乃生華華

色白子赤大如橡子不中啖也世人謂之西王母長生樹【賦】晉嵇含長生樹賦曰余嬰丁閔凶靡所定居老母垂聖善之訓以爲生事愛敬没則無改宜居墓次瞻奉感靈兼覽藝文可以不殞先軌祗奉慈令遂家于墳左掃除壇宜封種植松栢松栢之下不滋非類之草猥有長生育于域内豈老母至行表徵於嘉木哉美我親之仁孝固徵瑞之必招降祖宗之遺德振奇木之青條結根擢幹載生無漸弱莖猗猗綠葉冉冉處陰冬而愈茂豈莖葉之有點感自然以旌賢諒有道之不掩

木槿

爾雅曰椵木槿櫬木槿（別二名也似李樹花朝生夕落可食也）說文曰舜木槿也朝華暮落廣志曰日及木槿也毛詩曰有女同車顔如舜華（木槿也）禮記曰仲夏之月木槿榮　成相篇曰莊子貴支離悲木槿（成相淮南王所作也）晉宮閣名曰華林園有三株　外國圖曰君子之國多木槿之華人民食之去琅耶三萬里玄中記曰君子之國地方千里多木槿之華　羅浮山記曰木槿一名赤槿華甚丹四時敷榮【賦】晉盧諶朝華賦曰覽庭隅之嘉木莫朝華之可玩俯浸

潤之泉壤仰晞影於雲漢　晉傅咸舜華賦曰佳其日新之美故種之前庭而爲之賦覽中唐之奇樹禀沖氣之至清應青春而敷蘂逮朱夏而誕英布夭夭之纖枝發灼灼之殊榮紅葩紫蔕翠葉素莖含暉吐曜爛若列星朝陽照灼以舒暉逸藻采粲而光明斆天壤而莫儷何蒭華之足營　晉羊徽木槿賦曰有木槿之初榮藻衆林而間色在青春而資氣遠中夏以呈飾挹宵露以舒采暉晨景而吸艶　晉夏侯湛朝華賦曰洛神樹之脩異寔積陽之純精蜿潛根以誕節據川壤以擢莖皎日升而朝華玄景逝而夕零逮明晨而繁滋若靜夜之衆星長莖攢起柔條列布濯靈柯於時雨滋逸采於曲露灼煌煌以煒煒獨崇朝而達暮於是茂樹蒼蒼纖枝翩翩潛光玉朗綠葉翠鮮脩江摠南越木槿賦曰日及多名蕣實肇生東方記乎夕死郭璞贊以朝榮潘文體其夏盛嵇賦憫其秋零此則京華之麗木非于越之舜英南中斬草衆花之寶雅什未名騷人失藻爾來翠潤露歇紅燥疊萼疑縈低莖若倒朝霞映日殊未研珊瑚照水定非鮮千葉英蕚詎相似百枝燈花復羞燃暫是欲寄根對滄海大願移華

厠綺錢井上桃蟲難可雜庭中 荏𧏙豈見憐乃爲歌曰帝妝梁冀婦紅粧
蕩子家若持花並笑宜笑不勝花趙女垂金珥燕姬插寶珈誰知紅槿豔無
因寄狹邪徒今萬里道攀折自咨嗟 **頌** 宋顔延之赤槿頌曰日御北至
夏德南宣玉蒸𤓰心氣動上玄華纚間物受色朱天是謂珍樹含豔丹間
序 晉蘇彥舜華詩序曰其爲花也色甚鮮麗迎晨而榮日中則衰至夕
而零莊周載朝菌不知晦朔況此朝不及夕者乎苟映采於一朝燿穎於當
時焉識夭壽之所在哉余既翫其葩而歎其榮不終日 晉傅玄朝華賦序
曰朝華麗木也 晉成公綏日及賦序曰日及者華甚鮮茂榮於仲夏訖於孟
秋 晉潘尼朝菌賦序曰朝菌者蓋朝華而暮落世謂之木槿或謂之日及
詩人以爲舜華宣尼以爲朝菌其物向晨而結建明而布見陽而盛終日而
殞不以其異乎何名之多也 晉嵇含朝生暮落樹賦序曰草木春榮秋悴
此樹朝生暮落 **書** 東方朔與丞相公孫弘借車馬書曰木槿夕死朝榮士亦
不長貧也

樗

詩曰蔽芾其樗　又山有栲（栲山樗）　又南山有樗　惠子曰吾有大樹人謂之樗其本擁腫不中繩小枝拳曲不中規矩至於途匠者不顧今子之言大而無用衆所同去子曰何不樹之於無何之鄉廣莫之野逍遥乎寢卧之下

木蘭

離騷曰朝搴阰之木蘭（搴取也阰山名也）　古今注曰孝哀帝元嘉元年芝生後庭木蘭樹上　神仙傳曰北海王君病癩見市有賣藥姓公孫帛因問之公曰明日木蘭樹下當教卿明日往授素書二卷以消灾救病無不愈者　洛陽宫殿簿曰顯陽殿前有木蘭二株　晉宫閣名曰華林園木蘭四株　戴延之西征記曰顯陽殿前有木蘭

【賦】晉成公綏木蘭賦曰許昌西園中木蘭樹余往觀之遂爲賦曰覽衆樹之列植嘉木蘭之殊觀至於玄冥授節猛寒嚴烈峩峩堅冰霏霏白雪木應霜而枯零草隨風而摧折顧青翠之茂葉繁旖旎之弱條諒抗節而矯時獨滋茂而不彫

夫栘

爾雅曰唐棣栘（似白楊江東呼夫栘）　詩曰何彼襛矣唐棣之華　又山有苞棣　六月食

欝鬯及薁（薁夫移也音郁）夫移燕兄弟也閔管蔡之失道夫移之華萼不煒煒凡今之人莫如兄弟　禮記疏曰夫移一名薁李一名欝鬯梅一名車下李一名欝

橚（音肅木也）

晏子春秋曰景公登青堂見斷橚淮門者令誅之晏子諫曰前見㡧惡多見也黈纊塞耳惡多聞也人君自生其民公曰趣舍之

若木

山海經曰灰野之山有赤樹青葉名曰若木（生崑崙西附西極其光華赤焰下也）離騷曰折若木以拂日　淮南子曰若木在建木西上有十日其華照下地

賛　晉郭璞若木賛曰若木之生崑山是濵朱華電照碧葉玉津食之靈智爲力爲仁

合歡

本草經曰合歡味甘平生川谷安五臓和心志令人懽樂無憂久服輕身明目生益州　仲長統昌言曰漢哀帝時有異物生於長樂宮東廡栢樹及永巷南闥合歡樹議者以爲芝草也君臣皆賀受賜　古今注曰欲蠲人之忿則贈以青囊〻名合歡〻則忘忿枝葉若繁互相交結每一風來輒

自相解不相牽綴嵇康種之舍前　晉宮閣名曰華林園合歡四株【詩】晉楊方合歡詩曰南鄰有奇樹承春挺素華豐翹被長條綠葉蔽朱柯因風吐微音芳氣入紫霞我心羨此木願徙着余家夕得遊其下朝得弄其葩爾根深且固余宅淺且洿移植良無期歎息將如何

杉

爾雅曰披煔今之杉木　晉咸康起居注曰侍御史秦武奏平陵前道東杉樹一株萎死以備預栢栽補之請收陵令推劾　鄧德明南康記曰南野獻山有漢大傅陳蕃遥望兩杉樹聳柯出嶺垂蔭覆谷　劉欣期交州記曰合浦東二百里有一杉樹葉落隨風入洛陽城内漢時善相者云此休徵當出王者故遣二人伐樹役夫多死三百人坐株上食過足相容　居名山志曰華子崗上紫杉千仞被在崖側又云金州山西面杉疎偏爲白猨所捿胥夕哀鳴行人所惡

【頌】梁江淹杉頌曰桐梓舊麗松括稱奇焉如茲品獨秀青崖群木斂望灘冉不關長入煙氛永縣鸞鸝

并閭

廣雅曰并閭椶也　山海經曰脃之山其木多椶椶樹高三丈許無枝條葉大而員岐生枝頭實皮相重被一行一皮者爲一節可爲索也　廣志曰椶一名并閭葉似車輪乃在顛下有皮纏之附地起三旬一採轉復上生　吳録地理志曰武陵臨沅縣多并閭木生山中　晉令曰其夷民守護椶皮者一身不輸

【頌】梁江淹并閭頌曰異木之生疑竹疑草攢叢石逕森蔽山道煙岫相珎雲容共靄不錦不縟何避工巧

荆

春秋運斗樞曰玉衡星散爲荆　廣志曰楚荆也牡荆蔓荆也　廣志曰荆葉大實者名曰牡荆又有山荆　左傳曰伍舉入鄭聲子將如晉遇之於鄭郊班荆相與食而言復故布荆坐地共議歸楚　漢書曰淮南王安謀反伍被諫曰昔子胥諫吳王云臣今見麋鹿遊姑蘇之臺臣今亦將見宮中生荆棘露沾衣也　東觀漢記曰尹勤治韓詩事薛漢身牧豕事親至孝無有交遊門生荆棘　周景式孝子傳曰古有兄弟忽欲分異出門見三荆同株接葉連陰歎曰木猶欣聚況我而殊哉還爲雍和　神仙傳曰呂恭有徐隨居丹徒左慈過隨門下有宿客車六七乘欺慈云徐公不在慈去客皆見牛在楊樹杪車轂中

背生荆木長二丈客懼入報隋隋曰此左公遣追之客遂愬叩頭謝客還見牛故在地無復荆木也　顧微廣州記曰撫納縣出金荆　禮弓矢圖楚燋以荆為之然以灼正以荆者凡木心圓荆心方也　廣州記曰白荆堪為履紫荆堪為牀萬南杜荆指病自愈節不相當者月暈時剋之養病　毛詩曰翹翹錯薪言刈其楚楚荆也　又曰揚之水不流束楚　又曰綢繆束楚　又曰交交黃鳥止于楚　老子曰師之所處荆棘生焉　文選曰不別荆著慶雲之惠君也　芒荒鬱蕭森參天榛之蒙籠　史記曰廉頗肉袒負荆因賓客至藺相如門謝

【詩】晉陸機樂府歌詩曰三荆歡同株四鳥悲異林

【頌】梁江淹金荆頌曰江南之山連鄣連天既抱紫霞亦嗽絳煙金荆佳樹涵雲宅仙婍節誰及幽意誰傳

【贊】宋顔峻几贊序曰今上在彭城賜金荆卧几

棘

周書程寤曰文王在翟夢南庭生棘小子發取周庭之梓於闕間化松柏棫柞驚以告文王文王召發於明堂拜吉夢受商大命　秋朝士周禮曰左九棘孤卿大夫位焉右九棘公侯伯子男位焉樹棘以為位取赤心而外刺　元命苞曰樹棘聽訟

其下者原心不其赤無實也　吳都賦曰亦猶棘林之螢耀與夫尋木之龍燭
魏都賦曰榮其文身驕其險棘　又曰尋靡蓱於中逵造木猴於棘刺
春秋繁露曰美惡之類各以類應故以龍致雨以扇逐暑軍之所處生以棘
楚　石季龍大饗群臣於大武殿佛圖澄曰殿乎殿乎棘子成林將壞人衣龍
發下石果有棘生　陳留耆舊傳曰魏尚詔獄棘樹上占曰夫棘中心赤外有
棘蒙我言有棘而赤心之至誠也　離騷曰甘棠苦於豐草荆棘生於中
庭　毛詩曰凱風自南吹彼棘心　又曰尸鳩在桑其子在棘　又肅肅鴇羽集
于苞棘　又湛湛露斯在彼杞棘　又營營青蠅止于棘　又曰吹彼棘薪
後漢書曰我有枳棘兮君伐之

黃蓮

本草經曰黃蓮一名王蓮味苦寒治熱【頌】梁江淹黃蓮頌曰黃蓮上草丹
沙之次御孽辟妖長靈久視驂龍行天馴馬匝地鴻飛以儀順道則利

梔子

漢書曰梔茜園（梔支子也）本草經曰支子一名木丹　地鏡圖曰望氣占人家黃氣

者梔子樹也　晉令曰諸宮有秩梔子守護者置吏一人　晉宮閣名曰華林園梔子五株　遊名山志曰樓石山多梔子　【詩】齊謝朓墻北梔子樹詩曰有美當階樹霜露未能移金蕡發朱采映日以離離幸賴夕陽下餘景及四枝還思照緑水君階無曲池餘榮未能已晚實猶見奇復留傾筐德君恩信未貲　梁簡文帝詠梔子花詩曰素華偏可喜的的半臨池疑為霜裹葉復類雪封枝日斜光隱見風還影合離　【贊】宋顔測梔子贊曰濯雨時摘素當飈獨含芬豐榮殊未紀銷落竟誰聞

竹

尚書曰篠蕩既敷（篠竹箭也）　山海經曰雲山有桂竹甚毒傷人必死（始興小桂縣出桂竹也）　說文曰箭矢竹也　爾雅曰東南之美者有會稽之竹箭焉　又曰桃枝四寸有節　禮記曰如竹箭之有筠　竹譜曰桃枝竹皮滑而黃可以為席　山海經曰嶓冢之山嚻水之上多桃枝竹　魏志曰倭國有桃枝竹　裴氏廣州記曰廣州有桃枝竹　永嘉記曰陽嶼有仙石山頂上有平石方十餘丈名仙壇壇四輒有一筋竹凡有四竹葳蕤青翠風來動音自成宮商石上淨潔初無麤穢

篳桴相傳云曾有却粒者於此羽化故謂之仙石　笙法眞羅維山疏曰嶺南道
無節竹惟此山有之其大尺圍細者色如黃金堅貞踈節　異苑曰東陽郡
道德家中節竹林忽生連理　吕氏春秋曰昔黃帝命伶倫爲律伶倫自
大夏之西阮隃山之陰取竹之嶰谷斷兩節間長六寸九分而吹之爲黃鍾之宫
律之本也　竹譜曰邛竹高節實中狀如人剡俗謂之扶老竹　漢書張騫至
大夏見邛竹杖問之云賈人市之身毒國　丹陽記曰江寧縣南三十里有慈
毋山積石臨江生簫管竹自伶倫採竹嶰谷其後惟此簳見珍故歷代常
給樂府而俗呼鼓吹山今慈湖戍常禁採之　禮斗威儀曰君乘木而王政
太平蔓竹紫脫爲之常生　吴越春秋曰越王問范蠡用兵對曰越有處女
願君王問之處女北行見王道逢老人自稱袁公跪拔林於竹末折墮地處
女即捷其末公操其本而刺處女處女舉杖擊之公飛上樹變爲白猿
博物志曰洞庭之山帝之二女啼以涕揮竹盡班今下雋有班皮竹　山海經
曰長石山之西有共谷其中多竹衞丘之竹山林在焉大可爲舟（郭璞曰竹一節間可爲舡也）
易曰震爲蒼琅竹　穆天子傳曰天子西征休于玄池之上乃奏廣樂三日而

終是曰樂池乃樹之竹是曰竹林　離騷七諫曰便娟之脩竹寄生於江潭上葳蕤而防露下泠泠而來風　史記曰渭川千畝竹其人與千戶侯等　韓詩外傳曰黃帝時鳳皇棲帝梧桐食帝竹實　漢書曰高祖為亭長乃以竹皮為冠（以竹始生皮作冠今鵲尾冠是也）及貴常冠之　又曰上發卒塞瓠子河令群臣將軍以下皆負薪而下淇園之竹（衛之苑也多竹篠也）　三輔舊事曰竇將軍有青竹田　楚國先賢傳曰孟宗母嗜筍及母亡冬節將至筍尚未生宗入竹哀歎而筍為之出得以供祭至孝之感也　文吏傳曰蔡邕經會稽高遷亭見椽竹可以為笛取用果有異聲　湘州記曰邵陵高平縣有文竹山上有石床四面綠竹扶踈常隨風委拂此床　盛弘之荊州記曰臨賀冬山中有大竹數十圍高亦數十丈有小竹生其旁皆四五圍下有盤石徑四五丈極方正青如彈棊局兩竹屈垂拂掃石上初無塵穢未數十里聞風吹此竹如簫管之音　述征記曰山陽縣城東北二十里魏中散大夫嵇康園宅竹林時有遺竹也在白鹿山東南　荊州厥貢惟箘簵楛　楊州厥貢篠簜既敷（篠竹箭簜大竹水去已布生）毛詩曰如竹苞矣　籊籊竹竿以釣于淇　竹竿一篇衛女思歸也適異

國而不見咎思而能以禮也　禮曰日短至則伐木取竹箭　莊子曰鵷鶵非練實而不食（練食竹實也取其絜白也）家語曰山南之竹不搏自直斬而爲箭射達革

詩　齊虞羲見江邊竹詩曰挺此貞堅性來樹朝夕池秋波漱下趾冬雪封上枝葳蕤防曉露葱蒨集羈雌含風自颬颬負雪亦猗猗金明無異狀玉洞良在斯但恨非嶰谷伶倫未見知　齊謝朓詠竹詩曰窗前一叢竹青翠獨言奇南條交北葉新筍雜故枝月光疎已密風聲起復垂青扈飛不礙黃口得相窺但恨從風籜根株長別離　梁元帝賦得竹詩嶰谷管新抽淇園竹復脩作龍還葛水爲馬向并州柯亭臨絕澗桃枝夾細流冠學芙蓉樣花堪威鳳遊邛王若有獻張騫應拜侯　梁沈約詠簷前竹曰萌開籜已垂結葉始成枝繁陰上蓊茸促節下離離風動露滴瀝月照影參差得生君戶牖不願夾華池　梁江洪和新浦侯齋前竹詩曰本生出高嶺移賞入庭蹊檀欒拂桂橑蓊茸傍朱閨夜條風析析曉葉露凄凄籜紫春鵙思筠綠寒蛩啼不惜凌雲茂遂聽羣雀棲願抽一莖實試看翔鳳來　梁劉孝先竹詩曰竹生空野外

梢雲聳百尋無人賞高節徒自抱貞心恥染湘妃淚羞入上宫琴誰能
製長笛當爲吐龍吟　梁劉孝威詠枯葉竹詩曰枯楊猶更緑卧柳尚
還生勿嫌鳳不至終當待聖明　陳賀循賦得夾池脩竹詩曰緑竹影參差
葳蕤帶曲池逢秋葉不落經寒色詎移來風韻晚逕集鳳動春枝所悅
高蹈客未待伶倫吹　陳陰鏗賦得夾池竹詩曰夾池一叢竹垂翠不驚寒
葉醖宜成酒皮治薛縣冠湘川染别淚衡嶺拂仙壇欲見葳蕤質當
爲雪中看　陳張正見賦得階前嫩竹詩曰翠竹梢雲自結叢輕花嫩
筍欲凌空砌曲横枝屢解籜階前踈葉強來風欲知抱節成龍處當
於山路葛陂中

【賦】晉江逌竹賦曰有嘉生之美竹挺純姿於自然含虛中
以象道體圓質以儀天託宗爽塏列族圃田緣崇嶺帶迴川薄循隰
行平原故能凌驚風茂寒鄉籍堅冰負雪霜振葳蕤扇芬芳翕幽
液以潤本承清露以擢莖拂景雲以容與拊惠風而迴縈　齊王儉靈丘
竹賦應詔曰靈丘深沉葛竹凝陰神根合拱楨幹百尋振芳條乎崑岳
敷緑采於高岑沿淮海而蔚映帶沮漳而蕭森志東南而擅美在淇

衛而流音方靈壽而均茂儀菌桂而成林若乃青春受謝九野舒榮綠蘋齊葉白芷抽萌蔥蔥而特秀篠擢穎而垂英霜皦鏡於原隰木衰疏於郊阡翠葉與飛雪爭采貞柯與曾冰競鮮

梁簡文帝脩竹賦曰玉潤桃枝之麗魚腸雲母之名日映花美風動花輕

【詔】梁任昉靜思堂秋竹應詔曰靜思堂連洞房臨曲沼夾脩篁豈竹宮豐麗於甘泉之右竹殿弘敞於神嘉之傍綠條發丹檻翠葉映雕梁入戶掃文石傍簷拂象床常生偶蘭桂結實値鵷鳥皇逢性與之至道偶斯文之在茲歡栢梁之有賦恨相如之異時

【贊】晉謝莊竹贊曰瞻彼中唐綠竹猗猗貞而不介弱而不虧杳裊人圃蕭瑟雲崖推名楚潭美質梁池

【序】晉伏滔長笛賦序曰余同僚桓子野有故長笛者胥老云蔡邕之所作也初邕避難江南宿於柯亭柯亭之觀以竹為椽邕仰而眄之曰良竹也取以為笛音聲獨絕

藝文類聚卷第八十九

藝文類聚卷第九十

鳥 鳳 鸞 鴻 鶴 鷗 雉

鳥

爾雅曰二足而羽謂之禽 生哺鷇 生噣鶵 又曰亢鳥嚨嚨喉也 其粻嗉嗉受食之處也 尚書曰日中星鳥以殷仲春鳥獸孳尾日永星火以正仲夏鳥獸希革宵中星虛以殷仲秋鳥獸毛毨日短星卯以正仲冬鳥獸氄毛 周官曰鳥隼爲旟 毛詩曰誕寘之寒冰鳥覆翼之鳥乃去矣后稷呱矣后稷初生弃之於冰上鳥舒翼覆之 又曰伐木丁丁鳥鳴嚶嚶其鳴矣求其友聲 左氏曰晉侯伐齊齊師夜遁師曠曰鳥烏之聲樂齊師其遁 禮記曰凡生天地之間者莫不知愛其類今是大鳥獸則失喪其匹越月踰時焉過其故鄉迴翔焉鳴號焉蹢躅焉踟躕焉然後乃能去之小者至於燕雀猶有啁啾之頃焉凡有血氣之屬者莫智於人故人於其親也至死不窮 論語曰鳥之將死其鳴也哀 又曰鳥獸不可與同羣 春秋孔演圖曰鳥化爲書孔子奉以告天赤雀集書上化爲黃玉刻曰孔提命作應法爲赤制雀集

家語曰孔子在衛顔回侍側聞哭聲甚哀子曰回汝知此何哭對曰此哭非但爲死又爲生離回聞桓山之鳥生四子焉羽翼既成將分四海悲鳴而送之哀聲似此孔子使問之果父死家貧賣子以葬　晏子曰齊景公使顔涿聚主鳥而亡公召欲殺之晏子曰涿聚有三罪請數之爾爲吾君主鳥而亡之一罪也使吾君以鳥殺人二罪也諸侯聞之以吾君重鳥輕士三罪也公曰勿殺之　莊子曰上好智而無道則天下大亂矣何以知其然耶弓弩畢弋機變之智多則鳥亂於上也　孫卿子曰鳥窮則啄獸窮則攫人窮則詐　史記曰秦仲知百鳥之音與之語皆應焉　東方朔傳曰武帝問朔何知鳥之雌雄對曰雄左翼加右聲高雌右翼加左聲小　謝承後漢書曰楊震卒未葬有大鳥五色高丈餘從天飛下到震棺前舉頭悲鳴淚出霑地至葬日冲升天上華嶠漢書曰當時人立石鳥象於震前　十洲記曰東海中有祖洲地方五百里去海岸七萬里上有不死之草似瓜苗秦始皇時大宛中多死人橫道忽有鳥如烏狀銜此草以覆死人面皆登時起坐遂活　抱朴子軍術曰衆鳥羣飛徘徊軍上不過三日有暴兵至鳥聚軍中將軍當

賞功增秩鳥集將軍之旗將軍增官鳥集軍中莫知其名軍敗 羅含傳曰含少時晝卧忽夢一鳥文色異常飛來入口含因驚起心胷間如吞物意甚惡之叔母謂曰鳥有文章汝後必有文章此吉祥也含於是才藻日新 搜神記曰常山張顥爲梁相天新雨後有鳥如山鵲稍下墮地民爭取即化爲一圓石顥椎破之得一金印文曰忠孝侯印顥以聞上藏之秘府顥後官至太尉 博物志曰子路與子貢過鄭神社社樹有鳥子路捕鳥神社牽攣子路子貢悦之乃止 會稽典録曰夏方字文正家遭疫癘父母伯叔一時死凡十三喪方年十四晝則負土哀號墓側扶棺哭泣比葬年十七烏鳥集聚猛獸乳其側

【詩】古詩曰胡馬依北風越鳥巢南枝 梁朱超詠獨栖鳥詩曰河水聞寒已成凍塞草愁霜懸自衰可念無端失林鳥此夜逆風何處歸列網遮山不聽度懸冰繞樹滑難依細石似無鳶能隨雨片木作鳶猶解機但令積風多少便何患有翼不能飛寄語故林無數鳥會入羣裏比毛衣

【賦】漢趙壹窮鳥賦曰有一窮鳥戢翼原野罼網加上機穽在下繳彈張右羿子彀左飛丸繳矢交集于我思飛不

得欲鳴不可舉頭畏觸摇足恐墮内懷怖急乍冰乍火幸賴大賢我矜我怜昔濟我南今振我西鳥也雖頑猶識密恩内以書忠外用告天

晉夏侯湛觀飛鳥賦曰見逸遊之高鳥邈飄颻而殊逝擢華毛以迅鶩迴勁翼以揚勢披六翮之聯翩振輕體之迢遞遂乃矜形遼廓馮虚安翔翩翻徘徊上下頡頏動素羽之習習亂白質於日光玩流氣以差池弄長風以抑揚攝雙翅以高舉舒脩頸以儴佯目悦妙勢心嘉羽儀愛惠音之嚶嚶美弱翰之參差蹔高凌於景外又抑身乎雲崖乍來乍往若懸若垂象流星之離天似圓物之墜危何斯遊之自得諒逸豫之可希苟臨川而羨魚亦覿翔而樂飛

梁沈約天淵水鳥應詔賦曰天淵池鳥集水漣漪單汎姿容與羣飛時合離將騫復斂翮迴首望驚雌飄薄出孤嶼未曾宿蘭渚飛飛忽云倦相鳴集池籞可憐九層樓光影水上浮奔來蹔止息遇此遂淹留若夫侶浴清深明翻迥曠聶鸊紫鷖餙丹冕緑襟之狀過波兮湛澹隨風兮迴漾竦臆兮開萍戲水兮興浪

序 晉王叔之傷孤鳥詩序曰偶得二鳥將欲放之俄頃而一者死一者既放

屢顧悲鳥感微禽之有心遂爲詩以傷之

鳳

說文曰鳳神鳥也 山海經曰軒轅之丘鸞鳥自歌鳳自舞又曰南禺之山有鳳皇鵷鶵 周書王會曰鳳鳥戴仁抱義 大戴禮曰羽蟲三百六十而鳳皇爲之長 毛詩曰鳳皇于飛翽翽其羽亦傅于天 又曰鳳皇鳴矣于彼高岡梧桐生矣于彼朝陽 禮記曰麟鳳龜龍謂之四靈 左傳曰陳大夫卜妻敬仲其妻占之曰鳳皇于飛和鳴鏘鏘有嬀之後將育于姜鶡冠子曰鳳鶉火禽陽之精也德能致之其精畢至 論語曰鳳鳥不至河不出圖吾已矣夫 宋玉對問曰鳳皇上擊九千里絕雲霓負蒼天乎窈冥之中蕃籬之鷃豈能與之料天地之高哉 莊子曰老子見孔子從弟子五人問曰爲誰對曰子路爲勇其次子貢爲智曾子爲孝顏回爲仁子張爲武老子歎曰吾聞南方有鳥其名爲鳳所居積石千里天爲生食其樹名瓊枝高百仞以璆琳琅玕爲實天又爲生離珠一人三頭遞臥遞起以伺琅玕鳳鳥之文戴聖嬰仁右智左賢 離騷曰爲鳳皇作鶉籠

雞翁其不容言以鸋鶂之籠不能容藏鳳凰之形體也 漢武內傳曰西王母曰仙之上藥有九色鳳頭次藥有蒙山白鳳之肉 十洲記曰鳳麟洲在西海之中四面有弱水繞之鴻毛不可越也其上多鳳麟數萬各爲群上仙之家以鳳喙麟角合煎作膠名爲集弦膠亦名連金泥能屬連刀劍弓弩弦 焦貢易林曰鳳生五鶵長於南郭君子康寧身悅榮樂 列仙傳曰簫史教弄玉吹簫作鳳聲鳳皇來止其屋秦穆公爲作鳳臺一旦皆隨鳳飛去 抱朴子曰夫麟鳳以形狀爲別聖人以神爲異古者太平之世鳳皇常居其國而生乳至夏后始食卵而鳳去之此則鳳有種矣 楊龍驤洛陽記曰鳳陽門五層樓去地三十丈安金鳳皇二頭石虎將衰一頭飛入漳河今日清朗見於水中事具樓篇

【詩】漢李陵詩曰鳳皇鳴高岡有翼不好飛安知鳳皇德貴其來見稀 魏劉楨詩曰鳳皇集南岳徘徊孤竹根於心有不厭奮翅凌紫氛豈不常勤苦羞與黃雀群 晉棗據詩曰有鳳適南中終日無歡娛自怨梧桐遠行飛棲桑榆奮迅振長翼俛仰向天衢簫韶逝無聞朝陽不可須 晉王叔之擬古詩曰客從北方來言欲到交趾遠行無他貨唯有

鳳皇子百金我不欲千金難爲市　陳張正見賦得威鳳棲梧詩曰丹山下威鳳來集帝梧中欲儛春花落將飛秋葉空影照龍門水聲入洞庭風烈有將鶵曲翻更合絲桐【賦】晉桓玄賦曰伊品之自品亦在類而有別惟羽族之殊誕獨鸞鳥皇而搆桀邈區宇以超棲撫朝陽於丹穴備六德以成暉奮藻翰之郁烈集崑峯而斂翼翔青雲以遐越　晉傅咸儀鳳賦序曰鷦鷯賦者廣武張侯之所造也以其形微處卑物莫之害也而余以爲物生則有害有害而能免所以貴乎才智也夫鷦鷯既無智足貴亦禍害未免免乎禍害者不唯儀鳳也

鸞

春秋元命苞曰火離爲鸞　海外經曰軒轅之國清沃之野鸞鳥自歌又曰廣都之野鸞鳥歌　漢武内傳曰西王母曰神仙次藥有靈丘蒼鸞焦顗易林曰温山松柏常茂不落鸞鳳以庇得其歡樂　東觀漢記曰王阜爲重泉令鸞鳥集止學宮阜使掾汝豐賫爲張雅樂擊聲鳥舉足垂翼應聲而舞止縣庭留十餘日乃去　謝承後漢書曰方儲家

聖羽幼喪名事母毋終自負土成墳種奇樹千株鸞鳥止其上白東遊其下 决録注曰辛繕字公文治春秋讖緯隱居華陰光武徵不至有大鳥高五尺雞頭鸞頷虵頸魚尾五色備舉而多青棲繕槐樹旬時不去弘農太守以聞詔問百寮咸以爲鳳太史令蔡衡對曰凡象鳳者有五多赤色者鳳多青色者鸞多黄色者鵷鶵多紫色者鸑鷟多白色者鵠今此鳥多青乃鸞鳥非鳳也上善其言三公聞之咸遜位避繕不起

典略曰鸞鳥者神靈之精其象五彩雞形鳴中五音肅肅雍雍喜則舞以樂常處幽閑頌聲作則至

詩

魏嵇叔夜贈秀才詩曰雙鸞匿景耀戢翼太山崖抗首嗽朝露晞陽振羽儀長鳴戲雲中時息蘭池

魏王粲詩曰聯翩飛鸞鳥獨遊無所因毛羽照野草哀鳴入青雲我尚假羽翼飛覩爾形身願乃春陽會交頸遘殷勤

宋范泰鸞鳥詩序曰昔罽賓王結罝峻卯之山獲一鸞鳥王甚愛之欲其鳴而不致也乃飾以金樊饗以珍羞對之愈戚三年不鳴其夫人曰嘗聞鳥見其類而後鳴何不懸鏡以映之王從其意鸞覩形悲鳴哀響中霄一

奮而絶嗟乎兹禽何情之深昔鍾子破琴於百牙匠石韜斤於郢人蓋悲妙賞之不存慨神質於當年耳矧乃一舉而殞其身者哉悲夫乃為詩曰神鸞栖高梧爰翔霄漢際軒翼颺輕風清響中天厲外患難預謀高羅掩逸勢明鏡懸高堂顧影悲同契一激九霄音響流形已斃

鴻

毛詩曰鴻鴈美宣王也周易曰初六鴻漸于干上九鴻漸于陸其羽可用為儀吉（鴻水鳥也適進之義始於下而升故以鴻喻儀可貴也）禮記曰前有車騎則載飛鴻（取其飛有行列舉於旗首以警衆也）又孟春之月鴻鴈來（鴈自南方來將北反其居）季秋之月鴻鴈來賓（賓言客止來去）

左傳衛獻公誡孫文子甯惠子食皆服而朝日旰不召（勑戒二子欲共宴食皆服朝衣待命也）而射鴻於囿二子從之公不釋皮弁而與之言二子怒如戚（戚孫子邑也）尸子曰虎豹未成文而有食牛之氣鴻鵠之鷇羽翼未全而有四海之心賢者之生亦然管子曰桓公在位管仲隰朋見立有間有二鴻飛過桓公嘆曰仲父今彼鴻有時而南有時而北四方無遠所欲至而至焉惟有羽翼之故是能通其意於天下乎寡人之有仲父猶飛鴻之有羽翼也

莊子曰孔子見老子歸三日不談謂弟子曰人如飛鴻者吾必矰繳而射之吾今見龍矣韓詩外傳曰齊使獻鴻於楚鴻渴使者於道飲鴻而失之使者至楚曰臣欲亡去爲兩使不通欲絞頸而死將以吾君賤士貴鴻也楚王賢之以爲上客史記陳勝歎曰燕雀安知鴻鵠之志哉楊子法言曰鴻飛冥冥弋人何慕焉博物志曰鴻鵠千歲者皆胎產

詩 宋顔延之歸鴻詩曰昧旦濡和風霑露踐朝暉萬有皆同奉鴻鴈獨辭歸相鳴去澗汜長引發江繼歛翮潔登雲侶連緜千里飛長懷河朔路緬與湘漢違

賦 晉成公綏鴻鴈賦曰余嘗遊乎河澤之間是時鴻鴈應節而羣至望川以奔集夫鴻漸著羽儀之歎小雅作于飛之歌斯乃古人所以假象興物有取其美也余又奇其應氣而知時故作斯賦辰火西流秋風厲起止翥鼓翼抗志萬里過雲夢以娛遊投淮湘而中憩晝顧眺以候遠夜警循而相衛 梁沈約八詠聽曉鴻篇曰聽曉鴻曉鴻度將旦跨弱水之微瀾發成山之遠岸無東西之可辨孰遐邇之能算幷秋蓬飛兮未極塞草寒兮無容色吴山高兮巂難

度越水深兮深不測羨明月之馳光顧征禽之駃翼夜緜緜而難曉愁參差而盈臆孤鴈夜南飛客淚夜霑衣春鴻昔暮反客子方未歸

晉曹毗雙鴻詩序曰近東野見有養雙鴻者其儀甚美又善鳴舞雖志希青翠之遊身非已有物之可感良謂此也

鶴

韻集曰鶴善鳴鳥也 周易曰鳴鶴在陰其子和之 毛詩曰鶴鳴誨宣王也鶴鳴于九皋聲聞于天言身隱而名著也 左傳曰狄人伐衛衛懿公好鶴鶴有乘軒者將戰國人受甲者皆曰使鶴鶴實有祿位余焉能戰 易通卦驗曰立夏清風至而鶴鳴 春秋說題辭曰鶴知夜半 韓詩外傳曰晉平公遊於河而樂曰安得賢士與之樂此也舡人蓋胥跪而對曰夫珠出於江海玉出於崑山無足而至者猶主君之好也士有足而不至者蓋主君無好士之意耳何患無士乎公曰吾食客門左千人門右千人朝食不足夕收市賦暮食不足朝收市賦吾可謂不好士乎對曰夫鴻鵠一舉千里所恃者六翮耳背上之毛腹下之毳益一把飛不爲加高損一把飛不加下今君之食客門左

門右各千人亦有六翮在其中矣將皆背上之毛腹下之毳耶新序云晉文公游西河舟人固桑對也說苑趙簡子遊於河舟人古桑對凡三書皆同也　列子詹何曰聞先大夫之言蒲且子之弋弱繳垂風振之連雙鶴於青雲之際用心專動手均也　墨子曰禽子問曰多言有益乎對曰蝦蟇日夜鳴口乾而人不聽之鶴雞時夜而鳴天下振動多言何益乎　莊子曰鳧脛雖短續之則憂鶴脛雖長斷之則悲　又曰老子謂孔子曰夫鶴不日浴而白烏不日黔而黑　離騷曰緣鵠飾玉后帝是饗后帝謂殷湯也言伊尹始仕緣烹鵠鳥之羹脩飾玉鼎以事殷湯湯賢之遂以爲相也　史記曰齊王使淳于髡獻鶴於楚出邑門道飛其鶴徒揭空籠以見楚王曰齊王使臣獻鶴過於水上不忍鶴渴出而飲之飛去吾欲絞頸而絕恐人議吾君以鳥故令士自殺吾欲買而代之是不信而欺吾王欲赴他國痛吾兩主使不通故來受罪楚王曰善說苑魏文侯使舍人蔡無擇獻鶴於齊其事同之也　神異經曰西海之外有鶴國男女皆長七寸爲人自然有禮好經論跪拜壽三百歲人行如飛日千里百物不敢犯之惟畏海鵠鵠過吞之亦壽三百歲人在鵠腹中不死而鵠一舉千里張茂先曰此陣亶對桓公也　淮南八公相鶴經曰鶴陽鳥也而遊於陰蓋羽族之宗長仙人之騏驥也　東觀漢

記曰章帝至岱宗柴望黃鵠三十從東南來經祀壇上 竹林七賢論曰嵇紹入洛或謂王戎曰昨於稠人中始見嵇紹昂昂然若野鶴之在雞羣 琴操曰商陵牧子取妻五年無子父兄將欲爲改娶妻聞中夜驚起倚戶悲嘯牧子聞援琴鼓之痛恩愛之永離因彈別鶴以舒憤故曰別鶴操 晉八王故事曰陸機爲成都王所誅顧左右而歎曰今日欲聞華亭鶴唳不可復得華亭吳國拳縣郊外之野機素遊之所 陶侃傳曰侃丁母艱在墓下忽有二客來弔不哭而退儀服鮮潔知非常人隨而看之但見雙鵠飛而沖天 抱朴子曰周穆王南征一軍盡化君子爲猿爲鶴小人爲蟲爲沙 述異傳曰荀瓌事母孝好屬文及道術潛栖却粒嘗東遊憩江夏黃鵠樓上望西南有物飄然降自雲漢俄頃已至乃駕鶴之賓也鶴止戶側仙者就席羽衣虹裳賓主歡對辭去跨鶴騰雲眇然烟滅 異苑曰魏安釐王觀翔鵠而樂之曰寡人得如鵠之飛視天下如芥也客有隱遊者聞之作木雕而獻王王曰此有形無用者也夫作無用之器世之姦民也召遊欲加刑焉遊曰大王知有用之用未聞無用之用也今

臣請爲大王翔之乃取而騎焉遂翻然飛去莫知所之

世說曰僧支道林好鶴時有遺其雙鶴者翅長欲飛林意惜之乃鎩其翮鶴軒翥不能復起乃舒翼反頭視之如似懊惋道林曰既有凌霄之姿何肯爲人耳目近玩乎養令翮成遂放飛去

風土記曰鳴鶴戒露此鳥性警至八月白露降流於草上滴滴有聲因即高鳴相警移徙所宿處慮有變害也

白鶴

漢書宣帝即位尊孝武廟爲代宗所巡狩至郡國皆立廟告祠代宗廟日有白鶴集後庭

崔顥易林曰白鶴銜珠

吳越春秋曰吳王闔廬有女王伐楚與夫人及女會食蒸魚王嘗半女怨曰王食我殘魚辱我不忍久生乃自殺闔廬痛之葬於郡西閶門外鑿地爲女墳積土爲山文石爲椁金鼎玉盃銀樽珠襦之寶皆以送女乃舞白鶴於吳市令萬民隨觀之遂使與鶴俱入墓門因塞之以送死

列仙傳曰王子喬見桓良曰待我緱氏山頭至期果乘白鶴住山巔望之不得到

神仙傳曰介象死吳先帝思之以象所住屋爲廟時時往祭之有白鶴來集坐上也

臨海記曰郡西北有白鶴山周迴六十里高三百丈有細水懸注遥望如倒挂白鶴因以爲名古老相傳云此山昔有晨飛鵠入會稽雷門鼓中於是雷門鼓鳴洛陽聞之孫恩時射斫此鼓見白鶴飛出翱翔入雲此後鼓無復遠聲 永嘉郡記曰有洙溪野青田九里中有雙白鵠年年生子長大便去只恒餘父母一雙在昔精白可愛多云神仙所養 華嶠漢書曰崔琦作白鶴賦以諷梁冀冀甚銜殺之 列仙傳曰蘇耽去後忽有白鶴十數隻夜集郡東門樓上一隻以爪畫作書字言曰是城郭人民非三百甲子當復歸咸謂是耽 續搜神記曰遼東城門有華表柱忽有一白鶴集徘徊空中言曰有鳥有鳥丁令威去家千歲今來歸城郭如故人民非何不學仙去空伴冢纍纍遂上冲天

黃鵠

離騷曰黃鵠之舉兮知山川之紆曲再舉兮知天地之圜方 戰國策曰莊辛謂楚襄王曰黃鵠遊於江海俯噣鰋鯉仰齧菱藕奮其六翮自以爲無患與人無事不知夫射者太公調弦治矢繳將加巳百仞之上故晝遊江

鄉久調鼎俎 韓詩外傳曰田饒事魯哀公而不見察謂哀公曰夫雞有五德猶曰瀹而食之者以其所從來近也夫黃鵠一舉千里止君園池啄君稻粱君猶貴之以其所從來遠也故臣將去君黃鵠舉矣 漢書曰黃鵠下建章宮太液池中公卿上壽賜諸侯王列侯宗室金錢也 列女傳曰魯陶門女者少寡養姑紡績爲產魯人欲求之女乃歌曰黃鵠早寡七年不雙宛頸獨宿不與衆同飛鳥尚然況於貞良魯人聞之遂不復求 古今注曰漢惠帝五年七月黃鵠二集蕭池

玄鵠

瑞應圖曰玄鵠者王者知音樂之節則至 又曰黃帝習樂崑崙以舞衆神玄鵠六翔其右 韓子曰師涓鼓新聲平公問師曠此何聲也曰淸商公曰最悲乎師曠曰不如淸徵公曰可得聞乎曠曰古之得聽淸徵者皆有德義之君公曰得試之乎曠不得已援琴一奏有玄鶴二八道南方來集於郭門之扈再奏而列三奏延頸而鳴舒翼而舞音中宮商公大悦提觴起爲師曠壽其後大旱 離騷曰煎鴻鶬 鶬鶴也 淮南子曰

鳳皇曾遊萬仞之上鴻鵠其蒼鶴莫不憚焉　南越志曰開寧縣多鳧鵠巖居

詩　古詩曰飛來白鶴從西北來十十五五羅列成行妻卒被病不能相隨五里一反顧六里一徘徊吾欲銜汝去口噤不能開吾欲負汝去毛羽日摧頹　魏陳王曹植詩曰雙鶴俱遨遊　相失東海傍雄飛竄北朔雌鶩赴南湘弃我交頸歡離別各異方不惜萬里道但恐天網張　魏何晏詩曰雙鶴比翼遊群飛戲太清常恐天網羅憂禍一旦并豈若集五湖順流摟浮萍逍遥放志意何為怵惕驚　晉阮籍詩曰鴻鵠相隨去飛飛適荒裔雙翮凌長風須臾萬里逝朝食琅玕實夕宿西山際抗身青雲中網羅孰能制　梁簡文帝詠洲閒獨鶴詩曰遠霧旦氛氳單飛才可分孤鸞宿嶼浦羈淚下潰意惑東西水心迷四面雲誰知獨辛苦江上念離群　梁江洪和新浦侯詠鶴詩曰閑園有孤鶴摧藏信可憐寧望春皐下刷羽翫花鈿何時秋海上照影弄長川曉鳴動遥怨夕唳感孀眠哀咽芳林君憫黔華池遭遊猶異凌雲志萬里共翩翩　梁吴均詠鶴詩曰本自乘軒者為君階下禽　摧藏多好貌清唳有奇

晉稻粱惠以重華出遇亦深懷恩[illegible]無江海心　陳劉邦賦得獨鶴淩雲去詩曰孤鳴思滄海矯翮避虞機怨別妻琴曲淩風散舞衣五里雖迴顧千年會欲歸寄語雷門鼓無復一雙飛　陳阮卓賦得黃鵠一遠別詩霜風秋月映樓明言、鶴偏栖中夜驚月下徘徊顧別影風前悽斷送離聲離聲一去斷還續別響時來疎復促聊看遠客贈綾紋彌怨閑宵雅琴曲恒思昔日稻粱恩理翮整翰上君軒獨舞輕飛向吳市孤鳴清唳出雷門王子吹笙忽相值自覺飄飄雲裏䭾一舉千里未能歸唯有田饒解深意

【賦】魏王粲白鶴賦曰白翎稟靈龜之脩壽資儀鳳之純精接王喬於湯谷駕赤松於扶桑餐靈岳之瓊蘂吸雲表之露漿　魏陳王曹植白鶴賦曰嗟皓麗之素鳥兮含奇氣之淑祥薄幽林以屏處蔭重景之餘光狹單巢於弱條懼衝風之難當承邂逅之侥倖得接翼於鸞皇同毛衣之氣類信休息而同行傷本規之違忤悵離羣而獨處恒竄伏以窮棲獨哀鳴而戢羽無大綱之解結得奮翅而遠遊聆雅琴之清均記六翮之末流　晉桓玄鶴賦曰惟茲禽之受命諒誕生

於悠邈擢高距以自抗延脩頸以軒矚分頳玄以發藻通太素其如玉縱眇颺於雲裔豈四海之難局練妙氣以適化孰百年之易促稅雲駕於三山抃鸞鳥皇於崑嶽　宋臨川康王鶴賦曰其狀也紺絡頸而成飾頳點首以表儀羽凝素而雪映尾舒玄而桼差趾象劍以振步形亞鳳以擅奇　宋鮑照舞鶴賦曰散幽經以驗物偉胎化之仙禽指蓬壺而翻翰望崑閬而揚音帀日域以迴騖窮天步而高尋踐神區其既遠積靈祀而方多精含丹而星曜頂凝紫而煙華疊霜毛而弄影振玉羽而臨霞朝戲於芝田夕飲乎瑤池厭江海而遊澤掩雲羅而見羈嘆清響於丹墀舞飛容於金閣始連軒以鳳蹌終宛轉而龍躍躑躅徘徊振迅騰摧驚身蓬集矯翅雪飛將興中止若往而歸雖邯鄲其敢倫豈陽阿之能擬入衛國而乘軒出吳都而傾市守馴養於千齡結長悲於萬里　梁沈約八詠聞夜鶴篇曰聞夜鶴夜鶴叫南池對此孤明月臨風振羽儀伊吾人之菲薄無賦命之天爵愍海上之驚鳧傷雲間之離鶴離鶴昔未離近發天北垂忽值疾風起暫下昆明也欲棲不可住欲去飛已疲勢逐　求溫向衡楚復值南飛鴻

參差共成侶海上多雲霧蒼茫失洲[illegible]羣獨向瀟湘渚故羣不
離散相依江海畔夜止羽相切晝飛影相亂刷羽共浮沉湛澹汎清陰既不
經離別安知慕侶心九冬負霜雪六翮非所任且養凌雲翅俛仰弄清音
【贊】周庾信鶴贊曰九皋遥集三山迥歸華亭別唳洛浦仙飛不防離繳先
遭合圍籠摧月羽弋碎霜衣寒傳餘號關承舊名南遊湘水東入遼城
雲飛欲舞露落先鳴六翮摧折九關嚴閉相顧哀鳴肝心斷絶松上長悲
琴中永別【文】晉湛方生弔鶴文曰余以玄冬脩夜忽聞階前有孤鶴鳴遡
寒風而清叫感悽氣而增悲屬聽未終余有感焉乃為文以弔之惟海
嵎之奇鳥資秀氣以誕生擬鸞鷟而比翼超羽族而獨靈濯冰霜之素
質颺九皋之奇聲喙荒庭之遺粒漱絶澗之餘清望雲舒而息翮御朝
霞而晨征輟王子之靈轡縶虞人之長纓辭丹穴之神友與雞鶩而同
庭軒天羈而奔想顧樊籠而忽礁獨中宵而增思負清霜而夜鳴資貞中
天之儁翮曾不殊於鳥雀禀[illegible]壽之脩期忽同彫於秋蒲匪一物之足
悲傷有理而橫落【書】晉劉謐之與從弟孝徵書曰省爾譏我以養鶴

乃戒以衛懿滅斃之禍斯言惑矣吾未之取彼衛懿之好民無役車之載鵠有乘軒之飾禍敗之由由乎失所若乃開囿即於靈囿沃池矩乎神沼文魚躍於白水素鳥翔乎神州豈非周文之德大雅所脩哉夫嘉肴旨酒非不美也夏禹戚以陶豆殷紂貯以玉杯而此聖以興彼愚以滅蓋置之失所如其無失來難可施乎

【序】晉湛方生羈鶴吟序曰鄰人王氏有養鵠者摧翮虞人之手心悲志喪後三年羽翮既生翻然高逝有感余懷乃爲之吟

宋范曄詩序曰客有寄余雙鵠者其一揚翰皎潔鄉晉逸九皋其一翅折志衰自視缺然余因歎玩之遂爲之詩

雉

爾雅曰鸕諸雉今雉也鷮雉長尾走且鳴鷂雉青質五采鳴雉黃色鳴自呼鷩雉似山雞而小春秋運斗樞曰璣星散爲雉山海經曰小華之山其鳥多赤鷩可以禦火鷩雉中孟山鳥多白雉易曰離爲雉取其有文章尚書曰日月星辰山龍華蟲華蟲鷩雉也五色故謂之華蟲尚書大傳曰武丁祭成湯有雉飛鼎耳而雊問諸祖已曰雉者野鳥也不當升鼎升鼎者欲爲用也遠方將有來朝者乎武丁思

先王之道辮髮重譯至者六國 禮記曰孟冬雉入大水爲蜃
周官曰巾車掌王后之五輅重翟錫面（重翟翟雉之羽）儀禮曰士相見之禮贄
用雉（取其耿介） 毛詩曰有鷕雉鳴 左傳曰賈大夫（賈國大夫）娶妻而美不言不笑
御以如臯射雉獲之其妻忽言而笑 又曰叔孫豹奔齊庚宗婦人獻以
雉問其姓曰子子長矣能奉雉而從我矣 又曰郯子云五雉爲五工正（五雉見爾雅）
論語曰山梁雌雉時哉時哉子路拱之三嗅而作 尹文子曰楚人握
山雉者路人問何鳥也欺之曰鳳皇也路人曰我聞鳳皇今始見矣汝販
之乎請買千金弗與請加倍乃與之方欲獻楚王經宿死路人不遑惜其
金惟恨不得獻王王聞之感其欲獻已召厚賜之過買鳥之金十倍
莊子曰澤雉十步一啄百步一飲不期畜乎樊中 列異傳曰秦穆公時陳
倉人掘地得物若羊非羊若豬非豬牽以獻穆公道逢二童子童子
曰此名爲媼常在地食死人腦若欲殺之以栢插其首媼復曰彼二童名
爲陳寶得雄者王得雌者霸陳倉人捨媼逐二童子童子化爲雉飛
入平林陳倉人告穆公穆公發徒大獵果得雌又化爲石置之汧渭之間

至文公爲立祠名陳寶雄飛南集今南陽雉縣其地也秦欲表其符故以名縣每陳倉祠時有赤光長十餘丈從雉縣來入陳倉祠中有聲如雄雉 洪範五行傳曰正月雷微而雉雊雷通氣也 楊雄琴清英曰雉朝飛操者衞女傳母之所作也衞侯女嫁於齊太子中道聞太子死問傳母曰何如傳母曰且往當喪喪畢不肯歸終之以死傳母悔之取女所自操琴於冢上鼓之忽二雉俱出墓中傳母撫雉曰女果爲雉耶言未畢俱飛而起忽然不見傳母悲痛援琴作操故曰雉朝飛

琴操曰齊獨沐子年七十無妻朝出見飛雉雌雄相隨感之撫琴而歌曰雉朝飛鳴相和雄雌羣遊於山河 漢武帝故事曰上幸梁父祠地主上親拜庶羞以遠方奇禽異獸及白雉白鳥之屬其日山上有白雲又呼萬歲者 東觀漢記曰魯恭爲中牟令蝗蟲不入縣界河南尹遣郡掾肥親驗之坐樹下雉過止其側旁有小兒親曰何不擊之兒言雉將雛可憐親歎其三異 魏書曰太祖才力絶人於南皮一日射雉獲六十三頭 魏志曰侍中辛毗從文帝射[illegible]哉毗曰於陛下甚樂於群

下甚苦帝默然爲之希出　吳志曰孫休銳意於典籍欲畢覽百家
之言大好射雉春秋之間常晨出夜還惟此時捨書　江表傳曰孫權
數射雉潘濬諫權權曰時時暫出耳不復如往日也濬曰天下未定
萬機務多射雉非急弦絶括破皆能爲害濬乃手自撤壞雉翳權
由是遂絶不復射雉　抱朴子曰白雉有種南越尤多按地域圖今之九
德則古之越裳也蓋白雉之所出周成王所以爲瑞者貴其所自來之遠
明其德化所被之廣非謂此爲奇也　晉成康起居注曰大醫司馬程
據上雉頭裘詔於殿前燒之　博物志曰翟雉長尾雨雪惜其尾棲高
樹杪不敢下食往往餓死　蕭廣濟孝子傳曰蕭芝至孝除尚書郎
有雉數十頭飲啄宿止當上直送至歧路下直入門飛鳴車側　宋略孝武
帝嘗出射雉値雨侍中沈懷文諫曰非止千乘失容亦乃聖躬擲沐　**詩**
宋鮑照詩曰雉朝飛振羽翼專場挾兩雌恃強力媒已驚翳已逼黃間
潛彀盧矢直刎繡頸碎錦臆絶命君前無怨色　梁簡文帝雉朝飛
詩曰晨光照麥畿平野度春暉避鷹時聳角始壟或斜飛少年從遠

促有恨意多違不如隨遊蕩羅袂拂白衣　陳蕭慤有射雉詩曰三月春翬動曹王俠妬媒插翳依花合芰場向野開隔田聞雉近橫溪見影來弦明青月壁碎箭落錦衣摧今日如皋路能將巧笑迴

【賦】晉王叔之翟雉賦曰余在荊楚見人有養食雉翟二鳥者慨然感之而為賦之含野氣於人塗信多懼而少嘉雉見質而不陋翟表文而弗華映寒條之始綠發冬秀之餘葩　晉傅純雉賦曰臨覽見飛禽之可貴偉翔雉之嘉形應炎離之誕育包造化之淳精鮮光皎粲麗采繁盈首同暉於昊天垂玄景之綠青體等燿於方彩敷五色之華英　晉傅玄雉賦曰稟炎離之正氣應朱火之禎祥播五彩之繁縟被華文而成章冠列角之盛儀翅從風而飄揚履巖距之武節超鸞鷟而跱而鳳翔感天和而貽瑞進據鼎而祚商樂周道之方隆敷皓質於越裳　晉孫楚翟賦曰體冲和之淑質飾羽儀於茂林斑五色之文章揚噭噭之清音設密網於嵒巖阿飛輕激之雲浮上無逃而弗獲下無隱而不搜遂戢翼以就養隨籠栖而言歸恒逍遙於階庭廕朝陽之盛暉

【表】宋孝武帝在蕃上白雉表曰白體表素彩偉[illegible]擾陶氣仁風練色淳露不

蕲一飲之逸不資三逸之勤【啓】周庾信謝趙王賚雉啓曰夏翟秋飛潷
春澗中牟縣之客遂得坐觀賈大夫之妻已應含笑仰費中廚來供下客川
道遠口腹知恩

鶡

說文曰鶡似雉出上黨　月令曰大雪之日鶡鳥不鳴　列子曰黃帝與炎帝戰以雕
鶡為旗幟　漢書曰京兆尹張敞舍鶡雀飛集丞相霸以為神雀欲以上聞
敞劾奏之霸大慚　續漢書輿服志曰虎賁武騎皆鶡冠以其鬭死乃止故
趙武靈王以表武士焉【賦】魏陳王曹植鶡賦曰鶡之為禽猛氣其鬭終
無勝負期於必死遂賦之焉美遐圻之偉鳥生太行之巖阻體貞剛之烈
性亮金德之所輔戴毛角之雙立揚玄黃之勁羽甘沈殞而重辱有節俠
之儀矩降居檀澤高處保岑遊不同嶺棲必異林若有翻雄駭逝孤雌
驚翔則長鳴挑敵鼓翼專場踰高越壑雙戰隻僵階侍斯珥俯耀文墀
成武官之首飾增庭燎之高暉　魏王粲鶡賦曰惟茲鶡之為鳥信才勇
而勁武服乾剛之正氣被淳駹之質羽愬晨風以羣鳴震聲發乎外宇厲

廉風與猛節超羣類而莫與惟膏薰之焚銷固自古之所咨逢虞人而見獲遂因執乎緤纍賴有司之圖功不開小而漏微令薄躯以免害從孔鶴於園湄

【贊】晉郭璞鶡贊曰鶡之為鳥同羣相爲疇類被侵雖死不避毛飾武士兼厲以義

藝文類聚卷第九十

藝文類聚卷第九十一　　鳥部中

孔雀　鸚鵡　青鳥　鴈　鵝　鴨　雞　山雞　鷹　鷂

孔雀

春秋元命苞曰火離爲孔雀　周書曰成王時西方人獻孔雀　楚辭曰孔蓋兮翠旌（孔雀之羽爲車蓋）　鹽鐵論曰南越以孔雀珥門戶今貴其所饒非所以厚中國也　神仙傳曰蕭史吹簫常致孔雀　漢書曰尉佗獻文帝孔雀二雙　西域傳曰罽賓國出孔雀　續漢書曰西南夷曰滇池出孔雀　又云西域條支國出孔雀　魏文帝詔朝臣曰前于闐王山習所上孔雀尾萬枚文彩五色以爲金根車蓋遥望曜人眼　郭子曰梁國楊氏子年九歲甚聰慧孔君平詣其父父不在乃呼兒出爲設果有楊梅孔指以示兒此是君家果兒應聲答曰未聞孔雀是夫子家禽　晉公卿贊曰世祖時西域獻孔雀解人語馴指應節起舞　楊孚交州異物志曰孔雀人拍其尾則舞

【賦】魏楊脩孔雀賦序曰魏王園中有孔雀久在池沼與衆鳥同列其初至也甚見奇偉而今行者莫眡臨淄侯感世人之待士亦咸如此故興志而作賦并見命及遂作賦曰有南夏

之孔雀同號栖於火精偶鵾虛以挺體含正陽之淑靈首戴冠以飾貌爰龜背而鸞頸徐軒翥以俛仰動止步而有程 魏鍾會孔雀賦曰有炎方之偉鳥感靈和而來儀禀麗精以挺質生丹穴之南垂戴翠旄以表弁垂綠蕤之森纚戴脩尾之翹翹若順風而揚麾五色點注華羽參差鱗交綺錯文藻陸離丹口金輔玄目素規或舒翼軒峙奮迅洪姿或蹀足踟躕鳴嘯郁咿 晉左九嬪孔雀賦曰戴緑碧之秀毛擢翠尾之脩莖飲芳桂之凝露食秋菊之落英耀丹紫之倏爍應晨風以悲鳴

鸚鵡

禮記曰鸚鵡能言不離飛鳥 淮南子曰鸚鵡能言而不可使長言是得其所言不得所以言 萬畢術曰乾睪一名鸚鵡斷舌可使言語 吳時外國傳曰扶南東有漲海海中有洲出五色鸚鵡 其白者如母雞 異苑曰張華有白鸚鵡 華每出行還輒說僮僕善惡後寂無言華問其故鳥云見藏甕中何由得知公復在外令喚鸚鵡鸚鵡曰昨夜夢惡不宜出戶公猶強之至庭為鴟所搏教其啄鴟腳僅而獲免 宣驗記曰有鸚鵡飛

集他山中禽輒相愛重鸚鵡自念雖樂不可久也便去後數月山中大火鸚鵡遥見便入水霑羽飛而灑之天神言汝雖有志意何足云也對曰雖知不能救然嘗僑居是山禽獸行善皆爲兄弟不忍見耳天神嘉感即爲滅火 沈約宋書曰謝莊爲太子庶子時南平王鑠上赤鸚鵡普詔群臣爲賦太子左衛率府袁淑文冠當時作賦畢賫以示莊莊賦亦竟淑見而歎曰江東無我卿當獨秀我若無卿亦一時之傑也遂隱其賦 賦 後漢禰衡鸚鵡賦曰時黄祖太子射賓客大會有獻鸚鵡者舉酒於衡前曰今日無以娱賓竊以此鳥自遠而至明慧聰善願先生爲之賦衡筆不停綴文不加點 魏陳王曹植鸚鵡賦曰美洲中之令鳥超衆類之殊名感陽和而振翼遁太陰以存形遇旅人之嚴網殊六翮而無遺身挂滯於重紲孤雌鳴而獨歸豈余身之足惜憐衆雛之未飛分糜軀以潤鑊何全濟之敢希蒙含育之厚德奉君子之光輝怨身輕而施重恐往惠之中虧常戢心以懷懼雖處安其若危永哀鳴以報德庶終來而不疲 魏應瑒鸚鵡賦曰何翩翩之麗鳥兮表衆豔之殊色被光耀之鮮羽流

玄黄之華飾苞明哲之弘慮從陰[illegible]秋風厲而潛形苔君神發而動翼 魏陳琳鸚鵡賦曰咨乾坤之兆物萬品錯而殊形有逸姿之令鳥含嘉淑之哀聲抱振鷺之素質被翠羽之縹精 魏王粲鸚鵡賦曰步籠阿以躑躅叩衆目之希稠登衡幹以上干噭哀鳴而舒憂聲嚶嚶以高厲又憀憀而不休聽喬木之悲風羨鳴友之相求日奄藹以邁忽逍遥而既冥就隅角而斂翼倦獨宿而宛頸 魏阮瑀鸚鵡賦曰惟翩翩之豔鳥誕嘉類於京都穢夷風而弗處慕聖惠而來徂被坤文之黄色服離光之朱形配秋英以離緑苞天地以耀榮 晉傅玄鸚鵡賦曰奇毛曜體緑采含英鳳翔鸞跱孔質翠榮發言輒應若響追聲 晉左九嬪賦曰色則丹喙翠尾緑翼紫頸秋敷其色春耀其榮 晉盧諶賦曰有遐方之奇鳥產瓜州之舊壤揮緑翰以運影啓丹觜以振響音 晉傅咸賦曰有金商之奇鳥處隴坻之高松謂崇峻之可固然以慧而入籠披丹脣以授音亦尋響而應聲既明眸以承顏側聰耳而有聽口纔發而輕和密晷景而隨形言無往而不復似探幽而測冥自

嘉智於君子足取愛而揚名　晉曹毗賦曰余在直見交州獻鸚䳇鳥嘉其有智歎其籠樊乃賦之曰其形則雉顧鵠眄麏鳧跱鴈息丹喙含暎緗葩煥翼森森脩尾蔚蔚紅臆金采貞嬰於雙眸朱藻爛暉於首側　晉桓玄鸚䳇賦曰有遐方之令鳥超羽族之拔萃翔清曠之遼朗栖高松之幽蔚羅萬里以作貢嬰樊紲以勤瘁紅腹赬足玄頷翠頂華好音以遷善効言語以自騁翦羽翮以應用充戲玩於軒屏　宋顔延之白鸚䳇賦曰雖言禽之末品妙六氣而克生往祕奇於鬼服來充美於華京恨儀鳳之無辨惜晨鷖之徒暄思受命於黄髪獨含辭而採言起交河之榮薄出天山之無垠既達美於天居亦儷景於雲阿漸惠和之方渥綴風土而未訛服璅翮於短矜仰梢雲之曾柯覬天網之一布漏微翰於山阿　宋謝莊赤鸚䳇賦曰徒觀其柔儀所踐赬藻所挺華景夕映容光晦鮮惠性生昭和機自曉審國音於寰中達方聲於裔表及其雲移霞峙霰委雪翻陸離暈漸容裔鴻軒躍林飛岫煥若輕電溢煙門集場圃曄若[illegible]園至於氣淳體淨霧下

崖泥月圖光於緑水雲寫影於青天踰遼風而從聲翻雲路清露而調音 梁昭明太子鸚鵡賦曰有能言之奇鳥毎知來而發聲乍青質而翠映或體白而雪明喙前鈎而趨步翼高舞而翩翾足若丹而三布目如金而雙圓

【贊】晉郭璞山海圖贊曰鸚鵡慧鳥棲林啄蘂四指中分行則以觜自貽伊籠見幽坐伎

青鳥

山海經曰三危之山有青鳥居之（青鳥主爲西王母取食者引自栖息於此山也） 紀年曰穆王十三年西征至于青鳥之所憩 漢武故事曰七月七日上於承華殿齊正中忽有一青鳥從西方來集殿前上問東方朔朔曰此西王母欲來也有頃王母至有二青鳥如烏俠侍王母旁 又曰鈎弋夫人卒上爲起通靈臺常有一青鳥集臺上 晉中興書曰顔含嫂病困須髯蛇膽不能得含憂歎累日忽有一童子持青囊授含乃蛇膽也童子化爲青鳥飛去 神仙傳曰東陵聖母廣陵海陵人杜氏妻也學劉綱道坐在立亡杜公不信誣言聖母作姦收付獄聖母從窻中飛去於是遠近爲立廟

甚有神驗常有青鳥在祭所人有失物者青鳥便飛集物上路無拾遺晉郭璞青鳥賛曰山名三危青鳥所憩往來崑崙王母是隸穆王西征旋軫斯地

鴈

爾雅曰鳧鴈醜其足蹼（脚指間有幕蹼屬相著） 方言曰自關而東謂之鴈 海内經曰鴈門山鴈出其間在高柳北 禮記曰季冬之月鴈北向 周書曰白露之日鴻鴈來寒露之日又來 儀禮曰婚禮下達納采用鴈 毛詩曰雍雍鳴鴈旭日始旦 莊子曰山木以不材得終其天年出於山及邑舍故人之家令豎子殺鴈亨之豎子請曰其一鴈能鳴其一不能鳴請奚殺主人曰殺不能鳴者弟子問曰山中之木以不材得其天年主人之鴈以不材而死先生何處焉莊子笑曰周將處夫材與不材之間乎 史記曰蘇武在匈奴中昭帝遣使通和武思歸乃夜見漢使教使謂單于曰天子射上林中得鴈足有係帛書言武等在其澤中使者如其言單于大驚乃使武還 淮南子曰夫鴈從風而飛以愛氣力銜蘆而翔以備弋繳 說苑曰秦穆

公得百里奚公孫支歸取鴈以賀曰君得社稷之臣敢賀社稷之福公不辭再拜而受　續漢書曰陳群父子並著高名世號三君每宰府辟召常同時旌命羔鴈成群當世者靡不榮之　鄭氏婚禮謁文賛曰鴈候陰陽待時乃舉冬南夏北貴其有所　會稽典録曰虞國少有孝行爲日南太守常有雙鴈宿止廳上每出行縣輒飛逐車旣卒於官鴈逐喪還至餘姚住墓前歷三年乃去　盛弘之荆州記曰鴈塞北接梁州汶陽郡其間東西嶺屬天無際雲飛風翥望崖迴翼唯一處爲下湖鴈違塞矯翮裁度故名鴈塞同於鴈門也　鄧德明南康記曰平固縣有覆笥山上有湖周迴數十里有石鴈浮在湖中每至秋天石鴈飛鳴如候時也【詩】魏應瑒詩曰朝鴈鳴雲中音響一何哀問子遊何鄉戢翼正排徊言我塞門來將就衡陽栖往春翔朔土今冬客南淮遠行蒙霜露毛羽日摧頹常恐傷肌骨身隕沈黄泥　梁簡文帝賦得隴坻鴈初飛詩曰高翔憚闊海下去怯虞機雲霧闇早相失沙明還共飛隴狹朝聲聚風急暮行稀雖弥輪臺援未解龍城圍相思不得反且寄別書歸　夜望單飛鴈詩曰天霜河白

夜星稀一鴈聲嘶何處歸早知半路應相失不如從來本獨飛　梁沈約
詠湖中鴈詩曰白水滿春塘旅鴈每迴翔唼流牽弱藻斂翮帶餘霜
懸飛竟不下亂起未成行刷羽同搖漾一舉還故鄉　梁劉孝綽賦得始
歸鴈詩曰洞庭春水綠衡陽旅鴈歸差池高復下欲向龍門飛　梁蕭子
範夜聽鴈詩曰天月廣夜輝遊鴈犯霜飛連翩辭朔氣噭唳獨南
歸夜長寒復靜燈光曖欲微悽悽不可聽何況觸愁機　周王褒詠鴈
詩曰伺朝聞曙響姤壟有春暈豈若雲中鴈秋時塞外歸河長猶可
涉海闊故難飛霜多聲轉急風疎行屢稀園池若可至不復怯虞機
周庾信賦得集池鴈詩曰逢風時迴度逐侶乍爭飛猶憶方塘水今秋
已復歸　又詠鴈詩曰南思洞庭水北想鴈門關稻粱俱可戀飛去復飛還
【賦】魏陳王曹植離繳鴈賦曰余遊於玄武陂中有鴈離繳不能復飛顧命
舟人追而得之故憐而賦焉憐孤鴈之偏特情惆焉而內傷含中和之純氣
赴四節而征行遠玄冬於南裔避炎夏乎朔方挂微軀之輕翼忽頹落
而離群旅朋驚而鳴逝徒矯首而莫[illegible]甘充君之下廚膏函牛之鼎鑊

蒙生全之顧覆何恩施之隆博於是從軀歸命無慮無求飢食粱稻渴飲清流　晉羊祜鴈賦曰鳴則相和行則接武前不絕貫後不越序齊力不期而並至同趣不要而自聚當其赴節則萬里不能足其路苟泛一壑則衆物不能易其所臨空不能頓其翼揚波不能濺其羽　晉孫楚鴈賦曰有逸豫之儁禽禀和氣之清冲候天時以動靜隨寒暑而污隆颿同集于曠野紛群翔於雲中翳朝陽之景曜角聲勢於晨風族類阜繁數則千億迎素秋而南遊背青春而北息泝長川以鳴號凌洪波以鼓翼任自然而相佯窮天壤於八極

鵝

廣志曰駕鵝野鵝也　列子曰黃帝與炎帝戰以鵰鶡鷹鳶鴈鵝為旗幟　魯連子曰君鵝鴨有餘食士不足半菽　秦記曰符朗食鵝炙知黑白之處人不信既而試之果然　臨海記曰郡東南有白石山高三百餘丈望之如雪山上有湖古老相傳云金鵝所集八柱所植下有溪谷金光煥然事具桂郡　幽明錄曰晉義熙中羌主姚略壞洛陽陰溝取塼得一

雙雄鵝並金色交頸長鳴聲聞于九皐養之此溝 賦 宋鮑昭野鵝賦曰入長羅之逼脅負高繳之樊縈邈辭群而別偶超煙霧而風行踐非跡於瑤塗升弱羽於丹庭望征雲而延悼顧委翼而自傷無靑雀之銜命乏赤鴈之嘉祥空穢君之園池徒懃君之稻粱 序 晉蘇彥鵝詩序曰時暫出郡忽聞鵝鳴聲甚哀急乃去野人所致外吏規爲方便以俟送客聞之悵然又感莊生善鳴之鴈若其無音將充庖廚豈得放任矯翮籠樊 晉沈充鵝賦序曰于時有綠眼黃喙家家有焉太康中得大蒼鵝從喙至足四尺有九寸體色豐麗鳴聲驚人三年而爲暴犬所害惜其不終故爲之賦云

鴨

廣雅曰鳧鶩鴨也 說文曰鶩野鳧也 毛詩曰將翱將翔弋鳧與鴈 左傳公膳日雙雞饔人竊更之以鶩子尾怒 楚辭曰寧與騏驥抗軛乎將與雞鶩爭食乎寧昂昂若數千里之駒泛泛若水中之鳧 魯連子曰陳無宇謂門客曰昔荆來伐無一人行何國之寡士也門客對曰君車

衣文繡士不得以爲緣鵝鴨有餘食士不足哉稗堂上有酒池士不得一嘗財者君所輕死者士所重君不以所輕與人而欲得人所重不亦難乎　說苑曰鶩無他心故庶人以爲贄　廣志曰野鴨雄者赤頭有距鶩生百卵一日再生有露華鶩以秋冬生卵並出蜀晨鳧肥而耐寒宜爲臛　焦贛易林曰鳧舞鼓翼嘉樂堯德　風俗通曰王喬爲鄴令每月朔望常自縣詣臺朝帝怪其來數而不見車騎密令太史伺望之言其臨至輒有雙鳧從東南飛來於是舉羅張之但得一隻舄是先所賜尚書官屬履也　廣州先賢傳頓琦至孝母喪感慕哀聲不絕有飛鳧白鳩棲廬側見人即去見琦而留　又丁密遭父艱有飛鳧一雙游密廬旁小池見人則馴附如家所畜後遭母喪密歸至所居一宿故雙鳧復游戲池中　吳錄曰婁縣有石首魚至秋化爲冠鳧鳧頭中猶有石也　南越志曰化蒙縣祠山上有池池中有松鳧如今野鳧栖息松間故俗謂之松鳧

詩

梁簡文帝詠單鳧詩曰銜苔入淺水刷羽向沙洲孤飛本欲去得影更淹留

又詠寒鳧詩曰迴水浮輕浪沙場弄羽衣眇眇隨山沒離離傍海飛

隋江

揔賦得汎汎水中鳧詩曰歸鳧沸古同劉下方塘中出没時銜藻飛
鳴忽颺風浮深或不息戲廣若乘空春鸚徒有賦還笑在金籠
賦 晉蔡洪鬬鳧賦曰嘉乾黄之散授何氣化之有靈産羽蟲之麗鳥
惟鬬鴨之最精禀離午之淑氣體鸞鳳之妙形服文藻之華羽備黼
采之翠英冠葩緑以曜首綴素色以點纓性浮捷以輕躁聲清響以布
好鳴感秋商之肅烈從金氣以出征招㪍敵於戲門交武勢於川庭爾
乃振勁羽竦六翮抗嚴趾望雄敵忽雷起而電發赴洪波以奮擊
宋王徽野鶩賦曰翾翾雙鶩體㝡羽微和鳴媿鴈麗采慙鞏仰鶬
推高瞻隼憚威遵時弄音假日于飛爾乃湛淡揚瀾俛仰威嘻詩心
矜遠野意惕近洲 齊謝朓野鶩賦曰夫何羅人之伎巧薦江海之逸
禽落摩天之迅羽絶飛鷰之好音㪍文錦之丹臆納綺緑之翠衿孤雛
喧而靡翼羇雌叫而莫尋 啓 梁孝儀爲晉安王謝賜鵝鴨啓曰
形類沉文綖符陶記晉臣著筮吴朝未占復有背如車葢翼胷 毋却
月口疑犀欃腳似魚懸出九芝之池二千金之沼

雞

爾雅曰雞大者蜀蜀子鶤絶有力奮曰鷄三尺爲鶤 春秋運斗樞曰玉衡星精散爲雞 又説題辭曰雞爲積陽南方之象（離爲日積陽之象也）火陽精物炎上故陽出雞鳴以類感也（陽將出類見喜於鳴也） 易曰巽爲雞（雞知時号令之謂） 周官工商執雞（取其守時而動） 毛詩曰君子于役不知其期曷至哉雞棲于塒（鑿墻而棲曰塒） 又曰雞棲于桀（棲於弋爲桀） 又曰風雨思君子也亂世不改其度焉 風雨淒淒雞鳴喈喈風雨如晦雞鳴不已 禮記曰子事父母鷄初鳴咸盥漱 又曰季冬之月雉雊雞乳 左傳曰季郈之雞鬭（季平子郈昭伯二家相近故雞鬭） 季氏芥其雞（擣芥子播其羽） 郈氏爲之金距平子怒（怒其不下已） 又曰賓孟適郊見雄雞自斷其尾問之侍者曰憚爲犧也 越絶書曰雞山者句踐以畜雞將伐吳以食死士 列子曰紀渻子爲周宣王養鬭雞十日而問之雞可鬭乎曰未也方虚驕而特氣十日又問之曰未也猶應視而盛氣十日又問之曰幾矣望之如木雞其德全矣異雞無敢應者也 莊子曰莊子謂惠子曰羊溝之雞（司馬彪曰羊溝鬭雞之處） 三歲爲株（株魁帥） 相者視之則非良雞也然而數以勝人者以狸

膏塗其頭雞畏狸也　又曰嫗雞搏狸又曰越雞不能伏鵠卵　燕丹子曰燕太子丹質於秦逃歸到關丹為雞鳴遂得逃歸　呂氏春秋曰善學者若齊王之食雞也食其蹠數千而後足　戰國策曰秦惠王謂寒泉子曰蘇秦欺弊邑欲以一人之智反覆山東之君夫諸侯之不可一猶連雞之不能俱上於棲也　史記曰子路性鄙好勇力冠雄雞佩猳豚殘暴孔子孔子乃設禮義稍誘之子路乃委質請為弟子　又曰武帝得越巫立越祀而以雞卜上信之　玄中記曰東南有桃都山上有大樹名曰桃都枝相去三千里上有天雞日初出照此木天雞即鳴天下雞皆隨之　韓詩外傳曰田饒事魯哀公而不見察哀公曰臣將去君若黃鵠舉矣哀公曰何謂也饒曰君不見夫雞乎頭戴冠者文也足搏距者武也敵在前敢鬬者勇也見食相呼者仁也守夜不失時者信也雞雖有五德君猶曰瀹而食之者何也以其所從來近夫鵠一舉千里止君園池食君魚鼈啄君黍粱無此五德者君猶貴之以其所從來者遠也　漢書曰王奉光好鬬雞宣帝微時數與奉光會後即位封邛成侯　又宣帝微時鬬雞於杜鄠之間　又曰龔遂為渤海太守使民

家養五雞　又曰宣帝時或言益州有金馬碧雞可醮而致之於是遣王
褒持節求焉（金形似馬碧形似雞）　淮南子曰雞將知旦鶴知夜半　范曄後漢書曰河
南樂羊子妻不知何氏女常有他舍雞謬入垣內姑盜殺食之妻對雞不食
而泣姑怪問之妻曰自傷居貧使食有他肉姑竟弃之　論衡曰傳言淮南
王得道畜產皆仙犬吠天上雞鳴雲中　又曰孟嘗君叛出秦關雞未鳴
關不開下坐賤客鼓臂爲雞鳴而羣雞和之乃得出關夫牛馬以同類相
應而雞人亦以殊音相和應和之驗未足以效同類也　列仙傳曰祝雞公
者雒陽人居尸鄉北山下養雞百餘年雞皆有名字千餘頭暮栖于樹晝
日放散呼名即種別而至　廣志曰雞有胡髯五指金骹白雞金骹者善
奮并州所獻　吳中送長鳴雞　魏志曰馬韓國出細尾雞其尾長五尺
餘　九州春秋曰魏王入漢中討劉備不得進意欲弃之乃發令曰雞肋
踈屬不知何謂主簿楊脩曰夫雞肋弃之則可惜噉之無所得以比漢中
王欲去也乃白魏王遂還　吳録曰魏文帝遣使求長鳴短鳴雞羣臣以非
禮欲不與孫權敕付之　南越志曰雞冠四關如蓮花鳴聲清澈　江表

傳曰南郡獻長鳴承露雞　吳時外國傳曰扶南王范尋以鐵爲鬬雞假距與諸將賭戲　博物志曰祝雞公養雞法令世人呼雞云祝祝起此也　幽明錄曰晉兗州刺史沛國宋處宗嘗買得一長鳴雞愛養甚至恒籠著窻間雞遂作人語與處宗談論極有言智終日不輟處宗因此言巧大進　述異記曰雩都縣江邊有石室常有神雞色如金出穴奮翼長鳴見人輒飛入穴因號爲金雞穴

詩魏劉禎鬬雞詩曰丹雞被華采雙距如鋒芒願一揚炎威會戰此中唐利爪探玉除瞋目含火光長翹驚風起勁翮正敷張輕舉奮勾喙電擊復還翔　魏陳王曹植鬬雞詩曰遊目極妙伎清聽厭宮商主人寂無爲衆賓進樂方長筵坐戲客鬬雞閒觀房群雄正翕赫雙翹自飛揚揮羽激流風悍目發朱光觜落輕毛散嚴距往往傷長鳴入青雲扇翼獨翱翔願蒙狸膏助常得擅此場　魏應瑒鬬雞詩曰戚戚懷不樂無以釋勞勤兄弟遊戲場命駕迎衆賓二部分曹伍群雞煥以陳雙距解長緤飛踊超敵倫芥羽張金距連戰何繽紛從朝至日夕勝負尚未分專場驅衆

敵剛捷逸等群四坐同休賛賓主懷悦欣博弈非不樂此戲世所珍　梁
簡文帝鬬雞詩曰玉冠初蔕敵芥羽忽猜儔十日驕既滿九勝勢恒
遒脱使田饒見堪能說魯侯　又雞鳴詩曰塒雞識將曙長鳴高樹巔嘐
葉疑彰羽排花強欲前意氣多驚舉飄颺獨無侶陳思助鬬協狸
膏郈昭妬敵安金距丹山可愛有鳳皇金門飛舞有鴛奮爲何如五德
美豈勝千里翔　梁劉孝威雞鳴篇曰丹雞翠翼張妬敵得專場翅中
含芥粉距外曜金芒願賜淮南藥一使雲間翔　周庾信鬬雞詩曰開軒
望平子驟馬看陳王狸膏燻鬬敵芥粉壒春場解翅蓮花動猜群
錦臆張　周王褒看鬬雞詩曰躞蹀始横行意氣欲相傾妬敵金芒起猜
群芥粉生入場疑挑戰逐退似追兵誰知函谷下人去獨開城　陳徐陵鬬
雞詩曰季子聊爲戲陳王欲騁才花冠已衝力金爪復驚媒鬬鳳羞
衣錦雙鸞恥鏡臺陳倉若有信爲覔寶雞來　陳周弘正詠老敗鬬
雞詩曰少壯摧雄敵聘視生猜忌一隨年月衰摧頹落毛駃閑觀春光
滿東郊草色異無復先鳴力空餘擅場意　賦　晉傅玄鬬雞賦曰或

躑躅踟躕囁嚅容與或杷地俯仰或撫翼未舉或狼顧鴟視或鸞翔鶚舞或佯背而引敵或畢命於強禦於是紛紜翕赩雷合電擊爭奮身而相戟兮競隼執鳥而雕睨得勢者凌九天失據者淪九地 晉陸善長鳴雞賦曰美南雞之殊偉察五色之異形伺晨之早發抗長音之逸聲 晉習嘏長鳴雞賦曰嘉鳴雞之令美智窮神而入靈審璇璣之迴遼定昏明之至精應青陽於將旦忽鵠立而鳳停乃拊翼以讚時遂延頸而長鳴若乃本其形像詳其羽儀朱冠玉璫彤素並施紛葩赩弈五色流離殊姿豔溢彩耀華披扇六翮以增暉舒毳毛而下垂 【贊】晉湛方生長鳴雞贊曰精悤妙覺獨曉冥冥風雨如晦不愆其鳴 梁劉孝威正旦春雞贊曰寶雞陳蒼祠光表神雄飛帝漢雌鳴霸秦排膺激怒礴翅張瞋電鞭失焰雷車折輪助標魏敎擅場齊珎名流晉戟歌傳漢邑竊脂善盜摶穀難馴緑鸎智淺蒼鷹鳶害深兼茲五德歸于翰音 【文】排諧記雞九錫文曰維神雀元年歲在辛酉八月巳酉朔十三日丁酉帝顓頊遣征西大將軍下雉公王鳳西中郎將白門侯扁鵲

咨爾俊雞山子維君天姿英茂乘機晨鳴雖風雨之如晦抗不已之奇聲今以君爲使持節金西蠻校尉西河太守以揚州之會稽封君爲會稽公以前浚雞山子爲湯沐邑君其祗承予命使西海之水如帶浚雞之山如礪國以永存爰及苗裔浚山侍郎丁鴻舍人梟亭男梁鴻郎中蘇鶡死罪伏惟君德著朝野動加鵷鷺故天王鳳皇特錫位封令鳳翮等在栖外願時拜受不勝欣豫之情謹詣栖下以聞

山雞

魏志曰平原太守劉邠取山雞毛著器中使管輅筮之輅曰高岳巖巖有鳥朱身羽翼玄黄鳴不失晨此山雞毛也　異苑曰山雞愛其毛映水則舞魏武時南方獻之帝欲其鳴舞而無由公子蒼舒令以大鏡著其前雞鑒形而舞不知止遂乏死韋仲將爲之賦甚美　竺法眞登羅山疏曰山海經云鷩雉一名山雞養之禳火災　辛氏三秦記曰陳倉君山在太白之西上有石雞與山雞趨時若使燒山山雞飛去石雞不去晨鳴山頭聲聞三十里或云是玉雞　南越志曰曾城縣多鵕鸃鵕鸃山雞也利距善鬬

世以家雞鬬之則可擒也光色鮮羽五采炫燿【賦】晉傅玄山雞賦曰惟南州之令鳥兼坤離而體珎被黄中之色敷文象以飾身翳景山之竹林超遊集乎水濵鑒中流以顧影睎雲表之清塵　宋臨川康王山雞賦曰形鳳婉而鵠跱羽衮蔚而細暉臨淥湍而映藻傍青崖而妍飛不隱燿而貽累倏見屈於虞機

鷹

爾雅曰鷹鶆鷞鳩　又曰鷹隼醜其飛也翬（鼓翅翬翬）　廣志曰有雉鷹有菟鷹一歲爲黄鷹二歲撫鷹三歲青鷹胡鷹獲麞　春秋緯曰瑶光星散爲鷹　毛詩曰維師尚父時惟鷹揚　周書曰驚蟄之日鷹變爲鳩處暑之日鷹乃祭鳥　左傳郯子云少皥氏爽鳩氏司寇也（杜謂鷹也）　又子産始知然明問爲政對曰視民如子見不仁者誅之如鷹鸇之逐鳥雀也　戰國策曰唐雎謂秦王曰要離刺慶忌蒼鷹擊於殿上　京房占曰七月鳩化爲鷹　漢書曰孫寳爲京兆尹請故吏侯文爲掾立秋日文謂寳曰今鷹隼始擊當順天氣成嚴霜之誅　東觀漢記曰鄧太后臨朝上

林鷹犬悉斥放之　馬融與謝伯世書曰憤憤愁思猶不解懷思在竹間放
狗逐麋晚秋涉冬大蒼出籠黃棘下兜芼以乾葵以送餘日茲樂而已
後幽明録曰楚文王時有人獻一鷹俄而雲際有一物凝翔鮮白鷹便竦翮
而升須臾羽墮如雪血下如雨有大鳥墮地兩翅廣數十里衆莫能知時博
物君子曰此鵬鶵也　魏志呂布因陳登求徐州牧不得布怒登喻之曰登見
曹公言待將軍譬如養虎當飽其肉不則噬人公曰不如卿言譬如養鷹
飢則爲用飽則揚去布乃解　【詩】晉張華遊獵篇曰如黃𤠣狡勇青骹撮
飛雉鵠鷺爲不盡收小鳥安足視　【賦】晉傅玄鷹賦曰左看若側右視如傾
勁翮二六機連體輕勾爪懸芒足如枯荊觜利吳戟目類星明雄姿邈世逸
氣橫生　晉孫楚鷹賦曰有金剛之俊鳥生井陘之巖阻超萬仞之崇巔
蔭長松以靜處體勁悍之自然振肅肅之輕羽擒狡兔於平原截鶴鴈
於河渚且其爲相也跡尾闊臆高髻禿顱深目蛾眉狀似愁胡曲觜短頸足
若雙枯麾則應機招則易呼昔碣石以西遊經馬嶺而南徂于時商秋
既邁歲在玄冥風霜激厲羽毛振蘸厭丁策良驥服羔裘韝青骹戲

田疇縈深谷繞山丘定心意審栖眸獸馳厥足鳥矯其翼下赴幽谿上翔辰極隨指授以騰踊因升降以畢以紛連薄以攫竄逐陷首以摧臆

鷂

爾雅曰鷣負雀鷂也廣雅曰籠脫鸇鷂也 周易曰公用射隼于高墉之上 毛詩曰鴥彼飛隼載飛載揚詩義問曰晨風今之鷂（餘說並以鸇爲晨風） 詩義疏曰隼鷂也齊人謂之題肩或曰雀鷹春化爲布穀此屬數種皆爲隼 周官考工曰鳥旟七斿（鳥隼爲旟） 國語曰仲尼在陳有隼集于庭而死楛矢貫之以問仲尼仲尼曰昔武王克商所得也 莊子曰鷂爲鸇鸇爲布穀布穀復爲鷂此物變也 列士傳曰魏公子無忌方食有鳩飛入案下公子使人顧望見一鷂在屋上飛去公子乃縱鳩鷂逐而殺之公子暮爲不食曰鳩避患歸無忌竟爲鷂所得吾負之爲吾捕得此鷂者無忌無所愛於是左右宣公子慈聲旁國左右捕得鷂二百餘頭以奉公子公子欲盡殺之恐有辜乃自按劍至其籠上曰誰獲罪無忌者耶一鷂獨低頭不敢仰視乃取殺之盡放其餘名聲流布天下歸焉 焦贛易林曰無妄之明夷曰千雀萬鳩與鷂爲仇

戚勢不敵爲鷹鳶所擊

賦

魏陳王曹植鷂雀賦曰鷂欲取雀雀言自雀微賤身體些小肌肉瘠瘦所得蓋少君欲相噉實足飽鷂得雀言初不取語頃來轗軻資粮之旅三日不食略思死鼠今日相得寧復宜汝雀得鷂言意甚怔營性命至重雀鼠貪生君得一食我命是傾皇天是鑒賢者是聽鷂得雀言意甚沮惋當死斃雀頭如蕈蒜不早首服列頸大喚行人聞之莫不往觀雀得鷂言意甚不移目如擘椒跳蕭二翅我謝〻當死略無可避鷂乃置雀良久方去二雀相逢似是公嫗相將入草共上一樹仍共本末辛苦相語向者近出爲鷂所捕賴我翻捷體素〻便附說我辯語千條萬句欺恐舍長令見大怖我之得免復勝於兔自今從意莫復相妬

藝文類聚卷第九十一

藝文類聚卷第九十二

鳥部下

烏　鵲　雀　鷰　鳩　鵶　百舌

倉庚　鷦鷯　斵木　鴛鴦　鵁鶄　鸂鶒　白鷺

鷗鷄　鷗　鵬　精衛　翡翠　䳤鳥

烏

爾雅曰鸒烏醜其飛也翔　又曰鸀山烏　又曰燕白脰烏　春秋運斗樞曰搖星散爲烏　廣志曰烏有白頸烏　毛詩曰具曰予聖誰知烏之雌雄時若於臣賢愚適同如烏也　又曰瞻烏爰止于誰之屋集宮人之屋也　又曰弁彼鸒斯歸飛提提雅烏一口鸒居

左傳曰楚子元以車六百乘伐鄭諸侯救鄭楚師夜遁鄭人將奔桐丘諜告曰楚幕有烏乃止　又曰晉侯伐齊齊師夜遁師曠告晉侯曰烏烏之聲樂齊師其遁烏烏得空營故樂　叔向告晉侯曰城上有烏齊師其遁　春秋元命苞曰火流爲烏烏孝鳥何知孝鳥陽精陽天之意烏在日中從天以昭孝也　太公六韜曰武王登夏臺以臨殷民周公旦曰臣聞之愛其人者愛其屋上烏憎其人者憎其餘胥　燕丹子曰燕太子丹質於秦秦王遇之無禮不

得意欲歸秦王不聽謬言曰令烏白頭馬生角乃可丹仰天歎烏即白頭馬爲生角秦王不得已而遣之　淮南子曰堯時十日並出堯命羿仰射十日中其九烏　謝承漢書曰廣漢儒叔林爲東郡太守烏巢於廳事屋梁兎産於床下　王隱晉書曰虞溥爲鄱陽内史勸勵學業雖威不猛寛裕簡素白烏集郡庭止東𣗳就執不動　抱朴子曰炎感火精生朱烏　古今注所謂赤烏者朱烏也其所居高遠日中三足烏之精降而生三足烏何以三足陽數竒也是以有虞至孝三足集其庭曾參鋤瓜三足萃其冠　徐整三五曆曰天地之初有三白烏主生衆烏　述征記曰長安靈臺有相風銅烏　豫章舊志曰太守李儀臨郡二年白烏見南昌　蜀李雄書曰武皇帝雄泰成三年白烏赤足來翔帝以問范賢賢曰烏有反哺之義必有遠人懷惠而來果關中流民請降　師覺授孝子傳曰吳叔和犍爲人母没負土成墳有赤烏巢門甘露降戶　王韶孝子傳曰李陶交阯人母終陶居于墓側躬自治墓不受隣人助群烏銜塊助成墳　異苑曰東陽顔烏以純孝著聞後有群烏銜鼓集顔所居之村烏口皆

傷一境以爲顔至孝故慈烏來萃銜鼓之興欲令聾者遠聞即於鼓處立縣而名爲烏傷王莽改爲烏孝以彰其行迹云　南越記曰烏賊魚常自浮水上烏見以爲死便往啄之乃卷取烏故謂烏賊今雅烏化爲之

詩 梁元帝晩棲烏詩曰日暮連翩翼俱上向林栖風多前鳥駛雲暗後群迷路遠聲難徹飛斜行未齊應從故鄉返幾過入蘭閨借問倡樓妾何如蕩子啼　梁劉孝威烏生八九子篇曰城上烏一年生九雛毦毛不自暖張翼強相呼羽成翩備各西東丁年賦命有窮通不見高飛帝輦側遠託日輪中尚逢王吉箭猶嬰唐羿弓豈如變采救燕質入夢祚昭公流聲表師退集幕示營空靈臺已鑄像流蘇時候風　梁朱超城上烏詩曰朝飛集帝城猶帶夜啼聲近日毛雖暖聞弦心尚驚　隋虞世基晩飛烏詩曰向日晩飛低飛飛未得栖當爲歸林遠恒長侵夜啼

賦 梁何遜窮烏賦曰嗟窮烏之小鳥意局促而跼擾聲遇物而知哀翮排空而不矯望絶侶於霞文聽翔群於月曉既滅志於雲霄遂甘心於園沼　晉成公綏烏賦序曰有孝鳥集余之廬乃喟爾而歎曰余

無仁惠之德祥禽曷爲而至哉夫烏之爲瑞久矣以其反哺識養故爲吉烏是以周書神其流變詩人尋其所集望富者瞻其爰止愛屋者及其增歎茲蓋古人所以爲稱若乃三足德靈當國有道則見國無道則隱斯乃鳳鳥之德何以加焉服惡鳥而賈生懼之白烏善禽而吾嘉焉懼惡而作歌嘉善而賦之不亦可乎

鵲

爾雅曰鵲鵙醜其飛也翪竦翅上下　說文曰鵲知太歲之所在　廣雅曰鳱鵲鵲禮記曰季冬之月鵲始巢　毛詩曰鵲巢夫人之德也　莊子曰鵲上高城危而巢於高枝之巔城壞巢折凌風而起故君子之居世也得時則義行失時則鵲起　又曰莊周遊于雕陵之樊樊藩也遊於栗園　覩一異鵲自南方來翼異七尺目大運寸可迴一寸感周之顙而集於栗林　孫卿子曰古之王者其政好生惡殺烏鵲之巢可俯而窺　淮南子曰鵲巢知風之所起　又曰乾鵲知來而不知往此脩短之分也　鹽鐵論曰中國所鮮外國賤之崑山之旁以玉璞抵烏鵲

【詩】魏太祖武帝歌詩曰月明星稀烏鵲南飛繞樹三匝何枝可依山不猒高海不猒

深周公吐哺天下歸心　魏曹植魏德論謳曰鶡之彊彊詩人取喻今存聖世呈質見素飢食苕華渴飲清露異于疇匹衆鳥是慕

雀

春秋運斗樞曰瑤光星散爲雀　禮記曰季秋雀入大水化爲蛤　晏子曰齊景公探雀鷇鷇弱故反之晏子再拜賀曰吾君有聖人之道矣道長幼也曾禽獸之加焉而況人乎　莊子曰雀適羿羿必得之或曰以天下爲之籠則雀無所逃是故殷湯以庖人籠伊尹秦穆以五羊之皮籠百里奚

呂氏春秋曰燕雀處一屋之下子母相哺呴呴然其相樂也自以爲安矣竈突决火上棟宇將焚燕雀顏色不變不知禍將及也爲人臣免燕雀之智者寡矣　戰國策曰莊辛謂楚王曰夫雀俯啄白粒仰棲茂樹鼓翅奮翼自以爲無患與人無爭也不知夫王孫公子左挾彈右持攝丸以加其頸晝栖乎茂樹夕調酸鹹矣　史記曰趙武靈王号主父廢長子章而傳國於公子何主父遊沙丘公子章作亂與何戰敗章走趨主父主父開受之何遂圍主父主父飢探雀鷇而食之三月餘遂餓死沙丘　韓詩外傳曰夫鳳皇之初起也遥遥千里翻

籬之雀喔咿而笑之及其升少陽乘一信輣轉雲間蕃籬之雀超然自知不及遠矣　太玄經曰明珠彈雀費貴不當也　孔叢子曰邯鄲民以正月旦獻雀於趙王而綴以五采王大悅申叔告子從子從曰非先王之法且又不令申叔曰何謂不令曰夫爵者宜受之於上不宜取之於下民非所得制爵也昔虢公祈神神賜之土田是失國而受田之祥也今以一國之王受民之爵何悅乎　漢武內傳曰西王母曰仙次藥有昆丘神雀　陳留耆舊傳曰圉人魏尚高帝時為太史有罪繫詔獄有萬頭雀集獄棘樹上拊翼而鳴尚占曰雀者爵命之祥其鳴即復也我其復官也有頃詔還故官　益部耆舊傳曰揚宣為河內太守行縣有群雀鳴桑樹上宣謂吏曰前有覆車粟此雀相隨欲往食之行數里果如其言　張顯析言曰萬雀不及一鳳皇眾星不如一月明　沙洲記曰寒嶺去大陽川三十里有雀鼠同穴雀亦如家雀色小白鼠亦如家鼠色如黃鼠無尾　異苑曰任城魏肇之初生有雀飛入其手占者以為封爵之祥　南越志曰曾城縣多白雀大如鳩素質疑暎　羅含傳曰含在家時有白雀集堂宇此德行幽感所致　說苑曰吳王欲伐荊有諫者死舍人少孺子懷

丸操彈於後園露霑衣如是三旦王曰子來何霑衣如此對曰園有榆上有蟬蟬高居悲鳴飲露不知螳蜋在其後螳蜋之知捕蟬鳴不知黄雀在其後臣執彈丸欲取黄雀不覺露霑衣　袁山松後漢書曰陳弇學尚書躬自耕種常有黄雀飛來隨弇翱翔　續齊諧記曰弘農楊寶嘗見一黄雀爲鴟梟所搏墜於樹下爲螻蟻所困寶愍之取置巾箱中養之唯食黄花百餘日毛羽成放之朝去暮還後忽與羣雀俱來哀鳴遶室數日乃去爾夕三更寶讀書未卧有黄衣童子向寶再拜曰我王母使臣爲鴟梟所搏蒙君拯濟今當使南海不得復往極以悲傷以白環四枚與寶曰令君子孫絜白位登三事於此遂絶寶生震震生秉秉生賜賜生彪四世爲三公　蕭廣濟孝子傳曰王祥後母病欲得黄雀炙祥自念卒難致須臾忽有數千黄雀飛入其幕　風土記曰六月東南長風海魚化爲黄雀　廣志曰安息大雀舉頭高八九尺張翅丈餘食大麥卵如甕　東漢記曰永元十三年安息王獻條支大雀　**詩**　晉傅玄詩曰鵲巢丘城側雀乳空井中居不附龍鳳常畏虵與蟲依賢義不恐

近暴自當窮　宋鮑昭空城雀操曰雀乳四鷇空城之阿朝拾野粟夕飲清河高飛畏鴟鳶下飛畏網羅誠不及青雀遠食玉山禾猶勝吳宮鷰無罪得焚窠賦命有厚薄長歎欲如何　梁沈趍詠雀詩曰肌薄少滋腴色淺非丹翠不懼越王羞寧懷秦后珥傍簷茸寒草循塲啄餘穗且欣大厦成焉須鴻鵠志

賦　後漢曹大家大雀賦曰大家同産兄西域都護定遠侯班超獻大雀詔令大家作賦曰嘉大雀之所集生崑崙之靈丘同小名而大異乃鳳皇之匹疇懷有德而歸義故翔萬里而來遊集帝庭而止息樂和氣而優遊上下協而相親聽雅頌之雍雍自東西與南北咸思服而來同

鷰

爾雅曰鷰鷰乙也　春秋運斗樞曰瑤光星散爲鷰　說文曰鷰布翅枝尾作巢避戊已　廣雅曰玄鳥鷰也　禮曰仲春之月玄鳥至至之日以太牢祠于高禖　毛詩曰鷰鷰衛莊姜送歸妾也鷰鷰于飛差池其羽下上其音　又曰天命玄鳥降而生商宅殷土茫茫　大雅

左傳曰郯子云少皞哇[illegible]玄鳥氏司分者也　又曰吳公子札自衛如晉將宿於戚（戚孫文子邑）聞鍾聲曰異哉夫子之獲罪於君以在此（文子時以戚叛）懼有不足而又何樂夫子之在此也猶鷰之巢於幕上也（言至危）　史記曰秦之先顓頊之苗孫曰女脩女脩織玄鳥隕卵女脩吞之生大業　又曰臨江閔王榮坐侵廟壖爲宫上徵榮詣中尉府中尉郅都責訊王王恐自殺葬藍田鷰數萬銜土置冢上百姓憐之　漢書曰王莽開哀帝毌丁姬冢有鷰數千銜土投其窟中　淮南子曰大厦成而鷰雀相賀　列仙傳曰簡狄帝嚳次妃有娀之女也姉妹浴於玄丘之水有玄鳥銜卵而墜之五色甚好相與競取簡狄得而吞之而生卨（事具符命部）　玄中記曰千歲之鷰户北向　九章筭術曰五雀六鷰飛集衡衡適平一雀一鷰飛而易處則雀重而鷰輕　茅君傳曰句曲山上有神芝五種其第三名鷰胎芝其色紫形如葵葉上有鷰象如欲飛狀光明洞徹食一株拜爲太清仙君正一郎中　晉中興書曰中原喪亂鄉人遂共推鄒鑒爲主與千餘家俱避難於魯國嶧山山有重險百姓飢饉野無生草時或掘野鼠蟄鷰而食之　湘中記曰零陵有石

鷰飛似鷰得雷風則飛頡頏如眞鷰宣城記曰侍中紀昌睦初生有白鷰一
雙出屋既表素質官途亦通　段龜龍涼州記曰呂光大安三年白鷰
遊酒泉郡黑鷰列從**詩**古詩曰思爲雙飛鷰銜泥巢君屋　又曰翩翩
堂前鷰冬藏夏來見兄弟兩三人流宕在他縣　魏明帝短歌行曰翩翩春
鷰端集余堂陰匿陽顯節運自常厥貌淑美玄衣素裳歸仁服德
雌雄頡頏執志精專絜行馴良銜土繕巢有式宮房不規自圓無矩而
方　宋鮑照詠雙鷰詩曰雙鷰戲雲崖羽翮始差池出入南閨裏經過
北堂陲意欲巢君幕層楹不可窺沉吟芳歲晚徘徊韶景移悲歌辭
舊愛銜淚覓所知　梁簡文帝小雙鷰詩曰雙鷰有雌雄照日羽差池
銜花落北戶逐蝶上南枝桂棟本曾宿虹梁早自窺願得長如此無令雙鷰
離　又詠新鷰詩曰新禽應節歸俱向吹樓飛入簾驚釧響來窻礙
舞衣　梁吳筠詠鷰詩曰一鷰海上來一鷰高堂息一朝相逢遇依然舊相識
問余來何遲山川幾紆直答言海路長風駃飛無力　梁庾肩吾詠簷鷰詩曰
雙鷰集蘭閨雙飛高復低向戶疑新筍登巢識故泥依欄本相貭近

幕願同栖　又和晉安王詠鷰曰可憐幕上鷰差池弄羽衣夜夜同巢
宿朝朝相背飛銜泥贍樂善相賀奉英徽秋蟬一何寂寞戀此未辭歸
陳蕭詮詠銜泥雙鷰詩曰銜泥金屋外表瑞玉筐中學飛疑漢女巢幕
憚吳宮爪截還猶缺巢成新尚空詎並零陵石飛舞逐春風　隋江
總詠鷰鷰于飛應詔詩曰二月春暉暉雙鷰理毛衣銜花弄靃靡
拂葉隱芳菲或在堂間戲多從幕上飛若作仙人履應往日南歸
隋虞世基賦得戲鷰俱宿詩大厦初構與雲齊歸鷰雙入正銜泥欲
繞歌梁自舞閣偶爲仙履往蘭閨千里爭飛會難並聊向吳宮比翼栖

賦　晉傅咸鷰賦曰有言鷰今年巢在此明歲故復來者其將逝剪爪
識之其後果至焉鷰鷰于飛差池其羽何詩人之是興信進止之有序秋
背陰以龍潛春晞陽而鳳舉隨時宜以行藏似君子之出處惡梭巢之凶
醜患林野之多阻諒鳥獸之難群非斯人而誰與悼吳之爲美託君子之堂寓
逮來春而復旋意眷眷而懷舊一委身乃無二豈改適而更赴　晉盧
諶鷰賦曰爰集崇宇依于其榮布窠巢之所以列孕子鷇之嚶嚶銓先

後而均哺邁尸鳩之能平於是族類偕長雄雌俱逝頡頏水湄下上雲際
嘲哳閒關倏忽瀏瀲來如隼擊去若鳧甝艹建午而子指日在戊而後
憩
晉夏侯湛玄鳥賦曰覩羽族之羣類美玄鳥之翔集順陰陽
以出處隨寒暑而遊蟄擢翽翽之麗容華連翩之玄翼挺參差之
羞尾發緇素之鮮色及至大火西景商風投衣遂匿形於深穴斂六翮而
不飛含靜泊以充肌噏至和之精粹澹恬怘以去欲故保生而不匱虞衆物
之爲害獨弃林而憑人不驚畏以自疏來歸馴而附親有受祥而皇祇故
遺卵而生契惟帝皇之嘉美置高禖以衣神類鸞皇之知德象君子
之安仁爾乃銜泥構巢營居傅桷積一晷而不已終累泥而成屋拾柔草以
自藉採儒毛以爲蓐吐清惠之冷音永吟鳴而自足【贊】晉郭璞鷰鳥贊
曰鷰鷰于飛瑞娥以卵玄王爰發聖敬日遠商人是頌詠之弦管【頌】晉
傅統妻辛女鷰頌曰翩翩玄鳥載飛載揚頡頏庭宇遂集我堂銜泥
啄草造作室房避彼湫隘處此高涼乃育五子孳天靡傷羽翼既就縱
心翱翔顧影逸豫其樂難忘

鳩

禮記曰仲春之月鷹化爲鳩　方言曰鳩自關而東周鄭之郊韓魏之都謂之郎睪其大者謂之鳻鳩　列子曰邯鄲之人以正月之旦獻鳩於簡子簡子大悦厚賞之　說苑曰梟逢鳩鳩曰子將安之梟曰我將東徙鳩曰子改鳴則可不能改鳴東徙猶惡子之聲也　續漢禮儀志曰仲秋之月縣道皆案户比民年始七十者授之以玉杖餔之糜粥八十九十禮有加賜玉杖長九尺端以鳩爲飾鳩者不噎之鳥也欲老人不噎所以愛民也　風俗通曰俗說高祖與項羽戰敗於京索遁叢薄中羽追求之時鳩正鳴其上追者以鳥在無人遂得脱及即位異此鳥故作鳩杖以賜老者　按少皞五鳩鳩者聚聚民也　周禮羅氏獻鳩養老漢無羅氏故作鳩杖以扶老　琴操曰舜耕於歷山思慕父母見鳩與母俱飛鳴相哺食益以感思乃作歌　會稽典録曰皮延字叔然會稽山陰人養食母至孝居喪有白鳩巢廬側遂以喪終　又曰鄭弘遷臨淮太守郡人徐憲在喪致哀白鳩巢戶側弘舉爲孝廉朝庭稱爲白鳩郎　廣州先賢傳曰頓琦蒼梧人

至孝母喪琦獨身立墳歷年乃成居喪踰制感物通靈白鳩棲息廬側見人輒去見琦而留　搜神記曰京兆長安有張氏獨處室有鳩自外入止于床張氏祝曰鳩來爲我禍也飛上承塵爲我福耶來入我懷鳩飛入懷以手探之則不知鳩之所在而得一金帶鉤是後子孫過盛有爲必偶貲財万倍蜀客賈至長安中聞之乃厚賂婢婢竊鉤以與蜀客張氏既失鉤漸漸衰耗而蜀客亦數罹窮厄不爲已利或告之曰天命也不可以力求於是賫鉤以反張氏張氏復昌故關西稱張氏傳鉤云　又曰沛國戴文諶居陽城山有神降焉其妻疑是妖魅神已知之便去遂視作一五色鳥白鳩數十隻後有雲覆之遂不見

【詩】魏王粲詩曰鷙鳥化爲鳩遠竄江漢邊遭遇風雲會託身鸞鳳間天姿既否戾受性又不閑邂逅見逼迫俛仰不得言

【賦】晉傅咸班鳩賦曰集茂樹之蔭蔚登弱枝以容與體郁郁以敷文音邕邕而有序情欽樂而是悦遂籠之於前寓爾乃飲以神泉食之稻粱朝憩椒塗夕宿蘭房時連翩於庭阿見飛鷰鳥之頡頏慨感物而哀鳴聲楚切以懷傷仰華林而矯翼紛憎逝而高翔

【論】魏陳王曹植魏德論

謳曰班班者鳩爰素其質昔翔殷邦今為魏出朱目丹趾靈姿詭類載飛載鳴彰我皇懿

【論】魏陳王曹植令禽惡鳥論曰昔荆之梟將徙巢於吴鳩遇之曰子將安之梟曰將巢於吴鳩曰何去荆而巢吴乎梟曰荆人惡予之聲鳩曰子能革子之聲則無為去荆而巢吴也如不能革子之聲則吴楚之民不異情也為子計者莫若宛頸戢翼終身勿復鳴也

【賦】晉阮籍鳩賦序曰嘉平中得兩鳩子常食以黍稷後卒為狗所殺故作賦

鴟

春秋運斗樞曰玉衡星散為鴟　爾雅曰鳶烏醜其飛也翔　禮記曰前有塵埃則載鳴鳶（鳶鳴則將風）　莊子內篇鴟鴉嗜鼠蝍蛆甘帶　鹽鐵論曰泰山之鴟啄腐鼠於窮澤非有害人也今有司盗主財而食之焉得若泰山之鴟乎　列仙傳曰李仲甫夜卧床上或為鴟鳥後至沓縣巨山上候北風當飛度南海山上有羅鷹者羅得鴟視之仲甫也後留更三年自云往崑崙山　東觀漢記曰馬援擊交趾下潦上霧毒氣上蒸

仰視烏鳶跕跕墮水中　博物志曰漢舊事綦國送鳶卵給太官

詩　魏劉楨射鳶詩曰鳴鳶弄雙翼飄飄薄青雲我后橫怒起意氣陵神仙發機如驚焱三發兩鳶連流血灑牆屋飛毛從風旋庶士同聲贊君射一何妍

反舌

禮記曰仲夏之月反舌無聲　左傳曰郯子云少皡祝鳩氏司徒也　易緯通卦曰百舌者反舌鳥也能反覆其口隨百鳥之音　風土記曰祝鳩反舌也　春秋保乾曰江充之害其萌反舌鳥入殿

詩　梁沈約侍宴詠反舌詩曰假容不足觀遺音猶可薦幸蒙喬樹恩得以聞高殿　梁劉孝綽詠百舌詩曰山人惜春暮旭旦坐花林復值懷春鳥枝間弄好音遷喬聲迥出赴谷響幽深下聽長而短時聞絕復尋孤鳴若無對百囀似群吟昔聞屢懽昔今聽忽悲今聽聞非殊異遲暮獨傷心　梁徐悱妻劉氏聽百舌詩曰庭樹旦新晴臨鏡出雕楹風吹桃李氣過傳春鳥聲淨寫山陽笛全作洛濱笙注意歡留聽誤令粧不成　陳躬使

韋鼎在長安聽百舌詩曰萬里風煙異一鳥忽相驚那能對遠客還作故鄉聲

【賦】梁沈約反舌賦曰咨玄造之大德播含靈於無小有反舌之微禽亦班名於庶鳥之嘉容之可翫因繁聲以自表其聲也驚詭適嚬縈紆離亂駢浮迴合岊危瑣散或發曲無漸或收音云半既含意於將曉亦流妍於始旦雜沓逶迤噭跳參差攢嬌動荼促囀縈枝分宮圻徵萬矩千規因風起哢曳響生奇對芳辰於此月屬今余之遒暮倦城守之諠囂欣田郊之閑素眷春物而懷之聞好音於庭樹

梁蕭子暉反舌賦曰彼陶嘉之盛月氣依遲於池沼眷霏霏之花落愛翹翹之令鳥無縈辱之可固弄樞機而自表爾其聲也嘹唳羽結轡抑縈咽繁音瑣碎衆響攢巇或急囀起機或緩引趨節或洪纖共起或長短俱折意疑續而更斷謂當舉而忽垂聲淒林而逾厲響因風而危

倉庚

說文曰離黃倉庚也鳴則蠶生　禮記曰仲春之月倉庚鳴　毛詩曰春日載陽有鳴倉庚　又曰倉庚于飛熠燿其羽又曰黃鳥于飛集于灌木

又緜蠻黄鳥止于丘阿　又曰睍睆黄鳥載好其音　又曰黄鳥哀三良也交交黄鳥止于棘誰從穆公子車奄息　詩義疏曰黄鳥鸝鶹也或謂黄栗留幽州謂之黄鸎鳥或謂之黄鳥一名倉庚一名商庚一名鵹黄一名楚雀齊人謂之摶黍關西謂之黄鳥常椹熟時來在桑樹間皆應節趣時之鳥或謂之黄袍

賦　魏文帝鸎賦曰堂前有籠鸎晨夜哀鳴悽若有懷憐而賦之曰怨羅人之我困痛密網而在身顧窮悲而無告知時命之將泯升華堂而進御奉明后之威神唯今日之僥倖得去死而就生託幽籠以栖息厲清風而哀鳴　魏王粲鸎賦曰覽堂隅之籠鳥獨高懸而背時雖物微而命輕心悽愴而慜之日掩藹以西邁忽逍遥而既冥就隅角而斂翼以眷獨宿而宛頸歷長夜以向晨聞倉庚之羣鳴春鳸翔於南甍戴紝集乎東榮既同時而異憂實感類而傷情　晉王惲妻鍾夫人鸎賦曰嘉京都之鸎鳥冠群類之殊形擢末軀於紫闥超顯御乎天庭惟節運之不停懼龍角之西頹慕同時之逸豫怨商風之我催

鷦鷯

爾雅曰桃蟲鷦其雌鴱俗名巧婦　又曰鴟鴞剖葦好剖葦皮食其中蟲因名云江東呼爲蘆虎似青雀班長尾鳴　又曰鴟鴞鸋鴂　毛詩曰鴟鴞鴟鴞周公救亂也鴟鴞鴟鴞旣取我子無毀我室　詩跡義曰鴟鴞似黃雀而小喙刺如錐取茅爲窠以麻紩之刺紩韈懸著樹枝幽州爲之鸋鴂或曰巧婦或曰女匠關西謂之蔑雀　毛詩曰肇允彼桃蟲今鷦鷯是也見詩義疏　故爾雅曰桃蟲鷦也微小黃雀其鶵化爲鵰故俗語曰鷦鷯生鵰　焦貢易林亦謂桃蟲生鵰或云布穀生子鷦鷯養之　莊子曰鷦鷯巢林不過一枝　說苑曰孟嘗君寄客於齊王三年不見用客反見孟嘗君曰不知臣罪耶君之過也孟嘗君曰縷因針而入不因針而急天子之才必薄矣客曰不然臣見鷦鷯巢於葦之苕鴻毛著之巳建之安工女不能爲可謂完堅矣大風至則苕折卵破者其所託者使然也

【賦】晉張華鷦鷯賦曰何造化之多端播羣形於萬類惟鷦鷯之微禽亦攝生而受氣飛不飄颺翔不翕習巢林不過一枝每食不過數粒

啄木

臨海異物志曰啄木大如雀喙足皆青毛色正青月翠鳥類也凡與啄木異種

舌長五寸杪有刺針【詩】排諧集左氏詩曰南山有鳥自名啄木飢則啄樹暮則巢宿無干於人惟志所欲性清者榮性濁者辱　晉傅玄詩曰啄木高翔鳴喈喈飄摇林薄著桑槐猨緣樹閒啄如佳嚶喔嚶喔聲正悲專為万物作倡俳當此之時樂不可迴

鴛鴦

歸藏曰有鳥鴛鴦有鴈鷫鷞　毛詩曰鴛鴦刺幽王也思古明王交於万物有道自奉養有節鴛鴦于飛畢之羅之君子萬年福禄宜之　魏志文帝問周宣曰吾夢殿屋兩瓦墜地化爲鴛鴦何也宣對曰後宫當有暴死者帝曰吾詐卿耳宣曰夫夢者意耳苟以形言便占吉凶言未卒黄門令奏宫人相殺　鄭氏婚禮謁文贊曰鴛鴦鳥雄雌相類飛止相匹　列異傳曰宋康王埋韓馮夫妻宿夕文梓生有鴛鴦雌雄各一恒栖樹上晨夕交頸音聲感人【詩】古歌辭曰入門時左顧但見雙鴛鴦鴛鴦七十二羅列自成行音聲何雝雝鶴鳴東西廂　晉嵇叔夜詩曰鴛鴦于飛肅肅其羽嗈嗈和鳴顧眄儔侶　又曰婉彼鴛鴦戢翼而遊俯唼緑藻託身洪流朝翔素瀨夕栖

靈洲**賦** 梁簡文帝鴛鴦賦曰朝飛綠岸夕歸丹嶼顧落日而俱吟追清風而雙舉時排荇帶乍拂菱華始臨涯而作影遂蹙水而生花亦有佳麗自如神宜羞宜笑復宜嚬既是金閨新入寵復是蘭房得意人見茲禽之棲宿想君意之相親　梁元帝鴛鴦賦曰青田之鶴晝夜俱飛日南之鴈從來共歸雙飛兮不息自憐兮何極一別兮經年相去兮幾千雄飛入玄兎雌去往朱鳶豈如鴛鴦相得遂俱栖俱宿勝林鳥之同心邁池魚之比目朝浮兮浪華夜集兮江沙萍隨流而博岸網因風而縈花見虹梁之春色復相鳴而戢翼蘭渚兮相依同盛兮同衰魂上相思之樹文生新市之機金鏤玉﨟不成君羣紫鶴紅雉一生分願學鴛鴦鳥連翩恒逐君周庾信鴛鴦賦曰盧姬小來事魏王自有歌聲足繞梁何曾織錦未肯挑桑終歸薄命著罷空床見鴛鴦之相學還欹眠而淚落南陽漬粉不復看京兆新眉遂嬾約況復雙心並翼馴狎池籠浮波弄影刷羽看風共飛簷瓦全開魏宮俱栖梓樹堪是韓憑若八韓壽欲婚溫嶠頳婦王壼室不送胡香未有必見此之雙飛覺空床之難守　陳徐陵鴛鴦賦曰飛飛兮海濱去去

兮迎春炎皇之季女織素之佳人未若宋王之小史含情而死憶少婦之生離恨新婚之無子既交頸於千年亦相隨於萬里山雞映大鄣相得孤鸞照鏡不成雙天下眞成長合會無勝比翼兩鴛鴦觀其弄吭浮沉輕舡逸瀁拂荇戲而波散排荷翻而水落特訝鴛鴦鳥長情眞可念許處勝人多何時肯相厭聞道鴛鴦一鳥名教人如有逐春情不見臨卭卓家女祇爲琴中作許聲

鵁鶄 似鳧脚高毛冠江東人家養之以厭火災

爾雅曰鳽鵁鶄 說文曰鵁鶄鳽也一曰鵁鸕 異物志曰鵁鶄巢於高樹生子在窟中未能飛皆銜其翼飛也

【賦】晉摯虞鵁鶄賦曰有南州之奇鳥諒殊美而可嘉生九皐之曠澤游江淮之洪波既翦翮翼以就養遂婉孌乎邦家鵁鶄呈儀若刻若畫鸞而龜背戴玄斑白班毛頩膺駮羽朱掖青不專紺纁不擅赤因宛點注希稠有適其在水也則巧態多姿調節柔骨一低一仰乍浮乍沒或遊或舞繽翻倏忽若乃陽故多陰殊方相求見水則喜睹火而憂 梁簡文帝鵁鶄賦曰飲三芝之淳露食六草之英芳似金沙之符采同鄉質之報章紅毛覆臆翠鬣垂心浴波泳渚浮廣戲深臨高舞翮映

淺弄音逐餘暉而顧景乘清吹而微吟

鸂鶒

臨海異物志曰鸂鶒水鳥毛有五色食短狐其在溪中無毒氣 **詩** 齊謝朓詠鸂鶒詩曰蕙草含初芳瑶池曖晚色得廁鴻鸞影晞光弄羽翼 梁簡文帝詠飛來鸂鶒詩曰飛從何處來似出上林隈口銜長生葉翅染昆明苔 **賦** 宋謝惠連鸂鶒賦曰覽水禽之萬類信莫麗乎鸂鶒服昭晰之鮮姿糅玄黄之美色命儔旅以翱遊憩川湄而偃息超神王以自得不意虞人之在側網羅幕而雲布摧羽翮於翩翻乖沉浮之諧豫宛羈畜於籠樊

白鷺

爾雅曰鷺舂鋤 毛詩周頌曰振鷺于飛于彼西雝 詩義疏曰鷺水鳥也好而絜白謂之白鳥齊魯謂之舂鋤遼東樂浪吴揚謂之白鷺 楚威王時有朱鷺合沓飛翔復有赤色者舊鼓吹音樂朱鷺曲是也 **賦** 宋謝惠連白鷺鳥賦曰有提樊而見獻寔振鷺之鮮禽表弗緇之素質挺樂水之奇心

詩 陳蘇子卿鼓吹曲朱鷺詩曰王山一朱鷺容與入王畿欲向天池飲過繞

上林飛金隄麗羽翮丹水浴毛衣非貪葭下食懷恩自遠歸

鸊鷉

方言曰野鳧甚小好沒水中南楚之人謂之鸊鷉大者謂之鶻蹄　爾雅曰鵜鶟鷉

賦晉張望鸊鷉賦曰余覩鸊鷉之爲鳥也形皃叢蕞尾翮燋陋樂水以遊隨波淪躍汎然任性而無患也惟鸊鷉之小鳥託川湖以繁育翩舒翮以和鳴匪窮君惕於籠畜澆漪池沼容與河洲翔而不淹集而不留值汙則止遇澤則遊淪潭裏以銜魚躍浪表而相求萃不擇渠娛不擇川隨風騰起與濤回旋沉竄則足撥圓波浮泳則臆排微漣率性命以閑放獨遨逸而獲全

鷗

說文曰鷗水鴞也　倉頡解詁曰鷖鳥鷗也　山海經曰玄股國其人食鷗　列子曰海上之人好鷗者每旦之海上從鷗鳥遊鷗鳥之至者百數而不止其父曰吾聞鷗鳥皆從汝好取來吾玩之明日之海鷗鳥舞而不下　南越志曰江鷗一名海鷗在漲海中隨潮上下常以三月風至乃還洲嶼頗知風雲若羣飛至岸渡海者以此爲候

詩梁何遜詠白鷗詩曰可憐雙白鷗朝夕水上

遊何言異栖鳥雌佳雄不留孤飛出浦繳獨宿下滄洲東西從此去影響絕無由

鵬

莊子曰北溟有魚其名曰鯤化而爲鵬鵬之背不知幾千里也怒而飛其翼若垂天之雲是鳥也海運將徙於南溟南溟者天池也水擊三千里摶扶搖而上者九萬里幽明録曰楚文王好獵有人獻一鷹文王見爪距殊常故爲獵於雲夢毛群羽族爭噬搏此鷹瞪目遠瞻雲際俄有一物凝翔鮮白不辨其形鷹便竦翮而升矗若飛電須臾羽墮如雪血下如雨有大鳥墮地度其兩翅廣數十里時有博物君子曰此大鵬雛也文王乃厚賞之異類傳曰漢武帝時西域獻黑鷹得鵬雛東方朔識之

【賦】晉賈彪鵬賦曰余覽張茂先鷦鷯賦以其質微處薉而偏於受害愚以爲未若大鵬栖形遐遠自育之全也此固禍福之機聊賦之云歎大鈞之播物啓現化於天壤嘉有鵬之巨鳥攝元氣之夸象揭宇內之遍臨遵四荒以汎蕩

【贊】晉阮脩大鵬贊曰蒼蒼大鵬誕自北溟假精靈鱗神化以生如雲之翼如山之形海

運水舉手扶搖上征

精衛

山海經曰炎帝之女名曰女娃遊于東海溺而不反是爲精衛常取西山之木石以塡東海【贊】晉郭璞精衛贊曰炎帝之女化爲精衛沉形東海靈爽西邁乃銜木石以塡攸害

翡翠

爾雅曰翠鷸也 倉頡解詁曰鷸翠別名也 説文曰翡赤雀翠青雀也 周書曰成王時蒼梧獻翡翠 孝經援神契曰神靈滋液則翠羽耀 離騷曰翱飛兮翠曾翾舉 又曰翡帷翠幬 漢書曰尉佗獻文帝翠鳥千 又曰燕刺王旦郎中侍從貂羽黃金附蟬鏤翠飾碧 廣志曰翡鳥色赤翠色紺背出交州興古縣 吳録薛綜上疏曰日南遠致翡翠充備寶玩 徐廣車服注曰天子輅金根車翠羽蓋皇后首飾步搖八雀九華加翡翠 楊孝先交阯異物志曰翠鳥先高作巢及生子愛之恐墮稍下作巢子生毛羽復益愛之又更下巢也 【詩】後漢蔡邕翠鳥詩曰庭陬有若榴

綠葉含丹榮翠鳥時來集振翼脩容形迴顧生碧色動搖揚縹青

賦 梁江淹翡翠賦曰彼一鳥之奇麗生金洲與炎山映銅陵之素氣耀碧磴之紅泉斂慧性及馴心騫翩頳翼與青羽終絕命於虞人充南賝於內府備寶帳之光儀登美女之麗飾雜白玉而成文糅紫金而為色專妙采於五都擅精華於八極

贊 晉郭璞翠贊曰翠雀麋鳥越在南海羽不供用肉不足宰懷璧其罪賈害以采

服鳥

盛弘之荆州記曰巫縣有鳥如雌雞其名為鵩楚人謂之服

賦 漢賈誼服鳥賦曰誼為長沙王傅三年有服飛入誼舍止於坐隅服似鴞不祥鳥也誼既以適居長沙長沙卑濕誼自傷悼以為壽不得長而為賦以自廣其辭曰單閼之歲孟夏庚子鵩集于舍止于坐隅貌甚閒暇異物來萃私怪其故發書占之讖言其度曰野鳥入室主人將去請問於鵩余去何之鵩乃歎息口不能言請對以臆曰萬物變化固無休息斡流而遷或推而還沕穆無窮胡可勝言斯遊遂成卒被五刑傅說胥靡乃相武丁

夫禍之與福何以糺纆命不可說孰知其極雲蒸雨降糺錯相紛大鈞播物坱圠無垠且夫天地爲鑪造化爲工陰陽爲炭萬物爲銅合散消息安有常則　漢孔臧鴞賦曰季夏庚子思道靜居爰有飛鴞集我屋隅異物之來吉凶之符觀之歡然覽考經書在德爲祥弃常爲妖尋氣而應天道不踰昔在賈生有識之士忌茲服鳥卒用喪已咨我令考信道執眞變怪生家謂之天神禍福無門唯人所求聽天任命慎厥所脩栖遲養志老氏之疇時去不索時來不逆庶幾中庸仁義之宅何思何慮自令勤劇

藝文類聚卷第九十二

藝文類聚卷第九十三 獸部上

馬 騊駼

馬

爾雅曰：馬膝上皆白，惟馵（馵後左膝白者）。四骹皆白，驓（音繒）。四蹢皆白，首（俗呼為踏雪馬）。前足皆白，騱（音奚）。後足白，翑（音劬）。前左足白，啓（啓，服也）。左白，踦。後右足白，驤。左馵（易震為馵足）。騂馬白腹，騵（騵，青色黑毛也）。驪馬白跨，驈（驈音述）。白州，驠（驠音燕）。尾本白，騴（音晏）。尾白，狼（從尾勺毛白也）。白達素，縣（素白巠）。面顙皆白，惟駹。迴毛在膺，宜乘（伯樂相馬法：旋毛在腹下如乳者千里）。在肘後，減陽（或作腹）。在幹，茀方（幹，脇也）。在背，闋廣（音決，光皆旋毛所在）。逆毛，居馻（音充，馬毛逆刺者）。牡曰騭，牝曰騇（黃騂馬）。馬黃脊，騝（騝音乾）。驪馬黃脊，騽（騽音習）。青驪粼，驒（驎音令，連錢驄）。蒼白雜毛，騅。黃白雜毛，駓（詩有騅有駓，今桃花馬）。彤白雜毛，騢（騢，賴白馬）。白馬黑脣，駩（駩音泉）。黑喙，騧（淺黃色者）。一目白，瞯。兩目白，魚。又曰：馬八尺曰駥。又曰：絕有力曰戎。說文曰：䮗（張艮），馬卧土中也。山海經曰：犬戎之國有文馬，縞身朱鬣，目若黃金，名曰吉彊，乘之壽千歲。又曰：夸父山北有林，名曰桃林，廣圓三百里，其中多馬（桃林，弘農湖城縣也）。又曰：大樂之野，夏后啓於此舞九代馬。白民之國，白身被髮，有乘黃，其狀如狐，背上有角，乘之壽二千歲（九代，馬名，舞盤作）。

之乘黃即飛黃也淮南子曰黃帝時飛黃服皂又曰天帝之山有草焉狀如葵臭如蘼蕪名曰杜衡可以走馬帶香令便馬或曰馬得之健能走禮記曰孟春之月天子乘蒼龍龍者色青周官曰凡馬八尺以上為龍七尺以上為騋六尺為馬天子十二閑六種邦國六閑四種家四閑二種禮斗威儀曰君乘火而南海輸駮馬易說卦曰乾為馬為老馬駮馬毛詩曰駉頌僖公也僖公能遵伯禽之法務農重穀牧于坰野而史克作是頌駉駉牧馬在坰之野薄言駉者有驈有皇有驪有黃以車彭彭左傳曰宋人以文馬百駟贖華元于鄭又曰魯莊公新作延廄凡馬日中而出日中而入中分也春分出之秋分內之又曰晉侯伐齊齊師夜遁邢伯告中行伯曰有班馬之聲齊師其遁又唐成公如楚有兩驌驦又曰冀之北土馬之所生春秋穀梁傳曰晉獻公將伐虢荀息請以屈產之乘假道於虞以伐虢後滅虞荀息牽馬曰齒加長矣論語曰齊景公有馬千駟死之日民無德而稱焉又曰驥不稱其力稱其德也韓詩外傳曰昔者田子方出見老馬於野喟然有志問於御者曰此何馬也御者曰故公家畜也罷而不為用故出放之田子方曰少盡其力而老棄其身仁者之不為用也束帛贖之窮士聞之知所歸心焉又曰顏回望吳門馬見一疋練

孔子曰馬也然則馬之光景一疋長耳故後人号馬爲一疋 孝經援神契曰德至山陵則澤出神馬 地鏡圖曰銅器之精見爲駠馬 太公六韜曰商王拘周伯昌於羑里太公與散宜生以金千鎰求天下珍物以免君之罪於是得犬戎氏文馬毫毛朱鬣目如黃金名雞斯之乘以獻商王 管子曰桓公乘馬虎望見而伏公問管仲管仲意者君乘駁馬公曰然仲曰駁馬食虎豹故疑焉 列子曰秦穆公謂伯樂曰子之年長矣子姓有可使求馬乎伯樂對曰良馬可以形容筋骨相也天下之馬者若滅若沒若亡若失臣之子皆下才也臣有所與九方皐其於馬非臣之比也穆公見之使行求馬三月而反報曰已得之在沙丘穆公曰何馬對曰牝而黃使人往取之牡而驪公不悅召伯樂曰敗矣子之所使求馬者色一物牝牡弗能知又何馬之能知也伯樂曰若皐之所觀天機也得其精而忘其麤在其內而忘其外馬至果天下之良馬也晏子曰景公使人養所愛馬馬病死公怒令人殺養馬者晏子請數之曰爾有三罪使汝養馬殺之一當死也又殺公所最善馬二當死也使公以一馬之故而殺人百姓必怨叛諸侯輕伐吾國三當死也

公喟然敕之　老子曰天下有道却走馬以糞天下無道戎馬生于郊　莊子曰馬蹄可以踐霜雪毛可以禦風寒齕草飲水翹尾而陸此馬之眞性也雖有儀臺路寢無用之及至伯樂曰我善治馬燒之剔之刻之駱之連之以羈絆編之以阜棧馬之死者十二三矣　孫卿子曰騏驥一日千里駑馬十駕則亦不及之矣　韓子曰管仲隰朋從桓公而伐孤竹春往而冬返迷惑失道管仲曰老馬之智可用也乃放老馬而隨之遂得道焉　又曰兒說宋人善辯者也持白馬之非馬也服齊稷下之辯者乘白馬而過關則顧白馬之賦故籍空辭則能勝於一國實按形不能謾於一人　又曰如耳說衞嗣君君悅之左右曰公何爲不相也公曰夫馬似鹿者而有千金並有百金之馬而無一金之鹿者何也馬爲人用而鹿不爲人用今如子雖辯智亦不爲寡人用吾是以不相也　又曰伯樂教其憎者相千里馬教其愛者相駑馬以千里馬世一有其利少駑馬馬多其利多也　吕氏春秋曰秦穆公車敗失左驂自往求焉見野人殺將食之穆公笑曰食駿馬肉而不飲酒余恐其傷性也遍飲之而去　戰國策曰汗明見春申君曰夫驥之齒至矣服鹽車而上太行漉汗灑地白汗交流中坂遷

延負轅不能上伯樂遭之下車攀而哭之解紵衣以羃之驥於是俛而噴仰而鳴聲造於天仰見伯樂之知己也　穆天子傳曰天子之八駿赤驥盜驪白義渠黃華騮綠耳　孔叢子曰公孫龍以白馬為非馬或曰此辯而毁大道子高適趙謂龍曰願受業久矣所不取先生者以白馬為非馬耳誠能去之則高請為弟子龍曰若使去之無教矣　史記曰楚莊王有愛馬衣以文繡置華屋之下席以露牀啗以棗脯馬死欲以大夫禮葬之樂人優孟入殿門大哭曰請以君禮葬之以雕玉為棺文梓為槨豫章為題湊發甲卒為壙老弱負土諸侯聞之皆知大王賤人而貴馬也王曰吾為之柰何曰請為王言六畜之葬以壟竈為之槨銅鑪為之棺齊以薑桂薦以木蘭衣之以火光葬人腹中王乃以馬屬太官無令天下知聞也　又曰項王駿馬名騅常騎之及被圍於垓下乃悲歌慷慨為歌曰力拔山兮氣蓋世時不利兮騅不逝及至烏江謂亭長曰吾騎此馬五歲所當無敵常一日千里不忍殺以賜公　又曰冒頓圍高祖於平城所騎西方盡白馬東方盡青龍北方盡烏驪南方盡騂馬　又曰大宛有善馬在二師城匿不肯與漢使天子

旣好宛馬使壯士持千金及馬以請宛王善馬宛國饒漢物相與謀不肯與漢使怒妄言椎金馬而去宛貴人怒遮攻殺漢使取財物天子大怒拜李廣利爲貳師將軍發屬國騎及郡國惡少年數萬人以伐宛期至貳師城取善馬　又曰初天子發書（易書以卜也）曰神馬當從西北來得烏孫馬好名天馬及得大宛汗血馬益壯更名烏孫馬曰西極馬曰天馬　又曰鄭當時以任俠自喜爲太子舍人每五日洗沐常置驛馬長安諸郊請賓客夜以繼日　又曰王遵遷東郡太守河水盛溢從浸瓠子金隄老弱奔走遵躬率吏民沉白馬親執圭璧使巫策祝請以身塡金隄因止宿隄上　又曰賈捐之上書曰孝文皇帝時有獻千里馬者詔曰鸞旗在前屬車在後日行五十里朕乘千里馬獨先安之於是還馬而下詔曰朕不受獻也其令四方無來獻也　又曰石建爲太僕奏事下讀之驚恐曰書馬者與尾而五今乃四譴死矣今石慶爲太僕御出上問車中幾馬慶舉策數馬畢對曰六馬　又曰萬石君謹愼見路馬必軾又曰馬高五尺九寸以上不得出關　又西域傳曰大宛國多善馬馬汗血言

其先天馬子也大宛國嶠山上有馬不可得因取五色牝馬置其下與集生駒名天馬子　東方朔傳曰驃騎難諸博士東方朔對曰干將莫耶天下之利劍也水斷鵠鴈陸斷馬牛將以補履曾不如一錢之錐騏驥騄耳天下之良馬也將以捕鼠於深宮曾不如跛猫　神異經曰西南大宛宛丘有良馬其大二丈鬣至膝尾委於地蹄如汗腕可握日行千里至日中而汗血乘者當以絲絮纏頭腰小腹以避風病其國人不纏也　說苑曰晉平公出田見乳虎伏而不動平公顧謂師曠曰聞之霸王君出猛獸伏而不敢起今者寡人出乳虎伏而不動此猛獸乎師曠對曰鵲食猬猬食鵔鸃鵔鸃食豹駮食虎夫駮之狀似駮馬今者吾君當驂駮馬以出乎平公曰然　淮南子曰免人於難者其死也葬之以帷為衾馬有功猶不可忘又况人乎　又曰北塞上之人其馬亡入胡中人皆弔之其父曰此何詎知不為福居數月其馬將胡駿馬而歸人皆賀之其父曰此何詎知不為禍家富良馬其子好騎墮而折髀人皆弔之其父曰此人詎知不為福居一年胡夷大出丁壯者皆控弦而戰控張也　塞上之人死者十九十人戰九人死此子獨以跛故子父相保幽通賦曰北叟頗識其倚服　萬畢術曰馬毛大尾親友自絕取馬毛大

尾置朋友衣中若夫婦衣中夫婦自相憎矣
東觀漢記曰光武帝時名都王國有獻名馬者帝以馬駕鼓車　又曰光武初起無馬騎牛殺新野尉乃得馬　又曰聞武帝歌天馬沾赤汗今親見其然血從前髆上小孔中出　又曰明帝欲征匈奴竇固議曰塞外草美馬不須穀　又馬防曰宣帝時五將出征其奏言匈奴候騎得漢馬矢見其中有粟即知漢兵出乃去以是言之馬當與穀　又曰明德后曰吾前過濯龍門見外家問起居車如流水馬如龍亦不譴怒但絶其歲用冀以嘿止讙耳　又曰吳漢伐蜀戰敗墮水緣馬尾得出　又曰桓典為御史是時宦者執政典無所廻避常乘驄馬京師畏憚為之語曰行行且止避驄馬御史　又曰上會見諸將問破賊所得物唯李忠獨無所掠上即以所乘大驪馬及繡被衣物賜之　又曰張湛為光祿勳帝臨朝或有墮容湛輒諫其失常乘白馬上每見湛輒言白馬生且復諫矣　又曰馬援擊交阯謂官屬曰從弟少游常哀吾多大志曰士生一世但取衣食足乘下澤車御款段馬為郡吏守墳墓鄉里稱善人斯可矣求益盈餘但自苦耳　又曰馬援於交阯鑄銅馬奏曰臣聞行天者莫如龍行地者莫如馬臣援師事

楊子阿孝武帝時善相馬者東門京鑄作銅馬法獻之立馬於魯
班門外更名曰金馬門 臣既備數家骨法以所得駱越銅鑄以爲高
三尺五寸圍四尺五寸 謹獻詔置馬德殿下 又曰張奐字然明爲安
定屬國都尉羌離湳上奐馬二十疋奐召主簿張祁入於羌前以酒
酹地曰使馬如羊不以入廐使金如粟不得入懷盡還不受 又曰皇甫茂
爲丞相史嘗出道中有人認茂馬者茂問失馬幾日對曰月餘矣
茂曰然此馬畜已數年遂解馬與之曰即非所失幸至丞相府還我
乃步輓車去後馬主自得馬慙媿詣茂 又曰廉范奔赴敬陵時
廬江郡掾嚴麟俱會於路麟乘小車塗深馬死不能自進范愍之
命從騎下車與之不告而去麟事畢即牽馬造謝而歸之 謝承後
漢書曰朱震字伯厚性剛烈初爲從事奏濟陰太守單匡贓罪并
連匡兄中常侍車騎將軍超三府諺曰車如雞栖馬如狗疾惡如風朱
伯厚 袁宏漢記曰第五倫爲司空有人與倫千里馬者倫雖不取每三
公有所選舉倫心不忘也然亦終不用 鹽鐵論曰騏驥負鹽車垂頭於

太行之坂屠者持刀睨之　桓譚新論曰薛翁者長安善相馬者也於邊郡求得駿馬騎以入市去來人不見也後勞問之曰請觀馬翁曰諸卿無目不足示也　蔡邕月令論曰問者曰七騶咸駕今曰六騶何也曰本官職者莫正於周官天子六馬種種一騶故六騶也　三輔決録曰安陵有項仲山每飲馬渭水常投三錢　鄒子曰董仲舒勤學三年不窺園乘馬不知牝牡　論衡曰廣漢陽翁偉能聽鳥獸之音乘蹇馬之野而田間有放馬者相去數里鳴聲相聞翁偉謂其御曰彼放馬目眇其御曰何以知之曰罵此轅中馬曰蹇馬蹇馬亦罵之曰眇馬御者不信使往視之馬目竟眇　又曰儒書稱孔子與顏回俱登魯太山望吳昌門謂曰爾何見對曰見一匹練前有生藍孔子曰噫此白馬蘆芻使人視之果然又曰楊琁爲零陵太守時桂陽賊起旋乃制馬車數十乘以囊盛石灰於車上及會戰從風揚灰向賊陣因鳴鼓擊賊大破之　風俗通曰瘦馬不能度繩俗云馬羸不能度繩索或云不能度種菜畦塍也謹按齊有澠水裁廣三四步言馬之疲乃不能度此水耳又曰蝦蟇一跳八尺再

丈六從春至夏裸袒相逐無他所作掉尾肅肅按蝦蟇無尾當言夏馬夏馬患蠅蚋掉尾擊之故肅肅也　又曰殺君馬者路旁兒也言長吏養馬肥而希出路邊小兒觀之却驚致死按長吏馬肥觀者快之乘者喜其言駈馳不已至於死　又曰馬一疋俗說相馬及君子與人相疋或曰馬夜行目明照前四丈故曰一疋或曰度馬縱橫適得一疋或說馬死賣得一疋帛或云春秋左氏說諸侯相贈乘馬束帛帛爲疋與馬之相疋耳

符子曰齊景公好馬命使善畫者圖之訪似者朞年不得今人君考古籍以求賢亦不可得也　魏志曰朱建平善相馬文帝出左右將馬過平曰此馬相今日死及帝乘馬馬惡帝衣香齧帝膝帝怒殺之　又曰穢國出果下馬漢時恒獻之高三尺乘於菓樹下行　英雄記曰公孫瓚每聞邊警輒厲色作氣如赴讎常乘白馬又揀白馬數十疋選騎射之士號爲白馬義從以爲左右翼胡甚畏之　曹瞞傳曰呂布乘馬名赤菟人語曰人中有呂布馬中有赤菟　吴録曰孫堅討董卓失利被創墮馬卧草中軍衆分散馬還營鳴呼軍人隨馬向草中乃得堅扶還營　江表傳曰

孫權征合肥馬上津橋兵倘見撤丈餘無板權躍馬超之得免　世說曰劉
備之初奔劉表屯於樊城表左右欲因會取備備覺如廁便出所乘馬
的顱走墮襄陽城西檀溪水中溺不得出備急謂的顱曰今日厄可
不努力的顱達備意　踊三丈得過　諸葛亮敎曰昔孫叔敖乘馬
三年不知牝牡稱其賢也　抱朴子曰李南乘赤馬行逢人乘白馬白
馬先鳴赤馬應之南謂從者曰白馬言汝當見一黃馬左目盲是吾
子可令駃行相及也須臾吏果逢盲黃馬南馬果先鳴盲馬應之
又曰騰黃之馬吉光之獸皆壽三千歲也　干寶晉紀曰桓範出赴曹
爽宣王謂蔣濟曰智囊往矣濟曰範則智矣駑馬戀短豆爽必
不能用也　搜神記曰趙固所乘馬忽死固甚悲惜之問郭璞璞曰可
遣數十人持竹竿東行三十里當有丘陵林樹便攪打之當有一物出
急抱將歸於是如璞言果得一物似猴入門見死馬跳梁走往死馬頭噓
吸其鼻馬即起亦不復見猴　怪志曰有人與奴俱得心腹病奴死剖視
之得一白鼈取諸藥內口中不死後有人乘白馬來溺濺之乃縮頭縮脚試

取馬溺灌之便消爲水病者乃飮一升馬溺乃差　又曰謝尚所乗馬忽死尚甚愛惜之時有夏侯弘自言見鬼神與言語尚初不信弘曰我能令馬活信通神不乃下床去良久還曰廟神愛君馬今已請得還須臾衆人皆見馬從外來至死馬邊便滅死馬即活　襄陽記曰中廬山有一地穴漢時嘗有數百疋馬出其中因名馬穴吳時陸遜亦知此穴馬出得數十疋　長沙耆舊傳曰南陽太守張忠曰吾年往志盡譬如八百錢馬死生同價　相馬經曰馬眼欲紫豔光口中欲赤色也　廬江七賢傳曰陳衆辟州從事楊州部有賊擊之多死衆請以威信取之因單車白馬往賊束身歸降遂生爲立祠号曰白馬從事

【詩】漢天馬歌曰太一貺天馬下沾赤汗沫流赭志俶儻精權奇籋躡浮雲晻上馳體容與迣萬里迣音逝超踰也今安匹龍爲友　又曰天馬來從西極涉流沙九夷服天馬來歷無草徑千里循東道天馬來開遠門竦予身逝崑崙天馬來龍之媒遊閶闔觀玉臺　古歌詩曰平陵東松栢桐不知何人劫義公義公在高堂下交錢百萬兩走馬　晋

劉恢詩曰東皐有一駿名曰千里駒絡首纏騣尾養以甘露苟
梁簡文帝西齋行馬詩曰晨風白金絡桃花紫玉珂影斜鞭照曜塵起
足蹉跎任俠稱六輔輕薄出三河風吹鳳皇袖日映織成靴遠江艫舳
少遥山煙霧多雲開馬瑙葉水淨瑠璃波路靡拂青柳迴塘繞碧莎不
効孫吴術寧須趙李過　又紫騮馬詩曰賤妾朝下機正值良人歸青
絲懸玉蹬朱汗染香衣驟急珂彌響蹀多塵亂飛雕胡幸可薦故
心君莫違　又繫馬詩曰青驪沉赭汗緑地懸花蹄未垂青鞘尾
猶掛紫鄣泥蹀足絆中慣摇頭櫪上嘶紫䩭如未息直去取榆溪
又登山馬詩曰登山馬問樹識金裝草合宣縟短影轉見鞭長何殊八
公岫敻上淮南王　又和人愛妾換馬詩曰功名幸多種何事苦生離
誰言似白玉定是媿青驪必取匣中釧迴作飾金羈真成恨不已願得路
傍兒　梁元帝賦登山馬詩曰登山馬遥遥小小馬纔通汗赭疑霑勒衣
香不逐風何殊隴頭望遥識祁連東　又後園看騎馬詩曰良馬出蘭
池連翩騁桂枝鳴珂隨蹋駃輕塵逐影移香來知縣近汗緩覺風吹

遥望黃金絡懸識幽并兒　又紫騮馬詩曰長安美少年金絡飾連錢
宛轉青絲鞚照曜珊瑚鞭依槐復依柳躞蹀復隨前方逐幽并
去西北共連翩　梁劉孝威和王竟陵愛妾換馬詩曰驄馬出樓
蘭一步九盤桓小史贖金絡良工送玉鞍龍驂來甚易烏孫去實難
驎騄妾猶有請為急絃彈　梁庾肩吾以妾換馬詩曰渥水出騰
駒湘川實應圖來從西北道去逐東南隅琴聲悲玉匣山路泣蘼蕪
似鹿將含笑千金會不俱　陳劉删賦得馬詩曰獨飲臨寒窟離群
思北風陳王欲觀舞御史自隨驄邊聲咍客淚草下益杝紅帕持
沛艾影解向平陵東　陳沈炯賦得邊馬有歸心詩曰窮秋邊馬肥
向塞甚思歸連鑣渡蒲海束舌下金微巨却魚麗陣將摧鶴翼圍
彌憶長楸道金鞭背落暉　陳祖孫登賦得紫騮馬詩曰候騎指栢樓
蘭長城迥路難嘶從風處斷骨住水中寒飛塵暗金勒落淚灑銀
鞍抽鞭上關路誰念客衣單　陳王由禮賦得驄馬詩曰善馬金羈
飾躡影復凌空影入長城水聲隨胡地風佺斂青門外珂喧紫陌中

行行若不倦唯當御史驄

賦

魏應德璉慜驥賦曰慜良驥之不遇兮何屯否之弘多抱天飛之神号兮悲當世之莫知赴玄谷之漸塗兮陟高岡之峻崖懼僕夫之嚴策兮載悚慄而奔馳懷殊姿而困逼兮願遠迹而自舒思奮行而驤首兮叩纆綠之紛拏牽繫轡而增制兮心慉結而盤縈紆涉通逵而寥舉兮迫輿僕之我拘抱精誠而不暢兮鬱神足而不攄思薛翁於西土兮望伯氏於東崗願浮軒於千里兮曜華軛乎天衢瞻前軌而促節兮顧後乘而踟躕展心力於知己兮甘邁遠而忘劬哀二哲之殊世兮時不遘乎良造制銜轡於常御兮安獲騁于遐道　晉曹毗馬射賦曰奔電無以追其蹤逸羽不能企其足狀若騰虬而登紫霄目似晨景之駭扶木體與機會動躡驚風於是抗孫陽之轡彎繁弱之弓輕足鬱其雲合妙手於焉爭雄　晉傅玄乘輿馬賦曰目若曜星符采横發高顛懸日雙璧一象月頭似削成髦如鬒髮延首高驤擢足軒跱氣蓋青雲勢凌萬[illegible]生九方不能測其天機秦公不能究其妙理　又馳馬射賦曰何逸群之奇駿生濛汜之遐濱附南方

以定位表天駟於三辰儀乾行之剛健憑坤厚以託身豈驥德之足慕睎万里之清塵　宋顏延之赭白馬賦曰昔帝軒陟位飛黄服皂后唐膺籙赤文侯日漢道亨而天驥呈才魏德楙而澤馬効質伊逸倫之妙足目前代而間出並榮光於瑞典登郊歌乎司律所以崇衛威神扶護警蹕雙瞳夾鏡兩權協月異體峯生殊相逸發臨鹽穆武憲文光振民隱修國章　宋謝莊乘輿舞馬賦應詔曰月晷呈祥乾維効氣賦景阿房承靈天駟既秣芭以均性又佩蘅以崇躅卷雄神於綺文蓄奔容於帷燭觀其雙璧應範三封中圖玄骨滿燕室虚陽理競潛策紆汗飛赭沫流朱至於肆夏已升采齊既薦始徘徊而龍俛終沃若而鸞盼迎調露於飛鍾赴承雲於驚箭冩秦坰之弭塵狀吳門之曳練夫驪實之態未泯凌遠之氣方攄歷岱野而過碣石跨滄流而軼姑餘朝送日於西阪夕晞風於北都尋瓊宫於倏瞬望銀臺於須臾

頌　魯國黄伯仁爲龍馬頌曰夫龍馬之所出于太蒙之荒域稟神祇之純化乃大宛而再育資玄螭之表像似靈虬之注則踰騕褭之體勢

逸飛莵之高蹤兼騏騄之美質豈騂駵之足雙耳如剡筩目象明星雙璧似月蘭筋參情

贊 晉郭璞馬贊曰馬出明精祖自天駟十閑六種各有名類三才五御駑駿異轡 周庾信秦穆公馬贊曰駿馬遇盜秦君不瞋先傾美酒翻畏傷人隣兵向國窮寇侵秦于時大盜還作功臣

狀 宋顏延之天馬狀曰降靈驥子九方是選白驤朱文綠虵紫燕水軼驚鳧陸越飛箭遇山嶽風值雲成電

表 魏陳王曹植獻文帝馬表曰臣於先武皇帝世得大宛紫騂馬一疋形法應圖善持頭尾教令習拜今輒已能又能行與鼓節相應謹以奉獻

啓 梁元帝謝晉安王賜馬啓曰繹武媿仲都遂蒙大驪之錫儒謝春卿空須名馬之賚故以取方驎友自足龍媒不待景公婉如齊書無勞馬援翻等漢銅豈有滅沒黒龍速翮白馬錢文見重渠名取貴相彼騏驥循深戀主矧伊伏櫪彌結懷恩 梁邵陵王馬啓曰連翩絕景若追風超渥水之形踰大宛之狀荷傳西蕃將達宮闈無任城之氣勇降東平之嘉錫何以揚名沙漠仰稱隆慈戀德銘心瞻恩雨淚 梁劉孝

威爲皇太子謝勑賚功德馬啓曰伏惟忘我徇物屈己濟民該天地而大捨捴日月而爲施旣脫屣於金輪又解驂於紺馬出余吾之水服騊駼之厩旣名高夏后之龍價倍田方之驥謹當秣以栢葉飾以丹棗加之玉鞍飾之金絡　梁劉孝儀謝豫章王賜馬啓曰出自北冀來從東道俾越兩驂駈同八駿循坂且厲無復良樂之鳴長楸可走不假幽并之策　周庾信謝滕王賚馬啓曰柳谷未開翻逢紫燕臨源猶遠忽見桃花流電爭光浮雲連影張敞畫眉之暇直走章臺王濟飲酒之懽長驅金埒　周王褒謝賚馬啓曰邊城無草來自東南塞外饒沙經從西北漢時樂府偏愛權奇晉世桑門特憐神駿黄金作勒足度西河白玉爲鐙方傳南國儻逢漢帝仍駕鼓車若值魏王應驚香氣

書

魏文帝與孫權書曰前使于禁郭及二所遺吾纖驪馬本欲使禁自致之念將軍儻欲速得今故以付徐奉往此二馬朕之常所自乘甚調良善走數萬疋之極選者乗之亘可樂也中國雖饒馬其知名絶足亦時有之耳　梁元帝荅齊國饟馬書曰名重桂條形圖柳谷襄陽

地穴近求未易滇池水裏遠訪猶難價足龍媒聲齊騕子河精曜采似伏波之鑄銅震象飛文笑東瀛之刻玉加以控斯銀勒利此金銜鞍偈鏤衢光含兩月纏縈紫縷色疊雙絲方啿晉后恒乘鄭國之駟更鄙曹君經餉蜀王之馬　又書曰於戲馬之為用遠矣大矣斯所以乹為騫震為馵足有是哉有是哉何則半漢而馳可以及日躊躇而踪可以追風赤菜之騰聲的顱之齊主陳王有絡羈之說班生有纏絆之談抑聞斯美遠勞此費懷哉懷哉以老生一不云乎雖有拱璧以先駟馬良用嘉遺中心藏之何日忘之

騊駼

爾雅曰騊駼北野之良馬　山海經曰北海內有獸焉狀如馬名曰騊駼

史記曰匈奴奇畜則騊駼

【贊】晉郭璞騊駼贊曰騊駼野駿產自北域交頸相摩分背翹陸雖有孫陽終不在服

藝文類聚卷第九十三

藝文類聚卷第九十四

牛　驢　駝　羊　狗　豕

牛

爾雅曰犘牛（千斤出巴中音麻）犦牛（封牛蒲角反）犤牛（音卑痺小者）犩牛（牛大者出蜀中）犝牛（無角牛）墨背牰（音袖）黑耳犚（音尉）子犢體長牬（音霈）絶有力欣犌（音加）　毛詩曰爾牛來思其耳濕濕（齝而動其耳）　左傳曰介葛盧來朝禮之加宴好葛盧聞牛鳴曰是生三犧皆用之矣其音云問之而信　又曰秦師伐鄭商人弦高將市於周遇之以乘韋先牛十二犒師曰寡君聞吾子將師涉於弊邑敢犒從者　又曰飇鼠食郊牛角改卜牛飇鼠又食其角乃免牛　又曰楚子爲陳夏氏亂故伐陳殺夏徵舒因縣陳申叔時使於齊復命不賀而退王使讓之對曰抑人亦有言曰牵牛以蹊人之田而奪之牛牵牛以蹊者信有罪矣而奪之牛罰已重矣諸侯之從討有罪今縣陳貪其富也無乃不可乎王曰善　玄中記曰萬歲樹精爲青牛　漢書桓帝出遊河上忽有一青牛從河中出走踢帝人皆驚走太尉公時爲殿中將軍有勇力走逆牛牛見公走還河公以手挽

牛左足右手持斧斫牛頭而殺之此青牛者萬年之木精也　莊子曰庖丁為文惠君解牛曰臣之刀十九年所解千牛而刀刃若新彼節者有閒而刀刃無厚以無厚入有閒恢恢乎其於遊刃必有餘地是以十九年刀刃如新　又曰或聘莊子莊子應其使曰子見夫犧牛乎衣以文繡食以芻菽及其牽而入於太廟雖欲為孤犢其可得乎　孟子曰齊宣王問曰齊桓晉文之事可得聞乎孟子曰仲尼之徒無道者未之聞也臣聞王坐堂上有牽牛過者王問之對曰將以釁鍾王曰吾不忍其觳觫而就死以羊易之是見牛未見羊也此乃仁術足以王矣　呂氏春秋曰百里奚未遇時飯牛於秦鬻以五羊之皮公孫枝得而獻諸繆公繆公用之謀無不當舉必有功　又曰昔葛天氏之樂三人操牛尾投足以歌八闋　史記曰騎劫攻即墨田單取牛千頭衣以五彩束刃其角縛火其尾穿城而出牛壯士五千銜枚隨其後牛出火明所觸皆死壯士因擊之城上士大譟燕師大敗騎劫死乘勝追北三戰三剋遂收齊城　蜀王本紀曰秦惠王欲伐蜀乃刻五石牛置金其後蜀人見之以為牛能大便金牛下有養卒以為此天牛也能便金蜀王以為然即發卒千人使

五丁力士拖牛成道致三枚於成都秦得道通石牛力也後遣丞相張儀等隨石牛道伐蜀　漢武内傳曰封君達少好道入鳥鼠山百餘年還鄉里常乘青牛故謂爲青牛道士　桓譚新論曰夫畜生賤也然有尤善者皆見記識故馬稱驊騮驥騄牛譽郭椒丁櫟　謝承後漢書曰劉寬甞行有人失牛者乃於路就寬車中認之寬無所言下駕步歸有頃認者得牛而送還叩頭謝曰慙負長者寬曰物有相類事容脫誤幸勞見歸何爲謝也　風俗通曰秦昭王使李冰爲蜀守開成都兩江溉田萬頃江神歲取童女二人爲婦冰自以其女與神爲婚往至神祠勸神酒杯但澹淡冰厲聲責之因忽不見良久有兩蒼牛鬭於岸旁有閒冰還流汗謂官屬曰吾鬭大極不當相助南向腰中正白者我綬也主簿乃刺殺北面者江神遂死蜀人慕其氣決凡壯健者因名冰兒　列異傳曰秦文公伐梓樹樹化爲牛文公遣騎擊之騎墮地被髮牛畏之入水不出沒豐水中秦乃立怒特祠　魏略曰鉅鹿時苗爲壽春令始之官乘牸牛歲餘牛生一犢及去留其犢謂主簿曰令來時本無此犢犢是淮南所生也

吏曰六畜不識父自當隨其母畜不聽　蜀志曰蔣琬夜夢有一牛頭在門前流血滂沲意甚惡之問占夢趙直直曰夫見血者事分明也牛角及鼻公字之象君位當至公大吉之徵也　諸葛亮集曰木牛者方腹曲頭一脚四足頭入領中舌著於腹載多而行少宜可大用不可小使特行者數十羣行二十里也　張溫自理曰昔百里奚賢秦繆公欲干之繆公好牛奚因賃養牛公出遊登車以問百里百里曰臣之所長非養牛者也乃養民也視牛察士乃則賢人也遂與同車而出　博物志曰近世有居於海渚年年八月有浮槎來甚大往反不失於期此人乃賫粮乘槎而去忽忽不覺晝夜奄至一處有城郭屋舍宛然望室中多見織婦見一丈夫牵牛渚次飲之此人還以問蜀人嚴君平君平曰某月有客星犯牛斗即此人到天河也曹嘉之晉紀曰羊祜子暨爲青州刺史牛於州產犢及暨去職以官室所生遺之而去　符子曰堯以天下讓巢父巢父曰君之牧天下亦猶余之牧孤犢君牧天下是各有其所牧矣君焉用惴惴然以所牧而與余余無用天下爲也於是牽犢而去　袁山松宜都山川記曰自峽口泝江百許里至

黃牛灘南岸有重山山頂有石壁上有人負刀牽黃牛人迹所絕莫得究焉　竺法眞登羅山疏曰增城縣南有列渚洲洲南又有牛潭北岸有石周員三丈漁人見金鎖牛常出水盤鎖此石上縣民張安釣於石上踊得金鎖數十尋俄有物從水中引之力不能禁以刃斷之唯得數尺遂致大富　琴操曰甯戚飯牛車下叩角而商歌曰南山研白不爛生不逢堯與舜禪短布單衣裁至骭長夜冥冥何時旦齊桓公聞之舉以爲相

【賦】臧道顏駃牛賦曰若乃豪宗戚屬公侯王后乘輕御肥貂蟬耀首翟翟華貂鑠鑠雲母良特擢足於雙轅名駮疊迹於左右如貴遊踊躍於絕倫觀者嗤妍其好醜遂慕駿駃以相高精彼奇選之希有儀體既美特資高足名參飛兔價齊驥騄

【贊】梁劉孝威辟厭青牛畫贊曰泰山怒特吳渚神牛氣噓風噴精迴電流詎牽和鞅不入裴鞦務難京肆怒橫行朗陵瑩角介葛瞻聲遁仙託稱妖寇憑名名震八區威陵五都菑勇槽側息憤場堨仇覽見獻豆膝嬰進蒭雄兒指式悍士規模曹興拂采徐邈成圖

【表】魏陳王曹植上牛表曰臣聞物以洪珍細亦或貴

故不見僬僥之微不知泱漭之泰不見果下之乘不別龍馬之大高下相懸所以致覩也謹奉牛一頭不足追遵大小之制形少有殊敢不獻上

啓 梁元帝謝東宮賚蒸栗牛啓曰色似秘府之書毛類陳王之玉騂角未竒瑩蹄非貴 梁劉孝儀謝始興王賜車牛啓曰下官安於躡屩習以成性乘堅驅駿未所屑心慈渥無涯每垂奬飾無復難載之朋將申共弊之美濯龍望水未足儔光長門聽雷不能均響 又謝豫章王賜牛啓曰觀其毛角相合骨像應圖曳流水而生光鶩高限其如接遂使上阜輟駕下澤是驅偶軾脩途既獲坐馳之致馴豢廣庭方念載憂之邑

書 梁劉孝威謝南康王饟牛書曰雖復蜀守神牛秦公怒特淮王白角何以瑩蹄無以逾其勁力邁其致遠直宿九重獲免疏步路休三逕且息徒行從祀甘泉方無假於丞相騎至清廟又永笑於博陽

驢

楚辭九懷曰驥垂兩耳中坂蹉跎蹇驢服駕無用日多 吳志曰諸葛恪父瑾長面似驢孫權大會羣臣使人牽一驢入長撿其面題曰諸葛子瑜恪跪

請筆益兩字恪續其下曰之驢舉坐歡笑乃以驢賜恪　文士傳曰晉文帝大親阮籍恒與談戲任其所欲不迫以職事籍從容常言平生曾遊東平樂其土風願得爲東平太守文帝大悅即從其意籍便騎驢徑到郡　至皆壞府舍諸壁鄣使內外相望然教令清當十餘日便乘驢去　晉陽秋曰胡威少有志尚厲操清白父質爲荆州守威自京都省之家貧無車馬僮僕自驅驢單行拜見父停廄中十餘日辭歸每至客舍自放驢取樵爨炊食　世說曰王仲宣好驢鳴既葬魏文帝臨其喪顧語同遊曰王好驢鳴可各作一聲以送之赴客皆作驢鳴　陳武別傳曰武本休屠胡人常騎驢牧羊諸家牧豎十數或有和歌者武遂學太山梁甫吟之屬

【文】袁淑排諧驢山公九錫曰若乃三軍陸邁糧艱難謀臣停算武夫吟歎爾乃長鳴上黨慷慨應邪崎嶇千里荷囊致餐用捷大勳歷世不刊斯實爾之功者也音隨時興晨夜不默仰契玄象俯協漏刻應更長鳴毫分不忒雖挈壺著稱未足比德斯又爾之智也若乃六合昏晦三辰幽冥猶憶天時用不廢聲斯又爾之明也青脊隆身長頭廣額脩尾後垂巨耳雙磔斯又爾之相也嘉

麥既熟寔須精麨負磨迴衡迅若轉雹惠我衆庶神祇獲薦斯乂爾之能也爾有濟師旅之勳而加之以衆能是用遣衆能中大夫閭丘騾加爾使銜勒大鳴驢班脚大將軍宮亭侯以揚州之廬江江州之廬陵吳國之桐廬合浦之朱廬封爾為廬山公

駱駞

華嶠漢書曰南單于遣使詣闕奉蕃稱臣入居於雲中遣使上書獻駱駞二頭文馬十疋　博物志曰燉煌西渡流沙往外國濟沙千餘里中無水時有伏流處人不能知駱駞知水脉過其處輒停不行以足踏地人於所踏處掘之輒得水　洛中記曰有銅駞二枚在宮之南四會道頭高九尺頭似羊頸身似馬有肉鞍兩箇相對　異苑曰西域苟夷國山上有石駱駞腹下出水以金鐵及手承取即便對過唯瓠蘆盛者則得飲之令人身體香淨而昇仙其國神祕不可數過

贊　晉郭璞橐駞贊曰駞惟奇畜肉鞍是被迅騖流沙顯功絕地潛識泉源微乎其智

羊

爾雅曰麢音靈似羊而大角員銳好在山崖間大羊羱如羊似羊而大角出西方羊牡羒音墳牝牂牂羊墳首夏羊

黑羖羝牡羭羭黑班羳羊黃腹未成羊羜音佇詩云肥羜俗云五月羊絶有力奮羊六尺為羬羬羊馬尾今大

月支國有大羊馬尾五咸反尸子羊為羬六尺說文曰羊祥也象四足角尾之形孔子曰牛羊之字以形舉哶

音弭羊鳴也羔羊子也羜五月生羔也𦍺犍六月生羊也羍耻達反七月生羊也䍜音兆

羊未卒歲也　易曰小人用壯君子用罔貞厲羝羊觸藩羸其角　又曰兌為

羊　毛詩曰羔羊鵲巢之功致也召南之國化文王之政在位皆節儉正直德如

羔羊也羔羊之皮素絲五紽退食自公委蛇委蛇　又曰無羊宣王考牧也厲王時牧人廢

宣王復之誰謂爾無羊三百維羣爾羊來思其角濈濈聚其角而息濈濈然　周禮曰賓客

則羊人供法羊羊泠毛則毳羶法羊食饗食積膳之羊也泠泠長結總也　又曰羊人掌羊牲凡祭祀飾

羔祭祀割羊登其首登首報陽也升首於室　凡祈珥供其羊牲若牧人無牲則受布于司馬

使其賈牲而供之布泉也　鄭氏婚禮謁文贊曰君羣而不黨跪乳有家　左傳

曰華元殺羊食士其御羊斟不與及戰曰疇昔之□羊子為政今日之事我

為政與入鄭師故敗　又曰楚子圍鄭鄭伯肉袒牽羊以逆曰孤不天不能事

君使懷怒以及弊邑孤之罪也　論語曰子貢欲去告朔之餼羊子曰賜也爾愛

其羊我愛其禮　又曰葉公語孔子曰吾黨有直躬者其父攘羊其子證之孔子曰吾黨之直者異於是父爲子隱子爲父隱直在其中矣　龍魚河圖曰羊有一角食之殺人　周書曰夏桀德衰夷羊在牧飛蛤滿野　家語曰季桓子穿井獲如土缶其中有羊焉使問仲尼曰吾穿井得羊何也對曰以丘聞羊也木石之怪夔魍魎水之怪龍罔象土之怪羵羊也　列子曰楊朱見梁惠王言治天下如運諸掌王曰先生有一妻一妾而不能治三畝之園而不能耘言治天下何也曰君見夫牧羊者乎百羊爲羣使五尺童子荷箠而隨之欲東而東欲西而西使堯牽一羊舜荷箠而隨之則不能前也　莊子曰臧與穀二人相與牧羊而俱亡其羊問臧奚事則挾策讀書問穀奚事則博塞以遊二人事業不同其亡羊均也　孫卿子曰仲尼將爲魯司寇沈猶氏不敢朝飲其羊　史記曰宋義下令軍中曰很如羊貪如狼不可使者皆斬之　又曰卜式者河西人式有少弟式脫身出分獨取畜羊百餘田宅財物盡與弟式入山牧十餘歲羊致千餘上曰吾有羊在上林中欲令子牧之式乃拜爲郎布衣草蹻而牧歲餘羊肥息上過其羊問之式曰非獨羊也治民亦猶

是也惡者輒去無令敗羣上以式爲奇拜爲緱[?]氏令 又曰盧綰與高祖俱學書相愛里中賀兩家以羊酒 地鏡圖曰金百斤已上至三百斤精如羊者 玄中記曰千歲之樹精爲青羊 春秋繁露曰凡贄卿用羔羔有角而不用如好仁者執之不鳴殺之不諦類死義者羔飲其母必跪類知禮者故羊之爲言猶祥故以爲贄 列仙傳曰葛由者羌人周成王時好刻木作羊賣之一旦騎羊而入蜀蜀中王侯貴人追之上綏山山在峨眉山西南無極隨之者不得還皆得仙道山上有桃故里諺曰得綏山一桃雖不得仙亦足以豪山下立祠 昔有攘羊者以羊頭遺晉叔向向毋埋之不食後三年攘羊事發追捕向家撿羊骨肉都盡唯有舌在國人異之遂以羊舌爲族 漢書曰蘇武往使匈奴匈奴知武不可降使北海上無人處牧羝羊下乳乃得歸武作海上廩食不至乃掘野鼠草芰而食之武杖漢節牧羊卧起持節旄盡落 又曰路溫舒鉅鹿人父爲里監門使溫舒牧羊溫舒取澤中蒲截以爲牒編用寫書 東觀漢記曰甄宇北海人建武中爲州從事徵拜博士每臘詔書賜博士羊羊有大小肥瘦時博士祭酒議欲殺羊稱分其肉宇

曰不可以欲投鉤復恥之字因先自取其最瘦者猶是不復有爭訟後召
會詔問瘦羊甄博士京師因以号之　魏志曰楊俊同郡王象孩少孤特為
人僕隸年十七八見使牧羊而私讀書因獲捶楚俊美其才質即贖象
著家娉娶立屋然後與別象官至散騎常侍　衞玠少時乘白羊於洛
陽市市人觀之咸曰誰家璧人於是家聞州黨遂𦕃曰璧人　博物志曰胡
葸蜀中本無洛中人有驅羊入蜀者胡葸子着羊毛蜀人取種因名曰羊負
來又外國得胡麻豆或曰戎菽　王隱晉書曰王尼常為兵洛中名士王澄胡
毋輔之等齎羊酒詣護軍門吏請見將軍澄等先過尼炙羊飲酒訖
逕去將軍聞之與尼長假　神仙傳曰皇初平年十五家使牧羊有道士見
其良謹使將至金華山石室中四十餘年忽然不復念家其兄初起行索
初平歷年不得後見市中有道士乃問之道士曰金華山中有牧羊兒姓皇
字初平兄乃隨道士與初平相見語畢問羊何在在山東兄往視但見白
石不見羊平曰羊在耳兄自不見平乃往言叱叱羊起於是白石皆起成羊數
萬頭　又曰曹公收左慈慈走入羣羊中失慈之所在追者疑化為羊乃令人

數羊羊本千口揀之長一口知果化為羊乃謂曰若是左公者但出無苦也有一羊跪云詐如許追者欲執之於是群羊皆跪曰詐如許追者乃去　搜神記曰宣帝時陰子方者至孝有仁恩嘗臘日晨炊而竈神形見子方再拜受慶家有黄羊因以祠之自是暴至巨富子方常言我子孫必將強大至識三世而遂繁昌故後常至臘日祠竈而薦黄羊焉　又曰南陽宗定伯夜行忽逢一鬼鬼問伯為誰伯欺之曰我亦鬼也遂為侶向宛行勸因相擔問鬼曰鬼何畏曰鬼唯不喜唾耳欲至宛使擔鬼著頭上詣宛市鬼化為羊伯恐其變遂唾之因賣得錢千五百罒若者將還繫之明旦見繩在時人語曰宗定伯賣鬼得錢千五百　續搜神記曰顧霈者吳之豪士送客置酒有一沙門在坐主人殺羊羊繩斷便走來入道人膝中穿頭入袈裟下道人不能救即將去殺之既行炙主人便先割以啖道人道人食炙下喉便自行道入皮中痛毒不可忍呼醫來以針之以數針貫三炙猶動搖乃破出之是故一臠肉耳道人於此得病作羊鳴少時便死　崔豹古今注曰羊一名髯鬚主簿　幽明録曰洛下有洞穴不測有一婦欲殺夫推夫下經

多時至底乃得一穴匍匐行數十里漸見明曠郛郭宮館金寶爲飾明踰三光人皆長三丈被羽衣如此九處至最後所飢長人指中庭大栢樹近百圍下有一羊令跪持羊鬚捋之得一珠長人取之次亦取後將令噉即療飢乃問詣九處名及求住荅云君不得停還問張華當知乃復行出交州還洛問華華曰九處地仙名九館大羊爲痴龍初一珠食之與天地等壽次者延年後者充飢而巳 雜五行書曰懸羊頭門上除盗賊

贊 晉郭璞羊贊曰月氏之羊其類在野厥高六尺尾亦如馬何以審之事見爾雅 杜預奏事曰臣前在南聞魏興北山有野羊大者千數百斤試令求之者各得一枚并頭角蹄 按其形不與中土羊相似然是野獸中所希有

狗

爾雅曰犬生三猣宗二師一玂旂未成毫狗狗子未生翰毛長喙獫力豔短喙猲歇獢嚻許載撿猲獢絶有力狣力狣多狵尨狗也狗四尺爲獒 山海經曰蜪犬如犬青色食人從首始 易曰艮爲狗 左傳曰晉侯飲趙遁酒伏甲將攻之其右提彌明知之趨登曰臣侍君宴過三爵非禮也遂扶以下公嗾夫獒焉明搏而殺之遁曰弃人

用犬雖猛何爲闕且出　又曰國人逐瘈狗瘈狗入於華臣氏國人從之華臣懼遂奔陳（華臣心不自安見逐狗而驚去）　又曰取邾師邾人愬于晉晉人來討叔孫婼如晉乃館諸箕吏人之與叔孫居於箕者取其吠狗弗與及將歸殺而與之食　穆天子傳曰天子之狗走百里執虎豹（言筋壯猛）　晏子曰晏子短使楚楚人爲門於犬門側延晏子晏子曰使狗國者從狗門入今使楚王不當從此門入　列子曰楊朱之弟曰布衣素衣而出天雨解素衣衣黑衣而返其狗迎而吠之楊布怒將朴狗楊朱曰子無朴矣子亦猶是也嚮者使汝狗白而往黑而來豈能無怪哉　尹文子曰康衢長者字僮曰善搏字犬曰善噬賓客不過其門三年長者怪而問之以實對於是改之賓客復往　楚辭曰何少康逐犬而顛隕厥首（言少康因獵放犬逐獸於是舍所宿也）　又曰兄有噬犬弟何欲（兄謂秦伯也秦伯有犬弟鍼欲請）易之以百兩卒無祿　又曰豈不鬱陶而思君兮君之門兮九重猛犬狺狺而迎吠兮關梁閉而不通　呂氏春秋曰齊有好獵者終日不得獸入則媿其友推其所以不得獸狗惡故也欲得良狗則家貧家富則求良狗得狗則數得獸矣非獨獵也百事皆然　又曰昔文王得如黄之狗宛路之矰遊於

雲夢三月不反　韓子曰宋有酤酒者斗概甚平遇客甚謹爲酒甚美懸幟甚高然而酒不售酒酸怪其故問所閭長者楊青青曰汝狗猛耶曰狗猛狗猛何故不售曰人畏焉或令孺子懷錢挈壺往酤而狗迓齕之酒所以酸而不售夫國亦有猛狗有道之士懷其術而欲以明萬乘之主大臣爲猛狗迎而齕之此人主所以蔽脅有道之士所以不用也　史記曰范睢說秦昭王曰夫以秦而治諸侯譬若縱韓盧而搏蹇兎也今閉關十五年不敢闚兵於山東者是穰侯爲秦謀不忠而大王之計有所失也　又曰高祖詔齊捕蒯通通至上曰若何教淮陰侯反對曰然臣固教之跖之狗吠堯堯非不仁狗固吠非其主當是時臣獨知韓信非知陛下也　戰國策曰齊欲伐魏淳于髡謂齊王曰韓盧者天下之壯犬也東郭兎者海內之狡兎也韓盧逐東郭兎環山者三騰山者五兎極於前犬疲於後犬兎俱罷死其處田父獲之無勞勸之苦而擅其功今齊魏久相持以頓其兵弊其衆臣恐強秦大楚承其後而有田父之功獲齊王懼休將士　說苑曰梁相死惠子欲之梁渡河遽墮舩舩人救之曰子欲何之而遽曰梁無相吾欲往相之

舩人曰子居舩楫之間而溺無我則死矣子何能相梁惠子曰居廣艘長衎之間則我不如子至於安國家全社稷子之比我子蒙蒙如未視之狗子耳　又曰孟嘗君寄客於齊王三年不見用故客反見曰不知臣之罪耶君之過也孟嘗君曰寡人聞之縷因針而入不因針而急嫁女因媒而成不因媒而親夫子之才必薄矣當何怨寡人哉客曰臣聞韓氏之盧天下疾狗也見兎而指屬則不失兎望見而放狗也則累世不能得兎狗非不疾不能屬者罪也　漢書曰樊噲沛人也以屠狗爲事　漢武故事曰公孫卿至東萊云見一人長五丈牽一黃犬把一黃雀欲謁天子因忽不見　東觀漢記曰鮑永少有志操治歐陽尚書事後母至孝妻嘗於母前叱犬而永即去之　風俗通曰桂陽太守汝南韋叔堅少時爲從事在家狗人立行于家中皆言當殺之叔堅云犬馬諭君子狗見人行效之何傷叔堅爲縣令還解冠榻上狗戴持走家人驚愕復云誤觸冠冠纓挂着耳狗又上竈家益怪復云兒婢皆在田中狗何能作怪遂不肯殺後數日狗自暴死卒無纖芥之異叔堅至太尉終於位　魏略曰丁謐外似疎濶而内明慧雖與何晏鄧

颺等同列而皆少之唯以聲勢屈於曹爽爽亦敬之言無不從故于時謗書謂臺中三狗唓喍不可當一狗憑默作蛆囊三狗謂何鄧丁也默者爽小字也其意言三狗皆欲齧人而畜塁也　華陽國志曰雍閭欲降魏說夷曰官欲得烏狗三百頭膺前盡黑腦三升汝能得不夷皆從閭　玄中記曰狗封氏者高辛氏有美女未嫁犬戎為亂帝曰有討之者妻以美女封三百戶帝之狗名槃護三月而殺犬戎之首來帝以為不可訓民乃妻以女流之會稽東南二萬一千里得海中土方三千里而封之生男為狗生女為美女　雜五行書曰犬生四子取黃子養之犬生五子取青子養之六子取赤子養之七子取黑養之八子取白養之犬烏頭令人得財白犬黑尾令人世世乘車黑犬白耳犬王畜之令人富貴黑犬白前兩足宜子孫黃犬白尾令人世世衣冠　孫盛晉陽秋曰王敦敗京都之後夢白犬自天而下噬之　搜神記曰東越閩中有庸嶺高數十里下北隰中有大蛇長七八丈大十餘圍常病都尉及長史下夢巫覡欲得啖女童常八月祭送蛇穴蛇輒吞之已用九女時將樂縣李誕有小女名寄應募而行乃請好劍咋蛇大作數斛

飱蜜灌之置穴口蛇出頭大如囷目如二尺鏡先噉飱灌奇便放犬咋蛇以劍斫殺之得九女髑髏越王乃娉奇爲后　又曰高辛氏有老婦人居王宮得耳疾醫爲挑治得一物大如繭婦人盛之以瓠覆之以盤俄頃而化爲犬其文五色名盤瓠　又曰漢成帝河清元年長安男子石良劉晉相與同居有如人狀在其室擊之爲狗去復至數人被甲持兵弩來格之或傷盡狗也自二月至六月乃止其於洪範皆犬禍言不從之咎也　又曰成山陽王瑚字孟璉爲東海蘭陵令夜半時輒有黑幘白單衣吏詣縣扣閣迎之則忽然不見如此數年於外伺之見一老狗黑頭白軀至閣便爲人殺之乃絶　續搜神記曰會稽句章民張然滯役在都經年不得歸家有少婦遂與奴私通然在都養一狗甚快名烏龍後假歸奴與婦欲謀殺然作飯食共坐下食未得噉奴當戶倚張弓括箭拔刀然以盤中肉飯與狗狗不敢唯注精舐脣視奴然亦覺之奴催食轉急然決計拍髀大喚曰烏龍狗應聲傷奴奴失刀仗倒地狗遂咋奴頭然因取刀斬奴以婦付官殺之　又曰晉太和中廣陵人楊生養狗甚憐愛之行止與俱後

生飲酒醉行大澤草中眠不能動時冬月野火起風又猛狗周章號喚生醉不覺前有坈水狗便走往水中還以身洒生左右草沾水得著地火尋過去生醒方見之他日又闇行墮空井中狗伸吟徹曉須臾有人過怪此狗向井號往視見生生曰君可出我當厚報君人曰以此狗見與便當相出生曰此狗曾活我於已死不得相與餘即無惜人曰若爾便不相出狗因下頭目井生知其意乃語路人以狗相與人乃出之繫狗而去後五日狗夜走歸　又曰休處山下有亭每過宿者或病死常云有十許人男女合雜衣或黑或白輒來爲害有郅伯夷者過宿明燭而坐誦經至中夜忽有十餘人來與伯夷並坐蒲博伯夷密以鏡照之乃是羣犬因執燭起陽誤以燭燒其衣作燃毛氣伯夷懷刀捉一人刺之初作人喚遂死成犬餘悉走去　又晉穆哀之世領軍司馬濟陽蔡詠家狗夜輒羣衆相吠往視便伏後日使人夜伺有一狗著黃衣白帢長五六尺衆狗共吠之尋迹定是詠家老黃狗即打殺之吠乃止　秦氏三秦記曰有白鹿原周平王時白鹿出此原原上有狗枷堡秦襄公時有天狗來下其上有賊天狗吠而護之故一

堡無懼心　述征記曰彭城東岸有一丘俗謂之狗葬或云斯則徐偃王葬后倉者也未詳古徐國宮人娠而生卵棄之水濱有狗名后倉銜而歸翩而成人遂爲徐之嗣君純筋無骨曰偃王偃王躬行仁義衆附之得朱弓朱矢之瑞周穆王命楚滅之后倉將死生角尾實黃龍也　述異記曰陸機少時頗好獵在吳豪客獻快犬名曰黃耳機後仕洛常將自隨此犬黠慧能解人語又嘗借人三百里外犬識路自還一日至家機羈旅京師久無家問因戲語犬曰我家絕無書信汝能齎書馳取消息不犬喜搖尾作聲應之機試爲書盛以竹筒繫之犬頸犬出驛路走向吳飢則入草噬肉取飽每經大水輒依渡者弭毛掉尾向之其人憐愛因呼上船裁近岸犬即騰上速去先到機家口銜筒作聲示之機家開筒取書看畢犬又伺人作聲如有所求其家作答書內筒復繫犬頸犬既得答仍馳還洛計人行程五旬犬往還裁半月後犬死殯之遣送還葬機村去機家二百步聚土爲墳村人呼爲黃耳冢　又曰宋元嘉中石玄度家有黃狗生白雄子母乳其子異於常狗銜食食之子大甚狗出獵未及輒門外望之

後玄度病輒危困醫爲處方湯須白狗肺市索卒不能得乃殺所養白狗以供湯其母向子死處跳踊嗥呼倒復起竟日不息其家煮狗子肉共食之投骨於地母輒銜著窟中

【詩】晉張華詩曰如黃秕狡兔青骹攝飛雉鵠鷺鳥皆盡收鳧鷖鳥安足視

【賦】晉傅玄狗賦曰何世來貢作珍皇家骨相多奇儀表可嘉足懸鉤爪口含素牙首類驤螭尾如騰蛇細頸闊胷廣前稍後豐顱促耳長叉緩口

魏賈岱宗狗賦曰余處大魏之祚逬在朔陽越彼西旅大犬是獲形體如翦削像皃如刻畫毛翰紫艷光雙眉如白璧爪類刀戈牙如交戟盼睞而奮怒揮霍而振擲譬若天梁折地柱劈倒曳白象挫其腰齧齒掣六駮折其脊爪處如鉤牙擛劍似矛刺

豕

爾雅曰豕子猪䝏豶幺幼最後生者奏者豱温豕生三豵子公二師一特豕生子常多故取少者名之四豴皆白豥該其迹刻絕有力豟扼牝豝巴

方言曰豬燕朝鮮之閒謂之豭關東西謂之彘或謂之豕南楚謂之豨其子或謂之豚或謂豯奚吳陽之間謂之豬子

易曰見豕負塗

又曰坎爲豕

毛詩曰有豕白蹢烝

涉彼矣　論語曰陽貨欲見孔子孔子不見饋孔子豚　墨子曰孔子窮於
陳蔡之閒藜羹不糂子路烹豚孔子不問肉所由來即食之　史記曰
子路性鄙好勇力冠雄雞佩猳豚陵暴孔子孔子設禮稍誘子路子路
後服委質因門人請爲弟子　又曰竇太后好老子書召轅固問老
子固曰此家人言耳太后怒曰安得司空城旦書乎使固下圈擊豕景帝
知太后怒而固直言無罪乃假固利兵下圈刺豕正中其心應手而倒太后
默然乃罷之　韓詩外傳曰孟子少時東家嘗殺豬孟子問其母曰
東家殺豬何以爲其母曰欲啖汝其母悔失言曰吾懷妊是子席不正不坐
割不正不食胎教之也今適有知而欺之是教之不信也買東家豬肉以食
之明不欺也　漢書曰公孫弘菑川人少時爲獄吏有罪免家貧牧豕海
上四十餘乃學春秋雜說年六十以賢良徵爲博士丞相封平津侯
又曰郅都東海人景帝時爲郎嘗從游上林賈姬在廁野彘入廁上目
都都不行上乃欲自持兵救賈姬都伏上前曰亡一姬一姬進天下所少寧
賈姬耶陛下縱自輕奈宗廟太后何上還彘亦不傷賈姬　東觀漢

記曰閔仲叔居安邑家貧不能得錢買肉安邑令候之問諸子何飯食對曰但食猪肝屠者或不肯與之令出敕市後嘗買輒得仲叔怪問其子道狀如此乃歎曰叔豈以口腹累安邑耶遂去之　又曰吳祐年二十喪父獨居家無擔石而不受贍遺常牧豕於長垣澤中行吟經書遇父故人謂之曰卿二千石子而杖鞭牧豕縱子無恥奈君父何祐辭謝而已守志如初　又曰梁鴻家貧而尚節博覽無不通畢乃牧豕於上林苑中曾誤遺火延及他舍乃尋訪燒者問所失悉以豕償之其主猶以爲少鴻曰無他財願以身居作主人許因爲執勤不懈耆老見鴻非恒人乃共責讓主人而稱鴻長者於是始敬異悉還其豕鴻不受乃去　續漢書曰曹騰父萌以仁厚稱鄰人有豕者與萌豕相類詣門認之萌不與爭後所亡豕自還其家主人大慙送所認豕并辭謝萌萌笑而受之　張璠漢紀曰莎車王殺于闐王于闐大都末出城見野豕欲搏之乃人語曰無殺我我爲汝殺莎車將軍都末異之即與兄弟共殺莎車王　皇甫謐高士傳曰孫期濟陰人少爲諸生治京氏易古文尚

書家貧事母至孝牧豕於大澤中以奉養焉遠人往從其學者皆執經壟畔以追之里落化其仁讓黃巾賊起過其里陌相約不犯孫先生舍辟舉方正遺吏賫羊酒請期期驅豕入草不顧司徒黃琬特辟不就終於家　董正別傳曰司馬徽字德操時人呼爲水鏡嘗有人妄認徽猪徽便推猪以與之後數日亡猪者得其猪既以猪還徽乃叩頭自責徽又厚謝之　魏志曰挹婁在扶餘東北處山林之間常穴居大家深九梯以多爲好土氣寒於扶餘其俗好養猪食其肉衣其皮冬以猪膏塗身厚數分以御風寒夏則裸袒以尺布隱其前後也

郭子曰劉道眞少時嘗魚釣草澤善歌嘯聞者莫不留連有一老嫗識其非常人甚樂其嘯乃殺豚以進之道眞食豚盡了不謝嫗見其不飽又進一豚又食半餘半還之後道眞爲吏部郎嫗兒爲小令史道眞乃超用之見不知所由問母而後知之於是賫牛酒以詣道眞眞曰去無復相報

【贊】晉郭璞封豕贊曰有物貪婪號曰封豕薦食無饜肆其殘毁羿乃飲羽獻帝効技　又豪彘贊曰剛鬣之族號曰

豪豨[illegible]如攢錐中有激矢厥體兼資自爲牝牡

藝文類聚卷第九十四

藝文類聚卷第九十五

獸部下

象

爾雅曰南方之美者有梁山之犀象焉　山海經曰巴蛇食象三歲而出其骨　左傳曰象有齒以焚其身　孟子曰周公驅犀象而遠之天下大悅　萬歲曆曰成帝咸康六年臨邑王獻象一知跪拜御者使從之　吴志曰賀齊爲新都郡守孫權出祖道作樂舞象權謂齊曰今定天下都中國使殊俗貢珍百獸率舞非君而誰　江表傳曰孫權遣使詣獻馴象二頭魏太祖欲知其斤重咸莫能出其理鄧王沖尚幼乃曰置象大船上刻其所至稱物以載之校可知也太祖大悅　又曰魏文帝遣使於吴求象牙羣臣以非禮欲不與孫權勑付之　蜀將諸葛亮討賊還成都孫權遣勞問之送馴象二頭與劉禪　吴時外國傳曰扶南王盤況少而雄桀聞山林有

大象輙生捕取之教習乘騎諸國聞而伏之　博物志曰昔日南有四象各有雄雌其一雌死百有餘日其雄泥土著身獨不飲酒食肉長吏問其所以輙流涕焉　法顯記曰迦維羅衛國從佛生處東行五由旬有國名藍莫此國王得佛一分舍利還歸起塔塔邊有池池中有龍常守護此塔晝夜供養乃有羣象以鼻取水灑地取雜花香而供養諸國道人來欲禮拜塔遇象大怖依樹自翳見象如法供養道人大息悲感即捨大戒還作沙彌自挽水並治處所使得淨潔　異苑曰會稽張茂嘗夢大象以問萬推曰君當為大郡而不能善夫象者大獸取其音曰獸者守也象以齒焚其身後必為人所殺茂永昌中為吳興太守值王敦問鼎執正不移敦遣沈充殺之

贊

晉郭璞贊曰象實魁梧體巨貌詭肉兼十牛目不踰豕望頭如尾動若丘徙

犀

爾雅曰犀似豕形似水牛猪頭大腹卑脚脚有三蹄黑色二角一在頂一在鼻　戰國策曰張儀為秦破縱連

橫說楚王楚王遣車百乘獻駭雞之犀夜光之璧於秦王　韓詩外傳曰太公使南宮适至義渠得駭雞犀以獻紂　漢書曰元始二年黃支國獻犀牛　又曰尉佗獻文帝犀角十　又曰烏弋國出犀牛　蜀王本紀曰江水爲害蜀守李冰作石犀五枚二枚在府中一枚在市橋下二在水中以厭水精因曰石犀里　抱朴子曰通天犀有白理如線者以盛米置羣雞中雞欲往啄米至輒驚却故南人名爲駭雞也得其角一尺以上刻爲魚而銜以入水水常爲開方三尺可得氣息水中以其角爲叉導者得煮毒藥爲湯以此叉導攪之皆生白沫無復毒勢　劉欣期交州記曰犀出九德縣其毛如豕蹄有三甲頭如馬有三角鼻上角長額上角短　南州異物志曰玄犀處自林麓食惟棘刺體兼五肉或有神異表靈以角含精吐烈望若華燭置之荒野禽獸莫觸

【贊】晉郭璞犀贊曰犀之爲狀形兼牛豕力無不傾吻無不靡以賄嬰災因乎角椅

【序】晉傅咸犀鉤序曰世稱雞駭之犀聞之父常侍曰犀之美者有光雞見影而驚故曰駭雞有以此鉤見遺者乃爲之銘

兕

爾雅曰兕似牛（一角肉重千斤）說文曰兕如野牛青皮堅厚可以爲鎧嶓冢之山其獸多兕　毛詩曰酌彼兕觥　戰國策曰楚王遊於雲夢有狂兕忽至王彎弓而射之應發而殪仰天而歎曰樂矣今日之遊万歲千秋之後誰與樂此　論衡曰太師尚父爲周司馬將師伐紂到孟津之上杖鉞把旄號其衆曰倉兕倉兕水中之獸也善覆人舡因神以化令汝急渡

【贊】晉郭璞山海圖贊曰兕惟壯獸似牛青黑力無不傾自焚以革皮充武備角助文德

駮

爾雅曰駮如馬倨牙食虎豹　山海經曰中曲之山有獸焉其狀如馬而白身黑尾一角虎牙爪音如鼓其名曰駮是食豹可以禦兵【贊】晉郭璞贊曰駮惟馬類實畜之英驤首騰旄嘘天雷鳴氣無不凌吞虎辟兵

貔

爾雅曰貔白狐其子豰（呼鹿反一名執夷）說文曰貔豹屬出貉國　尚書曰如虎如貔

禮記曰前有摯獸則載貔貅 毛詩曰獻其貔皮赤豹黃羆 贊

晉郭璞貔贊曰書稱猛士如虎如貔貔蓋豹屬亦曰執夷白狐之云自是而非

熊

說文曰熊獸似豕山居冬蟄 本草經曰熊脂一名熊白味甘微溫無毒止風痺 六韜曰文王囚羑里散宜生得黃熊而獻之於紂 周書曰成王時不屠國獻青熊 毛詩曰維熊維羆男子之祥 詩義疏曰熊能攀緣上高樹見人則顛倒投地而下冬入穴蟄始春而出 左傳曰晉靈公使宰夫胹熊蹯不熟殺之寘諸畚載以過朝 又曰鄭子產聘于晉晉侯有疾韓宣子曰寡君寢疾於今三月並走羣望有加而無瘳今夢黃熊入於寢門其何厲鬼也對曰以君之明子為大政其何厲之有昔堯殛鯀于羽山其神化為黃熊實為夏郊三代祀之晉為盟主其或者未之祀乎韓子祀夏郊晉侯有間 孟子曰生魚我所欲熊掌亦我所欲我所欲二者不兼舍魚取熊掌義者我欲生亦我欲二者不得兼舍生取義

史記曰趙簡子病不知人五日寤而曰我之帝所見一熊欲援我帝命我射之中熊熊死後有當道者曰帝令主君滅二卿熊其祖也　漢書曰孝元帝馮昭儀上幸虎圈鬬獸後宮皆坐一熊出圈攀檻欲上殿昭儀乃當熊而立及左右格殺熊上問人情驚懼汝何故前當昭儀對曰夫猛獸得人而止妾恐熊至御座故身當之耳帝嗟嘆以此倍敬重之　東觀漢記曰安帝永初九年永昌獻象牙熊子　建武故事曰咸和七年左右啓以米飴熊熊上曰此盜而費於穀且是惡獸所不宜畜使遣打殺以肉賜左右直人　抱朴子曰玉策記稱熊壽五百五百歲則能化　續搜神記曰晉升平中有人入山射鹿忽墮一坎窅然深絕内有數頭熊子須臾有一大熊來入瞪視此人人謂必害己良久出藏得菓栗分與諸子末後作一分以著此人前人飢久於是冒死取噉之既轉相狎習熊母每旦覓食菓還輒分此人此人賴以支命後熊子大其母一一負將出子既盡人分死坎中窮無出路熊母尋復還入坐人邊人解其意便抱熊之足於是跳出遂得無他　異苑曰邵陵高平黃秀以元嘉三年入山經月不還其兒根生尋覓不見秀蹲

空樹中從頭至腰毛色如熊問其何故答曰天譴如此做 曰太生哀慟
而歸逾年伐山人見形盡爲熊矣又曰熊獸藏於山穴 裏不得見
穢及復殘則合穴自死人欲捕者便令一人卧其藏内餘徃 執杖隱在崖
側熊輒共輿出人不使傷撻傍人仍將騁其矛又有居邑 樹孔中東土
呼熊爲子路以物擊樹云子路可起於是便下不呼則 不動也 啓 梁
劉孝威謝熊白啓竊以館有射熊之名臺無走狗之号上林絶胡人之
搏禁地無張京之犯而突出羽川來攀御檻光踰屋壁殆惑朱公之價
色麗燭銀將堪穆王之寶

鹿

爾雅曰鹿牡麚其子麛其迹速絶有力麉 肩 毛詩曰野有死鹿 又曰鹿
鳴宴嘉賓也呦呦鹿鳴食野之苹 國語曰周穆王征犬戎得四白鹿
穆天子傳曰天子賜曹奴之人黃金之鹿 又曰天子射鹿于林中 韓子曰夫
馬似鹿者千金 史記曰趙高欲爲亂恐羣臣不聽乃先設驗持鹿獻於
二世曰馬也二世笑曰丞相誤耶謂鹿爲馬問左右或言馬以阿趙高或言鹿

者高因陰中言鹿者以諭 又曰高祖詔捕蒯通至問曰若教淮陰侯反
乎對曰然秦失其鹿天下共逐之狗固吠非其主 東方朔傳曰武帝時有
殺上林鹿者下有司收殺之朔時在旁曰是以當死者三陛下以鹿殺人
一當死天下聞陛下重鹿賤人二當死匈奴有急須鹿觸之三當死 列仙
傳曰蘇躭與衆兒俱戲獵常騎鹿鹿形如常鹿遇嶮絕之處皆能
超越衆兒問曰何得此鹿騎而異常鹿耶 荅曰龍也 謝承後漢書曰
鄭弘爲臨淮太守行春有兩白鹿隨車侠轂而行弘怪問主簿黄
國鹿爲吉凶國拜賀曰聞三公車輔畫作鹿明府當爲宰相弘果
爲太尉 范曄後漢書曰雲南縣有神鹿兩頭能食毒草 華陽国志云此鹿出雲南雄倉山
古今注曰明帝永平中三角鹿出江陵 孝和帝永元中豫章人徐圩得
白鹿高丈九寸 三輔侠錄曰平繕字公文少治春秋詩易隱居弘農
華陰弟子受業者六百餘人所居之旁有白鹿甚馴不畏人 魏略曰成
公英先隨韓約後降太祖從行出獵有三鹿走過公前命英射之三
發三中皆應弦而倒 魏志曰文帝獵失鹿帝大怒據胡床拔刀收吏

將欲斬之蘇則諫乃止　魏末傳曰初明帝爲平原王王母甄后妬文帝殺之故不立爲太子嘗從帝獵見鹿子母帝射殺鹿母語明帝射其子對曰陛下既已殺其母臣不忍復殺其子因涕泣帝放弓矢歎曰此語一何痛哉由是帝立太子意定矣　抱朴子曰鹿壽千歲滿五百歲則色白　神仙傳曰魯女生者餌朮絶穀入華山後故人逢女生乘白鹿從玉女數十人　又曰沈羲道嘗於路逢白鹿車乘龍車乘從數十人騎迎羲　廣州先賢傳曰丁茂字仲虞交阯人也至孝母終負土治冢列植松栢白鹿遊乎左右　瀬鄉記曰老子乘白鹿下託於李母也

【賦】袁山松白鹿詩序曰荆門山臨江皆絶壁峭峙壁立百餘丈且帶激流禽獸所不能履北岸有一白鹿鹿徊過江行人見之乘刀競逐謂至山下必得鹿忽然若飛超岡而去于今此壁謂之白鹿上詩曰白鹿乃在上林西苑中射工尚復得白鹿噍嘖之黄鵠摩天極高飛後宮尚得烹煮之

【表】魏陳王曹植獵表曰於七月伏鹿鳴麀鹿四月五月射雉之際此正樂獵之時　晉郡仲堪上白鹿表曰巴陵縣清水山得白鹿一頭白者正

色鹿者景福嘉義 【贊】宋孝武帝在彭城參佐慶獲白鹿牋曰伏承獲白鹿於彭城之東山皓質玉映育性馴和

麞

春秋運斗樞曰樞星散為麞 說文曰鹿屬麞也 爾雅曰麠牡麌粟音其子麆助音其迹解絕有力豜肩音 毛詩曰野有死麠惡無禮也 穆天子傳曰天子賜曹奴之鹿白銀之麠今卌中得玉勝金大即古路夷狄質 呂氏春秋曰使麠疾走馬弗及也而得之者時顧也 建武故事曰咸和六年計貢合集於樂堂有野麠走至堂前左右逐之於池中而獲之焉 論衡曰都尉王子鳳時麠入府中其後遷為丹陽太守 晉起居注曰咸寧中白麞見魏郡後諸州各送白麞 晉中興書曰中興所在獻白麠 蕭廣濟孝子傳曰蕭國遭喪有鵠遊其庭至暮而去麞草暮入其門與犬馬旅至旦而去 【詩】魏文帝詩曰巾車出鄴宮校獵東橋津重置施密網罼罼飄如雲霧兮忽高馳一發連雙麠 【表】晉王珉上白麞表曰所領阮漳之江寧縣界得白麞一頭毛色絜素於其類信斯誠之嘉祥也 【啓】陳

徐陵謝賚麕啓曰臣昨既陪羽獵仍宴上林固謝長卿之文亦慙子雲之賦預割鮮禽已同監浦頻蒙大臠更異梁王詎且歸來猶爲飽飫虞衡所獻復降恩賜細君以爲歡非屠門而大嚼

兔

爾雅曰兔子嬎其迹远絶有力欣　春秋運斗樞曰玉衡星散而爲兔又曰行失瑶光則兔出月　毛詩曰有兔斯首炰之燔之　又曰肅肅兔罝施于中逵　周易參同契曰燕雀不生鳳狐兔不乳馬　莊子曰蹄者所以在兔得兔而忘蹄　韓子曰宋人有耕者田中有株兔走觸折頸而死因釋耕守株兾復得兔爲宋國所笑　史記曰李斯出獄與其中子俱執顧謂其子曰吾欲與汝復牽黄犬俱出蔡東門逐狡兔其可得乎　又范睢謂秦昭王曰夫以秦而治諸侯譬若縱韓盧而搏蹇兔也　謝丞後漢書曰方儲幼喪父負土成墳種奇樹千株白兔遊其下　張璠漢記曰梁冀起兔苑於河南移檄在所調發生兔刻其毛以爲識　抱朴子曰兔壽千歳滿五百歳則色白　論衡曰儒者言月中

有兎夫月水也兎在水中則死夫兎月氣也　張衡靈憲曰月者陰精之宗積而成獸象兎蛤

序

晉王廙白兎賦序曰丞相瑯邪王始受旄節作鎮北方仁風所被迴面革心昔周旦翼成越裳重譯而獻白雉著在前典歷代以為美談今在我王匡濟皇維而有白兎之應可謂重規累矩不忝先聖也

詩

古歌詩曰採取神藥山端白兎擣蝦蟇九奉上陛下一玉柈

頌

張浚白兎頌曰其毛春素纖毫秋黑點綴五采漸染粉墨蓋久隱時見應世德也徐疾備體達消息也姿質皓助民之則也被白含文好無極也秦失鹿於近郊晉得兎於遠境

表

晉桓温賀白兎表曰臣聞至德通玄則禎祥降靈和所感則異物生今白兎見于春穀縣皓質純素皦然殊觀　梁簡文帝上白兎表曰瑞表丹陵祥因舊沛四靈可邁既驗玉衡之精千歲變采有符明月之狀豈殊丹岫之羽不止帝梧庶比素質之禽得遊君囿　周庾信上白兎表曰光鮮越雉色麗秦狐月德符徵金精表瑞

狐

山海經曰青丘之國有狐九尾　說文曰狐妖獸鬼所乘也有三德其色中和小前大後死則丘首　易曰田獲三狐　毛詩曰狐裘逍遥　又曰狐裘豹袖　禮記曰天子狐白之裘諸侯青卿大夫狐袍　穆天子傳曰天子獵於滲澤得白狐　管子曰代出狐白衣之皮裘狐應陰陽之變六月而一見公卿買之代人忘其□難得喜其貴價必相率而求之取此物者因令齊載金錢買之代各求狐白皮代王聞之果去其農處山林求狐二十四月不得一狐離支聞而伐之代王即將其士卒服於齊　慎子曰廊廟之材非一木之枝狐白之裘非一狐之皮　韓子曰翟人獻狐玄豹之皮於晉文公文公受皮而歎曰以皮之美自爲罪也　漢書曰陳勝吳廣次所旁叢祠中（次人所止處也叢鬼所馮）夜構火狐鳴曰大楚興陳勝王　名山記曰狐者先古之淫婦也其名曰紫化而爲狐故其怪多自稱阿紫　白虎通曰狐死首丘不忘本也九德至則九尾能得其所子孫繁息於尾明後當盛也

【贊】晉郭璞九尾狐贊曰青丘奇獸九尾之狐有道祥見出則銜書作瑞於周以標靈符

猨

山海經曰堂庭之山發爽之山其上多白猨　呂氏春秋曰荆王有神白猨王自射之則搏樹而熙使養由基射之始調弓矯矢未發猨擁樹而號　淮南子曰楚王亡其猿而林木爲之殘　漢書曰李廣猨臂善射　吳越春秋曰越王問范蠡手戰之術范蠡曰臣聞越有處女國人稱之願王請問手戰之道於是王乃請女女將北見王道逢老人自稱袁公袁公問女聞子善爲劔願得一觀之處女曰妾不敢有所隱也唯公所試公即挽林内之竹似枯槁末折墮地女接取其末袁公操其本而刺處女處女應即入之三入因舉杖擊袁公袁公則飛上樹化爲白猨　抱朴子曰猿壽五百歲則變爲玃千歲則變爲老人　又曰周穆王南征一軍皆化君子爲猨爲鶴小人爲蟲爲沙　張載論曰白猿玄豹藏於欂櫨何以知其援垂條於千仞　宜都山川記曰峽中猨鳴至清諸山谷傳其響音泠泠不絶行者歌之曰巴東三峽猨鳴悲猨鳴三聲淚霑衣

詩

梁沈約石塘瀨聽猿詩曰噭噭夜猿鳴溶溶晨霧合不知聲遠近唯見山重沓

既歡東嶺唱復佇西巖荅 陳蕭詮賦得夜猿啼詩曰桂月影
纔通猿鳴迴入風隔巖還嘯侶臨潭自響音空桂藤疑欲飲吟枝似避
弓別有三聲淚霑裳竟不窮 **賦** 晉傅玄猨猴賦曰余酒酣耳熱
懽顔未伸遂戲猴而縱猿何𡙡敡之驚人戴以赤幘襪以朱巾先裝
其面又丹其脣揚眉蹙額若愁若瞋或長眠而抱把勒或嚄咋而
齗齘或顰顒卬而蹴蹋或悲嘯而吟呻既似老公又類胡兒或低眩而擇蝨
或抵掌而胡舞 **贊** 晉郭璞白猨贊曰白猨肆巧由基撫弓應眄而
號神有先中數如循環其妙無窮

獼猴

楚辭曰獼兮能罷熊慕類兮以悲 韓子曰燕王徵巧術人請以棘刺
之端爲母猴母猴成巧人曰人主欲觀之必半歲不入宮不飲酒食肉雨霽
日出視之晏陰之間而刺之之母猴乃可見也 燕王曰養之不能觀也
漢書曰韓生勸項羽都關中羽曰吾聞富貴不還故鄉如衣錦夜
行乃燒宮室都彭城韓生曰人言楚人沐猴而冠果然 又曰長信少府

檀長卿爲沐猴與狗鬭蓋寬饒奏免之

賦 後漢王延壽王孫賦曰原天地之造化實神偉之屈奇道玄微以密妙信無物而弗爲有王孫之狡獸形陋觀而醜儀顏狀類乎老公軀體似乎小兒眼睚瞞以脘卹視矙睫以眣睦鼻䶈鼩以齅齅耳聿役以適知嗛呥以齸脣皻嚁以形覞齒崖崖以齴齴嚼唯咮而囁哯儲粮食於兩頰稍委輸於胃脾踡菟蹲而狗踞聲歷𠷲而喔咿或嗝嗝而嗀嗀又嚔嗅其若啼緣百仞之高木攀窈褭之長枝背牢落之峻𡾋臨不測之幽谿尋柯條以宛轉或捉腐而登危或犀跳而電透乍瓜懸而瓠垂歸瑣繫於庭廐觀者吸呷而忘疲 晉阮籍獼猴賦曰夫獼猴直其微者也猶累於下陳體多似而匪類貌乖殊而不純外察慧而無度故人面而獸身性偏凌而干進似韓非之囚秦楊眉額而驟呻似巧言而僞眞整衣冠而偉服懷項王之思歸耽嗜慾而眄視有長卿之研姿沐蘭湯而滋穢匪宋朝之媚人終嗤弄而處泄雖近習而不親

果然

吳録地理志曰九眞晉浦縣有獸名果然猨狖類也色青赤有文居樹上此郡及日南皆有之　南方草物狀曰果然獸生在山林上民人以弓毒射之剥取皮皮文青赤白色縫相連作席出九眞日南郡　南州異物志曰交州以南有果然獸其鳴自呼身如猨大面通有白色其體不過三尺而尾長四尺餘反尾度身過其頭視其鼻仍見兩孔作向天其毛長柔細滑澤色以白爲質黑爲文視如蓍頭鴨胷邊班文集十餘皮可得一蓐繁文麗好細厚温煖

【賦】魏鍾毓果然賦曰果然似猴象猨黑頰青身肉非嘉餚唯皮爲珍

【啓】梁張纘謝皇太子賚果然褥啓曰伏以狐裘熊席徒負舊名玄豹青狎未能適體嚴冰在節朔飈結宇吹綸愧暖挾纊慙温但勤非伏寝恩重夜覆道媿經明坐叨重席仰榮俯媿進退在顔

猩猩

山海經曰有獸人面名曰狌狌又曰狌狌知人名其爲獸如豕而人面

爾雅曰狌狌小而好啼（今交阯封溪出狀如貛㹠聲似小兒啼）禮記曰狌狌能言不離禽獸

廣志曰狌狌似狟聲如小兒啼不聞其言出交阯封溪縣　孫卿子曰狌狌能言笑亦二足無尾而君子啜其羹食其胾故人非以二足無毛以知禮也　呂氏春秋伊訦曰肉之美者狌狌之脣　淮南子萬畢術曰歸終知來狌狌知往歸終神獸　括地圖曰狌狌人面豕身知人名蜀志曰封溪縣有獸曰狌狌體似猪面似人音作小兒啼聲既能人語又知人名人以酒取之狌狌覺初暫嘗之得其味甘而飲之終見羈纓也　華陽國志曰永昌郡有狌狌能言其血可以染朱罽　南方草物狀曰狌狌之獸生在野狀如㹠子民人捕取交阯武平與古有之

【贊】晉郭璞狌狌贊曰能言之獸是謂猩猩厥狀似猴號音若嬰自然知往頗識物情

貂

說文曰貂鼠屬也而大黃黑出丁零國　廣志曰貂出扶餘挹婁東觀漢記曰建武二十五年烏桓獻貂豹皮詣闕朝賀　魏略曰扶餘國出貂豽奴骨反　魏書曰鮮卑有貂鼲子皮毛柔蝡故天下爲名裘　魏志曰烏丸傳挹婁國出好貂今所謂挹婁貂是也　江表傳曰遼東太

守遣使詣孫權送貂皮千枚欲舉國歸吴 啓 梁簡文謝勑賚貂坐褥席啓曰東瀛美毳不著馬彪之儀北朔文茵豈問張敞所記陰炭既重寒井猶冰特降殊私温華函被雖狐白千金織成千種李須謹被楊降曹氈不足以髣髴洪慈連類聖澤

鼠

爾雅曰鼢鼠鑽地中行者 鼸鼠 鼷鼠有毒螫毒 鼶鼠 斯鼬鼠似鼦赤黄色大尾鼠啖江東呼鼬鼠 鼩鼠劬 鼭鼠時 鼤鼠吠 鼫鼠石頭似兔尾有黄色好在田中食穀豆 鼤問鼠 鼨終鼠豹文 鼮鼠漢武時得此鼠終軍知之賜帛百疋文綵如豹 鼯鼠夷由似蝙蝠肉翅飛且乳亦名飛生音如人食火煙 方言曰蝙音邊蝠福自關而東謂之服翼或謂之飛鼠或謂老鼠或謂之仙鼠自關而西秦隴之間謂蝙蝠北燕謂之蟙䘃 說文曰鼠穴蟲之揔名也象形凡鼠之屬皆從鼠鼦鼠出胡地可作裘鼫五伎鼠也能飛不能上屋能緣不能窮木能浮不能渡谷能穴不能掩身能走不能先人 易曰艮為鼠 毛詩曰相鼠刺無禮也衛文公正其羣臣而刺在位不承先君之禮儀也相鼠有皮人而無儀人而無儀不死何為 又曰碩鼠碩鼠無食

我黍　詩義疏曰樊光謂即爾雅鼫鼠也許愼云鼫鼠五伎鼠也今之河東有碩鼠大能人立前兩脚於頭上跳舞善鳴食人禾稼逐則走入樹空中亦有五伎或謂雀鼠其形大故叙云石鼠也　魏今河東河北縣也詩言其方物宜謂此鼠非今大鼠又不食禾苗本草又謂螻蛄爲石鼠亦五伎古今方士名虫鳥物異名同故記也　左傳曰齊侯將爲臧紇田紇聞之見齊侯與之言伐晉對曰多則多矣抑君似鼠夫鼠晝伏夜動不穴於寢廟畏人故也今君聞晉之亂而伐焉寧將事之非鼠而何乃弗與田　晏子春秋曰景公問晏子治國何患對曰社鼠者不可燻不可灌君之左右出賣寒熱入則比周此之謂社鼠也　尹文子曰鄭人謂玉未理者爲璞周人謂鼠未腊者爲璞　莊子曰且鳥高飛以避矰弋之患鼷鼠深穴於神丘之下以避薰鑿之患　又曰惠子相梁莊子往見之或謂惠子曰莊子欲代子相於是惠子恐搜於國中三日三夜莊子見之曰南方有鳥其名鵷鶵子知之乎夫鵷鶵發南海飛至北海非梧桐不止非竹實不食非醴泉不飲於是鴟得腐鼠鵷鶵過之仰而視之

曰嚇今子欲以梁國嚇我耶 賈誼■云鄙諺曰欲投鼠而忌器此善諭也近器尚憚況貴大臣之近於帝王乎 列子曰虞氏者梁富人也登高樓臨大路設樂陳酒擊博其上而遊俠相隨行樓下博者射中而笑飛鳶墮腐鼠而中遊俠遊俠相與語曰虞氏富久矣常有輕人之志乃辱我以腐鼠請滅其家夜乃攻於虞氏大滅之此謂類而非我 淮南子万畢術曰狐目狸腦鼠去於其穴被髮向北呪殺巫鼠 史記曰李斯少時爲鄉中吏見吏舍中鼠食不絜人犬數驚之入倉見鼠食積粟居大廡下無人犬之憂乃歎曰人賢不肖如鼠所在自處耳 又曰張湯杜陵人也其父爲長安丞出外湯爲鼠守舍而鼠盗肉其父還怒乃笞湯湯掘遂得盗鼠及餘肉劾鼠掠治傳爰書（謂傳囚也爰易也以此書易驗者）訊鞫論報并取鼠與肉具獄磔堂下其父見之視其文辭如老獄吏 東方朔神異記曰北方有層冰万里厚百丈有磎鼠在冰下出焉其形如鼠食草木肉重万斤可以作脯食之已熱其毛長可八尺可以爲蓐卧之可以卻寒其皮可以蒙鼓其聲聞千里有美尾可來鼠（此尾所在鼠輒入此聚） 宗

房易飛候曰鼠舞國門厥咎亡鼠舞於庭厥咎誅死　漢書左馮翊韓延壽有罪下獄楊惲上書訟延壽郎中丘常謂惲曰聞君侯訟韓馮翊當得活惲曰事何容易脛脛者未必全也我不能自保眞人所謂鼠不容穴坐銜窶數也　又曰蘇武使匈奴匈奴徙武北海上無人處使牧羝羊羝羊無乳乃歸武至海上廩食不至乃掘野鼠草實而食之
廣志曰白猨長尾白腹善緣登若家鼠小異者鼠深目而短尾苗鼠者野鼠也小而短尾天鼠以皮爲裘今當名其裘爲天鹿裘黃鼠在田野閒爲羣害穀麥凡善走把不得唯鼠狼能得之　竇氏家傳曰竇攸治爾雅舉孝廉爲郎世祖與百寮大會靈臺得鼠身如豹文熒熒之光澤世祖異之問羣臣莫知唯攸對曰名鼮鼠詔問何以知之攸曰見爾雅詔案視書如攸言賜帛百疋詔諸侯子弟從攸受爾雅
魏略曰大秦國出辟毒鼠　魏志曰公子倉舒早惠時軍國多事用刑嚴重太祖馬鞍在庫爲鼠所齧齧庫吏懼罪必死議欲面縛首罪猶慮不免冲謂曰待三日中然後自歸冲於是以刀穿單衣如鼠齧者謬爲失

意貌有愁色太祖問之沖對曰世俗以爲鼠齧衣者其主不吉今見齧齒是以憂戚太祖曰此妄言耳無所苦也俄而庫吏以齧鞍聞太祖太祖笑曰兒衣在側尚齧況馬鞍懸柱乎一無所問　又曰臧洪傳曰洪爲袁紹所圍糧盡乃掘鼠而食　博物志曰鼠食巴豆三年重三十斤　列異傳曰中山王周南正始中爲襄邑長有鼠衣冠出廳事語曰爾某日當死周南不應至期復出冠幘絳衣語曰爾日中當死復不應入復更出日適中鼠曰周南汝不應死我復何道遂顛蹷而死即失衣冠視如常鼠也　晋陽秋曰太興中衡陽區純作鼠市四方丈餘開四門門有一木人縱四五鼠於中欲出門木人輒以推推之　抱朴子内篇曰玉策記稱鼠壽三百歲滿一百歲者則色白善憑人而卜名曰仲能知一年中吉凶及千里外事也　晋太康地記曰鳥鼠山在隴西首陽縣西南鼠尾短形如家鼠入三四尺鼠在内鳥在外爲牝牡　梁州記曰智水北智鄉山有仙人唐公房祠有一碑廟北有大坑碑云是其舊宅處公房舉宅登仙故爲坑焉山有易腸鼠一月三吐易其腸束廣微所謂唐鼠者也博物志曰唐房升仙

狗出夫吠以鼠惡不可去鼠悔一月三出腸也 劉欣期交州記曰竹鼠如小狗子食竹根出封溪縣秦州記曰乞佛虜乾歸不移抱罕金城見鼠有數萬頭將諸小鼠各銜馬屎君羣移石度洮麗二水悉上抱罕自是二年而乾歸徙焉 異苑曰西域有鼠王國鼠大如狗中者如兎小者如常鼠頭悉白然帶以金枷商估有經過其國不先祈祀者則齧人衣裳世得沙門呪願便獲無他衆僧釋道安昔至西方親見如此俗諺云鼠得死人目精則爲王 幽明録曰吳北寺終祚道人臥齋中鼠從坎出言終祚後數日必當死終祚呼奴令買犬鼠云亦不畏此也但令犬入此戶必死須臾犬至果然終祚乃下聲語其奴曰明市雇十檐水來鼠已逆知之云止欲水澆取我我穴周流無所不至競日澆灌了無所獲密令奴更借三十餘人鼠云吾上屋居奈我何至時處在屋上奴名周鼠云阿周盜二十万錢叛後試開庫實如所言也奴亦叛去終祚當爲商賈閉其戶而謂鼠曰汝欲使我富貴今遠行動守吾房中勿令有所零失也時桓玄在南州禁殺牛甚急終祚載數万錢竊糴買牛皮還東皆乏得二十万 還室猶閉一無所失怪亦絶遂大

富　述異記曰宋南譙王劉義宣鎮荊州府吏蔡鐵善卜宣射得一白鼠置函中乃召鐵使卜函中何物謂中者當厚賞僻即加重罰鐵兆成笑曰具已知矣公曰狀之鐵曰兊色之鼠背明戶彎弧射之絶左股鼠孕三雄而兩雌若不見信剖腹而立知公乃使剖鼠腹皆如鐵言即賜錢一萬　地鏡圖曰黃金之見爲火及白鼠　風角要占曰長吏居官厭盜賊法七月以生鼠九枚置籠中埋于地秤九百斤土覆坎深各二尺五寸築之令堅固　雜五行書曰亭部取亭部地土塗竈水火盜賊不經塗屋四角鼠不食蠶塗倉篅鼠不食稻以塞埳百日鼠種絶

贊　晉郭璞鼮鼠贊曰有鼠豹采厥号爲鼮漢朝莫知郎中能名賞以束帛雅業遂盛　又鼫鼠贊曰鼫之爲鼠食煙栖林載飛載乳乍獸乍禽皮籍孕婦人爲大任　又鼷鼠贊曰小鼠曰鼷竇有螫毒乃食郊牛不恭是告厥譴惟明徵乎甚覺　又鼫鼠贊曰五能之鼠伎無所執應氣而化翻飛鴽集詩人歌之無食我粒　又鼠贊曰或以尾翔或以髯凌飛鼠鼓翰儵然皆騰用無常所唯神所憑

藝文類聚卷第九十五

藝文類聚卷第九十六

鱗介部　渤海歐陽詢　撰

龍　蛟　虵　龜　鼈　魚

龍

說文曰龍鱗蟲之長春分而登天秋分而入川　廣雅曰有鱗曰蛟龍有
翼曰應龍有角曰虬龍無角曰螭龍　山海經曰大樂之野夏后啓於
此乘兩龍　又曰鍾山之神名曰燭龍視爲晝瞑爲夜身長三千里
易曰雲行雨施品物流形時乘六龍以御天初九潛龍勿用象曰陽在
下也九二見龍在田利見大人象曰德施普也九五飛龍在天大人造也　又曰
龍戰于野其血玄黃　左傳曰秋龍見于絳郊魏獻子問於蔡墨曰
吾聞之蟲莫智於龍以其不生得也對曰人實不知非龍實智古者
畜龍故國有豢龍氏有御龍氏昔有飂叔安（飂古國名叔安其君名）有裔子曰董
父實甚好龍能求其耆欲以飲食之帝舜賜姓曰董氏曰豢龍及有夏
孔甲擾于有帝帝賜之乘龍河漢各二有劉累者能飲食龍夏
后賜氏曰御龍今水官弃矣故龍不生得　又曰鄭大水龍鬬于時門

之外洧淵國人請禜焉子產弗許曰我鬬龍不我覿也龍鬬我獨何覿焉禳之則彼其室也吾無求於龍龍亦無求於我乃止　河圖曰黃金千歲生黃龍青金千歲生青龍赤白龍玄金千歲生玄龍莊子曰朱泙漫學屠龍於支離益殫千金技成而無所用其巧　又曰子張見魯哀公不禮焉去曰君之好士也有似葉公子高之好龍雕文畫之於是天龍聞而下之窺頭於牖拖尾於堂葉公見之失其魂魄五色無主是葉公非好龍也好夫似龍非龍也今君非好士也好夫似士者　又曰孔子見老聃歸三日不談弟子問曰夫子見老聃何規哉子曰人用意如飛鴻者為弓弩射之如遊鹿者走狗而逐之若游魚者鉤繳以投之吾今見龍合而成體散而成章余口張不能噏舌出不能言　又曰河上有家貧窮持緯蕭而食者子沒川得千金珠謂其子取石來鍛之夫千金之珠必在九重之泉驪龍頷下若能得珠者遭其睡也如使驪龍寤子尚奚微之有哉　楚辭曰神龍失水而陸居為螻蟻之所裁　孫卿子曰積水成川蛟龍生焉　呂氏春秋曰晉文公反國介子

推不肯受賞自爲賦詩曰有龍于飛周遍天下五蛇從之爲之承輔龍反其鄉既得其所四蛇從之得其露雨一蛇羞之槁死中野 括地圖曰禹誅防風氏夏后德盛二龍降之禹使范氏御之以行經南方防風神見禹怒射之有迅雷二龍升去神懼以刃自貫其心而死禹哀之瘞以不死草皆生是名穿胸國 又曰龍池之山四方高中央有池方七百里羣龍居之多五花樹羣龍食之 又曰崑崙山之弱水非乘龍不得至 淮南子曰龍舉而景雲屬 公孫弘荅東方朔書曰譬猶龍之未升與魚鼈爲伍及其升天鱗不可覩 列仙傳曰陵陽子明好釣於溪得白龍子解鉤放之後得白魚腹中有書教子明服食遂採五石脂服之三年白龍來迎止龍陽山上百餘年 說苑曰吳王欲從民飲酒子胥諫曰不可昔日白龍下清泠之淵化爲魚漁者豫且射中其目白龍上訴天帝天帝曰當是之時若安置而形對曰我化爲魚固人之所射也豫且何罪今君棄万乘之位而從布衣之士飲酒臣恐有豫且之患王乃止 博物志曰龍肉以醯漬之則文章生 抱朴子曰案使者甘

宗所奏西域事云外國方士能神呪者臨川禹步吹氣龍即浮出初出乃長十數丈方士吹之一吹則龍輒一縮至長數寸乃取着壺中以少水養之外國常患旱災於是方士聞有旱處便齎龍往賣之一龍直金數十斤舉國會斂以雇之直畢乃發壺出龍著淵中因復禹步吹之長數十丈須臾而雨四集矣　齊地記曰平昌城有井與荆水通有神龍出入焉故名龍城　外國事曰毗呵羅寺有神龍住米倉中奴取米龍輒却後奴若長取米龍不與倉中米若盡奴向龍拜倉即盈溢　辛氏三秦記曰河津一名龍門大魚集龍門下數千不得上上者爲龍不上者故云曝鰓龍門　又曰龍首山長六十里頭入渭水尾達樊川頭高二十丈尾漸下高五六丈云昔有黑龍從山南出飲渭水其行道成土山故因以爲名

【賦】晉劉琬神龍賦曰大哉龍之爲德變化屈伸隱則黃泉出則升雲賢聖其似之乎惟天神上帝之馬含胎春夏房心所作軒照形角尾規矩

【贊】晉郭璞燭龍贊曰天缺西北龍衘火精氣爲寒暑眼作昏明身長千里可謂至靈　又龍魚一角似鯉居陵俟時而出神靈攸乘飛騖九域

乘雲上升**【銘】**晉傅玄龍銘曰麗哉神龍誕應陽精潛景九淵飛曜天庭屈伸從時變化無形偃伏汙泥上凌太清**【序】**魏繆襲青龍賦序曰蓋青龍者火辰之精木官之瑞

蛟

說文曰蛟龍屬也魚滿三千六百年爲之蛟長率魚而飛去　山海經曰蛟似龍蛇而小頭細頸頸有白嬰大者十數圍卵生子如二斛瓮能吞人　易緯通卦驗曰震東方也至春分日出青氣也出直震此正氣也氣出右萬物半死氣出左龍蛟出　楚辭曰與汝游兮九河衝風起兮橫波乘水車兮荷蓋駕兩龍兮驂螭　呂氏春秋曰荊有佽飛者得寶劍還涉江有兩蛟夾繞其船佽飛拔劍赴江刺蛟殺之荊王聞之仕以執珪　韓詩外傳曰東海有勇士菑丘訢過神泉飲馬其僕曰飲馬此者馬必致死飲馬果沉訢拔劍而入三日三夜殺二蛟而出雷神隨而擊之眇其左目　漢書曰武帝元封五年帝自尋陽江親射蛟江中獲之　尋陽記曰城東門通大橋常有蛟爲百姓害董奉疏一符與水中少日見一蛟死浮出　王韶之始

興記曰雲水源有湯泉下流多蛟害癘濟者遇之必笑而没 世說曰周處年少時凶強俠氣爲鄉里所患又義興水中有蛟山中有虎並皆犯暴百姓謂爲三横而處既刺殺虎又入水殺蛟蛟或浮或没行數十里處與之俱三日三夜鄉中皆謂處死更相慶賀處竟殺蛟而出遂自改勵終爲忠臣孝子

【贊】郭璞蛟贊曰匪蛟匪龍鱗采暉煥騰躍濤波蜿蜒江漢武飲羽佽飛疊斷

蛇

爾雅曰螣螣蛇（能興雲霧）蟒王蛇（蛇之最大者） 山海經曰巴蛇呑象三歲而出骨君子服之心腹之疾（今南方蚺蛇呑鹿已爛自絞於樹腹中骨皆穿鱗甲間出） 又曰大同之山有蛇名曰長蛇其毛如彘豪其音如鼓柝 又曰泰華山有蛇肥遺六足四翼 毛詩曰惟虺惟蛇女子之祥 孫子兵法曰善用兵者譬如率然率然者常山之蛇也擊其首則尾至擊其尾則首至擊其中身則首尾俱至（張茂先云會稽多此蛇） 楚辭曰蝮蛇蓁蓁 韓子曰鴟夷子皮事田成子成子去齊之燕 鴟夷子皮負傳而從至望邑曰子獨不聞涸澤之蛇乎澤涸將徙小蛇謂大蛇曰大蛇行小蛇隨之人以蛇之行者耳 必殺其子子不如負

我以行必以我爲神也乃相負越公道而行人皆避之今子美而我惡以爲上客乘之君也以子爲使者萬乘之卿也不如爲我舍人田成子負傳而隨之至逆旅逆旅之君待之甚敬因獻酒肉　戰國策曰昭陽爲楚伐魏移師攻齊陳軫爲齊王使見昭陽曰有祠者賜其舍人酒一卮舍人相謂曰數人飲之不足一人飲之有餘請畫地爲蛇蛇先成者飲酒一人蛇先成引酒且飲乃左手持酒右手畫地曰吾能爲之足未成一人蛇成奪其卮曰蛇故無足子安能爲遂飲酒爲蛇足者終亡其酒今公攻魏破軍殺將又移師攻齊戰勝不知止猶爲蛇足也昭陽乃解軍而歸　賈誼書曰孫叔敖之爲兒出遊還憂而不食其母問其故泣而對曰今旦見兩頭蛇恐死母曰今蛇安在曰聞見兩頭蛇者死恐他人復見之也已殺而埋之母曰無憂汝不死矣吾聞之有陰德者天報以福　淮南子曰夫騰蛇雄鳴上風雌鳴下風而化成形精之至也　又曰豹歎不可使緣木蝮蛇不可使安足　蜀王本紀曰秦惠王欲伐蜀蜀王好色乃獻美女五人蜀王遣五丁迎女還至梓潼見一大蛇入山穴中一丁引其尾不能出五丁共引蛇山崩壓五丁五丁踏蛇而大呼　廣志曰蝮蛇與土色相

亂長三四尺其中人以牙櫟之裁斷皮出血則身盡痛九竅血出而死
玄中記曰東海有虵丘之地險多漸茹衆虵居之無人民虵或人頭而虵身
又曰崑崙西北有山周迴三万里巨虵繞之得三周虵爲長九万里虵居此山飮
食滄海　風俗通曰車騎將軍巴郡馮緄爲議郎發綬筒有二赤虵可三
尺分南北走大用憂怖卜云此吉祥也君後當爲邊將以東爲名後五年
果爲大將軍拜遼東太守　陳留風俗傳曰小黃縣者宋地黃鄉也沛公
起兵野戰喪皇妣于黃鄉天下平定乃使使者以梓宮招魂幽野於是丹虵
在水自洒濯入于梓宮其浴處有遺髮故謚曰昭靈夫人　地鏡圖曰金寶
化爲青虵　抱朴子曰或問隱居山澤治虵蝮之道　又曰昔員丘多大虵又生
好藥黃帝將登焉廣成子教之佩雄黃而虵皆去也今帶武都黃色如雞
冠者五兩以入山林則不畏虵虵若中人以少許末抹之雄黃入瘡中立愈
又曰虵類多唯有蝮虵中人至急一日不治則殺人若不曉方術而爲此虵所
中但以刀割瘡肉投地其肉沸如火炙須臾燋盡而人得活也　搜神記曰竇
武母産武而幷産一虵送之林中後母卒及葬未窆有大虵自榛草而出徑

至喪所以頭擊柩涕泣皆流俯仰詰屈若哀泣之容有頃而去時人知爲竇氏之祥　又曰隨侯行見大虵傷救而治之其後虵銜珠以報之　周景式廬山記曰安侯世高者安息國太子與友人共出家學道友人恚怒死受蟒報爲此宫亭湖神世高於廣州爲人所殺還生安息國復爲王子年二十又弃國入吳末之宫亭泊船呼　友人與語友人身長數十丈見世高向之胡語音各分去暮有一少年上世直船跪受呪願因忽不見世高語同船人曰向少年即此廟神也得離惡形矣蟒既見世高從山南過死山北今柴桑民所居虵里是也　世說曰杜預爲荆州刺史時有讌集大醉輒閉齋獨眠外聞齋中嘔吐其聲甚苦有小吏開户看之止見床上有一虵垂頭床邊吐都不見人既出密覺之此　異苑曰魯國牟縣蒙山上有寺廟今民欲架室者輒大虵數十丈出來驚人故莫得安焉

銘　晉傅玄靈虵銘曰嘉茲靈虵斷而能續飛不須翼行不假足上騰雲霧下遊山嶽進此明珠預身龍族

贊　晉郭璞長虵贊曰長虵百尋厥鬣如彘飛羣走類靡不吞噬極物之惡盡毒之厲　又騰虵贊曰騰虵配龍因霧而躍雖欲昇天

雲龍陸莫村非所任難以久託　又巴虵賛曰象實巨獸有虵吞之越出其骨三年為期厥大何如屈生是疑　又蟒虵賛曰春蟲春蟲万生咸以類長惟虵之君是謂巨蟒小則數尋大或百丈　又枳首虵賛曰夔稱一足虵則二首少不知無多不覺有之雖資天然無異駢拇　周庾信孫叔敖逢虵賛曰叔敖朝出容悴還家母氏顧問知埋怪虵爾有陰德陽報將加終為楚相卒有榮華

龜

爾雅曰龜三足曰賁一曰神龜二曰靈龜三曰攝龜四曰寶龜五曰文龜六曰筮龜七曰山龜八曰澤龜九曰水龜十曰火龜　易曰離為龜　尚書曰九江納錫大龜　大戴禮曰甲之蟲三百六十而神龜為之長　左傳曰臧武仲自邾使告臧賈具致大蔡焉曰紇之不祀子以大蔡納請其可賈再拜受龜

列子曰渤海之東有嶽五焉其中有山無所連着常隨波上下往還不得暫峙焉仙聖毒之訴於上帝帝恐流於西極失羣聖之居使巨龜十五舉首而戴之迭為三番六万歲一交焉五山始峙而不動龍伯之國有大人舉足不盈數十步而暨五山之所一釣而連六龜合負而趣歸其國灼其骨以數焉

莊子釣於濮水楚王使大夫二先往焉曰願以境内累子莊子持竿不顧曰吾聞楚有神龜巾笥而藏之廟堂之上此龜者寧其爲留骨而貴乎寧其生而曳尾於塗中乎吾將曳尾於泥中矣　又曰宋元君夜夢有人被髮言曰予自宰路之爲清江使河伯漁者豫且得予元君覺召占夢者占之曰此神龜也明日豫且網得白龜圓五尺獻乃殺以卜七十鑽而無遺策仲尼聞之曰神能見夢於元君而不能避豫且之網智能七十鑽而無遺策不能避刳剔之患　史記曰余至江南聞長老云龜千歳乃游蓮葉之上　又褚先生曰能得名龜財物歸之家必大富至千万一曰北斗龜二曰南辰龜三曰五星龜四曰八風龜五曰二十八宿龜六曰月龜七曰王龜八曰九州龜神龜在江南嘉林中常巢於芳蓮之上南方老人以龜榰床足經二十餘歳老人死移床龜尚生龜能行氣道引至神若此　説苑曰靈龜五色色似玉背陰而陽上隆象天下平法地轉運應四時蛇頭龍脛左睛象日右睛象月知存亡吉凶之憂　又龜千歳能與人言　續搜神記曰晉咸康中豫州刺史毛寶戍邾城有一軍人於武昌市買得一白龜長五寸置瓮中養之漸大放江

中後邾城遭石氏敗赴江者莫不沉溺所養龜人被甲投水中覺如墮一石上須臾視之乃是先放白龜既約岸迴顧而去　會稽後賢傳曰孔愉嘗至吳興餘干亭見人籠龜於路愉求買放之至水反顧愉及封此亭侯而鑄印龜首迴屈三鑄不正有似昔龜之顧靈德應感如此愉悟乃取而佩焉　符子曰邦人獻燕昭王以大豕者曰於今百二十歲邦人謂之豕仙其君羣臣言於昭王曰是豕無用王命宰夫膳之豕既死乃見夢燕相曰今仗君之靈而化五生也始得爲魯津之伯而浮舟者食我以粳粮之珍而欣君之惠將報子焉後燕相遊于魯津有赤龜銜夜光而獻之　抱朴子巢記曰千歲之龜五色具焉其額上兩骨起似角解人言浮出蓮葉之上或在叢蓍之下　異苑曰孫權時永康有人入山遇一大龜即束之歸龜便言曰遊不良時爲君所得人甚怪之載出欲上吳王夜泊越里纜船於大桑樹宵中樹呼龜曰勞乎元緒奚事爾耶龜曰我被拘繫方見烹臛雖盡南山之樵不能潰我樹曰諸葛元遜博識必致相苦令求如我之徒計從安薄龜曰子明無多辭禍將及爾樹寂而止既至權命煑之焚柴万車語猶如

故諸葛恪曰燃以老桑乃熟獻者仍說龜樹共言權登使伐樹煮龜立爛今烹龜猶多用桑薪野人故呼龜爲元緒【賦】魏曹植神龜賦曰龜號千歲時有遺余龜者數日而死肌肉消盡唯甲存焉余感而賦之曰嘉四靈之建德各潛位乎一方蒼龍虬於東岳白虎嘯於西岡玄武集於寒門朱雀栖於南鄉順仁風以消息應聖時而後翔食飛塵以實氣飲不竭於朝露步容趾以俯仰時鸞鳥迴而鶴顧懼沉泥之逢殆赴芳蓮以巢居【詩】北齊趙宗儒詠龜詩曰有靈堪託夢無心自解謀不能著下伏強從蓮上游負圖非所冀支床空見留儻蒙一曳尾當爲屢迴頭【贊】晉郭璞爾雅龜贊曰天生神物十朋之龜或游于火或游于著雖云類殊象二歸亹亹致用極數盡幾

鼈

爾雅曰鼈三足曰能　易曰离爲鼈　說文曰鼈介蟲也　周禮曰春獻鼈蜃　春秋外傳曰公父文伯飲南宮敬叔酒羞鼈焉　晏子春秋曰齊大旱景公召羣臣問曰寡人欲祠河伯可乎晏子曰不可河伯以水爲國以魚

鼈爲民彼獨不欲雨乎祠之何益　文子曰鼈無耳而不可蔽精於明也　莊子曰埳井之蛙謂東海鼈曰吾跳梁奚不時來觀東海鼈左足未入而右膝已縶矣　楚辭曰駟跛鼈而上山吾固知其不能升　孫卿子曰蛙步而不休跛鼈千里　淮南子万畢術曰青泥殺鼈得莧復生　又曰燒黿致鼈取黿夜燒之則鼈聚至也　列仙傳曰費長房能使社公汝南有妖常作太守服詣府門椎鼓合郡患之及長房來知是魅乃呵之即解衣冠叩頭乞自改即老鼈也大如車輪長房令復太守服作一札勑葛陂君叩頭流涕持札去遂視以札立陂邊以頭繞之而死　魏略曰高離國王侍婢有身生子王欲殺之婢云有氣如雞子來下我故有身後生子捐之於溷中猪以氣噓之從馬閒馬以氣噓之王乃令其母收畜名曰東明常令牧馬東明善射王恐奪其國欲殺之東明走以弓擊水魚鼈浮爲橋東明得渡因都王扶餘之地　搜神記曰清河宋士宗母黄初中夏在室中浴良久家人於壁穿中窺之正見木盆中有一大鼈先著銀釵猶在頭上遂入水去

【賦】晉陸機鼈賦曰皇太子幸于釣臺漁人獻鼈命侍臣作賦其狀也穹脊連脅玄甲四周遁方圓於規矩徒廣以妨循盈尺而

脚寸又取具於指掌鼻背氣而忌脂耳無聽而受響首是以棲居多遁出處窮便尾不副首足不運身於是從容澤畔肆志汪洋朝戲蘭渚夕息中塘越高波以魚逸竄洪流而潛藏咀蕙蘭之芳荄翳華藕之垂房　晉潘尼鼈賦曰皇太子遊於玄圃遂命鈎魚有得鼈而戲之者令侍臣賦之翩銜鈎以振掉吁駭人而可惡既顛墜於巖岸方盤跚而雅步或延首以鶴顧或頓足而鴟跱或曳尾於泥中或縮頭於殼裏若乃秋水暴駭百川沸流有東海之巨鼈乃負山而吞舟

魚

詩曰南有嘉魚　又曰魚潛在淵　又曰魚在在藻　月令立春魚上冰　莊子與惠子觀魚於濠梁　史記曰魏太子與龍陽君共船而鈎龍陽君得千餘魚而涕下曰臣之始得魚也臣甚喜後得益大臣欲弃前所得矣今以臣之凶惡也而得爲王拂枕席夫四海之內其美人亦甚多矣聞臣之得幸於王也畢褰裳而趨王矣亦曩臣之所弃前魚也　新序曰楚人有獻魚於楚王曰今獲魚食之不盡賣之不售弃之又惜故獻之左右曰鄙哉辭也

楚王曰子不知漁者仁人也蓋聞國粟有餘者國有餓民後宮多幽女者下民多曠夫皆失君人之道故廚庖有肥馬寡人聞之久矣未能行也漁者知之且今行之矣故漁者獻餘魚而楚國賴之　說苑曰楚王謂淳于髡曰吾有仇在吳子寧能為吾報之乎對曰臣見來道旁野民持一頭魚上田祝曰高得萬束下得千斛臣竊笑之以爲禮薄而望多也　三輔決故事曰武帝作昆明池學水戰法帝崩昭帝小不能征討於池中養魚以給諸陵祠餘給長安市市魚乃賤　吳越春秋曰越王既棲會稽范蠡等曰臣竊見會稽之山有魚池上下二處水中有三江四瀆之流九溪六谷之廣上池宜於君王下池宜於臣畜魚三年其利可以致千萬越國當富盈　風俗通曰城門失火禍及池中魚舊說池中魚人姓字居近城城門失火延及其家仲灾燒死謹百家書曰宋城門失火因汲池水以沃灌之池中空竭魚悉露死喻惡之滋并中傷量謹也　謝承漢書曰會稽陳囂少時於郭外水邊捕魚人有盜者囂見避於草中追以魚遺之盜慙不受自後無復取焉　曹植說疫氣曰鹹水之魚不游于江淡水之魚不入于海　汝南先賢傳曰葛玄見

遭大魚老玄謂暫煩此魚到河伯處魚主曰魚已死玄曰無苦以丹書紙內魚口中擲水中有頃魚還躍出上岸吐墨書青黑色如木葉而飛又玄與吳主坐樓上見作請雨土人玄曰雨易得耳即書符着社中一時之間大雨流淹帝曰水中有魚乎玄復書符擲中須臾有大魚數百頭使人治之

又曰分象與吳王共論鯔魚爲上乃於殿庭作坎汲水滿之并求釣象起餌之須臾得鯔魚帝驚喜問乃使廚人切之象又往蜀市薑有頃而反

符子曰觀於龍門有一魚奮鱗鼓鬐而登乎龍門而爲龍又一術士凌波蹈流而不習搖鈴行歌一飄退於龍門而終日棲遲而不化符子曰彼同功而事異迹一而理二夫何哉無乃魚以實應而人以僞求乎 蕭廣濟孝子傳曰陳玄太子也後母謗之陳侯令玄自殺玄投遼水魚負之以出玄曰我罪人也故求死耳魚乃去 又曰巴郡杜孝役在城都母喜食生魚於官得生鱗截竹盛魚二頭沉水中曰我母如得此婦出諸得之笑曰是我壻寄乃以進母 辛氏三秦記曰昆明池人釣魚綸絕而去夢於漢武帝求去其鉤明日帝遊於池見大魚銜索帝曰昨所夢也取而去之帝後得明珠

賦

晉王

慶釣魚賦曰然後抽纖繳沉脩竿垂銀鉤運金丸懸鮪鯢掛鴻鷺連翩雲際逸瀄滴瀾　晉摯虞觀魚賦曰觀鱗族於彪池兮睨羽羣於瀨涯乃有洧泉之鯉濯陂之鰋逸瀄涌躍投浪赴遠集于曲崖之隈逐乎滄淡之深攢聚輻湊或躍或沉儵爍攸驛眩目驚心汎濫爵於通瀟因系波以獻酬騁微巧於浮觴競機捷於迅流

詩

梁張騫詠躍魚應詔詩曰戢鱗隱繁藻頒首承綠漪何用游湏澥且躍天淵池　陳張正見賦得魚躍水花生詩曰[illegible]色桃花水相望濯錦流躍浦疑珠出依池似鏡浮凌波銜落蕊觸餌避沉鉤方游蓮葉外詎入武王舟　陳阮卓蓮下遊魚詩曰春色映澄陂涵泳且相隨未上龍門路聊戲芙蓉池觸浪蓮看動乘流葉影披相忘自有樂莊惠豈能知　隋岑德潤魚詩曰翻影乍反波合珠光帶水新蓮東自可戲安用上龍津

藝文類聚卷第九十六

藝文類聚卷第九十七

鱗介部 蟲豸部

螺

爾雅曰蠃小者蜬　易曰離爲蠃剛在外也　魏書曰自遭荒亂率乏糧穀袁紹河北軍人仰東椹葚袁術在江淮取蛤蒲蠃民人相食州部蕭條　搜神記曰晉安謝端侯官人少孤年十八恭謹自守後於邑下得一大螺如斗許取貯瓮中每早至野還見有飲飯湯火端疑之於籬外窺見一女從瓮中出至竈下燃火便入問之女荅曰妾天漢中白素女天帝哀卿少孤使我權相爲守舍炊烹待卿取婦當還去今無故相伺不宜復留當留此殼貯米穀可得不乏忽有風雨而去　南州異物志曰扶南海有大螺如甌從邊直旁截破因成杯形或合而用之螺體蜿蜒委曲酒在內自注傾覆終不盡以伺誤相罰爲樂　又曰鸚鵡螺狀如覆杯頭如鳥頭向其腹

視似鸚鵡故以爲名肉離殼出食飽則還殼中若爲魚所食殼乃浮出人所得質白而紫文如鳥形與鶴無異故因其象鳥爲作兩目兩翼也又曰寄居之蟲如螺而有脚形如蜘蛛本無殼入空螺殼中戴以行觸之縮足如螺閉戶也火炙之乃出走始知其寄居也 王韶之始興記曰桂陽貞女峽傳云秦世有數女取螺於此遇風雨一女忽化爲石人今形高七尺狀如女子 異苑曰鸚鵡螺形似鳥故以爲名常脫殼而遊朝出則有蟲類如蜘蛛入其殼中螺夕還則此蟲出庾闡所謂鸚鵡內遊寄居負殼者也【詩】宋謝惠連詠螺蚌詩曰輕羽不高翔自用絃網羅纖鱗惑芳餌故爲釣所嬲蚌非有心沉迹在泥沙文無雕飾用味非鼎俎和

蚌

易曰离爲蚌 大戴禮曰十月雉入淮爲蜃蜃蘆蒲也 呂氏春秋曰月者羣陰盈晦則蚌蛤虛羣陰缺 戰國策曰趙且伐燕蘇代爲燕謂趙惠王曰川蚌方出曝而鷸啄其肉蚌合而相其喙鷸曰今日不雨明日不雨即有蚌脯蚌亦謂鷸曰今日不出明日不出必見死鷸 淮南子曰明月之珠螺蚌之病

而我之利也虎爪象牙禽獸之利而我之害也 徐衷南方記曰珠蚌殻長三寸在漲海中 盛弘之荆州記曰馬牧城東三里有蚌城相傳云飢年百姓侶採蚌止憩其中故因爲名 又云城隨洲勢上大尖其形似蚌故有蚌号 汝南先賢傳曰周燮好潛養靖志唯典籍是樂有先人草廬盧于東坈其下有陂魚蚌生焉非身所耕漁則不食也

贊 晉郭璞蚌贊曰萬物變蜕其理無方雀雉之化含珠懷璫與月盈虧協氣晦望

蛤

説文曰蛤有三皆生於海蛤蠣千歲鳥所化也海者百歲鷰所化也魁蛤一名復老服翼所化 本草經曰文蛤表有文 又曰馬刀一名蛤 禮記曰季冬雀入水爲蛤 漢武内傳曰西王母曰仙藥次有白水靈蛤 南越志曰凡蛤之屬開口聞雷鳴不復閉口

論 晉裴頠崇有論曰鳥無胃藏經以空中而生螢無胃而育

啓 陳徐陵謝賚蛤啓曰比鵠雀入猶新變秋程已聞冬獻

蛤蜊

淮南子曰若士乃捲龜殼而食蛤蜊　論衡曰若士食蛤蜊之肉乃與民同食安能升天　抱朴子曰蛤蜊名黄炙凡人所能咲況君子與士乎　臨海土物記曰蛤蜊殼薄且小

【啓】梁元帝謝賚車螯蛤蜊啓曰車螯味高食部名陳物志蛤蜊聲重前論見珍若士並東海波邑西王母藥雀文始化鷰羽猶在體潤珠胎形隨月減　陳徐陵謝東宮賚蛤蜊啓曰舟俗嚴戈漁人資設于彼海童冒茲水豹望棲闕之氣得波潮之下

烏賊

本草經曰烏賊魚骨治寒熱驚氣　南越記曰烏賊魚有矴遇風浪便虬前一鬚頭不矴而住腹中血及膽正黑中以書也世謂烏賊懷黑而知禮故俗云是海君白事小吏或曰古之諸生常自浮水上烏見以爲死便往啄之乃卷取烏故謂烏化爲之臨海異物志曰烏賊之骨其大如楯居者一枚作鮓滿器受五升

【啓】陳徐陵謝敕賚烏賊啓曰鱁鮧庸臣伏增銘悚

石劫

【賦】梁江淹石劫賦曰石劫一名紫鬚蚌蛤類也春而發華有足翼者夫無君

之小臣具品色於滄溟既鑪天而論形先避伏而不懼知理冥而難發何弱命之不禁永至於天代請去人之仄陋充公子之嘉羞徵委身於玉盤從風雨其何惜

蟬　蟲豸部

爾雅曰蜩蜋蜩五采具者螗蜩胡蟬俗呼為 蠽茅蜩似蟬而小青 蝒馬蜩蟬中最大者 蜺寒蜩寒蟬也小青赤 方言曰蟬楚謂之蜩宋衛之間謂之螗蜩今胡蟬也鳴聲清亮江南呼螗蛦也 陳鄭之間謂之蜋蜩秦晉之間謂之蟬海岱之間謂之蟜或謂之蝒馬其小者謂之麥蠽小而青 又曰蛥蚗上音祈下音決 齊謂之螇螰奚音鹿音 楚謂之蟪蛄自關以東謂之虭蟧貂聊 禮記曰仲夏之月蟬始鳴季夏之月寒蟬鳴 毛詩曰螓首蛾眉螓青蟬也 莊子曰仲尼適楚出於林中見痀僂者承蜩猶掇之也仲尼曰子有道耶曰我有道五六月累二丸而不墜則失者錙銖累二丸於竿頭是用手停審也故其承蜩所不過錙銖之間 又曰鵬之飛搏扶搖而上者九萬里蜩與鷽鳩笑之曰我決起而槍榆枋時則不至而控於地奚以九萬里而爲 楚辭曰歲暮兮不自聊蟪蛄鳴兮啾啾 華嶠漢書曰蔡邕在陳留其隣人有以酒食召邕者比往而酒已酣焉客有彈琴者邕至門潛聽之曰嘻以樂召我而有殺心何也遂反將命者告主人主人遽自追而問其故邕具以告

彈琴者曰我向鼓絃見螳蜋方向鳴蟬蟬將去螳蜋為之一前一却吾心唯恐螳蜋之失蟬也此豈為殺心而形於聲者乎邕笑曰此足以當之風土記曰七月而蟪蛄鳴於朝寒螿鳴於夕　搜神記曰淮南內史朱誕給使妻有鬼病夫疑為姧密闚見婦在機中織望桑樹上所笑見樹上有十四五小兒衣青布褶青幓頭乃射之化為鳴蟬其大如箕飛去

【詩】古詩曰庭前有奇樹上有悲鳴蟬　陳張正見寒樹晚蟬疎詩曰寒蟬噪楊柳朔吹犯梧桐葉迥飛難住枝殘影共空聲疎飲露後唱絕斷絃中還因搖落處寂寞盡秋風　梁簡文帝聽早蟬詩曰草歇題鳴初蟬思花落後乍飲三危露時蔭五官柳莊書哂鵬翼衞賦宜螓首桂樹可淹留勿謂岩中久　梁沈約聽蟬鳴應詔詩曰輕生宅園籞御復得棲嘉樹豈敢擅洪枝輕條遭所寓葉密形易揚風迴響難住　梁褚澐賦得蟬詩曰避雀芳枝裏飛空華殿曲天寒響屢嘶日暮聲逾促繁吟欲如盡長韻還相續飲露非表清輕身易知足　梁范雲詠早蟬詩曰生隨春冰薄質與秋塵輕端緌挹霄液飛音承露清　隋王由禮賦得高柳鳴蟬詩曰園柳吟涼久嘶蟬應序驚

露下綏恒濕風高翅轉輕葉䟽飛更迴秋深響自清何言枝裏翳遂入蔡琴聲　陳劉删詠蟬詩曰聲流上林苑影入侍臣冠得飲玄天露何辭高柳寒　隋江揔詠蟬詩曰白露涼風吹朱明落照移鳴條譟林柳流響遍臺池忖聲如易得尋忽却難知

賦

後漢蔡邕蟬賦曰白露淒其夜降秋風肅以晨興聲嘶嗌以沮敗體枯燥以冰凝雖期運之固然獨潜類乎太陰要明年之中夏復長鳴而揚音　後漢曹大家蟬賦曰伊玄蟲之微陋亦攝生於天壤當三秋之盛暑陵高木之流響融風被而來遊商焱厲而化往　魏陳王曹植蟬賦曰唯夫蟬之清素潜厥類于太陰在炎陽之中夏始遊豫於芳林内含和而弗食與衆物而無求栖高枝而仰首漱朝露之清流隱柔桑之稠葉快閑居以遁暑苦黄雀之作害患螳蜋之勁斧有翩翩之狡童運徽黏而我纏委厥體於膳夫歸炎炭而就燔狄翟紛以霄下晨風冽其過庭氣憯怛而薄軀足攀木而失莖吟嘶啞以沮敗狀枯槁以喪形　晉明帝蟬賦曰尋長枝以凌高靜無為以自寧邈焉獨處弗累于情在運任時不慮不營　晉温嶠蟬賦曰飢噏晨風渇飲朝露　晉陸士龍

寒蟬賦曰昔人稱雞有五德而作者賦焉至於寒蟬才齊其美獨未之思
而莫斯述夫頭上有蕤則其文也含氣飲露則其清也黍稷不享則其廉
也處不巢居則其儉也應候守常則其信也加以冠冕取其容也君子則其
操可以事君可以立身豈非至德之蟲哉伊寒蟬之感運迓嘉時
以遊征含二儀之和氣稟乾元之清靈體貞粹之淑質吐嘒嘒之哀聲容
麗蜩螗聲美宮商飄如飛焱之運驚風眇如輕雲之麗泰陽爾乃振脩桼
以表首舒輕翅以迅翰挹朝華之墜露含烟熅以飱望北林以鸞飛集摻木而
龍蟠若夫歲律云暮上天其涼感運非聲貧士含傷或歌我行永久或哀之乎
無裳哀原思歎於蓬室孤竹吟於首陽不銜草以穢身不勤身以營巢志喜於
鳴鳩節妙乎鶗鴂附枯枝以永處倚峻林之迴條乃綴以玄冕增成首飾映
華蟲於朱裳表馨香乎明德　晉傅咸黏蟬賦曰櫻桃為樹則多陰為
菓則先熟有蟬鳴焉聊命黏取退惟當蟬之得意於斯樹不知黏之將至
亦猶人之得於富貴而不虞禍之將來也有嘉果之珍樹蔚弘覆於我庭在
赫赫之隆暑獨肅肅而自清遂寓目以周覽見鳴蜩於纖枝翳翠葉

以長吟信厥樂之在斯苟得意於所歡曾黏往之莫知匪爾命之遵薄坐偷安而忘危嗟悠悠之躭寵請茲聽兮以自規　又鳴蜩賦曰有嘒嘒之鳴蜩于台府之高槐物處陰而自慘矣厥聲之可哀秋日悽悽兮感時逝之若頹舄時逝之是感兮感年歲之我催孰知命之不憂詠梁木之有摧生世忽兮如寓求福貴於不回且明明以在公唯忠讜之與佚履道之坦坦登高衢以自棲　晉孫楚蟬賦曰惟大化之廣御何品數之多名當仲夏而始出據長條而悲鳴翼如羅縷形如枯槁終日不銜一粒激哀響之煩擾　宋顏延之寒蟬賦曰始蕭瑟以攢吟終嬋媛而孤引越容發度障之歌代馬懷首燕之信不假裝於范冠豈鏤體於人爵折清飈而下淪團高木以飄落　隋盧思道聽鳴蟬曰此聽悲無極羣嘶玉樹裏迴噪金門側長風送晚聲清露供朝食晚風朝露實多宜秋日高鳴蟬獨見知輕身蔽數葉哀鳴抱一枝流亂罷還續酸傷更合離輊是聽別人心即斷寸聞客[redacted]子淚先垂故鄉已迢忽空庭正蕪沒夕復一朝坐見涼秋月河流帶地從來嶮路千天不可越紅塵早弊陸生衣明鏡空悲潘椽鬢長安城裏帝王州鳴鍾列鼎自相求西望漸臺臨太液東瞻

甲觀拒龍樓說客恒持小冠出越使常懷寶劍遊學仙未成便尚王尋源不見巳封侯富貴功名本多豫繫華 輕薄盡無憂詎念漂姚嗟木梗誰憶閑單倦土牛歸去來青山下秋菊離離日堪把獨焚枯宴林野終成獨校子雲書何如還驅少遊馬

贊 晉郭璞蟬贊曰蟲之精絜可貴惟蟬潛蛻弃歲飲露恒鮮萬物皆化人胡不然 梁昭明太子蟬贊曰茲蟲清絜惟露是餐寂寞秋序咽嘶夏闌定伊不美雖彼華冠

蠅

爾雅曰蠅醜扇（好搖翅也） 毛詩曰營營青蠅止于樊愷悌君子無信讒言 韓子曰以骨去蟻蟻愈多以魚驅蠅蠅愈至 呂氏春秋曰以狸致鼠以冰致蠅 焦贛易林曰腐肉所在青蠅集聚辨別白黑敗亂邦國 漢書曰成帝建中有青蠅垂萬數集未央宮殿中朝者坐公卿已下朝會坐 又曰昌邑王賀夢青蠅之始積西階東可五六石以問龔遂曰陛下左側讒人衆多願皆放逐之賀不用其言卒至於廢 揚子法言曰或問蒼蠅紅紫（蒼蠅間乎白黑紅紫似朱而非朱） 謝承後漢書曰郭諒師事杜喬李固之誅詣闕上書乞收斂不聽因往守視其喪扇護蠅

蟲　又揚章爲杜喬所辟爲平原令弃官還逐聞固喬曝尸星行赴雒著弊衣赤幘守其屍驅護蠅蟲天子嘉其忠議聽殯斂之　魏略曰王思性急執筆作書蠅集筆端驅去復來思恚怒自起逐蠅不能得還取筆擲地蹋壞之　虞翻別傳曰翻放逐南方自恨犯上獲罪當長沒海隅生無可與語死以青蠅爲弔客使天下一人知己者足以不恨　益部耆舊傳曰嚴遵爲揚州刺史行部聞道旁女子哭聲不哀問之云夫遭燒死遵勑吏輿屍到令人守屍曰當有物自往吏白有蠅聚頭所遵令披視得鐵錐貫考問以淫殺夫　異苑曰晉明帝嘗欲肆眚乃屏曲室去左右下帷作詔有大蒼蠅觸帳而入萃于筆端有頃皆出帝竊異焉令人尋之即蠅所集處輒傳有赦喧然必徧

【賦】 晉傅咸青蠅賦曰幸從容以閑居曰遊心於典經覽詩人之有造刺青蠅之營營無纖介之微用信作害之亥輕旣反白而爲黑佁懷蛆以自盈穢美厚之鮮絜蟲嘉肴之芬馨滿堂室之薨薨孰閨寓之得情

【書】 漢張敞書曰夫蒼蠅非不神不能白日升天飄風雖疾不以霖雨不能揚塵故蒼蠅之飛不過十步自託騏驥之髮乃騰千里

之路【論】後漢班固難莊論曰衆人之逐世利如青蠅之赴肉汁也青蠅嗜肉汁而忘溺死衆人貪世利而陷罪禍

蚊

爾雅曰蚊鵙母（俗説此鳥常吐蚊故名蚊母）大戴禮曰聖人有國蟁蝱不食夭駒 晏子曰景公謂晏子曰天下有極小乎對曰有蟲巢於蚊睫再乳而飛蟁不爲驚名曰焦螟 列子曰江浦之間生麽蟲名曰焦螟羣飛而集於蚊睫弗相觸也栖宿去來蚊弗覺也見離朱子羽方晝拭眥揚眉而望之弗見其形師曠方夜擿耳俛首聽之弗聞其聲唯黄帝與容成子居崆峒之上同齋三月心死形廢徐以神視然見之若嵩山之阿徐以氣聽砰然聞之若雷霆之聲以有形涉神明之境嵩山未足喻其巨以有聲涉空寂之域雷霆之音未足喻其大 東方朔傳曰郭舍人曰願問朔一事朔得臣願榜一百朔窮臣當賜帛曰客從東方來歌謳且行不從門入踰我垣墻游戲中庭上入殿堂擊之柏柏死者攘攘格鬬而死主人被創是何物也朔曰長喙細身晝亡夜存嗜肉惡烟爲掌指所捫臣朔愚戇名之曰民蟁舍人辭窮當復脱褌 莊子曰肩吾見狂接輿接輿曰中

何以語汝肩吾曰以已出仁義民孰敢不聽而化接輿曰是欺德也猶涉海鑿河而使蚊負山也　又曰由天之道觀惠施之能其一蚊一虻之勞者耶　又曰孔子見老聃而語仁義老聃曰夫播糠眯目則天地四方易位矣蚊虻噆膚則通宵不寐矣　鶡冠子曰夫蚊虻墜一千仞之谿乃始翱翔而成其容　孫卿子曰空中有人名曰鮫蚊虻之聲聞則掛其精　淮南子曰雲臺之高墮者折脊碎腦而蚊虻適足以翱　神異經曰方蚊翼下有小飛蟲焉生九卵復成九子飛而俱去蚊遂不知　續搜神記曰吳舍人名猛小兒時在父母膝下夏日多蚊虻而終不搖扇有同宿人覺問其故答云懼蚊虻去我父母耳　蕭廣濟孝子傳曰展勤少失父與母居牖作供養天多蚊卧母床下以身當之　漢書曰中山靖王朝天子置酒聞樂而泣問其故靖王對曰臣聞衆煦漂山聚蚊成雷是以文王拘於羑里孔子厄於陳蔡　論衡曰世稱南陽卓公爲緱氏令蝗蟲不入界蓋以賢明至誠灾蟲不入其縣也此又虚也夫同類能相知心然后慕服蝗蟲蚊虻之類也何能知卓公之化乎使賢者處於深野之中蚊虻不入其舍乎　【賦】晉傅選蚊賦曰水與草其漸如育兹蘗子而蚊嘕咮鋭

於秋毫刺鋸利於芒錐無胎卵而化孕生摶物翼而能飛蟁孟夏以昕起迄季秋而不衰衆繁熾而無數動羣聲而成雷肆慘毒於有生𨓜食膚體以療飢妨農功於南畝廢女工於杼機

蜉蝣

爾雅曰蜉蝣渠略似天牛而小有角 說文曰秦晉之間謂之渠略 又曰蠛蟲也一名蜉蝣蓋朝生暮死 廣志曰蜉蝣可燒啖美於蟬蜉蝣在水中翕然生覆水上尋死隨流 大戴禮夏小正曰五月蜉蝣有殷殷衆也 毛詩曰蜉蝣堀閱麻衣如雪 詩疏義曰樊光云是糞中蟲陰雨而爲之朝生夕死 淮南子曰龜三千歲蜉蝣不過三日人以數離之壽憂天下之亂猶憂河水之少而泣以益之也

【賦】晉傅咸蜉蝣賦曰有生之薄是曰蜉蝣育微微之陋質羌采采而自脩不識晦朔無意春秋取足一日尚又何求戲停淹而委餘何必江湖而是遊

蛺蝶

列子曰烏足之葉爲胡蝶 莊子曰昔莊周夢爲胡蝶栩栩然胡蝶不知周也俄然覺則蘧蘧然周也不知周之夢爲胡蝶胡蝶之夢爲周與胡蝶必

有分矣此謂物化【詩】古詩曰胡蝶胡高飛暮宿桑樹間　梁簡文帝詠蛺蝶詩曰空園暮煙起逍遥獨未歸翠鬛藏高柳紅蓮拂水衣復此從風蝶雙雙花上飛寄語相知者同心終莫違　梁徐防賦得蝶依草詩曰秋園花落盡芳菊數來歸那知不夢作眠覺也恒飛

螢火

爾雅曰螢火即炤　廣雅曰景天螢火鱗也　吕氏本草曰螢火一名夜照一名熠燿一名救火一名景天一名據火一名挾火　禮記曰季夏之月腐草爲螢飛蟲螢火也　毛詩曰町畽鹿場熠燿宵行　續晋陽秋曰車胤字武子學而不倦家貧不常得油夏月則練囊盛數十螢火以夜繼日焉【詩】梁簡文帝詠螢詩曰本將秋草并今與夕風輕騰空類星隕拂樹若花生并疑神火照簾似夜珠明　梁元帝詠螢火詩曰著人疑不熱集草訝無烟到來燈下暗翻往雨中然　陳楊縉賦得照映秋螢詩曰秋窗餘照盡入暗早螢來忽聚還同色恒燃詎落灰飛影黄金散依帷縹帙開含明自不息從月空徘徊【賦】晋傅咸螢火賦曰余曾獨處顧見螢火熱以自照而爲之賦潛

空館之寂寂意遥遥而靡寧夜耿耿而不寐憂悄悄以傷情感詩人之攸懷覽熠燿於前庭不以姿質之鄙薄欲增暉乎太清雖無補於日月期自竭於陋形不進競於天光退在晦而能明諒有似於賢臣於疏外而盡誠假乃光而爾賦庶有表乎忠貞　晉潘安仁螢火賦曰嘉熠燿之精將與衆類乎超殊東山感而增歎行士慨而懷憂翔太陰之玄昧抱夜光以清遊熲若飛焱之宵逝彗如星移之雲流動集飄揚灼如隋珠熠熠熒熒若丹英之照葩飄飄熲熲若金流之在沙歃湛露於曠野庇一葉之垂柯無干欲於萬物豈顧恤於網羅　贊　晉郭璞螢火贊曰熠燿宵行蟲之微幺出自腐草煙若散熛物之相煦孰知其陶

蝙蝠

爾雅曰蝙蝠服翼　方言曰蝙蝠自關東謂之伏翼或謂之飛鼠或謂之老鼠　吳氏本草曰伏翼或生人家屋間立夏後陰乾治目冥令人夜視有光　春秋運斗樞曰行失瑶光則伏翼兩頭並翔廣江淮山瀆之祠則瑶光明伏翼九足　孝經援神契曰道德遺遠蝙蝠伏匿故夜食　玄中記曰百歲伏翼色

赤止則倒懸千歲伏翼色白得食之壽萬歲　吳婁縣記曰太湖東邊别小山名山洞庭有三穴中有大蝙蝠如烏拂救火　臨海記曰黄石山泄水東南五峴路口有鍾乳穴中伏翼大如鵝鴨

賦　魏陳王曹植蝙蝠賦曰吁何姦氣生茲蝙蝠於殊性詭每變常式行不由足飛不假翼明伏暗動晝似鼠形謂鳥不似二足為毛飛而含齒巢不哺鷇空不乳子不容毛羣斥逐羽族下不蹈陸上不憑木

叩頭蟲

異苑曰有小蟲形色如大豆呪令叩頭又呪吐血皆從所教如似稽顙故俗呼爲叩頭蟲

賦　晉傅咸叩頭蟲賦曰蓋齒以剛克而盡舌存以其能柔强梁者不得其死執雌者物莫之能無咎生於惕厲悔吝來亦有由仲尼唯諾於陽虎所以解紛而免尤韓信非爲懦兒出胯下而不羞何茲蟲之多畏人纔觸而叩頭犯而不校誰與爲仇人不我害我亦無憂彼螳蜋之舉斧豈患禍之能禦此謙卑以自牧乃無害之可賈將斯文之焉貴貴不遠而取譬雖不能觸類是長且書紳以自示曰一日而三省恒跼蹐以祗畏然後可以蒙

自天祐之吉無不利

蛾

爾雅曰蛾羅蠶蛾也 說文曰蛾蠶化飛蟲也 廣志曰有蠶蛾有天蛾凡草木蟲以蟓化為蛾甚衆 淮南子曰食桑有絲曰蛾蠶屬 漢書曰有白蛾羣飛蔽日從東都門至軹道 古今注曰蛾 飛廣五六丈 洞林曰東中郎參軍周稚琰封蠶蟲蛾今吾射之 符子曰不安其昧而樂其明是猶夕蛾去暗赴燈而死也 【賦】晉支曇諦赴火蛾賦曰悉達有言曰愚人貪身如蛾投火誠哉斯言信而有徵也翔無常宅集無定栖類聚羣分麕合電分因溫風以舒散乘遊氣以徘徊於是朱明御節時在盛陽天地鬱蒸日月昏茫燭曜庭宇燈朗幽房紛紛羣飛翩翩來翔赴飛焰而體燋投煎膏而身亡

蜂

爾雅曰蜂醜螸[illegible]其腴也 土蜂在地中作房者 木蜂在樹上作房 廣雅曰范蜂也 禮記曰郕人有其兄死而不為衰者聞子皐將為郕宰遂為衰郕人曰蠶則績而蟹有匡范則冠而蟬有緌兄則死子皐為之衰 春秋潛潭巴曰朝有大蜂

武夫蜂赤強黑不梁蜂有刺毒以扞難武士象也梁或為良 韓詩外傳曰以稷蜂不螫而社鼠不熏非以稷蜂社鼠之神也其所託者然也故聖人求賢者以自輔 楚辭曰玄蜂若壺 博物志曰人家養蜂以木為器開小孔以蜜塗器捕取三兩蜂内器中宿昔蜂飛出將伴來作蜜多少隨歲豐儉 葛仙翁别傳曰仙公與客對食客曰食畢當請先作一奇戲食未竟仙公曰諸君得無邑邑欲見乎即吐口中飯盡成飛蜂滿屋或集客身莫不震肅但自不螫人耳良久仙公乃張口見蜂皆飛還入口中成飯食之 抱朴子曰雖有搏噬之雄雉有擅澤之驕蟻有兼弱之智蜂有攻寡之計人相投御亦足耳

【詩】梁簡文帝詠蜂詩曰逐風從汎漾照日乍依微知君不留眄銜花空自飛

【賦】晉郭璞蜜蜂賦曰嗟品物之蠢蠢惟貞蟲之明族有叢瑣之細蜂亦策名於羽屬近浮遊於園薈遠翱翔乎林谷爰翔爰集蓬轉飈迴紛紜雪亂混沌雲頹景翳燿靈響迅風雷若乃眩猨之崖下林天井青松冠谷赤蘿繡嶺無花不纏無隟不省吮瓊液於懸峰赧津乎晨景於是迴騖林篁經營堂蜜蘩布金房疊構玉室咀嚼華滋釀以為蜜自然靈化莫識

其術散似甘露凝如割肪冰鮮玉潤髓滑蘭香百藥須之以諧和扁鵲得之而術良爾乃察其所安視其所託恒據中而虞難營翠微而結落徹兮明於羽族閑衞國乎管籥誅戮峻於鈇鉞招徵速乎羽檄集不謀而固期動不安而齊約

蟋蟀

爾雅曰蟋蟀蛬也　方言曰楚謂蜻蛚爲蟋蟀或謂之蛬南楚謂之王孫即趣織也　禮記曰季夏之月蟋蟀居壁　蔡邕月令章句曰蟋蟀蟲名斯螽莎雞之類世謂之蜻蛚　毛詩曰蟋蟀在堂歲聿云暮　詩義疏曰蟋蟀似蝗而小正黑有光澤如漆有角翅幽州人謂之趣織督促之言也里語趣織鳴嬾婦驚　京房占曰七月建申律爲夷則蟋蟀鳴

【賦】晉盧諶蟋蟀賦曰何兹蟲之資生亦靈和之攸授享神氣之么芔體人否容之微陋嚶嚶唎唎翾翻候日月之代謝知時運之斡遷

尺蠖

爾雅曰蠖尺蠖　易曰尺蠖之屈以求信也　晏子曰弦章謂景公曰尺蠖食黃

即身黃食蒼即身蒼【賦】宋鮑昭尺蠖賦曰智哉尺蠖覩機而作伸非向厚詘非今薄當靜泉停遇躁風驚起軒驅以曠跨伏累氣而併形故身不豫託地無前期動靜就觀於物消息各隨乎時從方而應何慮何思【贊】晉郭璞尺蠖贊曰貴有可賤賤有可珍嗟茲尺蠖體此屈申論配龍虵見歎聖人

蟻

爾雅曰蠪朾螘赤駁蚍蜉螱飛螘有翅者其子蚳卵蟻山海經曰朱蟻其狀如蟻蟻蚍蜉也在崑崙墟 禮記曰腶脩蚳醢 大戴禮曰十二月玄駒賁玄駒者蟻也賁者走於地中也 抱朴子曰蟻有兼弱之智 又周髀家云天圓如張蓋地方如棊局天旁轉如推磨而左行日月右行隨天左轉故日月實東行而天牽之以西沒譬之於蟻行磨之上磨左旋而蟻右去磨疾而蟻遲故不得隨磨左迴焉 齊諧記曰富陽董昭之嘗乘船過錢塘江中央見有一蟻著一短蘆蘆長三尺走一頭迴復向一頭甚遑遽昭之曰此畏死也欲取著船船中人罵此是毒螫物不可長我當蹋殺之昭意甚憐此蟻中夜夢一人烏衣從

百許人來謝云僕不慎墮江慙君濟活僕是蟲王君若有急難之日當見告詎後昭之遇事繫獄蟻領羣蟻穴獄昭遂得免　桓公北征孤竹無水隰朋曰蟻冬居山之陽夏居山之陰蟻壤守而有水乃掘遂得水　焦貢易林曰震之蹇蟻封穴戶大雨相集　又曰蚍蜉戴異留不能上山却推蹶頓乃傷其顏

吳録曰九眞移風縣有土赤如膠人視土知蟻因墾以木枝其中則蟻緣而室漆堅凝如螳蜋子蜱蛸折漆以染堅凝絜其色正赤所謂赤絜則此膠也

廣志曰有飛蟻有木蟻古曰玄駒者也又有黒黄大小數種　博物志蟻知將雨　符子曰東海有鼇龍焉冠蓬萊而游於滄海騰躍而上則干雲没而下潜於重泉有紅蟻者聞而悅與羣蟻相要乎海畔欲觀鼇龍之月餘未出羣作也數日風止海中隱淪如岳其高槩天或游而西羣蟻曰彼之冠尚異乎我之戴粒也逍遥壤封之巔歸服乎窟穴之下此乃物我之適自已而然我何用數百里勞形而觀之乎　異苑曰桓謙字敬祖太元中忽有人皆長寸餘悉被鎧持槊乘具裝馬從岳中出精光耀日遊走宅上數百爲羣部障指麾更相撞刺馬既快人亦便能緣机登竈尋飲食之所或有切

害輒來聚刀所遽還入穴蔣山道士朱應子令作沸湯澆所入處殺不復出因掘之有斛許大蟻死在窟中謙後誅滅

賦 晉郭璞蚍蜉賦曰惟洪陶之萬殊賦羣形而遍灑物莫微於昆蟲屬莫賤乎螻蟻淫淫奕奕交錯往來行無遺迹鶩不動埃迅雷震而不駭激風發而不動虎賁比而不懾龍剱揮而不恐乃吞舟而是制無小大與輕重因無心以致果有象乎大勇出奇膠於九員流頳液甚如血飾人士之喪具在四隅而交結濟繪國之窮師由山東之高垤感萌陽以潛出將知水而封穴伊斯蟲之愚昧乃先識而似悊

蜘蛛　蛸

爾雅曰蜘蛛蛛蝥（北燕謂之蝳蜍齊人呼杜公江東呼蝃蝥）又曰蠨蛸長踦又曰土蜘蛛（在土中布網者）草蜘蛛（絡幕草上）毛詩曰蠨蛸在戶（蠨蛸長踦）廣志曰草蜘蛛在草上色青土蜘蛛在地上春行草間秋系在草有在器下有以絲於籬壁間緣壁捕蠅者長脚在壁屋為絡者則爾雅曰長踦毛詩之蠨蛸也 異苑曰陳郡殷家養子名琅與一婢結好經年婢死後猶來往不絕心患惛錯其母深察焉後夕見大蜘蛛緣末就琅

便宴爾怡悅毋取而殺之琅性理遂解　焦貢易林曰未濟之蠱蜘蛛作網以伺行旅青蠅束髙胃腴觸我羅域爲網所得死於網國　又曰井之遯蜘蛛南北巡行網罟　符子曰公子重耳奔齊與五臣游乎大澤之中見蜘蛛而網曳繩執豕而食之公子重耳乃撫僕之手駐駟而觀之顧其臣咎犯曰此蟲也知之德薄矣而猶役其智布其網曳其繩執豕以食之況乎人之智而不能廓垂天之網布絡地之繩以供方丈之御是曾不如蜘蛛之智孰不可謂之人乎咎犯曰公子愼勿言也君終行之則有邦有嗣也

【賦】晉成公綏蜘蛛賦曰獨星懸於浮處遂設網於四隅南連大廡北接華堂左馮廣厦右依高廊吐絲屬絡布網引綱鐵羅絡莫綺錯交張於是蒼蠅夕起青蠅昏歸營營羣衆薨薨亂飛桂翼繞足覊絲罝圍衝突必獲犯者無遺

螳蜋

爾雅曰莫貈螳蜋蛑（有斧蟲也）不過螳蠰也其子蜱蛸（一名搏耀　蜱蛸螳蜋卵）　方言曰螳蜋謂之髦或謂之丁或謂之羊羊　廣雅曰羊羊吮肬螳蜋也　禮記曰仲夏之月螳蜋生　莊子曰螳蜋怒臂以拒車轍不知不勝任也是才之美者也　又曰莊周

游雕陵之樊（樊藩也）睹一異鵲自南方來者翼廣七尺目大運寸（可一寸徑）感周之顙而集於栗林（感觸也）莊周曰此何鳥哉翼殷不遊（殷曲大也）目大不覩（不見人者）蹇裳躩步（疾行也）執彈而留之睹一蟬而方得美蔭而忘其身螳蜋執翳且將搏之見得而忘其形異鵲從而利之見利而忘其真莊周怵然曰物固相累二類相召也捐焉而反走虞人逐之　韓詩外傳曰齊莊公出獵有螳蜋舉足將且轉問其御曰此何蟲對曰此螳蜋也為蟲知進而不量力其輕就敵公曰此為天下勇蟲矣迴車避（辟）之勇士歸之焉　鄭記曰禮注云螳蜋螵蛸毋也　王瓚問曰爾雅云莫貈螳蜋同類物也今沛魯以南謂之螳蜋三河之域謂之螳蠰燕趙之際謂之食肬齊濟以東謂之馬敫然多名其子則同云螵蛸是以注云螳蜋螵消毋也

賦

晉成公綏螳蜋賦曰仰乃茂陰俯緣條枝冠角峨峨足翅岐岐尋喬木而上綴從蔓草而下垂戢翼鷹峙延頸鵲望推翳徐翹舉斧高抗鳥伏蜘騰鶴擊隼放俯飛蟬而奮猛臨蟪蛄而逞壯距車輪而軒翥固齊侯之所尚勇有翩翩黃雀舉翮高揮連翔枝幹或鳴或飛覩茲螳蜋將以療飢厲觜聳翼其往如歸

贊

晉郭璞螳蜋贊曰螳蜋飛蟲揮斧奮臂當轍不迴

可踐不避勇士致斃厲之以義即祥

藝文類聚卷第九十七

藝文類聚卷第九十八

祥瑞　慶雲　甘露　木連理　木芝　龍　麟

祥瑞

風角占曰福先見曰祥　字林曰禎祥也福也　禮記曰麟鳳龜龍謂之四靈四靈以爲畜則獸不狘　又曰聖王用民必順使無水旱昆蟲之災民無凶饑妖孽之疾天不愛其道地不愛其寶人不愛其情是以天降甘露地出醴泉山出器車（山出銀甕丹甑之器及人象車也）　河出馬圖鳳皇麒麟皆在郊藪龜龍在宮沼其餘鳥獸之卵胎皆可俯而窺也則是無故先王能修禮以達義體信以達順此順之實也　白虎通曰天下太平符瑞所以來至者以爲王者承天順理調和陰陽陰陽和萬物序休氣充塞故符瑞並臻皆應德而至德及天即斗極明日月光甘露降德至地即嘉禾生蓂莢起德至鳥獸即鳳皇翔鸞鳥舞麒麟臻狐九尾雉白首白鹿見德至山陵即景雲出芝實茂陵出黒丹山出器車澤出神馬德至淵泉即黄龍見醴泉涌河出龍圖雒出龜書江出大貝海出名珠德至八方即祥風至鍾律調四夷化越裳來孝道

至即蓂莢出庖廚不搖自扇於飲食清涼助供養也繼嗣平即賓連生於房戶賓連者木名也連累相承故生於房戶象繼嗣也日曆得其分即蓂莢生於階間蓂莢者樹名也月一日一莢生十五日畢至十六日一莢去故夾階而生以明日月也賢不肖位不踰即平露生於庭平露者樹名也官位得其人即生不得其人即死矣狐九尾何狐死首丘不忘本也明安不忘危也必九尾者九配得其所子孫繁息也於尾者明後當盛也景星者大星也月或不見景星常見可以夜作有益於民人也甘露者美露也降則物無不盛朱草者赤草也可以染絳別尊卑也醴泉者美泉也狀如醴酒可以養老嘉禾者大禾也成王之時有三苗貫桑而生同爲一穗大幾盈車長幾充箱民有得而上之者成王召周公而問之曰三苗爲一穗意天下其和爲一乎後果有越裳氏重譯而來矣　春秋演孔圖曰趣作法聖沒周姬亡彗東出秦政起胡破術書記散孔不絕此魯端門血書十三年冬有星孛東方謂題曰麟得之月天當有血書魯端門子夏至期往視之遂一郎言門有血書往寫之血書鳥化爲白鳥消書出署曰演孔圖　東觀漢記曰光武中元元年上幸長安祠長陵還雒陽宮是時醴泉出於京師郡國飲醴泉者痼疾皆愈獨眇蹇者不差　又曰有赤

草生于水涯郡國上甘露降羣臣上言地祇靈應而朱草萌宜命太史撰具郡國所上上遂不聽是以史官鮮記焉 又曰章帝元和二年鳳皇三十九麒麟五十一白虎二十九黄龍四青龍黄鵠鸞鳥神馬神雀九尾狐三足烏赤烏白兔白鹿白燕白鵲甘露嘉瓜秬秠明珠芝英華平朱草木連理實日月不絶載於史官不可勝紀 論衡曰儒者論太平瑞應皆言氣物卓異朱草醴泉祥風甘露景星嘉禾萐莆蓂莢屈軼之屬又言山出車澤出馬男女異路市無二價耕者讓畔班白不提挈關梁不閉道不虜掠風不鳴條雨不破塊五日一風十日一雨其盛茂者致黄龍騏驎鳳皇夫儒者之言溢於過實瑞應之物或無失言鳳皇騏驎之屬大瑞較然不得增飾其小瑞徵應恐多不是夫風氣雨露本當和適言其風祥露甘風不鳴條雨不破塊可也言其五日一風十日一雨褒之者也 墨子曰赤鳥銜珪降周之岐社曰命周文王伐殷有國河出録圖地出乘黄天錫武王黄鳥之旗 呂氏春秋曰凡帝王將興天必見祥下民黄帝天先見大螻大螾黄帝曰土氣勝故其色上黄其事則土及禹時天先見草木秋冬不殺禹曰木氣勝木氣勝故其色上青其事則木湯之時天先

見金刃生六水湧見金氣勝金氣勝故其色上白其事則金文王時天先見火赤烏銜丹書集于周社文王曰火氣勝火氣勝故其色上赤其事則火淮南子曰天覆以德地載以樂樂也其時不失其序日月俶倩而揚光　晉中興書曰昔秦始皇東遊望氣者云五百年後東南金陵之地有天子氣於是始皇改為秣陵塹北山絕其勢今建康即秣陵西北界所塹即建康南淮中也按始皇東遊之歲至孫權僭號四百三十七年考之年數既不合按之基宇又非倫豈應帝王之符而見兆於上代乎有晉金行奄君四海金陵之祥其在斯矣且秦政東遊至今五百三十六年所謂五百年後當有王者也

【賦】魏劉劭嘉瑞賦曰乾坤交泰嘉瑞降靈皓雉呈其絜質素威效其仁形白兔揚其翰耀黃龍耀其神精章光烈之焯燿顯休徵之有成昔聖王之降瑞或卓爾而弗經猶著美於篇籍貽來葉而垂名實明德之所隆冥允納而是丁信無思而不服又何遠之不寧方將收麒麟於玄圃栖鳳皇於軒檽舞鸞鳥於中唐聆鸑鷟之和鳴弄蓮蒲之華芳翫朱草之丹榮承靈祚而建基垂遐福於億齡超三五而無儔與泰初乎齊聲

【頌】魏何晏瑞頌曰若稽古帝魏武

哲欽明文思馨　民生之後德懿前烈之極休先天而天弗違後天而奉天時聿迪明命肇啓皇基夫居高聽卑乾之紀也靡非德不酬坤之理也故靈符頻繁衆瑞仍章通政辰脩玉燭告祥和風播烈景星揚光應龍遊於華澤鳳鳥鳴于高岡麒麟依于圃籍騶虞類于坰疆麀鹿之麌麌載素其色雉之朝雊亦白其服交交黄鳥信我中霤儦儦嘉苗吐穎田疇

表　周王襃上祥瑞表曰明王孝治岳瀆所以效靈至人懌及風雲以之懸感是以若霧非霧天道叶至德之符似煙非煙觸石表嘉祥之氣玄黄蕭索之輝丹紫輪囷之狀豈止唐帝沉璧氣合金方姬后望河形如車蓋

慶雲

孫氏瑞應圖曰景雲者太平之應也一曰慶雲非氣非煙五色氛氲謂之慶雲　孝經援神契曰德至山陵則景雲出　洛書曰蒼帝起青雲扶日赤帝起黄雲扶日有白雲出自蒼梧入于大梁　尚書中候曰堯沉璧於河白雲起成王觀於河東雲至　禮斗威儀曰其君乘水而王爲人黑色大耳其政和平時則景雲至　春秋合成圖曰堯母慶都蓋大帝之女生於斗維

之野常在三河東南天大雷電有血流潤大石之中生慶都長丈形象大帝常有黃雲覆蓋之蔑食不飢年二十寄伊長家無夫出觀三河奄然陰風赤龍與慶都合有娠而生堯也　尚書大傳曰俊乂百工相和而歌卿雲卿雲帝乃倡之　史記曰若煙非煙若雲非雲郁郁紛紛蕭索輪囷是謂慶雲慶雲見喜氣也　漢書高祖遊芒碭山上常有雲氣　又曰武帝封泰山夜有光晝有白雲起封中　又曰宣帝祠甘泉紫雲從西北來散於殿前　漢武故事曰上幸梁父祠地上親拜用樂焉其旦有白雲又有呼萬歲者禪肅然白雲爲蓋　魏志曰文帝生時有雲氣青色圓如車蓋當其上終日望氣者以爲至貴之證　春秋演孔圖曰黃帝之將興黃雲升於堂文命之候玄龍銜雲於陽白雲入房　春秋運斗樞曰天樞得則景雲出又曰天子孝則景雲出游　車頻秦書曰苻堅立有黃雲五色迴遶臺觀時以爲景雲

【贊】宋孝武帝景陽樓慶雲贊曰非煙非雲曳紫流光懸華曜藻奄蔚臺堂粤予不明震乎珍祥積慶有文靈貺無疆

甘露

廣雅曰滑滑瀼瀼湛湛泥泥露皃也　山海經曰軒丘鳳卵民食之甘露民飲之　禮記曰聖王所以順而弗悖也天降甘露地出醴泉　鶡冠子曰聖人之德上及太清下及太寧中及萬靈則膏露下　呂氏春秋曰甘露時雨不私一物　又曰伊尹說湯曰水之美者三危之露其色若紫　論衡曰儒者論甘露言其味甘必然也若甘雨露齊而陰騭者謂之甘雨謂水味之甘也　三輔故事曰漢武以銅作承露盤高二十丈七圍上有仙人掌承露和玉屑欲以求仙也　漢武故事曰承甘露盤仙人掌擎玉杯爲取雲表之露　東觀漢記曰明帝夜夢見先帝太后覺悲不能寐明旦上陵樹葉有甘露上令百官采之　謝承後漢書曰吳郡陸閎爲潁川太守致鳳皇甘露之瑞　又曰吳郡沈豐爲零陵太守到官一年甘露降泉陵洮陽五縣流被山林膏潤草木　又曰山陽百里嵩爲濟南相甘露降於郡安帝嘉之徵拜大鴻臚　又曰百里嵩爲徐州刺史甘露冊降廳事前樹　神異經曰西北海外有人長二千里但日飲天酒天酒甘露也　漢書曰元康

元年甘露降未央宮大赦以甘露連降改年爲甘露 白虎通曰甘露美露也降則物無不盛 五經通義曰和氣津凝爲露露從地生古今注曰光武建武二十年甘露下日南朱梧積四十五日 魏略曰文帝欲受禪郡國奏甘露三十七降 晉中興徵祥說曰王者德至天氣感而甘露降郡縣甘露七十降譙降肝胎方七十五畝 抱朴子曰何以知天上不有甘露之淵須太平而灑之地中不有醴泉之源待有道而涌之耶 孫氏瑞應圖曰甘露者神露之精也其味甘王者和氣茂則甘露降於草木一本曰食之令人壽一本曰耆老得敬則松柏受甘露尊賢愛老不失細微則竹葦受甘露

【詩】北齊邢子才應詔甘露詩曰膏露且漸洽凝液納於旗草木盡霑被玉散復珠霏誰謂穹昊遠道合若應機

【頌】北齊邢子才甘露頌曰歷選列辟遐聽前聞三才易統五運相君皇極攸序庶類以分乃忠乃敬或質或文其一赫矣昊命蒸哉上聖大德大名至道無競川停岳峙雲臨水鏡望昔齊明瞻天比映其二功深微禹業隆作周英華內積文教外修廣輸四海堤封十洲紫川北注赤水南流其三宸居兩楹恭巳萬國聖敬日漸王猷

允塞禮有大成樂無斁懋德用天之道順帝之則其四政平民豫歲稔時
和九功惟敘九敘惟歌風輪嶬嵯漢毛舟沉河玉龜出沼鳴鳳在阿其五休徵屢
動感極迴天流甘委素玉潤冰鮮蜜房下結珠琲上懸布濩林野灑散旌
旃其六日月巳明宇宙巳廓鼓缶成詠拖水爲樂以爲玄黃猶參沃若取慰天
壞用忘溝壑其七　魏陳王曹植露盤頌曰明帝鑄承露盤莖長十二丈大十
圍上盤徑四尺下盤徑五尺銅龍繞其根龍身長一丈背負兩子自立於芳
林園甘露仍降使王爲頌銘

詔　魏明帝與東阿王詔曰昔先帝時甘露
盤以來甘露復降芳林園仁壽殿前

表　晉范汪在東陽郡表曰瑞日所
統長山諸縣林中木葉上朝有疑露其味如蜜夕乃溜地耆老咸謂甘
露

議　蔡謨荅蘭臺議曰被符宣令賀甘露至不朝者天雨不朝禮
也今不朝則不應賀

啓　晉翟鑿啓庾翼述甘露曰甘露降學堂柳樹
與幹吏共嘗味極甜宜表賀翼荅曰甘露自古佳祥而頃天下多故何以致此
且其味尚薄未知瑞應一本亦近得一白兔尚宜觀不且養之并上

木連理

瑞應圖曰木連理王者德化洽八方合爲一家則木連理一本曰不失小民心則生　孝經援神契曰德至於草木則木連理　禮斗威儀曰君乘木而王其政升平時則松柏爲常生　京房易傳曰大同本異枝其君有慶鄰邑來附者吉木生於君屋上及朝廷其君聖子木王而有寶其國有慶木生於城脅一圍以上長丈五丈此謂城強其君大昌　東觀漢記曰安帝延和三年衞縣木連理又其年定陵縣木連理　袁山松漢書曰建和二年河東木連理　魏略曰文帝嗣立爲魏王是歲天下奏醴泉涌木連理　干寶晉紀曰武帝自咸寧三年至太康元年木連理八生　晉中興徵祥說曰王者德澤純洽八方同一則木連理連理者仁木也或異枝還合或兩樹共合建元元年木連理四一生膏一生武昌一生汝陰一生汝陽泰興元年又生武昌

【頌】湛方生木連理頌曰相彼神奇遂見禎祥同根連柯本枝俱昌皇基增構靈祚惟長運隆周室道均三王丕顯弈世休風載揚

【表】晉范寧爲豫章郡表曰永脩公國相萬至解列到縣巡行邑治縣西北出二里有林中兩桐樹下根相去一丈上枝相去丈八連合成一

木芝

爾雅曰菌芝也　說文曰芝神草也　本草經曰赤芝一名丹芝黄芝一名金芝白芝一名玉芝黑芝一名玄芝紫芝一名木芝　瑞應圖曰芝英者王者親延耆養老有道則生　孝經援神契曰德至於草木則芝草生　離騷曰采三秀兮於山澗三秀芝也　又曰善養老則芝茂　春秋運斗樞曰瑶光得陵山黑芝　漢書武帝元封六年詔曰甘泉宫中產芝九莖連葉上帝博臨不異下房其赦天下賜雲陽都百戶牛酒作芝房之歌　又曰宣帝神雀元年金芝九莖產於函德殿銅池中　淮南子巫山之上從風縱火紫芝與蕭艾俱死　漢武内傳曰西王母之仙上藥有大真紅芝草　東觀漢記曰光和四年郡國上芝英　續漢書曰章帝建初五年零陵獻芝草　論衡曰建初三年零陵泉陵縣女子傅宅内生芝五本長者尺四寸短者七八寸莖葉紫色蓋紫芝也太守沈酆遣門下掾奉獻皇帝悦懌賜錢衣詔會公卿國上計吏皆以芝草告示天下　古今注章帝元和二年芝生沛如人冠　建初五年芝出潁川常以六月中生一葉五歲五重春青夏紫秋白冬黑色十月

後黄氣出上尺五寸　仲長子曰哀帝時有異物生於長樂宫延年殿後東廡樹及永巷南園合歡樹議者以爲芝草　抱朴子曰芝有石芝木芝草芝肉芝菌芝各有百許種如水精得而末之以無心草汁和之須臾成水服一升得千歲　又曰石桂英芝生名山石穴中似桂樹而實石也木芝者松脂淪地千歲化爲茯苓茯苓萬歲其上有小木狀似蓮葉名曰木威喜之夜視有光持之甚滑燒之不燋帶之辟兵　又曰七明九光芝皆石也生臨水之高山石崖之間狀如盤梡不過徑尺以還　又曰肉芝者謂萬歲蟾蜍頭上有角頷下有丹書八字再重以五月五日中時取之陰乾百日以其足畫地即爲流水帶其左手於身辟兵若敵人射己者弓弩矢皆反還自向也　又曰青雲芝生於名山之陰大青石間青蓋三重上有雲氣覆之味辛甘以陰乾食之令人壽千歲不老能乘雲通天見鬼神　又曰黄龍芝生於神山之中狀如黄龍味辛甘以四時採陰乾治日食一合壽万年令人光澤　又曰金蘭芝生於名山之陰金石之間上有水蓋莖赤入秋旬求之飲其中水壽千歲耳目聰明　又曰龍仙芝狀似升龍之類葉爲鱗其根

則如蟠龍服一株則壽千歲　又曰紫朱芝其莖黄其葉赤其實如李而紫色二十四枚輒相連而垂如貫珠也　又曰朱草芝九曲曲有三葉葉三實　又曰行山中見小人乘馬車長七八寸者肉芝也取服即仙　又曰蒼山岑石之中赤雲芝下狀如人豎豎如連鼓其色如澤以夏採之陰乾食之令人乘雲能上天觀見八極通見神明延壽萬年　又曰月芝生於名山之陰崑崙之山大谷源泉金石之中　又曰山芝之者韓終所食與天地相極延年壽通神明矣　又曰火芝常以夏採之葉上赤下莖青赤松子服之常在西王母前隨風上下往來東西　又曰人芝生名山之陰青月蓋白莖陰乾治食日半合則使人壽入水可久也　又曰月精芝秋生山陽石上莖青上赤味辛苦盛以銅物十月食之壽萬歲　又曰黑芝生於山之陰大谷中白蓋赤莖味甘之秋採陰乾日食令人身輕齒堅與天地無極　又曰火芝生於名山之陽其色黄澤人如車蓋　又曰金芝生於金石之中青月蓋莖味甘辛以秋取陰乾治食令人身有光壽萬歲　又曰萬年芝令人不老延年九千　又曰夜光芝出於名山之陰大谷源泉中金石間上有浮雲翔其上有五色有目如兩日

又曰白雲芝生於名山之陰白石上有白雲覆之白蓋三重味辛甘小苦以秋採之陰乾治食令人身輕齒堅　又曰金芝生於山無蓋青莖陰乾治食日一合不中風雷令人色光澤也　又曰雲母芝生於名山之陰青蓋赤莖味甘以季秋竹刀採之陰乾治食使人身光壽千萬歲醮以牛脯　又曰華芝生於名山之陽及出央山大谷源泉水中赤蓋白莖上有兩葉三實又曰鬼芝青蓋長莖陰乾屑之日食五合所見神明畏人長生

詩

梁庾肩吾芝草詩曰踟躕玩芝草淹留攀桂叢桂叢方偃蹇芝葉正玲瓏如龍復如馬成闕復成宮黃金九華發紫蓋六英通隱士蒼君山共神仙海東隨丹聊變水獨搖不須風

贊

魏繆襲神芝贊曰青龍元年神芝產于長平之習陽其色丹紫其質光耀其長尺有八寸五分其本圍三寸有三分上別為三幹分為九枝散為三十六莖圍率一寸九分葉徑二寸七分其幹洪纖連屬有似珊瑚之形其吐柯載葉祥明燭察考圖案諜蓋美乎所同於前代者矣　古瑞命記曰王者慈仁則芝生而食之則延年不終與真人同　又神農氏論芝云山川雲雨五行四時陰陽晝夜之精以生五色神芝皆

爲聖王休祥焉自漢孝武顯宗世号隆盛而元封永平所紀神芝之方斯蔑如也且其枝幹條莖本末相承乃協于天官之數非神明其孰爲此哉推其類象則蓂莢之植階庭蓮蒲之生庖廚屢覩四靈矣乃詔御府圖而藏之且盡其形遂以名園爲之贊曰帝德允臻厥不難致 煌煌神芝吐葩揚榮皇襄披其圖今握其形永章遐紀載之頌聲

龍

瑞應圖曰黃龍者四龍之長四方之正色神靈之精也能巨細能幽明能短能長乍存乍亡王者不漉池而漁則應和氣而遊於池沼 又曰舜東巡狩黃龍負圖置舜前 又曰不衆行不羣處必待風雨而遊乎青氣之中遊乎天外之野出入應命以時上下有聖則見無聖則處 龍魚河圖曰天授元始建帝號黃龍負圖從河中出付黃帝帝令侍臣寫以示天下 又曰黃龍從洛水出詣虞舜鱗甲成字令左右寫文竟龍去 河圖曰舜以太尉即位與三公臨觀黃龍五采負圖出舜前以黃玉爲柙玉檢金繩芝爲泥章曰天黃帝符璽 尚書中候曰舜沉璧於河榮光休至黃龍負卷舒

圖出入壇畔　又曰河龍圖出雒龜書威(龜負書而出此威則)赤文像字以授軒轅
詩含神霧曰含始吞赤珠刻曰玉英生漢皇後赤龍感女媼劉季興也
孝經援神契曰德至水泉則黃龍見者君之象也　又曰左契曰天子孝天
龍負圖地龜出書　呂氏春秋曰禹南省方過江黃龍負舟舟中之人五
色無主禹曰吾受命於天竭力養人生性也死命也何憂龍哉龍俛而去
史記曰高祖常從王媼武負貰酒醉卧武負王媼見其上常有龍　又曰黃帝
土德黃龍見夏木青龍生於郊　漢書曰文帝十五年春黃龍見成紀上
乃詔議郊祀　又曰宣帝甘露九年黃龍見新豐因改年應之　周公沉
璧青龍銜出玄甲圖　東觀漢記曰黃龍見於何馮異勸上即位上曰
我昨夜夢騎赤龍上天覺見寤心中動悸異等賀曰此天命發於神明
又曰章帝元和二年黃龍四見　又曰安帝延光三年黃龍見歷城又見諸縣
古今注曰高祖五年黃龍見華陽池十餘日九年又見長安五鳳四年黃龍
出廣漢甘露元年黃龍見新豐二年龍見上郡騰躍五色升天丞相以下
上壽　章帝建初三年　黃龍見汝南項氏田廬中長五丈餘高二丈光耀

盧舍及樹皆黃　哀帝永元十年黃龍見穎川定陵民家井中色黃目如鏡又見巴郡宕渠草木色皆黃　魏略曰文帝欲受禪郡國奏黃龍十三見明帝鑄銅黃龍高四丈置殿前　魏志曰漢熹平五年黃龍見譙光祿大夫橋玄曰太史令單颺曰其國當有王者興不及二十年當伏見內黃殷登默記之四十五年登尚在黃龍此時見譙登曰單颺之言其驗茲乎　又曰青龍元年春正月甲申青龍見摩陂井中二月丁酉幸摩陂觀龍於是改摩陂為龍陂　吳志曰黃龍元年樊口武昌並言黃龍見孫權即位改年為黃龍孫休夢乘龍上天顧不見尾果立為帝而無後　又曰孫權潘夫人父為吏坐法死夫人輸織室權見而異之召充後宮得幸有娠夢有以龍頭授已以蔽膝承之遂生孫亮　漢晉春秋曰青龍三年七月曹叡崇華殿災時郡國有龍九見故改曰九龍殿　晉中興書曰孝武太后李氏以微賤入為會稽王宮人夢兩龍枕膝入懷太祖異而召之生烈宗　沈約宋書曰太史奏西方有天子氣時太祖為宜都王鎮荊州後入纂大位在道有黑龍躍出負上所乘舟左右皆失色上謂王曇首曰此乃夏禹所以受天命我何德以堪之

賦　魏劉

劭龍瑞賦曰太和七年春龍見摩陂行自許曰親往臨觀形狀瓌麗光色燭燿侍衞左右咸與覩焉自載籍所紀瑞應之致或翔集于邦國皁舉于要荒未有若斯之著明也惟郟鄏之舊墟乃廢義而省方皇輿發於洛邑遂巡幸于許昌憲宸極之天居建正殿以當陽有蜿之龍來游郊甸應節合義象德效仁煥若羅星蔚若翠雲光昺㳟以外照水清景而內分聖上觀之無射左右察之既精聊假物以擬身忽神化而無形昔太昊之初化肇帝德以表名暨明后之隆盛又降見以揚聲惟玲𪓿之玄質寶殊異於四靈信應龍之道揚將天飛於泰清

表

魏陳王曹植表曰臣聞鳳皇復見鄴南黃龍雙出於清泉聖德至理以致嘉瑞將棲鳳於林龍囿於池爲百姓旦夕之觀也

麟

孫氏瑞應圖曰一角獸者六合同歸則至一本曰天下太平則至　春秋運斗樞曰機星得其所則麒麟生和平合萬民　春秋感精符曰麟一角明海內共一主也王者不刳胎不剖卵則出於郊一本云德及幽隱不肖斥退賢者在

位則至明於興衰武而仁仁而有慮禽獸有增奔非時張獵則去太曰明王動則有義靜則有容乃見　孝經援神契曰德至鳥獸則麒麟臻　尚書中候曰帝軒提像配永修機永長修從也黃帝觀攝提配而行之以長從九機故也麒麟在囿鸞鳳來儀　禮斗威儀曰君乘金而王其政平麒麟在郊　鷂冠子曰麟者玄枵之獸陰之精也德能致之其精畢至　孫卿子曰古之王者其政好生惡殺麟在郊野　春秋繁露曰恩及羽蟲則麒麟至張網焚林則麒麟去　說苑曰帝王之著莫不致四靈焉德盛則以爲畜治平則至矣麒麟麇身牛尾圜頭一角含信懷義音中律呂步中規矩擇土而踐彬彬然動則有容儀　漢書曰終軍從上幸擁獲白麟一角五蹄又得奇木支旁出輒復合上異之　毛詩義疏曰麟麕身馬足牛尾黃色圓蹄一角角端有肉音中鍾呂王者至仁則出　東觀漢記曰章帝時麟五十一見又安帝三年潁川上言麟見　蔡邕月令章句曰凡麟生於火遊於土故修其母致其子五行之情性也視明禮修則麒麟見　王隱晉書曰咸寧五年白麒麟見平原　又曰泰始元年白麟見君羣獸皆從改年白麟嘉　涼州記曰呂

光時張掖金澤有麟見羣獸皆從政年麟嘉

頌

吴薛綜麟頌曰懿哉麒麟惟獸之伯世平覿景否則戢足德以衛身不布牙角委體大吴以昭遐福天祚聖帝永享萬國

贊

晉郭璞麟贊曰麟惟靈獸與麏同體智在隱蹤仁表不抵孰爲來哉宣尼揮涕

藝文類聚卷第九十八

藝文類聚卷第九十九

祥瑞部

鳳皇 鸞 比翼 鳥 雀 鷰 鳩

雉 馬 白鹿 狐 兎 騶虞 白狼

比肩獸 龜 魚 鼎

鳳皇

瑞應圖曰鳳皇者仁鳥也雄曰鳳雌曰皇王者不刳胎剖卵則至 山海經曰丹穴之山有鳥狀如鶴五色而文名曰鳳首文曰德翼文曰順背文曰義膺文曰仁腹文曰信是鳥自歌自舞見則天下安寧 孝經援神契曰德至鳥獸鳳皇翔 禮斗威儀曰君乘土而王其政太平鳳皇集於苑林 尚書中候曰堯即政七十載鳳皇止庭巢阿閣讙樹 又曰帝舜云朕惟不乂百獸鳳晨（百獸率舞鳳皇司晨鳴也） 尚書考靈耀曰通天文者明審地理者昌明者天之時也昌者地之財也明王之治鳳皇下之 春秋感精符曰王者上感皇天則鸞鳳至 春秋合成圖曰黃帝遊玄扈雒水上與大司馬容光等臨觀鳳皇銜圖置帝前帝再拜受圖（玄扈石室） 春秋元命包曰火離為鳳皇

銜書遊文王之都故武王受鳳書之紀　春秋運斗樞曰天樞得則鳳皇
翔　樂動聲儀曰鍾聲不逆行則鳳皇至　樂汁圖曰五音克諧各得其
倫則鳳皇至冠類雞頭燕喙蛇頸龍形麟翼魚尾五采不啄生蟲　楚辭
曰獨不見鸞鳳之高翔大皇之野循四極而周迴見盛德而後下　孫卿子曰
詩曰鳳鳥啾啾其翼若竿其聲若簫有皇有鳳樂帝之心此聖不蔽福
也　又曰古之王者其政好生惡殺鳳在列樹　韓子曰昔者黃帝合鬼於西大
山鳳皇覆上作爲瀆角　淮南子曰昔者二皇鳳至於庭（三皇伏犧神農）三代鳳至
於門（三代堯舜禹也）　周室鳳至於澤德彌澆所至彌遠德彌精所至彌近　韓詩
外傳曰黃帝即位施聖恩承大明一道修德唯仁是行宇內和平未見鳳皇
乃召天老而問之曰鳳象何如天老對曰夫鳳象鴻前而麟後蛇頸而魚尾龍文
而龜身鷰鴿而雞喙首戴德頸揭義背負仁心入信翼挾義足履正尾
繫武小音金大音鼓延頸奮翼五色備舉黃帝曰於戲允哉何敢與焉於
是黃帝乃服黃衣帶黃紳戴黃冠齋于宮中鳳乃蔽日而至黃帝降于東階
西面再拜稽首皇天降祉不敢不承命鳳乃止帝東園集梧樹食竹實沒身

不去　漢書曰詔帝元始三年鳳皇集東海遣使祠其處　又曰宣帝幸河東之明年春鳳皇集投栩於所集處得玉寶乃下詔赦天下　又曰鳳皇集上林乃立鳳皇殿以荅嘉瑞　又曰幸甘泉郊泰畤改元曰五鳳又曰本始元年鳳皇集膠東十四年鳳皇集北海地節二年鳳集魯君羣鳥從之詔曰威鳳爲寳貝神爵四年鳳皇十一集杜陵　又曰祠帝后土鸞鳳翱翔又集長樂宮東園樹上飛下至地文章五色吏民並觀之　東觀漢記曰光武生於濟陽先是鳳皇集濟陽故宮皆畫鳳皇聖瑞始於此又曰建武十七年鳳皇出高八尺九十毛羽五采集潁川羣鳥從之蓋地數頃章帝時鳳皇百三十九見　安帝延光三年鳳皇集濟南臺丞霍穆舍樹上賜帛各有差　琴操曰周成王時天下大治鳳皇來舞於庭成王乃援琴而歌曰鳳皇翔兮於紫庭余何德兮以感靈　吴曆曰大元元年有鳥集苑中似鴈高足長尾毛羽五色咸以爲鳳皇改元爲鳳皇元年異苑曰東莞劉穆之字道民素居京口晉隆安中鳳皇集其庭相人韋藪謂之曰子必協賛大猷

賦　晉顧凱之鳳賦曰望太清以抗思誕儀鳳之

逸羣稟鶉火之靈擢資和氣之烟熅允雞喙而鸛鴿頸蚰蜿而龍文厲
歸昌於漢陽發明乎聖君苟義躡正雞峙鴻前比翼交揮五光備宣
與八風而降時雨音中鍾律步則規矩朱冠赫以雙翹靈質巍其高舉
歷黃冠於招搖陵帝居之懸圃 頌 吳薛綜鳳頌曰猗歟石磬金聲玉振先
王搏拊以正五音百獸翔感儀鳳舞麟在昔堯舜斯磬乃臻宗廟致敬
乃眷來顧贊揚聖德上下受祚 贊 晉郭璞鳳鳥贊曰鳳皇靈鳥實
冠羽羣八象其體五德其文附翼來儀應我聖君

鸞

說文曰鸞赤神靈之精也赤色五采雞形鳴中五音頌聲作則至周成王
時氐羌獻焉 山海經曰女牀之山有鳥其狀如翟名曰鸞鳥見則天下安
寧 孫氏瑞應圖曰鸞鳥鳳皇之佐鳴中五音肅肅雍雍喜則鳴舞人
君行步有容進退有度祭祠有禮親踈有序則至一本曰忌識鍾律鍾律
調則至至則鳴舞以和之 春秋運斗樞曰天樞得鸞鳥集 春秋孔演
圖曰天子官守以賢舉則鸞在野 孝經援神契曰德至鳥獸則鸞鳥

舞　詩含神霧曰德化充塞照潤八冥則鸞臻世　尚書中候曰黃帝鸞鳥來儀　又曰周公歸政於成王太平制禮鸞鳥見　海外經曰軒轅之國清沃之野鸞鳥自歌　漢書曰宣帝祀后土鸞鳳翱翔又集長樂宮東園樹園　抱朴子曰崑崙圖曰鸞鳥似鳳而白纓聞樂則蹈節而舞至則國安寧　東觀漢記曰王阜爲重泉令鸞鳥集此學廳阜使掾汝疊爲張雅樂擊磬鳥舉足垂翼應聲而舞翱翔縣庭留十餘日乃去　**贊**　晉郭璞鸞鳥贊曰鸞翔女牀鳳出丹穴拊翼相和以應聖哲擊石靡詠韶音其絶

比翼

山海經曰有鳥其狀如鳧一翼一目得乃飛名曰蠻色青赤見則大水　爾雅曰南方有比翼鳥焉不比不飛其名曰鶼鶼　瑞應圖曰比翼鳥者王者德及高遠則至一本曰王者有孝德則至　**贊**　晉郭璞比翼鳥贊曰鳥有鶼鶼似鳧青赤雖云一質氣同體隔延頸離鳴翻能合翮

烏

孝經援神契曰德至鳥獸則白烏下　禮斗威儀曰江海不揚波東海
輸之蒼烏　又曰君乘木而王其政升平南海輸以蒼烏　尚書緯曰火者
陽也烏者有孝名武王卒成大業故烏瑞臻　尚書中候曰周太子發渡
孟津有火自天止於王屋爲赤烏　又曰有火自上復於王屋流爲鵰其色赤
其聲魄　春秋運斗樞曰維星得則日月光烏三足　禮儀修物類合　孫
氏瑞應圖曰三足烏王者慈孝被於萬姓不好殺生則來　又曰文王時見
蒼烏者王者有孝悌則至一本曰賢君帝王修行孝慈被於萬姓不好殺生
則來　又曰白烏者宗廟肅敬則至　又曰赤烏武王時銜穀米至屋上兵不
血刃而殷服一本曰王者不貪天下而重民命則至　墨子曰赤烏銜珪降周
之岐社曰命　周文王代殷河出籙圖地出乘黃天錫武王黃烏之旗　古今注
曰成帝河平四年白烏集孝文廟殿下黑烏從之　章帝元和二年三足烏
集沛國三年代郡高柳烏子生三足大如雞色赤頭上有角長寸餘　和帝元
興元年白烏見廬江足皆赤　帝王世紀曰豐公家于沛之豐邑中陽里其妻
夢赤烏若龍戲己而生執嘉是爲太公太上皇　吳曆曰吳王爲神王表

五廟蒼龍門外時有烏巢朱雀門上 又曰有兩足烏銜鸛置神座前或得神書說改號之意乃改赤烏為太元 吳志曰赤烏元年八月武昌麒麟見集於殿前朕所親見若神靈以為嘉祥者改年宜以赤烏 又曰孫休永安三年春三月西陵言赤烏見 吳曆曰諸公奏賀曰世祖時西域獻三足烏遂累有赤烏來集此昌陵縣按昌字重日烏者日中之烏有託體陽精應期曜質以顯至德者也

雀

孝經援神契曰王者奉己約儉臺榭不侈尊事耆老則白雀見 尚書中候曰赤雀銜丹書入豐止於昌前事具帝王部 又曰維天降紀泰伯出狩至于咸陽天震大雷有火下化為白雀銜籙集于公車 禮稽命徵曰祭五岳四瀆得其宜則黃雀見黃雀土精 春秋孔演圖曰鳥化為書孔子奉以告天赤雀集書上化為黃玉刻曰孔提命作應法為制赤雀集將受命制 春秋考異郵曰黃帝將起有黃雀赤頭立日旁 帝占曰黃者土精赤者火熒雀者賞萌余當立 漢書曰宣帝元康三年下詔曰前年夏神雀集雍大如鷃雀黃喉白頸黑背腹斑文 令春五色烏以萬數飛屬縣翱翔而舞欲集未下其令三輔毋得以春夏擿巢探卵彈

躲飛鳥爲令 東觀漢記曰永平十七年公卿以神雀五色翔集京師奉觴上壽上令賈逵作神雀頌 謝承後漢書曰琅邪董种爲不其令赤雀乳廳前桑上民云何作歌頌 瑞應圖曰赤雀者王者動作應天時則銜書來一本十曰孔子坐玄扈洛水之上銜丹書隨至 遁甲曰赤雀不見則國無賢白雀不降則無後嗣（嗣一本雀主銜書陽精也白雀主銜錢陰精也不來則國王無後嗣也） 古今注曰孝哀帝初三年泰時殿中有雀五色頭冠長寸餘大八似雀始到時鳥環其旁 零陵先賢傳曰周不疑曹公欲以爲議郎不就時有白雀瑞儒林並已作頌授紙筆立令復作操奇異之 魏略曰文帝欲受禪白雀十九見 吴志曰華覈上孫晧表曰明珠既覿白雀繼見 吴録曰景帝永安六年赤雀見於豫章 豫章舊志曰太守孔笠臨郡三月白雀出南昌太守夏侯嵩臨郡六年白雀見女蘿 戉龜龍涼州記曰呂光太安三年白雀巢陽川令蓋敞室 郭璞洞林曰丞相將有鷂雞雀集其背駈之去復來如此再三令璞占之曰此晉王即祚之漸也 燕書曰愍帝時有異雀素質皓首集于端門東樹栖翔二旬而去夏四月以異雀故大赦名東園白雀

鷰

呂氏春秋曰有娀氏有二佚女爲九成之臺帝令鷰往夜鳴二女愛而爭博之覆以玉筐少選而視之鷰遺二卵北飛不返二女作歌始遺北音　田俅子曰少昊之時赤鷰一羽而飛集少昊氏之戶遺其丹書　漢書名臣奏曰丞相薛宣對曰茂陵寢上食日玄鳥來集哇所含大豆紫黑色翱翔殿上此陛下永與天無極天下幸甚　王廙別傳曰時有白燕鳥來翔被令爲賦　宋元嘉起居注曰元年七月有白鷰集於齊郡遊翔庭宇經九月乃去衆鷰翼隨僅有數千

鳩

瑞應圖曰鳩成湯時來王者養耆老尊道德不以新失舊則至一本曰成王時來　古今注曰平帝元始三年濟南鳩生白子　吳錄曰赤烏十二年八月白鳩見章安

雉

孝經援神契曰周成王時越裳獻白雉去京師三萬里王者祭祀不相踰宴食衣服有節則至　又曰德至鳥獸故雉白首妃房不偏故白雉應　尚書曰高宗肜日越有雊雉祖己曰惟先格王正厥事言至道之王遭變異正其事而異自消也　乃訓于王曰惟天監下民典厥義祖己既言遂以道訓諫王也言天下視民皆以義爲常也　春秋感精符曰王者旁流四表則白雉見　又曰魯昭

公時雉銜環入雉之爲言弟也喻昭公弟爲季氏入之爲君也漢書平帝元始元年春越裳重譯獻白雉一黑雉二詔使三公以薦宗廟　魏略曰文帝欲受禪郡國奏白雉十九見　魏志文紀曰延康元年四月饒安縣言白雉見

馬

瑞應圖曰玉馬者王者清明尊賢則至　一本曰玉澤馬者師曠時來　又曰王者順時而制事因時而治道則來　騰黃者神馬也其色黃王者德御四方則至一名吉光乘之壽三千歲此馬無死時　又曰乘黃王者輿服有度則出騕褭者神馬也與飛免同以明君有德則至也　又曰飛免者行三萬里禹治水土勤勞歷年救民之害天應其德則至駃騠者后土之獸也自能言語王者仁孝於民則出禹治水有功而來　又曰龍馬者仁馬河水之精也高八尺五寸長頸骼上有翼旁垂毛鳴聲九音有明王則見　一本曰王者不儲馬則龍馬乘黃澤馬朱髦並集　禮斗威儀曰君乘火而王者其政訟平則南海輸以駿馬　尚書中候曰堯時龍馬銜甲赤文綠色臨壇上甲似龜廣袤九尺圓理平上五色文有列星之分斗

政之度帝王錄紀之數（事具帝王部） 周書曰犬戎文馬赤鬛白身目若黄金名日古黄之乘成王時來獻也 淮南子曰天下有道飛黄服皁 又曰黄帝時飛黄服皁也 漢書曰武帝元鼎四年馬出渥洼水中作天馬之歌

白鹿

孝經援神契曰德至鳥獸則白鹿見 瑞應圖曰天鹿者純善之獸也道備則白鹿見王者明惠及下則見 命歷序曰皇神駕六飛鹿值三百歲 禮斗威儀曰君乘水而王其政平則北海輸白鹿 東觀漢書曰章帝元和二年白鹿見 又安帝延光三年潁川上言白鹿見 魏略曰文帝欲受禪郡國奏白鹿十九見 晉起居注曰太元十六年豫章太守范甯獻白鹿一頭 二十年荆州送白鹿晉朝白鹿數見諸郡

狐

瑞應圖曰九尾狐者六合一同則見文王時東夷歸之一本曰王者不傾於色則至 河圖曰白帝生先致白狐 周書曰成王時青丘獻狐九尾 禮斗威儀曰君乘火而王其政訟平南海輸以文狐 尚書大傳曰文王拘羑里散宜生

之西海之濵取白狐青翰獻紂紂大悅翰長毛也六韜得青狐班固幽通賦注曰散宜生至吳得九尾狐以獻紂也
春秋運斗樞曰機星得則狐九尾濳潭巴曰白狐至國民利不至下驕恣
山海經曰武都之山黒水出焉其上有玄狐蓬尾蓬大 孝經援神契曰德至
鳥獸則狐九尾 吕氏春秋曰禹年三十未娶行塗山恐時暮失嗣辭曰吾
之娶必有應也乃有白狐九尾而造於禹禹曰白者吾服也九尾者其證也於
是塗山人歌曰綏綏白狐九尾龐龐成于家室我都攸昌於是娶塗山女
東觀漢記曰章帝元和二年九尾狐見古今注曰章帝元和二年白狐九尾
見信都 魏略曰文帝欲受禪郡國奏九尾狐見於譙陳

兎

瑞應圖曰王者恩加耆老則白兎見 一本曰王者應事疾則見赤兎者王
者德茂則見 古今注曰成帝建平元年山陽得白兎目赤如朱 東觀漢記
曰章帝元和二年白兎見 又曰永康元年西河言白兎見 石勒傳曰莊平
民師懽上黒兎令曰按記應白兎爲瑞此黒兎曰祥外撿典舊議者以爲黒
兎見水德之祥徃公孫臣以爲漢家土行當有黄龍爲瑞後黄龍見於成紀遂土

從德令大趙革命以水受金玄兎陰獸玄水也黑色見以表應行以推之黑兎上應

騶虞

瑞應圖曰白虎者仁而不害王者不暴虐恩及行葦則見 毛詩曰吁嗟乎騶虞 義獸也白虎黑文不食生物有至信之德則應之而來 河圖括地象曰令訾野中有玉虎晨鳴雷聲聖人感期之興 孝經援神契曰德至鳥獸白虎見 春秋演義圖曰湯地七十內懷聖明白虎戲朝 春秋元命包曰堯爲天子季秋下旬夢白虎遺吾馬喙子其母曰扶始升高丘睹白虎上有雲感己生皋陶索扶始問之如堯言明於刑法罪次終始所立皋陶皋陶爲大理 魏略曰文帝欲受禪郡國上言白虎二十七見 王隱晉書曰太康六年荊州送兩足虎時尚書郎索靖議稱半虎博令王鈴爲文曰般般白虎觀豐荊楚孫吳不逞金皇赫怒 中興徵祥說曰天下太平則騶虞見騶虞者仁獸也狀如白虎而黑文其尾參倍昔召公化行陝西之國而騶虞應 又曰王者仁而不害則白虎見白虎狀如虎而白色嘯則風興鴟身如雲而無雜者是也近代所謂白虎者背斑而虎文爾雅所謂虦虎者也 頌 後漢蔡邕五靈頌曰大梁乘精白虎用

生思叡信立繞於垣坰 吴薛綜頌曰婉婉白虎優仁是崇飢不侵暴困不改容 威揚德愷悌之風聖德極盛騶虞乃彰 【賛】晉郭璞騶虞賛曰怪獸五采尾參於身矯足千里儵忽若神是謂騶虞詩歎其仁

白狼

瑞應圖曰白狼王者仁德明哲則見一本曰王者進退動准法度則見周宣王時白狼見犬戎滅 山海經曰蓋山獸多白狼 尚書中候曰湯牽白狼握禹籙田俅子曰商湯為天子都于亳有神手牽白狼口銜金鉤而入湯庭 【賛】晉郭璞白狼賛曰矯矯白狼有道則遊應符變質乃銜靈鉤惟德是適出殷見周

比肩

瑞應圖曰比肩獸者王者德及幽隱鰥寡得所則至 爾雅曰西方有比肩獸焉與邛邛岠虛比為邛邛岠虛齧甘草即有難邛邛岠虛負而走其名曰蟨 呂氏春秋曰北方有獸名蟨鼠前而兎後 【賛】晉郭璞比肩獸賛曰蟨與岠虛乍兎乍鼠長短相濟彼我俱舉有若自然同心共膂

龜

龍魚河圖曰堯時與群臣賢智到翠嬀之川大龜負圖來投堯堯勑
臣下寫取告瑞應寫畢龜還水中　黄帝出軍決曰吾伐蚩尤乃睡夢西
王母遣道人披玄狐之裘以符授之曰太一在前天一備後[redacted]符信戰卽剋
矣黄帝寤思其符不能悉憶以告風后力牧風后力牧曰此兵應也戰必自
勝力牧與黄帝俱到盛水之側立壇具祭以大牢有玄龜銜符從水中出置
壇中而去黄帝再拜稽首受符視之乃所夢得符也廣三寸袤一尺於是
黄帝備之以政即日禽蚩尤　尚書中候曰堯沉璧於雒玄龜負書出背甲
甲赤文成字止壇又沉璧于河黑龜出文題　又曰周公沉璧玄龜青純倉
光刻背甲上于壇　禮斗威儀曰君乘土而王則龜被文而見　春秋運斗
樞曰玉衡星得百獸率舞靈龜躍　管子曰龜生於水發之於火故爲南
方物爲禍福止　魏略曰文帝欲受禪神龜出於靈池　晉起居注曰永嘉
六年玉龜出霸水　孫氏瑞圖曰龜者神異之介蟲也玄采五色上隆象天
下平象地生三百歲遊於蕖葉之上三千歲尚在蓍叢之下明吉凶不偏不
黨唯義是從王者無偏無黨尊用耆老不失故舊則出一本曰德澤湛

績漁獵從則出 又曰禹卑宮室則出文王時亦出

表 吳謝承表曰伏覩靈龜出于會稽章安㠯聞靈龜告符五色粲然則金則玉背陰向陽 梁劉孝儀爲始興王上毛龜表曰㠯聞嘉瑞五靈既著方策故休名千載可得而傳是以玄蔡赤文來表軒黃之政神龜青質純用顯姬公之德出自江安寔荷謙裹之慶甲生 毳盈寸非銷 之徵實皇家之巨瑞庶民之休幸

啓 梁丘遲爲范雲謝示毛龜啓曰玄甲應於姬滔青腎符於夏室翱翔卷耳之陰浮游蓮葉之上藏綵千載獻狀一朝斯誠陛下至德動天窮神爲化故能寶瑞開圖珍祥仟映諜閒出蓍纖繼踵郊甸 隋江總上毛龜啓曰㠯聞聖王受命以代終興日月精明之狀煙雲爛漫之采神鼎非出於汾陰寶玉開於張掖靈山與澤丹井木呈祉靜海澄波鱗介提福靡不顯符瑞啚爲基肇徵祥以光永世若毋影合四靈光分五色懷星抱月負字銜圖

魚

爾雅曰東方有比目魚不比不行其名曰鰈 帝王世紀曰黃帝出遊洛水之上見大魚殺五能牲以醮之天乃甚雨七日七夜魚流于海始得圖書今河圖帝視

萌之篇是也　尚書中候曰桓公欲封泰山管仲曰昔者聖王功成道洽符瑞出乃封泰山今比目之魚不至鳳麟不臻未可封也　瑞應圖曰比目魚者王者明德則見　史記曰武王渡河中流白魚躍入舟中（魚者介鱗之物兵象也白者殷家之政言以殷之兵衆與周之象也）武王俯取以祭　漢書曰宣帝元康四年神魚舞河　魏志曰文帝欲受禪赤魚游於露

【贊】晉郭璞比目魚贊曰比目之鱗別号王餘雖有二片其實一魚協不能密離不為疏

【表】晉王肅賀瑞應表曰伏承祖廟文昭廟魚生于鼎臣聞易　中孚象曰信及豚魚言中和誠信之德下及豚魚則無所不及

鼎

易曰鼎元吉亨其象曰鼎象也聖人以享上帝孫氏瑞應圖曰神鼎者質文精也知吉凶存亡能輕能重能息能行不灼而沸不汲自盈中生五味昔黄帝作鼎象太一禹治水收天下美銅以為九鼎象九州王者興則出衰則去　歸藏占曰鼎有黄耳利得鱣鯉　左傳曰楚子伐陸渾之戎遂至于雒觀兵于周疆定王使王孫滿勞楚子楚子問鼎之大小輕重焉對曰在德不在鼎昔夏之方有德也遠方圖物貢金九牧鑄鼎象物百物而為之備使人知神姦故民入川澤

山林不逢不若魑魅魍魎莫能逢之協于上下以承天休桀有昏德鼎遷于商載祀六百商紂暴虐鼎遷于周成王定鼎于郟鄏卜世三十卜年七百天所命也周德雖衰天命未改鼎之輕重未可問也 史記曰黃帝採首山銅鑄鼎於荊山下鼎既成有龍垂胡髯下迎黃帝黃帝上騎羣臣後宮從上者七十餘人龍乃上去又曰漢武帝時汾陰巫錦 錦巫名 爲民祠魏脽后土營旁見地如鉤狀掊視得鼎以禮迎鼎至甘泉從行上薦之至中山晏溫有黃雲蓋焉有鹿過上自射之因以祭之至長安公卿大夫皆議請尊寶鼎 晉陽春秋曰咸康八年穀成縣民留珪夜見門內有光取得王鼎圍四寸廬江太守以獻 晉起居注曰咸和元年宣成春穀縣山岸崩獲古鼎可受三斛餘羣臣畢賀

贊

晉郭璞贊曰九牧貢金鼎出夏后和味養賢以無化有赫赫三事臨鑒下覆歉

啓

梁劉孝綽送瑞鼎詣相國梁公啓曰生木遊火之禽曷爽階紀朔之華白環銀甕之迹素雉金船之瑞自天有祚不爲定於郟鄏虛其所止非獨在於汾陰

藝文類聚卷第九十九

藝文類聚卷第一百

災異部

旱 祈雨 蝗 螟 蟊賊 蜮

旱

春秋考異郵曰旱之言悍也陽驕蹇所致也 山海經曰泰華之山削成而四方有蛇名曰肥遺六足四翼見則天下旱 又曰東荒北隅有山名土丘應龍處南極殺蚩尤夸父不得復上故下數旱旱而作龍應之乃得大雨 周官曰司巫掌群巫之政令若國大旱則率巫而舞雩 禮記曰歲旱穆公召縣子而問焉曰天久不雨吾欲暴尫而奚若曰天則不雨曝人之疾子毋乃可乎然則吾欲曝巫而奚若曰天則不雨而望愚婦人於巳求之毋乃巳踈乎從市則奚若曰天子崩巷市七日諸侯薨市三日爲之從市不亦可乎 毛詩曰倬彼雲漢昭回于天王曰於乎何辜今之人天降喪亂飢饉荐臻靡神不舉靡愛斯牲圭璧既卒寧莫我聽旱既太甚蘊隆蟲蟲不殄禋祀自郊徂宮上下奠瘞靡神不宗旱既太甚滌滌山川旱魃爲虐如炎如焚我心憚暑憂心如燻 韋曜毛詩問曰雲漢之詩旱魃爲虐傳

旱魃天旱鬼也箋云旱氣生魃天有常神人死爲鬼不審旱氣生魃奈何答曰魃鬼人形眼在頂上天生此物則將旱也天欲爲災何所不生而云有常神者耶

左傳曰鄭大旱使屠擊有事於桑山斬其木不雨子産曰有事於山藝山林也而斬其木其罪大矣　又曰衞大旱卜有事於山川不吉甯莊子曰昔周飢克殷而年豐天其或者　欲使衞討邢乎從之師興而雨　又曰夏大旱公欲焚巫尪臧文仲曰非旱備也修城郭貶食省用務穡勸分此其務也巫尪何爲天欲殺之則如勿生若能爲旱焚之滋甚公從之是歲飢而不害　春秋繁露曰水干土則大旱　家語曰孔子在齊齊大旱春飢哀公問於孔子曰旱如之何孔子曰凶年則乘駑馬力役不興馳道不修祈以幣玉祭事不懸祀以下牲此則賢君自貶以救民之禮也　管子曰春不收枯骨朽齒伐枯木而去之則夏旱至矣晏子曰齊大旱公召羣臣問曰天不雨久矣民且飢色吾使人卜之祟在高山廣澤寡人少賦斂以祠靈山可乎羣臣皆莫有對者晏子進曰不可祠此無益也夫靈山固以石爲身以草木爲毛髮天久不雨髮將焦身將熱彼獨不欲雨乎祠之何益　莊子曰梁君出獵見白鴈羣君欲射之道有行

者駭之君怒欲射行者其御公孫龍下車撫矢曰昔先公時大旱三年卜之以人祠乃雨公下堂頓首曰吾欲所以求雨以為民也當之言未卒而天大雨方千里者何為於天而惠於民今君主以白鴈而欲殺人乎　韓子曰晉公使師曠奏清徵師曠曰清徵不如清角平公曰清角可得聞乎師曠曰君德薄不足以聽之聽之將恐有敗平公曰寡人老矣所好者音願遂聽之師曠不得已而鼓之一奏之有雲從西北方起再奏之大風至大雨隨之裂帷幕破俎豆墮廊瓦坐者散走平公恐懼伏于廊室晉國大旱赤地三年平公之身遂癃病　洪範五行傳曰魯桓公五年大雩旱也先是公弑君而立有自危之心而下有悲懟之氣外結大國要於齊以為夫人後比二年天子使大夫來聘桓上得天子意憑大國之心則有亢陽之意以御臣下興州丘之役以勞百姓則臣下離心而不從故應是而秋大旱　又曰旱所謂常陽不謂常陽而謂旱者以為災也旱之為言乾萬物傷而乾不得水也君持亢陽之節暴虐於下興師旅動眾勞民以起城邑臣下悲怨而心不從故陽氣盛而失度故旱災應也　物理論曰陽盈而過故致旱　神農求雨書曰春夏雨日而不雨甲乙命為青

龍又爲火龍東方小童舞之丙丁不雨命爲赤龍南方壯者舞之戊己不雨命爲黄龍壯者舞之庚辛不雨命爲白龍又爲火龍西方老人舞之壬癸不雨命爲黒龍北方老人舞之如此不雨潛處闔南門置水其外開北門取人骨埋之如此不雨命巫祝而曝之曝之不雨神山積薪擊鼓而焚之　黄帝占書曰日中三足烏見者大旱赤地　師曠占曰歲欲旱旱草先生旱草者蒺藜也　神異經曰南方有人長二三尺袒身而目在頂上走行如風名曰魃所見之國大旱赤地千里一名狢遇者得之投溷中乃死旱災消也　京氏別對災異曰久旱何曰人君無施澤惠利於下則致旱也不救即蝗蟲害穀其救也省謫罰行寛大惠兆民勞功吏賜鰥寡廩不足　孔叢子曰子豐拜高第御史建初元年歲大旱乃上䟽曰臣聞爲不善而災報得其應也爲善而災至遭時運也陛下即位日新視民如傷而不幸耗旱時運之會耳非政教之所致也昔成湯遭旱因自責減御損膳而大有年天意者陛下未爲成湯之事焉天子納其言而從之三日雨即降轉拜黄門侍郎典東觀事　漢書曰東海有孝婦少寡無子養姑甚謹姑告鄰人曰孝婦養我勤苦哀其無

子守寡我老久累丁壯柰何後姑自經死姑女告吏婦殺我母吏捕孝
婦婦誣服郡掾于公以爲此婦女人殺也太守不聽于公爭之弗得乃抱
具獄哭於府上因辭疾去郡中枯旱三年後太守至殺牛自祭孝婦冢因表
墓天立大雨歲熟郡中以此大敬重于公　東觀漢記曰和熹鄧后稱制京
師旱至五月朔太后幸雒陽寺省庶獄舉寃囚杜泠不殺人自誣被掠羸困
使輿見畏吏不敢自理吏將去微疾舉頭若欲有言太后察視覺之即呼
還問狀遂信即時收令下獄抵罪尹左遷行未還宮澍雨大降　會稽典
録曰夏香字曼卿永興人也爲農夫香挺然特立明果獨斷年十五縣長
葛君出臨靈星會客飲宴時郡遭大旱香進諫曰昔殷湯遭旱以六
事自責而雨澤應澍成王悔過偃禾復起自古先聖畏懼天異必思變
復以濟民命今始羅天灾縣界偏罹甚未聞明達崇殷周之德臨祭獨歡
百姓枯瘁神祇有靈必不享也百姓不足君孰與足宜當還寺長即罷
會身損俸禄以贍飢民　汝南先賢傳曰袁安爲楚相會楚王英事至
相牽引拘繫者千餘人三年而獄不決坐掠幽而死者百餘人天用炎旱赤

地千里安受拜即控轡而行既到決獄事人人具録其辭狀本非首謀爲王所引應時理遣一句之中延千人之命其時甘雨滂霈歲大豐稔

詩

晉李顒經渦路作詩曰言歸越東足逝將反上都後洫慎中路改轍修玆衢旦發石亭墳夕宿桑首墟勁焱不興潤零雨莫能濡亢陽彌十旬消適未蹔舒泉流成平陸結駟可迴車肇允相忘鱗翻爲涸池魚起步不能移白日奄桑榆

梁庾肩吾奉和武帝苦旱詩曰陽山蛇不蟄如澤鳥猶攢蹔息流膏

雨將似怨祁寒文衣夜不卧跡食晝忘餐絜誠同望祀惟馨等浴蘭江蘋享上帝荆巫望冀高巒敷絜雲輿岳立蒸穴動龍蟠渭渠還積水滮池更起瀾

頌

漢東方朔旱頌曰維昊天之大旱失精和之正理遥望白雲之鄣淳滃曈曈而妄止陽風吸習而熇熇羣生閔懣而愁憒瀧畝枯槁而允布壤石相聚而爲害農夫垂拱而無爲釋其耰鉏而下涕悲壇畔之遭禍痛皇天之靡濟

啓

梁簡文帝謝勑亦苦旱詩啓曰伏以九年之水不傷堯政七載之旱無損湯朝歲弘則公田已修農勤則我庾惟億今者亢陽以來爲日未久將恐督卸不黜失在汝南之守曝齒未收

[illegible]河[illegible]之尹而載勞興居仰發歌[illegible]無愛珪璧有事山川非飲食矣
[illegible]膳焉而中夜不寐加之以申旦焉此唐堯之所闕如軒頊之所不逮【書】
[illegible]廣川長岑瑜書曰頃者炎旱日更增甚砂礫銷鑠草木燋卷
處涼臺而有鬱蒸之煩浴寒水而有燦爛之燥宇宙雖廣無陰以憩雲漢
之詩何以過此土龍矯首於玄寺泥人鶴立於闕里修之歷旬靜無徵效明勸
教之術非致雨之備也知恤下民躬自曝露拜起靈壇亦至矣昔夏禹之解
陽旱殷湯之禱桑林言未發而水旋流辭未卒而澤滂霈今者雲重散
而復積雨垂落而復收無賢聖殊品優劣異姿乎【天】魏陳王曹植誥咎文
曰五行致灾先史咸以為應政而作天地之氣自有變動未必政治之所興致
也于時大風發屋拔木意有感焉聊假天帝之命以誥咎祈福其辭曰上帝
有命風伯雨師夫風以動氣雨以潤時陰陽協和庶物以滋亢陽害苗暴風傷
條伊周是過在湯斯遭桑林既禱慶雲克舉偃禾之復姬公走楚況我
皇德承天統民禮敬川岳祗肅百神享茲元吉釐福日新至若炎旱赫羲
颷風扇發嘉卉以萎良木以拔何谷宜塡何山應伐何靈宜論何神宜誥於

是五靈振竦皇祇赫怒招搖警法攙搶奮斧河伯典澤屏翳司風右呵
飛廉顧叱豐隆息飈遏暴元勑華嵩慶雲是興效厥年豐遂乃沈陰
決兆甘澤微微雨我公田爰曁予私黍稷盈疇芳草依依靈禾重穗生
彼邦畿年登歲豐民無餧飢

祈雨

呂氏春秋曰昔者殷湯克夏而正天下五年不雨湯乃以身禱於桑林於是翦其髮劚其爪以爲犧用祈福於上帝　荀卿大略曰湯旱而禱曰政不節與使民疾與宮室榮與女謁盛與苞苴行與讒夫興與何不雨至斯極也　說苑云湯之時大旱七年雒坼川竭煎沙爛石於是使人持三足鼎祝山川敎之祝曰政不節耶使民疾耶苞蓋辭未已而天下大雨　董仲舒曰廣陵女子諸巫毋小大皆相聚其郭門外爲小壇以脯酒祭便移市市門若無內丈夫丈夫無得相從飲食　又令吏各往視其夫皆言到即赴已　又曰江都相仲舒下內史承書從事其都閒吏家在百里內皆令書告縣遣妻視夫賜巫一月租使巫求雨復使巫相推擇潔淨易

敎者祭跪祝曰天生五穀以養人今五穀病旱恐不成敬進清酒甘羞再拜請雨　又曰春旱求雨令縣邑以水日令民禱社家人祠戶無斬山林曝巫聚尫以玄酒脯再拜請雨奉牲禱以甲乙日爲大蒼龍一長八丈居中爲小龍七長各四丈於東方鄉其間相去八尺小童八人皆齊三日服青衣而舞之諸里社取五蝦蟆錯里社之中池方八尺深一尺置水蝦蟆焉具酒脯祝齊三日拜跪陳祝　如初取三歲雄雞與三歲猳豬皆燔之於四通神雩　又曰夏求雨令縣邑以水日家人祀竈無舉土功更水浚井暴釜甑杵臼于術七日爲四通之壇於邑南門之外方七尺植赤繒七其神蚩尤祭之以赤雄雞七玄酒清酒祝齋三日服赤衣跪陳祝如春辭以丙丁日爲赤龍一長各七尺齊三日服赤衣而舞之司空嗇夫亦齋三日服赤衣而立之鑿社而通之閭外之溝取五蝦蟆置社之中池方七尺深一尺酒脯祝齋衣拜跪陳祝如初取三歲雄雞猳豬燔之四通神雩開陰陽如春　又曰季春禱山陵以助之令縣邑一徙市於邑南門之外五日禁男女毋得行入市家人祠中霤毋舉土功聚巫市旁爲四通之壇於中央植黃幡五其神后稷祭之母䐁五玄脯祝

齋三日衣黃衣皆如春辭以戊己日爲大黃龍一長五丈居中央又爲小龍長各三丈五尺土數五人皆齋三日服黃衣而舞之老者五人齋三日衣黃衣而立之亦通社中於閭外之溝蝦蟇池方五尺深一尺皆如前 搜神記曰諒輔字漢儒廣漢新都人少給佐史將水一不交爲從事大小畢舉郡縣斂手夏枯旱時以五官掾出禱山川曰輔爲郡股肱不能進諫納忠薦賢退惡和調陰陽至令天下否鬲萬物燋枯百姓喁喁無所告訴咎盡在輔太守內省責己自曝中庭使輔謝罪爲民祈福景無效今敢自誓晝日中雨不降請以身塞無狀乃積薪柴將自焚焉至禺中時山氣轉起雷雨大作一郡霑潤世以稱其至誠 【序】晉傅咸喜雨賦序曰泰始九年自春不雨以涉夏節草木共然百姓以堯有九載之水湯有七年之旱恐遭斯運並有懼心聖皇勞慮分使祈禱徧于羣邑余以太子洗馬兼司徒請雨百辟莅事三朝而大雨降退作斯賦 【文】晉曹毗請雨文曰下邳內史曹毗敢告山川諸靈頃節運錯戾旱亢陰消川竭谷虛石流山燋天無纖雲野有橫飈盛夏應暑而或涼草木無霜而自凋遑遑農夫輟耕田畔悠悠舟人頓楫川岸雲根山積而

中披雨足垂零而復散聖主當膳而減味牧伯忘餐而過昃氓庶拊心而顰慼搢紳不期而同歎斯亦憂勤之極情而明靈之達觀矣　梁陸倕請雨賽蔣王文曰陸周祚亂鍾嶽降精聰明正直得一居貞無方無體不疾不行化馳九縣位冠百靈東掩屢愆西郊已戢偶龍矯首泥人鶴立神聽孔殷靈應揮霍儵覩翻伊俄闇倒洛欒周神畢恩洽酒闌靈談抗袖鬼笑投抃惟兹負引於萬斯憔　梁任孝恭賽鍾山蔣帝文曰嘗聞河南少雨漢主避其正殿許下輟潤魏后討彼虐晝日和氣乖違陰陽舛互風至若湯雲生猶火遂能制兹東井告彼南箕水滿畢星氣儁卯地使君子有疊疊之心耕夫無慼慼之念　梁簡文帝祭灰人文曰積注奄旬祭在灰人俏兹獸炭爽此桂薪積如玉屑聚若遊塵庶人之風不拂獄吏之慢寧陳當令金光小史侍使玉童奏雲師於執法力水伯於天宮鑽星誅於電女貫索囚於雷公廓重氛於八極靜連絲於四空既瞳曈於車蓋又赫赫於飛盤且疑威於趙盾實望近於

蝗

爾雅曰食苗心曰螟食葉曰螣食根曰蟊食節曰賊四蝗蟲名也 說文曰蝗螽也 廣雅曰螽蝗也 毛詩曰去其螟螣及其蟊賊 詩義疏曰亦螣蝗也許慎曰使令貸則生螣舊說螟螣蟊賊一種蟲也如言寇賊姦宄內外言之耳故犍為文學曰此四種蟲皆蝗也實不同故分別釋之 又曰蝗也今謂蝗子為螽一名蝝螽兖州人謂之螣 蔡伯喈曰蝗螣也當苗為災則生故水虞澤中數百或數十里一朝蔽地而食禾粟苗盡復移雖自有種其為災云是魚子在水中化為之 穀梁傳曰雨螽于宋外災不書此何書為災甚也奈何茅茨盡也 洪範五行傳曰春秋之螽蟲者蟲災也以刑罰暴虐貪叨無厭興師動眾蟲為害矣雨螽于宋是時宋公暴虐刑重賦斂無已故應是而雨螽 又曰介蟲有甲能蜚揚之類陽氣所生於春秋為螽今謂之蝗皆其類也旱氣動象至矣故曰有介蟲之孽也 春秋佐助期曰螽之為蟲赤頭甲身而翼飛行陰中陽也螽之為言眾暴眾也 春秋 合孳曰蝗起於貪螽者飛而甲為害故天雨螽則刑法醜 呂氏春秋曰匡章孟子弟子謂惠子於魏王之前曰蝗螟農夫得而殺之奚故為其害稼也蔽天狀如嚴雪

是歲天下失瓜瓠　漢書曰武帝元光五年秋螟四將征南越元封六年秋蝗兩將征朝鮮太初元年夏蝗從東方飛至燉煌三年秋復蝗貳師征大宛征和三年蝗四年夏蝗三將征匈奴貳師七萬人没不還　又五行志曰劉歆爲蜚負蠜也性不食穀食穀爲灾介蟲之孽　又曰嚴延年爲河南太守多殺害時黄霸在潁川鳳皇下而河南界中又有蝗蟲延年曰此蝗豈鳳皇食耶　又曰王莽地節三年夏蝗從東方來飛蔽天至長安入未央宫緣殿京房易傳曰德無節蟲食葉　東觀漢記曰馬稜爲廣陵太守郡連有有蝗蟲穀價貴稜奏罷鹽官振貧贏薄賦稅蝗蟲飛入海化爲魚蝦又曰永初七年郡國蝗飛過　又曰宋均爲九江太守建武中山陽楚郡多蝗蜚南到九江輒東西別去由是名稱　又曰司部災蝗臺召三府駈之司空掾梁福曰普天之下莫非王土不審使臣駈蝗何之災蝗當以德消不聞駈逐時号福爲直掾　謝承後漢書曰吴郡徐栩爲小黄令時陳留遭蝗過小黄飛逝不集刺史行部責栩不治栩弃官蝗應聲而至刺史謝令還寺舍蝗即皆去　又曰謝夷吾爲壽張令是時蝗食五穀野無生草過壽張

界飛逝不集　又曰許季長爲湖令州郡皆被蝗災過湖縣飛去不入
續漢書曰和帝永元四年蝗八年五月河内陳留蝗九月京師蝗九年蝗從
夏至秋先是西羌數反遣將軍將北軍五校征之安帝永初四年夏蝗是
時西羌寇亂軍衆征距連十餘年五年夏九州蝗六年三月去年蝗處復
蝗子生七年二月郡國蝗順帝永建五年郡國十二蝗是時鮮卑寇朔方用
衆征之永和七年偃師蝗去年冬烏桓寇沙南用衆征之　桓帝永興元年七
月郡國三十二蝗是時梁冀秉政無謀慮苟貪作虐二年六月京都蝗永
壽三年六月京都蝗延熹元年六月京都蝗靈帝熹平六年夏七州蝗
鮮卑前後三十餘犯塞是歲護烏桓校尉夏育破鮮卑中郎將田晏使
匈奴中郎將臧旻討鮮卑大司農給用不足畝斂郡國以給軍粮三將無功
還者少半光和元年詔策問曰連年蝗蟲至貪苟之所致也是時百官遷徙
皆私上種西園少帝興平元年夏大蝗是時天下大亂　論衡曰世稱南陽
卓公爲緱氏令蝗蟲不入界蓋以賢明至誠災蟲不入其縣　典論曰議郎
馬融以永興中帝獵廣城融從是時北州遭水潦蝗蟲融撰上林頌以諷

魏志曰廣初三年七月冀州大蝗民飢使尚書杜畿持節開倉廩以振之　吴書曰袁術在壽春穀石百餘萬載金錢之市求糴市無米而弃錢去百姓飢窮以桑椹蝗蟲爲乾飯　廣州先賢傳曰黃豪交阯人除外黃令豪均己節儉麤衣蔬食所得俸秩悉賜貧民一縣稱平當時鄰縣蝗蟲爲災而獨外黃無有歲皆豐熟民先流移者悉歸附之　會稽典録曰鄭弘爲騶令永平十五年蝗發太山郡國被害過騶不集郡以狀上詔書以爲不然自朕治京師尚不能攘蝗騶令何人而令消弭遣案驗之　陳留耆舊傳曰高愼敦厚少華子式至孝常盡力供養永初中螟蝗爲災獨不食式麥圍令周強以表州郡　益部耆舊傳曰任防蜀郡成都人修字伯慶爲固始侯相天下大蝗獨不入界　又傳曰楊琳爲茂陵令比縣連歲蝗災曲折不入茂陵　先賢行狀曰公沙穆爲魯相時有蝗災穆躬露坐界上蝗積疆畔不爲害　晉令曰常以蝗向生時各部吏案行境界行其所由勤生苗之内皆令周徧　晉陽秋曰司冀青雍螟蝗茅草皆盡石勒與蝗競取民禾百姓謂之胡蝗　搜神記曰何敞吴郡人少好道藝隱居重

以大旱民物憔悴太守慶洪遣戶曹掾致謁奉印綬煩守無錫敞不受退歎而言曰郡界有災安能得懷道因跋涉之縣駐明星屋中蝗蝝消死敞即遁去後舉方正博士皆不就卒於家 趙書曰石勒十四年五月飛蝗穿地而生二十日化如蠶七八日作蟲四日則飛周徧河朔百草無遺唯不食三豆及麻 涼記曰涼王呂光麟嘉二年以且渠羅仇爲西寧太守往年蝗蟲所到之處產子地中是月盡生或一頃二頃覆地跳躍宿昔變異王乃躬臨撲蟲幸揚川豫水北太駕所到蟲尋除盡是以麥苗損秏無幾 師覺授孝子傳曰魏連事父至孝和帝時拜昌邑令百姓不忍欺大蝗連熟■何復氏曰凡言蝗生此謂見其始生知其處所可得言初上蝗事云縣乃下部各不早見至今生翅能飛自輒躬親撲滅又云布在及下部各不早見至頃田中往往十步五步一頭按其言事蝗之數校數可得而知也

螟

爾雅曰食苗心曰螟 說文曰螟蟲食穀心吏冥冥犯法即生螟 禮記曰仲春行夏令則蟲螟爲害 左傳曰嚴十二年螟 十三年螟 春秋 含孳曰

螟應苛尅　呂氏春秋曰亂國之妖有螟集其音凶凶　漢書曰劉歆以爲蝝蚍蜉之有翼者食穀爲災黑眚也董仲舒劉向以爲蝝螟始生也是時初稅畝亂先王之制故應是而蝝生屬蠃蟲之孽　京房易傳曰嬖惡生孽蟲食苗心　東觀漢記曰魯恭爲中牟令時郡國螟傷稼犬牙緣界不入中牟河南尹袁安聞之疑其不實使仁恕掾肥親往察之恭隨行阡陌俱坐桑下有雉過止其傍傍有童兒親曰何不捕之兒言雉方將雛親曰所以來者欲察君之治迹耳今蟲不犯境此一異也化及鳥獸此二異也竪子有仁心三異也具以狀白安

蟊

爾雅曰食苗根曰蟊　說文曰蟊食苗根者也吏抵冒取民財則生蟊　京房易妖占曰害忠孝蟲食苗根　毛詩義疏蟊長而細或說云蟊螻蛄也食苗根而爲人患

賊

爾雅曰食苗節曰賊　京房易傳曰王者與諸侯爭乚蟲食苗節即莖

鮑五行傳曰蜮射人者也生於南越地南方[illegible]明之短狐者也　毛詩曰爲
鬼爲蜮則不可得其物不可見蓋氣精也南越夷狄淫佚亂也其蜮生水
澤地多婦人其淫女爲主故南越多蜮者淫女惑亂之所生也故聖人名之曰
蜮蜮者猶惑也

書

魏應璩與西陽令孔德璋書曰嘉麥禎祥惟曰不多
不圖飛蝗一旦至止知恤蒸庶念存良苗親發赫斯爰整其旅鮐背之叟
皓首之耆靡莫不負戈奔走于道路旌表曜於白日黿鼉震於雷動以
此掃敵必將席卷況於微蟲能無驚駭卓犖洽密恭在中年時雖有
災未若斯勤亦猶子賤鳴琴巫馬出入勞逸俱殊立功惟一重雲比興不
冬蠡雨震蟲二　憂心忡惙逐蝗之道謹聞敬矣不審致將以何物文
上修德以厭地震湯禱桑林致克豐雨宜善政以慰民望

藝文類聚卷第一百